ullstein

01:20 Uhr, 8. März 2014.

Malaysia Airlines Flug 370 verschwindet mitsamt seiner 239 Passagiere spurlos vom Radar.

Der unerklärliche Fall erlangte weltweite mediale Aufmerksamkeit. Wie kann ein ganzes Flugzeug in einer technologisierten und global vernetzten Welt unauffindbar sein? Hat eine perfekte Entführung stattgefunden? Und, falls das Flugzeug abgestürzt ist, wo sind seine Trümmer?

Florence de Changy, die vor Ort für *Le Monde* berichtete, dokumentierte die chaotischen Ermittlungen genau und ist dabei auf mehr Fragen als Antworten gestoßen. Aus ihrer scharfsinnigen Analyse der oft widersprüchlichen offiziellen Untersuchungsergebnisse, vernachlässigten Augenzeugenberichte und verblüffenden Expertenmeinungen ergibt sich eine zutiefst beunruhigende Erzählung darüber, was mit dem 2014 verschwundenen Flug MH370 geschehen sein könnte.

FLORENCE DE CHANGY ist eine französische Journalistin und Korrespondentin der Asien-Pazifik-Region für *Le Monde*. Sie schreibt außerdem u. a. für *Le Figaro, Le Télégramme* und die *South China Morning Post*. De Changy lebt seit 30 Jahren in Hongkong.

Florence de Changy

Verschwunden

Was geschah wirklich mit MH370?

Aus dem Englischen
von Rita Gravert und Caroline Weißbach

Ullstein

Besuchen Sie uns im Internet:
www.ullstein.de

Wir verpflichten uns zu Nachhaltigkeit
- Klimaneutrales Produkt
- Papiere aus nachhaltiger Waldwirtschaft und anderen kontrollierten Quellen
- ullstein.de/nachhaltigkeit

MIX
Papier
FSC FSC® C083411

Deutsche Erstausgabe im Ullstein Taschenbuch
1. Auflage Februar 2022

Die englische Originalausgabe erschien 2021 unter dem Titel
The Disappearing Act – The Impossible Case of MH370 bei Mudlark,
einem Imprint von HarperCollins Publishers, London.
Umschlaggestaltung: zero-media.net, München,
nach einer Vorlage von Sim Greenaway

Satz: LVD GmbH, Berlin
Gesetzt aus der Scala OT
Druck und Bindearbeiten: CPI books GmbH, Leck
ISBN 978-3-548-06613-4

Für die Familien und Freunde der 239 Menschen an Bord des Flugs MH370 vom 8. März 2014.

Für all diejenigen, die mir, egal auf welchem Kontinent sie leben, mit ihren Zeugenaussagen und Erklärungen bei den Recherchen geholfen haben.

Für all diejenigen, die ihre Forschung unermüdlich und voller Zuversicht fortführen, damit wir eines Tages doch noch erfahren, was wirklich mit Flug MH370 geschah.

Für all diejenigen, die mehr wissen und sich dazu verpflichteten, ihren Beitrag zur Wahrheitsfindung zu leisten und das furchtbare Leid der Angehörigen der Opfer zu beenden.

Für meine Familie und meine Freunde, deren Geduld und Unterstützung entscheidend für meine Arbeit waren.

Inhaltsangabe

»Es ist ein Rätsel in einem Geheimnis, umhüllt von einem Mysterium; doch vielleicht gibt es einen Schlüssel.«

Winston Churchill, 1939

»Wir leben in einer Welt, in der die Mächtigen uns täuschen. Wir wissen, dass sie lügen, und sie wissen, dass wir wissen, dass sie lügen, aber das ist ihnen egal. Wir sagen zwar, dass es uns nicht egal ist, aber wir tun nichts.«

Adam Curtis, *HyperNormalisation*,
BBC-Dokumentation, 2016

»Internationale Beziehungen funktionieren wie die Mafia.«

Noam Chomsky, 2020

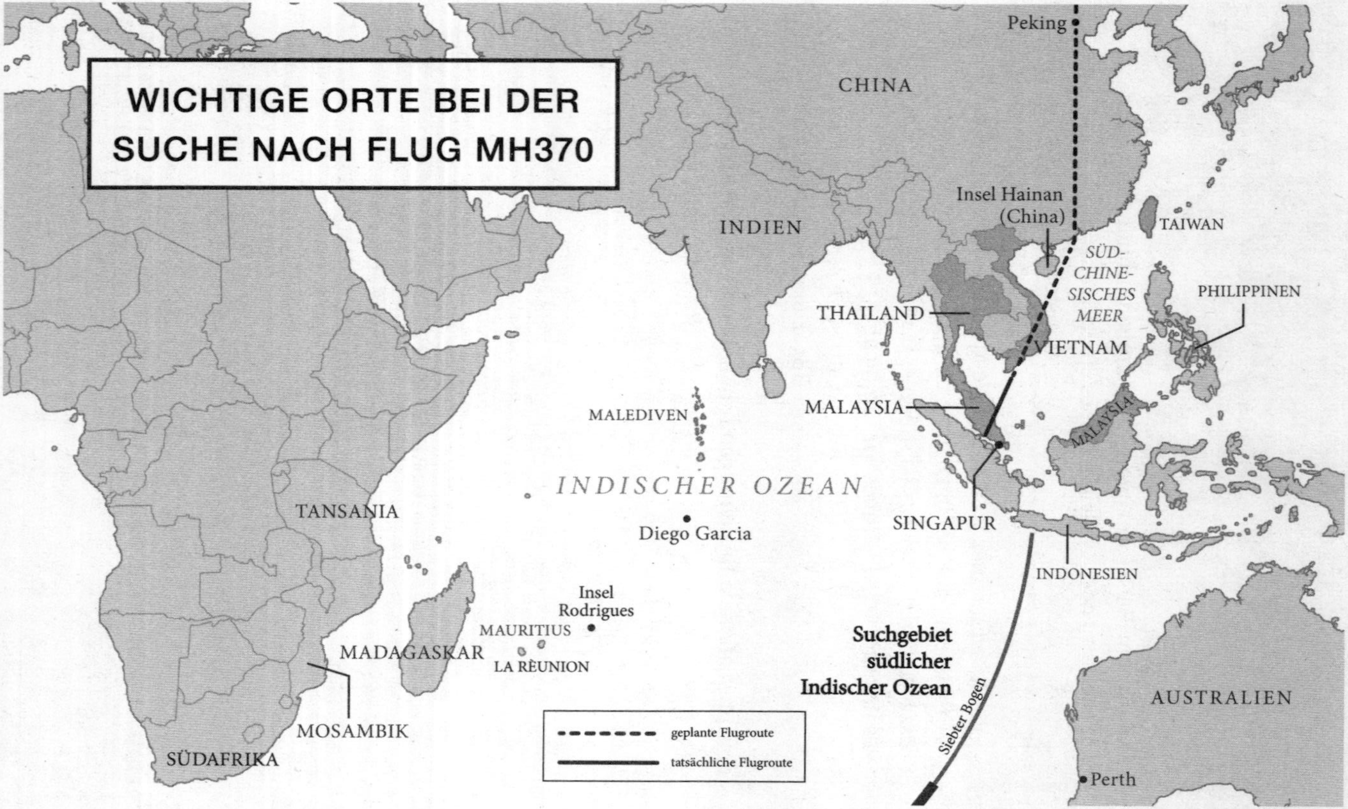
WICHTIGE ORTE BEI DER
SUCHE NACH FLUG MH370
Peking
CHINA
Insel Hainan
(China)
TAIWAN
INDIEN
SÜD-
CHINE-
SISCHES
MEER
PHILIPPINEN
THAILAND
VIETNAM
MALAYSIA
MALAYSIA
MALEDIVEN
INDISCHER OZEAN
SINGAPUR
INDONESIEN
TANSANIA
Diego Garcia
Insel
Rodrigues
MAURITIUS
LA RÈUNION
MADAGASKAR
MOSAMBIK
SÜDAFRIKA
Suchgebiet
südlicher
Indischer Ozean
Siebter Bogen
AUSTRALIEN
Perth
geplante Flugroute
tatsächliche Flugroute

THAILAND
KAMBODSCHA
VIETNAM
Da Nang
Flugplatz U-Tapao
Ho-Chi-Minh-Stadt
Insel Phu Qok
INDISCHER OZEAN
ANDAMANEN-SEE
SÜDCHINESISCHES MEER
von einem Vietnam Airlines-Piloten entgegengenommener Notruf
Trümmerteile auf DigitalGlobe
Position von MH370 um 2:35 Uhr gemäß der Bodenstation von MAS
auf Tomnod und von Cathay-Piloten gesichtetes Trümmerfeld
Bohrinsel Songa Mercur, von der aus Mike McKay in der Nacht des 8. März 2014 etwas Brennendes am Himmel beobachtete
Wegpunkt BITOD – letzter Primärradarkontakt
Wegpunkt IGARI
letzter Sekundärradarkontakt
Zeugen in Kelantan hören Lärm und sehen ein Flugzeug im Tiefflug in ungewöhnlicher Richtung
Mitsubishi-Trümmerteil
Hat Yai International Airport
Insel Penang
Besut-Trümmerteil
Chinesische Satellitenbilder von Trümmerteilen
letzter ACARS-Bericht um 1:07 Uhr
Wegpunkt MEKAR
Insel Pulau Perak
Luftwaffenstützpunkt Butterworth
angebliches Primärradarbild von MH370, das den versammelten Opferangehörigen im Lido Hotel in Peking am 21. März 2014 vorgelegt wurde
MALAYSIA
Kuala Lumpur International Airport
SINGAPUR
INDONESIEN
MALAYSIA
INDONESIEN
Suchgebiete
Geplante Flugroute
Tatsächliche Flugroute
Angebliche Flugroute laut Radar
Ungewöhnliche seismische Aktivität, registriert von der Chinese University of Science and Technology (USTC)

Vorwort

Als ich zum ersten Mal vom Verschwinden der Malaysia-Airlines-Maschine hörte, saß ich gerade in einem Fiat, den ich am Flughafen von Verona gemietet hatte. Es war der Morgen des 8. März 2014. Ein Sonntag. Ich war auf Kurzbesuch in der Heimat meiner Kindheit und fuhr sofort an den Straßenrand, damit mir keine Einzelheit des RAI-Radiobeitrages entginge.

Auch in den folgenden Tagen berichtete RAI weiterhin über den Großraumjet von Malaysia Airlines, der trotz einer groß angelegten Suchaktion mit Schiffen und Flugzeugen noch immer nicht gefunden worden war. Aus der Ferne kam mir die ganze Sache höchst eigenartig vor. Ich wollte unbedingt vor Ort sein. Zehn Jahre zuvor hatte ich für längere Zeit in Kuala Lumpur gelebt und hegte seither eine Schwäche für Malaysia, das wenig bekannte Land, das bis dahin kaum Erwähnung in den westlichen Medien gefunden hatte.

Als Malaysias Premierminister Najib Razak eine Woche später auf eine »vorsätzliche Handlung« verwies, nahm die ganze Sache noch rätselhaftere Dimensionen an. Nun war also nicht mehr die Rede von einem *gewöhnlichen* Flugzeugunglück. Worum ging es dann?

Kaum war ich nach Hongkong zurückgekehrt, meinem Wohnort der vergangenen sieben Jahre, da bat mich die französische Tageszeitung *Le Monde*, für die ich seit Mitte der Neunziger schrieb, nach Kuala Lumpur zu reisen. Dort war das Verschwinden der Maschine bereits zum »größten Mysterium in der Geschichte der zivilen Luftfahrt« avanciert.

Was aus der Ferne schon seltsam erschien, wirkte aus der Nähe betrachtet geradezu kafkaesk. Im Jahr 2014 konnte eine Boeing 777 mit 239 Menschen an Bord nicht einfach so verschwinden. In dieser Nacht war nichts »Mysteriöses« geschehen. Für den Verlust des Großraumjets musste es eine logische Erklärung geben, sei sie menschlicher, technischer oder politischer Natur. Was wirklich geschehen war, hatte schlicht und einfach noch nicht die breite Öffentlichkeit erreicht, sagte ich mir.

Zu behaupten, Flug MH370 habe sich einfach so in Luft aufgelöst, war für mich eine Beleidigung der menschlichen Intelligenz. Menschen und Computer mussten zwangsläufig etwas wissen, Radarsysteme und Satelliten etwas aufgezeichnet haben. Was auch immer geschehen war, es musste Spuren hinterlassen haben, und seien sie auch noch so undeutlich. Ich empfand es geradezu als meine berufliche Pflicht, diese Spuren zu finden, ihren Kontext zu analysieren, Unstimmigkeiten festzuhalten, falsche Fährten als solche zu identifizieren und jeden Zeugen dazu zu bringen, mit seinem Wissen herauszurücken. Und vor allem jedwede Vorstellung eines »Mysteriums« für diesen Fall kategorisch abzulehnen.

1
Flug MH370

Freitag, 7. März 2014. Kurz vor Mitternacht ist auf dem Kuala Lumpur International Airport (KLIA) Nachtruhe eingekehrt. Beinahe alle Cafés und Geschäfte, auch jene, die malaysische Zinnsouvenirs verkaufen, haben ihre Rollläden heruntergelassen und die Lichter ausgeschaltet. Den letzten Passagieren des Tages bleiben nur noch einige Metallbänke in langen, leeren Gängen, die zu den Aufenthaltsbereichen der Gates führen.

Vor den Gates C1-C3 haben sich etwa 30 Passagiere vor der Anzeige versammelt. Sie warten auf den Flug MH370[1] und blicken von Zeit zu Zeit hoch. Am KLIA wird die Sicherheitskontrolle von Passagieren und Handgepäck erst kurz vor dem Boarding durchgeführt. Erfahrene Fluggäste sind mit dem Prozedere vertraut. Das Gepäck auf das Förderband stellen, den Laptop herausnehmen, den Gürtel entfernen und sämtliche Inhalte der Hosentaschen – Münzen, Schlüssel, Brille und Mobiltelefon – in eine Gepäckwanne leeren. Manchmal muss man sogar Schuhe und Strümpfe ausziehen. Doch mit den Sicherheitskontrollen nimmt man es am KLIA nicht so genau. Auf dem Überwachungsvideo, das die Passagiere kurz vor dem Boarding von Flug MH370 zeigt, fällt eine gewisse Laxheit ins Auge.

Während sich die Passagiere vor drei Torsonden zur Personenkontrolle versammeln, unterhalten sich die Sicherheitsbeamten – ein halbes Dutzend Männer und Frauen in schwarz-weißen Uniformen – miteinander. Ruhig und gelassen warten sie auf die Anweisung, mit den Sicherheitskontrollen zu beginnen. Die Besatzung hat diese bereits hinter sich und befindet sich an Bord, um die Maschine startklar zu machen. Zunächst haben sechs Flugbegleiterinnen und Flugbegleiter die Kontrollen passiert und zehn Minuten später der Flugkapitän und sein Co-Pilot. Die beiden Männer legen die Pilotenmützen und ihr Gepäck auf das Förderband mit dem Scanner. Keiner von beiden holt irgendetwas aus den Gepäckstücken, noch nicht einmal das Navigationstablet. Auch die Jacken ziehen sie nicht aus. Beide werden einer raschen Durchsuchung mit der Handsonde unterzogen. Sie sprechen nicht miteinander. Erst zwei Wochen zuvor, am 22. Februar, ist Flugkapitän Zaharie Ahmad Shad den MH370 und seinen Rückflug, den MH371, geflogen. Ein paar Flugbegleiterinnen treffen verspätet ein. Eine um 23:33 Uhr und zwei weitere um 23:38. Mit dem Boarding der Passagiere wird um 23:46 begonnen, nur etwa eine Stunde vor Abflug.

Als eine der Ersten geht eine sehr modisch gekleidete Chinesin durch die Torsonde. Sie trägt einen Rüschenhut, den sie auch während der Sicherheitskontrolle nicht abnimmt, und ein passendes pink-weißes Outfit. Danach kommt ein junges Paar mit einem aufklappbaren Buggy und einem kleinen Mädchen, das mit schwankenden Schrittchen um sie herumtapst. Auch wenn laut Passagierliste 14 verschiedene Nationen vertreten sind, scheint der Großteil von ihnen Chinesen zu sein: Chinesen aus Kontinentalchina, aus Malaysia, Kanada, Australien, den USA oder Taiwan.

Zu dieser fortgeschrittenen Stunde sind ihre Bewegungen etwas unbeholfen und ihre Gesichter müde und abgespannt. Den täglichen Linienflug nehmen normalerweise Vielflieger. Er wird auch »der Flug der roten Augen« genannt: Ein Nachtflug, der mit sechs Stunden, einschließlich Start und Landung, nicht lang genug ist, um ausreichend Schlaf zu bekommen.[2] An Wochentagen reisen mit MH370 vor allem Geschäftsleute, doch der Freitagnacht- bzw. Samstagmorgenflug ist anders. Dort trifft man auf Menschen, die nach Hause fliegen oder das Wochenende in Peking verbringen. Die meisten haben sich für das kalte Klima Nordchinas gerüstet und sind nicht entsprechend der Äquatorhitze gekleidet, die sie hinter sich lassen.

Die Familien der schicksalhaften Besatzung und der Passagiere haben wiederholt erfolglos nach diesem Video gefragt. Ich konnte es mir nur über vollkommen inoffizielle Wege anschauen. Auf dem Video erkennt man einige der Passagiere, auf die in späteren Pressemitteilungen Bezug genommen wird, wie etwa den bekannten Kalligrafen mit seiner weißen Mähne. Die zwanzig chinesischen und malaysischen Ingenieure und Forscher des amerikanischen Technologieunternehmens Freescale Semiconductor sind da schon schwerer zu identifizieren. Außerdem ist eine Gruppe Touristen zu sehen, die von einer Reise nach Nepal zurückkehren, und rund dreißig Chinesen der gehobenen Mittelschicht, die der Einladung eines Maklers gefolgt sind, sich in Malaysia Immobilienanlagen anzusehen. Außerdem gibt es da noch einen 32-jährigen Stuntman, der bereits eine eindrucksvolle Karriere hingelegt hat und einen Monat zuvor für die neue Netflix-Serie *Marco Polo* nach Kuala Lumpur gekommen war. Er fliegt zurück nach Peking, um das Wochenende mit seiner Frau und seinen beiden kleinen Töchtern zu verbringen. Zwei pensionierte australische Ehepaare stechen durch ihre westliche Erscheinung, die größere und kräftigere Statur aus der Menge heraus. Einer von ihnen hält einen Akubra, einen sehr bekannten australischen Hut, in der Hand. Auch vier Franzosen fallen zwischen den überwiegend asiatisch aussehenden Passagieren auf. Es handelt sich um eine Mutter in Begleitung dreier Jugendlicher: ihre Tochter, einer ihrer zwei Söhne und seine französisch-chinesische Freundin. Nach einer Woche Urlaub in Malaysia fliegen sie an ihren Wohnort Peking zurück. Zu diesem Zeitpunkt hält sich der Vater gerade in Paris auf. Er wird wie vereinbart ein paar Stunden später nach Peking reisen und bei seinem Abflug nur wissen, dass seine Frau und seine Kinder ebenfalls unterwegs sind. Die anderen nicht asiatisch wirkenden Passagiere sind ein Amerikaner mittleren Alters, zwei junge Iraner, ein Neuseeländer, ein Russe und zwei Ukrainer.

Ein Jahr später mutmaßte ein amerikanischer Blogger, dass die Ukrainer etwas mit dem Verschwinden von Flug MH370 zu tun haben könnten. Er verdächtigte sie – auf der Grundlage eines rein hypothetischen Szenarios[3] – die Maschine nach Kasachstan entführt zu haben. Die beiden Ukrainer kamen nur wenige Minuten vor dem Boarding gemeinsam am Gate an und machten einen wesentlich energetischeren Eindruck als der Rest der Passagiere. Sie hatten den Körperbau von US-Marines und trugen eng anliegende schwarze T-Shirts. Jeder der beiden hatte eine große Sporttasche dabei, die sie mit routinierter Leichtigkeit auf das Förderband schwangen. Viel später fand ich heraus, dass ihre Flugtickets die einzigen waren, die von den Ermittlern nicht zurückverfolgt werden konnten. Bis heute hat man nicht herausfinden können, wo sie gekauft wurden. Es gab kein Reisebüro, keine Zahlart und keinen Ausstellungsort. Äußerst ungewöhnlich. Zudem saßen die beiden ausgerechnet in Reihe 27 und damit unter der Satcom-Antenne. Wenn man von allen Passagieren an Bord einen möglichen Entführer hätte benennen sollen, dann erfüllten die Ukrainer diese Rolle sicherlich am besten, sowohl in Hinblick auf Alter und körperliche Voraussetzungen als auch hinsichtlich ihres Auftretens und der Körpersprache.[4]

Einige Fluggäste passieren die Torsonden in Mantel, Kapuzenpullover oder mit Gürtel. Sorglos laufen sie in kleineren Gruppen hindurch, um dann einer nach dem anderen zurückzugehen. Auch Armbanduhren lösen den Alarm der Metalldetektoren aus. Dieses etwas chaotische Kommen und Gehen wird von der Kamera vollständig aufgezeichnet. Einer der Passagiere öffnet eine Thermoskanne und hält sie kopfüber, um zu zeigen, dass sie leer ist. Ein anderer fischt eine extragroße Flasche Coca-Cola aus seinem soeben gescannten Handgepäck und trinkt vor aller Augen daraus, während er auf seine Reisebegleiter wartet.

Ein Angestellter von Malaysia Airlines (MAS) in der türkisfarbenen Jacke des Bodenpersonals spaziert durch die mittlere Torsonde, in der Hand eine durchsichtige Plastiktüte, die offensichtlich mehrere Rollen Faxpapier enthält. Der Alarm leuchtet rot auf. Niemand reagiert. Ungerührt setzt er seinen Weg fort, ohne kontrolliert zu werden. Kurze Zeit später bleibt eine Geldbörse in den Metallrollen des Förderbandes hinter dem Scanner stecken. Eine Frau bleibt beim Anziehen ihres Mantels mit dem Kopf am Stoff hängen und sorgt unfreiwillig für Heiterkeit. Mit anderen Worten, das gesamte Boarding-Prozedere geht eher unorganisiert und nachlässig vonstatten. Unter weniger tragischen Umständen hätte die legendäre malaysische Sorglosigkeit ein Lächeln bei demjenigen hervorgerufen, der das Video im Nachhinein betrachtet.

Obwohl die allgemeinen Sicherheitsbestimmungen für den Luftverkehr weltweit gelten, variieren sie von Flughafen zu Flughafen. In Kuala Lumpur hat man jedoch Schwierigkeiten, im offiziellen Informationsmaterial des Flughafens überhaupt etwas über die Bestimmungen zu erfahren. Auf der Website stößt man unter dem Reiter »Airport Check-In Guidelines« auf die Unterkategorie »Security Checks«. Sie besteht lediglich aus zwei Zeilen: »Security Regulation on Hand Luggage« und »Hand Baggage Guidelines«.[5] Mehr Informationen gibt es nicht. Keine weiteren Einzelheiten. Kaum zu fassen und höchst ungewöhnlich für einen Flughafen, der mehr als vierzig Länder verbindet und jährlich dreißig Millionen Passagiere befördert.

Gerade als es aussieht, als hätten alle die Sicherheitskontrollen durchlaufen, verlässt ein junger Chinese in einem eng anliegenden weißen Anzug und mit Elvistolle den Wartebereich und passiert erneut die Kontrollstation, diesmal in die andere Richtung. Als hätte er etwas Wichtiges vergessen, eilt er schnellen Schrittes zurück zum Terminal. Am Ende des Videos, zehn Minuten nach Mitternacht, schließt das Sicherheitspersonal offenbar die Kontrollstation, doch er ist immer noch nicht zurückgekehrt. Hat er den Flug verpasst und damit sein Leben gerettet? Oder ist er gerade noch rechtzeitig an Bord geschlüpft? Und noch wichtiger: Sind einige Passagiere, die auf dem Video in Richtung Gate eilen, dem Unglück ebenfalls in letzter Minute entgangen?

Dreißig Minuten später hebt die Boeing 777-200 mit der Seriennummer 28420 und dem Kennzeichen 9M-MRO[6] wie jede Nacht um die gleiche Zeit ab: um 00:40 Uhr, plus/minus ein oder zwei Minuten. Der Steigflug dauert 20 Minuten und scheint problemlos zu verlaufen. Um 1:01 hat die Maschine eine Reiseflughöhe von

35 000 Fuß erreicht. Die Flugbedingungen sind gut, um nicht zu sagen ideal. Die Verpflegung an Bord kann beginnen, auch wenn sie von den Passagieren dieses Fluges meist nicht wahrgenommen wird. Stattdessen versuchen sie möglichst viel Schlaf zu bekommen. Um 1:07 sendet das Flugzeug den ersten ACARS[7]-Bericht. Dabei werden in Echtzeit technische Daten der Maschine an Boeing im amerikanischen Chicago und an die Bodenstation von Malaysia Airlines übermittelt. Die Berichte werden in regelmäßigen Abständen gesendet, die von den Abmachungen mit der Fluggesellschaft abhängen. Im Fall von Malaysia Airlines betragen sie dreißig Minuten. Bei einigen Fluggesellschaften variiert das gewählte Intervall auch je nach Flugroute.

Alles läuft normal. Malaysia Airlines hat einen ausgezeichneten Ruf, was Service und Sicherheit anbelangt. Mit einem Durchschnittsalter von vier Jahren ist ihre Flotte sehr modern, auch wenn das Alter der Boeing von Flug MH370 mit zwölf Jahren darüberlag. Die Maschine wurde 2002 vom Werk geliefert und hatte zum Zeitpunkt ihres Verschwindens bereits 53 465 Betriebsstunden und 7525 Flüge hinter sich.

Ihr einziger offiziell erfasster Unfall ereignete sich im August 2012 am Boden, als die Maschine am Flughafen Shanghai-Pudong mit einem anderen Flugzeug kollidierte. Am 23. Februar 2014, also zwölf Tage vor der fraglichen Nacht, befand sich die Maschine für eine Wartung in den Hangars von Malaysia Airlines. Eine der ersten Mitteilungen, die die Fluggesellschaft nach dem Verschwinden der Maschine abgab, lautete: »Das Flugzeug wies keinerlei technische Mängel auf.« Die nächste Wartung war für den 19. Juni vorgesehen.

Nach einer Flugzeit von vierzig Minuten ist das Flugzeug dabei, den malaysischen Luftraum zu verlassen und in den vietnamesischen zu fliegen.[8] Zu dieser Zeit verbleiben noch fünf Stunden bis zum geplanten Sinkflug auf Peking. Die Landung ist für 6:30 Uhr vorgesehen. Um 1:19 verabschiedet sich die Boeing von der malaysischen Flugsicherungszentrale, auch Luftverkehrskontrolle genannt, mit der Routinenachricht: »Gute Nacht, Malaysia drei sieben null.« Im Zuge der Ermittlungen wurden die Freunde und Familienangehörigen der beiden Piloten sowie ein Spezialist gebeten, die Stimmen des Funkverkehrs zwischen MH370 und der Luftverkehrskontrolle in Kuala Lumpur zu identifizieren. Heraus kam, dass die ersten Meldungen vor dem Take-off vom Ersten Offizier stammten, was bedeutet, dass der Flugkapitän oder verantwortliche Pilot (Pilot in Command, kurz PIC) am Steuer saß. Danach werden sie vom Flugkapitän durchgegeben, was wiederum bedeutet, dass der Co-Pilot die Maschine zum Zeitpunkt ihres Verschwindens flog. Die Stimme des Kapitäns ist ruhig und klingt keineswegs verdächtig. Das übliche Prozedere schreibt vor, dass die Maschine direkt nach dem Verlassen des malaysischen Luftraumes die vietnamesische Flugsicherungszentrale kontaktieren soll, für gewöhnlich mit einer Nachricht wie: »Ho-Chi-Minh Kontrolle, Malaysia drei sieben null, Flughöhe drei fünf null, guten Morgen.« Doch der Funkruf von MH370 bleibt aus. In den darauffolgenden Minuten wendet sich die Situation auf dramatische Weise ins Abnormale, Ungewisse und nie Dagewesene.

Um 1:20 Uhr, fünf Sekunden nachdem die Maschine den Wegpunkt IGARI, der Singapur zugewiesen ist,[9] überflogen hat, und neunzig Sekunden nach der letzten Funknachricht wird der Transponder – das Hauptkommunikationsmittel zwischen Flugzeug und Luftverkehrskontrolle – ausgeschaltet. Oder er schaltet sich selbst aus. Der Knopf befindet sich zwischen den Sitzen der beiden Piloten. Ihn auszuschalten ist so einfach wie das Ein- oder Ausschalten eines Autoradios: eine Vierteldrehung in die eine oder in die andere Richtung. Den Transponder aber ausgerechnet zwischen zwei Flugverkehrszonen auszuschalten ist äußerst ungewöhnlich – und höchst verdächtig. Den Meldungen der malaysischen Behörden eine Woche später zufolge wendet sich das Flugzeug zunächst steuerbords und beginnt dann einen U-Turn nach Westsüdwest. Dann wird das ACARS-System (das automatisch die Übermittlung technischer Informationen kontrolliert) ebenfalls abgeschaltet. Oder es schaltet sich, auch hier, irgendwie selbst ab. Wie das zu bewerkstelligen ist, wird Piloten nicht einmal beigebracht, da es keinen vorstellbaren Grund oder eine vertretbare Erklärung dafür gibt, das ACARS-System abzuschalten, in welcher Situation auch immer. Doch auch wenn der Vorgang später als »kompliziert« beschrieben wird, ist er in Wahrheit nicht weiter schwer. Mit drei Klicks auf der Kommunikationsseite des Trackpads können die drei Übermittlungsmodi deaktiviert werden. Beide Aktionen – den Transponder auszuschalten und kurz darauf auch das ACARS-System – schließen auf den ersten Blick die häufigsten Szenarien aus, mit denen wir es bei Flugunglücken zu tun haben: technisches Versagen, erweiterter Suizid des Piloten oder eine Explosion an Bord der Maschine. Sie legen nahe, dass jemand auf eine Art und Weise die Kontrolle über die Maschine übernommen hat wie noch nie zuvor in der Geschichte der Luftfahrt.[10]

Nun ihres ACARS-Systems beraubt, sendet die Boeing keinerlei technische Daten mehr, die es durch die Satellitenübertragung möglich gemacht hätten, sie zu orten. Und so bleibt der ACARS-Bericht um 1:37 Uhr aus, ebenso wie der um 2:07. Führt das zu einem sofortigen Alarm bei Boeing, Rolls-Royce und Malaysia Airlines? »Notwendigerweise« ja, vermuten alle Sachverständigen, die nach dem Verschwinden der Maschine dazu befragt wurden. Doch weder von dem amerikanischen Flugzeugbauer Boeing noch von dem britischen Flugmotorenhersteller Rolls-Royce, diesen beiden Eckpfeilern der weltweiten Flugzeugindustrie, wird auch nur ein einziger Kommentar, eine Erklärung oder eine technische Einsicht kommen. Als der Air-France-Flug 447 im Jahr 2009 zwischen Rio de Janeiro und Paris abstürzte, konnte der Unfallort eingegrenzt werden, weil der Absturz durch die im letzten ACARS-Bericht enthaltenen Indikationen auf fünf Minuten genau bestimmt werden konnte.

Hatte also soeben eine perfekte Entführung stattgefunden, die keinerlei Spuren hinterlässt? Eine fast perfekte Entführung, um genau zu sein. Denn obwohl sie nicht länger Signale aussendet, erreicht die Maschine automatisch ein stummes elektromagnetisches Signal, genannt »Handshake-Ping«. Lediglich das Echo des Pings lässt Rückschlüsse darauf zu, ob es angekommen ist. Bis zu dieser außergewöhnlichen Situation waren Pings noch nie dafür verwendet worden, ein Flugzeug ausfindig zu machen. Um diese letzten Hinweise der Maschine auszuwerten und daraus ihre finale Flugroute herzuleiten, werden außerordentlich komplexe mathematische Hochrechnungen notwendig sein.

Wir wissen nicht, was nach der Nachricht »Gute Nacht, Malaysia drei sieben null« hoch oben an Bord von MH370 passiert ist. Auf dem Boden hingegen zeichnet sich der Beginn einer tragischen Pannenserie ab, die sich über wertvolle Stunden hinzieht und in deren Verlauf sich die Boeing in Luft auflöst.

Die Nachrichten, die zwischen den Flugsicherungszentralen Kuala Lumpur und Ho-Chi-Minh-Stadt aufgezeichnet wurden, spiegeln eine Reihe unglaublicher Fehler wider. Ab 1:20 Uhr weiß die vietnamesische Luftverkehrskontrolle, dass MH370 eigentlich in ihren Luftraum eintreten sollte. Doch sie wartet volle neunzehn Minuten, bis sie Kuala Lumpur über die eigenartige Stille des Kuala-Lumpur-Peking-Fluges in Kenntnis setzt. Dabei hätte sie binnen drei bis maximal vier Minuten reagieren müssen. Auch der Kontrollturm in Kuala Lumpur erhält in dieser Zeit keine Meldungen von der Maschine: MH370 ist nicht auf die lokale Frequenz zurückgekehrt.

Ungefähr um 1:30 Uhr gelingt es einem Piloten auf dem Weg nach Tokio, dessen Maschine sich theoretisch in der Nähe von MH370 hätte befinden müssen, auf Anweisung der vietnamesischen Luftverkehrskontrolle über die Notruffrequenz (121,5 MHz) eine Verbindung zu der Boeing herzustellen. Er fragt, ob die Piloten sich bei der vietnamesischen Luftverkehrskontrolle gemeldet haben.

»Die Verbindung war ... konstant gestört ... aber ich konnte am anderen Ende Gemurmel ausmachen«, berichtete der Pilot. »Danach wurde die Verbindung unterbrochen, und wir haben nichts mehr von ihnen gehört. Aber wenn die Maschine in Schwierigkeiten gewesen wäre, hätte der Pilot den Mayday-Notruf abgegeben. Ich bin mir sicher, dass auch kein anderer dort oben etwas in diese Richtung gehört hat«, erzählte er der malaysischen Zeitung *The New Sunday Times* am Tag darauf.

Die Verbindung wird unterbrochen, was nicht weiter ungewöhnlich ist. Der Pilot muss seinen Flug nach Japan fortsetzen und versucht es nicht erneut. Schließlich ist es sein Job, seine eigenen Passagiere sicher ans Ziel zu bringen. Verschiedene Ermittler, die versucht haben einzugrenzen, welche Flugzeuge sich in den letzten Momenten von MH370 seiner Nähe befanden, gaben an, es könnte der Pilot von Flug MH88 oder JL750 gewesen sein. Die Gesprächsfetzen hoch oben in der Luft wurden nicht öffentlich gemacht, obwohl dem Piloten zufolge – der seine Zeugenaussage anonym abgegeben hat – alle anderen Flugzeuge und Schiffe in der Nähe sie gehört haben mussten. Im vorläufigen Bericht heißt es außerdem, dass Ho-Chi-Minh-Stadt um 1:54 Uhr die Piloten von Flug MH386 auf dem Weg von Shanghai nach Kuala Lumpur auffordert, Kontakt mit MH370 aufzunehmen. Einzelheiten dazu gibt es keine. In der offiziellen Stellungnahme der Flugdienstleitung, die von der Royal Malaysian Police dokumentiert wurde, wird erwähnt, dass auch Flug MH52 gebeten wurde, mit der vermissten Maschine Kontakt aufzunehmen. Sowohl die Piloten von MH52 als auch MH88 wurden von der Polizei befragt. Ihren Aussagen zufolge haben sie es wiederholt versucht, konnten jedoch keine Funkverbindung zu MH370 herstellen.

Um 1:46 Uhr berichtet Ho-Chi-Minh-Stadt Kuala Lumpur, dass die Maschine vom Radar verschwunden ist, kurz nachdem sie laut geplanter Flugroute den nächsten 37 Seemeilen (etwa 68,5 Kilometer) entfernten Wegpunkt BITOD[11] überfliegen sollte. Nach einigem erfolglosen Hin und Her zwischen den Kontrolltürmen der benachbarten Lufträume informiert die Luftverkehrskontrolle Kuala Lumpur die vietnamesischen Kollegen um 2:03 Uhr, dass die Kontrollzentrale von Malaysia Airlines das Flugzeug geortet habe … und zwar über Kambodscha. Gute Nachrichten, doch sie muten auch ein bisschen seltsam an. Warum sollte MH370 von seiner geplanten Flugroute abweichen, ohne die zuständige Flugsicherungszentrale zu informieren? Und was macht die Maschine über Kambodscha? Ho-Chi-Minh fragt nach. Eine halbe Stunde später, um 2:37 Uhr, sendet die Kontrollzentrale von Malaysia Airlines den vietnamesischen Fluglotsen, die berechtigterweise ihre Zweifel haben, die Koordinaten der angeblichen neuen Position der Boeing im Luftraum über Kambodscha. Nun wird die Maschine um 2:39 via Satellitentelefon angerufen. Ohne Erfolg. Und wieder stellt sich die Frage, warum so lange gewartet wurde. Etwa eine Stunde später widerruft die Kontrollzentrale von Malaysia Airlines ihre Angaben. Der Positionsbericht über Kambodscha hätte auf einer »Prognose« beruht und nicht auf einer tatsächlichen Positionsbestimmung des Flugzeugs. Mit anderen Worten: Keiner – weder die Fluggesellschaft noch die Luftverkehrskontrollen, noch irgendjemand sonst – weiß, wo MH370 ist.

Das Flugzeug ist also im Grunde genommen seit zwei Stunden und zehn Minuten irgendwo zwischen zwei zögerlich operierenden und ratlosen Kontrolltürmen, die von den falschen Hinweisen der Kontrollzentrale ihrer eigenen Fluggesellschaft verwirrt wurden, verschwunden. Nun versuchen die Vietnamesen Hongkong und die chinesische Insel Hainan zu kontaktieren, um nachzufragen, ob sie zufällig das vermisste Flugzeug vorbeifliegen sahen.

Zwei Wochen später stellt sich dank einer Radaraufnahme aus Thailand heraus, dass sich die Maschine um 2:22 Uhr bereits im Nordosten von Sumatra (Indonesien), also auf der anderen Seite von Malaysia befindet. Sie hat ihre Route radikal geändert und ist offensichtlich von ihrem vorgesehenen Ziel abgewichen. Warum? Wo fliegt sie hin?

Erst um 5:30 Uhr, eine Stunde vor der vorgesehenen Ankunftszeit, schlägt Malaysia Airlines offiziell Alarm.

Am Flughafen von Peking zeigt die Hauptanzeigetafel in der Wartehalle Flug MH370 als »verspätet« an. Sowohl in Kuala Lumpur als auch in Peking werden die Menschen langsam ungeduldig: Weder haben sie die übliche Nachricht »in Peking angekommen« erhalten noch irgendeine Antwort von einem Handy. Als zur vorgesehenen Ankunftszeit niemand aus der Ankunftshalle kommt, macht sich langsam Unruhe breit. Um 7:24 Uhr, eine Stunde nach der vorgesehenen Ankunftszeit in Peking, gibt Malaysia Airlines eine ausweichende Presseerklärung ab und verkündet, dass die

Flugsicherungszentrale Subang am heutigen Tag, dem 8. März, um 2:40 Uhr den Kontakt zu MH370 verloren habe. Die wartenden Familienangehörigen und Freunde der 239 vermissten Personen an Bord reagieren entsetzt und panisch. Für sie beginnt ein endloses Martyrium. Nicht der Kontakt ging verloren, sondern ein komplettes Passagierflugzeug.

Viele Monate lang werden so gut wie keine der entscheidenden Einzelheiten über die Route bekannt, die die Maschine tatsächlich zwischen ihrem letzten Funkkontakt mit der malaysischen Luftverkehrskontrolle und ihrem Auftauchen auf dem thailändischen Militärradar um 2:22 Uhr genommen hatte. Über Wochen, Monate und Jahre wurden die Details wie bei einem Puzzlespiel durch Herumprobieren und im Licht immer neuer, sparsam und tröpfchenweise veröffentlichter Informationen zusammengefügt, die größtenteils in einem Meer falscher oder ungenauer Daten untergingen.

Der erste Zwischenbericht, datiert auf den 1. Mai 2014, gab nur sehr wenig Aufschluss. »Selbst wenn dir das Portemonnaie geklaut wird, bekommst du einen längeren Bericht als das hier«, erklärte der Bruder einer chinesischen Passagierin mir empört. Im Laufe der folgenden Jahre wurde in mehreren Berichten und einigen Studien der australischen Verkehrssicherheitsbehörde ATSB (Australian Transport Safety Bureau) versucht, die bekannten Fakten kohärent zusammenzubringen. Dabei stellten jedoch verschiedene unabhängige und von dem Fall faszinierte Experten, mit denen ich regelmäßig in Kontakt stand, fest, dass sich selbst in die offiziellen Berichte, auf die sich die Rekonstruktion der letzten Stunden des Fluges stützt, Fehler, Widersprüche und Fehlinformationen geschlichen hatten.

Es dauerte ganze zwei Jahre, bis ich zum ersten Mal die vielen Mängel und Unstimmigkeiten in der offiziellen Version der Geschichte entdeckte, und weitere drei Jahre, in denen ich mit Zeugen sprach und nach Spuren suchte – auch den Spuren verwischter Spuren –, um eine plausiblere Erklärung für das zu finden, was in dieser Nacht wirklich geschah.

2

Wo ist das Flugzeug?

»Am besten übernachtest du im Sama-Sama Hotel direkt neben dem Flughafen. Dort haben alle Journalisten ihr Hauptquartier aufgeschlagen, und es gibt jeden Tag um 17:30 Uhr eine Pressekonferenz. Aber die Ermittlungen führen nirgendwohin. Wenn du mich fragst, ist das ein hoffnungsloser Fall.«

Das sagte mir ein Freund und Kollege vom RFI (Radio France Internationale) am Telefon, noch bevor ich anderthalb Wochen nach dem Vorfall in Kuala Lumpur eintraf. Direkt im Anschluss an das Verschwinden des Flugzeugs waren über 160 Medienteams aus aller Welt entsandt worden, um darüber zu berichten, und fast alle waren im Sama-Sama Hotel abgestiegen. Kamerastative und zahllose Taschen mit Equipment säumten die Flure, und die riesige, aber seelen- und geschmacklose Lobby des Luxushotels brummte vor Geschäftigkeit. Einige Teams hatten kleine Fähnchen ihres Medienunternehmens aufgestellt, um die herum sie improvisierte Tisch- und Sofagruppen arrangierten. Andere hatten Säulen für sich beansprucht, sie mit Logos beklebt und ihr Lager davor aufgeschlagen. Die sensationslüsterne Menge war wie eine Armee Ameisen, die über eine heruntergefallene Frucht herfiel.

Wären da nicht die schlampige Organisation und eine deutlich spürbare, gereizte Anspannung, dann hätte diese dicht gedrängte Medienkolonie leicht die Presseversammlung eines internationalen Gipfeltreffens oder einer großen Sportveranstaltung sein können. Doch das hier war anders. Der Saal, in dem die Pressekonferenzen abgehalten wurden, lag im Flur direkt neben dem Familienraum. Wenn die Tür einen Spalt offenstand, drangen daraus manchmal verzweifelte Klageschreie oder Wutausbrüche – sie erinnerten uns daran, dass diesem spannenden Rätsel eine menschliche Tragödie zugrunde lag. Insbesondere die chinesischen Familien waren am Ende ihrer Kräfte. Ein paar Familienangehörige hatten sich im Lido Hotel in Peking versammelt, doch viele hatten die Reise nach Kuala Lumpur auf sich genommen, um sofort zur Stelle zu sein, sobald auch nur der Hauch einer neuen Information auftauchte. Bereits ein harmloses Missverständnis oder eine ungeschickte Frage eines Journalisten konnte starke Gefühlswallungen auslösen. Treffen mit malaysischen Offiziellen schlugen regelmäßig in heftige Kontroversen, Türenknallen und tätliche Angriffe mit Wasserflaschen auf die Sprecher um. Das Leid dieser Menschen, die ihre Lieben verloren hatten, wuchs mit jeder Minute. Es verfolgte sie, seit Huang Huikang, der chinesische Botschafter in Malaysia, sie ein paar Tage nach dem Verschwinden getroffen und, wohl um Worte verlegen, gesagt hatte: »Das ist alles sehr kompliziert, das können Sie nicht verstehen.«

Wie kann er sagen, dass es »kompliziert« ist, wenn sie uns im gleichen Atemzug sagen, sie wüssten nichts?[1]

Die bekannten Nachrichtensprecher der großen TV-Sender waren ebenfalls auf den Plan getreten. Trotz Russlands Annexion der Krim und Putins Absichten in Bezug auf den Rest der Ukraine wurde das Verschwinden von Flug MH370 als wichtigste Story der Stunde eingestuft. Das Thema war hervorragend für Liveübertragungen geeignet, mit Eilmeldungen und Rund-um-die-Uhr-Berichterstattung. In den ersten Tagen nach dem Verschwinden der Maschine bestanden die Medienberichte aus einer langen Reihe Aussagen, Widersprüche, Dementis, Gerüchte, Bestätigungen, Zurücknahmen und Klarstellungen … kurz gesagt, aus einem Strudel an Informationen, die sich zu einem Nebel aus Hypothesen verdichteten.

***

Innerhalb weniger Stunden stellten China, Thailand, Indonesien, Singapur, Vietnam, die Philippinen und die USA den malaysischen

Behörden Suchteams zur Verfügung. Beflügelt durch die Ermittlungserfahrung, die man durch Flug AF447 gesammelt hatte, abgestürzt am 1. Juni 2009 vor der Küste Brasiliens auf dem Weg von Rio de Janeiro nach Paris, entsandte Frankreich eine Delegation seiner Untersuchungsbehörde für Flugunfälle, der BEA (Bureau d'enquêtes et d'analyses pour la sécurité de l'aviation civile). Wie in Anlage 13 des Abkommens über die internationale Zivilluftfahrt, auch Chicagoer Konvention genannt, gefordert, wurde schnell ein nationenübergreifendes Untersuchungsteam gebildet. Leiter war ein ehemaliger malaysischer Generaldirektor für zivile Luftfahrt. Neben der BEA (Frankreich) stützte sich das Team auf die Expertise zahlreicher Flugunfalluntersuchungskommissionen anderer Länder: das NTSB[2] (USA), das AAIB[3] (GB), das AAID[4] (China) und das ATSB[5] (Australien) sowie auf anerkannte Abgesandte aus Singapur und Indonesien. Auch Boeing, Rolls-Royce und das britische Satellitenunternehmen Inmarsat – dazu später mehr – wurden zu der Runde eingeladen. Gemäß der Chicagoer Konvention verkündete Hishammuddin Hussein, der malaysische Verteidigungs- und Verkehrsminister:

> Hauptziel des internationalen Untersuchungsteams ist es, den tatsächlichen Grund für den Unfall auszuwerten, zu untersuchen und festzuhalten, um ähnliche Unfälle in Zukunft zu vermeiden. Die Regierung sieht es als ihre Pflicht an, ein unabhängiges Untersuchungsteam einzuberufen, das nicht nur kompetent und transparent, sondern auch im höchsten Maße glaubwürdig ist.

Jemand, der die Ermittlungen aus der Nähe verfolgt hatte, berichtete mir: »Amerikaner vom NTSB, dem FBI und der FAA[6] waren sofort vor Ort. Die Briten haben ebenfalls zwei Ermittler geschickt. Sie haben Malaysia Airlines aufgesucht und um Zugang zu allen Daten gebeten.«

Naturgemäß begannen die Ermittlungen dort, wo die Maschine zuletzt Kontakt zu den Bodenstationen hatte: im Südchinesischen Meer, auf halbem Wege zwischen dem Nordosten Malaysias und dem südlichen Zipfel Vietnams. Zunächst wusste man nur, dass der Kontakt, kurz nachdem die Maschine den Wegpunkt BITOD überflogen hatte, über dem Golf von Thailand entlang der Nahtstelle des malaysischen und des vietnamesischen Luftraumes abgebrochen war. Dass sie von einem U-Turn nach links wüssten, hielten die malaysischen Behörden sorgsam zurück. Stattdessen wiesen sie die Suchteams an, sich allein auf das genannte Gebiet zu konzentrieren.

Am ersten Tag der Suche wurde ein Flugzeug aus Singapur losgeschickt, um das Gebiet aus der Luft abzusuchen. Uns wurde wiederholt mitgeteilt, dass neun Flugzeuge und 24 Schiffe an der Suche beteiligt wären, auch wenn wir weder eine detaillierte Liste erhielten noch je erfuhren, wo genau sich die Suchgebiete befanden. Die Zahlen der beteiligten Einsatzkräfte stiegen von Tag zu Tag so rasant, dass man Mühe hatte, auf dem Laufenden zu bleiben. Als das Suchgebiet auch auf die gegenüberliegende Küste Malaysias ausgeweitet wurde und damit rund 100 000 Quadratkilometer umfasste, erhielt die Presse die Information, dass 42 Schiffe und 39 Flugzeuge im Einsatz wären. In der Hochphase des Sucheinsatzes waren 26 Nationen involviert.

Einige Zeugen berichteten, dass sie in der Nacht des Verschwindens über dem Golf von Thailand ein auffälliges Flugzeug gesichtet hätten. Sie beschrieben ungewöhnliche Geräusche, helle Lichter, eine Maschine, die sehr tief flog und sogar ein Flugzeug, das Feuer gefangen hätte. Diese Beobachtungen hatten nichts mit den üblichen Langstreckenflügen zwischen Kuala Lumpur und Tokio, Seoul, Hongkong, Taipeh oder Peking zu tun, die aufgrund ihrer Reiseflughöhe kaum sichtbar waren.

Entlang der malaysischen Nordostküste gaben Dorfbewohner aus Pantai Seberang Marang an, dass sie aus Richtung der Resortinsel Pulau Kapas ohrenbetäubenden Lärm vernommen hätten. Unter dem Titel »Dorfbewohner hörten eine Explosion« verkündete die Zeitung *Free Malaysia Today* in ihrer Ausgabe vom 12. März, dass die Polizei von Terengganu die Aussagen mehrerer Dorfbewohner aufgenommen hatte, die berichteten, in der Nacht vom 7.

auf den 8. März eine laute Explosion gehört zu haben. Unabhängig voneinander gaben Dorfbewohner folgende Aussagen zu Protokoll: Etwa um 1:20 Uhr saß Alias Salleh, 36, ein paar Hundert Meter vom Meer entfernt mit Freunden beisammen, als sie alle ein sehr lautes Geräusch »wie von einem Düsentriebwerk« hörten.[7] Ein anderer Dorfbewohner, Mohd Yusri Mohd Yusof, 34, sagte aus, er habe, als er den Lärm hörte, zunächst gedacht, ein Tsunami rolle auf sie zu. Andere Bewohner der Gegend behaupteten, seltsame Lichter über dem Meer gesehen zu haben. Im Bundesstaat Kelantan fiel dem 66 Jahre alten Fischer Azid Ibrahim ein sehr tief fliegendes Flugzeug auf, das gegen 1:30 Uhr »unterhalb der Wolkendecke« flog. Das Flugzeug war beinahe fünf Minuten lang zu sehen. Sein Fischerboot lag etwa zehn Seemeilen vor Kuala Besar. Das Flugzeug sei unmöglich zu übersehen gewesen, sagte er, da »seine Lichter groß wie Kokosnüsse waren«. Leider schliefen alle anderen auf dem Boot zu dem Zeitpunkt tief und fest.

Ungefähr zur gleichen Zeit fielen dem jungen Geschäftsmann Alif Fathi Abdul Hadi, 29, etwa dreißig Kilometer von Kota Bharu[8] entfernt ebenfalls helle Lichter auf. Er bestand darauf, seine Beobachtung der MMEA[9] (Malaysian Maritime Enforcement Agency) mitzuteilen, da das Flugzeug »in die entgegengesetzte Richtung flog als sonst«. Im gleichen Gebiet, jedoch auf hoher See, nämlich im Südosten von Vietnam, war der 57 Jahre alte Neuseeländer Michael J. McKay, der auf einer Bohrinsel arbeitete, mitten in der Nacht hinausgegangen, um eine Zigarette zu rauchen. Er war fest davon überzeugt, westlich von ihm hoch oben am Himmel ein brennendes Flugzeug gesehen zu haben. »Ich glaube, ich habe gesehen, wie die Maschine von Malaysia Airlines abgestürzt ist. Zeitlich kommt das genau hin«, schrieb er in einer Mail an seine Arbeitgeber, nachdem die malaysischen und die vietnamesischen Behörden seine Meldung ignoriert hatten. In den folgenden Tagen berichteten weitere Zeugen, darunter ein Passagier an Bord des Fluges MU5093 von Kunming nach Kuala Lumpur sowie mehrere andere Arbeiter, die auf Ölplattformen in derselben Gegend stationiert waren, dass sie in dieser Nacht Feuer auf dem Meer gesehen hätten.

Unterdessen veröffentlichte die vietnamesische Presse ein paar interessante Einzelheiten, die jedoch im Tumult der ersten Tage untergingen. So zitierte die Tageszeitung *Tuổi Trẻ News* bereits am Morgen des 8. März 2014 eine Aussage der vietnamesischen Marine, der zufolge »das Flugzeug [...] 153 Seemeilen [283 Kilometer] vor der Insel Thổ Chu abgestürzt [ist]«. Am Sonntag, dem 9. März, wurde etwa 150 Kilometer südlich von Vietnam aus der Luft ein großer Ölteppich von achtzig Kilometern Länge gesichtet. »Das ist der erste und – derzeit – der einzige mögliche Hinweis auf das verschwundene Flugzeug«, sagte der Pilot des Suchflugzeugs, Leutnant Hoang Van Phong.

Ein weiterer höchst brisanter Bericht wurde von *China Times*, einer prochinesischen Online-Zeitung mit Sitz in Taiwan, und von der chinesischen Nachrichtenwebsite china.com veröffentlicht. Darin war die Rede von einem »Notrufsignal von Flug MH370, das von dem US-Stützpunkt in U-Tapao in Thailand aufgezeichnet wurde«. In seinem Notruf sagte der Pilot, die Maschine sei dabei, auseinanderzubrechen und er müsse eine Notlandung machen.[10] Diese Information erschien mir, sollte sie wahr sein, bahnbrechend und außerordentlich wichtig, doch damals hörten wir nichts dergleichen, und der Bericht wurde von den westlichen Medien größtenteils ignoriert.

Es gab noch weitere Berichte, die das Szenario eines unmittelbaren Absturzes stützten. Peter Chong, einem Freund des vermissten Piloten, den ich ein Jahr später in Kuala Lumpur traf, war anfangs mitgeteilt worden, die Maschine sei über dem Golf von Thailand abgestürzt. Als er am Abend des 10. März (einem Montag) mit Malaysia Airlines in der Businessclass von Bangkok zurückflog, bat er eine Flugbegleiterin, dem Piloten sein Beileid auszudrücken. »Ich wollte in diesen schweren Zeiten meine Solidarität zum Ausdruck bringen«, erklärte er mir. Zu seiner Überraschung kam ein paar Minuten später eine auf ein Papiertaschentuch gekritzelte Nachricht zurück, die er sicher verwahrte. Darin dankte der Flugkapitän ihm und fügte hinzu: »Wrackteile zu Ihrer Linken«. Zu dem Zeitpunkt flog die Maschine gerade über den südlichen Teil des Golfs von Thailand. Peter Chong spähte aus dem Fenster und sah einen hell erleuchteten Abschnitt auf dem Meer, wo er seinen Angaben nach einen umfassenden Sucheinsatz erkennen konnte. Chong nahm dies als Beweis, dass »Malaysia Airlines zu diesem Zeitpunkt davon ausging, dass das Flugzeug in diesem Gebiet abgestürzt war, und dies auch seinen Flugbesatzungen mitgeteilt hatte«.

Zudem zeichneten chinesische Satelliten am Tag nachdem der Kontakt mit der Maschine verloren gegangen war, drei große Objekte auf, die auf dem Meer schwammen und von denen angenommen wurde, dass sie auf »ein mögliches Absturzgebiet« von Flug MH370 hindeuteten. Die Koordinaten dieser Trümmerteile – 105.63°O und 6.7°N – stimmten mit dem letzten Kontaktpunkt des Großraumjets überein. Die Bilder wurden von Sastind[11] zur Verfügung gestellt und sind auf elf Uhr am Sonntag, dem 11. März, datiert. Sie zeigen kleine weiße Punkte auf einem weiten grauen Meer. Als Maße wurden 18 × 13 Meter, 19 × 14 Meter und für das größte 24 × 22 Meter angegeben. Man stößt im Meer nicht jeden Tag auf Objekte dieser Größe, die zu einer Boeing 777 mit einer Länge von 64 Metern und einer Spannweite von 61 Metern passen. Und dann gleich drei Objekte auf einmal! Ganz klar, dies war der erste ernstzunehmende Hinweis seit Beginn der ganzen Suchaktion. Mehrere Nachrichtensender preschten vor und verkündeten, die Maschine sei gefunden worden. Doch Xinhua, Chinas offizielle Nachrichtenagentur, wartete ganze drei Tage, bis sie die Bilder endlich am Mittwoch, dem 12. März, freigab. Noch erstaunlicher: Minister Hishammuddin beteuerte daraufhin umgehend und ohne mit der Wimper zu zucken, die Bilder wären »versehentlich« veröffentlicht worden. Sollte das tatsächlich der Fall sein, dann wäre es zweifellos das erste Mal, dass die Volksrepublik China versehentlich Satellitenbilder publik gemacht hat. Der Minister fügte hinzu, dass ein malaysisches Aufklärungsflugzeug die Position überflogen und nichts gefunden hätte.

Die Suchbemühungen in diesem Gebiet wurden von zwei amerikanischen Kriegsschiffen samt Hubschraubern und einer Lockheed P-3 Orion, einem Seefernaufklärer aus Singapur, angeführt. Angeblich patrouillierten noch zahlreiche weitere Schiffe in diesen Gewässern. Umgeben von der thailändischen Küste, Vietnam und China im Norden, dem philippinischen Archipel im Nordosten, den großen Inseln Borneo, Java und Sumatra im Süden und schließlich Malaysia und Thailand im Westen, schien es höchst unwahrscheinlich, dass ein Großraumjet – selbst ein zerstörter – und Dutzende Leichen nicht früher oder später von irgendjemandem bemerkt wurden.

Die Tatsache, dass die Veröffentlichung der chinesischen Satellitenbilder mit der Mitteilung zusammenfiel, dass die Maschine angeblich einen U-Turn nach Westen gemacht hatte, mag erklären, warum sie vergleichsweise wenig Aufmerksamkeit erhielten. Trotz des wachsenden Stapels an Hinweisen geriet das Südchinesische Meer vollkommen aus dem Fokus.

Die Augenzeugenberichte, die Meldungen der vietnamesischen Marine und die chinesischen Satellitenbilder, so aussagekräftig sie auf den ersten Blick auch wirkten, gerieten schnell in Vergessenheit. Sie wurden wie Puzzleteile in eine große und zunehmend überfüllte Kiste mit der Aufschrift »vorläufige noch ungeklärte Hinweise« geschoben, wo sie darauf warteten, eines Tages vielleicht doch noch Teil eines großen Ganzen zu werden.

Ab Dienstag, dem 11. März, nahmen alternative Szenarien zu einem Flugzeugabsturz über dem Südchinesischen Meer Form an. In einem offenbar schlecht beratenen Ausbruch von Transparenz erzählte Rodzali Daud, Befehlshaber der Royal Malaysian Air Force, der Lokalzeitung *Berita Harian (Nachrichten von heute)*, die Maschine sei am fraglichen Samstag um 2:40 Uhr morgens – eine Stunde und 21 Minuten nach dem letzten Funk- und Radarkontakt – vom Luftwaffenstützpunkt in Butterworth in der Nähe von Pulau Perak geortet worden. Höchst brisant, da die winzige Insel am nördlichen Ende der Straße von Malakka liegt,[12] also im Westen von Malaysia und damit weit entfernt vom damaligen Suchgebiet. Dass die malaysische Luftwaffe ein Flugzeug gesichtet hatte, war eine unumstößliche Tatsache. Oder zumindest wurde sie später als solche bestätigt. Zum gegebenen Zeitpunkt handelte es sich jedoch um einen großen Fauxpas. Der arme Kerl hatte viel zu früh geplaudert und verbrachte volle zwei Tage damit, seine eigene Aussage zu widerrufen. Er gab eine Stellungnahme ab, die besagte, dass Butterworth in Wahrheit um 2:15 Uhr ein nicht identifiziertes Signal aufgezeichnet hätte. Am nächsten Tag wurde der Zeitpunkt auf 2:30 Uhr korrigiert. Schon bald wusste niemand mehr, was die Luftwaffe wo und zu welchem Zeitpunkt gesehen hatte. Wenn Malaysias Antwort darauf abzielte, Verwirrung zu stiften, dann war seine Mission ein voller Erfolg.

Die widersprüchlichen Stellungnahmen hielten Malaysia jedoch nicht davon ab, zu einem Zeitpunkt, an dem in der offiziellen Version immer noch die Nordostküste als Suchregion galt, heimlich zwei Schiffe und ein Militärflugzeug an der Westküste auf die Suche zu schicken. Die *New York Times* zitierte amerikanische Abgesandte, die mit den Ermittlungen vertraut waren, dass das verschwundene Flugzeug zunächst auf 45 000 Fuß und damit über die für diese Maschine angegebenen Maximalflughöhe gestiegen wäre und sich dann im Sinkflug auf 23 000 Fuß, also weit unter der üblichen Reiseflughöhe, Penang genähert hätte.[13] Später schrieb die Zeitung, dass ein Mobilfunkmast um diese Zeit ein kurzes Signal vom Handy des Co-Piloten aufgezeichnet hätte. Keine dieser Angaben wurde offiziell bestätigt, doch sie wurden auch nicht ausdrücklich bestritten.

Dem ersten Zwischenbericht zufolge, der im Mai 2014 veröffentlicht wurde, beobachteten Militärexperten auf dem Radar die unerklärlichen Flugbewegungen am 8. März um 8:30 Uhr, also sieben Stunden nachdem der Großraumjet verschwunden war. Die Daten wurden dem Verteidigungs- und Verkehrsminister um 10:30 Uhr übermittelt, der wiederum sofort den Premierminister informierte.

Die malaysische Regierung ließ nie eine Erklärung verlauten, wie es dazu kommen konnte, dass man eine groß angelegte Suchaktion in das Südchinesische Meer im Osten beordert und dafür insbesondere China, Vietnam und Thailand um Hilfe gebeten hatte, obwohl seit dem Morgen des Verschwindens bekannt gewesen sein soll, dass die Maschine ihre Route radikal geändert habe und nach Westen geflogen sei. Die Suche im Südchinesischen Meer wurde erst rund eine Woche später offiziell abgeblasen. Ein Australier namens Ethan Hunt, einer der Gründer des im Juni 2014 gebildeten Familienkomitees, das mittels Spenden eine private Ermittlung beauftragen wollte, sagte später zu mir: »Wenn sie für ein Ablenkungsmanöver sorgen wollten, um zu tun, was auch immer sie mit diesem Flugzeug vorhatten, dann hätte ihnen keine bessere Methode einfallen können!«

Unterdessen meldete sich spontan eine Armee aus Freiwilligen auf der Website Tomnod und bot ihre Hilfe bei der Auswertung von Satellitenbildern der Suchgebiete an. Die Seite, ein Crowdfunding-Projekt, das ursprünglich von der University of California ins Leben gerufen worden war und inzwischen »im Ruhestand ist«, rief Freiwillige dazu auf, Satellitenbilder auszuwerten, um Waldbrände oder Flüchtlingslager zu entdecken und Taifunschäden und andere Natur- oder vom Menschen verursachte Katastrophen zu kartografieren. Vor der Suche nach MH370 hatte das Projekt ein paar Tausend Mitwirkende. Nach Beginn der Suche sah Tomnod sich gezwungen, die Website am 11. und 12. März wegen Überlastung durch die über 100 000 Aufrufe pro Minute zu schließen und sie mit einem stärkeren Algorithmus wieder zu öffnen. Mehr als acht Millionen Menschen haben insgesamt 98 Millionen Mal die Tomnod-Bilder genauestens untersucht und 650 000 interessante Objekte identifiziert. Sogar Courtney Love postete ein Satellitenbild von Tomnod auf ihrer Facebook-Seite und kommentierte: »Ich bin keine Expertin, aber aus der Nähe sieht das aus wie ein Flugzeug oder eine Ölspur.« Man gewann den Eindruck, dass das Suchteam weiterhin im Dunkeln tappte, während auf der Hauptbühne Ablenkungsmanöver veranstaltet wurden. Ohne wirklich zu wissen, wie oder wo sie nach dem Flugzeug fahnden sollten, jagte der multinationale Suchtrupp im Südchinesischen Meer seinem eigenen Schwanz hinterher. Unterdessen harrten die Familien und die Medienvertreter rastlos und fiebernd vor Ungeduld im provisorischen Krisenzentrum des Sama-Sama Hotels aus und zerbrachen sich die Köpfe, wie sie sich einen Reim auf die vielen inkohärenten und zum Teil widersprüchlichen Informationen machten sollten, die ihnen bei den täglichen Pressekonferenzen serviert wurden.

Mit der Veröffentlichung der Passagierliste begannen die offiziellen Stellen ernstlich um den heißen Brei zu reden. Malaysia Airlines machte nacheinander vier voneinander abweichende Angaben, was die Zahl der Nationalitäten an Bord anging. Im ersten Bericht waren es 13, im zweiten 14, im dritten stieg die Zahl auf 15 und im vierten korrigierten sie sie wieder auf 14. Zugegeben, die Taiwanesen wurden als Chinesen gezählt und der Italiener und der Österreicher, die auf der Liste auftauchten, waren in Wahrheit zwei Iraner, die mit gestohlenen Pässen reisten. Eine Weile ging sogar das Gerücht von vier gestohlenen Pässen um, doch in einer der Pressekonferenzen beruhigte man uns, dass es »in Wahrheit *nur* zwei waren«. Keine dieser Einzelheiten war sonderlich interessant für jemanden, der nach einer Boeing 777 mit 239 Menschen an Bord fahndete, doch sie füllten die Schlagzeilen und stifteten noch mehr Verwirrung.

Als die Passagierliste zum ersten Mal am Samstag, dem 8. März, veröffentlicht wurde, verkündete ein Sprecher der Fluggesellschaft: »Dies ist eine vollständige Liste aller Menschen an Bord. Ihre Familien wurden informiert.« Kurz darauf meldeten sich jedoch zwei »Überlebende«. Luigi Maraldi, ein Italiener, der zu der Zeit in Asien Urlaub machte, hörte seinen Namen unter den vermissten Personen und rief daraufhin sofort seine Familie an, um sie zu beruhigen. Glücklicherweise waren sie aber noch gar nicht von seinem angeblichen Verschwinden in Kenntnis gesetzt worden. Luigis Pass war sechs Monate zuvor gestohlen worden. Was Christian Kozel aus Österreich betraf, so war er zu Hause, als Flug MH370 verschwand. Auch sein Pass war zwei Jahre zuvor in Thailand gestohlen worden.

Am Ende stellte sich heraus, dass zwei junge Männer aus dem Iran die gestohlenen Pässe in Thailand erworben und mit ihnen eingecheckt hatten: Pouria Nour Mohhammed, 19, und Seyed Mohammed Rezar Delawar, 29. Iran? Endlich bot sich die perfekte Terrorismusfährte, auf die alle sehnsüchtig gewartet hatten. Die beiden Männer waren mit ihren iranischen Pässen nach Malaysia eingereist und hatten während ihres Aufenthalts ihre Identität geändert. Angeblich »aus Sicherheitsgründen« weigerte Malaysia Airlines sich, eine Erklärung abzugeben, wie Passagiere mit gefälschten Pässen Flugtickets kaufen konnten. Was folgte, war ein Strudel widersprüchlicher Mitteilungen. Die malaysische Zivilluftfahrtbehörde ließ zunächst verlauten, es sei nicht gesichert, dass die beiden verdächtigen Passagiere von den Überwachungskameras des Flughafens aufgezeichnet worden waren. Als Nächstes erklärte der malaysische Innenminister, sie hätten »asiatische Gesichtszüge«. Dann sagte der Generaldirektor der Zivilluftfahrtbehörde Azharuddin Abdul Rahman: »Sie sahen nicht asiatisch aus.« Als ein Journalist ihn bat, die äußere Erscheinung der beiden Iraner zu beschreiben, antwortete er mit einer Gegenfrage: »Kennen Sie den italienischen Fußballspieler Balotelli?«

An diesem Abend brach der gesamte Konferenzraum voller Journalisten zum einzigen Mal in der ganzen Krise in lautes Gelächter aus und bestürmte den Generaldirektor, der soeben den Namen des berühmten italienischen Stürmers und Sohn ghanaischer Eltern falsch ausgesprochen hatte, mit Fragen. Versuchte er zu sagen, dass man Italiener *sein* kann, ohne italienisch *auszusehen*? Oder war er der Meinung, dass die Iraner »afrikanische« Gesichtszüge hatten? Kurz: Waren sie nun Asiaten oder Afrikaner? Fußballspieler oder Terroristen? Wem sollte man glauben? Wo waren die Fakten?

Kurz darauf verkündete Interpol, dass bei den beiden Männern keine Verbindungen zum Terrorismus bekannt wären. Es sah ganz danach aus, als hatten sie sich ihren Familien in Europa anschließen wollen und versucht, ihre Nationalität zu verbergen, indem sie über Peking reisten. Inmitten der allgemeinen Verwirrung erklärte der Chef der internationalen kriminalpolizeilichen Organisation Interpol nüchtern, er glaube nicht, dass es sich bei dem Verschwinden von MH370 um einen Terroranschlag handle. »Je mehr Informationen wir bekommen, desto sicherer sind wir, dass es sich nicht um einen Terroranschlag handelt«, sagte Interpol-Generalsekretär Ronald Noble am Dienstag, dem 11. März 2014.

Als die Kameraausschnitte des Überwachungsvideos, das die beiden jungen Iraner beim Boarding zeigt, veröffentlicht wurden, nahm die Geschichte eine weitere überraschende Wendung. Die beiden Männer hatten nichts »Afrikanisches« an sich, sondern sahen durch und durch iranisch aus. Ihre Oberkörper und Gesichter waren unterschiedlich, doch ihre identischen Jeans und Turnschuhe lösten eine erneute Welle der Skepsis aus. Waren die Fotos manipuliert worden? Nein, es war offenbar »nur ein Kopierfehler«, entschuldigten sich die Vertreter. Und so verlief auch die Spur der iranischen »Terroristen« im Sand. Nach drei Tagen glaubte niemand mehr daran. Nichtsdestotrotz hatte sie die Nachrichten für mindestens 48 entscheidende Stunden beherrscht.

In der Zwischenzeit zitierten Bloomberg, BBC und viele andere Nachrichtenkanäle Generaldirektor Azharuddin, der auf einer der ersten Pressekonferenzen hatte verlauten lassen: »Vor dem Abflug hat die Fluggesellschaft die Gepäckstücke von fünf Passagieren entfernt, die nach dem Check-in nicht zum Boarding gekommen waren. [...] Bezüglich dieser fünf Passagiere, die nicht an Bord gegangen sind, gibt es noch ungeklärte Fragen.« Gleich fünf Personen, die nicht an Board erscheinen, sind eine ganze Menge. Doch das Thema wurde nicht weiterverfolgt. Unter normalen Umständen würde das Entfernen der Gepäckstücke zu einer beträchtlichen Verspätung führen. Doch dazu kam es in diesem Fall nicht. Vielleicht führten diese Passagiere nur Handgepäck mit sich? Das ist nicht selten der Fall, vor allem bei Vielfliegern, die es vermeiden wollen, nach der Ankunft auf ihr Gepäck zu warten. Am 11. März dementierte Malaysia Airlines jedoch jegliche Berichte, dass fünf eingecheckte Passagiere nicht an Bord erschienen seien. Allerdings gab die Fluggesellschaft dabei an, dass vier Personen, die den Flug reserviert hatten, nicht eingecheckt hatten. Ihre Identität wurde nie öffentlich gemacht, und da sie sich nicht zu erkennen gaben, wurde diese ungeklärte Frage einfach einer langen Liste hinzugefügt, gemeinsam mit dem Fragezeichen, das über Passagier Zhao Qiwei auf Platz 18D hing, dessen Name den chinesischen Behörden zufolge nicht mit seiner Passnummer übereinstimmte.

Und so vergingen die Stunden, ohne dass der Suchtrupp auf einen einzigen Hinweis stieß. Doch schon bald konnte sich die Presse auf den neuesten Leckerbissen stürzen. In der Sendung *A Current Affair* strahlte der australische Sender Channel 9 ein Interview mit einer jungen südafrikanischen Frau namens Jonti Roos aus. Gestützt von Beweisfotos, erzählte sie, wie der Co-Pilot von Flug MH370, Fariq Abdul Hamid, sie auf einem Flug von Phuket nach Kuala Lumpur mit einer ihrer Freundinnen ins Cockpit eingeladen hatte. Sie erklärte, dass sie dem Flugkapitän (dessen Name sie nicht nannte) und seinem jungen Co-Piloten Fariq, damals 25, im Vorbeigehen in der Warteschlange aufgefallen seien.

Phuket ist Thailands Touristenhochburg und für seine Strände ebenso berühmt wie für seine Stripbars. Als die beiden jungen Frauen an Bord gingen, wurden sie aufgefordert, sich zu den beiden Piloten ins Cockpit zu gesellen, wo sie schließlich den gesamten einstündigen Flug, inklusive Take-off und Landung verbrachten. In dem Fernsehinterview erzählte Roos, dass die beiden Piloten viel geraucht und sich ständig zu den beiden Frauen umgedreht hätten, die auf den beiden Klappsitzen im hinteren Teil des Cockpits saßen. Aus Sorge, den Ruf des Co-Piloten zu ruinieren, dessen Hintergrund im Zuge der Ermittlungen rund um den verschwundenen Flug MH370 beleuchtet wurde, beteuerte Roos jedoch, dass sie zu keinem Zeitpunkt das Gefühl gehabt hätte, in Gefahr zu sein. Sie zeigte ein paar kokette Fotos, auf denen schwer zu sagen ist, wer sich gerade besser amüsiert, die beiden Piloten oder die jungen Reisenden, die mit ihren Pilotenmützen auf den hübschen Köpfen posierten. Jonti Roos war auf Facebook immer noch mit dem Co-Piloten befreundet, der seitdem jedoch ruhiger geworden war.

Als Fariq in der Nacht vom 7. auf den 8. März 2014 für seinen letzten Supervisionsflug[14] an Bord der Boeing 777 ging, war er 27 Jahre alt und hatte insgesamt 2763 Flugstunden absolviert. Bei Malaysia Airlines herrscht die Regel, dass ein Co-Pilot, der einen neuen Flugzeugtyp zu fliegen lernt, auf den ersten fünf Flügen von einem Supervisor begleitet wird. Die Verlobte des Co-Piloten, Nadira Ramli, 26, war ebenfalls Pilotin. Die beiden hatten sich an der Flugschule in Langkawi kennengelernt. Genau wie Fariq stammte Nadira aus gutem Haus und flog für AirAsia, den Billigflieger-Rivalen von Malaysia Airlines. Der Presse gegenüber hatten die Menschen in seinem Umfeld nur Gutes über Fariq zu sagen. Sie beschrieben einen pflichtbewussten und respektablen jungen Mann, der in seiner Freizeit eine Jugendmannschaft in Five-a-Side-Football trainierte. Erst vor Kurzem hatte er den Kindern Mannschaftsshirts spendiert. Ein Nachbar der Familie gab an, dass der Vater, ein pensionierter Beamter des Bundesstaates Selangor, sehr stolz auf seinen Sohn war. Auch die Großmutter lobte ihren Enkel als »guten Sohn«, »folgsam« und »gläubig«. Das deckte sich mit den Urteilen der Menschen, mit denen Fariq die Moschee in seiner Nachbarschaft besuchte. Ihnen zufolge war er ein »guter Muslim, bescheiden und ruhig«. Am 19. Februar, nur ein paar Wochen vor dem Schicksalsflug, war Fariq Abdul Hamid als Gast in der CNN-Sendung *Business Travel* aufgetreten, wo er ebenfalls einen sehr guten Eindruck hinterließ. Obwohl er auf jenem Flug von Phuket nach Kuala Lumpur unter der Aufsicht des Flugkapitäns zweifellos gegen Sicherheitsvorschriften verstoßen hatte, zeichneten alle anderen Lebensbereiche ein positives Bild von ihm.

Im Grunde zeigte die unglückliche Phuket-Kuala-Lumpur-Episode den Co-Piloten lediglich als ausgelassenen jungen Mann, der das Leben genoss. Sie zeugt keineswegs von einer terroristischen, kriminellen oder suizidalen Verfassung, wie einige sie bei ihm zu finden hofften. Dennoch stürzten sich viele Medien auf diesen einen Fehler, verurteilten das in ihren Worten »rücksichtslose Verhalten« aufs Schärfste und folgerten daraus »möglicherweise einen ersten Hinweis der Schuld aufseiten der Besatzung«. Ihnen zufolge hätten im Cockpit »interessante Persönlichkeiten« gesessen, »der Co-Pilot war dafür bekannt, Flugregeln zu brechen« und so weiter und so fort. Die ganze Welt suchte nach einer Erklärung und vor allem nach jemandem, dem sie die Schuld in die Schuhe schieben konnten.

Am Dienstag, dem 11. März, reagierte Malaysia Airlines auf diese Woge der Kritik mit den Worten, das Unternehmen sei »schockiert« von den Anschuldigungen gegen ihren Mitarbeiter, und äußerte zugleich Zweifel an ihrem Wahrheitsgehalt. Wenn überhaupt, dann unterstreicht der Vorfall allein die nachlässige Haltung der Fluggesellschaft.

Nachdem man mit dem Finger auf den Co-Piloten gezeigt hatte, richteten sich nun alle Augen auf den Flugkapitän Zaharie Ahmad Shah, 53, der nun zum Ziel einer Schmutzkampagne wurde. Eine Quelle gab an, er sei geschieden. Eine andere behauptete, seine Frau und die Kinder seien nur einen Tag vor dem Flug ausgezogen. Wiederum andere beschrieben ihn als politischen Fanatiker. Die Presse zitierte ermittlungsnahe Quellen, die besagten, der Pilot sei angeblich verzweifelt über die fünfjährige Haftstrafe von Anwar Ibrahim, dem Vorsitzenden der einzigen größeren Oppositionspartei PKR (Parti Keadilan Rakyat)[15], gewesen. Das Urteil war am 7. März 2014, nur wenige Stunden vor dem Flug, gefallen. Einige Quellen gaben an, Zaharie hätte mit anderen Unterstützern Anwars vor dem Berufungsgericht in Putrajaya protestiert.[16] Es gab auch Berichte, dass sein Terminkalender nach dem 8. März keine Einträge mehr enthalten habe. Ferner wurde sogar festgestellt, er hätte »entfernte Verwandte in Pakistan«, als machte das allein ihn, wenn nicht schuldig, so doch zumindest in höchstem Maße verdächtig.

Wie bei seinem Co-Piloten wurde auch bei Zaharie eine Hausdurchsuchung durchgeführt. Dabei stellte man einen Flugsimulator sicher. Auf der Pressekonferenz vom 19. März hieß es, die Daten darauf seien kurz zuvor gelöscht worden. Das FBI machte sich daran, diese wiederherzustellen. Der malaysischen Tageszeitung *Berita Harian* zufolge erregten vor allem fünf der Landebahnen, die auf dem Flugsimulator wiederhergestellt wurden, die Aufmerksamkeit der Ermittler. Sie alle waren mindestens drei Kilometer lang – das Minimum, um eine Maschine von der Größe einer Boeing 777 zu landen. Die Landebahnen befanden sich in Malé, der Hauptstadt der Malediven und regelmäßiges Ziel von Malaysia Airlines, auf

Diego Garcia, einem Überseeterritorium von Großbritannien und Militärstützpunkt der USA, auf dem keine zivilen Maschinen landen dürfen, sowie noch an drei weiteren Orten in Indien und Sri Lanka. Zwei Wochen später erklärten die amerikanischen Ermittler allerdings, die Daten des Flugsimulators enthielten »nichts Belastendes«.

Doch schon bald gelangte ein potenziell kompromittierendes Foto an die Öffentlichkeit, zuerst auf der Titelseite der lokalen Tageszeitung *Utusan-Cosmo*. Es zeigte den Flugkapitän auf einem Sofa neben einer jungen, hübschen malaysischen Frau und zwei Kindern. Der Wortlaut der Bildunterschrift blieb nebulös, doch er deutete an, dass der Pilot eine zweite Familie gehabt hätte. In Malaysia darf ein muslimischer Mann bis zu vier Ehefrauen haben, wenn er für sie sorgen kann und bestimmte Regeln einhält. Auch die britische Boulevardpresse stürzte sich begeistert auf das pikante Foto, wie auf jeden weiteren noch so kleinen Krümel, der den Flugkapitän belastete.

Eine der erdrückendsten Zeugenaussagen kam aus Neuseeland. Lincoln Tan, ein gebürtiger Sino-Singapurer, der als Sonderberichterstatter für den *New Zealand Herald* arbeitete, entlockte einem »Freund« des Flugkapitäns eine Aussage, die einen weiteren Nagel in Zaharies Sarg trieb. In der Ausgabe vom 26. März 2014 zitierte Tan in einem seiner Artikel im *Herald* »einen langjährigen Weggefährten des Piloten« (der jedoch namentlich nicht genannt wurde), der behauptete: »Für Flugkapitän Zaharie Ahmad Shah brach die Welt zusammen. Er hatte ernste Familienprobleme, litt unter der Trennung von seiner Ehefrau und hatte Beziehungsprobleme mit einer anderen Frau.« Der anonyme Informant erzählte Tan, der Auszug seiner Frau hätte den Piloten »völlig aus der Bahn geworfen«. Er sei davon überzeugt, dass Zaharie entschieden hätte, sein Leid zu beenden, »indem er das Flugzeug an einen Ort flog, wo er noch nie zuvor gewesen war«. Weiter hieß es in dem Artikel: »Der Pilotenkollege stellte die psychische Verfassung des Flugkapitäns infrage. Er glaubt, dass Captain Zaharie den Flug als ›letzte Spritztour‹ gesehen habe: Seine große Chance, Dinge mit einer

Maschine zu vollbringen, die er bis dato nur auf seinem Simulator ausprobiert hatte«.

Drei Monate später berichtete die *Sunday Times*, dass die malaysische Polizei ihre Ermittlungen abgeschlossen und alle an Bord von der Liste der Verdächtigen gestrichen habe.[17] Alle außer dem verantwortlichen Piloten.

Ich konnte die Gerüchte, die sich um Zaharie rankten, nur schwer damit vereinbaren, wie andere Quellen ihn beschrieben. Als lächelnden Großvater, leidenschaftlichen Modellbauer und Hobbykoch, als Bastler und Mann, der immer für einen guten Witz zu haben und sehr beliebt bei seinen Flugschülern war. Gut, er sprach bereitwillig über Politik und hatte einen hoch entwickelten Flugsimulator zu Hause. Doch selbst der vermeintliche »langjährige Weggefährte«, der vom *New Zealand Herold* zitiert wurde, gab zu, dass Zaharie für die »3 Fs: family, food and flying [Familie, Essen und Fliegen]« lebte. Ein Jahr nach dem Verschwinden der Maschine hatte man im Zwischenbericht[18] lediglich banale Einzelheiten über ihn zusammengetragen: verheiratet, drei Kinder, Fraktur des zweiten Lendenwirbels im Jahr 2007, hohe Belastbarkeit bei Stress zu Hause oder auf der Arbeit. »Keine Apathie, Angstzustände oder gesteigerte Erregbarkeit bekannt«, hieß es dort. Im Bericht stand auch, dass »keine größeren Veränderungen im Leben, keine zwischenmenschlichen Konflikte oder Familienprobleme« festgestellt werden konnten. Kurzum, dem Bericht zufolge gab es »keinerlei Anzeichen sozialer Isolation, Verhaltensänderungen oder Interessenwandel, keine Selbstvernachlässigung, keinen Drogen- oder Alkoholmissbrauch durch den Flugkapitän, den Ersten Offizier oder die Kabinencrew«.

Noch einmal: Wem soll man glauben, und was soll man glauben? Alle waren sich darüber einig, dass der Pilot der Chef an Bord war und somit im Falle eines Versagens naturgemäß die Hauptverantwortung trug. Das machte ihn automatisch zum Hauptverdächtigen. Doch ich wollte mir selbst ein Bild von der wichtigsten Person in dieser Geschichte machen.

Als alles anfing, waren die Medien von einer falschen Fährte zur nächsten geschickt worden. Schon bald begannen verschiedene Schiffsflotten, die an der Suche beteiligt waren, die Koordination und Organisation des gesamten Einsatzes infrage zu stellen. Ein ausländischer Abgesandter, der Zugang zum hastig aus dem Boden gestampften Epizentrum des Krisenmanagements hatte, beschrieb mir »ein unglaubliches Chaos« mit »chinesischen und koreanischen Offizieren, die herumstehen, die Hände in die Hüften gestemmt, sich am Kopf kratzen und sich fragen, was sie hier eigentlich tun oder lassen sollen«. Am Mittwoch, dem 12. März 2014, entschied eine kopfschüttelnde vietnamesische Regierung, sich aus dem maritimen Sucheinsatz im Südchinesischen Meer zurückzuziehen, und kritisierte »den Mangel an konkreten Informationen vonseiten Malaysias«. Noch am selben Tag stimmte Chinas Außenminister ein: »Momentan gibt es zu viel Verwirrung. Es ist sehr schwierig für uns zu bewerten, ob die Informationen, die uns erreichen, den Tatsachen entsprechen oder nicht«. Für einen chinesischen Diplomaten war eine solch unverblümte Kritikäußerung äußerst ungewöhnlich und sprach Bände über die chaotischen Zustände. In der Tat hatte die Krise mehr als jeder andere Militäreinsatz in nur wenigen Tagen ein schonungsloses Licht auf den Mangel an Koordination und Informationsaustausch in diesem Teil der Welt geworfen.

Neben der Kritik durch China und Vietnam markierte Mittwoch, der 12. März, eine weitere Wende. An jenem Tag stieß ein weiterer Akteur, der bis dato so gut wie unbekannt gewesen war, hinzu: Inmarsat, ein britisches Satellitenunternehmen, das seit 2005 an der Londoner Börse notiert ist.

Eine Führungskraft des konkurrierenden Satelliten- und Telekommunikationsunternehmens AsiaSat erzählte mir: »Inmarsat hat einen ausgezeichneten Ruf. Sie sind in der ganzen Branche bekannt für ihre hervorragende technische Kompetenz.« Doch die Person wies auch darauf hin, dass deren Expertise eher im Bereich der Datenübermittlung zwischen Verkehrsflugzeugen und den Bodenstationen lag als in der Verfolgung und Ortung von Flugzeugen.

Trotz dieser Vorbehalte wurde Inmarsat zu *der* Quelle für die finale und offizielle Erklärung, welche Flugroute der Großraumjet nach dem Verlust des ACARS-Signals genommen hatte. Denn obwohl das ACARS-System, einmal ausgeschaltet, keine technischen Daten mehr an Malaysia Airlines übermittelte, erfuhren wir bald, dass die Maschine weiterhin in passiver Form stumme Signale erhielt, ebenjene »Handshake-Pings«, von denen bereits die Rede war. Sie sind die letzte Kommunikationsverbindung mit MH370, nachdem das Flugzeug von den Radarschirmen verschwunden war. Die Boeing jedoch anhand dieser Signale zu orten ist eine gewaltige Aufgabe, denn dafür sind diese Pings weder gedacht, noch wurden sie je zuvor dafür verwendet.

Ein Ingenieur von Inmarsat, Alan Schuster-Bruce, Absolvent des Queens College in Cambridge, hatte bereits intensiv an der Suche nach Flug AF447 mitgearbeitet. Als Lehre aus diesem Unglück machte er es möglich, zusätzliche Messungen dieser Pings vorzunehmen, allen voran ihre Dauer und ihre Frequenz. »Ich dachte, vielleicht brauchen wir das eines Tages [...,] könnte nützlich sein oder auch nicht«, erklärte Schuster-Bruce in der einzigen Dokumentation, die sich mit Inmarsats entscheidender Rolle in diesem Fall beschäftigt.[19] Kein Wunder also, dass ihm, als er am Samstag, dem 8. März, um 11 Uhr in den BBC-Nachrichten von dem verschwundenen Flugzeug hörte, als Erstem klar wurde, dass Inmarsat womöglich über Daten verfügte, die für die Ermittlung wichtig sein könnten. Für Inmarsat begann nun ein Wettrennen gegen die Zeit. Obwohl Handshake-Pings nichts weiter als kleine elektromagnetische Signale sind, befanden die Wissenschaftler, dass es einen Versuch wert sei, sie zu analysieren. Wenn sie erst einmal wussten, wie lange es dauerte, bis die Antwort, das sogenannte Echo eines Pings, zurückgesandt wurde, könnten sie die Entfernung vom Flugzeug zum Satelliten berechnen.

Ich versuchte mir die Pings als kleine, unsichtbare Punkte vorzustellen, die in der Nacht vom 7. auf den 8. März acht Mal von der Bodenstation in Perth (Westaustralien) zum geostationären Satelliten 3 F-1 reisten, der 36 000 Kilometer über dem Äquator schwebte.

Von dort aus wurden sie automatisch an die Boeing 777 von Flug MH370 übermittelt, um dann in Lichtgeschwindigkeit wieder umzukehren und ihre Daten in Perth abzuliefern. Unglaublich. Und diese winzigen Pings waren es – vor allem der letzte – die jene Geschichte schrieben, die man der Welt später über das Schicksal von Flug MH370 erzählen würde.

Es hat wenig Sinn, an dieser Stelle auch nur ansatzweise die komplexen Berechnungen zu erläutern, die dafür nötig waren, insbesondere da sich Satellit 3 F-1, obwohl »geostationär«, dennoch unentwegt nach Norden und Süden über den Äquator bewegt. Mit anderen Worten: Für jeden ausgesandten Ping gibt es einen Zirkel in der Atmosphäre, innerhalb dessen die Entfernung zwischen Flugzeug und Satellit konstant bleibt. Auf ihrem Flug muss die Maschine jeden einzelnen dieser sieben verschiedenen Kreise durchquert haben, wobei jeder von ihnen zum exakten Zeitpunkt gehört, an dem der Ping gesendet wurde. Der achte und letzte Ping, gesendet um 8:19 Uhr, war anders als die anderen. Er kam nicht nur viel früher an als erwartet – nur ein paar Minuten nach dem vorletzten um 8:11 Uhr – sondern er enthielt zudem eine Rebootinstruktion. Die Ingenieure von Inmarsat vermuteten, dass der Bordcomputer der Boeing, sobald ihr Tank leer und die Triebwerke ausgefallen waren, automatisch versucht hatte, neu zu starten, um gegebenenfalls auf eine andere Stromversorgung zurückzugreifen. Danach gab es keine weiteren Signale. Daraus schlossen die Wissenschaftler, dass das Flugzeug, nachdem der Kontakt abgebrochen war, noch weitere sieben Stunden geflogen war. Das war die erste bahnbrechende Entdeckung von Inmarsat.

Eine Handvoll Wissenschaftler in London hatte also herausgefunden, dass die Maschine noch bis 8:19 Uhr in der Luft war. Doch welche Route hatte sie genommen? »Plötzlich ging uns auf, dass wir, wenn wir die Ausgangsposition der Maschine und ihre ungefähre Geschwindigkeit hatten, vielleicht sogar ihren Weg herausfinden könnten«, erinnert sich Schuster-Bruce. Daraufhin wurde eine Telefonkonferenz zwischen Inmarsat in London und Malaysia Airlines in Kuala Lumpur eingerichtet, in der Inmarsat die, so

Schuster-Bruce, »sehr widerstrebende« Fluggesellschaft davon zu überzeugen versuchte, wie wichtig diese zusätzlichen Informationen für ihre weiteren Berechnungen wären.

Die malaysischen Behörden hatten allen Grund zu zögern. Wenn sie Inmarsats Fragen wahrheitsgemäß beantworteten, würden sie im selben Atemzug der Welt gestehen, dass sie in dem Wissen, dass ihr Flugzeug eine Kurve nach Westen geflogen und im Norden Sumatras gesichtet worden war (vor der Westküste Malaysias), eine Armada von 43 Schiffen und 58 Flugzeugen im Südchinesischen Meer hatten suchen lassen (vor der Ostküste Malaysias). Eine knifflige Angelegenheit. »Eine unserer Sorgen war, dass es sich bloß um eine riesige Täuschung handelte, der Inmarsat auf den Leim gegangen war [...], dass die Maschine in Wahrheit abgestürzt war und irgendjemand anderes so getan hatte, als wäre er dieses Flugzeug«, sagte Schuster-Bruce.

Letztendlich legte Inmarsat jedoch ein Szenario vor, das die Pings erklären konnte: die »zwei-Bogen-Theorie«. Dieser zufolge musste die Maschine entlang eines Bogens entweder nach Norden (von Thailand bis an die Grenze zwischen Kasachstan und Turkmenistan) oder nach Süden (von Indonesien auf das offene Meer des Indischen Ozeans hinaus) geflogen sein. Das war Inmarsats zweite große Entdeckung.

Diese beiden Ergebnisse teilte Inmarsat den Zuständigen in Malaysia bereits am 12. März mit, doch aus Kuala Lumpur kam keine Antwort. »Bestimmt erhielten sie jede Menge unterschiedlicher Nachrichten. Wahrscheinlich auch von anderer Seite, dass die Maschine im Pazifik sei«, sagte Schuster-Bruce. Am Donnerstag, dem 13. März, verkündete das *Wall Street Journal*, dass das Flugzeug möglicherweise mehrere Stunden weitergeflogen sei, nachdem die Funkverbindung abgebrochen war.[20] Zwei Tage lang bestritt der Verteidigungs- und Verkehrsminister Hishammuddin diese neue Information, so vehement er konnte. Übrigens eine im Verlauf der Krise von ihm so oft eingenommene Haltung, dass sie ihm den Spitznamen »Mr. No-No« eintrug.

Am selben Tag, an dem das *Wall Street Journal* mit dieser bahnbrechenden Neuigkeit herauskam, verfolgte der malaysische Fernsehsender Astro Awani eine völlig andere Spur. Ein Reporter des Senders hatte Hishammuddin gefragt, ob die Möglichkeit bestehe, dass Passagiere von MH370 gegen zwei Uhr morgens noch mit Menschen am Boden Kontakt gehabt hatten, also dreißig Minuten nachdem es zuletzt auf dem Radar gesichtet worden war. Der Fernsehsender berichtete, sie hätten den Screenshot eines Nachrichtenverlaufs des einzigen Amerikaners an Bord im Messengerdienst Kik gesehen. Der IBM-Mitarbeiter Philip Wood hätte mit einem Bekannten in Peking geschrieben, dessen Username auf Instagram Hun_1 lautete. Astro gab an, sie hätten seine Identität ausgemacht und mit zwei Menschen in Malaysia gesprochen, die ihn persönlich kannten. In dem Chatverlauf mit Hun_1 erwähnte Wood, dass er sein Handy heimlich benutzte und es sehr »warm« an Bord sei, da es offenbar ein Problem mit der Klimaanlage gäbe. Noch alarmierender: Er schrieb zudem, er habe »Atembeschwerden«. Das schien ihn allerdings nicht weiter zu beunruhigen, denn in seiner letzten Nachricht hieß es, er würde sich nach seiner Ankunft in Peking melden. Mr. No-No wies diese Neuigkeiten entschieden zurück. Die beunruhigende Nachricht, die Wood angeblich geschickt hatte, wurde bald von einer weiteren abgelöst, die noch weitaus schlagzeilenträchtiger war. Aber dazu später mehr. Ich bin mir nicht sicher, was ich mit diesem weiteren Hinweis anfangen soll – war er glaubwürdig? Aber warum sollte jemand eine solche Nachricht erfinden? Nur zu gern würde ich Hun_1 bitten, mir diese Informationen persönlich zu bestätigen und die genaue Zeit und den Inhalt der Nachrichten erfahren, die er von Philip Wood erhalten hatte.

Am Freitag, dem 14. März, kam dann eine unerwartete Meldung aus völlig anderer Richtung: Ein Sprecher des Weißen Hauses verkündete, man habe »neue Informationen« erhalten und dementsprechend gäbe es ein »neues Suchgebiet«, womit wohl der südliche Indische Ozean gemeint war. Auf diese Weise zwang Washington Kuala Lumpur, sein Schweigen zu brechen, überließ es aber der malaysischen Regierung, die Einzelheiten bekannt zu geben.

Am Samstag, dem 15. März, nahm Malaysias Premierminister Najib Razak schließlich zum ersten Mal seit Beginn der Krise, die sein Land wie nie auf die internationale Bühne gerückt hatte, öffentlich Stellung. Er gab an, man befinde sich in einer »nie dagewesenen« Situation, und bestätigte, nachdem die Geschichte fünf Tage in der Öffentlichkeit kursiert, aber bis zu diesem Zeitpunkt verneint worden war, dass die Maschine ihren Kurs geändert hätte. Außerdem bestätigte er, dass die Datenübermittlungssysteme der Boeing 777 (ACARS und Transponder) »abgeschaltet worden waren«, und gab an, Inmarsats Annahme, dass das Flugzeug bis 8:19 Uhr im nördlichen oder südlichen Korridor weitergeflogen war, sei korrekt. Er stellte die Theorie einer »vorsätzlichen Handlung durch jemanden an Bord« auf, unter der Voraussetzung, dass die Person, die Kontrolle über das Flugzeug erlangte, über gute Flugkenntnisse verfügt haben müsste. Nachdem er diese erste und einzige Presseerklärung abgegeben hatte, beantwortete Premierminister Najib keine einzige Frage der Journalisten. Das Verschwinden von Flug MH370 und seinen 239 Passagieren hatte soeben eine neue Phase begonnen. Es war also eine geplante Aktion gewesen – und zwar offenbar von Meisterhand. Handelte es sich also um eine Entführung und, wenn ja, mit welchem Ziel?

Nachdem sie ihre Nachbarländer, Alliierten und Partner eine volle Woche lang am falschen Ort hatten suchen lassen, hatte die malaysische Regierung also einfach noch zwei weitere Tage gewartet, bis sie diese wichtige Information geteilt und eine angemessene Reaktion in Gang gesetzt hatte. Einige sahen darin reine Inkompetenz. Andere vermuteten dahinter eine bewusste Taktik, um eine unbequeme Wahrheit zu verbergen. Und so wichtig sie auch waren, die Pings von Inmarsat konnten das Rätsel nicht lösen. Was sie bewirkten, war, dass sich das Suchgebiet um ein Zehnfaches vergrößerte.

Ohne neue Erkenntnisse zu liefern, ähnelte die zweite Woche stark der ersten. Die Pressekonferenzen dienten den Behörden vor allem dazu, alle Informationen zu bestreiten, die kursierten – die falschen ebenso wie die richtigen. Nein, die Maschine war nicht über den Malediven gesichtet worden. Nein, die Maschine war zwölf Minuten vor der inzwischen berüchtigten Abschiedsnachricht des Flugkapitäns »Gute Nacht, Malaysia drei sieben null« keinen U-Turn geflogen. Nein, wir haben nicht vor, uns bei den Familien zu entschuldigen. Nein, wir werden die Radardaten, die wir von unseren Nachbarländern erhalten haben, nicht veröffentlichen. Nein, wir wissen nicht, welche Daten der Flugsimulator des Piloten enthält. Nein, wir wissen immer noch nicht, wo die Maschine langgeflogen ist.

Jeden Abend um 17:30 Uhr reihten sich Verteidigungs- und Verkehrsminister Hishammuddin, der Geschäftsführer von Malaysia Airlines, der Generalinspektor der Polizei und der Generaldirektor für Zivilluftfahrt mit hängenden Armen nebeneinander auf und stellten sich dem Lärm der Pressekonferenz. Mit jedem Tag wirkten sie etwas unbeholfener und eingeengter in einem Raum, der zum Bersten voll war mit Live-Kameras, zuckenden Blitzlichtern und Journalisten, die im zähen Verlauf des Geschehens zunehmend frustriert waren. Ein großer, einschüchternder Sikh agierte als Zeremonienmeister, indem er die Journalisten auswählte, die Fragen stellen durften.

Am 19. März bat ein BBC-Journalist den Generaldirektor zu bestätigen, welche Wegpunkte die Boeing nachweislich überflogen hatte. Die Antwort lautete: »Wir ermitteln noch.« Wir ermitteln noch? Das war doch das einzige Fitzelchen Information, von dem man angenommen hatte, es sei »gesichert«! Der Generaldirektor wies darauf hin, dass es nicht weiter wichtig sei, »welche Route« die Maschine genommen habe, sondern dass es darum ginge, wo sie am Ende gelandet sei. Elf Tage nach dem Verschwinden von MH370 war die Antwort der versammelten Pressevertreter auf diese Aussage ein kollektives, fassungsloses Keuchen.

In einer anderen Pressekonferenz wies ein Journalist der *Financial Times* Hishammuddin darauf hin, dass sich Kasachstan, das am Vortag als »Herz der Suchmission entlang des nördlichen Bogens« ausgewiesen worden war, seiner eigenen Rolle in dieser Operation überhaupt nicht bewusst zu sein schien. Dem Journalisten zufolge hatte die zentralasiatische Republik keine einzige Hilfsanfrage von Kuala Lumpur erhalten. Doch da näherte sich die Pressekonferenz bereits dem Ende, und der hochgewachsene Sikh eskortierte die malaysischen Vertreter in Richtung Hintertür. Ohne die vielen erhobenen Hände und unbeantworteten Fragen zu beachten, eilten sie davon.

Während der gesamten Ermittlungen gab es unzählige solcher haarsträubenden Beispiele für das Chaos und die Inkompetenz aufseiten der malaysischen Behörden. Insbesondere Journalisten, die zum ersten Mal aus Malaysia berichteten, waren sprachlos und fragten sich, in welch einem kafkaesken Land sie hier gelandet waren.

3

Malaysia Boleh!

Als ich am 18. März 2014 in Kuala Lumpur aus dem Flugzeug stieg und von der drückenden Hitze Malaysias empfangen wurde, war Flug MH370 auch zehn Tage nach seinem Verschwinden noch omnipräsent. Am Flughafen prangte ein großes Poster mit der Aufschrift »Betet für MH370«. In der U-Bahn und auf den Straßen waren Schreine mit Blumensträußen, Kerzen und Nachrichten aufgestellt worden: »Bitte kommt zurück.« »Wo seid ihr? Wir warten auf euch.« Seit Sonntag, dem 9. März, beherrschte das Verschwinden der Maschine die Titelseiten der malaysischen Zeitungen. Ungeachtet dessen, ob die Ermittlungen wirklich neue Erkenntnisse ans Licht gebracht hatten, fütterten die Medien die Öffentlichkeit Tag für Tag mit kleinen Informationshäppchen.

Malaysia befand sich immer noch im Schockzustand. Eigentlich bekannt für ihr gelassenes und fröhliches Gemüt, wirkten die Malaysier nun traurig und besorgt. Das Landesmotto der letzten Jahrzehnte lautete *Malaysia Boleh!* (»Malaysia kann's!«), also das Äquivalent zu »Yes, we can!«, nur dass Obama damit erst rund dreißig Jahre später auf den Plan getreten ist. Zugegebenermaßen hatten die Malaysier ihren kühnen Schlachtruf in den letzten Jahren, wenn überhaupt, mit einem Unterton der Verzweiflung ausgerufen. Was MH370 betraf, so war es nicht nur das schiere Ausmaß der Katastrophe – 239 Leben verloren, einschließlich einiger kleiner Kinder – sondern auch die mysteriösen Begleitumstände, die die Menschen nur schwer verkrafteten. Die ganze Sache war nicht nur schrecklich, sondern auch noch unverständlich.

Nun, da die Menschen wussten, dass es eine, in den Worten

Premierminister Najib Razaks, »vorsätzliche Handlung« gewesen war, lag ihre letzte Hoffnung auf einer Geiselnahme. Die Optimistischen unter ihnen meinten, es wären vielleicht geheime Verhandlungen im Gange, was die allgemeine Verwirrung und die widersprüchlichen Aussagen erklären würde. Für sie war ein Happy End immer noch möglich. Da es keinerlei Anzeichen gab, dass die Maschine abgestürzt war, musste sie doch *irgendwo* gelandet sein.

Jeden Abend fuhr ich mit dem Schnellzug zu den Pressekonferenzen im Sama-Sama Hotel durch Tausende Hektar Palmenplantagen, die zwischen Kuala Lumpur und dem Flughafen wuchsen. Mein Hotel lag im Stadtzentrum, da die Herausgeber von *Le Monde* mir aufgetragen hatten, weniger über die Pressekonferenzen zu berichten – »dafür haben wir die AFP (Agence France-Presse) und Reuters« –, sondern der ganzen Geschichte Lokalkolorit zu geben, den Kontext zu erklären und zu beschreiben, wie das Land sie aufnahm. Was sagten die Leute? Was dachten die Malaysier über diesen unerklärlichen Vorfall? Welche Ermittlungsstränge waren denkbar? Wer gehörte in Fällen wie diesem zu den üblichen Verdächtigen? Und wenn es sich bei dem Fall um eine *vorsätzliche Handlung* handelte, wer hatte dann – objektiv gesehen – ein Interesse daran, eine Boeing mit so vielen Menschen an Bord verschwinden zu lassen? Welche Ladung oder Passagiere an Bord waren so besonders, so wertvoll oder so gefährlich, dass sie ihr Ziel nicht erreichen durften?

Als ich Anfang der Nullerjahre für mehrere Jahre in Malaysia lebte, lernte ich mit der Zeit, dass die Wahrheit hierzulande ein ziemlich vages Konzept ist. Einmal hatte mich *Le Monde* gebeten, die Auswirkungen von 9/11 auf den Tourismus der Region zu untersuchen, und ich musste jemanden zurückrufen, weil seine Aussagen meinen übrigen Nachforschungen vollkommen zuwiderliefen. Als er hörte, warum ich ihn erneut kontaktierte, sagte mein Interviewpartner naiv (der Geschäftsführer eines Luxushotels in KLCC[1] wohlgemerkt, nicht etwa ein Hühnerbauer aus den Tiefen Sarawaks): »Ah, aber das habe ich Ihnen nur gesagt, weil ich dachte, Sie wollen es hören!« Ich traute meinen Ohren kaum und musste unwillkürlich an Lenins Spruch denken: »Sag ihnen, was sie hören wollen.«[2] Doch in diesem Fall illustrierten die Worte des Geschäftsführers sehr gut, wie weit die Malaysier gehen, um andere zufriedenzustellen.

Wie kann man so jemanden nicht mögen, wenn er sein Herz am rechten Fleck trägt? Doch leider ist das nicht immer der Fall. Die wenigen unabhängigen Medien, die sich der schwierigen Aufgabe gestellt hatten, gute lokale Berichterstattung zu liefern, gingen ein großes Risiko ein, regelmäßig wurden Strafmaßnahmen gegen sie verhängt.[3] Websites und Zeitungen, denen es nicht gelang, ihren Sitz aus dem Land zu verlegen, riskierten ihre Lizenz.[4]

Als ich nach einem Jahr zermürbender Formalitäten endlich meinen malaysischen Presseausweis erhielt, endete mein Gespräch mit einem Mitarbeiter der nationalen Nachrichtenagentur Bernama mit dem freundlichen Rat: »Im Übrigen, Miss Florence, gibt es ja auch überhaupt keinen Grund, über Politik zu berichten, nicht wahr?« Als ich meine naive Überraschung zum Ausdruck brachte und fest entschlossen erwiderte, »natürlich« würde ich auch über Politik berichten, sagte Mr. Azlan nach einigen gequälten Seufzern, Verrenkungen in seinem Stuhl und traurigem Kopfnicken: »Miss Florence, Sie müssen verstehen, wenn Sie über Politik berichten, dann bekomme ich sehr wahrscheinlich Schwierigkeiten. Und wenn ich Schwierigkeiten bekomme, dann Sie sehr wahrscheinlich auch.«

War das deutlich genug? Wenn auch höflich formuliert, so handelte es sich doch um eine unmissverständliche Warnung, insbesondere da wir uns in einem Land befanden, das sehr regelmäßig Gebrauch vom ISA[5] machte, einem sogenannten Notstandsgesetz, das es möglich machte, jeden Menschen ohne Anklage oder Prozess für zwei Jahre festzuhalten. Dieser Zeitraum konnte immer wieder auf unbestimmte Zeit verlängert werden. Tatsächlich hatte Mr. Azlan mir einen Presseausweis angeboten, der nur für zwei Wochen gültig war ... Am Ende verabschiedeten wir uns mit einer Übereinkunft: Er würde meinen Ausweis sicher in seinem Schrank verwahren, damit er bereitläge, wenn ich ihn wirklich brauchte. Langsam gewöhnte ich mich an eine goldene Regel in Malaysia: Die Wahrheit ist relativ und gilt oft als gefährlich.

Aber zurück zu dem Flugzeug, das in den Farben von Malaysia Airlines System (MAS) flog. Was war das für eine Fluggesellschaft? Sie gehörte zu 70 Prozent dem souveränen Vermögensfonds der malaysischen Regierung, Khazanah Nasional Bhd. Ihre Flugbegleiterinnen konkurrierten in ihren geblümten türkisen und pinken Sarongs an Eleganz und Charme mit den Rivalinnen von Singapore Airlines, der Fluggesellschaft, die in diesem Teil der Welt den Maßstab setzt. In Sachen Service und Sicherheit genoss Malaysia Airlines einen ausgezeichneten Ruf. Die Reisenden der Businessclass freuten sich auf Grillhähnchen und Rindfleischkebabs mit Satay-Soße. Mit dem ersten kommerziellen Flug im Jahr 1947 gehörte das Unternehmen zu Asiens Luftfahrtpionieren. Seit 1977 hatte es, bis zum 8. März 2014, keine schweren Unfälle mehr zu verzeichnen gehabt.[6] Mit einer Fünf-Sterne-Bewertung vom britischen Rating-Dienst für Luftfahrt »Skytrax« und einer Flotte von 151 Flugzeugen, deren Durchschnittsalter gerade einmal vier Jahre betrug, war Malaysia Airlines eine der sieben führenden und modernsten Fluggesellschaften weltweit. Zugegeben, die Boeing 777-200ER, die für Flug MH370 anrollte, war mit dem Baujahr 2002 eine ihrer dienstältesten Maschinen, doch das wurde nicht als Problem gewertet. 2013 trat Malaysia Airlines der drittgrößten Luftfahrtallianz One World bei. So weit, so gut.

Doch die Fluggesellschaft konnte nicht an ihren kommerziellen Erfolg vergangener Jahre anknüpfen. Nach gewinnbringenden Jahren zwischen 2007 und 2010 schrieb das Unternehmen im Jahr 2011 erstmals rote Zahlen: Von 2,6 Milliarden Pfund (13,6 Mrd. Ringgits) Aktienverkäufen bilanzierte Malaysia Airlines einen Verlust von 493 Millionen Pfund. Im Jahr 2014 verlor Malaysia Airlines fast eine Million Pfund pro Tag. Was war geschehen? Die Fluggesellschaft hatte ihre Kapazität im Jahr 2013 um zwanzig Prozent ausgebaut, indem sie fieberhaft Passagierflugzeuge kaufte, obwohl die absoluten Einnahmen, das Frachtgeschäft eingeschlossen, gerade einmal um zwei Prozent gestiegen waren. Außerdem beschäftigte das Unternehmen zu viele Mitarbeiter und hatte zu viele Großverdiener.

Wenn die Fluggesellschaft Unsummen verlor, warum investierte sie dann in so viele neue Flugzeuge, während die Konkurrenz auf dem Markt immer größer wurde? Malaysia Airlines stand im Wettbewerb mit Fluggesellschaften aus Europa und dem Nahen Osten, die den asiatischen Markt mit Langstreckenflügen eroberten, sowie mit verschiedenen Billigfluganbietern wie AirAsia, die Regionalflüge anboten. Medienberichten zufolge herrschte in dem Unternehmen Misswirtschaft. Da Malaysia Airlines die teuersten Maschinen einkaufte, musste an anderer Stelle gespart werden. Anders als 75 Prozent der Unternehmen, die die Boeing 777 nutzten, hatte MAS sich nicht in das Boeing Airplane Health Management Computersystem eingeschrieben, das aus der Ferne in Echtzeit Leistungsdaten der Maschine sammelt, um mögliche Probleme sofort zu erkennen und die Wartung zu optimieren. Als ich Jean-Paul Troadec, den ehemaligen Geschäftsführer der französischen Flugunfallermittlungsbehörde BEA, dazu befragte, wählte er seine Worte mit Bedacht: »Ich weiß nicht, in welchem Maße das Nicht-Einschreiben in das System einen Verdacht auf Wartungsfehler oder Betrug zulässt, aber man könnte sagen, ein gutes Zeichen ist es nicht.«

Was den Betrieb selbst anbelangt, war die Anzahl der Zwischenfälle unauffällig. Glaubt man der Website aeroinside.com, die jeden Vorfall im Bereich der Luftfahrt in allen Einzelheiten auflistet, dann gab es bei MAS sowohl 2014 als auch 2015 ungefähr 15 Vorfälle: geplatzte Reifen beim Take-off, Probleme mit den Triebwerken, das Versagen eines Doppelgenerators, Rauch in der Kabine, ein Blitzeinschlag, Druckverlust und so weiter. Auf den ersten Blick wirkt die Liste besorgniserregend, doch offenbar nicht genug, um die EASA (European Aviation Safety Agency) oder die FAA (Federal Aviation Agency) zu alarmieren. Keine von ihnen setzte MAS auf die schwarze Liste.

Das Feuer, das am 26. März 2014 um 16 Uhr in einer Avionikwerkstatt in den Wartehallen von Malaysia Airlines ausbrach, sorgte jedoch trotz kurzer Dauer für Aufruhr. In dieser Werkstatt in Subang, der Stadt, in der sich Kuala Lumpurs ehemaliger Flughafen befand, überprüfte und reparierte MAS alle elektronischen Komponenten ihrer Flugzeuge (im zweiten Stock von Hangar zwei), was bedeutet, dass sie immens wichtig war. Malaysia Airlines meldete den Brand erst zwei Tage später, nachdem der ehemalige malaysische Abgeordnete und Luftfahrtexperte Wee Choo Keong ihn in seinem Blog erwähnt hatte. Wie es nach dreißig Jahren ereignisloser Tätigkeit an diesem Ort zu einem Feuer kam, konnte nicht abschließend geklärt werden. Wodurch brach es aus? Welche Ausrüstung und Dokumente wurden zerstört oder beschädigt? Warum haben die Feuerschutzmechanismen nicht gegriffen? All das blieb vollkommen im Dunkeln.

Als Malaysia Airlines vier Monate später seine zweite Boeing 777 samt 298 Menschen an Bord über der Ukraine verlor – dem Unfalluntersuchungsbericht zufolge abgeschossen von einer in Russland hergestellten Rakete –, brach der Aktienkurs um 18 Prozent ein. Nachdem die Fluggesellschaft in fünf Jahren 85 Prozent ihrer Börsenkapitalisierung verloren hatte, stand ihr Überleben auf dem Spiel.

Im Juli 2015 sagte der neue Geschäftsführer von MAS, ein Deutscher namens Christoph Müller, der im Mai zur Umstrukturierung geholt worden war, dass das Unternehmen praktisch bankrott sei. Ihre Strategie bestünde nun darin, »im Jahr 2015 aufzuhören zu bluten, sich im Folgejahr zu stabilisieren und ab 2017 langsam wieder zu wachsen«.[7] Am 1. September 2015 wurde Malaysia Airlines unter neuer Identität wiedergeboren. Zwar blieben Name und Logo gleich, ebenso wie die pinken Blumen auf den türkisen Sarongs der Flugbegleiterinnen. Doch Malaysia Airlines System (MAS) gab es nicht mehr – und ebenso wenig seine Schulden. Dafür fing MAB (Malaysia Airlines Berhad) von Grund auf neu an. Im Dezember 2015 gab es eine Allianz mit Emirates bekannt, wodurch sie sich nun neunzig internationale Routen mit dem Unternehmen aus Dubai teilten. Die Verbindung nach London war der einzige Langstreckenflug, den MAS[8] behielt. Nun konnten sie sich ganz auf Asien konzentrieren. Der Februar 2016 war der erste Monat, in dem das Unternehmen seit langer Zeit keine Verluste mehr verzeichnete. Dennoch beschrieb der neue Geschäftsführer die Airline in einem Interview mit der Associated Press im April 2016 als »ein Schiff mit vielen Lecks«. Weniger als zwei Wochen später verkündete das Unternehmen, dass Christoph Müller MAS aufgrund »seiner veränderten privaten Lebensumstände« verlassen würde. So weit in groben Zügen der Zustand des Unternehmens, das in die Katastrophe involviert war.

Da in Malaysia alles politisch ist, führte mich mein Weg am 18. März direkt nach der Ankunft in Kuala Lumpur ins malaysische Parlament. Das »Parlimen«-Gebäude ist ein großer, weißer Sechzigerjahre-Bau, der über mehrere Stockwerke auf die botanischen Gärten und den darum herumwuchernden Dschungel blickt. Das ganze Areal ist von einem Straßennetz umgeben, in dem sich die Fahrbahnen wie Spaghetti übereinanderlegen. Ich passierte den Checkpoint im Auto eines Freundes, Wong Chen, einen ehemaligen Anwalt und Abgeordneten der Oppositionspartei PKR, oder People's Justice. Ein paar Grußworte, ein Wedeln mit meinem ausländischen Pass in Richtung des Sicherheitsbeamten, und die Schranke ging auf. Wong Chen schlug vor, dass ich mit einem seiner Kollegen im Parlament, der einiges über die Vorfälle zu sagen hätte, sprechen solle.

In traditionelle Tracht gekleidet, war Mohamed Imran Abdul einer dieser malaysischen Politiker, die mit den Jahren umgänglicher geworden sind. Ein ehemaliger Admiral der Malaysian Royal Navy, der seine militärische Laufbahn schon lange beendet hatte und unverbrüchlich an seiner Rolle als Abgeordneter festhielt. Er sagte mir, dass er allein für sich spreche.

> Ich habe jahrzehntelang Radare überwacht, und ich sage Ihnen, es gibt nur zwei Möglichkeiten, wie ein Flugzeug oder ein Schiff wirk-

lich von den Radarschirmen verschwinden kann: durch eine Explosion in der Luft oder einen Absturz. Ich werde einen Antrag im Parlament stellen, damit die Suche an dem Ort, wo das Flugzeug vom Radar verschwunden ist, wieder aufgenommen wird. Ich glaube nicht, dass wir eine so große Maschine aus den Augen verlieren können.

Überdies verkündete das malaysische Wirtschaftsmagazin *The Edge*, die Royal Malaysian Air Force habe eine Untersuchung eingeleitet, um herauszufinden, wie MH370, nachdem die Maschine einen U-Turn hingelegt hatte, den gesamten malaysischen Luftraum von Ost nach West durchkreuzen konnte, ohne von den hoch entwickelten britischen und französischen Radaranlagen des Landes erfasst zu werden. Offensichtlich hatte die gesamte Belegschaft an der Funküberwachung tief und fest geschlafen. Das war nicht weiter überraschend, schließlich war es ein Uhr nachts gewesen.

»Es gibt so viele Fehler und Ungereimtheiten, dass man gar nicht weiß, was man glauben soll«, sagte der Admiral und fügte hinzu, dass die gestohlenen Pässe ein weiterer Patzer waren, diesmal aufseiten der nationalen Immigrationsbehörden. Auch an dieser Stelle, so sagte er, sei es wichtig, die Verantwortlichen zu finden. Er war außer sich vor Wut, dass man mehrere Tage hatte verstreichen lassen, bis man öffentlich gestanden hatte, dass der Großraumjet von seiner geplanten Flugroute abgewichen war. Und dass dann auch noch gesagt wurde, sie hätten eine Spur der Maschine gefunden, nur um festzustellen, dass es wohl der Singapore Airlines Flug SIA68 auf dem Weg nach Barcelona gewesen war![9] Nein, Abdul war – gelinde gesagt – nicht gerade stolz auf seine Luftwaffe.

An dem Tag, als ich das Parlament besuchte, waren die Abgeordneten der Opposition sehr aufgebracht, weil die Regierung am Vortag lediglich Abgeordnete der Regierungskoalition Barisan Nasional zu einem geheimen Treffen wegen MH370 geladen hatte. In meinen Interviews mit Abgeordneten der Mehrheitspartei gab es nicht das geringste Anzeichen, dass eine umfassende Aufarbeitung anstand. Stattdessen hörte ich nur eine Litanei unendlich langer Erklärungsversuche, die in regelmäßigen Abständen das typische *lah* enthielten, ein Wort, das in dieser lokalen Version des Englischen, dem Manglish, relativ oft verwendet wird und keine tiefergehende Bedeutung hat. Die Abgeordneten hängten es einfach hin und wieder an ihre Bekundungen an. Sie brachten ihre »große Trauer *lah*« zum Ausdruck und zollten der Regierung Respekt für ihren »ungeheuren Einsatz [...] *lah*«, um die »unvorhersehbare Krise *lah*« zu bewältigen. »Wir sind bloß ein Entwicklungsland. Diese Krise ist zu groß für uns«, sagte Datuk Wira Ahmad Hamzaha, ein Abgeordneter der Koalition.[10]

Gewiss war die Koordination eines Sucheinsatzes dieser Größenordnung keine einfache Aufgabe. Doch ich wurde immer wieder mit denselben Aussagen konfrontiert: »Sie müssen verstehen, so etwas ist noch nie zuvor geschehen.« »Wir befinden uns in einer Situation, die es in der Geschichte der Luftfahrt noch nie gab.« Während der gesamten Affäre versteckte Malaysia sich hinter derartigen Entschuldigungen. Man spielte das hilflose Opfer eines überwältigenden Ereignisses. Tatsächlich wäre es richtiger zu sagen, dass es noch nie einer Fluggesellschaft – oder einem Land – gelungen war, eine Boeing 777, eines der sichersten Flugzeuge der Welt, auf einem einfachen Routineflug bei besten Wetterbedingungen zu verlieren. Der Abgeordnete der regierenden Koalition schloss unser Interview mit den Worten, dass in seinem *Kampung* (Dorf) »alle so inbrünstig beten, wie sie können«. Ich konnte mir also der Entschlossenheit und des Engagements der malaysischen politischen Klasse versichert sein und mich beruhigt zurücklehnen.

Führen wir uns noch einmal den Linienflug vor Augen. MH370 befand sich auf dem Weg nach Peking. Das ist nicht einfach irgendein Ziel, sondern die politische Hauptstadt der zweitgrößten Supermacht der Welt. Die meisten Passagiere an Bord waren Kontinentalchinesen, viele andere malaysische Chinesen. Wie ist es um die sino-malaysischen Beziehungen bestellt? Gibt es Konflikte zwischen den beiden Ländern? Der Generalsekretär der chinesischen Industrie- und Handelskammer in Kuala Lumpur, Michael Chao

Woon Chew, kannte den Flug MH370 wie alle Mitglieder seiner Institution sehr gut, genau wie den dazugehörigen Rückflug von Peking nach Kuala Lumpur, MH371. Er erzählte mir, dass die Beziehungen zwischen Malaysia und China bereits fünf Jahrhunderte zurückreichten: seit es in Malaysia eine chinesische Gemeinschaft gab, die entscheidenden Einfluss auf das Land nahm. Alle wussten, dass es die malaysischen Chinesen waren, die – obwohl sie nur ein Viertel der Bevölkerung Malaysias ausmachten – das Land am Laufen hielten. Tatsächlich fuhr das dreitägige chinesische Neujahrsfest die nationale Wirtschaft weitaus mehr herunter als dreißig Tage Ramadan, und das in einem Land, in dem der Islam die Staatsreligion ist und sechzig Prozent der Bevölkerung praktizierende Muslime sind.

Das bedeutet nicht, dass es nie Spannungen oder Rivalitäten zwischen den beiden Ländern gegeben hat. Ganz im Gegenteil. Und so lässt es sich vielleicht auch erklären, warum eine ziemlich paranoide Annahme vor allem unter Geschäftsleuten kursierte, die mehrheitlich der chinesischen Gemeinschaft angehören. Man vermutete, die USA könnten in das Verschwinden des Flugzeugs involviert sein, mit dem Ziel, die sino-malaysischen Beziehungen zu sabotieren. Man sagte mir, Malaysia versuche sich mit allen gut zu stellen. Aber wenn man mit allen befreundet ist, habe man keine echten Freunde. Malaysia, so wurde gemunkelt, vollführe einen Drahtseilakt zwischen China und den USA.

Tatsächlich kam es in den Monaten nach dem Verschwinden von MH370 im März 2014 zu einer geradezu sensationellen Annäherung zwischen Malaysia und den USA. Zunächst stattete Barack Obama dem Land im April 2014 einen offiziellen Besuch ab, den ersten seit Lyndon Johnsons im Jahr 1966. Während seines Besuchs erklärte Obama: »die USA betrachten Malaysia als wichtigen Partner zur Stabilität der Region, für die Sicherheit der Meere und die Freiheiten der Hohen See«. Sechs Monate nach dieser historischen Reise wurde Premierminister Najib Razak nach Hawaii eingeladen, um beim Weihnachtsurlaub der Familie Obama mit dem amerikanischen Präsidenten Golf zu spielen. Womit hatte Najib ein solches Privileg verdient? Wenn die beiden Männer etwas Vertrauliches zu besprechen hatten, dann war das zweifellos die perfekte Umgebung. Weniger als ein Jahr später besuchte Obama Malaysia erneut im Rahmen des US-ASEAN-Gipfels, der mit dem APEC-Treffen zusammenfiel.[11] Offenbar waren Obama und Najib ein unzertrennliches Gespann geworden. Zwischen den zwei Besuchen Obamas kam im August 2015 außerdem Staatssekretär John Kerry nach Malaysia, offiziell um den Weg für die Unterzeichnung des Handelsabkommens der Transpazifischen Partnerschaft zu ebnen (Trans-Pacific Partnership Agreement, kurz TPPA).

Obwohl es zweifellos im Interesse der USA war, Chinas Expansionsvorhaben in der Region und insbesondere im Südchinesischen Meer entgegenzuwirken, vermochten Beobachter nicht zu verstehen, warum Washington und Kuala Lumpur auf einmal eine so enge Freundschaft verband, insbesondere da es mit Premierminister Najibs politischer Reputation steil bergab ging. Nicht nur war es dem nationalen Entwicklungsfonds 1MDB (*Anm. d. Ü.* 1Malaysia Development Berhad), der 2009 von Najib gegründet worden war und seither unter seiner Schirmherrschaft stand, gelungen, in fünf Jahren mehr als elf Milliarden US-Dollar Schulden anzuhäufen – ein Skandal, der einen Platz in dem äußerst beliebten *Malaysian Book of Records* verdiente.[12] 2015 fand man außerdem heraus, dass der Premierminister seinem eigenen Konto 2,6 Milliarden Ringgit (700 Millionen US-Dollar) gutgeschrieben hatte.[13] Najib gab zu seiner Verteidigung an, das Geld sei eine Spende von einem Unterstützer im Persischen Golf, »um seine anti-israelische Haltung zu würdigen«. Am Ende stellte sich jedoch heraus, dass sein großzügiger Wohltäter Seine Majestät Saud Abdulaziz Majid al-Saud gar nicht existierte.[14] Ohne eine glaubhafte Erklärung dafür, wurde Najibs Ruf immer schäbiger.

Ungeachtet dessen sprach der neu ernannte Generalstaatsanwalt Mohamed Apandi Ali den Premierminister im Januar 2016 von allen Vorwürfen frei. Wäre es irgendwo anders auf der Welt möglich, dass ein Staatschef nach illegalen Zuwendungen dieser Größenordnung unbeschadet weitermachte? *Malaysia Boleh!*

Die erstaunliche Liebesgeschichte zwischen Kuala Lumpur und Washington ging jedenfalls ungerührt weiter, trotz einer im Juni 2017 vom US-Justizministerium angeordneten, groß angelegten Ermittlung rund um den 1MDB-Skandal. Und obwohl die Website Sarawak Reports der Welt mit ihren unglaublichen Enthüllungen weiterhin von der maßlosen Gier des Premierministers berichtete, wurde Najib drei Monate später von Präsident Trump ein Empfang auf dem roten Teppich des Weißen Hauses bereitet. Najib sicherte zu, 25 Boeings 737 und acht 787 Dreamliner für Malaysia Airlines zu kaufen,[15] doch dazu kam es nie. Der Deal wurde ein Jahr später gekippt.[16]

Bevor der 1MDB-Skandal ins Licht der Öffentlichkeit geriet, sorgte eine weitere Affäre für Komplikationen im politischen Leben Malaysias und insbesondere seines Premierministers – diesmal spielte Frankreich eine entscheidende Rolle. Seit dem ersten Rüstungsabkommen zwischen Frankreich und Malaysia (für französische Exocet-Raketen Mitte der Achtzigerjahre) hatte sich Malaysia durch seinen stetigen Hunger nach Kriegstechnik zu einem VVIP-Abnehmer[17] der französischen Rüstungsindustrie entwickelt. Der Kauf französischer U-Boote der *Scorpène*-Klasse, der 2002 besiegelt wurde, markierte den Beginn noch engerer Beziehungen zwischen den beiden Ländern.

Doch dann kamen Gerüchte über illegale Provisionszahlungen auf. Im Jahr 2006 wurde eine attraktive junge Dolmetscherin aus der Mongolei, Altantuya Shaariibuu, die den wichtigsten Mittelsmann für die U-Boot-Verhandlungen, Abdul Razak Baginda, nach Paris begleitet hatte, erschossen. Ihre Leiche wurde anschließend in der Nähe von Kuala Lumpur an einen Baum mitten im Regenwald gebunden und mit dem Plastiksprengstoff C-4 bis zur Unkenntlichkeit zerstört. Der grausame Auftragsmord, offenbar von Polizisten ausgeführt, um eine potenzielle Zeugin der Korruptionsaffäre zum Schweigen zu bringen, schockierte das ganze Land. Obwohl diese drei düsteren Affären – der französische U-Boot-Skandal, 1MDB und MH370 – nicht unmittelbar miteinander in Verbindung stehen, haben sie eine gemeinsame Schlüsselfigur:

den damaligen Verteidigungsminister, späteren Finanzminister und anschließenden Premierminister Najib Razak.

Als ich von 2000 bis 2003 in Kuala Lumpur lebte, ergab sich mir mit der Zeit ein ziemlich finsteres Bild von Najib und Rosmah Mansor. Rosmah Mansor, die sogenannte First Lady von Malaysia, war eine sehr kontroverse Figur mit einem Hang zum Luxus. Mit ihrer Sammlung exklusiver Hermès-Handtaschen und einer besonderen Vorliebe für die Birkin-Linie aus Krokodilsleder wurde sie mir einmal als »eine üble Mischung aus Cruella de Vil und Imelda Marcos« beschrieben. Mir ist noch keine einzige malaysische Frau begegnet, die sie mochte, auch wenn viele von ihnen mir den Preis (24 Millionen US-Dollar) eines Diamanten sagen konnten, den sie angeblich 2011 bei Jacob & Co. in New York gekauft hatte. In ihrer 2013 veröffentlichten Autobiografie bestritt sie diese Anschuldigung und behauptete, den Stein bereits 2012 zurückgegeben zu haben. Außerdem kursierten Gerüchte, sie interessiere sich für schwarze Magie. Obwohl allein die Erwähnung ihres Namens für gewöhnlich angewiderte – oder ängstliche – Gesichter hervorrief, hatte das unpopuläre First Couple das Land fest im Griff. Sie wussten, wie man potenzielle Gegner zum Schweigen brachte. Nachdem Najib sein Versprechen gegeben hatte, das brutale Interne Sicherheitsgesetz (Internal Security Act, kurz ISA) aufzuheben, erließ er neue repressive Gesetze, die besser zu einem Land im Kriegszustand passten als zu einer Demokratie. Als ich im November 2015 nach Malaysia zurückkehrte, wurde eines meiner Interviews abgesagt: Die Person, mit der ich mich treffen wollte, war eine Woche zuvor verhaftet worden. Ironischerweise war es ein Anwalt, Matthias Chang, dem zu der Zeit viele Jahre im Gefängnis drohten, ohne dass sein Fall je vor Gericht kam.[18]

Es stellte sich heraus, dass der Mann an vorderster Front der gesamten MH370-Krise, Verteidigungs- und Verkehrsminister Hishammuddin Hussein – Mr. No-No –, ein Cousin ersten Grades von Premierminister Najib war. Noch dazu war es das erste Mal in der Geschichte des Landes, dass der malaysische Verteidigungsminister zugleich das Amt des Verkehrsministers bekleidete.[19] Mit diesen beiden Posten war der Cousin des Premierministers sowohl für die Luftwaffe als auch für die zivile Luftfahrt zuständig. Wenn man versuchen wollte, die Informationskette rund um ein verschwundenes Flugzeug vollkommen zu kontrollieren, dann kann man sich kein effektiveres System vorstellen.

Die Art und Weise, wie der Premierminister versuchte, einen Skandal der Größenordnung von 1MDB auszusitzen, sprach Bände. Zunehmend genervt von den unangenehmen Fragen seines Vizepremiers Muhyiddin Yassin und enttäuscht, dass das Bundesgericht des Landes so wenig Verständnis für seinen Fall zeigte, entließ er kurzerhand sowohl Muhyiddin als auch Generalstaatsanwalt Abdul Gani Patail, Letzteren angeblich aus »gesundheitlichen Gründen«.[20] Kurz nachdem auch er kritische Fragen zu dem 1MDB-Skandal aufgeworfen hatte, wurde der stellvertretende Staatsanwalt Anthony Kevin Morais im September 2015 auf dem Weg zur Arbeit in seinem Auto entführt. Seine Leiche wurde zehn Tage später in einem mit Beton gefüllten Fass im Sumpfland nahe des Klang-Flusses gefunden.

Nach derlei Methoden kamen verständlicherweise Zweifel auf, ob der Hubschrauberabsturz im April 2015, bei dem die persönliche Sekretärin des Premierministers und einer seiner engsten Berater namens Jamaluddin Jarjis, unter Freunden besser bekannt als »Tan Sri JJ«, wirklich ein Unfall gewesen war.[21] Der Hubschrauber war beordert worden, wichtige Gäste von der Hochzeit von Najibs Tochter nach Hause zu fliegen. Keiner der sechs Passagiere, einschließlich des Piloten (und Miteigentümers des Hubschrauberunternehmens) überlebte den Absturz. Mir kamen zwei, wenn nicht gar drei unterschiedliche Versionen des Unglücks zu Ohren. Obwohl mindestens zwei der Personen den höchsten Kreisen der Regierung angehörten, wurden die Untersuchungsergebnisse nie der Öffentlichkeit zugänglich gemacht.

Auch in den nachfolgenden Jahren brachen die grausamen und deprimierenden Geschichten aus Malaysia nicht ab. Als ich 2017 eine Trauerzeremonie besuchte, die die Familienangehörigen der Opfer anlässlich des dritten Jahrestages des Verschwindens von

MH370 abhielten, redete die ganze Stadt über zwei beängstigende Vorfälle, die sich ein paar Wochen zuvor ereignet hatten. Am 13. Februar 2017 war der Halbbruder des nordkoreanischen Führers, Kim Jong-nam, bei Tageslicht und vor den Augen der Öffentlichkeit in der Abflughalle von Kuala Lumpur International Airport 2 umgebracht worden.[22] Am selben Tag war ein christlicher Pastor in einer hochprofessionellen Operation mit mehreren identischen, schwarzen SUVs aus seinem Auto entführt worden. Im Lauf der kommenden Wochen verschwanden nicht weniger als fünf Aktivisten unter verdächtigen Umständen.

Eines steht fest: Wenn jemand im Land etwas über MH370 und die anderen ungeklärten Fälle weiß, dann ist es der inzwischen ehemalige Premierminister Najib Razak.

Malaysia rühmt sich also nicht nur einer jahrhundertelangen gemeinsamen Geschichte mit China, einer neu entdeckten Liebe zu Amerika, langjährigen, freundschaftlichen Rüstungsbeziehungen zu Frankreich und einer Wiederannäherung an Singapur unter Najib, sondern es gewährte auch Australien ein paar kleinere Gefälligkeiten. So durfte zum Beispiel das Bergbauunternehmen Lynas Corporation[23] eine gewaltige Raffinerie für Metalle der Seltenen Erden in Pahang, zufälligerweise die Heimatprovinz Najibs, bauen. Gegnern dieses Werks zufolge sind die Auswirkungen auf die Umwelt schlichtweg katastrophal. In der Zeit, als MH370 verschwand, gab es in Verbindung mit Vertragsabschlüssen mit Securency International und Note Printing Australia[24], die Kunststoffgeldscheine herstellten,[25] starke Verdachtsfälle von Schmiergeldzahlungen an Malaysier in einflussreichen Positionen. Außerdem darf man nicht vergessen, dass Malaysia ausgezeichnete Beziehungen zu den Golfstaaten pflegt und zu ihrem beliebtesten Reiseziel avanciert war.[26] Jedes einzelne dieser Länder hat offenbar aus unterschiedlichen Gründen seine ganz persönlichen, bequemen Vereinbarungen mit Malaysia getroffen.

Überraschenderweise war diese weitgefasste Interpretation der Hintergründe des Verschwindens vor allem bei den hochgebildeten Menschen in Malaysia *en vogue*. Sie zeigten sich äußerst beunruhigt von der ganzen MH370-Affäre. Zwar schien keiner in der Lage, ein konkretes Argument zu formulieren, doch die Vorstellung, dass Malaysias opportunistischer Kurs keine klaren Loyalitäten erkennen ließ, schwang in allen Erklärungsversuchen mit. Eine solche kollektive Intuition hätte ich nicht erwartet. Es machte mich neugierig, doch damals wusste ich nicht, wie mir das dabei helfen sollte, eine Erklärung für das Verschwinden der Boeing 777 zu finden. Denn auf den ersten Blick gab es nicht den Schatten eines Konflikts – sei er wirtschaftlicher, politischer oder militärischer Natur –, der ernst genug wäre, um ihn mit dem Verlust eines ganzen Passagierflugzeuges in Verbindung zu bringen.

Während meines ersten Rechercheauftrags zu MH370 im März 2014 bot sich mir die Möglichkeit, erneut den charismatischen Anführer der Opposition und ehemaligen Vizepremier Anwar Ibrahim zu treffen und ein Interview mit ihm zu führen. Für unser Gespräch nutzte Anwar eine kurze Unterbrechung seiner Haft zwischen einem weiteren Schuldspruch, der einen Tag, bevor Flug MH370 verschwand, verkündet wurde und gegen den er Berufung eingelegt hatte, und der Prüfung seines Falls beim Bundesgericht, die für Februar 2015 anberaumt war. Er zeigte sich entsetzt, dass die Regierung versuchte, ihn mit dem MH370-Desaster in Verbindung zu bringen, indem man seine entfernte Verwandtschaft mit dem Flugkapitän (die er auch nicht leugnete) betonte. Er erinnerte mich zudem daran, dass er als Finanzminister höchstpersönlich die hochmodernen angloitalienischen Marconi-Radarsysteme bestellt hatte.

Danach hatte Malaysia zudem die neueste Generation Radarschirme, das Thales-Raytheon-GM400-System, erworben. Wenn die Boeing wirklich die von der Regierung angegebene Route genommen hatte, konnte MH370 diesen Radarsystemen durch Positionen in Kuantan und Kotra Bharu an Malaysias Ostküste und Butterworth an der Westküste, unmöglich entgangen sein. »Wenn sie die Maschine gesehen haben, warum haben sie dann nicht gehandelt?«, fragte Anwar mich. »Und wenn sie sie trotz all unserer technischen Ausrüstung nicht gesehen haben, dann hat mein Land ein ernstzunehmendes nationales Sicherheitsproblem!« Er warf der Regierung Versagen vor. Die Tatsache, dass noch immer keine vollständige Liste der Fracht an Bord des Großraumjets veröffentlicht worden war, fand er schlicht ungeheuerlich. »Dieser Mangel an Transparenz führt nur zu Gerüchten«, schloss Anwar. Da er auf die siebzig zuging, stand so gut wie fest, dass eine weitere Haftstrafe – sowohl aus rechtlichen als auch aus Gründen des Alters – jede Hoffnung zerschlagen würde, eines Tages doch noch das Land zu regieren. Doch er gehörte zu den Politikern, die wussten, dass man niemals nie sagen sollte. Ironischerweise wurden seine politischen Hoffnungen wider aller Erwartungen erneut geweckt, als seine Partei 2018 die Wahlen gewann. Ihm wurde das Amt des Premierministers von Malaysia für 2020 versprochen.[27]

Unterdessen hatten die Wissenschaftler von Inmarsat in London ihre Berechnungen verfeinert. Obwohl sie die Frequenzdaten der Pings noch nie zuvor verwendet hatten, waren die Routenoptionen der Boeing durch den nördlichen oder den südlichen Korridor so unterschiedlich, dass die Frequenzdaten »zwischen diesen beiden Routen einen Unterschied machen konnten«, um es mit den Worten von Chris Ashton, einem der Inmarsat-Forscher zu sagen.[28] »Wir hatten diese Berechnungen bereits zwei oder drei Mal angestellt und immer wieder verworfen. [...] Wir bekamen [...] einfach keine gute Übereinstimmung zwischen den erfassten und den vorausgesagten Daten.« Doch auf einmal, am Freitagabend, »stimmten die Graphen überein, die Daten funktionierten, und die Berechnungen waren gelöst.« Im Zuge ihrer noch nie zuvor angestellten Berechnungen kamen die Wissenschaftler zu dem Ergebnis, dass die nördliche Route ausgeschlossen war und die südliche übrig blieb. Inmarsats Erkenntnisse wurden sofort an die malaysische Regierung übermittelt. Doch die Hochstimmung der Wissenschaftler hielt nicht lange an, da ihnen sofort klar wurde, dass es »kaum eine Chance für die Menschen an Bord« gab.

Das Worst-Case-Szenario, ein Absturz ins offene Meer ohne jegliche Hoffnung auf Überlebende, wurde schließlich am Abend des

24. März von Premierminister Najib in den Fernsehnachrichten verkündet: »Heute Abend hatte ich eine Unterredung mit Vertretern des britischen Air Accidents Investigation Branch [AAIB]. Sie informierten mich, dass Inmarsat [...] weitere Berechnungen mit den Daten unternommen hat.« Mit Grabesstimme fuhr Najib fort: »Inmarsat und AAIB sind zu dem Ergebnis gekommen, dass MH370 entlang des südlichen Korridors geflogen sein muss und dass seine letzte Position westlich von Perth mitten im Indischen Ozean liegt.« Obwohl Najib weder von einem Absturz noch von Toten sprach, fügte er hinzu, wie um alle Hoffnungen zunichtezumachen: »Dies ist ein sehr entlegener Ort, weit weg von jedweden Landemöglichkeiten. Darum muss ich Ihnen in tiefer Trauer und mit großem Bedauern mitteilen, dass [...] Flug MH370 im südlichen Indischen Ozean endete.«

Die Familienangehörigen wurden per SMS informiert: »Malaysia Airlines bedauert zutiefst, dass wir ohne jeden Zweifel davon ausgehen müssen, dass MH370 verloren ist und niemand an Bord überlebt hat.« Ungeachtet der Tatsache, dass zwei Drittel der Passagiere Chinesen waren, wurde die Nachricht lediglich auf Englisch verschickt.

Für die Familien war es ein weiterer Schlag ins Gesicht. Von ihnen wurde verlangt zu akzeptieren, dass ihre Lieben auf ewig als vermisst galten, und das auf Grundlage verschlungener mathematischer Berechnungen, die beinahe nicht überprüfbar waren, und ohne irgendeinen greifbaren Hinweis – nicht einmal ein Fetzen von einem Sitzpolster oder ein Teil des Rumpfes –, der die Theorie stützte. Zum allgemeinen Entsetzen und der großen Bestürzung gesellten sich bei einigen von ihnen Zweifel und Misstrauen. »Wir wissen nicht, wie, und wir wissen nicht, warum es zu dieser Tragödie kam«, erklärte Ahmad Jauhari Yahya, der Geschäftsführer von Malaysia Airlines, hilflos.

Am 25. März wurden die Poster, die spontan in ganz Kuala Lumpur aufgetaucht waren und alle aufforderten, für die Passagiere von Flug MH370 zu beten, nach und nach durch Beileidsbekundungen ersetzt. Viele der Tageszeitungen, die ihre Titelseiten in den vergangenen 17 Tagen allein Flug MH370 gewidmet hatten, brachten ihre Trauer durch schwarze Streifen oder geschwärzte Titelseiten zum Ausdruck. Die regierungstreue Tageszeitung *The New Straits Times* titelte in Anspielung an die letzten Worte des Flugkapitäns: »Gute Nacht, MH370«.

Auch wenn die Familien es nicht hören wollten und nicht akzeptieren konnten: Ab dem 24. März 2014 waren die 239 Menschen an Bord von Flug MH370 den Tiefen des Indischen Ozeans für immer übergeben worden.

Fakt ist, dass an diesem Punkt der Krise, Ende März 2014, ein heilloses Durcheinander in dem Fall herrschte. Malaysia hatte die Kontrolle über die Dinge so gründlich verloren, dass die internationalen Medienvertreter, die sich zu Hunderten in Kuala Lumpur versammelt hatten, am Rande des Nervenzusammenbruchs waren. Man hatte den Eindruck, jeder andere könnte den Job besser machen als die malaysischen Behörden. Da sich Australien bereits seit dem 17. März der »Leitung des Such- und Rettungseinsatzes« vor ihrer Küste angenommen hatte, schien es nur natürlich – und zweifellos beruhigend –, dass das Land nun auch die Leitung der gesamten Suchoperation übernahm, nachdem sie sich in den Süden verlagert hatte.

Malaysia hatte ein freundschaftliches Schulterklopfen bekommen und sich klammheimlich aus den Suchbemühungen zurückgezogen, auch wenn das Land offiziell noch den Ermittlungen vorstand. In der bekannten Sendung *Good Morning America*, tat Stephen Ganyard – ein pensionierter Colonel des US-Marinekorps – das Interview des Sonderberichterstatters der ABC mit einem Fischer an Malaysias Ostküste ab. Der Fischer hatte ausgesagt, zu dem Zeitpunkt, als die Maschine verschwand, ein Flugzeug im Tiefflug über dem Meer gesehen zu haben. Stattdessen erklärte Ganyard:

> Die gute Nachricht ist, dass jetzt die Australier gemeinsam mit dem NTSB[29] das Ruder übernommen haben. Die malaysischen Behörden haben sich die ganze Woche über in Widersprüche verstrickt.

Ihre Aussagen passen nicht zusammen. Aber jetzt haben wir endlich die echten Profis vor Ort. De facto befinden wir uns an Tag eins der ganzen Ermittlung, weil wir erst jetzt Leute damit betraut haben, die wissen, was sie tun.[30]

Nun konnten also alle hoffen, dass die Dinge ein bisschen klarer würden.

4

Australien übernimmt das Ruder

Im Anschluss an die Verkündung vom 24. März 2014, dass die letzte Position von MH370 nun »ohne jeden Zweifel« im südlichen Indischen Ozean lag, wurde die gesamte Suchaktion – mit Schiffen und Flugzeugen, die ein riesiges Gebiet von den warmen Gewässern des Golfs von Thailand bis hin zu den dürren Ebenen Kasachstans abgedeckt hatten – auf Eis gelegt. Den Angaben von Inmarsat folgend wandte die Welt ihren Blick nun einzig und allein dem »südlichen Korridor« im südöstlichen Indischen Ozean vor der australischen Küste zu. Doch das neu definierte Suchgebiet war nach wie vor riesig. Zunächst mussten Hunderttausende Quadratkilometer Ozean nach an der Wasseroberfläche treibenden Trümmerteilen abgesucht werden. Dann würde die Suche unter Wasser fortgeführt werden in der Hoffnung, das Wrack und die Flugschreiber der Boeing, auch Blackboxes genannt, auf dem Meeresgrund zu finden.

Am 31. März nahm Malaysia offiziell das Angebot Australiens an – das faktisch bereits seit dem 17. März die Sucheinsatzleitung in der SAR-Zone (Search and Rescue Zone) zu See und aus der Luft innehatte –, den »größten Such- und Rettungseinsatz der Geschichte« anzuführen. Rechtlich gesehen war Australien in keiner Weise dazu verpflichtet, diese Verantwortung zu übernehmen, schon gar nicht auf eigene Kosten. In dieser Region beschränkte sich ihr SAR-Dienst auf die Seenotrettung und nicht auf die Suche von Wracks oder Trümmerteilen. »Wir betrachten es als Akt des guten internationalen australischen Engagements«, begründete Premierminister Tony Abbott den Vorstoß. Ein solches Handeln sei nur folgerichtig, da das Flugzeug über australischen Hoheitsgewässern abgestürzt sei, erklärte er, obwohl die vermutete Absturzzone mit einer Entfernung von 2000 Kilometern vor der Küste weit außerhalb dieser lag.

Dieser Akt der Nächstenliebe vonseiten Australiens, das sechs seiner Landsleute bei dem Unglück verloren hatte, kam ziemlich unerwartet. Als ich als Südpazifik-Korrespondentin für *Le Monde* erst in Sydney und dann in Auckland tätig war, berichtete ich über mehrere spektakuläre Seenotrettungseinsätze.[1] Diese Geschichten über das Überleben in extrem gefährlichen Gewässern gehören zu den größten Abenteuern, über die ich je geschrieben habe. Ich erinnere mich auch, dass die Kosten der Rettungseinsätze stets ein Streitthema waren.[2] Doch die Kosten und der Ressourcenaufwand dieser Rettungseinsätze waren, verglichen mit MH370, dessen Suche ersten Einschätzungen nach zehn Millionen Dollar fraß, kaum der Rede wert.

Zudem waren nicht alle überzeugt, dass mit den Australiern nun die »echten Profis« in der Flugunfallermittlung, ganz zu schweigen von der Tiefseesuche, am Werk waren. Dass Australien die Koordination der Suche zu See übertragen bekommen hatte, lag auf der Hand. Doch dass sie nun auch die Verantwortung für die zweite Suchphase unter Wasser innehaben sollten, überraschte viele Experten. »Dass ausgerechnet Australien die Unterwassersuche nach dem Flugzeug leiten sollte, hat mich wirklich gewundert«, sagte die amerikanische Luftfahrtjournalistin und Flugsicherheitsermittlerin Christine Negroni.

Zu dem Zeitpunkt war der Ruf der australischen Verkehrssicherheitsbehörde (ATSB) immer noch schwer angeschlagen von der schlampigen Untersuchung eines anderen Flugunfalls über dem offenen Meer, als eine Westwind-Maschine von Pel-Air am 18. November 2009 vor der Norfolkinsel notwassern musste. Nachdem sich eine Fernsehdokumentation mit der ATSB-Untersuchung befasst hatte, wurde der Fall zu einem landesweiten Skandal.[3] Am Ende wurde die kanadische Verkehrssicherheitsbehörde damit beauftragt, die Methoden und Verfahren des ATSB in diesem Fall zu prüfen. Am 1. Dezember 2014 wurde schließlich ein vernichtender Bericht veröffentlicht. Doch zu diesem Zeitpunkt hatte sich das ATSB bereits voll und ganz der Suche nach MH370 verpflichtet, und es war zu spät, seine Kompetenz und seine Eignung für diese Aufgabe infrage zu stellen.

»Ich hatte den Eindruck, dass die Australier, allen voran Martin Dolan vom ATSB, unbedingt die Helden spielen wollten, die das Luftfahrtmysterium lösen, das die ganze Welt beschäftigt. Im Juni 2014 hat mir Dolan [der Chef von ATSB] begeistert erzählt, dass die Koordination der Suche die ›größte Herausforderung seiner Karriere‹ sei«, erzählte Negroni. Sah das ATSB, gekränkt von der öffentlichen Bloßstellung, die MH370-Mission als Möglichkeit, die Schande der Vergangenheit zu begraben und seinen guten Ruf wiederherzustellen? Durchaus möglich.

Was auch immer die wahren Beweggründe dieser internationalen Nachbarschaftshilfe waren, Australien übernahm jedenfalls mit dem Segen der USA das Suchkommando. Malaysia wurde von der Verantwortung befreit. Hatte es überhaupt eine Wahl?

Der vielfach mit Ehrenwürden dekorierte ehemalige Befehlshaber der australischen Streitkräfte Angus Houston, der sich insbesondere durch seine Verdienste in der Luftwaffe hervorgetan hatte, wurde auserkoren, die Mission zu leiten und der Sucheinsatzleitstelle, dem JACC, vorzustehen.[4] Houston überzeugte durch seinen Hintergrund, auch wenn er keinerlei Erfahrung im Bereich der zivilen Luftfahrt und der Unterwassersuche vorwies.

Das Einsatzgebiet war lebensfeindlich, abgelegen und gnadenlos. Im Winter erreichen die Wellen hier mit Leichtigkeit eine Höhe von zehn bis zwölf Metern. »Da fährt keiner gern raus. Man ist sich schon sicher, dass einem eine schwere Zeit bevorsteht«, sagte mir ein französischer Marineoffizier, der mit dem rauen Seegang und den starken Winden dieser südlichen Gewässer vertraut war, die ihnen, je weiter man in die südlichen Breitengrade vorstieß, Spitznamen wie die »Roaring Forties« [dt. »Brüllende Vierziger«], die »Furious Fifties« [dt. »Rasende Fünfziger«] und die »Screaming Sixties« [dt. »Heulende Sechziger«] eingetragen hatten. Und das

Wetter sollte noch sehr viel schlimmer werden: In der südlichen Hemisphäre war Ende März bereits Herbst. Doch unter der Führung der »echten Profis« würden Resultate bestimmt nicht lange auf sich warten lassen. Erklärtes Ziel der Suche war es, die zwei Blackboxes der Boeing (die in Wahrheit orange sind) zu finden und zu bergen. Die eine enthielt einen Stimmenrekorder der letzten zwei Stunden im Cockpit, den sogenannten CVR (Cockpit Voice Recorder) und die andere den Flugdatenschreiber mit den technischen Leistungsdaten der Maschine, den FDR (Flight Data Recorder). Jede von ihnen war mit einem zylindrischen Peilsender, einer Unterwasser-Ortungsbake, ausgestattet, die von einer Lithiumbatterie (in der Größe einer Standardbatterie D) betrieben wird. Kommt die Bake mit Wasser in Berührung, so schaltet sie sich automatisch ein und sendet in einem Radius von maximal 2000 Metern einen Monat lang ein nicht hörbares Ultraschall-Signal aus, das – genau wie der Ping von Inmarsat – besagt: »Ich bin hier.« Es kann anhand seiner Frequenz von 37,5 kHz und dem Intervall von einer Sekunde zwischen den einzelnen Signalen identifiziert werden.

Nach den Handshake-Pings von Inmarsat, die Hinweise auf die letzte Position von MH370 durch die Atmosphäre getragen hatten, machte man nun also Jagd auf die Pings der Flugschreiber, die uns verraten sollten, was nach der Nachricht »Gute Nacht, Malaysia drei sieben null« an Bord geschehen war. Diese Ultraschall-Pings wurden aus den tiefsten Tiefen reinsten und gletscherkalten Meerwassers gesandt, wo keine Meerespflanzen mehr wuchsen, sondern nur vollkommene Dunkelheit und absolute Stille herrschten.

Mehr noch als die Ortung des Wracks oder die Erkenntnisse, die man sich von den Flugschreibern versprach, erhofften sich die Angehörigen – gemeinsam mit dem Rest der Welt, die über das Verschwinden rätselte – mehr Gewissheit über das endgültige Schicksal der verschwundenen Boeing und ihrer 239 Passagiere. Sie wollten Beweise, irgendeinen handfesten Beweis, der bezeugte, dass die Maschine wirklich an dem vom letzten Inmarsat-Ping indizierten Ort abgestürzt war.

China, Malaysia, Japan, die Vereinten Arabischen Emirate, Großbritannien, die Vereinigten Staaten von Amerika, Südkorea und Neuseeland sandten rund 15 Schiffe und eine vergleichbare Anzahl an Flugzeugen, die sich an der Suche beteiligten.

Vor dem Hintergrund eines möglichen Absturzes auf hoher See und insbesondere nach der offiziellen Bestätigung der Position im Indischen Ozean wurde die französische Untersuchungsbehörde für Flugunfälle (BEA) mit ihrer Erfahrung durch die Suche und Bergung der Air-France-Maschine A330, die 2009 auf dem Flug AF447 von Rio de Janeiro nach Paris weit vor der Küste Brasiliens in den Atlantischen Ozean gestürzt war, zur ständigen Referenz der malaysischen Regierung. Während der Pressekonferenzen war immer wieder von »den französischen Experten« die Rede.

Der Erfolg der französischen Untersuchungsbehörde im Fall von AF447 war für die Malaysier gleich doppelt hilfreich. Zum einen zeigte er, dass es Hoffnung gab, eines Tages die Flugschreiber von MH370 in vergleichbaren geografischen Gegebenheiten – weit vor der Küste und viele Kilometer tief auf dem Meeresgrund – zu finden. Man dachte: Es ist schon einmal gelungen, also ist es möglich. Zweitens mahnte das Beispiel von AF447 diejenigen, die langsam die Geduld verloren, dass es die Franzosen beinahe zwei Jahre gekostet hatte, das Wrack zu finden.[5] Es handelte sich also zweifellos um einen langwierigen Sucheinsatz.

Zu seinem großen Ärger wurde Frankreichs unbestrittener Experte auf diesem Gebiet, Jean-Paul Troadec, ehemaliger Leiter der BEA und Kopf der nach Kuala Lumpur entsandten Delegation, auf Schritt und Tritt von Journalisten verfolgt, wann immer er sein Hotel verließ oder aus seinem Auto stieg. Zu meiner Überraschung willigte er dennoch ein, mit mir ein Interview für *Le Monde* zu führen, wobei ich zweifellos der französischen Botschaft für ein wenig wohldosiertes Drängen zu Dank verpflichtet bin.

Zu Beginn des Interviews wirkte er ziemlich mürrisch und argwöhnisch. Ich hatte das Gefühl, er war nicht sonderlich erpicht auf den Umgang mit Journalisten, insbesondere seit sie ihn derart belästigten. Als Absolvent der prestigeträchtigen École Polytechnique und der École nationale de l'aviation civile war Troadec nicht nur Pilot und Fallschirmspringer, sondern auch ein erfahrener Seemann. Durch seine Kenntnisse zur See und in der Luft wären seine Einblicke in den Fall für mich sehr bereichernd.

»Es ist undenkbar, eine Unterwassersuche angesichts einer solchen Unsicherheit über die Position des Flugzeugs einzuleiten. Zunächst einmal muss man Trümmerteile finden und sie zweifellos der Maschine zuordnen können. Die Trümmerteile, die bisher gesichtet wurden [durch Satelliten oder Flugzeuge] können genauso gut von Schiffen stammen – der Ozean ist ein riesiger Mülleimer – und in den rotierenden Meeresströmungen des Indischen Ozeans über weite Strecken nach Süden getragen werden«, sagte er mir ohne Umschweife und ohne zu ahnen, dass die Australier in den kommenden Tagen genau diesen Fehler begehen würden. »Dann muss der Ursprung der Flugzeugtrümmer unter Einbeziehung der Winde und Strömungen bestimmt werden. Und je mehr Tage vergehen, desto größer wird die Unschärfe.«

Troadec zufolge konnte »die Unterwassersuche erst dann beginnen, wenn das Absturzgebiet angemessen eingegrenzt wurde«. Auch wenn die Suche nach AF447 eine schwierige Aufgabe war, so darf man nicht vergessen, dass die Unsicherheit bezüglich der Absturzposition auf einen Spielraum von fünf Minuten Flugzeit nach dem letzten ACARS-Signal begrenzt war.[6] »In unserem Fall wussten wir zumindest, wo es war«, sagte er. »Aber was MH370 betrifft, fehlt uns der letzte Kontaktpunkt. Wir haben nur eine mögliche Flugroute.« Das bedeutet, dass die Suche ein riesiges Gebiet entlang eines Bogens abdecken musste, der sechzig bis achtzig Kilometer breit war und über 4000 Kilometer von 16°S bis 38°S verlief.

Bei der Suche nach dem Wrack von AF447 hingegen bemühten sich Schiffe, Trümmerteile und rund fünfzig Leichen zu bergen, die an der Wasseroberfläche schwammen, während zwei Schleppsonare, sogenannte Towed Pinger Locators (TLPs), benutzt wurden, um die Signale der Flugschreiber, auch »Pinger« (Sender) genannt, aufzunehmen. Ein TPL ist gebaut wie ein Mini-Unterwassergleitschirm und sieht ein bisschen aus wie ein kleiner knallgelber Stachelrochen. Er muss in einer sehr komplizierten Operation langsam in eine Tiefe von rund 2000 Metern abgelassen werden. Dann bewegt sich das Schiff über das eingegrenzte Suchgebiet. Diejenigen, die mit dem Vorgang vertraut sind, nennen es »Rasenmähen«, doch man darf nicht vergessen, dass das Kabel, an dem der TPL hängt, sechs bis neun Kilometer lang ist. »Einfach nur zu wenden, während man ein 6000 Meter langes Kabel hinter sich herzieht, ist schon ein Akt von mehreren Stunden«, erklärt Troadec.

»Nachdem der Sender ungefähr nach einem Monat aufhört, Signale auszusenden, untersuchen Schleppsonare ebene oder leicht geneigte Regionen am Meeresgrund, während man bei unebenem Gelände Sonargeräte auf autonome Unterwasserfahrzeuge (Autonomous Underwater Vehicle, kurz AUV) montieren muss. Wahrscheinlich braucht man beides«, fährt er fort. »Nach zwanzig Stunden kommt das AUV an die Wasseroberfläche und gibt dem Schiff seine GPS-Position durch. Dann muss man hin, es einholen, die Daten runterladen [Sonarbilder können nur von einem sehr geschulten Blick interpretiert werden] und es dann wieder zu Wasser lassen. Wenn an den Daten irgendetwas ungewöhnlich ist, wird das AUV zum selben Ort zurückgeschickt und macht diesmal richtige Fotos.«

Die Malaysier hatten offenbar großes Vertrauen in die Kompetenz der Franzosen, doch erstaunlicherweise unterliefen Angus Houston, dem australischen Einsatzleiter, in Bezug auf AF447 auffällig viele Fehler. Zum Beispiel sagte er, das Wrack hätte sich in 3000 Meter Tiefe befunden, dabei waren es in Wahrheit 3900 Meter. Außerdem gab er an, dass die ersten Trümmerteile von AF447 innerhalb der ersten 24 Stunden gefunden worden seien, dabei waren tatsächlich sechs Tage vergangen.[7] Unterdessen erklärte Australiens Vizepremier fälschlicherweise, dass die Bergung der Trümmerteile auf der Wasseroberfläche im Fall von AF447 schneller abgeschlossen war als es im Fall von MH370 überhaupt gedauert hatte, um mit der Suche zu beginnen.[8] Warum machen Leute in

Führungspositionen so viele Fehler? Und was Malaysia anging, hatten wir es da mit Inkompetenz oder mit bewussten Fehlinformationen zu tun?

Man vermied es, zu erwähnen, dass die TPLs bei der Suche nach AF447 gleich zwei Mal, am 22. und am 23. Juni 2009, ganz in der Nähe des Wracks vorbeigekommen waren, ohne irgendetwas aufzunehmen. Das streute ernste Zweifel an der Funktionstüchtigkeit der Ortungsbaken an den Flugschreibern. Die Technik war offensichtlich nicht unfehlbar.

Zu dieser Zeit hatte die breite Öffentlichkeit noch große Hoffnungen, dass die ganze technische Ausrüstung zu Ergebnissen führen musste. Doch es war ein Wettlauf gegen die Zeit, der bereits am 8. März begonnen hatte, als die erwartete Laufzeit der Batterien der beiden Flugschreiber noch dreißig Tage betrug.[9] Nachdem man am 15. März der südlichen Region die höchste Priorität gegeben hatte, änderten zahlreiche Länder die Position ihrer Satelliten, ohne es öffentlich zum Thema zu machen. Wiederholt wurden Objekte entdeckt, die mit Trümmerteilen einer Boeing 777 kompatibel schienen.

Zunächst zeigten australische Satellitenbilder am 16. März ein Objekt, das mit 24 Metern Länge (43°S, 90°O) größer als der größte Schiffscontainer war, und ein weiteres von fünf Metern Länge (44°S, 91°O) 2300 Kilometer südwestlich vor der australischen Küste. Etwa sechzig Kilometer entfernt (44°S, 90°O) zeichnete der chinesische Satellit Gaofon-1 daraufhin ein Objekt von 22 Metern Länge auf. Am 20. März lieferte auch Frankreich Bilder von seinen Satelliten Pléiades 1-A und 1-B und dem Airbus-Satelliten Terra SAR-X. Im Gegensatz zu den geostationären Satelliten von Inmarsat kreisten diese Satelliten mit einer Umlaufzeit von neunzig Minuten in 600 bis 700 Kilometer Höhe auf einer Polarbahn um die Erde. Demzufolge hatten sie einen minimalen Wiederholungszeitraum von 24 Stunden.

Einige der von Frankreich und Airbus bereitgestellten Satellitenbilder wurden von den malaysischen Behörden geprüft,[10] während andere zusammen mit ihren Analyseergebnissen geliefert wurden. Sie zeigten ein Trümmerfeld, das mehr oder weniger auf ein Gebiet konzentriert war. »Wenn man bedenkt, wie lange es dauert, einen Satelliten an einen bestimmten Ort zu schicken, ihn Aufnahmen machen zu lassen und sie von unseren Wissenschaftlern interpretieren zu lassen, sollte eine Wartezeit von mehreren Tagen verständlich sein«, sagte mir eine Kontaktperson des französischen Untersuchungsteams. Zu guter Letzt stellten am 24. März auch die thailändischen Behörden noch Bilder bereit, die etwa 300 schwimmende Objekte rund 100 Kilometer von denen entfernt zeigten, die die französischen Satelliten aufgezeichnet hatten. Simon Gunson, ein Neuseeländer, der den Fall von MH370 leidenschaftlich verfolgte, stellte alle verfügbaren Satellitenbilder, die für die Suche hilfreich sein könnten, auf einer Google-Seite zusammen.[11] Außerdem besaß er aus einer Bekanntmachung im chinesischen Staatsfernsehen am 24. März den Screenshot einer Driftstudie[12] samt berechneter Aufprallposition der drei Objekte, die auf den chinesischen Satellitenaufnahmen zu sehen waren.

Für Gunson hätte dieses Gebiet, in dem zwei Objekte gesichtet worden waren von einer Größe vergleichbar mit den Tragflächen einer Boeing 777 – und Hunderte kleinere Trümmerteile in der Nähe –, oberste Priorität beim Sucheinsatz haben müssen, auch wenn es ein paar Breitengrade südlich von dem von Inmarsat berechneten Bogen lag.

Doch das Gegenteil war der Fall. Gunson zufolge »[antworteten] die malaysischen Behörden auf die chinesische Studie, indem sie eine neue Einschätzung der Flugroute veröffentlichten […], die eine Absturzposition so weit südlich unmöglich machte (zwischen 43°S und 45°S und 89°O)«. Dadurch wurde die Glaubwürdigkeit der chinesischen Bilder untergraben, mit dem Ergebnis, dass nie ein Schiff in dieses Gebiet gesandt wurde, obwohl es die höchste Konzentration an Trümmerteilen aufwies, die zudem von Satelliten aus drei unterschiedlichen Ländern aufgenommen worden waren. Gunson hat die Andeutung, dass die Trümmerteile gar nicht existierten, stets abgelehnt. Seiner Aussage nach gab es die Trümmerteile, doch aus Gründen, die er nicht nachvollziehen konnte, tat man bei der Suche an der Wasseroberfläche alles, um sie zu meiden.

***

Für die Medien, ganz zu schweigen von der breiten Öffentlichkeit, war es nicht leicht, den Sucheinsätzen zu folgen. Schließlich handelte es sich um ein riesiges Gebiet, das durch seine Definition via Koordinaten in Längen- und Breitengraden auf gewisse Weise virtuell blieb. Selbst für diejenigen, die als Kinder gern Schiffe versenken gespielt hatten (»A4-B5, Treffer; A4-B6, daneben«). Die Bilder zeigten, wie ein Tag Suche im Indischen Ozean eben aussah ... und noch ein Tag Suche im Indischen Ozean, diesmal 1000 Kilometer nördlich oder südlich vom Vortag. Immer dasselbe blaugraue Meer. Mal wirkte es sanft, mit geschwungenen, flachen Wellen, mal wüteten riesige Brecher. Die Kurswechsel der Schiffe und die Änderung der Suchgebiete gingen also größtenteils unbemerkt vonstatten, und so waren es die Bekanntmachungen, an die sich die Menschen erinnerten. Und wenn es darum ging, dann spielte Australien in einer ganz eigenen Liga.

Nachdem mehrere große Objekte von Satelliten aufgenommen worden waren, sprach Premierminister Tony Abbott am 19. März 2014 von »neuen, glaubwürdigen Informationen«. Er berief sogar eine Sitzung mit den Parlamentsabgeordneten ein, in der er einige eigenartige Objekte beschrieb – eines davon als grau oder grün und rund, ein anderes als orange und rechteckig – und den Abgeordneten versicherte, dies sei »wohl die vielversprechendste Spur, die wir derzeit haben«.[13]

Drei Seefernaufklärer – eine Poseidon der US-Navy sowie eine australische und eine japanische Orion – wurden in das Gebiet geschickt, kehrten jedoch unverrichteter Dinge zum Stützpunkt zurück. Wir warten bis heute auf eine Erklärung, warum diese nicht näher identifizierten, schwimmenden Objekte »neue, glaubwürdige Informationen« darstellten und für wichtig genug erachtet wurden, um sie vom australischen Premierminister vor dem versammelten Parlament verkünden zu lassen. Aber das ist nur die erste von einer ganzen Reihe Pannen.

Drei Tage später, am 22. März, entdeckte ein Suchflugzeug eine hölzerne Palette mit verschiedenfarbigen Gurten, machte jedoch keine Fotoaufnahmen. Eine neuseeländische Orion begab sich auf Aufklärungsflug, kehrte jedoch ohne Ergebnisse zurück.[14] Falscher Alarm folgte auf falschen Alarm. Genau wie Troadec gesagt hatte, war der Ozean ein riesiger Mülleimer. Doch es gab immer noch nichts, was in irgendeiner Weise mit MH370, seiner Fracht oder seinen Passagieren in Verbindung gebracht werden konnte.

Am 31. März besuchte Tony Abbott den Luftwaffenstützpunkt Pearce nördlich von Perth, der als Basis für die Suche aus der Luft diente. Abbott dankte den 550 Piloten und der Crew, die bei der Suche im Einsatz waren. Die Suchflüge dauerten in der Regel zwischen zehn und zwölf Stunden, wobei allein der Hin- und Rückflug zum Suchgebiet jeweils eine halbe Stunde in Anspruch nahm. Zugleich waren über tausend Seeleute in die Suche auf dem Meer involviert. Der Premierminister wurde gefragt, wie zuversichtlich er sei, dass die Suche Erfolg haben würde. »Die klügsten Köpfe der Welt widmen sich dieser Aufgabe«, antwortete er. »Die beste Technologie, die wir haben, wird angewandt und kommt hier zum Tragen. Wenn das Rätsel gelöst werden kann, dann werden wir es lösen.« Warren Truss, der australische Minister für Infrastruktur und regionale Entwicklung, nutzte die Gelegenheit, um daran zu erinnern, dass die Blackbox eine australische Erfindung sei und das ATSB dementsprechend über eine einzigartige Expertise verfüge, um die Daten der Flugschreiber zur gegebenen Zeit auszuwerten.[15]

Am 3. April wiederum zollte der malaysische Premierminister Najib Razak der multinationalen Operation unter der Leitung Australiens Tribut. Die Flottille vergrößerte sich täglich. Erst vor Kurzem war die Ankunft von sechs chinesischen Schiffen, eines darunter ein Polarschiff, verkündet worden. Großbritannien entsandte ein Atom-U-Boot, die HMS *Tireless*, während Australien zusätzlich zu der ADV *Ocean Shield* drei weitere Schiffe losschickte: die HMAS *Success*, die HMAS *Perth* und die HMAS *Toowoomba*.

Doch trotz Hunderter Aufklärungsflüge und der vielen Suchschiffe fand man auf dem Ozean nicht die kleinste Spur von MH370.

Als das imposante Schiff der australischen Küstenwache, die *Ocean Shield*, Ende März mit seinem 110 Meter langen, rot glänzenden Rumpf, einem Kran, einer Hubschrauberplattform und einer umfangreichen Ausrüstung für Unterwasserarbeiten in Perth ablegte, blieben nur noch elf Tage, bis die Ortungsbaken verstummen würden. Mit vier Tagen auf See, um das Suchgebiet zu erreichen, waren es nur noch sieben. Sieben Tage. Wenn das Schiff nur wüsste, wo es suchen sollte. Doch das Gebiet für diese Sieben-Tage-Suche erstreckte sich über Zehntausende Quadratkilometer Ozean. Mit einer solch vagen Absturzposition und ohne jegliche Trümmerteile war die Chance, ein Ping-Signal aufzufangen, nüchtern betrachtet bestenfalls klein. Aber diesen Hinweis sparte man sich. Alle schienen zufrieden damit, weiter vorzugaukeln, dass diese *Mission impossible* machbar war.

Und darum war es, obwohl es nicht den kleinsten greifbaren Hinweis gab, der bestätigte, dass die Suche am richtigen Ort stattfand, wohl das Beste, es einfach auf gut Glück zu versuchen. Also wurde der TPL der *Ocean Shield* zu Wasser gelassen und begann mit seiner Unterwassersuche nach akustischen Signalen. Die Aussichten auf Erfolg waren zwar gleich null, doch man brauchte wohl verzweifelt ein bisschen Action für die Fernsehberichte.

Mit der gleichen Zufallsstrategie hatten Seefernaufklärer bereits Dutzende kleine, mit Sonaren ausgestattete Bojen an verschiedenen Punkten des Suchgebiets zu Wasser gelassen. Jedes Sonar sandte ein Signal von gerade einmal 300 Metern Reichweite um die Boje herum aus, um Pingfrequenzen der Flugschreiber aufzufangen. Ihre Daten übermittelten die Bojen an ein Flugzeug über ihnen. Nach einigen Tagen sanken die Bojen. Von den Hunderten kleiner Bojen, die auf diese Weise zu Wasser gelassen wurden, fing nur eine etwas auf – das Geräusch eines vorbeifahrenden Frachters.

Doch der TPL der *Ocean Shield* sorgte für eine Überraschung. Bereits kurz nachdem er von Spezialisten der US-Navy zu Wasser gelassen worden war, empfing er einige Pings. Und da war er nicht der Einzige. Das chinesische Schiff meldete ebenfalls Pings, obwohl es Hunderte Kilometer von der *Ocean Shield* entfernt war. Diese Nachrichten waren so überwältigend, dass gleich in der Nacht vom 5. auf den 6. April eine Pressekonferenz einberufen wurde. Die Sucheinsatzleitstelle bestätigte, sowohl das chinesische Schiff *Haixun 01* als auch die *Ocean Shield* hätten »Signale [aufgenommen], die mit denen von Flugschreibern übereinstimmen«,[16] gab jedoch weder die Frequenz noch die Intervalle der Pings an.

Trotz der optimistischen Nachricht blieb Angus Houston zurückhaltend und bat auch die Medien zur gebotenen Vorsicht. Er teilte ihnen mit, dass die britische Fregatte HMS *Echo*, die für die Ping-Analyse besser ausgestattet war als das chinesische Schiff, in das Gebiet fuhr, während die *Ocean Shield* die eigens aufgenommenen »akustischen Aktivitäten« untersuchte. Des Weiteren gab er an, man habe eine Bestätigung erhalten, dass rund neunzig Kilometer von der chinesischen Ping-Position entfernt mehrere weiße Objekte auf der Oberfläche schwammen. Houston verkündete, dass das Untersuchungsteam die Berechnungen der Satelliten korrigiert habe und man sich nun auf den südlichen Teil des Suchgebiets konzentrieren wolle. Obwohl diese unterschiedlichen Hinweise miteinander inkompatibel und widersprüchlich waren, riefen sie in den folgenden Tagen Begeisterung hervor. »Nennen wir es einen Triumph der Wissenschaft oder unglaubliches Glück, doch bereits auf ihrer ersten Fahrt hat die *Ocean Shield* eine konstante Folge von Signalen empfangen«, kommentierte CNN am 8. April.

Am 9. April verkündete Houston, dass die *Ocean Shield*, nachdem sie bereits am 5. April zwei Signale empfangen hatte, die von den Flugschreibern kommen könnten, am 8. April um 16:27 Uhr und 22:17 Uhr zwei weitere Pings aufgezeichnet habe. Damit waren es nun insgesamt vier Pings. Doch uns lief die Zeit davon, da die Flugschreiber um den 8. April herum aufhören würden, Signale auszusenden.

Am 11. April sagte der australische Premierminister Tony Abbott, der sich gerade in Shanghai aufhielt, er sei »sehr zuversichtlich, dass die Signale, die wir empfangen haben, von den Blackboxes von MH370 stammen«. Dann fügte er hinzu: »Wir sind zuversichtlich, die Position des Flugdatenschreibers auf wenige Kilometer eingrenzen zu können.«[17] Das versetzte die Familienangehörigen der Opfer in höchste Aufregung. Abbott sprach von einer »Reihe von Aufzeichnungen« durch das Schleppsonar der *Ocean Shield*, die es den Zuständigen möglich gemacht hätten, das Suchgebiet signifikant einzugrenzen. Als Angus Houston gebeten wurde, die Äußerungen seines Premierministers zu bestätigen, geriet er in Bedrängnis. Doch auch wenn es ihm Schwierigkeiten bereitete, von irgendeinem signifikanten Fortschritt in den vergangenen Tagen zu sprechen, war er doch Soldat genug, um zu wissen, dass man seinen Vorgesetzten nicht widersprach: »Ich bin nun zuversichtlich, dass wir das Flugzeug oder das, was von ihm übrig ist, in einer nicht allzu fernen Zukunft finden werden.« Die BBC berichtete: »Das australische Suchteam ist optimistischer denn je.«

Am 14. April konnte Houston eine neue Entdeckung verkünden: »Die *Ocean Shield* ist gestern Abend in ihrem derzeitigen Suchareal auf eine Ölspur gestoßen [...], ungefähr 5500 Meter in Wind- und Strömungsrichtung von der Position entfernt, an der der TPL der *Ocean Shield* etwas empfangen hat.« War das ein Hinweis auf den Absturzort? Doch wenn MH370 in diesem Suchgebiet abgestürzt war, dann weil der Maschine der Treibstoff ausgegangen war. Und selbst wenn beim Absturz noch ein wenig Treibstoff im Tank gewesen war: Zog dieser erfahrene Offizier ernsthaft in Erwägung, dass man 38 Tage später noch eine Ölspur finden könnte? Warum also eine solche unnütze und irreführende Information überhaupt erst veröffentlichen, selbst wenn sie mit der Klausel kam, dass man die Flüssigkeit erst noch analysieren müsse?

Am selben Tag gab Houston bekannt, dass man nun, nachdem die *Ocean Shield* eine Woche zuvor die vier Pings empfangen hatte, die zweite Suchphase einläuten würde. Mit dem Tauchroboter *Bluefin-21* sollten die Unterwasserarbeiten beginnen. Chinesischen Journalisten der Nachrichtenagentur Xinhua sagte er, dass es nun entscheidend wäre, in die Tiefe zu gehen und sich die Quelle der Pings genauer anzuschauen.[18]

> Es gab da ein Signal, was genauestens analysiert wurde, ein sehr starkes Signal. Sehr stark, und es hatte all die Eigenschaften eines von Menschenhand geschaffenen Geräts, und die Signaleigenschaften waren denen [...] einer Flugschreiberbake sehr, sehr ähnlich. Wir haben also vier Signale vorliegen. Sie wurden von unseren Experten untersucht, [...] und [...] sie haben eine Position am Meeresgrund errechnet – wohl der wahrscheinlichste Ort, an dem man Trümmerteile der Maschine oder einen Flugschreiber finden könnte.

Im Laufe der Pressekonferenz ergänzte Houston noch: »Ich bin sehr zuversichtlich, dass wir etwas finden werden.«

Während sich mithilfe der Medien eine weltweite Euphorie ausbreitete, wurde die kleine Zahl der Wissenschaftler, die sich wirklich mit Unterwassersucheinsätzen auskennen, zunehmend beunruhigter. »Ich habe mich ungefähr 15-mal über CNN zu Wort gemeldet und versucht, den Menschen klarzumachen, dass nicht die geringste Hoffnung besteht, dass diese Pings von MH370 kommen«, sagte Paul-Henri Nargeolet, einer der weltweit angesehensten Wracksucher. Als ehemaliger Marineoffizier und ausgebildeter Minentaucher leitete er ab 1986 unter anderem sechs Expeditionen zum Wrack der *Titanic*[19] und war im Jahr 2010 einer der führenden Köpfe bei der Suche nach AF447. 1979 entdeckte er das Wrack der DHC-5 Buffalo, die mit dem mauretanischen Premierminister an Bord die Landebahn in Dakar verfehlt hatte, und im Mittelmeer barg er Teile der DC9, die 1980 in der Nähe von Ustica abgestürzt war, angeblich abgeschossen von einer nicht identifizierten Rakete. Seine Einschätzung der Suchaktion war, milde ausgedrückt, vernichtend:

> Ich kenne die US-Navy-Leute, die mit an Bord [der *Ocean Shield*] waren. Denen würden nie so elementare Fehler unterlaufen. Aber die Ankündigungen wurden von Sprechern gemacht. Ein Signal von

> 33 kHz oder 35 kHz kann niemals ein 37,5 kHz-Signal werden, weder durch Druck noch durch nachlassende Batterien, was ich als mögliche Erklärung gehört habe. Das ist völliger Blödsinn. Je nach Bauart kann die Frequenz eines Senders um 1 kHz variieren, aber nicht mehr und ganz sicher wird sie nicht durch die Wassertiefe beeinflusst. Gott sei Dank übermittelt der Sender Signale mit gleichbleibender Frequenz, egal ob an der Wasseroberfläche oder in 6000 Metern Tiefe, denn wenn das nicht so wäre, dann wäre unser Job unmöglich.[20]
> Was die Chinesen betrifft: Was die da, den Bildern, die ich gesehen habe, nach zu urteilen, von ihrem Zodiac [Schlauchboot] aus ins Wasser gelassen haben, sind Edgerton-Geräte von Benthos, eine Technologie, die von Tauchern genutzt wird. Diese Art von Detektoren haben eine horizontale Reichweite von ein paar Hundert Metern, und in die Tiefe ist die Reichweite sogar noch geringer! Mit diesen Geräten können sie nie und nimmer Signale einer Blackbox aus mehreren Tausend Metern Tiefe empfangen haben.

Heutzutage gibt es in der maritimen Welt alle möglichen Pings. Fischer befestigen Pinger an ihren Netzen, um mit den akustischen Signalen Robben und Delphine abzuschrecken, und Meeresbiologen nutzen sie, um große Meeresbewohner wie Wale, Haie, Schildkröten und Pinguine zu verfolgen. Mit den Pings, die die *Ocean Shield* empfangen hatte, gab es mehrere schwerwiegende Probleme. Wie Nargeolet angemerkt hat, hatten die von dem kleinen gelben Stachelrochen der *Ocean Shield* empfangenen Pings statt 37,5 kHz (was bedingt um 1 kHz variieren kann) eine Frequenz von 27 kHz und 33,3 kHz. Die Frequenz ist die wichtigste Eigenschaft eines Signals: falsche Frequenz, falscher Ping. Allein diese Tatsache hätte ausreichen müssen, um die von der *Ocean Shield* empfangenen Pings auszuschließen, bevor man sie an die Einsatzleitstelle schickte, von wo aus sie sich in der ganzen Welt verbreiteten.

Ein weiterer elementarer Fehler bestand darin, dass man den ersten Ping in 300 Meter Tiefe empfing. Kapitän Mark Matthews von der US-Navy, der die Schleppsonararbeiten an Bord der *Ocean*

Shield leitete, gab an, dass der Empfänger weniger als 2000 Meter vom Flugschreiber entfernt sein müsse, um ein Signal zu empfangen. Da wir es in diesem Gebiet mit einem Meeresgrund in 4500 Metern Tiefe zu tun haben, konnte ein Ping in 300 Metern Tiefe niemals vom Meeresgrund aus gesendet worden sein. Auch dieser Ping hätte somit umgehend aus zwei Gründen ausgeschlossen werden müssen: falsche Frequenz und falsche Tiefe.

Was sollten wir da angesichts der Tatsache, dass die Reichweite der Ortungsbake des Flugschreibers maximal 2000 Meter, oft noch weniger, betrug, von einem weiteren Ping halten, den ein fahrendes Schiff für zwei Stunden und zwanzig Minuten empfangen hatte? Waren die Blackboxes plötzlich zum Leben erwacht und jagten nun den kleinen gelben Sonar-Stachelrochen? Doch wir hatten es hier schließlich nicht mit einem Walt-Disney-Märchen zu tun, sondern mit der größten Suchoperation aller Zeiten, angeleitet von den weltweit »führenden Experten«. Wenigstens bemerkte man auf der Fregatte HMS *Echo*, dass ein Signal, das man über einen längeren Zeitraum empfangen hatte, das Echo eines Schiffes war, das den TPL zog.

Und wie sollten wir uns die Entfernung von zehn bis 14 Kilometern zwischen den vier empfangenen Pings erklären? Vielleicht gab es vier statt zwei Flugschreiber, die zehn Kilometer voneinander entfernt gesunken waren? Bei dem Absturz von AF447 hatten sich die meisten Trümmerteile in einer Zone von 600 mal 200 Metern und in einer Tiefe von 3900 Metern befunden. Die schwersten Teile waren senkrecht auf den Grund gesunken, und der Rest war beim Absinken leicht nach außen abgedriftet. Außerdem waren die meisten von ihnen leicht zu erkennen und ziemlich gut erhalten. Im Wrack befanden sich noch um die hundert Leichen. Man konnte also davon ausgehen, dass es sehr unwahrscheinlich war, die zwei Flugschreiber von MH370 mehrere Kilometer voneinander entfernt auf dem Meeresgrund zu finden. Kurz und gut, Nargeolet kam zu dem Schluss, dass die ganze Aktion ein »heilloses Durcheinander« war.

Dennoch folgte CNN den australischen Pings rund um die Uhr,

wobei der Nachrichtensender, berauscht von den Geheimnissen der Tiefe, alle Warnungen und Mahnungen zur Vorsicht missachtete, die er von den wenigen Leuten erhielt, die wirklich wussten, wovon sie redeten. Aber die Wahrheit darf schließlich nie einer guten Story im Weg stehen.

William Meacham, ein ehemaliger Archäologieprofessor, der mit dem Institut für Meereskunde an der Hong Kong University eng zusammenarbeitete, hegte ein lebhaftes Interesse an der Suche. Auch er versuchte CNN zu warnen, dass man mit der Andeutung, die australischen Pings könnten von den Flugschreibern von MH370 stammen, einen großen Fehler beging. Er stellte eine Liste mit Meerestieren zusammen, die Peilsender trugen und sich gut in dem Suchgebiet aufgehalten haben könnten: Dabei stieß er auf 86 Unechte Karettschildkröten, 30 Echte Karettschildkröten, 30 Wallriffschildkröten, 14 Grüne Meeresschildkröten, sieben Buckelwale und fünf Dugongs. Zur gleichen Zeit erwähnte einer von William Meachams Kollegen an der Universität einen 36 kHz-Peilsender an einem Weißen Hai, der den gesamten Indischen Ozean von Südafrika bis zur australischen Westküste durchquert hatte. Hatten die Australier den Ping eines Weißen Hais mit dem einer Blackbox verwechselt? Das hätte eine tolle Schlagzeile gegeben!

Doch die ewigen Zweifler, so kundig sie auch waren, wurden von den sogenannten Experten und Sachverständigen übertönt, die in schneller Abfolge von den TV-Sendern befragt wurden. Man darf nicht vergessen, dass auf dem kleinen und extrem spezialisierten Gebiet der Unterwasserarbeiten ein eiserner Wettbewerb herrscht. Alle wussten, dass früher oder später Verträge für die nächste Suchetappe nach MH370 unterschrieben werden würden. Selbst einer der führenden Experten auf diesem Gebiet, der unter Ausschluss der Öffentlichkeit zugab, er kenne »nicht einen Wissenschaftler, der auch nur für eine Sekunde an die Bedeutung dieser Pings geglaubt hat«, ließ sich in einem CNN-Studio von der allgemeinen Begeisterung mitreißen. Aber kategorisch abzustreiten, dass die Pings von dem Großraumjet stammen könnten, wäre schließlich nicht der beste Weg, um von den Australiern als Berater oder Einsatzleiter unter Vertrag genommen zu werden.

Entgegen aller Kritik blieb Australiens offizielle Position unerschütterlich. Man blieb bei dem Leitspruch: »Diese Pings sind unsere vielversprechendste Spur und die einzige, die wir haben. Daran müssen wir uns halten.« Mit anderen Worten: Die ganze Operation war einfach zu groß, um zu scheitern. Also ließ man am 15. April wie geplant den Tauchroboter *Bluefin-21* zu Wasser, doch der Einsatz wurde bald abgebrochen. An der Stelle kam der Tauchroboter nicht tief genug, und seine Bilder waren unbrauchbar. Egal. Ein Stück weiter entfernt wurde er einfach erneut zu Wasser gelassen in der Hoffnung, dass der Meeresgrund in der Nähe des nächsten Pings nicht so tief war. *The show must go on.* Inzwischen hatten wir längst den Überblick über die vielen misslungenen Versuche verloren.

Am 19. April half der Verteidigungs- und Verkehrsminister Hishammuddin den Ping-Mythos am Leben zu erhalten, indem er in Kuala Lumpur zu Protokoll gab, dass die nächsten 48 Stunden »entscheidend« sein würden. Was meinte er damit? Inwiefern entscheidend? Doch am Ende hieß es nur. Nein, nein, nichts. Keine weiteren Pings. Das bedeutete keine Blackbox und kein Wrack von MH370.

Trotz all der Bluffs durch die australischen und malaysischen Regierungskräfte kamen langsam Zweifel auf. Je mehr Wochen ins Land gingen, desto mehr drohte Australiens Ehrfurcht gebietende Mission nach dieser Pannenserie zum Reinfall zu werden. Man veränderte weiterhin die Suchgebiete, ohne eine einleuchtende Erklärung dafür zu liefern. Nur ein paar entschlossene und wachsame Beobachter – auf deren Existenz ich erst viel später aufmerksam wurde – durchschauten, was geschah, und sprachen Warnungen aus.

Am 24. April kehrte das britische U-Boot *HMS Tireless* Australiens Gewässern den Rücken. Seine Besatzung sei erschöpft, sagte ihr Kommandant R. Hywel Griffith und fügte hinzu: »Unter einigen der härtesten Wetterbedingungen, die meine Besatzung je erlebt hat, haben wir in 16 Tagen 7000 Quadratseemeilen durchsucht. [...] Ich bin sehr stolz auf die Professionalität und den Enthusiasmus meiner Besatzung.«[21]

Am 28. April, drei Wochen nachdem man die letzten Signale aufgenommen hatte, warf der australische Premierminister Abbott das Handtuch und erklärte die Pingjagd für beendet. Er bedauere, dass man nichts gefunden hatte, nannte den Sucheinsatz jedoch »den schwierigsten in der Geschichte der Menschheit«. Es war schon der längste Sucheinsatz gewesen, nun war es also auch noch der schwierigste. Und das ganz offiziell, schließlich kam es vom Premierminister selbst: »Wir haben uns auf die vielversprechendste Spur konzentriert, die wir hatten«, versicherte er uns. (Mir will das Bild des Weißen Hais nicht aus dem Kopf gehen, wie er unter dem kleinen gelben Sonarrochen hindurchschwimmt und den Alarm auslöst.)

Abbott meinte nun, es sei »höchst unwahrscheinlich, dass wir [...] 52 Tage nach dem Absturz auch nur die kleinste Trümmerspur auf der Wasseroberfläche finden. Das meiste wird inzwischen vollgesogen und gesunken sein«. Und so verkündete er, dass nun eine neue Form der Suche beginnen würde, durch unter Vertrag genommene Privatunternehmen, die sich auf dieses Gebiet spezialisiert hatten. Schon bald würde man Angebote einholen. Mit Einbruch des Winters müsse die Suche jedoch ausgesetzt werden. Abbott schloss seine Ansprache mit einem aufrichtigen und in dramatischen Worten formulierten Zugeständnis: »Wir sind es den besorgten Bürgern dieser Welt schuldig, alles dafür zu tun, um diesen außergewöhnlichen Fall aufzuklären.«

Am folgenden Tag schlug Hishammuddin in die gleiche Kerbe: »Dass wir MH370 noch nicht gefunden haben, zeigt, wie komplex und schwierig die Suche ist.« Ein ausbleibendes Ergebnis musste bedeuten, dass die Aufgabe ungeheuer schwer war, das wusste schließlich jeder. Genauso wie ein schnelles Resultat bewies, wie einfach sie war. Lediglich ein weiteres eindrückliches Beispiel malaysischer Schönrederei. Als Michael Dean, stellvertretender Direktor für Meerestechnik der US-Marine, Ende Mai 2014 auf CNN erklärte, inzwischen seien sich alle einig, dass die Pings nicht von den Flugschreibern stammen konnten, trat nur Stunden später ein US-Marinesprecher im selben Sender auf, um Deans Kommentare als »verfrüht und spekulativ« abzutun. Offenbar sollte die allgemeine Verwirrung über die wahre Natur dieser Pings noch ein wenig andauern.

Und tatsächlich gab es weiterhin vielversprechende Schlagzeilen, zwar in etwas langsamerer Abfolge, doch ebenso irreführend. Mitte September 2014 verkündete die JACC, man hätte »58 harte Gegenstände« bei der Suche gefunden. Der neue malaysische Verkehrsminister Liow Tiong Lai erklärte, es sei nun nötig, »unsere Ausrüstung auf dem Meeresgrund einzusetzen, um zu sehen, ob diese Objekte Trümmerteile von MH370, eines anderen Wracks oder bloß Felsen sind«. Und wieder wurden Hoffnungen geweckt, dieses inzwischen sechs Monate andauernde Mysterium der zivilen Luftfahrt aufzuklären.

Auch auf seiner Reise nach Perth Ende Oktober 2014 blieb Hishammuddin der surrealen Zuversicht treu, die sich rund um die Tiefseesuche rankte. Er beteuerte: »Wenn man bedenkt, welche Technologien zum Einsatz kommen und wenn wir am richtigen Ort suchen, sind wir zu 99,9 Prozent optimistisch.« Die meisten Experten hätten diese Einschätzung sogar geteilt, berücksichtigt man seine Einschränkung: »wenn wir am richtigen Ort suchen«. Doch dachten die Regierungsvertreter auch nur einen Moment darüber nach, welche verheerenden Auswirkungen die ausnahmslos erratischen Ankündigungen seit dem 8. März auf die Angehörigen der Opfer haben mussten?

Jedes Mal, wenn ich sie in Hongkong, Kuala Lumpur, Peking, Paris, London oder Melbourne traf, schien sich ihr Leid verschlimmert zu haben. Sei es durch die niemals endende Suche, das Fehlen einer zufriedenstellenden Erklärung oder – und das wohl am meisten – durch das Gefühl, dass sie von den Behörden an der Nase herumgeführt wurden.

Am Ende der ersten Suchphase (März/April 2014) war es an der Zeit, eine Zwischenbilanz zu ziehen. Und so wurde Anfang Mai in Canberra ein trilaterales Treffen zwischen Australien, Malaysia und China einberufen. Australien gab zu Protokoll, dass 334 Seefernaufklärer im Sucheinsatz insgesamt 3137 Stunden geflogen waren. Zehn zivile und 19 militärische Flugzeuge sowie 14 Schiffe waren daran beteiligt gewesen. Der chinesische Abgesandte gab an, 21 Satelliten, 18 Schiffe (acht davon mit Hubschraubern ausgestattet) und fünf Flugzeuge genutzt zu haben, die insgesamt ein Gebiet von 1,5 Millionen Quadratkilometern abgedeckt hatten. Außerdem hatte China 88 auf sein Land registrierte Schiffe, die sich in der Zone befunden hatten, um Hilfe gebeten (68 Handelsschiffe und zwanzig Fischereischiffe). Doch trotz allem gab es nicht die kleinste Spur von MH370. War vielleicht doch etwas schiefgelaufen?

Warren Truss, Australiens Minister für Infrastruktur und regionale Entwicklung, kündigte daraufhin gleich zwei Initiativen für die nächste Phase an. Erstens sollte bis Ende Juni, wenn die Berechnungen verfeinert oder vor dem Hintergrund der Inmarsat-Daten überarbeitet worden waren, ein Hauptsuchgebiet festgelegt werden. Zweitens sollten private Unternehmen mit den Unterwasserarbeiten im festgelegten Gebiet betraut werden. Truss erwähnte, dass weltweit nur einige wenige Maschinen diese Aufgabe übernehmen könnten. Maschinen, wie sie mir in ihren Grundzügen bereits von Jean-Paul Troadec beschrieben worden waren: Schleppsonare, die ebene Streifen am Meeresgrund absuchten, und Tiefseeroboter, die unebeneres Gebiet erforschen konnten.

Vor Beginn der zweiten Suchphase, die für August anberaumt worden war, würden ein chinesisches Schiff, die *Zhu Kezhen*, und ein von Australien gechartertes Schiff, die *Fugro Equator*, ein Gebiet von 60 000 Quadratkilometern, dem von der australischen Verkehrssicherheitsbehörde höchste Priorität zugesprochen worden war, bathymetrisch kartografieren. »Man kann unmöglich ein Hochfrequenzsonar am Ende eines bis zu 9000 Meter langen Kabels durch den Ozean ziehen, wenn man das Relief des Meeresgrundes nicht kennt«, erklärte Paul-Henri Nargeolet. Der Vertrag für die Suche ging an das niederländische Unternehmen Fugro. Ein zweites Schiff, die *Fugro Discovery*, schloss sich der *Fugro Equator* im Indischen Ozean an. Am 21. September 2014 sandte Malaysias staatliche Ölfirma Petronas ihre *Go Phoenix*, die normalerweise für Probebohrungen nach Erdöl genutzt wird, um die kleine, spezialisierte Flotte zu unterstützen, die den Meeresgrund auf der Suche nach MH370 scannte.

Der ersten Suchphase im Indischen Ozean nach zu urteilen, lief Australien Malaysia am Ende fast den Rang ab, wenn es darum ging, einen Sucheinsatz zu verpfuschen und bewusst oder aus Versehen Fehlinformationen zu verbreiten. Unabhängig davon, ob die Flugroute irgendwo in diesem Gebiet geendet hatte, war die Entscheidung, mehrere von Satelliten aufgenommene Trümmerfelder zu ignorieren, das Fiasko rund um die Pings, die plötzlichen und nicht weiter erläuterten Wechsel der Suchgebiete und die opportunistischen Sinneswandlungen in der offiziellen Informationsdarstellung zusammen mit einer Reihe völlig aus der Luft gegriffener Aussagen nicht gerade das, was man von den »echten Profis« erwartet hatte.

Für die wenigen Menschen, die sich ausreichend auf diesem Gebiet auskannten, um die ganze Episode zu beurteilen, wirkte es nicht wie eine wissenschaftlich fundierte Suche mit dem Ziel, das Wrack von MH370 zu finden, sondern wie eine Show, um die Fernsehzuschauer davon zu überzeugen, was für einen unglaublichen Aufwand man dort draußen auf dem Ozean betrieb.

Als »die klügsten Köpfe der Welt« mit der »beste[n] Technologie, die wir haben« – um es mit den einleitenden Worten des australischen Premierministers zu sagen – die Signale von Fischernetzen oder möglicherweise sogar eines Weißen Hais mit denen von Flugschreibern verwechselten, trug die Glaubwürdigkeit der australischen Mission einen erheblichen Schaden davon. Doch angesichts des nahenden Winters auf der Südhalbkugel drängte die Zeit, und niemand stellte den australischen Sucheinsatz infrage.

Der Umzug der Sucheinsatzleitstelle JACC war von symbolischer Bedeutung. Im frühen Mai wurde sie von Perth nach Canberra verlegt und damit 6000 Kilometer weg von den Sucharbeiten und hin zum Zentrum politischer Macht. Im Juli 2014 wurde Angus Houston zu Australiens Sondergesandtem auserkoren, um das MH17-Disaster in der Ukraine zu untersuchen. Im Januar 2015 wurde er zum Ritter geschlagen,[22] unter anderem dank seiner außerordentlichen Leistungen im MH370-Sucheinsatz.

Von da an waren es sowohl in Australien als auch in Malaysia vorrangig Minister und Premierminister und nicht etwa Luftfahrtexperten, die ihre Sicht auf die ganze Angelegenheit zum Besten gaben. Das bedeutete einen klaren Bruch mit dem Abkommen auf diesem Gebiet, in dem festgeschrieben ist, dass eine Unfalluntersuchungsbehörde in der Zivilluftfahrt Unabhängigkeit hinsichtlich der Durchführung ihrer Untersuchung genießt.[23] Ich fand heraus, dass der Fall von MH370 sehr zu ihrem Ärger auch der malaysischen Zivilluftfahrtbehörde entzogen und von Ministern übernommen worden war. »Wenn Politiker sich einmischen, sind Konflikte an der Tagesordnung«, wurde mir von einem Sachverständigen mit großer Erfahrung auf dem Gebiet der Flugunfalluntersuchung mitgeteilt.

Warum wurde die Suche nach MH370 inzwischen von Regierenden in den höchsten Kreisen der Politik überwacht? War die Maschine nicht ein Verkehrsflugzeug mit Zivilisten an Bord gewesen? Ohne jedwede offizielle Erklärung war der Fall allerorts als »sensibel« klassifiziert worden. Wäre MH370 lediglich ein Unfall der Zivilluftfahrt gewesen, dann hätten die zuständigen Institutionen und Unternehmen – einschließlich Boeing und Rolls-Royce – mit der Sache betraut werden müssen. Die Politiker würden nur über Fortschritte in der Untersuchung informiert werden und hin und wieder eine Stellungnahme abgegeben. Doch MH370 lag fest in den Händen von Politikern und Militärs. Warum? Was war anders an diesem Unfall?

Ungefähr zur gleichen Zeit fand sich eine Handvoll Wissenschaftler, die fasziniert waren von dem wissenschaftlichen und mathematischen Rätsel der Inmarsat-Berechnungen und die sich weigerten, die offiziellen Ergebnisse anzuerkennen, ohne sie vorher selbst nachzuvollziehen und zu verifizieren. Diese Gruppe freiwilliger Experten machte sich voller Elan daran, die Daten sprechen zu lassen, auch wenn das schwieriger war, als alte Hieroglyphen zu entziffern. Sie wollten ihren Beitrag leisten, um das Leid der Angehörigen zu lindern und das »größte Mysterium in der Geschichte der zivilen Luftfahrt« zu lösen.

Die Inmarsat-Pings ließen Rückschlüsse auf eine finale Position nur auf der Grundlage sehr solider Annahmen zu, insbesondere hinsichtlich Geschwindigkeit und Flughöhe von MH370. Und dafür gab es keine Beweise und letztlich kaum Informationen. Wenn auch nur ein Parameter minimal variierte, konnte das die errechnete Flugroute radikal verändern. So oder so war es für 99,99 Prozent der allgemeinen Öffentlichkeit unmöglich, die Berechnungen und die dahinterstehende Logik nachzuvollziehen, ganz zu schweigen von den Theoremen und in einigen Fällen statistischen Gesetzmäßigkeiten, die ihnen zugrunde lagen. Doch für diese kleine Gruppe aus Mathematikern, Astrophysikern, Atomphysikern und Informatikspezialisten, von denen viele selbst einen Pilotenschein haben, war es eine spannende Herausforderung. Sie begannen die Berechnungen und die daraus resultierenden Suchpositionen zu diskutieren. Zunächst tauschten sie ihre Ansichten auf dem Blog des in Wellington lebenden britischen Astrophysikers Duncan Steel aus, einem Berater der NASA, der mehrere Bücher und Dutzende Artikel mit oft ziemlich abstrusen Titeln geschrieben hat. Steel hatte einige »Sekundärsterne« entdeckt, und ein Asteroid wurde sogar nach ihm benannt. Die spontan gebildete Gruppe aus 17 überwiegend britischen und amerikanischen Wissenschaftlern entwickelte sich schnell zu einem geballten Intelligenzcluster, das Theorien aufstellte, überprüfte und debattierte.

Der amerikanische Blogger und Fernsehkommentator Jeff Wise erinnert sich, dass alles mit einer Flut von Mails begann. Einer der Mitwirkenden, der etwas zu dem Thema veröffentlichen wollte, schlug den Namen »Independent Group« (IG) vor. Die Gruppe arbeitete nach einem kollektiven Prinzip und teilte Aufgaben untereinander auf. Wise erzählte mir, dass einige Mitglieder unglaublich gut mit Zahlen umgehen und Gleichungen lösen konnten, während andere hochspezialisierte Daten in wenig bekannten Datenbanken tracken konnten. Einer fand im Handbuch einer Boeing 777-200ER eine Leistungstabelle. Doch obwohl es sich um eine Maschine des gleichen Typs handelte wie die von Flug MH370, entschied die Gruppe sich, diese Daten nicht zu nutzen, da die Triebwerke von General Electric und nicht von Rolls-Royce stammten.

Ende 2014 kontaktierte ich Duncan Steel zum ersten Mal, um ihn zu den zivilen und militärischen Radarkarten im Bereich der Flugroute zu befragen. Ich hatte auch vor, mein Unbehagen hinsichtlich der Zuverlässigkeit von Inmarsats unglaublich komplizierten Berechnungen mit ihm zu besprechen. Mir kam es vor, als hätte diese Reihe Pings der Welt auf despotische Weise ihre eigene Wahrheit übergestülpt. Anstatt mich zu beruhigen, erklärte Duncan Steel mir, dass die Berechnungen noch viel komplizierter seien, als ich angenommen hatte. Erstens, weil die Neigung des Inmarsat-Satelliten 3 F-1, der rund um den Äquator oszilliert, für einige Zeit größer als normal gewesen war, da sich die Laufzeit des Satelliten dem Ende zuneigte und ihm der Treibstoff ausging, der ihn normalerweise stabilisierte.[24]

Der zweite Aspekt der mathematischen Komplexität lag darin begründet, dass Inmarsat, nachdem es seine Weltraumaktivitäten lediglich mit Bodenstationen in der nördlichen Hemisphäre begonnen hatte, ein Software-Update des Satelliten vorgenommen hatte, der nicht dafür ausgelegt war, die Position der Bodenstation in Perth in negativen Breitengraden (32°S) zu bestimmen. Doch, fügte Steel hinzu, er habe feststellen können, dass zu seiner Zufriedenheit »alles mit einem ausreichenden Maß an Präzision bedacht worden war«.

Ohne selbst aktives Mitglied zu sein, stand der Kanadier Brock McEwen mit der Gruppe in Verbindung. Er machte auf die fehlende Logik des australischen Sucheinsatzes aufmerksam, indem er beständig die australische Verkehrssicherheitsbehörde für ihre inkonsistenten Erklärungen hinsichtlich der wechselnden Suchgebiete kritisierte. Beispielsweise wurde die gesamte Suchaktion am 28. März plötzlich um 1100 Kilometer nordöstlich des vorigen Suchgebiets verlegt. Im Januar 2015 veröffentlichte er seine Analyse *MH370: Zeit, die Untersuchenden zu untersuchen* mit dem schlagenden Untertitel *Eine unerschrockene, wissenschaftliche Kritik der Schlüsselentscheidungen in der Suche, April–November 2014.*[25] Darin setzt er sich kritisch mit den unlogischen und inkonsistenten Entscheidungen während des australischen Sucheinsatzes auseinander.

Gemeinsam erstellten die Wissenschaftler eine aussagekräftige Beurteilung der Analysen, die die offiziellen Experten angefertigt hatten. Sie verlangten Einblick in die zugrunde liegenden Inmarsat-Daten, was bis heute nicht geschehen ist. Sie bemerkten Fehler und schlugen dem offiziellen Team Korrekturen vor. Und irgendwann begannen die Menschen, auf sie zu hören. Auf ihre Empfehlungen hin wurde das Suchgebiet der Unterwasserarbeiten – auf australischen Befehl hin – nach ein paar Monaten verlagert. Dennoch wurde nichts gefunden.

»Die Abwesenheit von Beweisen ist kein Beweis für ihre Abwesenheit«, sagte Duncan Steel mir. Was er damit meinte: Nur weil keine Trümmerteile – und kein Flugzeug – gefunden wurden, bedeutete das nicht, dass es keine Trümmer und kein Wrack auf dem Meeresgrund gab. Doch Jeff Wise nahm eine Gegenposition ein: Wenn die Maschine nach einem Jahr Suche nicht gefunden wurde, dann lag es schlicht und einfach daran, dass sie nicht dort war. Wise veröffentlichte ein E-Book mit dem Titel *The Plane That Wasn't There.*[26] Dem Grundsatz folgend, dass einige der Inmarsat-Daten irreführend waren, schlug er ein Entführungsszenario vor, bei dem die beiden ukrainischen Passagiere die Maschine nach Kasachstan entführt hatten, und wollte auf einigen Satellitenbildern unterirdische Hangars entdeckt haben, in denen das Flugzeug versteckt sein könnte. Infolge seiner Veröffentlichung wurde Wise aus der Independent Group ausgeschlossen, denn ihre Regeln verlangten, sich strikt an die verfügbaren wissenschaftlichen Daten zu halten. Ungeachtet dessen wurde Wises Website nun zur Hauptquelle für diejenigen, die sich von dem Verschwinden fasziniert zeigten. Nachdem er angesichts einiger extremer, teils verrückter Theorien von Mitwirkenden die Geduld verloren hatte, stellte Duncan Steel seinen eigenen Blog ein.

Wie die Wissenschaft weiß, verabscheut die Natur ein Vakuum. Ohne handfestes Beweismaterial oder Trümmer, welche die Version stützten, dass MH370 in den südlichen Indischen Ozean gestürzt war, entsponnen sich sowohl im Internet als auch in den Alltagsgesprächen der Menschen viele Theorien – von sehr interessanten bis hin zu sehr unwahrscheinlichen.

5
Alternative Szenarien

Eine schlüssige Erklärung dazu, was wohl an Bord von Flug MH370 geschah, nachdem das Flugzeug verschwand, blieb aus. Und so dauerte es nicht lange, bis eine Vielzahl von Theorien zu seinem Verbleib auf den Plan traten.

Überall auf der Welt machten sich Tausende Menschen – nennen wir sie »MHisten« – verbissen daran, das Rätsel um Flug MH370 zu lösen. Wie immer ließen sie sich in verschiedene Kategorien einteilen: die Gelehrten, die Amateure, die Moderaten ... und natürlich die Exzentriker, die Radikalen und diejenigen, die sich manisch in eine spezifische Theorie verstiegen hatten. Ich hörte sogar von einem amerikanischen Juristen, der Jahre damit verbracht hatte, die Bundeslade zu finden und der nun all seine Energie, Entschlossenheit und vermutlich auch einen guten Teil seiner finanziellen Rücklagen auf die Suche nach Flug MH370 verwendete.

Andere MHisten waren überzeugt, das Flugzeug sei von Aliens abgefangen worden. Einer von ihnen informierte mich darüber, dass das Flugzeug »in sechs Monaten« wieder zurück wäre. Eine Internetseite, die sich auf die astrologische Analyse von Straftaten spezialisiert hat (astrologyincrime.com), veröffentliche das astrologische Diagramm von Flug MH370, das Folgendes ergab: »Aufgehender Uranus/Neptun = Transit des Merkur auf 20° (gelb) Wassermann – der Verstand wird getäuscht, es bedarf der Vernunft.« Die Sterne konnten nicht wissen, wie nah sie der Wahrheit damit kamen. Auch die Numerologen hatten etwas zu der Sache zu sagen. Ein paar von ihnen wiesen darauf hin, dass der Name des Fluges den 13ten (M) und den 8ten (H) Buchstaben des Alphabets enthielt. Was wiederum 13 + 8 = 21 ergab. Und da das Flugzeugmodell eine dreifache Sieben beinhaltete, beziehungsweise 3 × 7 = 21, entsprechend der Flugnummer 370, war das Unglück quasi schon vorprogrammiert.

Die MHisten-Bewegung vereinte Menschen verschiedenster Herkunft und Überzeugungen. Das führte dazu, dass sich die Motive der einzelnen Mitglieder deutlich unterschieden. Für einige, wie zum Beispiel die Wissenschaftler der Independent Group, stellte die komplizierte Mathematik der Inmarsat-Daten eine faszinierende intellektuelle Herausforderung dar. Für andere bot ein solcher Unfall, der sich allen rationalen Erklärungen entzog, eine willkommene Gelegenheit, ihre Überzeugungen hineinzuprojizieren, mit Schuldzuweisungen um sich zu werfen und die üblichen Verdächtigen anzuklagen.

Aber viele Interessierte, ich selbst eingeschlossen, lehnten vor allem die völlig absurde offizielle Version der Ereignisse ab, die angesichts der hochtechnisierten Welt, in der wir leben, nicht nur vollkommen anachronistisch schien, sondern schlichtweg dem gesunden Menschenverstand widersprach. Zumal sie mit sämtlichen Erkenntnissen, die wir aus früheren Flugzeugabstürzen gewonnen hatten, nicht vereinbar war. Kurz: Es ging darum, eine Erklärung abzulehnen, die ich als eine Beleidigung der menschlichen Intelligenz betrachtete.

Zu denen, die es gewagt hatten, das offizielle Narrativ um das Verschwinden von Flug MH370 anzuzweifeln, gehörte auch der Präsident der Emirates Airline, Sir Tim Clark. Er war der unpolitischste unter den Kritikern und derjenige mit der höchsten Autorität und Qualifikation, da sein Unternehmen über die weltweit größte Flotte an Boeing 777 verfügte. Im Oktober 2014 zeigte er sich in einem SPIEGEL-Interview mit dem deutschen Journalisten Andreas Spaeth frustriert: »In der Geschichte der zivilen Luftfahrt hat es – abgesehen von Amelia Earhart[1] 1939 – nicht einen einzigen Unfall über Wasser gegeben, der nicht wenigstens zu fünf oder zehn Prozent nachvollziehbar gewesen wäre.« Weiter: »MH370 dagegen ist einfach verschwunden. Für mich ist das verdächtig, und ich bin total unzufrieden mit dem, was bislang herausgekommen ist. […] Aber ich werde weiter unangenehme Fragen stellen, auch wenn andere das Thema lieber unter den Teppich kehren würden.«[2]

Folgt man der offiziellen Version, änderte der Flug seine Route aufgrund einer »vorsätzlichen Handlung von einer Person an Bord des Flugzeugs«. Ging es einfach darum, es von seiner Ankunft in Peking abzuhalten? Oder sollte MH370 wirklich verschwinden? Sollte das Flugzeug wegen einer bestimmten Person an Bord nie in Peking landen? Oder wegen etwas, das sich im Frachtraum befand?

Während meiner Nachforschungen in den folgenden Monaten und Jahren stieß ich auf einige merkwürdige Informationen, die beide Hypothesen stützen – dass sich Personen von Interesse oder ungewöhnliche Frachtgegenstände an Bord befunden hatten. Ein Gerücht über vermeintlich wichtige Personen an Bord erreichte eine größere Anhängerschaft in Kuala Lumpur und im Internet. Es handelte sich um eine derart spannende Geschichte – Stoff für einen Blockbuster –, dass sie auch meine Aufmerksamkeit auf sich zog. Ein Drehbuchteam hätte nur noch den tragischen und uneindeutigen Schluss in ein beliebiges Happy End umschreiben müssen, und schon wäre ein oscarreifer Film herausgekommen.

FREESCALE SEMICONDUCTOR: DAS JAMES-BOND-SZENARIO

Unter den 227 Passagieren des Flugs befand sich auch eine Gruppe von zwanzig Mitarbeitern (zwölf Malaysier und acht Chinesen) eines Unternehmens namens Freescale Semiconductor (mittlerweile umbenannt in NXP). Obwohl in der Öffentlichkeit wenig bekannt, handelte es sich um ein großes amerikanisches, international aufgestelltes Aktienunternehmen, das Marktführer in der Halbleiterherstellung war. Es verfügte über Standorte in ungefähr zwanzig

Ländern, darunter China, Malaysia und Frankreich. In Malaysia war der Name Freescale Semiconductor relativ geläufig, das Logo des Unternehmens fand sich unter anderem auf den Werbetafeln entlang der Autobahn zum Flughafen. Seit 1972 unterhielt es einen acht Hektar großen Standort in einem der Vororte von Kuala Lumpur, mit einer Produktionsanlage und einem Prüflabor.

Freescale Semiconductor zählte zu den weltweit führenden Herstellern von Mikroprozessoren für verschiedene Industriezweige, darunter die Waffenindustrie und die Luft- und Raumfahrtbranche. Das Unternehmen fertigte Chips für Radarsysteme und Mikrocontroller für Raketensteuersysteme und konnte sich einer großen Expertise im Bereich von Hochfrequenzprodukten sowie in der Gefechtskommunikation rühmen. Den Informationen auf der Unternehmenswebsite zufolge fanden Freescale-Produkte in folgenden Bereichen Anwendung: Luft- und Raumfahrttechnik, Radarsysteme, elektronische Kriegsführung, Lenkwaffen und Raketenabwehrsysteme. Ein Vorstand von ST Microelectronics, ein Konkurrent von Freescale, erzählte mir: »Für die meisten Hersteller dieser Systeme ist Freescale der Zulieferer ihres Vertrauens.« Im Jahr 2006 bildete sich unter der Führung der Blackstone und der Carlyle Group ein Konsortium, das Freescale Semiconductor für beinahe 18 Milliarden US-Dollar aufkaufte – die bis dahin größte private Übernahme eines Technologieunternehmens.[3]

Bei Blackstone und Carlyle handelte es sich um weitverzweigte Unternehmensgiganten mit weltweiten Geschäftsinteressen. Näher konnte man dem Zentrum der amerikanischen Militärindustrie nicht kommen. Die Carlyle Group war bekanntermaßen eng mit der Familie Bush verbandelt, und zu ihren Kunden gehörte beispielsweise die Saudi Binladin Group, das Unternehmen der gleichnamigen saudischen Familie. Die Blackstone Group war 1985 von zwei ehemaligen Vorständen der Lehman Brothers gegründet worden und hatte sich seitdem zu einer der führenden Private-Equity-Gesellschaften entwickelt. Ihr Firmensitz liegt an der Park Avenue in Manhattan. Ende 2015 konnte die Blackstone Group 334 Milliarden US-Dollar an verwaltetem Vermögen vorweisen. Damit stellte

Freescale Semiconductor eine Verbindung her zwischen der Wall Street (New York), dem Pentagon (Washington, DC) und Austin (Texas), dem Geburtsort der Firma. In ihr kamen auf höchster Ebene Geld, politische Macht und strategische Technologie zusammen.

Wie sich herausstellte, meldete Freescale Semiconductor am 11. März 2014, drei Tage nach dem Verschwinden von MH370, ein Patent für eine neue Herstellungsmethode an. Diese Erfindung kann online unter der Patentnummer: U.S. 8671381 eingesehen werden.

Kurz nachdem das Flugzeug als vermisst gemeldet worden war, wandte sich Mitch Haws, Vizepräsident von Global Communications und Investor Relations bei Freescale Semiconductor, an die Presse. Er erklärte in Bezug auf die zwanzig Freescale-Mitarbeiter: »Sie verfügten über viel Erfahrung und technisches Wissen und waren sehr wichtig für uns. [...] Für das Unternehmen ist es definitiv ein großer Verlust.« Dann fügte er noch hinzu, es handle sich »vor allem um Ingenieure und andere Experten, die daran arbeiteten, die Chip-Produktion in Tianjin, China, und Kuala Lumpur effektiver zu gestalten.«[4] Alle reisten in der Economyklasse. Im Januar 2015 traf ich mich mit Yuen Ying, der Frau eines der vermissten malaysischen Ingenieure. Er hatte sich entschieden, bereits am Abend des 7. März zu fliegen, »um Zeit zu haben, sich Peking anzusehen«. Die chinesischen Kollegen waren eine Woche zuvor nach Malaysia gekommen, jetzt waren die malaysischen Kollegen an der Reihe, ein paar Tage in der Freescale-Anlage im chinesischen Tianjin zu verbringen.

So weit die Fakten. Sie waren leicht nachzuprüfen und entsprachen damit der Realität. Ein unerhörtes Gerücht, das im Internet für Aufsehen sorgte, kippte die Geschichte jedoch eher in Richtung eines Blockbuster-Szenarios.

Im Internet fand ich heraus, dass sich unter den zwanzig Freescale-Mitarbeitern angeblich auch vier Mitinhaber eines Patents befanden, welches von großer strategischer und technologischer Bedeutung sei und kurz vor der Patentanmeldung stünde. Jeder der

Inhaber besaß anteilig zwanzig Prozent daran, und wenn ihnen etwas passieren sollte, würde der Besitz vollständig an den letzten verbleibenden Mitinhaber übergehen: Freescale Semiconductor. Das Internet und seine Diskussionsforen waren voller Anschuldigungen, man hätte das Flugzeug verschwinden lassen und zerstört, um somit die amerikanische Kontrolle über ein Patent von höchster strategischer Relevanz zu sichern. Diese Theorie wurde sogar von dem regierungsnahen russischen Sender Russia Today aufgegriffen. Natürlich war das nicht unbedingt der beste Maßstab für die Glaubwürdigkeit des Gerüchts, aber wen kümmerte das schon? Schließlich handelte es sich um eine hervorragende Geschichte.

Leider wies sie drei große Schwächen auf. Erstens: Mitarbeiter, die eine patentfähige Neuerung vorstellen, werden nie Mitinhaber des dazugehörigen Patents. Dementsprechend erhält Freescale Semiconductor, wie auch jedes andere Großunternehmen, grundsätzlich das alleinige Patentrecht für sämtliche in der Firma entwickelten Erfindungen. Insofern fehlt es diesem Szenario, noch bevor wir die weiteren Details betrachtet haben, an Plausibilität. Zweitens: Kein Name der Wissenschaftler auf dem Patent stimmt mit den Namen der chinesischen Passagiere von Flug MH370 überein. Und schließlich: Bei U.S. 8671381 handelt es sich um kein besonders revolutionäres Patent, es ging lediglich darum, wie viele Dies aus einem Wafer hergestellt werden können.[5] Diese Innovation würde die Herstellungskosten um höchstens drei bis vier Prozent reduzieren. Sicherlich nicht Anlass genug, um 239 Menschen verschwinden zu lassen.

DIE FRACHT: VERDÄCHTIGE FRÜCHTE

Lag der Grund für das Verschwinden von Flug MH370 im Frachtraum versteckt? Die Ladung des Flugzeugs setzte sich wie folgt zusammen: Passagiere und Besatzung wogen in etwa 17 Tonnen und ihr Gepäck drei Tonnen. Dazu wog die in den Frachträumen verstaute Ladung zehn Tonnen und der Treibstoff für den Flug fünfzig

Tonnen.[6] Zehn Tage nachdem man den Kontakt zum Flugzeug verloren hatte, traf ich mich mit dem Vorsitzenden der malaysischen Opposition Anwar Ibrahim. Er fand es »ganz einfach empörend«, dass das Ladungsverzeichnis noch nicht veröffentlicht worden war, eine Meinung, der jeder in der Flugindustrie zustimmte. Eigentlich hätte das Dokument schon wenige Minuten nachdem der Flug als vermisst gemeldet worden war, veröffentlicht werden müssen. »Ich frage mich, was für eine Ladung so sensibel sein kann, dass sie es rechtfertigt, das Frachtliste eines kommerziellen Fluges unter Verschluss zu halten«, meinte Anwar. Als vier Monate später Flug MH17 abstürzte, veröffentlichte Malaysia Airlines das Ladungsverzeichnis innerhalb von zwei Tagen. Aber im Fall von MH370 dauerte es zwei Monate, bis die Fluggesellschaft es vorlegte.

Als das Dokument schließlich am 1. Mai 2014 veröffentlicht wurde, war es offensichtlich nicht vollständig. Auf der offiziellen Website zu Flug MH370 (mh370.gov.my) befanden sich acht PDF-Dateien. Sie waren von 1 bis 9 nummeriert, ohne Titel und in keiner bestimmten Reihenfolge geordnet. Nicht nur gab es kein »doc3«, auch war der Inhalt von »doc7« und »doc8« identisch. Sämtliche Dokumente waren qualitativ schlecht eingescannt worden, unter ihnen befanden sich Luftfrachtbriefe, Rechnungen und viele leere Seiten.

Was der malaysischen Bevölkerung sofort auffiel, war die enorme Menge an Mangostanfrüchten auf der Frachtliste. Diese Frucht verfügt über eine dicke lilafarbene Schale, die schlimmere Flecken verursachen kann als Blut. Innen schützt diese ein saftiges, leicht säuerliches und fasrig weißes Fruchtfleisch. Sie gilt als die weltweit delikateste tropische Frucht. Als Herkunftsort der geladenen Früchte wurde die Stadt Muar im Bundesstaat Johor angegeben, südlich von Kuala Lumpur. Flug MH370 beförderte 4566 Kilogramm dieser Früchte. Viereinhalb Tonnen – so viel wiegen das weltgrößte Nilpferd und sein Nachwuchs zusammen! Eine solche Menge erscheint noch unwahrscheinlicher, wenn man bedenkt, dass diese Früchte gar nicht Saison hatten. In Malaysia gehört es zum Allgemeinwissen, dass die Früchte zwischen Juni und August reifen, was sich durch botanische Nachschlagewerke leicht bestätigen lässt. Tatsächlich gibt es zwischen November und Januar ebenfalls eine kurze zweite Saison für Mangostanfrüchte. Allerdings müssen die Früchte für den Export unbedingt in unreifem Zustand gepflückt werden. Kurzum: Im März ist die Erntezeit für Mangostanfrüchte längst vorüber. Zudem erklärte die staatliche Behörde für landwirtschaftliche Vermarktung, die Federal Agricultural Marketing Authority (FAMA), dass die Mangostanbäume in Johor um diese Jahreszeit wohl keine Früchte getragen hatten. Örtliche Medien trugen zu der allgemeinen Verwirrung noch bei, indem sie meldeten, dass es in Muar, der auf der Frachtliste vermerkten Herkunftsstadt, überhaupt keine Mangostan-Plantagen gäbe.

Als Reaktion auf die zunehmenden Fragen und Zweifel erklärte Tan Sri Khalid Abu Bakar Tan, der malaysische Polizeipräsident, dass die Früchte nicht aus Muar *stammten,* sie seien dort lediglich *verpackt worden.* Doch wo hätte in diesem Fall eine so große Lieferung von außersaisonalen Mangostanfrüchten herkommen können? Und weshalb wurden sie in die kleine Stadt Muar gebracht, hundert Kilometer von Kuala Lumpur entfernt, wenn sie doch nach China geliefert werden sollten? Tatsächlich wächst diese Frucht nur in ganz bestimmten tropischen Regionen Asiens. Der Legende nach soll Queen Victoria jedem, der ihr ein paar perfekte Exemplare brächte, hundert Pfund Sterling oder die Ritterwürde versprochen haben. Obstbauern erklärten, dass die Ernten in den vergangenen Jahren sogar in der Hauptsaison zurückgegangen waren; die Bäume reagierten schlecht auf den Klimawandel. Außerdem erklärte die FAMA, dass China »vor allem Durianfrüchte« aus Malaysia importiere. Hinzu kam, dass die auf dem Frachtbrief genannte Firma in Muar nicht auf der offiziellen Liste von Mangostan-Exporteuren stand. Und zu guter Letzt: Für den Import der Früchte benötigte China »ein fünfseitiges Formular, das gleiche wie für den Import von Durianfrüchten«. Dieses »Pflanzengesundheitszeugnis« wird auf keinem der Frachtbriefe erwähnt.

Diese angebliche Ladung Mangostanfrüchte war dementsprechend so wahrscheinlich wie ein Monsunregen in der Dürrezeit.

Jeder Logik entbehrend, ignorierte der Ermittlungsbericht, der ein Jahr nach dem Verschwinden des Flugzeugs veröffentlicht wurde, diesen Widerspruch und erklärte: »Die Mangostanfrüchte an Bord von Flug MH370 [...] kamen ursprünglich aus Poh Seng Kian [...] Muar, Johor, Malaysia. Ungefähr 2500 Kilogramm davon wurden in Muar geerntet, der Rest davon in Sumatra, Indonesien.«[7] Mit anderen Worten: Im März 2014 waren sich Presse, Polizei und Landwirtschaftsbehörde einig, dass die Mangostanfrüchte nicht aus Muar kommen konnten. Dagegen behauptete der offizielle Ermittlungsbericht im März 2015, dass 2,5 Tonnen der gesamten Fracht von 4,5 Tonnen tatsächlich aus Muar stammen würden. *Malaysia Boleh!*

Jede weitere Seite des Berichts ließ das Ganze noch absurder erscheinen. Es stellte sich heraus, dass diese Ladung kein Einzelfall war. Zwischen dem 3. März und dem 14. April 2014 transportierte Malaysia Airlines ungefähr fünfzig ähnliche Ladungen außersaisonaler Mangostanfrüchte, aus zweifelhafter Quelle und ohne das notwendige Zertifikat, nach Peking.[8] Letztendlich kam ich zu der gleichen Schlussfolgerung wie schon bei den gefälschten Pässen der beiden Iraner. Höchstwahrscheinlich waren hier irgendwelche dubiosen Geschäfte im Gange, nur handelte es sich dabei um nichts Ungewöhnliches. Dutzende Flüge von Malaysia Airlines transportierten ebenfalls »außersaisonale Mangostanfrüchte«, diese kamen jedoch alle ungehindert an ihrem Zielort an. Im Dezember 2015 war ich auf einer Pressekonferenz an der Universität Hongkong, bei der es um den Schmuggel von Elfenbein und Wildtieren innerhalb Asiens ging. Eine der Folien stellte die Drehkreuze des illegalen Handels in der Region dar, und Kuala Lumpur International Airport war der bei weitem größte Punkt auf der Karte. Könnte es sein, dass »frische Mangostanfrüchte« lediglich der Deckname für illegale Ladungen Schuppen des Schuppentiers, Elefantenstoßzähne oder Rhinozeroshörner war? Diese Interpretation würde die fragwürdigen Umstände dieser Ladung zum größten Teil erklären. Doch Jahre später wurde im »finalen Bericht«[9] über das Unglück erneut die Information wiederholt, Flug MH370 habe Mangostanfrüchte nach China transportiert. Entgegen der Spekulation, die Früchte seien in dieser Jahreszeit nicht in Saison gewesen, wurde festgestellt, dass in Muar, Johor und den anliegenden Ländern durchaus Erntezeit dafür gewesen wäre. Im Bericht heißt es sogar: »Zum Zeitpunkt der Verfassung dieses Berichts werden die Früchte nach wie vor von derselben Firma nach Peking, China exportiert.« Ich konnte außerdem die Aussage des Inhabers des Exportunternehmens Poh Seng Kian in Muar einsehen, die von der malaysischen Polizei aufgenommen worden war. Der Mann, beschrieben als »Obsthändler seit 1985«, bestand darin darauf, dass die exportierten Früchte seiner eigenen Plantage entstammten sowie von anderen Zulieferern um Muar, Tana Merah, Raub und Taiping. Angesichts all dieser widersprüchlichen Informationen sehe ich keine andere Möglichkeit, als das Rätsel um die Mangostanfrüchte fortbestehen zu lassen und die Schuld dafür auf die extrem undurchsichtigen Frachtdokumente und den Klimawandel zu schieben.

In der Transportindustrie kommt es durchaus vor, dass sich hinter der Benennung im Frachtregister eine andere, nicht deklarierte Ladung versteckt. Andrew Robinson, ein leitender Ermittler beim Air Accidents Investigation Branch (AAIB), der Flugunfalluntersuchungsbehörde in Großbritannien, hatte bei den Ermittlungen zum Unfall des Korean-Air-Flugs 8509 mitgearbeitet. Am 22. Dezember 1999 war die Boeing 747-2B5 F dieses Flugs kurz nach ihrem Start vom Londoner Flughafen Stansted abgestürzt. »Es handelte sich um einen senkrechten Absturz auf ein Feld, ohne Überlebende. Im Frachtverzeichnis waren mehrere Tonnen Whiskey verzeichnet, allerdings fanden wir keine einzige Scherbe von einer Glasflasche. Wir vermuteten Betrug, wahrscheinlich in Zusammenhang mit der Mehrwertsteuer, überließen die weiteren Ermittlungen aber der Polizei. Wir waren uns sicher, dass es für den Unfall nicht ausschlaggebend war«, erzählte mir Robinson. Mich erinnern die Mangostanfrüchte von Flug MH370 stark an die mehreren Tonnen Whiskey dieses Korean-Air-Flugs.

DIE RESTLICHE FRACHT: 2,5 TONNEN ELEKTRONIK, DARUNTER 221 KILOGRAMM LITHIUM-IONEN-AKKUS

Zusätzlich zu den 4,5 Tonnen »Mangostanfrüchten«, die wahrscheinlich aus Afrika stammten, transportierte Flug MH370 eine zusammengewürfelte Lieferung, die aus 2453 Kilogramm »Lithium-Ionen-Akkus, Walkie-Talkie-Accessoires und Ladegeräten« bestand. Versandt wurde das Ganze von Motorola durch die Spedition NNR Global Logistics. Der Frachtbrief wies ausdrücklich darauf hin, dass die Kisten mit Vorsicht zu verladen seien, da sie leicht entflammbar waren, besonders bei Beschädigung der Verpackung. Nachdem am 17. März 2014 noch erklärt worden war, dass das Flugzeug keine gefährliche Ladung transportiert hätte, räumte Ahmad Jauhari Yahya, CEO von Malaysia Airlines, eine Woche später ein, das Flugzeug habe »ungefähr 200 Kilogramm Lithium-Akkus« geladen. Er betonte aber, diese seien »angemessen verpackt« gewesen.

Lithium-Akkus hatten schon mehrmals Brände in Flugzeugen, elektrischen Autos und sogar Computern verursacht. In mindestens zwei Fällen führte ein solches Feuer auf Frachtflügen bereits zum Verlust des Flugzeugs und seiner Besatzung.[10] Und tatsächlich gingen die möglichen Absturzszenarien von Flug MH370, die aus einem technischen Fehler resultierten, immer entweder von einem Feuer im Frachtraum oder einem schwerwiegenden Kurzschluss aus. Die einzelnen Phasen eines solchen Ereignisses liefen angeblich wie folgt ab: Ein Feuer zerstört sämtliche Kommunikationsmöglichkeiten, der Pilot entscheidet, dass eine Notlandung erforderlich ist, was den U-Turn in Richtung des nächstgelegenen Flughafens erklären würde. Es folgt ein Druckabfall innerhalb des Flugzeugs, dieser führt zu einer Hypoxie bei den Piloten und allen weiteren Personen an Bord – einem Zustand des Sauerstoffmangels, der den gesamten Körper oder auch nur einzelne Bereiche betreffen kann –, gefolgt von Unterkühlung. Danach fliegt der Phantomflug auf Autopilot weiter, bis er schließlich wegen Treibstoffmangels abstürzt.

»Für mich beginnt alles mit einem Feuer im Hauptavionikraum, der E&E Bay [Sektion für Elektrik und Elektronik], das dort wichtige Teile der Rechner zerstörte und so die jeweiligen Systeme in ihrer Funktion beeinträchtigte, darunter auch die Kommunikationssysteme. Rauch dringt durch die Bodenklappe zwischen Cockpit und der Businessclass, beziehungsweise der ersten Klasse, in die Kabine«, erklärte Kim Stuart, seit 35 Jahren Boeing-Pilot, den ich zu diesem Fall oft um Rat fragte. Da sich in der E&E Bay die Avionik des Flugzeugs befand, also alle elektrischen und elektronischen Systeme von dort aus betrieben wurden, hätte sich ein Feuer in diesem Bereich verheerend ausgewirkt. Es hätte auf jeden Fall verschiedene Warnsignale und Nachrichten ausgelöst, auf welche die Piloten umgehend reagieren mussten. Kim zufolge könnte es gut sein, dass dabei die Warnung zu dem gleichzeitig in der Kabine fortschreitenden Druckabfall einfach übersehen wurde. »Meldungen werden ohne Priorität abgegeben«, erzählte mir Kim. Früher oder später hätte die Besatzung die Piloten über den Rauch in der Kabine informiert. »Und sie hätten darauf vermutlich ähnlich reagiert, wie ich es getan hätte: Ich würde sofort den Autopiloten ausschalten und den nächstmöglichen Landepunkt anfliegen – außer die Piloten dachten, dass sie es noch zurück nach Kuala Lumpur schaffen könnten.« Jeder Pilot kennt die genauen Abläufe, denen er in einem solchen Fall folgen muss. Sie lassen sich unter der Dreieregel »aviate, navigate, communicate« (»fliege, navigiere, kommuniziere«) zusammenfassen. Allerdings könnte eine solche Krisensituation innerhalb von wenigen Minuten eine Entwicklung nehmen, die nicht mehr aufzuhalten ist. »Die Überlebenszeit vom Entdecken des Feuers bis zum Totalschaden in der Luft liegt bei maximal 18 Minuten. Ein Feuer an Bord ist die schlimmste Situation, die ich mir vorstellen kann«, meinte Kim.

Zu meiner Überraschung erklärte mir Kim, dass weder in der Kabine noch im Cockpit Rauchmelder verbaut werden. »Nur in bestimmten Arealen gibt es einen Feueralarm: Am Motor wird die Wärme gemessen und im Frachtraum befindet sich ein Rauchmelder. Sollte jedoch Rauch in die Kabine oder ins Cockpit eindringen, lässt sich das nur feststellen, wenn man ihn sieht oder riecht.« Ich wollte von ihm wissen, was bei Nacht passiere oder wenn die Piloten erkältet wären. »Nachts würde sich der Rauch in den Lichtern abzeichnen. Und Piloten sollten eigentlich mit einer Erkältung nicht fliegen, unter anderem deshalb, weil das Druckentlastungssystem einem die Nebenhöhlen zerfetzen kann.« Durch die Luftzirkulation im Flugzeug – von vorne nach hinten – wäre das Cockpit in der Regel der letzte Raum, in dem sich der Rauch sammelte.

Folgt man Kims Szenario, dann hatte ein Feuer in der E&E Bay verschiedene Computersysteme zerstört, was die Piloten mit so vielen Systemstörungsnachrichten bombardierte, dass sie nicht mitbekamen, wie sich die Ventile für den Druckausgleich automatisch öffneten. Zwar hätten das Fehlen von Sauerstoff und die Außentemperatur auf einer Höhe von 35 000 Fuß (ungefähr minus 40 °C) das Feuer wahrscheinlich erstickt, doch die eigentliche Gefahr war der Druckabfall. Der Druck, der in einer Kabine herrscht, entspricht normalerweise dem Luftdruck auf einer Höhe von 1400 Metern. In diesem Fall wäre der Druck innerhalb von Minuten rapide gesunken. Innerhalb von nur zwei Minuten hätte der Kabinendruck damit den gleichen Wert erreicht wie der Luftdruck auf dem Gipfel des Mount Everest. Einen Wert also, bei dem selbst akklimatisierten Bergsteigern das Atmen ohne zusätzlichen Sauerstoff extrem schwerfällt.

Natürlich wären bei einem Kabinendruck, der dem Luftdruck auf einer Höhe von 4000 Metern entspricht, die Sauerstoffmasken automatisch herabgefallen, immer vorausgesetzt, dass das System noch funktionierte. Der Sauerstoffzufluss über die Masken reicht aber nur für zwanzig bis dreißig Minuten aus. Im Cockpit fehlt dagegen ein solcher Notfallmechanismus. Die Piloten hätten selbst entscheiden müssen, ob und wann sie zusätzlichen Sauerstoff benötigten, und sich dann die Masken manuell geholt. Deswegen wäre es für das Überleben von Besatzung und Passagieren von entscheidender Bedeutung gewesen, das Flugzeug so schnell wie möglich auf eine Höhe abzusenken, wo das Atmen und die Temperaturen verträglicher sind (also auf ungefähr 14 000 Fuß).

Da dieses sofortige Absenkmanöver von Flug MH370 anscheinend nicht durchgeführt wurde, gingen die Anhänger dieses Szenarios davon aus, dass die Piloten die Situation nicht rechtzeitig erfassten und kurz nach ihrem Wendemanöver das Bewusstsein verloren. »Dir bleiben nur ein paar Sekunden, um den Sauerstoffverlust zu bemerken. Der Druckverlust entzieht dem Flugzeug und dem Körper die Luft schneller, als man es selbst spürt. Es ist sehr schnell zu spät«, versicherte Kim. Dann erzählte er mir von einem Freund, einem Chefsteward bei Philippine Airlines, der einmal seine eigenen Kinder an Bord hatte, als ein rapider Druckverlust einsetzte. Entgegen der Regel wandte er sich instinktiv zunächst seinen Kindern zu. Er konnte nicht einmal einen Schritt in ihre Richtung tun, bevor er das Bewusstsein verlor. »Wenn einem während der Sicherheitsanweisungen erklärt wird, ›im Fall eines Druckverlustes, ziehen Sie sich bitte zunächst die eigene Maske über Mund und Nase, bevor Sie dem Kind neben sich helfen‹, dann deswegen, weil die Wahrscheinlichkeit hoch ist, dass man es nicht mehr schafft, die eigene Maske aufzusetzen, wenn man zuerst dem Kind hilft.«

Ohne Druckausgleich und mit einem auf Kuala Lumpur programmierten Autopiloten wäre MH370 wahrscheinlich auf der eingeschlagenen Route über sein Ziel hinaus weitergeflogen, bis die Motoren aufgrund fehlenden Treibstoffs aufgaben – ähnlich wie im tragischen Fall von Flug 522 von Helios Airways (siehe hierzu S. 448). In der Passagierkabine hätten wohl einige Passagiere den Ernst der Lage erfasst und die Sauerstoffmasken aufgesetzt. Diejenigen, die zu der Zeit schliefen, hätten den Rauch und die herabfallenden Masken verpasst und wären direkt vom Schlaf in die Hypoxie übergegangen. Zusätzlich zum Sauerstoffmangel hätte die extreme Kälte schnell zu einer tödlichen Unterkühlung geführt. Bei minus vierzig Grad Celsius ist es im Grunde egal, ob man einen Mantel anhat oder nicht.

Seit dem Verschwinden von Flug MH370 waren fast sechs Jahre vergangen, und Kim war davon überzeugt, dass das Fehlen eines Trümmerfelds aus Wrackteilen, Taschen, Kleidern und Sitzen und anderen Überresten mit der Art des Absturzes zusammenhing. Wahrscheinlich war das Flugzeug in einen glatten Wasserabschnitt im südlichen Indischen Ozeans geglitten. Beim Aufkommen auf der Wasseroberfläche hätte der Rumpf womöglich ein paar Teile verloren (die Tragflächen zum Beispiel, oder die hinteren Ruder). Durch die Bruchstellen wäre dann langsam Wasser eingedrungen und das Flugzeug mehr oder weniger in einem Stück gesunken. Damit hätte es nicht nur die 239 Menschen an Bord, sondern auch das Rätsel um sein Schicksal mit auf den Grund des Meeres genommen.

Die Erfahrung zeigt, dass ein Feuer im Frachtraum eines Flugzeugs zu einem Leck im Rumpfwerk führen kann, was den Druckverlust in der Kabine noch beschleunigt. Hätten Lithium-Ionen-Akkus im Frachtraum Feuer gefangen, wie im Fall des abgestürzten UPS-Airlines-Fluges 6 (siehe hierzu S. 449), hätten die Flammen schnell so heftig gewütet, dass sie kaum zu löschen gewesen wären. Gängige Feuerlöscher richten gegen solche Feuer kaum etwas aus. Experten empfehlen, einen Brand, der durch Lithium-Ionen-Akkus verursacht wurde, mit Wasser zu bekämpfen. Doch bei einem Feuer, das durch Lithium-Metall-Akkus ausgelöst wurde, macht der Kontakt mit Wasser hingegen alles nur noch schlimmer.

In den Monaten und Jahren nach dem Verschwinden von Flug MH370 erschienen immer mehr Artikel und wissenschaftliche Aufsätze, die sich mit den Gefahren des Lufttransports von Lithium-Akkus auseinandersetzten. Besonders der Transport solcher Akkus in den Frachträumen von Passagierflugzeugen wurde als riskant diskutiert. In ihrem Newsletter vom 15. Dezember 2015 erklärte die Air Line Pilots Association (ALPA) dies wie folgt:

> Diese Akkus sind durch ihre außergewöhnlichen Eigenschaften besonders gefährlich. Ein defekter Akku in einer Kiste kann zu einer Kettenreaktion führen, die die gesamte Ladung in Brand steckt. Tests der FAA haben gezeigt, dass diese Feuer nicht nur extrem heiß brennen, sondern auch einen dichten Rauch produzieren, der ein ganzes Flugzeug, inklusive Cockpit, innerhalb von 8 Minuten füllen

kann. Außerdem entstehen bei einem Lithium-Akku-Feuer entzündliche Gase, was zu Explosionen führen kann.

Die ALPA zeigte sich verwundert darüber, dass viele Airlines erst kurz zuvor entschieden hatten, die Mitnahme von Hoverboards, deren Motor mit einem Lithium-Akku betrieben wird, zu verbieten, den Transport von Lithium-Akkus im Frachtraum aber weiterhin erlaubten. Im Zuge dessen rief die ALPA zu einem allgemeinen Transportverbot von Lithium-Akkus in Flugzeugen auf. »Im Bereich des Personentransports haben Airlines mittlerweile die Gefahr erkannt, die schon ein einzelner Akku in sich birgt«, warnte ALPA. »Stellen Sie sich vor, welches große Risiko von einer ganzen Palette oder einem Frachtraum voller Akkus ausgeht.« Und bei MH370 handelte es sich um eine Ladung von 221 Kilogramm Lithium-Ionen-Akkus.

Das Problem des Transports von Lithium-Akkus stand 2015 auf der Tagesordnung der Septemberkonferenz der International Civil Aviation Organization (ICAO) in Bangkok. Einige MHisten sahen das als Zeichen dafür, dass die internationalen Luftfahrtbehörden vielleicht mehr über die Ursache für das Verschwinden von MH370 wussten, als sie zugeben wollten. Sollten diese Behörden tatsächlich wissen, dass für den katastrophalen Verlust des Flugzeugs ein Lithium-Akku-Feuer verantwortlich war, wäre es verständlich, dass sie sich mit solcher Dringlichkeit für Maßnahmen aussprachen, die weitere Unglücke dieser Art verhindern könnten.

Im Januar 2016 wurde ich beim Boarden eines Flugs von Los Angeles nach Hongkong vom Personal der Cathay Pacific tatsächlich zum ersten Mal gefragt, wie viele Lithium-Akkus ich in meinem Gepäck mitführte (Kamera, Handy, Laptop, elektrische Zahnbürste, Fernbedienungen usw.). Außerdem erinnerte man mich daran, dass gewisse Geräte wegen ihrer größeren verbauten Akkus nun nicht mehr an Bord erlaubt waren, weder im Handgepäck noch in den eingecheckten Koffern. Mittlerweile ist diese Gepäckprüfung gängige Praxis geworden.

Besonders interessant ist, dass die Akkus im Fall von Flug

MH370 Teil einer wesentlich größeren Ladung von Motorola waren, über die ich nur sehr wenig in Erfahrung bringen konnte. »Den Trick nutzen alle Spediteure«, erklärte mir ein Hongkonger Spediteur. »Man stellt eine gemischte Ladung zusammen, mit einer kurzen, sehr allgemein gehaltenen Beschreibung, vorzugsweise in letzter Minute.« Zum Vergleich: Einer Sendung von sechs Kilogramm lagen ein halbes Dutzend Dokumente bei, darunter auch die Rechnung.[11] Dieses Paket enthielt 2000 Mikrochips, der Einzelwert eines Chips betrug 5,04 US-Dollar. Ähnlich detailliert wurde eine Sendung von Kinderbüchern dokumentiert. Hier führte man jeden einzelnen Titel auf: *Who Stole Mona Lisa?*, *The Secret of Whale Island* und andere. Verglich man die detaillierte Beschreibung dieser Frachtpakete mit der von Motorola, wurde die Diskrepanz noch deutlicher. Obwohl es sich um die einzige Fracht mit potenziell gefährlichen Gütern handelte, gab es nahezu kaum Informationen darüber. Diese grobe Fahrlässigkeit aufseiten von Malaysia Airlines legte schließlich den Grundstein für die Theorie eines Feuers an Bord.

Verglichen mit den 4,5 Tonnen außersaisonaler Mangostanfrüchte erschienen die nur vage dokumentierten 2,5 Tonnen elektronischen Equipments von Motorola wesentlich problematischer. Für einige MHisten waren diese Unklarheiten bezüglich der beiden größten Ladungen des Flugs der Beweis dafür, dass das Flugzeug »etwas anderes« transportierte. Etwas, das China auf keinen Fall erreichen sollte.

Jede der Theorien klammerte sich ein paar nachweisbare Details, die auf Nachrichtenmeldungen zurückgingen, und nutzte diese, um dem jeweiligen Szenario Glaubwürdigkeit zu verleihen. Einige glaubten, dass es sich bei der mysteriösen Ladung um die Überreste einer amerikanischen Drohne handelte, die über Pakistan abgeschossen worden war. Andere behaupteten, die Ladung enthalte militärische Ausrüstung, die den Taliban während eines besonders tödlichen Angriffs im späten Februar 2014 im Osten Afghanistans in die Hände gefallen sei. Schmuggler hätten diese dann an China weiterverkauft.

Eine andere Theorie brachte das Verschwinden von Flug MH370 mit den verdächtigen Todesumständen zweier US-Navy-SEALs in Verbindung. Die beiden hatten als Wachen auf dem Containerschiff *Maersk Alabama*[12] angeheuert, als es am 18. Februar 2014 in Port Victoria auf den Seychellen[13] ankerte. Dieses Detail – ein sehr seltsames Ereignis, das für sich genommen bereits Fragen aufwarf – inspirierte einen MHisten zu folgender Annahme: Die zwei Männer seien von lokalen Prostituierten unter Drogen gesetzt worden, damit somalische Piraten eine Ladung amerikanischer Drohnen aus dem Frachtraum des Schiffs entwenden konnten. Die somalischen Piraten hätten dann ihre Beute nach Kuala Lumpur transportiert, wo sie von der chinesischen Botschaft gekauft und dann mittels Malaysia Airlines nach China transportiert werden sollte. Und damit haben wir es wieder mit einem ausgeklügelten Szenario zu tun, das teilweise auf dokumentierten Fakten beruhte.

Im Internet kursierten die verschiedenartigsten Theorien, die Chinas unersättliche Gier nach geheimer amerikanischer Überwachungs- oder Tarnkappentechnologie zum Thema hatten. Welcher Art diese geheimen westlichen Technologien waren, auf die China so scharf war, dass es sie heimlich an Bord eines Passagierflugzeugs nach Peking transportieren wollte, ist bis heute unklar. Die Amerikaner erfuhren jedenfalls zu spät von der Aktion und waren nicht mehr in der Lage, das Verladen der wertvollen Fracht zu verhindern. Deshalb mussten sie das gesamte Flugzeug entweder entführen oder zerstören, um die Ankunft an seinem Zielort zu verhindern.

Das Verführerische an diesem Szenario war, dass es eine potenzielle Erklärung dafür lieferte, weshalb sowohl China als auch die USA ein Interesse daran haben könnten, die Sache unter den Teppich zu kehren: die USA, weil es zutiefst verabscheuungswürdig wäre, 239 Menschen der Wahrung eines militärischen Geheimnisses zu opfern, und China, weil es auf frischer Tat bei dem Versuch ertappt worden wäre, amerikanische Spionagetechnik zu stehlen, womit es sich ebenfalls nicht mit Ruhm bekleckert hätte. Das Stillschweigen beider Länder zu dem Vorfall gehört allerdings zu den wenigen nachweisbaren Fakten in dieser ganzen Sache.

Erst viel später stieß ich bei meinen Recherchen auf weitere Ungereimtheiten im Zusammenhang mit der Motorola-Ladung, die diese deutlich verdächtiger erscheinen ließen als die Mangostanfrüchte. Womöglich spielte diese Ladung doch eine entscheidende Rolle für die Katastrophe.

DIEGO GARCIA BETRITT DIE BÜHNE

Ich höre diesen Namen immer so, wie man ihn dort auf der Straße ausspricht: mit sechs Silben, gerolltem R und spanischem Akzent: *Di-e-go-Gar-ci-a*. Der Name des Entdeckers aus dem 16. Jahrhundert erinnert eher an *Fluch der Karibik,* als dass man ihn mit dem Verschwinden einer Boeing 777 in Verbindung brächte. Irgendwann stellte ich fest, dass es sich um den Namen einer Insel im ehemaligen britischen Territorium handelt, mit einer großen, streng geheimen amerikanischen Militärbasis darauf. Sie befindet sich auf halbem Weg zwischen Afrika und Indonesien, südlich von Indien, etwas unterhalb des Äquators. Die Basis diente als strategischer Stützpunkt für die großen US-Militäreinsätze der letzten Jahre. Seit 2001 kursieren außerdem Gerüchte, dass das Gelände für militärische Verhöre genutzt werde und über ein geheimes Gefangenenlager verfüge.[14] Ähnlich wie im Fall von Freescale Semiconductor und Inmarsat hatten vor dem Verschwinden von Flug MH370 nur wenige Menschen Kenntnis von Diego Garcia und ihrer Funktion. Dennoch gehörte Diego Garcia zu »einer der wichtigsten militärischen Einrichtungen der USA«, erklärte John E. Pike, strategischer Analyst und Direktor von GlobalSecurity.org, einem Unternehmen, das Analysen und Recherchen zu sicherheitspolitischen Themen anbietet. Von einer Quelle im französischen Geheimdienst erfuhr ich außerdem, dass auf den Inseln Atomwaffen gelagert werden. Der Außenstützpunkt des Zentralkommandos der Vereinigten Staaten (CENTCOM) überwachte das gesamte Gebiet von Europa über den Nahen Osten bis nach Afghanistan und Pakistan. »Er ist unentbehrlich geworden«, ergänzte Tim Brown, ein leitender Forschungsbeauftragter bei GlobalSecurity.org. Des Weiteren bestätigte Pike: »Von hier aus wurden [per Drohne] alle Angriffe in der Region ausgeführt.«

Vor dem Hintergrund des Verschwindens von Flug MH370 wurden der Militärbasis Diego Garcia verschiedene Funktionen zugeschrieben: Sie sei entweder Ziel eines versuchten terroristischen Anschlags oder agiere als Drahtzieher bei einer Geiselnahme von Zivilisten, bis hin zu einer Beteiligung beim Diebstahl einer Boeing 777 und dessen Vertuschung.

Einige nahmen an, Diego Garcia könnte das Ziel der möglichen Flugzeugentführer gewesen sein. Bei diesem Szenario wird davon ausgegangen, dass das Flugzeug von der amerikanischen Luftwaffe abgeschossen wurde, um den Militärstützpunkt zu verteidigen. Diese Version der Ereignisse wurde übrigens auch von einigen Geheimdiensten an verschiedene Stellen weitergegeben, die mit der Untersuchung des Falls betraut waren. Für andere war Diego Garcia der Ort, an den das Flugzeug von den Amerikanern umgeleitet wurde, damit es nicht in Peking ankam. Hier diente die Basis also als Versteck für das Flugzeug. Als Beweis dafür wurden Augenzeugenberichte über ein tieffliegendes Flugzeug über den Malediven am Morgen des 8. März angeführt. Einen weiteren Grund für eine angebliche Beteiligung Diego Garcias an dem Unglück lieferte freundlicherweise das FBI. Es hatte mitgeholfen, die »vor Kurzem gelöschten Daten« des konfiszierten Flugsimulators aus dem Besitz des Flugkapitäns wiederherzustellen. Durch eine undichte Stelle in der malaysischen Polizei kam heraus, dass Flugkapitän Zaharie Ahmad Shah angeblich Landemanöver auf fünf verschiedenen Inseln im Indischen Ozean geübt hätte. Darunter befand sich auch die drei Kilometer lange Landebahn auf dem Diego-Garcia-Atoll. Dies verstärkte noch den Verdacht gegen ihn.

In der anhaltenden Verwirrung der ersten Wochen breitete sich unter den besonders leichtgläubigen der MHisten ein Gerücht wie ein Lauffeuer aus, das von einem Hilferuf per SMS von Philip

Wood, dem einzigen erwachsenen Amerikaner an Bord, berichtete.

> Ich werde von unbekanntem militärischem Personal festgehalten, nachdem mein Flug entführt wurde (verbundene Augen). Ich arbeite für IBM, und ich konnte mein Telefon während der Entführung in meinem Hintern verstecken. Ich wurde vom Rest der Passagiere getrennt und bin in einer Zelle. Mein Name ist Philip Wood. Ich denke, sie haben mich unter Drogen gesetzt und ich kann nicht klar denken.

Die Internetseiten, auf denen dieser Hoax verbreitet wurde, meinten außerdem, die Metadaten der SMS würden zu »100 Prozent bestätigten«, dass die Nachricht aus einem Gebäude im Süden des Diego-Garcia Atolls gesendet worden war. Allerdings erklärte mir mein 17-jähriger Neffe, der Informatik studiert: »Für jemand, der sich damit auskennt, ist es ein Kinderspiel, die Metadaten eines Fotos zu ändern. Beim ersten Mal braucht man vielleicht fünf Minuten dafür.«

Nichtsdestotrotz wurde die Nachricht über die SMS von Millionen Menschen gelesen und kommentiert. Und obwohl diese Falschnachricht auf der Liste der abwegigsten und dennoch ernst genommenen Erzählungen zu Flug MH370 ganz oben stand, konnte man ihr immerhin zugutehalten, dass sie die Aufmerksamkeit auf eine Insel lenkte, die absichtlich vor der Öffentlichkeit geheim gehalten wurde und dabei alles andere als harmlos ist.

Es war strengstens verboten, sich Diego Garcia ohne entsprechende Genehmigung zu nähern. Eine solche Erlaubnis musste in London beantragt werden, da die Insel zum Hoheitsgebiet Großbritanniens gehört. Die Vereinigten Staaten pachten sie lediglich. Während meiner Ermittlungen auf den Malediven, dem Archipel, der Diego Garcia am nächsten liegt, sprach ich mit einem maledivischen Regierungsmitarbeiter über seine verschwiegenen südlichen Nachbarn. Er meinte: »Obwohl sie sich nur 350 Seemeilen südlich der Malediven befinden, haben wir keinen Kontakt zu ihnen. Keinen Luftverkehr. Sie fliegen oft über uns hinweg, aber wir dürfen ihr Luftgebiet nicht kreuzen. Sie kaufen hier noch nicht einmal ein. Ich glaube, sie bekommen alles aus Singapur oder dem Nahen Osten.«

Ehrlich gesagt, hätte es gut in die leidvolle Geschichte der Insel gepasst, wenn sie direkt oder indirekt in die dunklen Machenschaften verwickelt gewesen wäre, die beim Verschwinden von Flug MH370 vermutet wurden. In der Dokumentation *Stealing a Nation* aus dem Jahr 2004 befasst sich der Filmemacher John Pilger mit den schmutzigen Geschäften der britischen und amerikanischen Regierung in Bezug auf die Insel. Ihre Deals führten zur Zwangsumsiedlung von 2000 Einheimischen aus diesem Inselparadies, dem Chargos-Archipel, das seit dem 18. Jahrhundert bewohnt war. Das Vorgehen der beiden Regierungen in dieser Region war mehr als skandalös, so teilten sie unter anderem der UN mit, auf der Insel würde keine indigene Bevölkerung leben, es handele sich »nur um importierte Arbeitskräfte«. Zwischen 1967 und 1973 wurden alle Chagossianer mithilfe des Militärs wie Vieh deportiert und nach Mauritius gebracht. Dort versuchen sie seitdem verzweifelt in bitterer Armut zu überleben, voller Heimweh nach ihrer entrissenen Insel. Währenddessen wurde die Pacht für die Insel von den Amerikanern als Rechnung für eine Waffenlieferung getarnt, weil die dafür nötigen fünf Millionen Pfund für die nächsten fünfzig Jahre[15] sonst vom Kongress hätten genehmigt werden müssen. Der Geldtransfer von Washington nach London blieb dadurch vollkommen unsichtbar.

Ein halbes Jahrhundert nachdem die Chagossianer ins Exil gezwungen worden waren, genossen sie eine kurze Phase der Aufmerksamkeit, als die Menschenrechtsanwältin Amal Clooney den Fall vor dem Obersten Gerichtshof in Großbritannien verteidigte. Im Mai 2019 erließ die UN-Vollversammlung eine Resolution, nach der das Chargos-Archipel »integraler Bestandteil des Territoriums von Mauritius« sei. Sie forderte Großbritannien dazu auf, »seine koloniale Kontrolle abzugeben [...] vorbehaltlos und innerhalb von sechs Monaten«. Während der Verhandlung bezeichnete der mauritische Premierminister die Vertreibung der Chagossianer als »vergleichbar mit einem Verbrechen gegen die Menschlichkeit«. Wie standen aber die Chancen für die kleine Volksgruppe, ihre beschlagnahmten Gebiete je wiederzuerlangen, auch wenn sie von den besten Anwälten der Welt vertreten wurden? Vor allem, da die Insel nach der grausamen Vertreibung ihrer Bewohner längst eine riesige amerikanische Militärbasis geworden war. Trotz der historischen Entscheidung ließ die britische Regierung die Frist der UN im November 2019 verstreichen, als wäre sie nie gesetzt worden. »Diese Resolution wird die Lage nicht über Nacht verändern, aber sie wird den Chagossianern sicherlich eines Tages die Heimkehr ermöglichen«, schätzt der Menschenrechtsanwalt und Experte für Kriegsverbrechen Philippe Sands, ein Kronanwalt, der in dem Fall als Berater für Mauritius tätig war.

Seit 1987 befindet sich auf der Militärbasis auch eine Station für Weltraumüberwachung. Das GEODSS-System[16] besitzt die Fähigkeit, »Objekte bis zur Größe eines Basketballs im Weltraum zu erkennen und zu verfolgen, wenn sie zwischen 5500 und 37 000 Kilometer von der Erde entfernt sind«. Eine Boeing 777 flöge demnach zu nah am Boden, um von den GEODSS-Teleskopen registriert zu werden. Trotzdem wäre es vielleicht nicht falsch anzunehmen, dass eine Militärbasis, die basketballgroße Objekte im Weltraum aufspüren kann, über die Möglichkeit verfügen sollte, mit ihren Radar-, Satelliten- und Überwachungssystemen eine große Boeing 777 zu registrieren. Ein Flugzeug, groß wie zwei Blauwale, das mit Elektronik vollgestopft war und nur 2500 Kilometer entfernt auf einer geschätzten Höhe von 35 000 Fuß (10 700 Metern) vorbeiflog. Vor allem, wenn man bedenkt, dass Diego Garcia ursprünglich als Marinefunkstelle geplant worden war und 1991 zu einer militärischen Kommunikationsstation wurde, einer sogenannten Naval Computer and Telecommunication Station (NCTS). Außerdem ist der Stützpunkt mit einem besonders weitreichenden Überhorizontradar ausgestattet. Dennoch sah man auf Diego Garcia nichts, man hörte nichts, sagte nichts. Entsprechend verhielt es sich mit anderen wichtigen US-Militärstützpunkten in der Region, wie Okinawa (Japan) und Guam – und nicht zu vergessen Singapur, das von manchen als erweiterter Stützpunkt des US-Militärs angesehen wird.

MHisten, die davon überzeugt waren; dass das Flugzeug nach Diego Garcia umgeleitet wurde, behaupteten sogar, einige der Suchmannschaften hätten im Indischen Ozean auf Diego Garcia haltgemacht. Dort hätten sie dann Teile von MH370 abgeholt und im eigentlichen Suchgebiet abgeworfen, um sie später wieder an der gleichen Stelle »aufzufinden«. In der Tat verrieten Internetseiten, auf denen die Routen von Schiffen getrackt werden konnten (ähnlich wie die Seiten, mit denen man Flüge verfolgen kann, wie z. B. Flightradar24), dass die britische Fregatte *HMS Echo* auf ihrem Weg nach Perth auf Diego Garcia anlegte. Dabei handelte es sich allerdings einfach um einen routinemäßigen Bunkerhalt, wie ihn alle britischen oder amerikanischen Militärschiffe in der Region einlegen.

Eine andere Theorie ging davon aus, dass Flug MH370 unter der Kontrolle des US-Militärs einen technischen Zwischenstopp auf Diego Garcia machte. Während dieses Halts hätte das US-Militär die Gelegenheit gehabt, alle Gegenstände zu entfernen, die nicht in Peking ankommen sollten. Danach ließ man den Flugkörper mitsamt seinen Passagieren irgendwo im Indischen Ozean verschwinden, damit er dort irgendwann aufgefunden werden und so die Theorie zu den Inmarsat-Pings bestätigen könnte. Im Juni 2014 meldeten Wissenschaftler vom Zentrum für Meeresbiologie und Meerestechnik der Curtin University in Perth den Empfang eines klaren Signals am 8. März um 1:30 Uhr (UTC). Das von den sensiblen Wassermikrofonen aufgezeichnete Signal ließ ein Absturz in der Nähe von Diego Garcia umso wahrscheinlicher erscheinen. Einige Monate später stellte sich allerdings durch die Daten eines weiteren Sensors heraus, dass das Geräusch vermutlich aus dem geologisch aktiven Carlsbergrücken stammte, der sich auf halbem Weg zwischen dem Horn von Afrika und Indien befindet. »Das aufgezeichnete Sound-Signal zeigte außerdem eine flach auslaufende Amplitude. Nimmt man diese beiden Erkenntnisse zusammen, weisen sie auf ein geologisches Ereignis hin – beispielsweise hervorgerufen durch ein Erdbeben, einen Erdrutsch unter Wasser oder eine vulkanische Eruption«, erklärte Alec Duncan von der Curtin University.

Auch wenn ein Ort wie Diego Garcia mit seiner militärischen Macht und seinem riesigen Überwachungsapparat in dieser traurigen Affäre verführerisch erscheint, lieferte leider keine der Theorien auch nur den kleinsten handfesten Beweis für ihren Wahrheitsgehalt. Abgesehen von dem folgenden, leicht ungewöhnlichen Ereignis: Auf der offiziellen Facebook-Seite des Diego-Garcia-Passagierterminals, von dem aus das Personal ein- und ausgeflogen wird, wurde am 8. März diese Meldung gepostet: »Keine geplanten Flüge von und nach Diego Garcia in den nächsten 72 Stunden«. Ein solches Flugverbot wird in der Regel nur bei extremen Wetterbedingungen erteilt, die zu der Zeit nicht vorlagen, oder im Fall einer größeren militärischen Aktion, die ein stetiges Starten und Landen von Militärmaschinen erfordert. Einige mutmaßten, ob der Grund für diese drastische Maßnahme darin liege, dass das Verteidigungsministerium der Vereinigten Staaten am 6. März 2014[17] sein neues Laser-Waffen-System (LaWS) in Betrieb genommen hatte. Eine andere plausible Erklärung wäre, dass das US-Militär sich weitaus mehr an der Rettungsaktion für MH370 beteiligte, als es zugab, und dementsprechend alle vorhandenen Ressourcen in die Suche steckte. Falls ja, weshalb die Geheimniskrämerei? Jedenfalls wurde diese Maßnahme nie offiziell erklärt.

DAS ZWILLINGSFLUGZEUG IM ISRAELISCHEN HANGAR

Chris Bollyn, amerikanischer Investigativreporter, deckte in einem Online-Artikel auf, dass sich in einem Hangar in Tel Aviv ein Flugzeug befand, das der Maschine des schicksalhaften Flugs MH370 exakt glich. Damit ebnete er den Weg für noch komplexere Theorien, als wir sie hier bisher behandelt haben. Beispielsweise die

Vermutung, für einen zweiten 11. September sei ein ganzes Geschwader von Boeings 777 zusammengestellt worden. Die Nachricht, dass ein Zwilling des gesuchten Flugzeugs in Tel Aviv stand, war auf jeden Fall höchst interessant und die auf Planespotters.net geposteten Fotos schienen Bollyns Artikel zu bestätigen. Bei diesem Flugzeug handelte es sich um eine Boeing 777-200ER, Kennzeichen 9M-MRI. Das Flugzeug von Flug MH370 hatte das Kennzeichen 9M-MRO. Die Seriennummer von 9M-MRI war 28416, die von 9M-MRO lautete 28420. Boeing hatte den Zwilling 1998 an Malaysia Airlines ausgeliefert, das Flugzeug von Flug MH370 kam 2002 in den Besitz der Fluglinie. Beide Flugzeuge verfügten über den gleichen Motor, einen Rolls-Roys Trent 892. »Same same but different!«, wie man auf asiatischen Märkten zu sagen pflegt. Alles deutete darauf hin, dass es sich bei den Flugzeugen um Zwillinge handelte. Eines von ihnen galt seit der Nacht vom 7. auf den 8. März als vermisst, das andere stand unerklärlicherweise in einer Lagerhalle in Israel herum. Am 4. Oktober 2013 gab die Firma GA Telesis aus Florida, ein wichtiger Player in der Luftfahrtindustrie, eine Erklärung dazu ab. Sie hätten das Zwillingsflugzeug von Malaysia Airlines gekauft, es unter der Nummer N105GT neu registriert und die israelische Firma IAI aus Tel Aviv mit der Zerlegung des Flugzeugs beauftragt.

Auf Planespotters.net wird die Inneneinrichtung von Flugzeugen weltweit veröffentlicht. Ende 2015 tauchte das in Tel Aviv eingelagerte Flugzeug (ursprüngliches Kennzeichen 9M-MRI) endlich auf der Internetseite auf. Es stand unter »scrapped«, ausrangiert, was hieß, dass es von der Liste der in Betrieb befindlichen Boeings 777 gestrichen worden war. Auf den ersten Blick gab es keinen ersichtlichen Grund, eine Boeing 777 aus dem Verkehr zu ziehen, die lediglich 15 Jahre geflogen war und keinen ernsten Unfall erlitten hatte. Zwischen 1997 und 2004 hatte Malaysia Airlines 17 Boeings 777 gekauft. Von diesen wurden nur noch sechs Boeings für den Flugverkehr genutzt. Sechs von siebzehn! Eine massive Verschwendung von Flugzeugen. Abgesehen von den beiden verlorenen Flugzeugen (den Flügen MH370 und MH17), waren alle anderen entweder eingelagert, verkauft oder ausrangiert[18] (beziehungsweise demontiert) worden. Diese Zahlen passten so gar nicht zu meiner Vorstellung von einer Luftflotte, die in der Regel nach dem Prinzip einer bedarfssynchronen Produktion funktionierte. Meinen Informationen nach bedeuteten Flugzeuge, die zwischen den Flügen zu lange auf dem Rollfeld standen, einen Geldverlust für die Airline. Zum Vergleich: Zwischen 1998 und 2004 kaufte Air France zwölf Flugzeuge Modell Boeing 777-200 (also das gleiche Modell und im gleichen Zeitraum wie Malaysia Airlines). Im Jahr 2014 befanden sich all diese Flugzeuge noch in Betrieb.

Das bedeutete, dass zu dem Flugzeug von Flug MH370 nicht nur der Zwilling in Tel Aviv gehörte, sondern auch noch ein halbes Dutzend weiterer Klone, die untätig in Flugzeughangars herumstanden. War der Zwilling also der Vorbote eines nächsten Anschlags nach der Art vom 11. September? Oder war er einfach nur ein Beispiel für das schlechte Flottenmanagement von Malaysia Airlines? Wie schon im Fall der Mangostanfrüchte zeigte sich hier eine Unstimmigkeit, die größere Missstände nahelegt als anfangs angenommen. Dennoch wies nichts darauf hin, dass diese Sache etwas mit dem Verschwinden von Flug MH370 zu tun hatte.

»JEMAND HAT ETWAS ZU VERBERGEN«, SAGT DR. M

In den USA war man vom Verschwinden von Flug MH370 so fasziniert, dass der Fall die großen Nachrichtensender völlig in Beschlag nahm. Der angesehene Generalleutnant a. D. der US-Air-Force Thomas McInerney war der Meinung, dass man die Maschine in Pakistan suchen müsse. Dazu muss gesagt werden, dass Generalleutnant a. D. McInerney regelmäßig als Experte bei Fox News auftrat, einem amerikanischen Nachrichtensender, der Russia Today in Sachen Objektivität in fast nichts nachsteht. McInerney erklärte, seine Theorie fuße auf »höchst vertrauenswürdigen Quellen, die er nicht nennen dürfe«, sowie auf einer Analyse von Lignet, einer Internetseite, die Berichten zufolge den amerikanischen Geheimdiensten nahestand. Er wies darauf hin, dass Pakistan über mehrere Rollfelder verfüge, die lang genug seien, um mit einer Boeing 777 darauf zu landen. Das Flugzeug könne dann in einem Hangar abgestellt worden sein. »Ich habe die Sorge, das Flugzeug könnte als Massenvernichtungswaffe eingesetzt werden, um einen unserer Flugzeugträger, Israel oder unsere Verbündeten anzugreifen«, so McInerney. »Wir müssen wachsam bleiben, bis das Flugzeug gefunden ist.«

Die Analyse, auf die sich McInerney bezog, zitierte eine Quelle bei Boeing. Ihr zufolge ging das Unternehmen davon aus, dass das Flugzeug in Pakistan gelandet sei. Diese Nachricht war vor allem deswegen so überraschend, weil sich Boeing bisher praktisch nicht zu dem Vorfall geäußert hatte. Fox News zitierte außerdem *The Times of Israel:* »Dementsprechend mobilisiert Israel seine Luftabwehrsysteme und untersucht jedes sich nähernde zivile Luftfahrzeug sehr genau.« McInerney ergänzte auf Fox News: »Es ist möglich, dass die Vereinigten Staaten in dieser Sache wesentlich mehr wissen, als sie zugeben.« Man kann Fox News nur dafür loben, dass sie diese Untertreibung sendeten, die dazu noch McInerneys gesunden Menschenverstand bewies: »Es ist *möglich*, dass die Vereinigten Staaten in dieser Sache wesentlich mehr wissen, als sie zugeben.«

Hier hätte Mahathier Mohamad, der ebenso respekteinflößende wie gerissene ehemalige Premierminister von Malaysia, wohl ausnahmsweise einmal einem amerikanischen Militäroffizier zugestimmt. »Dr. M« war 2003 zurückgetreten, nachdem er 22 Jahre lang das Land mit eiserner Faust regiert hatte. Trotz seiner Bemühungen, die Modernisierung Malaysias voranzutreiben, blieb er eine umstrittene Figur, unter anderem, weil er die Malaien im Land gegenüber den chinesischen und indischen Minderheiten systematisch bevorzugte. Wahrscheinlich war Mahathir nicht bewusst, dass er wenige Jahre später erneut in sein Amt zurückkehren würde (was er 2018 im stolzen Alter von 93 Jahren tat), als er sehr klar seine Bedenken zum Fall MH370 kundtat. »Jemand hat etwas zu verbergen«, schrieb er im Mai 2014 auf seinem Blog. Er formulierte deutlich seinen Verdacht, dass die CIA hinter dem »Verschwinden« stecke. Seine Verdächtigungen kamen jedoch wenig überraschend; sein Misstrauen gegenüber dem Westen hatte ihm schon lange den Ruf eingebracht, grundsätzlich antiamerikanisch eingestellt zu sein.[19]

ZWISCHEN COBRA GOLD UND COPE TIGER

Auch ein ehemaliger Berater Mahathirs, der Anwalt Matthias Chang, weigerte sich zu glauben, dass die USA nichts über das Verschwinden von MH370 wussten: »Obwohl Malaysia über Radare verfügt, haben wir nie behauptet, eine Weltmacht zu sein [...]. Wer sonst verfügt über die Mittel, alles zu sehen und zu hören, sogar die privaten Gespräche von Staatsoberhäuptern? Wir jedenfalls nicht!« Damit bezog er sich auf die Enthüllungen von Edward Snowden über verschiedene globale Überwachungsprogramme, die von der NSA und den Mitgliedern der UKUSA-Vereinbarung durchgeführt wurden.[20] Er war überrascht davon, wie negativ in den Medien über Malaysia berichtet wurde: »Es ist sehr einfach, Malaysia als ignorant und inkompetent darzustellen, nicht fähig, die Suchaktionen zu koordinieren. Aber wir sind nun einmal ein Dritte-Welt-Land. Wir brauchen in einer solchen Situation die Technologie unserer Verbündeten.« Diesen Standpunkt wiederholte er mehrmals auf seiner Internetseite und in Interviews, die er in den Wochen nach dem Verschwinden von Flug MH370 gab.

Mir gegenüber verwies Herr Chang außerdem auf die beiden groß angelegten Militärübungen – Cobra Gold und Cope Tiger –, die etwa zur gleichen Zeit in dem Gebiet stattfanden, in dem das Flugzeug verlorengegangen war. Die Cobra-Gold-Übung wurde seit 1982 jedes Jahr in Kooperation mit Thailand durchgeführt. An ihr beteiligten sich mehrere Tausend Mitglieder des amerikanischen Militärs (im Jahr 2014 waren es 4300). Während dieser Großoperation wurden Waffendrills an Land und auf See, Landungsübungen, Gefechtsübungen mit scharfer Munition (CALFEX), Such- und Bergungsmissionen und Katastropheneinsatzübungen durchgeführt. Im Paket inbegriffen waren Dschungeleinsätze – hier bekamen die Militärs die Gelegenheit für Schnappschüsse, für die sie mit Schlangen um den Hals oder mit dem Mund voller Insekten posierten. Was als thailändisch-amerikanische Übungsaktion begann, hatte sich während der letzten zehn Jahre auf Indonesien, Malaysia, Singapur, Südkorea und Japan ausgeweitet. Zusätzlich waren zwanzig weitere Länder als Beobachter dabei. Die Siebte Flotte der US-Marine nahm von ihren regionalen Stützpunkten in Südkorea, Japan und Guam aus mit immer mehr Schiffen teil.[21]

In seiner Eröffnungsrede zur Cobra-Gold-Übung im Jahr 2013 benannte Admiral Samuel J. Locklear III., Befehlshaber des US Pacific Command (PaComm), den Nutzen der Operation wie folgt: »Sie spielt eine entscheidende Rolle für unsere multinationale Koordination, für die Zusammenarbeit mit all unseren Partnern in der Region, und sie macht es uns möglich, gemeinsam auf Krisenfälle zu reagieren.« Wo blieb aber diese Zusammenarbeit, als ein Jahr später Flug MH370 mit 239 Menschen an Bord vermisst wurde? Hätte nicht genau so ein Ereignis die multinationale Koordination in Gang setzen müssen, von der Admiral Locklear in seiner Rede gesprochen hatte?

Hinzu kam, dass sich Thailand am 8. März 2014 gerade auf eine weitere groß angelegte Militärübung vorbereitete: Cope Tiger. Diese konzentrierte sich auf die Luftabwehr. An der Operation nahmen neben den Vereinigten Staaten auch Thailand und Singapur teil, also die beiden Länder mit dem am besten ausgestatteten Militär in der Region. »Ironischerweise ging es bei Cope Tiger 2014 um Such- und Bergungsmissionen«, meinte Chang. »Halfen all diese geballten militärischen Kräfte bei der Suche, wo sie doch schließlich vor Ort waren? Falls ja, weshalb wurden wir nicht informiert? Und falls nicht, warum?«

Ich gestand Chang, wie sehr mich diese Sache überraschte. Mir war nicht bewusst gewesen, dass im Golf von Thailand und im Südchinesischen Meer solche großen Militärübungen stattfinden sollten beziehungsweise stattfanden. Niemand wusste das. In den vielen Pressekonferenzen, denen ich beiwohnte, wurden sie kein einziges Mal erwähnt. Die Tatsache, dass so viele Schiffe der USA, Thailands und Singapurs bereits vor Ort waren, als das Flugzeug verschwand, hätte als riesiger Glücksfall gefeiert werden können. Bei einem so dichten Aufkommen von Marine und Luftwaffe in der Region erscheint die Leere auf den Radarschirmen umso erstaunlicher. Nicht nur die lokalen Radare, auch die auf den amerikanischen Schiffen blieben stumm. Wie hoch war die Wahrscheinlichkeit, dass bei einer solchen Dichte an militärischen Ressourcen nicht wenigstens ein einziges Radarecho empfangen wurde, das die unregelmäßigen Bewegungen von MH370 in der Nacht vom 7. auf den 8. März 2014 über dem Golf von Thailand aufzeichnete?

WURDE DAS FLUGZEUG UMGELEITET?

Befand sich MH370 nun am Grund des Indischen Ozeans, wie der offizielle Ermittlungsbericht behauptete, oder wurde das Flugzeug vielleicht doch auf Diego Garcia versteckt, wie Tausende im Internet vermuteten? Oder hatte es der pakistanische Geheimdienst für den nächsten großen Terroranschlag konfisziert, wie Fox News es uns glauben machen wollte? Egal welches dieser Szenarien zutrifft, wir benötigen noch einige Informationen darüber, wie das Flugzeug tatsächlich hätte umgeleitet werden können.

Der Präsident von Emirates, Tim Clark, ging davon aus, dass das Flugzeug »wahrscheinlich bis zuletzt unter einer Art von Kontrolle« gestanden hatte. Nur wie? Die einfachste Erklärung wäre natürlich, dass einer der Piloten schlicht durchgedreht war. Obwohl es dafür bisher keine Beweise gab, wurde diese Theorie von vielen Seiten unterstützt, darunter auch von undichten Stellen in den Behörden. Jedenfalls ließ sich diese Annahme schwer widerlegen, und ich werde später noch einmal auf sie zurückkommen. Vorher möchte ich zwei andere technische Entdeckungen erwähnen, die zwischenzeitlich ans Licht gekommen waren. Beide wiesen auf neue Möglichkeiten hin, wie jemand möglicherweise die Kontrolle über das Flugzeug hätte übernehmen können. Es mag beunruhigend klingen, aber die E&E Bay einer Boeing 777, das Gehirn des Flugzeugs, ist für jeden, der sich auskennt, sehr leicht zugänglich. Am 18. März 2014 postete ein anonymer Nutzer ein achtminütiges Video. Darin zeigte ein Pilot von Varig Airlines, wie man an das zentrale Steuersystem einer Boeing 777 herankommt. Dieses Video löste große Sorge unter Piloten aus, denn es zeigte, wie man sich Zugang zu diesem extrem wichtigen System verschaffen kann: Man müsste lediglich den Teppich im vorderen linken Bereich der ersten Klasse anheben und die darunter befindliche Klappe öffnen. Jedes Flugzeug lässt sich von der E&E Bay aus kontrollieren. Wenn feindliche Personen auf diese Weise die Kontrolle über die Steuerung übernähmen, würde das Cockpit automatisch abgeschaltet. Die eigentliche Crew wäre somit handlungsunfähig. Sie könnte nicht einmal einen Notruf absetzen, denn der Transponder ließe sich von der E&E Bay aus abschalten.

Ein Boeing-777-Pilot erzählte mir, dass vor der Veröffentlichung des Videos weder er noch seine Kollegen wussten, welche Gefahr von dieser ungesicherten Klappe ausgehen konnte: »Theoretisch ist es nicht einmal uns erlaubt, dort hinunterzusteigen, außer um den Notfallsauerstoff für die Piloten zu holen.« Es dauerte eine Weile, bis das Video die breite Öffentlichkeit erreichte. Dann jedoch hatte es einen nachhaltigen Einfluss auf Piloten, die eine Boeing 777 flogen, und auf MHisten, die nach neuen Theorien suchten. In seiner Online-Publikation *The Plane That Wasn't There* geht Jeff Wise davon aus, dass die beiden ukrainischen Passagiere das Flugzeug mithilfe der E&E Bay übernommen und zu einem unterirdischen Hangar in Kasachstan umgeleitet hatten.

Die zweite Theorie zur Umleitung des Fluges kam ebenfalls bald nach Verschwinden des Flugzeugs auf: eine Übernahme per Fernsteuerung. Und tatsächlich hatte Boeing im Jahr 2006 eine Technologie patentieren lassen, die so etwas ermöglichte. Das war die Lieblingstheorie des ehemaligen Premierministers von Malaysia, Mahathir Mohamad. Am 18. Mai 2014 griff er Boeing in seinem

Blog deswegen direkt an und zitierte einen Artikel[22], der die Möglichkeit einer ferngesteuerten Übernahme eines Passagierflugzeugs detailliert erklärte. Es sei möglich, das Flugzeug auf einen »unüberwindbaren Autopiloten« umzuprogrammieren, der es an einem bestimmten Ort landete, ohne dass die Piloten im Cockpit etwas dagegen tun könnten. Allerdings wusste niemand, ob diese Technik in Flugzeugen verbaut worden war, und wenn ja, in wie vielen. Wem würde sie nutzen? Boeing? Der Airline? Einer Regierung? Und vor allem: zu welchem Zweck?

Eine weitere irrwitzige Erklärung kam dreieinhalb Jahre später im September 2017 auf. Der im Exil in Washington lebende chinesische Milliardär Guo Wengui nannte öffentlich den seiner Meinung nach wahren Grund für den Vorfall: Man habe sich bestimmter Personen entledigen wollen, die über den illegalen Organhandel in einem Krankenhaus in Nanjing Bescheid wussten. In diesen Handel sei unter anderem Jiang Mianheng involviert, der Sohn von Jiang Zemin, dem ehemaligen Generalsekretär der Kommunistischen Partei. Obwohl es umfassende Beweise für illegalen Organhandel in China gab – und Guo verschonte uns hier nicht mit den schrecklichen Details dieser Operationen –, schien mir die Vernichtung eines ganzen Flugzeugs doch etwas übertrieben, wenn es nur um eine Handvoll Passagiere ging. Es wäre wesentlich einfacher gewesen, die Zielpersonen auf diskretere Weise loszuwerden.

Die Möglichkeiten, welche die MHisten durch ihre Recherche, ihr Wissen und auch ihre Fantasie ins Spiel brachten, waren endlos. Es gab so viele Spuren wie Glühwürmchen in den Feuchtgebieten des Flusses Lebam.[23] Ich tauchte in diese Masse an Informationen ein, die von wahr bis wahrscheinlich reichten, von möglich bis weit hergeholt, und schließlich im Bereich komplett durchgedrehter Fantasiegeschichten mündeten. Doch nachdem ich mich durch dieses Dickicht hindurchgearbeitet hatte, wurden die Dinge wesentlich klarer.

Die Geschichte über Philip Wood, der angeblich per Handy einen Notruf von Diego Garcia abgesetzt hatte, konnte schnell widerlegt werden. Gleiches galt auch für die ausgefallene Theorie, die das »äußerst wichtige« Patent von Freescale Semiconductor betraf. Indem ich diesen Spuren nachging, stieß ich aber auch auf merkwürdige und ziemlich beunruhigende Informationen über die Fracht und die Passagierliste, die ungeklärt blieben. Außerdem brachten die Theorien Informationen ans Licht, die vorher so nicht bekannt gewesen waren: die Existenz von Diego Garcia mit seiner beeindruckenden technischen Ausstattung; die Flotte an Boeings 777, die von Malaysia Airlines frühzeitig aus dem Verkehr gezogen wurde; Boeings patentierte Technologie für die Kontrolle von Passagierflugzeugen per Fernsteuerung und die umfangreichen Aktivitäten von militärischen Streitkräften in der Gegend, in der das Flugzeug verschwunden war.

Im Herbst 2014 erreichte mich ein Gerücht, das sich so hartnäckig hielt, dass ich es sogar einigen Kollegen von *Le Monde* gegenüber erwähnte. Es unterstützte eine der ersten Theorien, die in Bezug auf Diego Garcia im Internet aufgetaucht waren. Nur stammte die Information nun aus wesentlich vertrauenswürdigeren Quellen: von Diplomaten verschiedener Länder und hochrangigen Geschäftsleuten mit guten Beziehungen. Das gleiche Gerücht kursierte sogar im Élysée-Palast, dem Amtssitz des französischen Präsidenten. Man erzählte sich unter der Hand, Flug MH370 sei von der amerikanischen Luftwaffe abgeschossen worden, da es sich auf direktem Kollisionskurs mit Diego Garcia befunden habe. Ich konnte keine zufriedenstellende Antwort auf die Frage finden, weshalb ein Terrorist sich eine Militärbasis im Nirgendwo aussuchen sollte, wenn er doch mit anderen Zielen wesentlich größeren Eindruck hinterlassen könnte, beispielsweise, indem er das Flugzeug in die Petronas Towers[24] von Kuala Lumpur lenkte.

Obwohl diese Theorie viele Fragen offenließ und in keiner Weise überzeugend klang, fand sie selbst in höheren Kreisen eine große Anhängerschaft. Viele, die die offizielle Geschichte nicht glauben wollten, gaben sich mit dieser Version zufrieden. Ein Angriff auf die Militärbasis würde den Abschuss durch die US Air Force erklären, und dieser Abschuss wiederum wäre der Grund, weshalb man das Ganze unter den Teppich kehrte.

Zurück in Paris, traf ich mich im Sommer 2015 mit einem Oberst der französischen Armee-Reserve zum Essen. Es handelte sich um eine weibliche Offizierin, die 15 Jahre lang als Strategin für die französische Regierung gearbeitet hatte, wo sie viel mit Informationsbeschaffung und Geheimdiensten zu tun gehabt hatte. Ich fragte sie, was sie von diesem Gerücht hielt. Wenn die Geschichte so weitverbreitet sei, wie ich behauptete, müssten die USA ihrer Meinung nach von ihr wissen. Es war sogar möglich, dass sie das Gerücht selbst gestreut hatten. »Wenn sie seine Verbreitung nicht unterbunden haben, dann nützt es ihnen wahrscheinlich. Es lenkt von der Wahrheit ab, die wahrscheinlich viel schwerer zu verdauen ist.« Ein Ablenkungsmanöver also. Das erschien mir einleuchtend ...

Wie dieses Kapitel zeigt, sehen wir uns im Fall von Flug MH370 Dutzenden von falschen Fährten und haltlosen Gerüchten gegenüber. Dafür waren zu einem großen Teil auch die Medien mitverantwortlich, die alles veröffentlichten, was irgendwie mit MH370 zusammenhing – mit der faulen Ausrede, dass sich die Geschichte so gut verkaufte. »Wenn ein Gerücht einer Wahrheit zu nahe kommt, von der du nicht willst, dass sie entdeckt wird, hast du drei Möglichkeiten: Du kannst es im Keim ersticken oder unter anderen Gerüchten begraben, oder du säst Zweifel«, erklärte mir meine Expertin für Desinformation von der französischen Armee.

Bei diesem Gespräch wurde mir bewusst, dass wir es in dieser komplizierten Angelegenheit nicht nur mit falschen Gerüchten zu tun hatten, sondern auch mit Geschichten, die bewusst in die Welt gesetzt wurden. Nichtsdestotrotz bleibt es eine Tatsache, dass in der Nacht vom 7. auf den 8. März 2014 etwas Schreckliches mit Flug MH370 geschehen war. Und nun galt es, die verbleibenden Bruchstücke der wahren Geschehnisse aufzuspüren.

6

Das Familienkomitee leitet eine private Ermittlung ein

Auch nach mehreren Monaten fand sich im Indischen Ozean immer noch keine Spur des Fliegers. Mittlerweile lag der Sommer hinter uns, und die mediale Aufmerksamkeit hatte seit der Erklärung vom 24. März, MH370 sei »ohne jeden Zweifel« im südlichen Indischen Ozean abgestürzt, stetig abgenommen. Ein Ende der Suche war dennoch nicht in Sicht. Nur zum Vergleich: Im Fall von Flug AF447 dauerte es fast zwei Jahre, bis das Wrack gefunden wurde. Dabei hatte man in diesem Fall die Absturzstelle auf siebzig Kilometer genau errechnet und bereits Hunderte Trümmer gefunden. Die Absturzstelle von MH370 war nach wie vor unbekannt, und nach sechs Monaten hatte man noch kein einziges Trümmerstück entdeckt. Wie lange würde es wohl dauern, bis man MH370 fand?

Als Malaysia Airlines am 18. Juli 2014 eine weitere Boeing 777-200ER mit 298 Menschen an Bord über der östlichen Ukraine verlor, beherrschte das natürlich die Schlagzeilen in allen europäischen Medien. *Le Monde* jedoch wollte, dass ich aus einem anderen Blickwinkel darüber berichtete: Wie wurde der Absturz von MH17 in Malaysia wahrgenommen? »Es ist ein trauriger Tag in einem sowieso schon traurigen Jahr«, kommentierte der malaysische Premierminister Najib Razak und fügte hinzu: »Wir müssen und werden genau herausfinden, was mit diesem Flug passiert ist. Nichts darf dem Zufall überlassen werden. Falls das Flugzeug tatsächlich abgeschossen wurde, müssen die Täter schnell ihrer gerechten Strafe zugeführt werden.« In meinem Artikel schrieb ich: »[Diese

Versprechen hinterlassen] einen bitteren Geschmack, man hat sie schon einmal gehört […], auch wenn die Situation in diesem Fall klarer scheint. Das Verschwinden von Flug MH370 bleibt nach wie vor ein Rätsel.«

Einige chinesisch-malaysische Freunde sahen in dieser neuen Tragödie den Beweis für einen Fluch, der über dem Land und seiner korrupten Regierung liege. In der chinesischen Geschichte geht man seit der Zhou-Dynastie vor ungefähr 3000 Jahren davon aus, dass ein Herrscher sein »göttliches Mandat« verspielt hat, wenn sein Land von mehreren Katastrophen heimgesucht wird. Und dann war es Zeit für einen Umsturz.

Ich dachte derweil weiter über den ungeklärten Verbleib von Flug MH370 nach. Am Ende des Sommers kam ich für meinen üblichen Besuch in der Redaktion von *Le Monde* nach Paris. Ich wollte ein Update über den Fall schreiben und dabei den Schwerpunkt auf seine sonderbaren Seiten setzen. Die Leiterin der Investigativabteilung, Béatrice Gurrey, stimmte zu. Allerdings wollte sie keinen Artikel, der zu dem Schluss kam, dass es nichts Neues gab. Mit diesem Auftrag kehrte ich nach Hongkong zurück.

In den letzten Monaten hatte es einige neue Ansätze zu Flug MH370 gegeben. Allerdings lieferte keiner genug Stoff für einen ganzen Artikel. Die malaysische Zeitung *The Star* berichtete am 20. August 2014 über einen Cyberangriff. Am 9. März, nur einen Tag nach dem Verschwinden von MH370, seien dreißig Computer, die mit den Ermittlungen in Verbindung standen, angegriffen worden. Die Computer gehörten Angestellten der zivilen Luftfahrtbehörde, des Nationalen Sicherheitsrats und Mitarbeitern von Malaysia Airlines. In dem Artikel stand außerdem, dass die gestohlenen Daten an einen Computer mit chinesischer IP-Adresse gesendet wurden. Laut Dr. Amirudin Abdul Wahab, dem Leiter von Malaysias Behörde für Cybersecurity, handelte es sich bei den gestohlenen Dateien um »sensible Daten, vor allem Sitzungsprotokolle und vertrauliche Dokumente, von denen sich einige auf die Ermittlungen zu MH370 beziehen«.

Eine weitere Meldung geisterte seit dem 15. September weltweit durch die Nachrichten: General Sutarman, Indonesiens Polizeichef, »weiß, was wirklich mit MH370 passiert ist«. Zuerst berichtete die indonesische Nachrichtenseite Kompas.com über diese Enthüllung. Am 12. September zitierte sie Sutarman wie folgt: »Ich habe mit dem malaysischen Polizeichef Tun Mohammed Hanif Omar gesprochen, ich weiß, was wirklich mit MH370 passiert ist.« Am 13. September zitierte Tempo.co ebenfalls Sutarman: »Die malaysische Polizei und ich kennen den wahren Grund, aber ich kann hier nicht über ihn sprechen.« Andere Nachrichtenagenturen verbreiteten diese Aussage weltweit. Allerdings machte sich kaum jemand die Mühe, den malaysischen »Polizeichef« Hanif Omar zu recherchieren. Dieser hatte den Polizeidienst nämlich bereits 1994 verlassen, was die Glaubwürdigkeit der Geschichte untergrub. Der Bericht wurde dann auch sowohl von indonesischer als auch von malaysischer Seite dementiert. Dennoch rüttelten Sutarmans Aussagen die Öffentlichkeit erneut wach, und der Eindruck blieb zurück, dass es eine zweite Wahrheit gäbe, die nicht mit der offiziellen Version übereinstimmte.

In dieser Zeit hörte ich oft von einem Franzosen beziehungsweise »dem Franzosen«, der auf dem Flug seine Frau und zwei seiner drei Kinder verloren hatte und verbissen darum kämpfte, die Wahrheit aufzudecken. Mir wurde erzählt, dass er oft im französischen Fernsehen auftrat und Geld für eine private Ermittlung sammelte. Er arbeitete als leitender Angestellter bei Lafarge, einem Zementhersteller, und war kurz vor dem Verschwinden von Flug MH370 von Peking nach Paris versetzt worden. Seine Frau blieb mit den zwei jüngeren Kindern in China, damit diese das Schuljahr beenden konnten. Freunde beschrieben ihn durchweg positiv als aufrichtigen und zielstrebigen Menschen. Ich hatte schon länger vorgehabt, ihn zu kontaktieren, obwohl ich nicht so recht wusste, was die Familien zu den Ermittlungen beitragen könnten. Für mich waren die nächsten Verwandten die tragischen Kollateral-Opfer einer Tragödie, deren ungeklärte Umstände sie anhaltend quälten. Letztendlich kam ich in Peking über ein paar Ecken an die E-Mail-

Adresse des Franzosen und bat ihn um ein Gespräch. Ich erklärte, dass meine Zeitung ein Update zu den Ermittlungen veröffentlichen wollte, und wiederholte auch die Anweisung meiner Redaktionsleiterin, nicht nur zu berichten, dass es nichts Neues gäbe.

Ohne sich mit einem »Hallo« oder anderen Höflichkeiten aufzuhalten, antwortete »der Franzose« per E-Mail:

> Leider sind die Medien alle gleich!
> Wenn sich nichts Neues ergibt, sind sie nicht mehr interessiert!
> Das an sich sollte einen Artikel wert sein: Ich finde das ungeheuerlich.
> Wir wissen, dass vor 200 Tagen 239 Menschen im sichersten Flugzeug der Welt verschwunden sind, von einer der sichersten Fluggesellschaften der Welt, über einer der am dichtesten überwachten Flugzonen der Erde.
> Wir wissen außerdem, dass wir von Anfang an belogen wurden, aber darüber berichten die Medien nicht, sie haben sich von Anfang an von den offiziellen Berichten reinlegen lassen.
> Es ist langsam an der Zeit, dass Sie handeln.
> Allerdings liegt viel Arbeit vor Ihnen, denn die Sache ist sehr kompliziert. Wenn Sie bereit sind, wirklich in den Fall einzutauchen, und nicht nur die Falschinformationen wiederholen wollen, die im Moment aus Australien kommen, dann bin ich gerne bereit, mit Ihnen zu sprechen. Im Moment bin ich in Paris, wir können skypen, Samstag wäre für mich ideal (wenn es für Sie passt, am liebsten Samstagnachmittag).
> Beste Grüße,
> Ghyslain Wattrelos

Offenbar jemand, der klar seine Meinung sagte. Von Anfang an. Und er klang sehr resolut. Ich konnte verstehen, weshalb die Fernsehsender ihn mochten; er sprach Klartext, journalistisch gesehen, und das kam im Fernsehen gut an. Wir verabredeten uns für den 27. September zum Skypen. Allerdings entpuppten sich Tag und Zeitpunkt unseres ersten Kontaktes als ungünstig.

Ich verbrachte den Samstagvormittag in der Nähe des Hongkonger Parlaments, wo sich eine große Gruppe aus Studenten und Gymnasiasten versammelt hatte. Die Anspannung war ungewöhnlich groß. In der Nacht zuvor hatten Dutzende Studenten den *Civic Square*, einen Platz vor dem neuen Hongkonger Regierungsgebäude gestürmt. Dabei war ihr charismatischer junger Anführer Joshua Wong[1] von der Polizei verhaftet worden. Keiner wusste, was mit ihm geschehen war. Zuvor hatte die Studentenorganisation *Hongkong Federation of Students* für den 22. September einen einwöchigen Streik ausgerufen, als Reaktion auf den Plan, das Wahlverfahren für den Regierungsvorsitz zu ändern. Allerdings endete der Streik nicht, wie geplant, am Freitag. Stattdessen eskalierten die Proteste und nahmen ein völlig neues Ausmaß an. Nachdem ich von diesen Ereignissen aufgehalten worden war und dazu noch mit dem Bus im samstäglichen Stau feststeckte, teilte ich Wattrelos mit, dass ich etwas verspätet an meinem Computer sitzen würde. Weil es ihm später nicht mehr passte, verschoben wir den Termin. In der folgenden Nacht riefen die Organisatoren einer anderen Demonstration namens »Occupy Central«, die eigentlich erst drei Tage später geplant war, dazu auf, sich sofort den Studentenprotesten anzuschließen. Am Sonntag setzte die Polizei Tränengas gegen die Demonstranten ein, was bis dahin in Hongkong noch nie vorgekommen war. Die Demonstranten benutzten Regenschirme zum Schutz gegen das Gas. So entstand – inmitten von weißem Rauch und Tränen die 79 Tage andauernde »Regenschirm-Revolution«.

Durch die sich plötzlich überschlagenden Ereignisse blieben alle weiteren Skype-Versuche auf der Strecke. Irgendwann sah ich mich gezwungen, meine Ermittlungen über MH370 zu pausieren. Wattrelos zeigte Verständnis. Als sich die Proteste sechs Wochen später, am 8. November, kurz beruhigten, trafen wir uns schließlich über Skype. Ich spürte, dass mir da jemand gegenübersaß, der voller Wut und Ungeduld war und fest entschlossen, »die ganze Wahrheit« herauszufinden.

Seine Botschaft war immer noch die gleiche: »Es ist alles nicht wahr, wir wurden von Anfang an belogen.« Das hatte ich ihn bereits in den Interviewausschnitten auf Youtube sagen hören. Zu Recht betonte er, dass die Malaysier »bereits eine Woche lang das Südchinesische Meer abgesucht hatten, bevor sie öffentlich zugaben, dass sie vom Kurswechsel des Flugzeugs Richtung Westen wussten. Das war nur ein Ablenkungsmanöver, um Zeit zu gewinnen …«

Die Tatsache, dass »von den 300 Trümmerstücken die angeblich per Satellit gesichtet worden waren, kein einziges geborgen wurde«, erboste ihn zutiefst. Er glaubte kein Wort von der offiziellen Version der Ereignisse und war überzeugt, dass die Inmarsat-Pings »erfunden worden waren«.

Ich befragte ihn zu dem im Juni gegründeten Familienkomitee und dessen Verbindung zu dem Crowdfunding-Projekt »Reward MH370«. Das Komitee ging davon aus, dass die Wahrheit zu dem Vorfall zurückgehalten wurde und dass gewisse Personen wussten, was geschehen war. Anfänglich wollte das Komitee fünf Millionen US-Dollar sammeln, als Belohnung für Hinweise, die die Ermittlungen voranbrachten. Das Komitee setzte sich laut Wattrelos aus fünf Mitgliedern zusammen. Er hätte gern auch die malaysischen und chinesischen Familien miteinbezogen, allerdings wurde das Programm recht schnell, vielleicht zu schnell, über die Crowdfunding-Seite Indiegogo gestartet. Außer ihm und zwei Indern waren noch die Amerikanerin Sarah Bajc (»Bay-jack« ausgesprochen) und der Australier Ethan Hunt dabei. Sie leiteten das Projekt hauptsächlich. Bajc, eine Lehrerin für Wirtschaft und BWL, arbeitete zum Zeitpunkt des Unglücks in Peking, mittlerweile lebte sie in Kuala Lumpur. Hunt ist ein Geschäftsmann, der in Shenzhen und Hongkong tätig war. Das Crowdfunding-Projekt war zu diesem Zeitpunkt schon eingestellt worden, nachdem sie eine Summe von nur 100 516 US-Dollar gesammelt hatten – ein enttäuschendes Ergebnis. Das Geld sollte nun für eine private Ermittlung genutzt werden, obwohl die Belohnung von fünf Millionen US-Dollar nach wie vor ausgeschrieben war.

Im Verlauf unseres Gesprächs erzählte mir Wattrelos, dass er indirekt und direkt vor »der Amerikanerin« Sarah Bajc gewarnt worden war. Im Internet kursierten verschiedene Gerüchte über sie. Zwei Jahre lang war sie mit Philip Wood zusammen (und sogar verlobt) gewesen – jenem amerikanischen Passagier von MH370, der angeblich per Handy den gefälschten Notruf von Diego Garcia aus gesendet hatte. Wattrelos meinte, Bajc sei ihm einfach zu anstrengend. Sie war omnipräsent, leitete und kontrollierte alles: Interviews, Facebook-Seiten, die Spenden und die privaten Ermittlungen.

Obwohl vor allem Chinesen und Malaysier zu den Opfern gehörten, dominierte Bajc die Medienberichterstattung. Innerhalb weniger Stunden nach Verschwinden des Flugzeugs wurde sie für die kommenden Monate auf allen internationalen Fernsehsendern zum Gesicht und Sprachrohr der MH370-Familien.

Wattrelos bestritt nicht, dass Bajc eine wahre Kommunikationsexpertin war. Sie wusste genau, wann es notwendig war, in Tränen auszubrechen. Einige MHisten sahen Bajc als Teil eines groß angelegten Täuschungsmanövers, sie zweifelten an der Glaubwürdigkeit ihrer Fernsehauftritte und taten sie als »Krisenschauspielerin« ab, die bezahlt werde, um die Hauptrolle in einer »False-Flag-Operation« zu spielen. Es war erstaunlich, was man im Internet alles über sie finden konnte.

Doch Bajcs LinkedIn-Profil war makellos, auch wenn sie an keiner ihrer Stellen länger als zwei Jahre geblieben war. So war sie in Tel Aviv bei einer Firma namens Tescom in einer leitenden Führungsposition tätig gewesen. Das israelische Unternehmen prüfte Qualität und Funktion von Software und verfügte darüber hinaus über eine Abteilung für Rüstungstechnologie. Sie sprach Chinesisch und arbeitete in Peking als geschäftsführende Direktorin der Strategic Partnership Group von Microsoft China Research and Development. Jede ihrer Stellen ließ sich mit mehreren Referenzen belegen. Frühere Kollegen beschreiben sie als passioniert, detailorientiert und gute Vorgesetzte, die nichts dem Zufall überließ und mit fester Hand führte. Wenn man zwischen den Zeilen liest, lässt sich vermuten, dass sie in ihrem Umgang mit Kollegen unnachgiebig war, aber insgesamt wirkte sie höchst professionell. »Meine Mutter hat uns verlassen, als ich sieben war; mein Vater war Alkoholiker. Mit 16 Jahren stand ich auf eigenen Beinen. Die Uni habe ich mir selbst finanziert. Wir mussten uns hocharbeiten«, erzählte sie dem *Guardian*.[2]

War es dann nicht etwas ungewöhnlich, dass sie nach ihrer Tätigkeit für so hochrangige Firmen wie Tescom in Israel und Microsoft in China plötzlich Lehrerin geworden war? Auf der Internetseite der British International School of Kuala Lumpur, an der sie seit 2014 arbeitete, begründete sie ihre Entscheidung mit »ihrer Liebe für Kinder«. Müsste ihr Umzug von Peking nach Kuala Lumpur Misstrauen erregen? Schließlich fand er wenige Monate nach dem Verschwinden ihres Verlobten Philip Wood statt, der doch der einzige Grund für diesen Ortwechsel gewesen wäre. »Es ist sehr überraschend, dass sie ein Visum bekam, wo sie doch keinen guten Grund hatte, herzukommen. Vor allem, weil sie vorher für ein israelisches Unternehmen gearbeitet hat.[3] Das bedeutet, dass sie ungewöhnlich gute Beziehungen zu oder besondere Unterstützung von der amerikanischen Botschaft haben muss«, erzählte mir später jemand aus der Gruppe der malaysischen Familien.

Paradoxerweise war es Bajc nie gelungen, die anderen Verwandten der Opfer für sich zu gewinnen, obwohl sie bei den westlichen Medien noch weit nach dem 8. März 2014 eine beliebte Gesprächspartnerin war. In den Augen der anderen sprach sie nur für sich selbst. Außerdem nahm Bajc an keiner der Gedenkfeiern teil, die von den Familien der Opfer am ersten Jahrestag des Verschwindens von Flug MH370 veranstaltet wurden.

In einem ihrer vielen Interviews auf CBS News erzählte sie von zwei Einbrüchen in ihre Wohnung in Peking – beide Male war nichts gestohlen worden. Sie machte Anspielungen, dass der chinesische Geheimdienst nicht besonders gut sei. Aber warum sollte der chinesische Geheimdienst zweimal bei ihr einbrechen? Was machte sie so interessant? Sie sprach außerdem von »Todesdrohungen«, die sie in den Wochen nach dem Verschwinden von Flug MH370 erhalten habe.

Vielleicht war sie auch gar keine »Krisenschauspielerin«, sondern ein »Maulwurf«. Vielleicht hatte die CIA oder ein anderer Geheimdienst sie abgestellt, wie in einem Roman von John le Carré, um sie zu aktivieren, wenn die Zeit reif war. Aber wozu? Um die Familien unter Kontrolle zu halten? Um die Kommunikation in der ganzen Affäre zu lenken?

Eines Abends befand ich mich auf einer Geburtstagsfeier in einer Hongkonger Wohnung, die geschmückt war mit chinesischer Gegenwartskunst. Dort traf ich auf eine amerikanische Journalistin, die früher in Peking gearbeitet hatte. Wie unter Journalisten üblich, unterhielten wir uns über Kollegen, Nachrichtenmeldungen und Aufträge. Sie hatte von Peking aus ebenfalls über MH370 berichtet. Ihr Name war Shannon Van Sant, sie arbeitete für den Fernsehsender NBC News und war die Erste gewesen, die Sarah Bajc kontaktiert hatte.

»Es war einfach und schwierig zugleich«, erinnerte sie sich, »denn wir waren gute Freundinnen.« Ich versuchte, meine Überraschung darüber hinter meinem großen Weinglas zu verbergen. Shannon war also mit Bajc eng befreundet, die mir zuvor als potenzielle Agentin des Mossad oder der CIA beschrieben worden war. Und offenbar war das auch einer der Gründe für Bajcs viele Interviews. Shannon erklärte, Bajc habe schon lange vor dem 8. März 2014 Kontakt zu ein paar von ihren Freunden gesucht, amerikanischen Journalisten und Journalistinnen wie Van Sant. Bajc besuchte die gleichen Restaurants und Bars wie sie. Das konnte man unterschiedlich interpretieren: Es mochte ein bloßer Zufall sein oder strategisches Vorgehen seitens Bajc, durch das sie sich ein nützliches Netzwerk aufbaute, auf das sie im Notfall zurückgreifen könnte.

Im Februar 2015 traf ich mich mit Bajc in einer Bar im Viertel Tam Tun Dr. Ismail (kurz TTDI), in dem sie in Kuala Lumpur lebte. Unser Treffen ließ kein endgültiges Urteil zu. Ich war mir nicht sicher, ob sie aufrichtig war. Sie sprach von »rund einem Dutzend verschiedener Absturzszenarios, die wir bisher nicht ausschließen konnten«. Kurz zuvor hatte sie noch gesagt, dass die ihrer Meinung nach beste Erklärung ein »systematisches Versagen« sei, »hervorgerufen durch die in Malaysia so weitverbreitete Inkompetenz und

Korruption«. Sie sprach außerdem von einem »internationalen Vertuschungsversuch« und ging so weit zu behaupten, Großbritannien und die USA seien »sehr wahrscheinlich darin verwickelt«. Testete sie mich? Wollte sie mich absichtlich in die Irre führen? Oder war sie wirklich so konfus? Im April 2016 erfuhr ihre Geschichte eine weitere Wendung, die an John le Carré erinnerte. Unvermittelt informierte sie die anderen Mitglieder des Familienkomitees darüber, dass sie Malaysia nach zweijährigem Aufenthalt verlassen würde. Ab Juli werde sie – ausgerechnet – in Panama-Stadt leben. Ghyslain Wattrelos kommentierte diese Nachricht nur mit: »Genau, wie ich es vorhergesagt habe: Nach zwei Jahren hat sie ihre Mission beendet!« Er hatte immer schon vermutet, dass sie in dieser ganzen Tragödie eine Doppelrolle spielte.

Ihren Verlobten Philip Wood, den einzigen erwachsenen Amerikaner an Bord des Flugzeugs,[4] empfand Wattrelos als ebenso fragwürdig. Wood war bei IBM angestellt gewesen, einem Unternehmen, das für seine Verbindungen zur amerikanischen Regierung bekannt war. Im Gegensatz zu Bajcs Profil fiel Woods LinkedIn-Eintrag durch seine Kürze auf. Der erste Eintrag darin stammte aus dem Jahr 2011 (IBM), als hätte man ihn erst in diesem Jahr erfunden. Was hatte er bis zu seinem 47. Lebensjahr getan? Und wer war Philip Wood überhaupt? Im Internet fand sich fast nichts über ihn. Keine Teilnahme an einer Konferenz, einer Sportveranstaltung, einer organisierten Reise. Seine Familie, seine Kinder, seine Ex-Frau und seine Eltern nahmen keinerlei Kontakt zu den anderen betroffenen Familien auf; sie reagierten auch nicht auf Anfragen. Nur einer von Woods Kontakten auf LinkedIn antwortete mir auf meine Nachrichten, allerdings wollte er nicht mit mir über Philip Wood sprechen.

Die vielen Fotos, die im Internet von Bajc und ihrem Verlobten zu finden waren, sahen dagegen fast zu gut aus, um wahr zu sein. Zwei Verliebte in ihren Fünfzigern die, meist eng umschlungen und leicht gebräunt von Thailands oder Balis Sonne, vor idyllischen Meeren oder Sonnenuntergängen posierten. Im Gegensatz dazu stellten die asiatischen Familien – chinesische, malaysische und indische gleichermaßen – und die zwei französischen Familien nur wenige Bilder ins Internet. Aber vielleicht war das auch nur auf kulturelle Unterschiede zurückzuführen.

Dagegen sah Ghyslain Wattrelos den »Australier, der von der Ermittlung fasziniert war« weniger kritisch. Ethan Hunt hatte keinerlei Verbindung zu MH370. Er kannte niemanden an Bord des Flugs. Und er hatte auch nichts mit Tom Cruise zu tun, außer dass er den gleichen Namen trug wie die Hauptfigur in *Mission: Impossible.* Auf der Crowdfundingseite Indiegogo beschrieb sich Hunt als CEO von Rapide 3D Limited (einer Firma für 3-D-Drucker mit Sitz in China), ehemaligen Piloten, erfahrenen Privatdetektiv und erfolgreichen Crowdfunder. »Mit ihm laufen die Telefonate gut«, meinte Ghyslain Wattrelos.

Er erzählte mir außerdem, dass eine private Ermittlung eingeleitet worden war, für die man eine Detektei in Singapur engagiert hatte. Anscheinend begründete Sarah Bajc diese Entscheidung – die sie allein getroffen hatte – mit den Worten: »Sehr gute Leute, mit Kontakten zur CIA.« Eigentlich sollten die Privatdetektive regelmäßig Bericht erstatten, nur bekam Wattrelos diese Dokumente nie zu sehen, angeblich, weil seine E-Mail-Adresse nicht sicher sei. Bajc erhielt die Berichte, ging sie durch, entfernte alle Namen und leitete sie dann an die anderen Mitglieder des Komitees weiter.

Mir kam die ganze Angelegenheit extrem seltsam vor. Wie konnte es sein, dass das MH370-Familien-Komitee faktisch von der Verlobten des einzigen Amerikaners an Bord geleitet wurde und von einem Australier, der rein gar nichts mit dem Unglück zu tun hatte? Für mich stellte das die Legitimität und Glaubwürdigkeit des ganzen Komitees infrage. Die malaysischen und chinesischen Familien, die drei Viertel der Passagiere vertraten, hatten ihre eigenen Organisationen gegründet und waren nie wirklich an der Initiative »Reward MH370« beteiligt gewesen. Schlussendlich handelte jede der Gruppen nach ihren eigenen Überzeugungen und wurde durch ihre eigenen Lebensumstände beeinflusst. Das wurde mir nach und nach durch meine Treffen mit den verschiedenen Gruppen bewusst.

Da Wattrelos in Frankreich saß und sich nicht selbst ein Bild von der Situation machen konnte, schlug ich vor, dass ich mich mit dem Australier treffen könne. Ethan Hunt wohnte wie ich in Hongkong.

Am 21. November 2014 schickte ich Wattrelos folgende Nachricht:

Sehr geehrter Herr Wattrelos,

die Person, deren Daten Sie mir gaben, ist leider nicht zum vereinbarten Treffen gekommen. Wenn Sie Zeit haben, würde ich Ihnen gerne per Skype oder FaceTime mehr erzählen.

Danke im Voraus

Mein erstes mit Hunt vereinbartes Treffen verlief in der Tat höchst merkwürdig. Am fraglichen Tag steckte ich mitten in den Aufnahmen für einen Fernsehbericht. Nach einem Interview mit einem Politikwissenschaftler ließ ich meinen Kameramann allein weitermachen und eilte zu meiner Verabredung mit Hunt. Wir hatten per Mail verabredet, uns im FCC, dem Foreign Correspondent's Club im Central District von Hongkong, zu treffen. Der Backsteinbau aus der Vorkriegszeit ist Sinnbild der kolonialen Vergangenheit Hongkongs. Innen drehen sich an hohen Decken Ventilatoren und über historischen Fliesenboden gelangt man an eine stattliche Bar aus dunklem Holz. Hier befand sich während des Vietnamkriegs und der darauffolgenden Boatpeople-Krise das inoffizielle Hauptquartier der Auslandskorrespondenten. Bevor sich China dem Westen öffnete, trafen sich hier auch die Chinabeobachter, um die Vorgänge in China aus sicherer Distanz im Blick zu behalten.

Auf dem Weg dorthin rief ich Hunt mehrmals an, er nahm jedoch nicht ab. Als ich es schließlich über seine chinesische Handynummer probierte, ging er ans Telefon. Sichtlich überrascht von meinem Anruf, meinte er, er sei auf dem Weg zu unserem Treffen. Nachdem ich eine Dreiviertelstunde im FCC gewartet hatte, rief ich ihn erneut auf seiner chinesischen Nummer an, ohne Erfolg. Ethan Hunt war verschwunden. Zwei Stunden später schrieb ich ihm eine letzte Nachricht: »Hallo, Ethan, es wird spät, und ich habe noch einige Interviews vor mir. Bist du noch unterwegs zu unserem Termin?« Danach kehrte ich, ziemlich erstaunt über sein Nichterscheinen, zu meinen Aufnahmen zurück. Schließlich waren wir hier in Hongkong und nicht in Indien. In einer Stadt, wo es kaum Streiks, Stromausfälle, wenige Staus und selten irgendwelche Überraschungen gab, wurden Verabredungen in der Regel eingehalten. Später schrieb ich ihm eine weitere besorgte Nachricht: »Ich habe bis um sechs Uhr gewartet. Ist alles in Ordnung?«

Die Antwort kam zweieinhalb Tage später und klang stark nach einer Ausrede:

> Hi, Florence,
>
> das mit Freitag tut mir sehr leid. Ich war auf dem Weg zu dir und bin auf der Straße gestürzt. Mein Handy ging kaputt, und ich habe mich auch ein bisschen verletzt. Wegen dem kaputten Handy hatte ich deine Kontaktdaten nicht, und dann wurde ich zur Untersuchung ins Krankenhaus gebracht. Mir geht es gut, ich musste mir aber erst ein neues Telefon besorgen. Ich bin gerade zurück in China, kann aber Anfang nächster Woche wieder nach Hongkong kommen und mich mit dir treffen, wenn du sagst, wann es bei dir passt.

Mir war unklar, wie man auf der Straße hinfallen und dabei sein Handy kaputtmachen konnte. So oder so ließ sich ein Handy in Hongkong so einfach kaufen wie eine Packung Zigaretten und das zu jeder Tages- und Nachtzeit. Und weshalb musste er erst nach China zurückreisen, um an meine E-Mail-Adresse zu kommen? Etwas später schrieb er mir noch eine zweiseitige E-Mail, in der er sich sehr bemühte, vernünftig und überzeugend zu klingen, und seine Seite ausführlich darlegte. Fasziniert von dieser merkwürdigen Person, gab ich ihm eine zweite Chance. Wir vereinbarten einen neuen Termin, diesmal in dem kleinen Café *Corridor* in Causeway Bay. Es lag, seinem Namen entsprechend, versteckt am Ende eines schmalen Korridors. Das schlicht, aber modern eingerichtete Café wirkte in diesem Teil Hongkongs, wo die höchsten Ladenmieten der Welt aufgerufen wurden, fast ein wenig fehl am Platz.

Gleich zu Beginn unseres Treffens zeigte er mir seinen Pass, damit es keinerlei Zweifel an seinem Namen gab. Ich warf nur einen flüchtigen Blick auf den Pass und machte dabei einen Witz, um sein Vertrauen zu gewinnen. Wie hoch standen schließlich die Chancen, den gleichen Namen wie der Held aus einem Blockbuster zu haben? Aber bei ihm war es tatsächlich so. Unser Gespräch dauerte drei Stunden, und ich füllte 13 Seiten in meinem Notizbuch. Er schien bestens über alle Einzelheiten des MH370-Unglücks informiert zu sein. Beim Sprechen beugte er sich weit über den Tisch, als gäbe er mir Geheimnisse weiter.

Von Anfang an hätte es in der Sache Fehlinformationen, Manipulation und Pfusch gegeben, erzählte er mir. Es sei darum gegangen, Zeit zu schinden, damit das, was geheim bleiben sollte, auch geheim blieb. Er glaube ebenfalls nicht an die offizielle Erklärung mit dem »südlichen Korridor«, sie erschien ihm viel zu bequem. Denn falls sich das Flugzeug dort befinden sollte, sei klar, dass man es nicht bergen werde. Dementsprechend handele es sich um das ideale Szenario, wenn man etwas zu verbergen hatte. Und, noch wichtiger: Falls das Flugzeug so lange geflogen wäre, bis ihm der Treibstoff ausging, wäre es beim Ausfallen der Motoren ins Schleudern geraten. Es wäre beim Aufprall auf die Wasseroberfläche explodiert und hätte ein riesiges Trümmerfeld zurückgelassen. Hunt verwies auf den Fall eines kleineren Flugzeugs mit zwei Passagieren, das zwei Monate zuvor in der Nähe von Kuba abgestürzt sei. Dessen Trümmer habe man in einem Umkreis von fünf Kilometern um die Absturzstelle herum finden können, dabei sei das fragliche Flugzeug zwanzigmal kleiner als eine Boeing 777 gewesen. Er erzählte von den Dorfbewohnern auf den Malediven, die in der Nacht des Verschwindens von MH370 ein sehr tief fliegendes Flugzeug gesehen hätten. Im Andamanischen Meer, westlich von

Thailand, habe man drei unidentifizierte Leichen gefunden. Warum suche dort niemand?

Er sprach schnell und fast ohne Pausen: Es sei »kaum zu glauben«, dass der australische Premierminister Tony Abbott so viel Geld für die Suche in unergründlichen Tiefen ausgab, wenn dort wahrscheinlich gar nichts war. »Absurd« sei die Ausrede, dass der hochsensible australische Überhorizontradar (JORN[5]) »an diesem Tag abgeschaltet« war und so nicht das riesige Flugzeug erfasste, das ungefähr zwei Stunden lang an der australischen Küste entlanggeflogen sein sollte. Das Frachtverzeichnis sei »widersprüchlich und unvollständig«. »Verdächtig« war für ihn auch die Tatsache, dass die Passagiere an beiden Enden des Flugzeugs platziert wurden, was auf eine außergewöhnlich schwere Ladung hinwies, die nicht im Frachtverzeichnis gelistet wurde. Außerdem erwähnte er einen Anruf des Co-Piloten, über den einige Medien berichteten, den man jedoch nicht hatte beweisen können. Der Co-Pilot hatte angeblich über Penang, kurz vor dem Kurswechsel des Flugzeugs, telefoniert.

Als Nächstes sprach er über den Absturz von MH17 über der Ukraine: »800 Flugzeuge nahmen dieselbe Route und wieder erwischt es eine Maschine von Malaysia Airlines. Denkst du, das ist Zufall: zwei identische Flugkörper, von derselben Fluggesellschaft, innerhalb von vier Monaten? Statistisch gesehen ist das unmöglich!« Und überhaupt, was sei mit den Handys passiert? Jeder, der in dieser Region schon einmal geflogen ist, hätte doch Chinesen an Bord eines Flugzeugs erlebt; alle hätten immer mehrere Handys dabei, und die meisten schalteten sie auch während des Flugs nicht aus. Alle Handys leuchteten immer spätestens dann wieder auf, sobald das Flugzeug seinen Landeanflug einleitete. Warum habe niemand auch nur eines dieser Handys geortet? Angeblich müsse man sie sogar im abgeschalteten Zustand orten können. Apple hätte sich dazu äußern können. Er vermutete, dass sich in dem Flugzeug Störsender befunden hatten. Diese kleinen Geräte kann man in China für ein paar Dollar kaufen. Sie wurden zunehmend bei verschiedenen Anlässen genutzt, oft um sicherzustellen, dass während beruflicher Meetings keine externen Anrufe eingingen. Hunt wunderte auch die Berichterstattung von CNN. Der Sender habe ausführlich über MH370 berichtet, sich dabei jedoch lächerlich gemacht, da die verschiedenen Berichte zum Teil Ungereimtheiten aufwiesen und einander widersprachen. Das Rätsel um MH370 halte einige neue Aspekte bereit, die untersucht und geordnet werden müssten.

Hunt war ein großer Bewunderer von Sarah Bajc: »Eine sehr schlaue Frau, die nicht auf den Kopf gefallen ist.« Zum Teil hatte er sich ihretwegen der Sache angenommen. »Ich verfüge über Zeit und Geld, habe keine eigene Familie, bin mein eigener Chef und ich kann die Sache von außen betrachten, das können die Familien nicht«, meinte er.

Kurz gesagt: Hunt schien der Richtige für die Aufgabe zu sein. Später fand ich heraus, dass die über Indiegogo gesammelten Spenden über sein Hongkonger Bankkonto geflossen waren. Ich suchte nach Ungereimtheiten in dem, was er sagte, fand aber fast nichts. Trotzdem fiel mir auf, dass er die Summe von fünf Millionen Dollar« dreimal in drei verschiedenen Zusammenhängen erwähnte. War das seine Glückszahl? Außerdem erzählte er mir bei unserem Gespräch, er verlasse seine Wohnung nie »ohne mindestens ein oder zwei Handys, ein iPad und einen Laptop«. Ich verkniff mir meinen Kommentar dazu: »Ach ja? Letzten Freitag wohl schon!« Ein paar Wochen später las ich im *Guardian* ein Porträt über Hunt. Der Autor sah ihn eher kritisch und zweifelte an seiner Glaubwürdigkeit.[6] »Er brauchte acht Wochen, bis er Sarah ausfindig machen konnte, obwohl er sich selbst als ›erfahrenen Privatdetektiv‹ beschreibt«, schrieb der Journalist ironisch. Sein Lebenslauf umfasste viele Stationen: Zeit beim Militär, Privatdetektiv, Geschäftsmann, Manager von Fitnessstudios und nun Hersteller von 3-D-Druckern in China. In dem Artikel brüstete er sich damit, dass er manchmal Methoden der chinesischen Mafia anwandte, um seine Ziele zu erreichen. Das warf durchaus Fragen danach auf, was für ein Mensch Hunt wirklich war.

Bei unserem Treffen bestätigte er, dass das Komitee eine Agentur in Singapur mit einer privaten Ermittlung beauftragt hatte. Das Komitee habe den Leuten dort einige Hinweise gegeben, denen sie zuerst nachgehen sollten. Den Namen der Agentur verriet er mir allerdings nicht – um der Geheimhaltung willen. Und sie würden die Ermittlungsergebnisse auch nicht mit der Öffentlichkeit teilen. Zumindest jetzt noch nicht.

Die Nacht war bereits angebrochen, als ich das Café Corridor verließ, und mein Kopf brummte nach diesem weitschweifigen Gespräch. Dunkel war es trotzdem nicht, denn dieser Teil Hongkongs schläft nie. Überall leuchteten Schaufenster, riesige Werbebildschirme und die Lichter roter Taxis, die auf den nächsten Kunden warteten. »Som wand oh!« Diese drei Silben – meine Adresse auf Kantonesisch – reichten jedem Taxifahrer als Wegbeschreibung aus.

Bald fand ich heraus, welches Detektivbüro das Komitee engagiert hatte. Ein langjähriger Freund von mir, der in der Region in diesem Bereich arbeitete, wusste darüber Bescheid. Er kannte die Agentur recht gut und teilte Sarah Bajcs Begeisterung nicht. Sie war eine der ältesten Privatdetekteien in Singapur, geleitet von einem ehemaligen Mitglied des Militärs. Mein Freund meinte, dort arbeiteten »anständige Leute«, doch die Ergebnisse der Agentur seien oft »eher dürftig«. Mir war natürlich bewusst, dass er über einen Konkurrenten sprach. Als mir jedoch ein paar der »geheimen und vertraulichen« Berichte zugespielt wurden, musste ich ihm recht geben.

Der Deckname für die private Ermittlung zu Flug MH370 war »Melone«. Der erste Teil des Berichts vom 14. Oktober 2014 bestand aus drei Abschnitten: Ziel, Aufgaben und bisherige Ergebnisse. Nichts Überraschendes also. Darin stand:

> Ziel: Die Handy-Pings überprüfen, als es über Penang flog. Stimmt es, dass nur das Handy des ersten Offiziers auf einen Ping reagierte?

> Aufgaben: Informanten in der malaysischen Telekommunikationsindustrie auftun, Informationen über die Mobilfunksignale von

> MH370 sammeln. Technische Fakten zu mobilen Handy-Pings recherchieren, wenn sich die Telefone im Flugmodus befinden.
>
> Bisherige Ergebnisse: Unterhaltungen mit verschiedenen Informanten in der Telekommunikationsindustrie haben zu unterschiedlichen Informationen geführt. Laut der einen Quelle ist es für ein abgeschaltetes Handy unmöglich, auf einen Ping zu reagieren – was an Bord eines Flugzeugs der Fall sein sollte. Eine andere Quelle meinte, dass auch ein ausgeschaltetes Handy Pings abgeben könne.

Mich verblüffte die Belanglosigkeit des Berichts. Er erinnerte mich an die ersten Pressekonferenzen: »Ja, nein, vielleicht, das erzählen wir Ihnen später ...«.

Im Abschnitt zu »Indonesien« präsentierte der Bericht folgendes Ziel: »Die Aussage von General Sutaraman [sein Name lautet eigentlich Sutarman] überprüfen, ob er wirklich weiß, was mit Flug MH370 passiert ist.« Die Aufgabe in dieser Sache bestand darin, seine Adresse herauszufinden und »die Gewohnheiten von Gen Suman [sein Name ist nach wie vor Sutarman] nachzuverfolgen, um eine günstige Gelegenheit zu finden, ihn allein zu sprechen.« Allmählich hörte sich das Ganze nach einem Fall für Sherlock Holmes an. Aber meine Hoffnungen wurden gleich wieder im Keim erstickt. Bisherige Ergebnisse: »Wir haben den General ausfindig gemacht und seine Bewegungen überwacht. Dabei fiel auf, dass er immer in Begleitung seiner Helfer und Sicherheitskräfte ist.« Offenbar hatten sie den General bisher nicht treffen können.

Der Bericht von November war mit »Malediven« betitelt, er umfasste weniger als eine Seite und enthielt keinerlei Informationen: »Unser Agent vor Ort konnte keine Bestätigung zu den Landungsinformationen von privaten Flugzeugen in der Nacht des 8. März 2014 bekommen. Es schien zwar erst möglich zu sein, dass er Informanten fände, die ihm diese Informationen geben könnten, aber jetzt möchte sich keiner dazu äußern. Wir werden diese Spur weiterverfolgen.«

Dagegen lieferte der Bericht vom 6. Dezember 2014 einen potenziellen Knüller. Die Ermittler hatten einen Informanten gefunden, angeblich ein Mitglied der Polizei oder der Armee, der scheinbar dem offiziellen Team angehörte, das zum Verschwinden des Flugs ermittelte. Der Informant hatte zwei wichtige Dinge preisgegeben: Erstens hatte der Pilot Treibstoff für zwei weitere Flugstunden angefordert, ohne dass irgendjemand dieses hinterfragt hätte. Zweitens hatte der Pilot darum gebeten, genau diesem Flug zugeteilt zu werden. Das waren zwei wichtige Informationen. Wenn sie stimmten, sprach einiges für die Schuld des Piloten Zaharie Ahmad Shah.

Ich legte diese Informationen drei Freunden vor, Tom, Wolf und Jason, allesamt Boeing-777-Piloten bei einer der weltweit besten Airlines. Ihr Urteil fiel einstimmig aus: Es gab keinerlei Grund, bei einem knapp sechsstündigen Flug von Kuala Lumpur nach Peking mehr Treibstoff zu tanken. Warum? Weil bei einer Boeing 777 jede zusätzliche Stunde Flugzeit 7 Tonnen Kerosin erfordert, und es gab schlichtweg keinen Grund, 14 Tonnen zusätzliches Gewicht mitzuführen. Selbst wenn ein Pilot eine solche Anfrage stellte, würde das direkt einen Anruf seines Vorgesetzten nach sich ziehen mit der Frage nach dem Grund für den zusätzlichen Treibstoff. Und in der Regel wurde eine solche Anfrage abgelehnt. Außerdem herrschten in jener Nacht ideale Wetterbedingungen, weswegen man keinerlei Komplikationen für Flug MH370 erwartete.

In der Tat kennen wir die genaue Treibstoffmenge, die sich vor dem Abflug im Tank des Flugzeugs befand. Sie wurde von zwei verschiedenen Quellen bestätigt: dem Bericht der ACARS, der vor dem Start übermittelt wurde, und dem Datenblatt von Malaysia Airlines. Beide sind sich einig, dass Flugzeug 9M-MRO 49,1 Tonnen Treibstoff mit sich führte, mit einer möglichen Abweichung von 0,1 Tonnen. »Für mich sehen diese Zahlen korrekt aus«, meinte Tom, der mir die Zahl vorrechnete. »Von Kuala Lumpur nach Peking sind es ungefähr 6 Stunden Flugzeit. Wenn wir von 7 Tonnen pro Stunde ausgehen, sind wir bei 42 Tonnen mit genug Rest für den Anflug eines alternativen Flughafens [30 Minuten von Peking entfernt] und zusätzlichen 30 Minuten Reservetreibstoff [...] was ungefähr 7 Tonnen ergibt. Dementsprechend sind diese 49 Tonnen genau die richtige Menge! […] Im Gegensatz zum Flug auf einer konstanten Höhe wird beim Steig- und Sinkflug wesentlich mehr Treibstoff verbraucht.«

Der Pilot trat den Flug also nicht mit Treibstoff für zwei oder mehr Stunden zusätzlicher Flugzeit an. In Anbetracht seiner Erfahrung und seines Rufs war es sehr unwahrscheinlich, dass er eine solche Anfrage gestellt hatte. Sie hätte ihn lächerlich aussehen lassen.

Andererseits war es schwer vorstellbar, dass die Quelle der privaten Ermittler – ein Polizei- oder Armeeoffizier des offiziellen Teams – sich in einem solchen Punkt geirrt hatte. Es sei denn, er hätte es mit Absicht getan, um die privaten Ermittler und damit die Familien auf eine falsche Fährte zu lenken. Dann wäre es ein klarer Versuch, den Piloten zu diskreditieren.

Auch die Information, dass Flugkapitän Zaharie eigens darum gebeten hätte, diesem Flug zugeteilt zu werden, überraschte meine befreundeten Piloten. Sie meinten, ein Pilot tue so etwas normalerweise einfach nicht.

Den verantwortlichen Stellen war es nicht recht, wenn man um eine Änderung des Flugplans bat, dementsprechend vermied man es lieber. Aus Sicherheitsgründen dürfen Piloten sich außerdem ihre Co-Piloten nicht selbst aussuchen. Als in den ersten Tagen nach dem Verschwinden des Flugzeugs derartige Gerüchte aufkamen, erklärte Malaysia Airlines, der Pilot habe nicht ausdrücklich nach diesem Flug verlangt, er sei ihm zugeteilt worden. Ich leitete diese Zweifel an Ethan Hunt weiter und empfahl ihm, die Privatdetektive dazu anzuhalten, sich bei ihren Ermittlungen mehr Mühe zu geben. Allerdings waren die Detektive sich sicher, dass ihre Quelle die Wahrheit sagte, und bestätigten diese Version der Ereignisse.

Es war also ungewöhnlich und nicht gern gesehen, wenn ein Pilot seinen Flugplan in letzter Minute ändern wollte. Die Fluggesellschaft konnte dagegen sehr wohl die Piloten eines Fluges kurzfristig austauschen. Mehr als zwei Jahre nach dem Unglück hörte ich in Malaysia eine beunruhigende Geschichte von einer dem Fall nahestehenden Person. Leider konnte ich sie durch keine weitere Quelle belegen. Meinem Informanten zufolge sollte ursprünglich ein anderer Co-Pilot mit MH370 fliegen – ein junger Sikh. Als er seinen Flug antreten wollte, teilte man ihm zu seiner großen Überraschung mit, er sei nun doch nicht Teil der Crew. Mir wurde außerdem erzählt, man habe ihn nach Abflug des Flugzeugs am Flughafen festgehalten und ihm das Handy abgenommen. Seine Familie sei anfangs sehr besorgt gewesen, als sie vom Verschwinden des Flugzeugs hörte. Als er endlich sein Handy zurückbekam, rief er sie sofort an, um ihnen zu sagen, dass er nicht an Bord des Fluges war. Wenn das stimmen sollte, müsste Malaysia Airlines unbedingt erklären, weshalb so eine kurzfristige Änderung angesetzt worden war. Im Hinblick auf den Ausgang des Fluges wirkte das alles sehr verdächtig.

Bisher konnte ich weder die Identität des Piloten herausfinden noch ihn treffen, falls er denn existiert. Auf dem »individuellen Dienstplan der Crew« aber war Fariq Abdul Hamid als Co-Pilot für Flug MH370 eingetragen. Er hätte nach einem Ruhetag in Peking am Sonntag, dem 9. März, mit Flug MH371 zurückkehren sollen. Entweder war dieses Dokument also gefälscht, oder es handelte sich bei diesem Personalwechsel in letzter Minute nur wieder um eines der vielen Gerüchte, die sich um den Fall rankten. Ein Gerücht, welches übrigens für das in Malaysia weitverbreitete Misstrauen zwischen den verschiedenen ethnischen Gruppen sehr typisch ist.

In einem anderen Dokument von Projekt »Melone« stand, das Flugzeug sei »absichtlich unter dem Radar« geflogen. Das passt jedoch nicht zu den Fluggeschwindigkeiten aus dem australischen Bericht. Tatsächlich besteht ein fast direkter Zusammenhang zwischen der Geschwindigkeit eines Flugzeugs und seiner Flughöhe.

Seltsamerweise deutet der private Ermittlungsbericht außerdem an, dass sich der Pilot im Cockpit eingeschlossen und das Flugzeug auf eine Höhe gebracht habe, für die es nicht ausgelegt sei, damit er »alle verliere«: »Pilot befindet sich in Sicherheit. Unklar, wer sonst noch überlebt haben könnte. Suche absichtlich verzögert, weil sie eine Ausrede brauchten. Chinesische Regierung wusste ebenfalls Bescheid.« Es ist unklar, wie die privaten Ermittler zu so einer erstaunlichen Schlussfolgerung kommen konnten. Außerdem stellten sie fest, dass ein paar Tage vor dem 8. März ein Paket aus Pakistan am Flughafen angekommen sei. »Das Frachtpersonal erinnert sich daran, weil die Pakete von einem chinesischen Techniker aus China abgeholt wurden (was ungewöhnlich ist). Diese Pakete wurden auf Flug MH370 verladen. Nach dem Vorfall entspann sich unter dem Personal die Theorie, dass die Pakete Pläne amerikanischer Drohnen enthalten hätten. Diese sollen bei einem Angriff der Taliban von einer US-Basis in Afghanistan gestohlen worden sein.« Wieder hatten die amerikanischen Drohnen ihren Auftritt in dem Ganzen, nur kamen sie diesmal per Flugzeug aus Islamabad oder Karatschi, nicht per Schiff über die Seychellen aus Afrika. Sollte dieser Teil des Berichts zutreffen, würde er eine weitere Lücke im Frachtregister enthüllen. Darin wurden solche Pakete nämlich nicht erwähnt. Es sei denn, Mangostanfrüchte wachsen auch in Pakistan …

Der Bericht erwähnte außerdem zwei amerikanische Soldaten, die Anspruch auf die fünf Millionen Dollar Belohnung erhoben hatten, weil sie im Besitz eines Videos seien, das die letzten Momente des Flugzeugs zeigte. Allerdings ohne weitere Informationen dazu, ob sich das Flugzeug dabei über Wasser oder Land befand oder was danach mit ihm passierte. Die Ermittler schrieben, sie hätten die Identität der beiden Männer überprüft, die nur mit Initialen genannt wurden: einer sei Pilot und Rennfahrer in Arizona, der andere sei mit seiner Fernmeldetruppe auf einer US-Basis in Deutschland stationiert.

Nachdem ich diese Dokumente der privaten Ermittlung durchgearbeitet hatte, war ich erst mal ratlos. Zunächst konnte ich kaum glauben, dass eine 100 000 Dollar teure private Ermittlung so wenig Resultate erbrachte. Die Berichte bestanden lediglich aus ein paar Seiten mit oftmals widersprüchlichen und halbseidenen Informationen.

Das Ganze ließ meiner Ansicht nach nur zwei Schlussfolgerungen zu (außer vielleicht der, dass ich den falschen Beruf gewählt hatte).

Entweder wollte die Detektei die Familien manipulieren, indem sie sie in Richtung eines bestimmten Szenarios lenkte (zum schuldigen Piloten). Oder die Ermittler waren in gewissen Punkten selbst Opfer von Manipulation geworden – etwa in Hinblick auf den Piloten. Das würde meinen eher schlechten Eindruck von der Agentur bestätigen, den ich mit der Zeit gewonnen hatte.

So oder so hatte sich die Spendenaktion für alle ihre Unterstützer als Fiasko entpuppt, ebenso für das Familienkomitee, das sie angestoßen hatte. Ich konnte verstehen, weshalb Sarah Bajc die Ergebnisse unter Verschluss halten und nicht öffentlich machen wollte. Interessant erschienen mir die »Ziele der zweiten Phase der Ermittlungen«, die meinen Informationen nach nie stattfand: »Die erste Phase der Ermittlungen hat sich auf die asiatische Pazifikregion bezogen, unsere Ergebnisse weisen jedoch stark darauf hin, dass die eigentlichen Antworten in den USA zu finden sein könnten.«

Chun-jie Song verlor durch das Verschwinden von Flug MH370 seine Schwester, die nach einer Nepal-Rundreise auf dem Rückweg nach Kanton gewesen war. In letzter Minute hatte sie ihren Platz auf einem Direktflug nach Kanton an eine ältere Person abgegeben, um dieser den mühsamen Umweg über Peking zu ersparen, und kam so nie zu Hause an. Als ich Chun-jie acht Monate nach dem Unglück das erste Mal traf, war dieser deprimiert, verzweifelt und ausgelaugt. Er stand ununterbrochen mit den anderen chinesischen Familien in Kontakt, und zwar per WeChat, einem der beliebtesten Messengerdienste in China. Er hatte einen groben Überblick über die chinesischen Passagiere erstellt: Neben den 23 Menschen, die von ihrer Reise nach Nepal zurückkehrten, zu denen auch seine Schwester gehörte, befanden sich noch ca. dreißig Kalligrafen, die von einer Ausstellung zurückkehrten, und vierzig Bauarbeiter, die in Singapur arbeiteten, an Bord. Dazu kamen um die fünfzig kleinere und größere Kapitalanleger (deren Reise von einem Bauunternehmer finanziert worden war), die bereits erwähnten acht Angestellten von Freescale Semiconductor (von insgesamt zwanzig Freescale-Mitarbeitern auf dem Flug) und eine Handvoll Personen, die allein reisten.

Laut Chun-jie suchten jene Mitglieder der Familiengruppe, die bereits im Ruhestand waren, jeden Tag das von der chinesischen Regierung betriebene Informationszentrum auf. Das Zentrum lag weit außerhalb und ließ sich nicht mit öffentlichen Verkehrsmitteln erreichen, was die Verwandten aber nicht von ihren Besuchen abhielt. Sie hatten abgesprochen, dass jeden Tag jemand dort hinfuhr und nach den neuesten Nachrichten fragte. »Das tun wir nur, damit die wissen, dass sie weiterhin nach dem Flugzeug suchen müssen. Sonst würden sie das Zentrum schließen«, meinte er. Einmal hatten die chinesischen Familien gemeinsam einen offenen Brief verfasst, den sie bei einer Demonstration in Peking vor der malaysischen Botschaft übergaben. Obwohl ihnen verboten wurde, mit ausländischen Medien zu sprechen, bestärkten die Behörden sie darin, Malaysia Airlines zu verklagen. Dazu stellte man ihnen sogar kostenlos internationale Anwälte zur Verfügung. Die Familien wussten allerdings nicht, welchen Weg sie einschlagen sollten. Zu diesem Zeitpunkt stand der juristische Kampf um eine finanzielle Entschädigung jedenfalls weit unten auf ihrer Prioritätenliste.

Niemand in der chinesischen Familiengruppe konnte verstehen, weshalb China keine eigenen Ermittlungen einleitete. Mit über 130 Chinesen an Bord und dem Landeziel Peking hätte China doch genügend Gründe für eigene Ermittlungen gehabt. »Sie kaufen so viele Boeings, da hätten sie einfach sagen können: ›Raus mit der Wahrheit, oder wir kaufen nicht mehr bei euch!‹«, hieß es unter den chinesischen Verwandten der Opfer. Da China aber nun einmal keine eigenen Ermittlungen einleitete, hofften die Familien vor allem auf die Ergebnisse der französischen Untersuchung. Als in Frankreich ein Interview mit Ghyslain Wattrelos zusammen mit seinem Foto veröffentlicht wurde, freuten sich alle im Forum darüber. »Für uns ist er ein Held. Er ist einer der wenigen, die sich wirklich für die Wahrheit einsetzen«, erklärte mir Chun-jie, während er auf seinem Handy durch die enthusiastischen Kommentare über den Franzosen scrollte.

Kuala Lumpur im Februar 2015. Der erste Jahrestag des Verschwindens von Flug MH370 rückte näher. Die drei jungen Frauen, die sich in einem mexikanischen Restaurant in Bangsar Village trafen, einem Wohngebiet der malaysischen Hauptstadt, kannten sich seit fast einem Jahr. Gemeinsam hatten sie diese albtraumhaften Ereignisse durchgestanden. Ihre Begrüßung fiel freundschaftlich aus, sie strichen sich gegenseitig liebevoll über den Rücken und lächelten zaghaft. Zu richtiger Freude waren sie jedoch nicht fähig. Hätte sich Flug MH370 nicht in Luft aufgelöst, wären sich die drei nie begegnet. Grace Subathirai Nathan, eine junge malaysische Anwältin, hatte ihre Mutter verloren. Sie hatte zu ihrem Mann fliegen wollen, einem Arbeiter, der nach Peking versetzt worden war. Yuen Ying hatte ihren Ehemann – einen Ingenieur bei Freescale Semiconductor – dazu ermutigt, sich ein Wochenende freizunehmen und Peking zu besuchen. Und Kelly Wen Yans chinesischer Ehemann, der in Malaysia nach Immobilien Ausschau hielt, war wie gewöhnlich auf dem Weg zu ihr und ihrer dreijährigen Tochter gewesen, damit sie das Wochenende gemeinsam verbringen konnten. Kelly war für einige Monate nach Kuala Lumpur gezogen, um die geschäftlichen Angelegenheiten ihres Mannes zu regeln. Sie kämpfte ständig mit den Tränen und war außer sich über den neuesten Fauxpas von Malaysia Airlines (MAS).

Die Airline hatte allen Familien auf der Kontaktliste kurz vor einer Pressekonferenz am 29. Januar 2015 geschrieben: »Macht den Fernseher an und schaltet CNN ein.« Man kann sich kaum vorstellen, wie Menschen, die wider alle Vernunft noch immer auf ein Wunder hofften, sich bei so einer Nachricht gefühlt haben mussten. Eine derartige Ankündigung weckt die wildesten Hoffnungen und löst die schlimmsten Ängste aus. Als sie dann aber CNN einschalteten, erfuhren sie lediglich, dass das Verschwinden von MH370 nun als »Unfall« eingestuft wurde. MAS überbot diese Gefühllosigkeit noch: »Als sie mitbekamen, dass die Familien an der Pressekonferenz teilnehmen wollten, sagten sie das Ganze einfach ab. Dabei hätte man uns zuerst informieren müssen!«, schimpften die jungen Frauen wütend. »Das Schlimme daran ist, dass sie das Verschwinden als ›Unfall‹ deklariert haben, ohne irgendwelche neuen Beweise anzuführen. Sie wollen den Fall nur möglichst schnell zu den Akten legen«, fügte Grace Subathirai Nathan hinzu.

Auch in China sorgte diese Erklärung für neue Wut unter den Angehörigen und Freunden der Opfer. Ungefähr zwanzig Angehörige reisten daraufhin nach Kuala Lumpur. Sie wollten MAS ihre tiefe Enttäuschung spüren lassen. Alle hofften immer noch auf irgendeine Information über den Verbleib der Maschine. In der Nacht ihrer Ankunft kampierte die chinesische Gruppe vor den Büros der Airline, und am 13. Februar kam es dann zu einem kurzen Treffen mit MAS, die nichts Neues mitzuteilen hatte.

Zwei Wochen zuvor, am 30. Januar, einem Freitag, war es Kelly Wen Yan gelungen, einen Termin bei Malaysias neuem Verkehrsminister Liow Tiong Lai zu bekommen. Bei dem Treffen versprach er ihr, am darauffolgenden Montag sämtliche Rohdaten von Inmarsat zu schicken. Weil sich auf diesen Daten das gesamte Szenario eines Absturzes in den südlichen Indischen Ozean gründete, wollten die Familien sie einem unabhängigen Experten zeigen. Es kamen aber keine Daten bei Kelly Wen Yan an. Nach mehrmaligem Nachfragen meinte das Büro des Ministers schließlich Mitte Februar, dass ihr die Daten nicht ausgehändigt würden. Weiteres Drängen sei zwecklos.

Welche Informationen lieferten die Satellitendaten, und weshalb waren die auf medialen Druck hin im März 2014 veröffentlichten Daten nicht vollständig? Die Inmarsat-Tabelle, die im Fernsehen kurz zu sehen war, verfügte über 28 Spalten; die Tabelle, die Malaysia schließlich veröffentlichte, hatte lediglich 9. »Wenn in den anderen Spalten nichts von Bedeutung stand, warum hat man sie nicht einfach veröffentlicht?«, wunderte sich der britische Astrophysiker Duncan Steel, Mitglied der Independent Group.

Neben den Inmarsat-Daten kämpften die Familien auch für die

Veröffentlichung der ungekürzten Aufnahme des 52 Minuten langen Austauschs zwischen dem Cockpit von MH370 und der malaysischen Flugsicherung. NBC News hatte im Mai 2014 die veröffentlichten Bänder von zwei Ton-Forensikern untersuchen lassen. Diese meinten, die Aufnahmen wären ganz klar geschnitten und bearbeitet beziehungsweise verfälscht worden. »Wenn behauptet wird, dass man Beweise oder wertvolle Aufnahmen ›schnitt, um die Pausen ohne Dialog zu entfernen‹, und ich ganz deutlich die Schnitte hören kann, würde ich mir als Experte wünschen, dass man uns die gesamten Aufnahmen zur Verfügung stellt. Wir könnten in den Pausen dann einfach weiterspulen«, erklärte Ed Primeau, einer der Experten, und bestätigte damit den Verdacht, dass die Aufnahme bearbeitet worden war. Aus einer anderen Quelle in Malaysia erfuhr ich später, dass sich auf dem Originalband wesentlich mehr Informationen befunden haben könnten als in der veröffentlichten Aufnahme. Sie deutete sogar an, dass man kurz vor dem mutmaßlichen Ende komische Geräusche aus dem Cockpit hörte und Stimmen, die vielleicht Arabisch oder eine andere nahöstliche Sprache gesprochen hätten.

Was könnte kurz vor dem Kontaktverlust im Cockpit gesagt worden oder passiert sein, dass man es nicht öffentlich machen wollte? Wenn sich der Austausch zwischen Pilot und Flugsicherung mit dem offiziellen Szenario deckte, hätte man die Aufnahmen nicht manipuliert. Das Bearbeiten der Aufzeichnung wies darauf hin, dass sie irgendeinen wichtigen Hinweis enthielt auf diese letzten entscheidenden Minuten oder Sekunden, als sich die Krise im Cockpit zuspitzte, sei es ein Geräusch, ein Wort oder ein Satzfetzen. Für die Familien war es essenziell, Zugang zu dieser Originalaufnahme zu bekommen, falls sie noch existierte.

Die Veröffentlichung des ersten vorläufigen Berichts *Factual Information for MH370* genau ein Jahr nach dem Verlust des Flugzeugs fand kaum Beachtung. Nur ein paar hartgesottene MHisten, darunter Mitglieder der Independent Group, interessierten sich für die 586 Seiten voll mit technischen Informationen. Der Bericht enthielt aber auch ein paar neue Erkenntnisse. Beispielsweise war das Haltbarkeitsdatum (Dezember 2012) einer der Batterien abgelaufen, die die Unterwasser-Ortungsbaken der Flugschreiber speisten.[7] Während die ganze Welt den Indischen Ozean nach den Signalen der Baken absuchte, hatten Malaysia und Australien dieses wichtige Detail für sich behalten. Da nur noch eine der Baken funktionieren konnte, hatten sich die zuvor schon geringen Aussichten auf Ortung plötzlich halbiert. Malaysia und Australien hätten also zugeben müssen, dass sie den weiten Ozean nach nur einem einzelnen Signal absuchten. »Bevor Australien die Suche begann, fragte es MAS natürlich nach den technischen Daten der Flugschreiber, zum Beispiel Marke und das Herstellungsdatum. Es kann nicht sein, dass Australien keine Ahnung hatte, dass eine der zwei Ortungsbaken nicht mehr funktionieren konnte«, erklärte mir ein gut informierter MHist.

Was die Passagierliste anging, so stand im Bericht nur ein nicht funktionierender Link zur Internetseite des Verkehrsministeriums. Nach wie vor war nie eine vollständige Liste veröffentlicht worden. Selbst zwei Jahre nach dem Vorfall standen auf der einzigen verfügbaren Liste immer noch »der Italiener« und »der Australier« anstelle der beiden jungen Iraner. Nicht zu fassen! Die Familien forderten dementsprechend auch eine vollständige, offizielle und aktualisierte Liste aller Passagiere an Bord.

Ungefähr zu dieser Zeit hörte ich erstmals von einem Video, das die Passagiere beim Boarding zeigte. Zu Beginn der Ermittlungen hatte die malaysische Polizei einzelnen Familien ein paar Ausschnitte vorgespielt, damit sie bestimmte Passagiere identifizieren konnten. Das ganze Video hatten dagegen nur eine Handvoll Menschen gesehen. Auch um die Herausgabe dieser Aufnahmen hatten die Familien erfolglos gebeten. Wie sich herausstellte, gab es allerdings eine Raubkopie.

Es erwies sich als kniffliges Unterfangen, mit dem Besitzer dieser Kopie Kontakt aufzunehmen. Eines Tages machte ich mich ohne Handy oder Computer, nur mit der Adresse unseres Treffpunkts in der Tasche, auf den Weg in eine Stadt, die mehrere Flugstunden von Hongkong entfernt lag. Beinahe wäre das Treffen sogar wegen eines Missverständnisses zu unserem Treffpunkt ins Wasser gefallen. Schließlich fanden wir uns aber doch, und mein Kontaktmann führte mich ohne große Umschweife in seine Wohnung. Er zog die Vorhänge zu, nahm eine Speicherkarte aus einer kleinen Plastiktüte und steckte sie in den DVD-Player. Kurz zeigte er mir noch, wie die Fernbedienung für den großen Flachbildschirm an der Wand funktionierte, dann ließ er mich allein. Ich wusste nicht, was ich von diesem Video erwarten sollte, aber ich wollte es sehen, schon allein für den Fall, dass es doch etwas Wichtiges enthielt. Im ersten Kapitel dieses Buchs habe ich bereits beschrieben, was ich sah. Es war einfach eines von Tausenden Videos, wie sie überall auf der Welt täglich auf Flughäfen aufgenommen werden. Der einzige Unterschied bestand darin, dass die Aufnahme die letzten Momente der 239 Menschen an Bord von Flug MH370 in all ihrer Alltäglichkeit zeigte. In die Wohnung kam später noch eine weitere Person, die von meinem Besuch wusste und mir bei der langwierigen Arbeit half, sämtliche Passagiere und die Besatzung zu zählen. Die Kamera lag dem Scanner-Durchgang nicht direkt gegenüber, deswegen konnten wir manchmal kaum erkennen, durch welchen Durchgang ein bestimmter Passagier gegangen war. Wir vergrößerten jeden Bereich und beschrieben jede einzelne Person anhand bestimmter Merkmale: meistens sein oder ihr Erscheinungsbild, Körpergröße, Altersgruppe und Kleiderfarbe. Mit diesen Informationen füllten wir mehrere Seiten eines Excel-Dokuments. Warum wir das taten? Ich weiß es selbst nicht genau. Aber ich hatte große Anstrengungen unternommen, um diese Aufnahme zu sehen, und als ich mich plötzlich mit dieser langen Prozession an Menschen konfrontiert sah, die alle bald verschwunden sein würden, wusste ich nicht, was ich sonst tun sollte.

Neben der enigmatischen Sarah Bajc und dem unergründlichen Ethan Hunt stellte sich Ghyslain Wattrelos im Zuge meiner Untersuchungen als der verlässlichste Kontakt heraus. Das heißt aber nicht, dass er weniger zwiespältig war.

Bei unseren ersten Kontaktversuchen war er nicht recht zu

durchschauen. Als ich ihn in Hongkong oder Paris traf, war es einfacher. Er hatte eine starke Persönlichkeit, war gefasst und konzentriert. Sein Leid war zu Respekt einflößender Wut versteinert. Die meisten Journalisten, die ihn trafen, verspürten den Wunsch, ihm zu helfen. Man wollte mit und für ihn herausfinden, was geschehen war. Aber wenn er allein war, schien es mir, wurde er wieder in diesen Albtraum zurückkatapultiert. Er konnte sich nicht dazu durchringen, seinen dreifachen Verlust zu betrauern, obwohl immer mehr Zeit verging. Dabei versuchte er, seinen älteren Sohn so gut es ging zu schützen. Das Fehlen von Beweisen, der allgemeine Eindruck koordinierter Verwirrung und das behördliche Schweigen nahm beide sehr mit.

Wenn Wattrelos das Ganze aber so umtrieb, weshalb beantwortete er so viele meiner Nachrichten nicht? Und warum hielt er sich nicht an unsere telefonischen Verabredungen?

Vielleicht gab es für ihn Augenblicke, in denen er seine Situation gerne vergessen hätte. Ich dagegen untersuchte das Unglück, das der Auslöser seiner Verzweiflung war, aus allen Blickwinkeln, mit klinischer Distanz und von Abgabeterminen getrieben. Indem ich die vielen Ungereimtheiten des Falls aufzeigte, vergrößerte ich unabsichtlich das Leid der Hinterbliebenen nur noch mehr.

»Wir haben völlig unterschiedliche Interessen«, sagte er eines Tages zu mir. Aber uns vereinte dasselbe Ziel: zu verstehen, was passiert war, und das Pseudo-Geheimnis, das den Fall umgab, zu zerschlagen.

Eines Morgens kommentierte ich eine Information, die er mir geschickt hatte, lakonisch mit: »Danke, sehr interessant.« Ich war äußerst erstaunt, als darauf direkt eine Antwort kam: »Seit wann stehen Sie früh auf?« Das war komplett neu. Ein Witz! Mit Entzücken antwortete ich: »Seit wann machen Sie Witze?« Darauf antwortete er: »Vielleicht werden wir ja doch ganz gut miteinander auskommen.« Dieser willkommene unbeschwerte Moment brachte kurz ein wenig Leichtigkeit in dieses sonst so düstere und tragische Unglück.

In unseren Gesprächen fand ich heraus, dass ein ganzes Heer

an Helfern aus verschiedenen Branchen ihn regelmäßig mit Informationen versorgte. Einige davon waren vertraulich, andere stammten einfach aus dem Internet. Ihm wurde so viel zugetragen, dass er die Informationen nicht mehr ihren jeweiligen Quellen zuordnen konnte.

Im Juli 2015 traf er sich mit mir im Saint James Club, einer Villa im Stil des Zweiten Empires am Porte Dauphine in Paris. Dort verabredete er sich meistens mit Journalisten, die ihn um ein Gespräch baten, weil sein Büro nur 50 Meter entfernt lag. Während ich auf ihn wartete, leistete mir die dicke schwarze Hauskatze des Clubs Gesellschaft. Ziel unseres Treffens war lediglich, die neuesten Nachrichten durchzugehen, aktuelle Studien anzuschauen, die Australien oder die Independent Group veröffentlicht hatten, und natürlich die neuesten Gerüchte zu besprechen.

Er wirkte recht besorgt, als er ankam. Eigentlich sollte er in der darauffolgenden Woche in die USA reisen, aber mehrere Leute hatten ihm davon abgeraten. Außerdem hatte ein Betrüger seinen Namen und sein Foto benutzt, um ein falsches Facebook-Profil anzulegen (wo sein Name mit nur einem t geschrieben wurde), und von diesem aus anzügliche Nachrichten an Wattrelos weibliche Kontakte geschickt. Natürlich hatte Wattrelos davon keine Ahnung gehabt, bis man ihm davon erzählte. »Man hatte mich gewarnt, dass die versuchen würden, mich auf allen möglichen Wegen in Verruf zu bringen, wenn ich unbequem werde,« meinte er. Zudem hatte er den Eindruck, immer mehr komische Gestalten würden sich ungefragt in die Ermittlungen einmischen. Seine Post schien nicht normal anzukommen, und er fragte sich, ob sein Telefon abgehört wurde. Immerhin unterstützte ihn sein Arbeitgeber in allen Belangen, nur fragte er sich, wie lange noch.

Am Morgen unseres Treffens hatte eine neue Spur sein Interesse geweckt. Ein Australier namens Paul Power deutete seit Wochen an, er wisse, wo sich das Flugzeug mitsamt seinen Passagieren befinde. Power war bereit, die Information weiterzugeben, aber nur über einen absolut sicheren Kommunikationsweg. Ich hatte den Informanten gleich recherchiert und teilte Wattrelos sofort meine

Zweifel mit. Der Internetauftritt von Powers sah wie eine dieser Seiten aus, die man innerhalb von wenigen Minuten selbst zusammenschustern konnte, und als ich die angegebene Hotline anrief, ging niemand ran. Sein Profilbild auf Facebook wirkte ebenfalls verdächtig – man sah lediglich die untere Hälfte eines bärtigen Gesichts, der Rest lag im Schatten. Nichts davon schien vertrauenswürdig. Aber die Aussicht auf solche Informationen war natürlich schrecklich verführerisch, und ich konnte gut verstehen, dass Ghyslain Wattrelos mehr wissen wollte. Der Mann wohnte in Melbourne. Trotz der Zeitverschiebung war es immer noch eine gute Uhrzeit für einen Anruf. Wir gingen in den ummauerten Garten. Wattrelos stellte sein Handy auf Lautsprecher und legte es auf einen kleinen Tisch. Nach mehrmaligem Klingeln nahm Power ab. Ich zeichnete das Gespräch auf.

Power behauptete, das Flugzeug befände sich auf »feindlichem Gebiet« und die Passagiere seien am Leben. Er betonte, wie wichtig es sei, dass die Informationen, die er weitergab, nicht an die Öffentlichkeit kämen. Die einzige Möglichkeit, diese Krise zu beenden, bestehe darin, den Entführern Amnestie zu gewähren. Nach einer Dreiviertelstunde versprach er, ein verschlüsseltes Dokument zu senden, das alle Informationen enthalte, und die notwendige Software, um es zu decodieren. Ich glaubte ihm kein Wort. Aber ich konnte Wattrelos nicht davon überzeugen, dass es sich bei Power entweder um einen Verrückten oder um einen Schwindler handelte. An einem Punkt sagte Wattrelos zu ihm: »Ist Ihnen klar, was Ihre Behauptungen in mir auslösen?« Darauf Power: »Natürlich. Ich mache das nicht für mich. Meine größte Belohnung ist es, wenn all diese Menschen nach Hause kommen.«

Ich war entsetzt. Wie konnte dieser Verrückte einfach auftauchen und für so eine Unruhe sorgen? Je größer die Hoffnung, umso schlimmer die Enttäuschung. Aber nachdem wir uns schon auf Power eingelassen hatten, mussten wir es auch durchziehen. Das Dokument kam und wurde entschlüsselt. Nach 14 Seiten trigonometrischer Berechnungen kam es zu dem Schluss, dass sich das Flugzeug in Somalia befand. Ich bat Brock McEwen um Hilfe, einen kanadischen Mathematiker und MHisten, mit dem ich in Kontakt stand. Er kam schnell zu einem Urteil: »Zu dem Dokument kann ich nichts anderes sagen als: ›Garbage in, garbage out [Müll rein, Müll raus]‹.« Was er meinte war: Aus unzureichenden Daten kann keine stichhaltige Aussage getroffen werden. Mit anderen Worten: komplette Zeitverschwendung. McEwen wies auch darauf hin, dass der Verfasser Millisekunden mit Mikrosekunden[8] verwechselte ... Ich schickte die Nachricht an Wattrelos – eine weitere herbe Enttäuschung für ihn.

Wie viele falsche Spuren mussten noch aus dem Weg geräumt werden, bevor die Wahrheit herauskam und die Familien endlich mit der Sache abschließen konnten?

7
Recherchen auf den Malediven

Am Sonntag, dem 3. Mai 2015, startete ich in Richtung Malediven, voller Neugier, was ich dort herausfinden würde.

Nachdem MH370 verschwunden war, hatten mehrere Inselbewohner auf Kudahuvadhoo von einem »großen Flugzeug« berichtet, das frühmorgens sehr niedrig geflogen sei und dabei einen »unglaublichen Lärm« gemacht habe. Der Zeitpunkt passte zu MH370: Das Flugzeug war im Morgengrauen gesichtet worden, und MH370 hätte um 6:30 Uhr morgens in Peking landen sollen. Geografisch lagen die Malediven für MH370 eindeutig in Reichweite (von Kuala Lumpur nach Malé waren es 3200 Kilometer, nach Peking 5500), damit schien dieses Szenario im Bereich des Möglichen zu liegen. Erreichbare Entfernung, richtiger Zeitraum – beides schien zu passen. Als diese Informationen im März 2014 publik wurden, hoffte die ganze Welt noch auf die baldige Bergung des Flugzeugs. Die Familien erleichterte diese Nachricht in gewisser Weise. Sie konnten sich nun ungefähr vorstellen, was möglicherweise passiert war, und viele glaubten die Geschichte.

Doch kaum war diese Information von der maledivischen Zeitung *Haveeru Online* veröffentlicht worden, erklärte der malaysische Verkehrs- und Verteidigungsminister, Hishammuddin Hussein, sie umgehend für falsch. »Der Vorsitzende des malaysischen Verteidigungsministeriums hat mit seinem Kollegen auf den Malediven gesprochen. Dieser konnte diese Aussagen nicht bestätigen«, erklärte der Minister am 19. März 2014 auf einer Pressekonferenz. Allerdings sorgte das Misstrauen, das mittlerweile zwischen den Behörden auf der einen und der Presse und den Familien auf der anderen Seite herrschte, dafür, dass man das Szenario wegen des Dementis der Regierung erst recht ernst nahm. Es beschäftigte die Menschen also weiterhin.

Ich hatte damals gleich die Journalisten von *Haveeru Online* angerufen, die die Nachricht gebracht hatten. »Als die Bewohner von Kuda sich bei uns meldeten, waren sie sehr hartnäckig. Wir haben ihnen aber nicht geglaubt. Wissen Sie, die Menschen auf diesen kleinen Inseln sehen vieles …«, erklärte Shan Anees am Telefon. Die Haltung dieses jungen Journalisten wunderte mich, denn während meiner Zeit als Journalistin hatte ich gelernt, dass man die Meinungen, Intuition und Einschätzung von Einheimischen unbedingt ernst nehmen sollte. Sie kennen die örtlichen Gegebenheiten am besten und interpretieren anhand dieser die Ereignisse, die sie erleben, auch wenn sie nicht immer richtigliegen mögen. Aber ihre Beurteilungen sind oftmals besser begründet, als es vielleicht zunächst den Anschein hat. Für eine Weile legte ich diese Geschichte also beiseite, obwohl ich wusste, dass viele MHisten von ihr überzeugt waren. Ich hatte die Hoffnung, dass andere Journalisten den Weg auf sich nehmen würden, um vor Ort herauszufinden, was die Menschen dort an jenem frühen Morgen tatsächlich gesehen hatten. War es wirklich das Flugzeug, nach dem wir alle suchten?

15 Monate später hatten nur zwei internationale Zeitungen jemanden auf die Malediven geschickt, um diese Augenzeugenberichte zu prüfen, die französische Illustrierte *Paris Match* und die australische Tageszeitung *The Australian*.

Der Bericht des bekannten Schriftstellers Marc Dugain über seine Untersuchungen auf den Malediven in der Ausgabe vom 18. bis 23. Dezember 2014 in *Paris Match* wurde von englischsprachigen Medien dankbar aufgegriffen. Ich war von diesem Artikel zu gleichen Teilen überrascht und frustriert. Schon im allerersten Satz nennt der Autor das falsche Datum für das Verschwinden des Flugs.[1] Keiner der Zeugen wurde direkt zitiert oder mit Namen genannt, und er beschrieb weder die Orte, an denen er sich aufgehalten hatte, noch die Personen, mit denen er sprach. Aber der Artikel berichtete, das sehr tief fliegende Flugzeug habe einen Bogen gemacht, was zu der These passte, dass das Flugzeug Diego Garcia angesteuert haben könnte. Allerdings hatte Dugain sich schon lange für die Theorie von einem Abschuss des Flugzeugs durch die Militärbasis ausgesprochen, und mir schien es nun, als wolle er das unbedingt beweisen. Doch angesichts dessen, dass das Flugzeug so weit entfernt von seinem Ziel wohl schon so tief geflogen war, wirkte das wenig plausibel.

Der Bericht, den der *Australian* in seiner Sonntagsausgabe am 4. April 2015 veröffentlichte, war da wesentlich detaillierter. Schlussendlich war es dieser Artikel, der die Diskussionen wiederbelebte und bei den Familien erneut Hoffnung schürte. Wenn MH370 am Morgen des 8. März wirklich über den Malediven gesichtet worden war, dann fand die von Australien geleitete Unterwassersuche, die 5000 Kilometer entfernt im Indischen Ozean durchgeführt wurde, am falschen Ort statt. In Australien verfolgte man die Sache sehr genau, da das Suchgebiet im April stark ausgeweitet worden war, nachdem die ersten 60 000 Quadratkilometer keine Ergebnisse erbracht hatten.

Der Vorsitzende der maledivischen Luftfahrtbehörde, Ibrahim Faizal, ärgerte sich über diese neuen Berichte. Ich hatte in den Monaten zuvor häufiger mit ihm zu tun gehabt, und er hatte mich gleich bei unserem ersten Gespräch mit seiner Intelligenz und Aufrichtigkeit beeindruckt. In einer seiner Mails erzählte er mir, er wolle mit der Bevölkerung sprechen und »sich selbst ein Bild machen«. Ich bot an, ihn zu begleiten.

»Tuan Tuan, Puan Puan, Assalamualaikum …« (»Meine Damen und Herren, Friede sei mit euch …«) Die Besatzung von Flug MH073 nach Malé war außergewöhnlich entspannt und fröhlich. Die Kabinenchefin sprach die Passagiere liebevoll mit »Darling« an, was für Malaysia Airlines ungewöhnlich war. Um zehn Uhr abends waren wir laut dem kleinen Monitor vor mir 5542 Kilometer von Mekka und 2378 Kilometer von den Nikobaren entfernt. Auf der Karte verlief unsere Flugbahn horizontal: 3150 Kilometer von Osten nach Westen, parallel zum Äquator.

Am folgenden Morgen fuhr ich mit der Fähre zu der Insel, auf der die Hauptstadt Malé lag. Der blaue Himmel und das türkisfarbene Meer, wie man sie aus den Touristenbroschüren kannte, wollten nicht recht zur Atmosphäre auf der Fähre passen. Es fehlten die entspannten und freundlichen Gesichter, die ich eigentlich von den Inseln im Südpazifik gewohnt war. Alle Frauen trugen Kopftuch, und viele hatten trotz der 35 °C im Schatten schwarze Strumpfhosen und lange Handschuhe an. Die Malediven, das kleinste Land in Asien, wirkten auf den ersten Blick nicht sehr einladend.

»Gehen Sie nach rechts, wenn Sie von Bord kommen, und biegen Sie an der Bank of Maldives links ab«, hatte Ibrahim Faizal mir den Weg beschrieben. Erbaut auf einer Insel von weniger als zwei Quadratkilometern Fläche, zählt Malé mit seinen 150 000 Einwohnern zu den Orten mit der höchsten Bevölkerungsdichte. Am Fährterminal tauchte man sofort in das Hupkonzert der vielen Motorroller, Lieferwagen und Taxis ein, die sich größtenteils in einem bemitleidenswerten Zustand befanden. Es war wie eine Mischung aus Indien, Afrika und dem Nahen Osten, und über allem schwebte der ganz besondere Singsang der maledivischen Sprache Dhivehi. Die Touristen in den Traumresorts, die direkt von ihren Wasserbungalows aus mit den Schildkröten schwimmen konnten, bekamen von diesem Chaos nichts mit.

Die Büros der Luftfahrtbehörde lagen im elften Stock des Regierungsgebäudes, das mit seinen zwölf Stockwerken das höchste Gebäude der Stadt ist. Faizal erwartete mich hinter den Glastüren der scheinbar leeren Büros und begrüßte mich mit einem festen, vertrauenswürdigen Händedruck. Er schien etwas amüsiert über meinen Besuch und wirkte trotz seiner imposanten Statur freundlich und entspannt.

Die zivile Luftfahrtbehörde der Malediven (Civil Aviation Authority, kurz CAA) war eine unabhängige Behörde und wurde von einem Aufsichtsrat geleitet, dem Faizal vorsaß. Der Rat an sich unterstand jedoch einem Minister der Regierung, der vom Präsidenten der Malediven ernannt wurde. Im März 2014 war das der charismatische Verteidigungsminister Mohamed Nazim, der allerdings im

Januar 2015 in Haft genommen wurde.[2] »Das politische Geschehen auf den Malediven ist etwas turbulent« – diesen Satz sollte ich während meines Aufenthalts noch öfter hören. Nach der Verhaftung von Nazim war dann der Tourismusminister für die CAA zuständig.

Faizal erklärte als Erstes, er habe keine Zeit mehr für einen Besuch auf Kudahuvadhoo. Wegen seines Amts musste er oft verreisen, und in ein paar Tagen würde er sich erneut auf den Weg machen. Trotzdem sprach er mit mir über seine Frustration in Bezug auf das Verschwinden von Flug MH370. »Leute wie ich [damit meinte er seine Amtskollegen in anderen Ländern] haben ein großes Problem damit, dass Boeing sich seit dem Vorfall so gut wie gar nicht dazu geäußert hat.« Seinen malaysischen Gegenpart, der von Anfang an im Zentrum der Aufmerksamkeit stand, kannte er seit Jahren gut: Weil Malaysia und die Malediven in der alphabetischen Reihenfolge zwischen Malawi und Mali lagen, saßen die beiden bei offiziellen Treffen der Luftfahrtbehörden stets nebeneinander.

Falls die Sache in irgendeiner Weise mit den Malediven zu tun hatte, würde Faizal dies gern ein und für alle Mal klären. Die Behauptung, die Maschine hätte *seinen* Luftraum gekreuzt, ärgerte ihn sichtlich, vor allem, weil es die Polizei gewesen war und nicht die CAA, die den Bericht geschrieben und nach Malaysia geschickt hatte. Obwohl sein Büro mehrmals darum bat, hatte er nie eine Kopie davon erhalten. »Ich habe keinerlei Zweifel daran, dass der Bericht der Wahrheit entspricht. Ich will ihn einfach nur sehen«, sagte er mir. Sobald sich herumsprach, dass einige Leute ein Flugzeug in niedriger Höhe über den südlichen Archipel hatten fliegen sehen, schickten die Polizei und die MNDF[3] Ermittler nach Kudahuvadhoo, um verschiedene Zeugen zu befragen.

Etwas später gesellte sich Ibrahim Rasheed, Direktor des Flugbetriebs und Faizals rechte Hand, zu uns in Faizals Büro, von dem aus man die kleine, aber geschäftige Hauptstadt überblickte. Er war ein ehemaliger MNDF-Pilot und wurde von Faizal nur »Kapitän Rasheed« genannt. Rasheed erzählte von seinen Telefonaten mit Leuten, die das Flugzeug gesehen hatten: »Schon aus den ersten

Berichten wurde deutlich, dass das Flugzeug eher in Richtung Nordwest-Südost geflogen war und nicht von Osten nach Westen, wie es für ein Flugzeug logisch wäre, das aus Asien kommt.« Seiner Meinung nach handelte es sich lediglich um eine der vielen Maschinen, die zwischen dem Nahen Osten und Australien hin und her flogen. Er hatte sich eine vorläufige Erklärung für das Ganze überlegt, über die er mit mir sprechen wollte. Tagtäglich passierten rund zwanzig internationale Linienflüge die Malediven. Sie folgten dabei zwei Hauptrouten, die sich über den Inseln kreuzten: Naher Osten – Australien und Indien – Afrika. Am 8. März 2014 überquerten 18 Flüge den Archipel.[4] Die frühmorgendlichen Flüge aus der Golfregion flogen im Morgengrauen über die Malediven.

»Wenn sie in unserem Luftraum ankommen, fliegen die Flugzeuge immer noch recht niedrig, so zwischen 31 000 und 33 000 Fuß, wegen des Gewichts des Treibstoffs, den sie noch an Bord haben. Wenn sie dann den maledivischen Luftraum verlassen, bitten sie häufig um die Erlaubnis auf 39 000 bis 40 000 Fuß aufzusteigen. Dort ist die Luft dünner, und die Flugbedingungen sind besser«, erklärte der ehemalige Pilot. Ich warf ein, dass die Augenzeugenberichte auf ein Flugzeug schließen ließen, das deutlich niedriger flog. Wie sich herausstellte, war Rasheed selbst nicht ganz von dieser Erklärung überzeugt.

Was den Feuerlöscher betraf, der am 24. März auf der Insel Baarah im nördlichen Teil des Archipels aufgefunden wurde, war er sich dagegen sehr sicher. Obwohl das runde Objekt zunächst wie eine Seemine aussah, ähnelte seine Form einer bestimmten Art von Feuerlöschern, wie man sie in Frachträumen von Flugzeugen findet. *Haveruu Online* zitierte einen maledivischen Luftfahrttechniker, der meinte, das Objekt sei »sehr wahrscheinlich ein Flugzeug-Feuerlöscher«. Allerdings sagte er auch, er könne diese Vermutung nur bestätigen, wenn er das Objekt selbst begutachten könne. *Paris Match* befeuerte die Diskussion durch die Behauptung, sie hätten Fotos, die der Bürgermeister von Baarah gemacht hatte, »bevor das Militär das Objekt konfiszierte [...], an den Wartungsleiter einer großen Fluggesellschaft und an einen Experten in

Los Angeles« weitergeleitet. Und weiter hieß es: »Beide stellten eine große Ähnlichkeit mit den in einer Boeing üblichen Feuerlöschern fest. Ein Mitglied des maledivischen Militärs, das ungenannt bleiben wollte, bestätigte ebenfalls, dass es sich definitiv um einen Feuerlöscher handelte.«

Laut den Menschen, mit denen ich sprach, stimmte nichts an dieser Geschichte. Boeing und seine Zulieferer nummerierten sämtliche Bauteile – manchmal sogar Schrauben – und die Nummern, die man auf dem Objekt fand, stammten nicht von einer Boeing. Deshalb rührte das Objekt mit ziemlicher Sicherheit nicht von einer Boeing her. Außerdem war der Bericht über das gefundene Teil nicht vom Militär, sondern von der CAA verfasst worden. Rasheed breitete die zwölf Fotos und den technischen Bericht, den man nach Malaysia gesandt hatte, vor uns auf dem Tisch aus. Seine Experten hatten bestätigt, dass keine der Seriennummern mit den Nummerierungen einer Boeing übereinstimmte. Für ihn war die Sache damit erledigt.

Obwohl die Geschichte mit dem Feuerlöscher nun geklärt war, kamen wir in Bezug auf das unbekannte Flugzeug, das eine Handvoll Inselbewohner 150 Meilen südlich von der Hauptstadt entfernt gesehen haben wollten, auch nach anderthalb Stunden Diskussion nicht weiter. Welche Schlussfolgerungen enthielt wohl der Polizeibericht, den man nach Malaysia geschickt hatte?

Als ich drei Tage später von meinem Ausflug nach Kudahuvadhoo wieder in Malé eintraf, versuchte ich ebenfalls, an den Polizeibericht heranzukommen. Ich betrat die Polizeizentrale mit einem Brief, der vom Direktor von *Le Monde*, Jérôme Fenoglio, persönlich unterschrieben worden war. Obwohl man mich von einem Büro zum nächsten schickte, wurde mir lediglich ein kurzes Treffen mit dem jungen Sprecher der maledivischen Polizei gewährt, der sich mit dem Namen Firax vorstellte. Seine lakonische Antwort war: »Die Berichte der Augenzeugen waren sehr widersprüchlich. Das ist alles, was ich Ihnen sagen kann.« Und sein Chef war gerade nicht im Büro ...

***

Nach meinem ersten Treffen mit der CAA musste ich als Nächstes herausbekommen, wie ich zu der besagten Insel fahren konnte. Jetzt wo Faizal keine Zeit mehr hatte, konnte ich mich ihm nicht mehr einfach anschließen.

Auf der Karte sehen die Malediven wie eine Kette von Inseln aus, die von der südwestlichen Spitze von Sri Lanka herunterhängt. Ungefähr 1200 Inseln, um die 200 davon bewohnt, verteilen sich auf 26 Atolle. Gemeinsam formen sie ein längliches, vertikales Oval, nur ein paar einzelne abgelegene Inseln liegen südlich verstreut. »Kleine Inseln«, »kleine Atolle« und sogar »kleine Archipele« – all diese Beschreibungen treffen auf die Malediven zu, dennoch liegen die einzelnen Inseln Dutzende, manchmal sogar Hunderte Seemeilen voneinander entfernt.

Meine einzige Kontaktperson auf Kudahuvadhoo antwortete mir nicht. Ich konnte sie nur über ihre maledivische Handynummer auf Viber kontaktieren, eine kostenlose Nachrichten-App, die so gut wie jeder auf den Malediven nutzte. Ich prüfte verschiedene Möglichkeiten, wie ich auf die Insel kommen könnte. Jede von ihnen war teuer und kompliziert. Im Norden des Dhaalu Atolls befand sich ein Resort. Von dort aus könnte ich ein kleines Boot mit Außenbordmotor mieten und nach Kuda fahren. Es gab auch ein Hotel (mit sieben Sternen!), das der Insel geografisch noch näher lag, allerdings würde mich der 45-minütige Flug dorthin dreimal so viel kosten wie der Flug von Hongkong auf die Malediven. Ich wusste nicht recht, wie ich einen »Flug mit Wasserflugzeug auf den Malediven« auf meiner Spesenliste rechtfertigen sollte. Also studierte ich die Liste der Inlandsflüge am Flughafen, um zu sehen, ob mich einer davon näher an die Insel heranbringen könnte. Ein Flug nach Thimarafushi sollte 1444 Rufiyaas (circa 78 Euro) kosten, allerdings meinte der perplexe Verkäufer, dass es schwierig sein werde, von dort aus per Boot nach Kuda zu kommen.

Am Abend dieses ersten sehr langen Tages in Malé bekam ich langsam Zweifel an der Geschichte über das tieffliegende Flugzeug. Die einheimischen Journalisten glaubten nicht daran, die Luftfahrtbehörde auch nicht, obwohl sie keine plausible Erklärung dafür hatte. Die Berichte aus dem Dorf unterstützten zwar die Theorie, dass es sich um MH370 handeln könnte, aber sie waren nicht überzeugend. Was könnte ich dort noch herausfinden? Die Insel lag zu weit entfernt, und ich hatte meiner Zeitung schon zu viele Kosten für zu wenig Informationen verursacht. Und um alles noch schlimmer zu machen, stellte sich das lauwarme Curry, das mir der humorlose, bebrillte Besitzer meines kleinen Hotels servierte, als nahezu ungenießbar heraus. Während ich unter den grellen Neonlichtern des Restaurants saß und mich um ein Gespräch mit diesem Mann bemühte, fand ich zufällig heraus, dass sein Neffe, der manchmal an der Rezeption arbeitete, Fluglotse in Malé war. Und plötzlich wurde mir der mürrische Hotelbesitzer richtig sympathisch.

Als ich am nächsten Morgen mein Telefon anschaltete, hatte sich mein Kontakt auf Kadu, Shamsul Falaah, endlich gemeldet. Er war ein juristischer Berater des vorigen maledivischen Präsidenten gewesen und versteckte sich gerade unter dem Vorwand eines Studiums in Neuseeland. Das politische Leben auf den Malediven war eben wirklich »turbulent«. Die gestrige Funkstille war der Zeitverschiebung geschuldet. Mit seiner Hilfe kam ich bei meiner Recherche endlich voran. Zum einen hatte er einen Cousin, Hussain Shakir, der Vizepräsident des Gemeinderats von Kudahuvadhoo war und sich um eine Reisemöglichkeit für mich kümmern würde. Außerdem hatte einer von Hussains besten Freunden das Flugzeug selbst gesehen.

Nach ein paar Stunden voller Viber-Telefonaten und E-Mails war meine Reise nach Kuda organisiert. Ich hatte jetzt ein neues Netzwerk von Freunden – Shamsul, Ahmed, Shawad und Siam –, die alle wussten, wann ich auf der Insel ankäme, und Hussain würde dort mein persönlicher Guide sein. Er war es auch, der mich überzeugte, die Nachtfähre zu nehmen. »Sehr komfortabel«, meinte er, mit Klimaanlage im Salon und »Steckdosen, an denen man seinen Computer laden kann«. Ich könne vom Deck aus sogar den fast vollen Mond bewundern, wenn ich wollte. Und damit auch alles glattginge, würde mich Hussains Bruder begleiten. Diese maledivische Fährfahrt klang fast schon nach einer sommernächtlichen, idyllischen Kreuzfahrt. Allerdings fuhr die Fähre nur einmal in der Woche, und die nächste würde heute Abend ablegen.

Die Nacht war längst angebrochen, als ich im Hafen von Nord-Malé ankam. Hier mischte sich Meeresluft mit dem Geruch von Diesel und gegrilltem Fisch. Am spärlich beleuchteten Kai lagen Fischerboote und Frachtschiffe eng miteinander vertäut. Ihre vielen verschiedenen Rümpfe, deren Stahl vom Meerwasser rostete, waren bereits mehrere Male gestrichen worden. Netze wurden zusammengelegt, Boote be- und entladen: Passagiere, Hühnerkäfige, Motorroller, Säcke mit Reis und Zwiebeln und hie und da ein Fernseher oder Ventilator wechselten die Seiten.

Endlich entdeckte ich die *Nabura Express*. Die Fähre unterschied sich nicht sonderlich von den anderen Booten, sie war weder in besserem noch in schlechterem Zustand und bot auch sonst keine Hinweise darauf, wofür das »Express« in ihrem Namen stehen sollte. Über eine kurze Leiter gelangte man in einen Schlafraum, der so niedrig war, dass man nicht aufrecht darin stehen konnte. Tatsächlich musste man auf allen vieren hindurchkrabbeln, was sich in einem Kleid etwas schwierig gestaltete. Schmale Matten lagen dicht an dicht, darauf ein kleines Kissen mit Kunststoffüberzug, das anzeigte, an welchem Ende der Kopf liegen sollte. Ich hatte mich gerade eingerichtet, als ein Mitarbeiter mir von der Gangway aus wild zuwinkte. Seine besorgten Gesten schienen zu sagen: »Kommen Sie da raus!« Wie sich herausstellte, lag meine Koje im oberen Schlafbereich. Dort konnte man aufrecht stehen, und es gab, wie von Hussain versprochen, getrennte Toiletten für Männer und Frauen. Eine deutliche Verbesserung.

Als Hussains Bruder – eigentlich ein entfernter Cousin – mich ein paar Minuten vor dem Ablegen entdeckte, begrüßte er mich nervös. Eine ausländische Frau zu begleiten war offensichtlich eine Aufgabe, vor der er sich gerne gedrückt hätte. Die Fähre war voll, und mir wurde klar, dass ich es ohne Hussains Hilfe nicht auf das Schiff geschafft hätte. Nach der Abfahrt um 22 Uhr packten die Passagiere um mich herum ihre Sachen für die Nacht aus: Taschenlampe, Essen und dünne Stoffschlafsäcke. Ich beneidete sie vor allem um ihre Schlafsäcke, denn damit hätte ich mir um den Sitz meines Rocks keine Gedanken machen müssen. Die zwei rechteckigen Neonlichter an der Decke verbreiteten zwar ein wenig Licht, aber zum Lesen reichte es nicht.

Die Nacht von meiner idyllischen Seereise verlief dann fast so turbulent wie das politische Leben auf den Malediven. An einem Punkt traf der Sturm das Boot so hart, dass die dicht nebeneinander schlafenden Passagiere mit jeder Welle ein paar Zentimeter in die Luft geworfen wurden. Nun erwiesen sich die kleinen blauen Tüten, die an jedem Pfosten hingen, als sehr praktisch. Am Anfang der Fahrt hatten die Frauen ein paar der Tüten zur Aufbewahrung ihrer Schuhe benutzt. Als der Sturm jedoch seinen Höhepunkt erreichte, wurde die Überfahrt so rau, dass sie ihren wahren Zweck enthüllten. Gleichzeitig klingelten ununterbrochen Handys – arabische Tanzmelodien, Bollywood-Hits und um 4 Uhr morgens sogar (ziemlich tröstlich) »Hotel California«. Um Punkt 5 Uhr erklang dann der Ruf zum Morgengebet von einem der Telefone durch den Schlafraum.

Bei Tagesanbruch legte die *Nabura Express* an ihrem ersten Halt an. Im trüben Licht der Morgendämmerung wurde ein riesiger Kühlschrank von Hitachi auf einen bereitstehenden Wagen verladen. Durch den Sturm hatten wir uns stark verspätet, sodass Kudahuvadhoo erst um 8 Uhr morgens als schmaler grüner Streifen am Horizont auftauchte. Aus dieser Entfernung sah es wirklich so aus, als hätte jemand Konfetti ins Meer gestreut. Nachdem der Tsunami von 2004 viele Häuser auf den beiden umliegenden Inseln zerstört hatte, war die Bevölkerung auf Kuda sprunghaft von 2400 auf 3000 angestiegen. Danach war die Insel aber wieder recht schnell aus der öffentlichen Wahrnehmung verschwunden. Alle dort waren wieder in den Alltag zurückgekehrt, der nur durch den gleichmäßigen und beruhigenden Rhythmus der Gebetsrufe unterbrochen wurde. Bis die vielen Artikel über die angebliche Sichtung eines unidentifizierten Flugzeugs am Morgen des 8. März 2014 erschienen und die Insel erneut bekannt machten.

Man konnte Hussain Shakir nicht übersehen, wie er mit lilafarbenem Hemd und Krawatte am Kai stand. Er hatte all seine Termine abgesagt, um mir zu helfen, und entschuldigte sich dafür, dass er kein Auto hatte organisieren können, obwohl es immer wieder regnete. Später fand ich heraus, dass es nur vier private Fahrzeuge gab. Zahlenmäßig ließ sich die Insel schnell überblicken: fünf Moscheen, vier Autos, zwei Schulen ... »und eine Krawatte« möchte ich noch hinzufügen.

Nun konnte die Befragung der Augenzeugen, die das Flugzeug gesehen hatten, beginnen. Es waren einige, die wir aufsuchen mussten.

Zuhuriyya Ali war fünfzig Jahre alt. Sie empfing uns im Innenhof ihres unverputzten Hauses und servierte uns Rosenmilch und frisch geschnittene Mango. Ihre Tochter war ebenfalls anwesend, mit zwei kleinen Kindern dabei. Neugierig beäugten die beiden die komische weiße Frau, die da mit ihrer Großmutter sprechen wollte. Ihr Ehemann saß in einem Schaukelstuhl und betrachtete die Szene aus sicherer Entfernung. Gegen eine selbst gezimmerte Kommode gelehnt, auf der sich Geschirr stapelte, durchforstete Zuhuriyya ihr Gedächtnis nach einer möglichst präzisen Schilderung dessen, was sie an dem besagten Morgen gesehen hatte.

»Ich stand hier und hörte diesen schrecklich lauten Krach. Als ich hochschaute, sah ich ein großes Flugzeug, das ungefähr aus der gleichen Richtung kam wie sonst auch immer, nur viel niedriger.« Sie deutete auf einen Teil ihres Wellblechdachs und zog mit ihrem Finger einen Bogen über den Himmel. Sie war sich sicher, dass es um 6.15 Uhr passiert war, höchstens eine oder zwei Minuten früher oder später, weil um 5 Uhr morgens das Morgengebet stattfand, zu dem die Männer in die Moschee gingen und die Frauen entweder gemeinsam oder zu Hause beteten. Danach hatte sie um 6 Uhr begonnen, den Innenhof zu kehren, während ihr Mann sich noch mal hinlegte.

Ob es ein Militärflugzeug gewesen sein könnte? Nein, das sei unmöglich. Ihr Mann, der früher für die MNDF[5] gearbeitet hatte, hatte sie dasselbe gefragt. Das Flugzeug war viel langsamer geflogen. Vor meinem Besuch hatte sie bereits mit zwei Fremden gesprochen, aber die Polizei war nie zu ihr gekommen. Sie wusste auch nicht, wer eine Woche später die Nachricht von dem Flugzeug an *Haveeru Online* weitergegeben hatte.

Fünf Minuten Fahrt mit dem Motorroller entfernt, erzählte mir ein Schüler seine Version der Ereignisse: Humaam Dhonmonik, 16 Jahre alt, trug ein Fußballtrikot mit der Nummer 13 auf dem Rücken. Er war an jenem Samstagmorgen zur Wäscheleine gegangen, um sich etwas zum Anziehen zu holen, weil sein Religionsunterricht um 7 Uhr begann. Sein Finger zeigte ebenfalls auf die Stelle im Himmel, wo er das Flugzeug erstmals gesehen hatte: zwischen zwei großen Bäumen. Als er in seiner Klasse davon sprach, meinte eine andere Schülerin, ihr Vater habe das Flugzeug ebenfalls gesehen. Mit dem Kompass auf seinem Handy stellten wir fest, dass er das Flugzeug aus der gleichen Richtung hatte kommen sehen wie Zuhuriyya Ali: Westnordwest. So hatte es mir der Direktor des Flugbetriebs in Malé auch beschrieben. Als ich Humaam sagte, dass MH370 eigentlich aus der entgegengesetzten Richtung hätte kommen müssen (aus Osten), überprüfte er erstaunt die geografische Lage von Malaysia auf Google Maps. Diese Information verwirrte ihn sichtlich. Er hatte blaue und rote Farbe um das Cockpit herum erkannt, aber »kein Logo« von Malaysia Airlines. »Ich weiß nicht, ob es MH370 war«, fügte er hinzu, verunsichert vom Problem mit der Flugrichtung.

Auf mein Treffen mit Abdu Rasheed Ibrahim war ich besonders gespannt. Die Zeitung *The Australian* hatte ihn in ihrem Artikel als zentralen Zeugen dargestellt. Sein Bild prangte auf der Titelseite der Sonntagsausgabe vom 4. April 2015, und *Paris Match* meinte bestimmt ihn, als sie »einen Fischer von ungefähr 50 Jahren, der bis zur Hüfte im Wasser steht« beschrieb.

Abdu Rasheed Ibrahim war 46 Jahre alt. Fälschlicherweise hatte *The Australian* ihn als »Beamten am Amtsgericht« bezeichnet, dabei war er dort eigentlich der Hausmeister. Am Morgen des 8. März, als er das Flugzeug hörte, stand er im Wasser und angelte an einer Stelle, wo man ihn meistens um 7 Uhr vor Arbeitsbeginn antraf.

Aber weil von Nordosten her ein starker Wind wehte, konnte er das Flugzeug erst richtig sehen, als es genau über ihn hinwegflog. Weil er so nah am Wasser stand, hatte er als Einziger gesehen, wie das Flugzeug seine Route änderte und nach Südosten abdrehte. Genau in dem Moment als sich das Flugzeug für die Kurve zur Seite neigte, hatte er »rote Farbe unter den Fenstern und um die Tür herum« gesehen. Das Flugzeug flog tief, aber nicht so tief, dass es aussah, als würde es bald landen oder abstürzen. So oder so beunruhigte ihn der Anblick nicht. Eigentlich hatte der Vorfall ihn nicht weiter beschäftigt, dennoch berichtete er zu Hause seiner Tochter Zynia davon. Diese ging mit Dhonmonik in denselben Religionsunterricht, wo sie ihrem Freund erzählte, dass ihr Vater das Flugzeug ebenfalls gesehen hatte. Die Bewohner von Kudahuvadhoo erfuhren erst aus den nationalen Abendnachrichten des Fernsehens vom Verschwinden des malaysischen Flugzeugs. Daraufhin fragten sich einige von ihnen: »Was, wenn …?«

Nachdem erst die örtlichen Zeitungen und später auch internationale Medien über die Sichtung berichtet hatten, kamen auch Ermittler der Polizei und Teams der MNDF auf die Insel. Sie baten Abdu Rasheed darum, ihnen die genaue Stelle zu zeigen, wo er stand, als er das Flugzeug gesehen hatte. Messungen wurden durchgeführt. Auf die Frage hin, wie groß das Flugzeug in seinem Sichtfeld gewesen sei, streckte er die Hände aus und zeigte eine Länge von ungefähr neunzig Zentimetern an. Seit dieser Aussage bin ich viele Male mit dem Flugzeug geflogen. Oft habe ich am Flughafen oder auf dem Weg dorthin ausprobiert, wie niedrig ein Flugzeug wohl fliegen muss, damit es neunzig Zentimeter meines Sichtfelds einnimmt. Die Polizei gab an, die Luftsicherheit hätte in diesem Gebiet kein Flugzeug erfasst. Allerdings hatte mir der Fluglotsen-Neffe des Restaurantbesitzers in Malé vor meiner Reise nach Kuda erzählt, dass die Radarsysteme von Malé nicht bis nach Kuda reichten. Dementsprechend bluffte entweder die Polizei oder die ATC, um zu verbergen, wie wenig Beweise sie hatten.

»Irgendetwas Wahres muss doch dran sein, nur was?« überlegte ein perplexer Hussain Shakir, als er nach einem schnellen Mittagessen sein Päckchen mit Betelnüssen öffnete. Wäre MH370 hier in der Nähe abgestürzt, hätten seiner Meinung nach die *Dhonis,* die dreißig Meter langen Fischerboote, die für zwei bis drei Wochen am Stück auf See nach Gelbflossen-Thun fischten, auf jeden Fall Trümmerteile gesichtet. Alle diese Boote hatten Funkgeräte und Handys an Bord und würden ungewöhnliche Vorgänge sofort melden. Ab und zu kann so etwas passieren. Im November 2014 beispielsweise hatten Flugzeuge des US-Militärs unerlaubt den zentralen Teil der Malediven überflogen – genau dort, wo wir uns jetzt befanden. Sie kamen von dem Militärstützpunkt auf Diego Garcia, das 300 Meilen südlich des letzten maledivischen Atolls liegt. Kurz darauf hatten Fischer ein technisch komplexes Objekt aus dem Wasser gezogen, bestehend aus einer Kiste mit elektronischen Geräten und einem Metallteil mit zwei Sensoren, das an einem orangefarbenen Schwimmer befestigt war. Ein Foto davon war an die maledivische Küstenwache weitergegeben worden und wurde sogar in *Haveeru* veröffentlicht. Schließlich gab der Verteidigungsminister eine Erklärung ab, die Amerikaner hätten sich dafür entschuldigt. Ein »Verwaltungsfehler« habe zu diesem Missverständnis geführt.

Zusammen mit meinem Freund, dem Gemeinderats-Vizepräsidenten, führte ich noch mehrere Befragungen durch. Wir waren die ganze Zeit auf seinem Motorroller unterwegs und schlängelten uns zwischen den Pfützen hindurch, die die sintflutartigen Regenfälle auf der Straße hinterlassen hatten.

Es gab zwei offensichtliche Fakten, die wir nicht außer Acht lassen konnten. Erstens kam dieses Flugzeug aus genau der entgegengesetzten Richtung, die Flug MH370 auf seinem Kurs eingeschlagen hätte. Zweitens war das Flugzeug morgens um kurz nach 6 Uhr und lange vor 7 Uhr gesichtet worden, was nach Pekinger Zeit zwischen 9 und 10 Uhr gewesen wäre.

Dementsprechend war es nicht möglich, dass es sich bei dem Flugzeug, das auf Kuda gesichtet worden war, um MH370 gehandelt hat, allein schon deswegen, weil es um 6:15 Uhr maledivischer Zeit schon 9:15 Uhr in Peking und Kuala Lumpur gewesen wäre.

Und MH370 hatte nicht genug Treibstoff an Bord, um so lange in der Luft zu bleiben. Zumal die geladene Treibstoffmenge zu den wenigen Informationen gehörte, die wir sicher wussten.

Gemäß den technischen Informationen von Malaysia Airlines und der ersten ACARS Nachricht, die beim Start weitergegeben wurde, hatte das Flugzeug 49,1 oder 49,2 Tonnen Treibstoff geladen. Damit hätte es bis 8 Uhr oder 8:30 Uhr malaysischer Zeit fliegen können. Auf den Malediven wäre es da 5 Uhr beziehungsweise 5:30 Uhr gewesen. Eine Stunde länger wäre nicht möglich gewesen. Außerdem zeigten die Inmarsat-Daten, dass das Flugzeug bereits um 8:19 Uhr lokaler Zeit in Perth, Australien, seinen Treibstoff aufgebraucht hatte, also um 5:19 Uhr maledivischer Zeit.

Wäre das Flugzeug von seiner letzten bekannten Position aus, um 2:22 Uhr nördlich von Sumatra, in Richtung der Malediven geflogen, hätte es diese nach 2400 Kilometern problemlos erreichen können. Allerdings wäre es dort wesentlich früher angekommen, nämlich um 2:30 Uhr morgens maledivischer Zeit oder 5:30 Uhr in Malaysia.

Darüber hinaus bin ich mir sicher, dass eine Boeing 777, die sehr niedrig über das Dorf fliegt, von den meisten Inselbewohnern gehört worden wäre. Bäume und Häuser hätten gewackelt, wenn eine 350 Tonnen schwere Maschine – größer und schwerer als eine ganze Flotte *Dhonis* – über sie hinweggeflogen wäre.

Nun war klar, dass das »große Flugzeug«, das an dem Morgen gesichtet wurde, nicht MH370 gewesen sein konnte. Trotzdem hatten diese Menschen etwas gesehen, was weder ein Langstreckenflug in 30 000 Fuß Höhe noch ein riesiger Albatros gewesen sein konnte. Das erinnerte mich an die Frage, mit welcher der Journalist Hedley Thomas seinen Artikel in *The Australian* beendet hatte: »Wenn es nicht MH370 war, was war es dann?« Schließlich machte Adam Saeed, der als Lehrer für Dhivehi, die offizielle Sprache auf den Malediven, am Dhaalu Atoll Education Center arbeitete, eine Bemerkung, die mich zum Nachdenken brachte.

»Ich spielte gerade mit meinem Sohn Fußball, als dieser zum Himmel zeigte und ›Schau mal Papa, ein Flugzeug!‹ rief. Ich dachte als Erstes, dass es bestimmt ein Flugzeug war, das auf dem nahe gelegenen Flughafen landen wollte. Mich ärgerte, dass es so niedrig flog und uns an einem Samstagmorgen störte.« Ein Flugzeug, das auf einem nahe gelegenen Flughafen landete? Das Gleiche hatte er auch der Polizei erzählt. Und sofort fiel mir der Flug nach Thimarafushi ein, der 1444 Rufiyaas gekostet hätte. Das benachbarte Atoll mit seinem brandneuen Flughafen, der starke Wind aus Nordosten – selten am Äquator – der plötzliche Kurswechsel nach Südosten ... Alles passte plötzlich zusammen. Nun wollte ich dringend wieder nach Malé zurück, um mehr über diesen Flughafen und die regionalen Flüge herauszufinden.

Zurück in Malé, lauschte Ibrahim Faizal aufmerksam, aber sichtlich zweifelnd meinem Bericht. »Wir sind uns völlig einig darin, dass es nicht MH370 war. Aber haben diese Menschen auch wirklich ein Flugzeug gesehen?« Ich war mir sicher, dass er meine Vermutung überprüfen könnte, aber war es auch in seinem Sinne, dies zu tun? Er werde sehen, was er herausfinden könne, versprach er mir, während er mich zur Fähre begleitete, die mich zum Flughafen bringen würde. Auf dem Weg kamen wir in Malés chaotischem Hafenviertel an den Schaufenstern von Maldivian vorbei, der nationalen Fluggesellschaft der Malediven. Hinter den Scheiben priesen Werbeposter die schönsten örtlichen Ziele an. Die Flugzeuge waren weiß, um die Fenster zog sich in roter Schreibschrift der Name der Firma, und am hinteren Ruder war ein blauer Streifen in Form einer Welle. Mir fiel auch das »Rot um die Tür herum« auf, wie es Abdu Rasheed beschrieben hatte. Bei den Boeings 777 von Malaysia Airlines gab es keine rote Farbe um die Türen. Auf dem Weg zu meinem kleinen Hotel auf der Flughafen-Insel fragte ich mich, ob ein einfacher maledivischer Inlandsflug, der von seinem üblichen Kurs abgekommen war, des Rätsels Lösung sein konnte. Leider saß diesmal nicht der Fluglotsen-Neffe an der Rezeption, ich hätte ihn gern nach seiner Meinung gefragt.

Mittlerweile habe ich herausgefunden, dass der fragliche Flughafen im September 2013 eröffnet wurde, auch wenn er zu der Zeit noch nicht in Betrieb war. So sagte es jedenfalls Mohammed Waheed, Präsident der Malediven, in seiner Eröffnungsrede. Das heißt, im März 2014 war der Thimarafushi-Flughafen brandneu. Weil er keinen Tower hatte, mussten alle Flugzeuge auf Sicht anfliegen. Für solche Routen nutzte Maldivian zweimotorige Maschinen mit fünfzig Sitzen, Modell Bombardier DHC-8. In verschiedenen technischen Berichten heißt es, dieses Modell sei »für seine Lautstärke bekannt«. Natürlich war es keine Boeing 777, aber man muss dazusagen, dass die Bewohner von Kuda auch nie behaupteten, sie hätten eine Boeing 777 oder überhaupt einen großen Langstrecken-Jet gesehen. Sie hatten immer nur von einem großen, tieffliegenden Flugzeug gesprochen, das einen riesigen Lärm veranstaltete. Alles andere war reine Spekulation gewesen.

Am Sonntag erhielt ich schließlich eine Nachricht von Faizal mit dem Betreff: Flüge am 8. und 9. März 2014 von und nach Thimarafushi Airport. Sie enthielt eine Tabelle mit allen Flügen, die an diesen beiden Tagen den Flughafen angeflogen hatten oder von dort gestartet waren. Die Tabelle zeigte jeweils fünf Ankünfte und fünf Abflüge für jeden Tag. Am Morgen des 8. März landete um 6:33 Uhr der regionale Flug mit der Nummer DQA149. Das passte perfekt!

War das also das laute Flugzeug gewesen, welches im Morgengrauen über Kudahuvadhoo hinweggeflogen war? Es war deutlich größer als ein Wasserflugzeug mit weißem Rumpf und roten Beschriftungen um Fenster und Türen und einem blauen Streifen am Schwanz. Hatte der ungewöhnlich starke Wind aus Nordosten, von dem der Fischer gesprochen hatte, den Piloten gezwungen, den Flughafen in einem anderen Winkel anzufliegen? Ohne eine Flugverkehrskontrolle vor Ort musste der Pilot alle Entscheidungen selbst treffen. Er durfte – und musste vielleicht – seine Route den Wetterbedingungen anpassen. Für einen Kurswechsel musste er lediglich über Funk allen anderen Flugzeugen im Umkreis Bescheid geben. Oder hatte der Pilot ein Atoll mit dem anderen verwechselt? Auf der Karte konnte man sehen, dass Kuda am unteren Ende des Atolls lag, genau wie der Flughafen von Thimarafushi. Einem Piloten von Air France erschien diese These plausibel. Er nannte andere Fälle, wo Piloten zwei Flughäfen verwechselt hatten, beispielsweise Eilat in Israel und Aqaba in Jordanien, oder steil aufsteigen mussten, weil sie einen Landeanflug auf Quijda in Marokko eingeleitet hatten, anstatt auf den Flughafen Tlemcen in Algerien. In den 1980er-Jahren hatten diese Flughäfen zwar einen Tower, aber kein Radar. Thimarafushi fehlte Anfang 2014 noch beides.

Warum auch immer der Pilot von DQA149 seinen Flugplan am 8. März 2014 änderte, keiner bekam etwas davon mit. Außer einer Handvoll Bewohner von Kudahuvadhoo.

Mir war bewusst, wie sehr sich viele Familien und auch MHisten an die Vorstellung klammerten, dass MH370 in diesem Gebiet verschwunden war. Ich schickte Grace Subathirai Nathan (der jungen Anwältin, deren Mutter an Bord des Flugs gewesen war) eine kurze Nachricht, in der ich ihr berichtete, dass es sich bei dem gesichteten Flugzeug nicht um Flug MH370 gehandelt haben konnte. Sie antwortete nur mit einem traurigen Emoji. Diese Ermittlung brachte uns nur über das Ausschlussverfahren der Wahrheit näher. Immerhin entkräftete sie eines der vielen Gerüchte, die seit dem Unglück zirkulierten. Eine Spur weniger, die es zu untersuchen galt.

Nachdem mein Artikel erschienen war, kritisierte *Media Watch*, eine angesehene Sendung zum aktuellen Zeitgeschehen, die seit 1989 über auf dem australischen Sender ABC TV ausgestrahlt wird, den Artikel des *Australian*.[6] Noch bevor der Beitrag gesendet wurde, veröffentlichte *The Australian* in seiner Wochenendausgabe vom 20./21. Juni 2015 einen neuen Artikel mit dem Titel: »Maledivische Theorie zu MH370 entkräftet.« *Paris Match* dagegen gab die Fehler in ihrem eigenen Bericht nicht zu.

Dennoch tauchte die Malediven-Theorie immer wieder auf. Im August 2015 verkündete ein Sprecher des maledivischen Präsidenten gegenüber einer großen Presseagentur, man habe Trümmerteile gefunden, die »möglicherweise Teile des MH370-Flugzeugs« sein könnten. Man habe sie den malaysischen Behörden übergeben. Außerdem erklärte er, am Morgen des 8. März 2014 sei kein Flugzeug über Kudahuvadhoo geflogen. Dank des Fluglotsen-Neffen des Hotelbesitzers wusste ich allerdings, dass weder das Büro des Präsidenten noch die Polizei darüber informiert waren, dass die Radarsysteme in Malé nicht so weit reichten. Wie oft muss eine Lüge wiederholt werden, bis sie schließlich wahr wird?

8

Löst das Flaperon von La Réunion das Rätsel um Flug MH370?

Am Mittwoch, dem 29. Juli 2015, wurde im Fall MH370 ein neues Kapitel aufgeschlagen. Es sah ganz so aus, als ob Trümmerteile des »spurlos verschwundenen Flugzeugs« am Strand der Insel La Réunion angeschwemmt worden wären.

Gab es endlich einen konkreten Hinweis, ein physisches Überbleibsel des Unglücks? Falls ja, wäre das der erste greifbare Beweis dafür, dass das Flugzeug tatsächlich irgendwo in den Weiten des Indischen Ozeans abgestürzt war. Die fehlenden Trümmer waren bisher der größte Schwachpunkt in der ganzen Angelegenheit gewesen. Erst dadurch war Misstrauen geweckt worden.

Die Abwesenheit von Trümmern, die verwirrenden und undurchsichtigen mathematischen Interpretationen einiger weniger Pings von Inmarsat und die wiederholten Ausrutscher der malaysischen Behörden machen verständlich, weshalb den Familien die offizielle Theorie ganz und gar unglaubwürdig erschien. Obwohl das Verschwinden des Flugzeugs mittlerweile mehr als 500 Tage zurücklag, hatten viele noch nicht mit der Trauerarbeit begonnen. Als die Angehörigen von der neuen Entdeckung erfuhren, waren sie natürlich bestürzt. Sie verstanden die Bedeutung der Fundstücke besser als irgendjemand sonst. Denn falls sich herausstellte, dass sie wirklich zu Flug MH370 gehörten, wäre alle Hoffnung verloren. Bis zu diesem Zeitpunkt hatten manche Angehörige entgegen aller Vernunft immer noch darauf gehofft, ihre Lieben wiederzusehen. »Diese überwältigenden Gefühle und der tiefe Schock, die mir schon so vertraut waren, trafen mich erneut mit voller Wucht. Diesmal war es allerdings noch schlimmer. Ich musste mein Herz davon überzeugen, alle verbleibende Hoffnung, die ich mir in den letzten 16 Monaten noch bewahrt hatte, aufzugeben«, schrieb Jennifer Chong auf der Facebook-Seite der Familien. Ihr Ehemann Chong Ling Tan hatte sich an Bord des Flugzeugs befunden.

Am Morgen des 29. Juli 2015 befand sich Johnny Bègue an der nordöstlichen Küste von La Réunion am See Bois Rouge, der in der Nähe der Stadt Saint André liegt. Bègue war Gruppenleiter bei 3E Association, einer Umweltorganisation, die sich für saubere Küsten einsetzt. An besagtem Tag nutzte er die Pause seines Teams, um an den Strand zu gehen und einen *Kalou* zu suchen, einen Stein, der zum Mahlen von Gewürzen benutzt wird. Es war 8:45 Uhr morgens und zwei Tage vor dem nächsten Vollmond. Die Sonne war um 6:51 Uhr aufgegangen und kündigte einen warmen südlichen Wintertag an.

»Dann sah ich plötzlich dieses große Ding, das halb im Wasser und halb auf dem Sand lag«, berichtete er in seinem singenden Französisch den zahlreichen Fernsehsendern, die seine Geschichte in den darauffolgenden Tagen hören wollten. In all der Aufregung vergaß er zunächst den schwer beschädigten Koffer, den er auf Höhe des Flaperons hatte liegen sehen. Diesen erwähnte er erst einen Tag später. Nach dem Fund rief er sein Team zu Hilfe. Gemeinsam zogen sie den großen Gegenstand weiter den Strand hinauf, damit die aufkommende Flut ihn nicht wieder wegspülte.[1]

In der offiziellen Aussage, die Johnny Bègue noch am selben Nachmittag bei der französischen Polizei machte, beschrieb er den Fund interessanterweise als »nicht sehr nass [für etwas], das lange im Wasser lag«. »Ich denke, dass es in der Nacht angespült wurde und trocknen konnte, bis wir es fanden.« Obwohl Bègue seinen Lebensunterhalt mit der Sauberhaltung von Stränden verdient, fragte ihn sein Gegenüber, ob er denn über aeronautisches Fachwissen verfüge. »Nein, ich bin kein Flugzeugexperte, aber ich war mir sofort sicher, dass es sich um ein Flugzeugteil handelt«, antwortete Bègue. Auch gegenüber den Medien wiederholte er, er habe nie daran gezweifelt, hier das Trümmerteil eines Flugzeugs vor sich zu haben. Allein schon wegen der Größe, der abgerundeten Ecken und weil die Nieten nicht rosteten.

Zuerst wollte die Gruppe mit ihrem Fund eine kleine Gedenkstätte errichten und Blumen darum pflanzen. Ihnen war nicht klar, wie bedeutsam dieses Objekt war. Bègue rief dann bei *Radio Liberté*, dem beliebtesten Sender der Insel, an. »Das ist unser örtlicher Nachrichtenticker«, erklärte Julien Delarue vom *Journal de l'île de La Réunion*. Delarue fuhr sofort zum Strand, um sich das Trümmerstück näher anzusehen. »Wenn die Leute hier etwas entdecken, rufen sie zuerst beim Radio an und wählen erst danach den Notruf.«

Kurz nach Bègues Anruf kamen also Polizei und Presse hinzu. In den ersten Meldungen sprach man von einem drei Meter langen Objekt, das vermutlich einmal zum hinteren Teil eines Flugzeugflügels gehört hatte. Aber von welchem Flugzeug stammte es? »Wir machten eine Menge Fotos, unter anderem von der Modellnummer: 657-BB. Das Redaktionsteam stellte recht schnell eine Verbindung zu MH370 her. »Am Anfang war das aber eher als Witz gemeint!«, erinnerte sich Delarue. Das Objekt befand sich augenscheinlich in recht gutem Zustand. Es wurde der französischen Luftverkehrsgendarmerie GTA[2] übergeben, bevor man den Vorfall der französischen Luftsicherheitsbehörde BEA meldete.

Innerhalb weniger Stunden machte Flug MH370 wieder internationale Schlagzeilen. Das Wort »Flaperon« wurde auf jede vorstellbare Weise ausgesprochen: *a flaperon, un flaperon, uno flaperon, jinfùyì* in China, *seriphan flaperon* in Malaysia. Dieses Schachtelwort setzt sich aus den Begriffen »Flap« (Wölbklappe) und »Aileron« (Querruder) zusammen. Es handelt sich dabei um eine Kombination aus Wölbklappe und Querruder, die sich bei einigen Flugzeugmodellen am hinteren Ende der Flugzeugflügel befindet, unter anderen auch bei einer Boeing 777. Auf La Réunion wurde ein rechtes Flaperon gefunden.

Die vielen Fotos des Flugzeugteils, oft von guter Qualität, verbreiteten sich sehr schnell in den sozialen Netzwerken. Anhand dieser stellte der französische MHist Xavier Tytelman, der in den Medien in Luftfahrtangelegenheiten oft zurate gezogen wurde, zusammen mit einer Gruppe von Experten fest, dass das Flaperon mit der Nummer 657-BB sehr wahrscheinlich zu einer Boeing 777 gehört hatte. Boeing bestätigte diese Annahme zwei Tage später. Das bewies jedoch noch nicht, dass das Trümmerstück von einer Boeing 777-200ER stammte, wie sie am 8. März 2014 für Flug MH370 genutzt worden war. Wie schon weiter oben ausgeführt, trug das verschwundene Flugzeug die Seriennummer 28240, bei Boeing lief es unter WB-275 und Malaysia Airlines hatte es auf 9M-MRO registriert. Es war die erste und einzige Boeing 777, die spurlos verschwunden war und da man uns ständig erzählte, Boeing nummeriere, genau wie Airbus, immer jedes verwendete Teil, dachten alle, dass sich die Sache leicht aufklären ließe.

In der ersten naiven Aufregung wurde bereits überall berichtet, das große Rätsel sei endlich gelöst worden. Malaysia verkündete: »Wir stehen kurz vor einer Auflösung des Mysteriums.«[3] Ohne die Ergebnisse einer technischen Untersuchung abzuwarten, schloss sich Australien dieser Aussage an. Der Direktor des ATSB[4] Martin Dolan behauptete, er sei »immer sicherer, dass das Stück zu MH370 gehört«.

Die Franzosen brüsteten sich derweil schon damit, wie transparent und professionell ihre Untersuchungen zweifellos sein würden. Malaysia hatte die Welt enttäuscht. Australien hatte die Welt enttäuscht. China und die USA hatten sich von Anfang an aus der Sache herausgehalten. Aber Frankreich werde nun einen genauen und umfassenden Bericht über alles abliefern, was man über das Flaperon herausfinden könnte, und das natürlich so schnell, wie es die Technik erlaubte. So begann ein neues Kapitel voller Hoffnung.

Das Auftauchen des Objekts auf französischem Boden beunruhigte Malaysia und Australien; zu gerne hätten beide das Flaperon in ihre Hände bekommen. Mir wurde erzählt, beide Länder hätten deshalb Frankreich auf eher undiplomatische Weise unter Druck gesetzt.

»Möchte man einen Zeugen dazu bringen, dass er das aussagt, was man hören will, unterwirft man ihn am besten den eigenen Verhörmethoden«, meinte ein ehemaliger bretonischer Gerichtsmediziner, als ich ihm die Situation erklärte.

Nun kam es also zu der bisher beispiellosen Situation zweier miteinander konkurrierenden Untersuchungen: die offiziellen Ermittlungen Malaysias und die »antiterroristische« amtliche Prüfung Frankreichs. Frankreich berief sich dabei auf seine eigenen laufenden Ermittlungen zu MH370 und rechtfertigte damit seine alleinige Kontrollhoheit über das auf französischem Boden gefundene Objekt und dessen Analyse. Die Franzosen waren in dieser Sache eindeutig im Recht; es wäre ein Fehler gewesen, das nicht zu tun.

Ein paar Tage nachdem MH370 verschwunden war, hatte man den Fall der französischen Justizbehörde übertragen, dort wurde er 2015 der Abteilung zur Terrorismusbekämpfung zugeteilt, was den Richtern einen besseren Zugang zu internationalen Behörden ermöglichen sollte. Abgesehen von einer Namensänderung und dem Wechsel von einem Gerichtsbüro zum nächsten, hatte die Ermittlung allerdings in den vergangenen 500 Tagen keine nennenswerten Fortschritte gemacht. Tatsächlich dauerte es ein ganzes Jahr, bevor Rechtshilfegesuche nach Malaysia geschickt wurden, auf die jedoch zunächst keine Antwort folgte.

Sollte sich also herausstellen, dass das auf französischem Boden angeschwemmte Flaperon wirklich zu MH370 gehörte und Tausende von Kilometern in den gefährlichen Wassern des Indischen Ozeans zurückgelegt hatte, wäre das für die französischen Ermittlungen ein großes Glück. Die Richter könnten es nutzen, um im Gegenzug endlich bestimmte Informationen zu erhalten, vor allem von Malaysia. Der ehemalige Vorsitzende des BEA, der sonst so nüchtern denkende Jean-Paul Troadec, mit dem ich seit unserer ersten Begegnung in Malaysia in Kontakt geblieben war, sprach sogar von einem »Wunder«.

Obwohl Frankreich nun klar im Vorteil war, blieb es fair. Alle Parteien, die an der offiziellen Ermittlung Malaysias beteiligt waren, wurden zur Analyse des gefundenen Objekts ins Balma Labor der DGA-TA[5], der französischen Behörde für Rüstungsbeschaffung, Abteilung Luftfahrttechnik, in Toulouse eingeladen. Es war Frankreichs modernstes Labor für aeronautische Analysen. Hier waren auch alle Trümmer von Flug AF447 untersucht worden, der 2009 auf dem Weg von Rio de Janeiro nach Paris abgestürzt war.[6] Am Wochenende des 1. August 2015 traf das Flaperon in einer versiegelten Kiste in Balma ein.

Am Mittwochnachmittag des 5. August 2015 trafen sich dort verschiedene Experten: François Grangier, der diesem Fall zugeteilte Sachverständige für Ermittlungen zu Flugunfällen, mehrere Mitglieder der BEA, Sachverständige aus Malaysia, China, den USA, Großbritannien, Australien und sogar Singapur, außerdem zwei Vertreter von Boeing und der zuständige Ermittlungsrichter. Gemeinsam öffneten sie die verschlossene Holzkiste, um das Flaperon zu untersuchen. Es wurde keine Namensliste der Anwesenden veröffentlicht. Man konnte diese »wenigen Glücklichen« nur im Fernsehen dabei beobachten, wie sie das Gelände der Einrichtung betraten und nach der ersten Untersuchung gegen 19:00 Uhr wieder verließen. Die zivilen Parteien mussten allerdings allesamt draußen bleiben. Ihnen blieb die Teilnahme verwehrt.

»Laut den Bestimmungen der [französischen] Strafprozessordnung ist es den Parteien eines Zivilprozesses erlaubt, einer Expertenanalyse beizuwohnen. Wir haben eine entsprechende Forderung eingereicht, diese wurde jedoch abgelehnt«, erklärte die Anwältin Pascale Beheray Derrien, deren Schwester an Bord von Flug MH370 gewesen war. Sie fügte hinzu: »Nur, wenn wir bei der Experten-Analyse dabei gewesen wären, hätten wir die Bedeutung dieses Objekts wirklich verstehen können.«

An dem Abend kündigte die Pariser Staatsanwaltschaft für 20:00 Uhr eine Pressekonferenz im Palais de Justice an, dem Pariser Justizpalast. Zufälligerweise war ich an diesem Tag ebenfalls in Paris, weil ich bei France Inter, dem größten landesweiten Radiosender, an einer Sendung über Singapur teilnahm. Ich hatte selbst einige Jahre für das Auslandsressort von France Inter gearbeitet, und als ich bei meinem Besuch dort vorbeischaute, erzählte mir ein Kollege von der Pressekonferenz. Es war ein wunderschöner Sommerabend, und im Hof von Sainte-Chapelle, direkt neben dem Palais de Justice, tummelten sich nach wie vor viele Touristen. Irgendwie war der Gedanke, dass die französische Justiz schon seit dem Mittelalter von hier aus waltete, fast ein wenig einschüchternd. Ich folgte einer Handvoll Journalisten und Fotografen, die den Weg offenbar kannten. In Vierergruppen erklommen sie die Stufen einer alten Personaltreppe im Palais de Justice, Treppe 1, bis in den vierten und damit obersten Stock. Ein Labyrinth von Fluren führte zu einem Raum, der zu klein für die Veranstaltung war, mit zu wenigen Stühlen für die Anwesenden. Wir befanden uns im Empfangsraum der Staatsanwaltschaft.

Vor der Ankunft des stellvertretenden Staatsanwalts Serge Mackowiak erklärte eine Gerichtsdienerin, dass dieser keine Fragen beantworten werde. Meinte sie das ernst? Wenn in China oder in Malaysia auf einer Pressekonferenz keine Fragen aus dem Raum entgegengenommen werden, nennt man das eine eklatante Einschränkung der Pressefreiheit. Aber hier, inmitten des Palais de Justice, wo es um ein Ereignis ging, für das sich die ganze Welt interessierte, rief diese Aussage Widerspruch hervor. Ich fragte meine Kollegen, was sie davon hielten. Diese antworteten nur mit einem Schulterzucken, das so viel sagte wie »Kann passieren«. Da der stellvertretende Staatsanwalt nur eine vorbereitete Erklärung vorlas, bat ich am Ende um eine Kopie des »Pressediktats«. »Wir händigen nie Kopien der Pressemitteilungen aus«, erklärte die Gerichtsdienerin gebieterisch. Ich konnte es kaum glauben – keine Fragen, keine Pressemitteilung. Ich fragte sie, ob sie das täten, damit die Journalisten Fehler machten. Sie meinte, man könne ja anrufen und nachfragen. Vor 25 Jahren hatte ich Frankreich verlassen, und was ich in diesem Moment empfand, ließ sich nur als tiefgreifende Desillusionierung von meinem Heimatland beschreiben.

Wie auch immer. Die zentrale Information, die an diesem Abend an die Presse weitergegeben wurde, lautete, dass das auf Réunion gefundene Flaperon »sehr wahrscheinlich« zu der verschwundenen

Boeing von Malaysia Airlines gehört hatte. Ein skeptisches Seufzen ging durch den Raum. Konnten sie denn keine eindeutige Antwort liefern? Meiner Meinung nach bedeutete dieses »eingeschränkte Ja«, dass die Experten nicht zweifelsfrei feststellen konnten, ob es sich wirklich um ein Teil des vermissten Flugzeugs handelte.

Dennoch war Malaysia Frankreich zuvorgekommen und hatte schon eine Stunde vor der französischen Staatsanwaltschaft erklärt, dass es sich bei dem Flaperon um ein Teil der Boeing von Flug MH370 handelte. Diese Ankündigung war von langer Hand geplant; schon am Montag zuvor hatten die internationalen Presseagenturen in Kuala Lumpur einen Tipp bekommen, dass der Premierminister Najib Razak am späten Mittwochabend eine Erklärung abgeben werde. Man ignorierte das übliche Protokoll, wonach Frankreich als Ermittlungsleitung das Recht einer ersten offiziellen Erklärung zugestanden hätte, und hielt sich nicht an die Abmachung zwischen den Experten, die Ergebnisse nur unter Vorbehalt bekannt zu geben. Um 1:30 Uhr Ortszeit verkündete der malaysische Premierminister ausdrücklich: »Alle Experten sind sich einig, dass das gefundene Stück zu MH370 gehörte. [...] Wir haben nun den eindeutigen Beweis, dass Flug MH370 im Indischen Ozean endete, ganz so wie ich es bereits am 24. März letzten Jahres [2014] gesagt habe.« Lächerlich!

Dieses Vorgehen folgte den klassischen Regeln der Desinformation. Unbewusst wird die erste erhaltene Information immer als die beste und stärkste wahrgenommen. Das Gehirn ist nicht nur offener für diese erste Information, es schießt sich richtiggehend darauf ein. Nichts ist nerviger, als Angaben zu einem Ereignis zu erhalten, die den Informationen widersprechen, die man bereits gehört und verstanden hat. Selbst wenn die zweite Angabe besser recherchiert wurde, verlässlicher ist und logischer erscheint als die erste, wird sie vom Gehirn infrage gestellt, da es an der ersten Angabe festhalten möchte. Die Welt hörte also zuerst von Malaysia, dass es sich »zweifelsfrei« um ein Teil des gesuchten Flugzeugs handelte, und später von Frankreich, dass es »sehr wahrscheinlich« ein Teil des Flugzeugs war. »Zweifelsfrei« war damit klar im Vorteil.

Skrupellos schloss sich MAS der Aussage des Premierministers an. Die Airline veröffentlichte folgende, ebenfalls falsche Pressemitteilung:

> Malaysia Airlines möchte den Familien und Freunden der Passagiere an Bord von Flug MH370 ihr tiefstes Beileid aussprechen, da das am 29. Juli auf Réunion gefundene Flaperon zu Flug MH370 gehörte. Dies wurde heute übereinstimmend von den französischen Behörden, dem Bureau d'enquête et d'analyses pour la Securité de l'Aviation civile (BEA), dem malaysischen Ermittlerteam, dem technischen Vertreter der Volksrepublik China und dem Australian Transport Safety Bureau (ATSB) in Toulouse, Frankreich, festgestellt und anschließend vom malaysischen Premierminister Dato' Seri Najib Tun Razak bekannt gegeben.

In Frankreich reagierte niemand auf diese falschen Behauptungen aus Malaysia. Niemand äußerte sich dazu.

Für die Familien war die ganze Sache nur schwer zu verdauen. Die Tatsache, dass die Aussagen von Frankreich und Malaysia nicht übereinstimmten, versetzte sie erneut in eine qualvolle Ungewissheit. »Uns empört die verfrühte Bekanntmachung [von Najib Razak]«, meinte Jennifer Chong. »Diese Erklärung hat bei den Familien Verwirrung und Wut ausgelöst. Sie wirft mehr Fragen als Antworten auf und schafft statt Zuversicht nur Verwirrung.«

Um die Zweifel der Familien endgültig zu beseitigen, hätten die Experten einwandfrei feststellen müssen, dass das Flaperon Teil der Boeing mit der Nummer 28420 gewesen war, registriert bei Malaysia Airlines unter 9M-MRO, also genau das Flugzeug, welches am 8. März 2014 Flug MH370 antrat. Die Familien vertrauten auf die Aussage Frankreichs und warteten auf das endgültige Ergebnis, genau wie jene, die den Fall genau verfolgten. Der Rest der Welt ging derweil größtenteils davon aus, dass es sich bei dem gefundenen Flaperon um ein Überbleibsel von MH370 handelte.

Am Tag nach der Pressekonferenz erklärte der Sachverständige François Grangier den beiden französischen Familien, weshalb die Analyse noch nicht zweifelsfrei feststellen konnte, ob das Flaperon ein Teil von MH370 war. Dieses Mal fand das Treffen in der Galerie Saint-Éloi statt, einem Teil des Palais de Justice, in dem sich die Anti-Terror-Abteilung befindet und der streng überwacht wird. Das größte und entscheidende Problem bei der Identifikation bestand darin, dass sich an dem Flaperon keine ID-Plakette mehr befand. Nur mit dieser hätte man das Objekt zweifelsfrei einem Flugzeug zuordnen können.[7] Das stand auch in dem ursprünglich geheimen achtseitigen Bericht, den ich mehrere Monate später einsehen konnte. Der Bericht enthielt auch ein Foto von der Stelle, an der sich die Plakette hätte befinden müssen. Darunter stand: »Wir stellen das Fehlen der Identifikationsplakette dieses Elements fest.« Sonst wurde kein weiteres Wort über diese ungewöhnliche Tatsache verloren.

Einem Experten zufolge, den man in diesem Punkt angefragt hatte, war es unmöglich, dass Wasser oder Rost die Plakette von ihrem Untergrund gelöst hatte. Allerdings konnte es sein, dass die Plakette lediglich aufgeklebt worden war. Auch das kam gelegentlich vor. Aber eigentlich hätten 16 Monate unter Wasser den Klebstoff nicht so einfach lösen dürfen; schließlich handelte es sich um Mastix, einen Harzkleber, der dafür ausgelegt ist, zahlreiche Druckänderungen, verschiedene Temperaturen und Feuchtigkeit auszuhalten. Die Frage nach der fehlenden Plakette, ob nun angeklebt oder genietet, sorgte unter denjenigen, die sich für diese Geschichte interessierten, noch für viele Wochen für Gesprächsstoff. Zu Recht, denn ohne die entsprechende ID-Plakette konnte und musste die Herkunft des Flaperons angezweifelt werden.

Das zweite Problem bestand in den Reparaturen, die Malaysia Airlines im September 2013 am Flaperon der Boeing von Flug MH370 durchgeführt hatte. Die Informationen zu diesen Arbeiten, besonders einige technische Zeichnungen, stimmten nicht mit dem überein, was den Experten im Labor vorlag. Die *New York Times* schrieb dazu, weder Boeing noch die amerikanische Behörde für Verkehrssicherheit, die das Stück ebenfalls gesehen hatte, seien davon überzeugt, dass es sich um ein Stück der Boeing 28420 handele. Die Experten sprachen sich für weitere Untersuchungen aus. »Ihre Zweifel bezogen sich auf eine Modifikation des Flaperons, die nicht genau dem entsprach, was man gemäß den Wartungsberichten der Airline erwartet hätte«, berichtete die amerikanische Zeitung. Sie berief sich dabei auf ein Mitglied des Untersuchungsteams, dem es nicht gestattet war, öffentlich über die Sache zu sprechen. Als ich mehrere Monate später einige vertrauliche Dokumente der ersten Untersuchung zu Gesicht bekam, wurde in ihnen eine scheinbar passende Reparatur erwähnt: »Um die Existenz und die Spuren einer Reparatur zu bestätigen, die auf der linken Seite des Stücks durchgeführt wurde, werden ein Teil der Leiste und deren Verankerung entfernt.« Unter den dazugehörigen Bildern stand: »Die Reparatur ist echt. Hier befinden sich drei Lagen Metall.« Jean-Paul Troadec, ehemaliger Direktor der BEA, meinte dazu: »Manchmal enthalten Wartungsbücher Fehler.«

Ich rief den zuständigen Experten François Grangier an, um mehr Details zu erfahren. Mein Anruf verärgerte ihn sichtlich. Er wollte wissen, woher ich seine Nummer hätte – dabei war es nicht schwer gewesen, sie zu finden: Sie stand unter »Fax« auf seiner Internetseite. Er erklärte mir, es handle sich um eine Kriminaluntersuchung und es sei ihm strikt verboten, Informationen weiterzugeben. Ich erklärte, ich wolle einen Artikel über die Informationen schreiben, die er den Familien weitergegeben hatte. Allerdings widersprächen sich meine Quellen, die bei dem Treffen anwesend gewesen seien, in einigen Punkten. Das sei nicht sein Problem. Und es sei auch nicht seine Aufgabe, mir zu helfen. Er legte auf.

Man hätte das Flaperon auf zwei Arten zuverlässig identifizieren können: über die ID-Plakette und über eine Übereinstimmung mit dem Wartungsverzeichnis. Beide Möglichkeiten waren ausgeschlossen worden. Und auch die Lackierung des Stücks gab keinen weiteren Aufschluss über seine Herkunft, obwohl man das anfangs vermutet hatte. An diesen Stellen personalisieren die Airlines ihre Flugzeuge nicht. Die verwendete Farbe war die gleiche wie bei Dutzenden, wenn nicht Hunderten anderer Flugzeuge des gleichen Modells. Das hinderte den malaysischen Verkehrsminister jedoch nicht daran, gegenüber CNN zu behaupten: »Die auf dem Flaperon gefundene Farbe entspricht exakt der, die für MH370 verwendet wurde.«

Ich fand schließlich heraus, dass die Experten, nachdem sie das Flaperon als Ganzes nicht hatten identifizieren können, es als Nächstes über die Einzelteile und den Zulieferer versuchten. Nachdem ich mit mehreren Kontakten gesprochen hatte, von denen manche nach einer Weile widerwillig das wenige Wissen, das sie hatten, auch weitergaben, fand ich Folgendes heraus: Man hatte auf dem Flaperon verschiedene Teilenummern gefunden, die man dem spanischen Zulieferer, der in Sevilla saß, in der Hoffnung zuschickte, dass dieser einen Zusammenhang mit der Boeing Nummer 28420 herstellen konnte, dem Flugzeug, das 2002 an Malaysia Airlines geliefert wurde. Das alles wurde durch die Tatsache verkompliziert, dass Malaysia Airlines keinen Wartungsvertrag mit Boeing unterhielt. Ein solcher hätte eine wesentlich präzisere und gewissenhaftere Verfolgung ermöglicht. Bei dem Versuch, den spanischen Zulieferer zu kontaktieren, sagte man mir, die gesamte Belegschaft sei im Urlaub, ich solle warten, bis sie nach dem Sommer wieder im Betrieb waren. Diese Informationen wurden in *Le Monde* veröffentlicht, worauf einige sarkastische Reaktionen in der englischsprachigen Presse folgten. Und zu Recht! In der Tat war es eine sehr schwache Ausrede, die die Experten den Familien da präsentierten. Es sah ganz so aus, als wollten die Ermittler sich mehr Zeit verschaffen.

Den meisten aus der Branche erschien es wenig glaubwürdig, dass eine internationale Hightech-Firma, sogar in Spanien und auch wenn es August war, niemanden fand, der ein paar Stunden Arbeit investierte, um in den Firmenunterlagen nach den besagten Teilen zu suchen. Falls sie irgendwo verzeichnet waren, ließe sich schnell herausfinden, wann, für wen und für welches Flugzeug die Teile gefertigt worden waren. Außerdem warb Airbus Defence and Space, die Firma, die das spanische Unternehmen übernommen hatte, in ihrer Broschüre mit einer »Verfügbarkeit rund um die Uhr«. Während man auf die Informationen des Zulieferers wartete, schauten sich die Experten das Flaperon noch genauer an: Sie fluteten es und entnahmen Proben der Entenmuscheln, die es besiedelt hatten. Die Krustentiere wurden einer meeresbiologischen Analyse unterzogen, um Alter, Gesundheit und, falls möglich, Herkunft und Entwicklung herauszufinden. Entenmuschel-Larven finden sich in allen Ozeanen der Welt, sie setzen sich sehr schnell an allen vorbeischwimmenden Gegenständen fest. Wenn uns die Entenmuscheln doch nur sagen könnten, an welchem Längen- und Breitengrad sie sich an das Flaperon angeheftet hatten, hätten wir das Flugzeug innerhalb weniger Wochen gefunden.

Während diese Untersuchungen auf dem französischen Festland im Gange waren, durchkämmte man auf Réunion die Strände. Freiwillige und Pressemitarbeiter schlossen sich den Aufräumteams und den Polizisten an, denen man die Aufgabe zugewiesen hatte. Auf Mauritius und Réunion war die Jagd auf Flugzeugtrümmer eröffnet. *Paris Match* bot Ghyslain Wattrelos eine bezahlte Reise nach Réunion an. Dort sollte der Mann, der seine Frau, seine Tochter und einen seiner Söhne verloren hatte, die Strände nach anderen Überbleibseln von Koffern oder Rumpfteilen absuchen können. Im Gegenzug erwartete das Magazin Fotos und ein exklusives Interview. Er lehnte ab. Ob ihn der fehlende Anstand einiger Medien überhaupt noch schockieren konnte?

Sogar die kleine Insel Rodrigues, etwa 500 Kilometer östlich von Mauritius gelegen, schloss sich diesen Bemühungen an. Dort wurden bei einer Patrouille der Strände Anse-Bouteille und Trou-d'Argent zwei Wasserflaschen mit »asiatischen Schriftzeichen« gefunden, eine war von der malaysischen Wassermarke Cactus. Laut den Außenkorrespondenten des französischen Nachrichtensenders BFMTV auf Réunion fand man auch »Schuhe, hergestellt in Vietnam, und Flaschen aus Malaysia«[8]. Auf der Insel wurden die Polizeistationen von den Massen gefundener Objekte überschwemmt. Die Beamten fürchteten schon, sie würden zu provisorischen Mülldeponien für den ganzen Kram werden, der an den Stränden gesammelt wurde.

Nach einer Woche verkündete der Präfekt von Réunion, man habe über achtzig Objekte gefunden: eine zerbrochene Teekanne, eine Rassel, ein Teil von einem Segelboot, Flipflops »Made in China«, eine Plastikpuppe des koreanischen Sängers Psy … Die digitale Nachrichtenseite der Insel, Clicanoo.re, veröffentlichte daraufhin das Foto eines Autowracks, mit der ironischen Überschrift »Das ist kein Trümmerstück von MH370«. Die Zahl der Hinweise nahm stetig zu.

Gleichzeitig wurde auch aus der Luft gesucht. Réunion schickte eine Casa los, einen Seefernaufklärer für die Seenotrettung, um systematisch eine große Fläche des umliegenden Ozeans abzusuchen. Wenn die Crew des Flugzeugs etwas Auffälliges sichtete, sollten ein Helikopter und ein Boot übernehmen. Mauritius schickte ebenfalls Patrouillen an seinen Küsten entlang. Allerdings fand niemand etwas Hilfreiches.

Dagegen entdeckte das malaysische Team, das auf Réunion abgesetzt worden war, um an der Suche teilzunehmen, kurz nach seiner Ankunft »mehrere Trümmerteile eines Flugzeugs«. *Malaysia Boleh!* Diese Information wurde umgehend von Liow Tiong Lai veröffentlicht, dem überaus optimistischen malaysischen Verkehrsminister. Ganz im Gegensatz zu seinem Vorgänger Hishammuddin Hussein schien dieser Minister so optimistisch zu sein, dass er auch dann positive Aussagen traf, wenn dafür jede Basis fehlte. Nach der Pressekonferenz, wo er den vielgepriesenen Fund »mehrerer Flugzeugtrümmerteile« durch die »malaysischen Experten« verkündete – eine Nachricht, die weltweit von der Presse aufgenommen wurde –, wiederholte er am Donnerstag, dem 6. August, gegenüber CNN, sein Team habe Teile von Flugzeugfenstern und Sitzen gefunden. Er könne zwar nicht bestätigen, dass diese zu MH370 gehörten, aber eines sei eindeutig: Es handele sich um Flugzeugteile. Der Journalist von CNN Andrew Stevens hatte sichtliche Zweifel und fragte ihn, wie er sich da so sicher sein könne. Minister Liow antwortete lediglich, seine Männer vor Ort seien

»technische Experten und in diesem Bereich ausgebildet«. Wenn diese sagten, es handele sich um Teile eines Flugzeugs, dann müsse dem so sein, sie müssten es schließlich wissen. Der Minister fügte hinzu: »Sobald wir [die Teile] aufgesammelt hatten, übergaben wir [diese] sofort der [französischen] Polizei.«[9]

Als die Presse bei der französischen Polizei nachfragte, wusste diese nichts von Flugzeugteilen, die vom malaysischen Team gekommen sein sollten. Unter dem ganzen Müll, der während der Aktion zusammengetragen worden war, hätte lediglich ein einziger Gegenstand auch nur ganz entfernt an ein Flugzeugfenster erinnern können: die gelb angelaufene Plastikgrundplatte einer Nähmaschine. Die angeblichen »Flugzeugsitzkissen« könnten genauso gut Kokosfasern sein. Der Augenschein kann eben trügen. So viel zu den malaysischen Flugzeugexperten!

Arnaud Andrieu ist Fotoreporter auf Réunion. Am 8. August, zehn Tage nachdem das Flaperon gefunden worden war, ging er zum Strand von Saint-André. Die anfängliche Aufregung war längst wieder abgeflaut, und er lag wie ausgestorben da. »Der Strand war wie immer voller Müll, Zeug, das entweder von Anwohnern weggeworfen oder vom Meer angespült worden war«, sagte er. Reifen, ein Autositz, Autowracks, ein altes Fahrrad, Spielzeug ... Zwischen all dem Unrat fotografierte er jedoch ein großes dunkeloranges Schaumstoffstück, knapp einen Meter breit und mit Brandspuren an der Schaumstoffseite. Die Rückseite bestand aus einer Art schwarzem Linoleum, das wie Bodenbelag aussah. Ein Stück aus einem Flugzeuggang? Es war nicht besonders schwer, und er konnte es ohne Probleme allein umdrehen. In diesem Moment flog ein Polizeihubschrauber über den Strand. Kurz darauf kam eine Polizeistreife in einem Landrover Defender hinzu. Die Polizisten sahen den Gegenstand ebenfalls zum ersten Mal und erklärten Andrieu, dass sie für die Sortierung von Fundobjekten gebrieft worden seien. Sie suchten nach größeren Objekten, die schwimmen konnten. Die weißen Befestigungen mit den schwarzen Haken an den Seiten des orangen Objekts wiesen auf eine technische Eigenschaft hin, was, wie man ihnen beigebracht hatte, ein Hinweis auf ein mögliches Flugzeugteil sein könnte. Sie nahmen es mit.

Zwei Tage später meldete *Le Quotidien de la Réunion,* die Polizei habe am 8. August »einen neuen ernstzunehmenden Gegenstand« entdeckt, und er sei für weitere Untersuchungen nach Toulouse gesandt worden. Als Andrieu daraufhin am 10. August bei Kapitän Fouquet von der GTA[10] anrief, dem Leiter der Suchoperationen, hieß es, dieser sei »im Urlaub«. Der Journalist hatte ein seltsames Gefühl wegen seines Funds: Weder die Polizei noch die Gendarmerie oder die Luftwaffe hatten auch nur die kleinste Information dazu an die Presse weitergegeben. Gleichzeitig schienen für eine ordentliche Suche viel zu wenige Ressourcen zur Verfügung zu stehen. Und so twitterte Andrieu an diesem 10. August: »Scheißtag. Niemand ist an der Küste. Keine Transparenz aufseiten der Behörden. Zensur?« Dieses zweite Trümmerstück wurde offiziell nie erwähnt. Und zu dem Flaperon gab es auch Monate später keine Neuigkeiten, es wurden weder Untersuchungsergebnisse noch andere neue Informationen veröffentlicht.

***

Australien war von dem Auftauchen des Flaperons auf Réunion offensichtlich völlig überrumpelt worden. Der von dem Land durchgeführte »größte Sucheinsatz aller Zeiten« hatte keinerlei treibende Überreste, geschweige denn ein Wrack am Grund des Ozeans aufgespürt. Das allein untergrub die Glaubwürdigkeit von Australiens Unternehmungen deutlich. Hinzu kam, dass die von australischen Wissenschaftlern durchgeführten Studien über mögliche Bewegungen von Trümmerteilen Réunion aufgrund der Meeresströmung völlig außer Acht gelassen hatten. Der australische Premierminister Tony Abbott hatte das Auffinden von Trümmerteilen schon am 28. April 2014 abgeschrieben: »Es ist meine Pflicht, Sie darüber zu informieren, dass das Entdecken von Trümmerteilen an der Meeresoberfläche an diesem Punkt der Suche sehr unwahrscheinlich geworden ist. Nach 52 Tagen müsste sich das meiste Material bereits mit Wasser vollgesogen haben und gesunken sein.«

Kurz nachdem das Flaperon entdeckt worden war, ruderte Australien also verbissen zurück. Ohne überhaupt zu wissen, ob es sich bei dem Fund um ein Teil von MH370 handelte, erklärte Tony Abbott, der Fund »scheine zu bestätigen, dass das Flugzeug im Indischen Ozean abstürzte, das scheint mit den Suchschemata übereinzustimmen, nach denen wir in den letzten Monaten vorgegangen sind«. Mit anderen Worten: Australien lag bei seiner Suche von Anfang an richtig. War das wirklich ernst gemeint? Die meisten veröffentlichten Strömungsmodelle hatten Réunion völlig ignoriert, außerdem hatte der Unfallforscher Peter Foley[11] von der australischen Verkehrssicherheitsbehörde acht Monate zuvor gesagt: »Etwas wird irgendwo an einem Strand angeschwemmt werden, wahrscheinlich auf Sumatra.« Allerdings ist Sumatra ein ordentliches Stück von Réunion entfernt, 5000 Kilometer, um genau zu sein …

***

Im März 2014, ein paar Wochen nach dem Verschwinden des Flugzeugs, hatte ich auf gut Glück die Distriktverwaltung der französischen Süd- und Antarktisgebiete auf Réunion angerufen. Waren die Sankt-Paul- und Amsterdam-Inseln in Alarmbereitschaft versetzt worden?[12] Machte sich Frankreich bereit, bei der Suche zu helfen? »Unsere Seenotrettungszone beschränkt sich auf den Südwesten des Indischen Ozeans«, teilte mir der Stellvertreter des Präfekten am Telefon mit.

»Außerdem: Wenn das Flugzeug weiter südlich, also näher an unseren Küsten, niedergegangen wäre, würde die Strömung in den südlichen Breitengraden die Trümmer ostwärts spülen. Sie könnten sogar unter Australien hindurch bis nach Südamerika gelangen. Dementsprechend ist es höchst unwahrscheinlich, dass bei uns etwas ankommt«, lautete die endgültige Vorhersage meines Kontakts. Nach dieser Logik war es sogar noch unwahrscheinlicher, dass etwas auf Réunion angespült wurde.

Am 24. August 2015 veröffentlichte Metron Scientific Solutions, ein führendes amerikanisches Beratungsunternehmen, ein Memo für die wissenschaftliche Gemeinschaft, die sich mit dem Fall beschäftigte. Auf 16 Seiten wurden die Methode und die Berechnungen der Firma erklärt, anhand von Gleichungen, die mich an meine schlimmsten Schulstunden erinnerten: Funktionen, Quadratwurzeln, Logarithmen, Integrale, Delta, Kosinus.[13] Ich blätterte direkt weiter zum Schlussfazit, wo die Autoren feststellten, dass die Absturzzone des Flugzeugs »mit zehnmal höherer Wahrscheinlichkeit« weiter nördlich lag als das momentane Suchgebiet. Diese Schlussfolgerung würde in Australien auf wenig Begeisterung stoßen …

Ein paar Tage später schaltete sich das GEOMAR Helmholtz-Zentrum für Ozeanforschung in Kiel ein. Dort ging man ebenfalls davon aus, dass das Flugzeug mehrere Tausend Kilometer nordöstlich des aktuellen Suchareals abgestürzt war, wenn auch auf Basis einer eigenen Argumentation.[14] Jonathan Durgadoo, einer der Autoren der Studie, erklärte mir am Telefon GEOMARs wissenschaftlichen Ansatz: »Ich habe zwei Millionen virtuelle Trümmerproben von dem Punkt aus losgeschickt, an dem das Flaperon angespült wurde, dann habe ich geschaut, woher sie gekommen sein könnten.« Nur knapp ein Viertel der Proben ließ sich in den Osten des Indischen Ozeans zurückverfolgen, und nur sehr wenige der Proben kamen in der Nähe des siebten Bogens an, der Flugroute, die mit den Inmarsat-Signalen übereinstimmte und auf der das Flugzeug abgestürzt sein sollte. Noch schlimmer: Keine der Proben kam aus der Region des siebten Bogens, auf die sich die Suchaktion in Moment konzentrierte. Daraus ergaben sich zwei ernsthafte Probleme für das Suchgebiet, an dem Australien so verbissen festhielt. Allerdings hatte ich erfahren, dass die Wissenschaft der ozeanografischen Strömungsstudien nach wie vor recht ungenau war. Nicht ganz so ungenau wie die Vorhersage eines *Bomoh*[15], aber nichtsdestotrotz mit Vorsicht zu genießen.

Australien hatte bisher immer angedeutet, man werde vielleicht nie Trümmerstücke an der Wasseroberfläche finden. Doch die

Commonwealth Scientific and Industrial Research Organisation (CSIRO), Australiens Behörde für wissenschaftliche und industrielle Forschung, veröffentlichte am 14. August 2015 eine Studie, die bewies, dass man nach einem Flugzeugabsturz auf See in der Regel Trümmer finden konnte. Was für eine aufsehenerregende Feststellung! Die Studie bezog sich auf vier der bekanntesten Flugzeugabstürze auf hoher See: den SilkAir-Flug 185 (19. Dezember 1997)[16], den Adam-Air-Flug 574 (1. Januar 2007)[17], den Air-France-Flug 447 (1. Juni 2009)[18] und den Air-Asia-Flug 8501 (28. Dezember 2014)[19]. Was den Fall MH370 anging, konnte die Studie nicht wirklich überzeugen. Schließlich zeigten alle Beispiele, dass noch nie ein derart großes Trümmerstück wie das Flaperon so lange nach einem Absturz gefunden worden war, geschweige denn so weit von dem vermuteten Aufprallpunkt entfernt. Diese Beispiele stellten vielmehr die Einzigartigkeit des Falls Réunion heraus.

Réunion liegt ungefähr 4000 Kilometer vom siebten Bogen entfernt. Um dort am 29. Juli 2015 angespült zu werden, hätte ein Trümmerstück, das von der vermuteten Absturzstelle käme, mehr als sieben Kilometer am Tag in gerader Linie zurücklegen müssen. Es hätte die Launen des Meeres überstehen müssen, Strömungen, Winde, hohen Wellengang und zahllose Stürme. »Das Überraschende an der Sache ist, dass dieses Stück so lange nach dem Absturz noch schwamm. Das ist wirklich bemerkenswert«, meinte Jean-Paul Troadec am Set von *C dans l'air*, einer französischen Talkshow.[20] Womit wir uns wieder im Bereich des Noch-nie-Dagewesenen befanden.

Im Sommer 2015 traf ich mich mit Troadec am Port du Château in Brest. Nur wenige Stunden zuvor hatte man hier die triumphale Ankunft des Nachbaus der *L'Hermione*[21] aus New York gefeiert. Ich hatte Troadec seit seinem ersten Auftrag zu MH370 in Malaysia im März 2014 nicht mehr gesehen. Wie viele andere Luftfahrtexperten interessierte er sich nach wie vor für den Fall und war mit den Veröffentlichungen der vertrauenswürdigeren Gruppen vertraut. Allerdings verfolgte er alles aus sicherem Abstand. Er war einer der Ersten gewesen, die nach Auftauchen des Flaperons meinten, es werde den Fall kaum aufklären können, aber vielleicht werde der Fund die Sache abschließen. Im besten Fall könne das Trümmerstück Auskunft über die letzten Momente des Flugs geben, zum Beispiel die Art des Aufkommens: Nose-Dive[22], Kiss-Landing[23] oder Explosion. Ihm war auch bekannt, dass die Berechnungen zur Rückverfolgung der Trümmerstücke im Fall von Flug AF447 nicht gestimmt hatten. Die Ergebnisse hatten die Ermittler weit von der eigentlichen Absturzstelle suchen lassen, was mehrere Monate an Zeit und viel Geld gekostet hatte.

Die Größe und der exzellente Zustand des Flaperons wiesen in der Tat auf zwei komplett verschiedene Szenarien hin, von denen ersteres wesentlich realistischer erschien als das zweite. Falls das Flugzeug mit hoher Geschwindigkeit (ungefähr 900 km/h) und mit der Nase voran ins Wasser getaucht war, könnten die Flügel während des Fallens abgeknickt sein. Sie wären dann mit wesentlich weniger Wucht auf die Wasseroberfläche geprallt, als wenn sie noch mit dem Rumpf verbunden gewesen wären. Der Independent Group (IG) erschien diese Erklärung am wahrscheinlichsten. Der klare Schnitt an der Seite des Flaperons stimmte außerdem mit den Bruchstellen anderer Trümmerstücke überein, die ebenfalls bei derartigen mehr oder weniger vertikalen Abstürzen abgerissen worden waren. Diese Bruchstellen hatte IG-Mitglied Mike Exner in einem Simulator reproduzieren können.

Im zweiten Szenario hatte das Flugzeug eine erfolgreiche Bauchlandung auf der Wasseroberfläche absolviert, ganz ähnlich dem Hudson-River-Fall.[24] Allerdings glaubte niemand, der sich mit dem Indischen Ozean und mit Flugzeugen auskannte, an diese Theorie. »Es ist nicht vorstellbar, dass der Pilot sich wie ein Surfer eine Welle aussuchte und in derselben Richtung wie die Dünung und in einer für eine Boeing 777 ausreichenden Entfernung sanft aufsetzte«, erklärte mir ein Kampfpilot, der sich mit Landungen auf Flugzeugträgern auskannte. Für jedes große Objekt und erst recht für eine Boeing 777 ist Wasser beim Aufprall so hart wie Beton. Das Flugzeug wäre beim Kontakt mit der Wasseroberfläche mit Sicherheit explodiert.

Die malaysischen Behörden versuchten dennoch, das unrealistische Szenario einer sanften Notwasserung zu verbreiten, beispielsweise durch den »Experten für Satellitenkommunikation« Zaaim Redha Abdul Rahman. Dieser erklärte der malaysischen Nachrichtenagentur Bernama: »Ich denke, dass das Flugzeug, als ihm der Treibstoff ausging, nach unten glitt und mit einem sanften Aufprall auf dem Wasser landete. [...] Daraus schließe ich, dass das Flugzeug größtenteils noch intakt ist.« Seiner Meinung nach unterstützte das gefundene Flaperon seine Theorie, wonach das Flugzeug sacht auf dem Wasser aufkam und noch eine Weile an der Oberfläche trieb, bevor es sank. Eine neue halbgare Theorie, hervorgebracht von jemandem, der keinerlei Expertise auf diesem Gebiet vorzuweisen hatte, offen unterstützt durch Malaysia.

Obwohl bei den Untersuchungen in Toulouse im August 2015 keine neuen Informationen ans Licht kamen, wurde die Sache im September plötzlich wieder aktuell. Die Ereignisse folgten so dicht aufeinander wie eine Gruppe Affen, die sich über die Mülleimer in Kuala Lumpurs Vorstädten hermacht.

Der französische Verteidigungsminister Jean-Yves Drian hielt sich von Montag, dem 31. August, bis Dienstag, dem 1. September 2015, zu einem Besuch in Malaysia auf, dort übergab er »Frankreichs vollständiges Angebot für 18 Kampfflugzeuge vom Typ Rafale«. Er traf sich dazu mit seinem malaysischen Kollegen Hishammuddin Hussein, offiziell noch Verkehrs- und Verteidigungsminister, aber seit einem Jahr ausschließlich mit dem Verteidigungsressort befasst. Le Drian erklärte, die Rafale-Kampfjets seien einer von mehreren Punkten in einem Gespräch gewesen, in dem es vor allem um »eine umfassende Zusammenarbeit« mit Malaysia ginge, das für Frankreich ein »strategisch wichtiger Partner« in Südostasien sei. Der französische Minister sprach von »U-Booten, Fregatten, Flugzeugen ...«. Keiner der zwei Politiker erwähnte auch nur einmal MH370, die vier vermissten Franzosen oder das in Frankreich untersuchte Flaperon. Auch der Umstand, dass Frankreich und Malaysia in der Frage, woher das Flaperon stammte, immer noch nicht übereinstimmten, wurde nicht erwähnt. Wäre es denn nicht an der Zeit gewesen, dass Frankreich endlich bestätigte, was Malaysia seit mittlerweile einem Monat behauptete?

Mittwoch, der 2. September 2015. Die französischen Familien trafen sich erneut mit dem Fallexperten in den Büros der Pariser Staatsanwaltschaft. Ihnen wurde mitgeteilt, dass die meeresbiologischen Analysen abgeschlossen seien. Die gefundenen Entenmuscheln (*Lepas anatifera*) seien »mindestens ein Jahr alt« und die Tatsache, dass diese kleinen Tiere nur in einer Wassertemperatur von mindestens 18 °C überleben könnten, stimmt mit dem angenommenen Zeitpunkt und Ort des Absturzes überein. Der Richter erzählte außerdem, er werde sich am darauffolgenden Tag in Sevilla mit ADS-SAU treffen, dem spanischen Zulieferer, besser bekannt unter dem früheren Firmennamen Casa.

Donnerstag, 3. September 2015. Der Richter und sein Experte flogen mit dem einzigen Vormittagsflug nach Sevilla und kamen um 11:55 Uhr dort an. Die Firmengebäude von ADS-SAU befanden sich direkt auf dem Gelände des Flughafens San Pablo. Ein glücklicher Zufall, denn die beiden Franzosen schienen es eilig zu haben. Der Techniker von ADS-SAU, mit dem sie sprachen, lieferte nur das Nötigste an Informationen. Er bestätigte, dass eine der ihm zugeschickten zwölf Seriennummern auf der Innenseite des Flaperons mit der Seriennummer des Flaperons der Boeing WB-175 übereinstimmte. Boeing WB-175, auch bekannt als Boeing 28420, war das Flugzeug, das 2002 an Malaysia Airlines verkauft wurde und unter dem Kennzeichen 9M-MRO registriert war.

Was war mit den restlichen elf Nummern, wenn nur eine mit dem Flugzeug übereinstimmte? Aber wen kümmerten unter den gegebenen Umständen schon die restlichen elf? Wichtig war nur, dass es eine Verbindung gab. Nur eine sehr kleine zwar, aber nichtsdestotrotz eine Verbindung. Der Richter war zufrieden. Er benötigte keine weiteren Informationen.

Gleich nach dem Treffen, noch bevor er wieder in Paris war, informierte der Richter die Staatsanwaltschaft in Paris. Diese formulierte sofort eine Pressemeldung, die noch am selben Nachmittag erschien. Der Richter und der Experte befanden sich nach wie vor in Spanien, als die Eilmeldung der Nachrichtenagentur AFP schon in allen wichtigen Redaktionen auf der ganzen Welt eintraf.

»Heute können wir mit Sicherheit bestätigen, dass das Flaperon, das am 29. Juli 2015 auf Réunion gefunden wurde, zu der Maschine von Flug MH370 gehört«, berichtete der Pariser Staatsanwalt in seiner Pressemeldung, aus der die AFP zitierte. Die Medien konzentrierten sich vor allem auf zwei Wörter aus dieser Aussage: »mit Sicherheit«.

Dabei war die Staatsanwaltschaft in ihrer Pressemitteilung mit einigen Informationen recht frei umgegangen. So hieß es, die endoskopische Analyse vom Inneren des Flaperons habe drei Nummern zum Vorschein gebracht.[25] Dagegen hatte der Experte den Familien gegenüber zu Beginn der Untersuchungen von zwölf Nummern gesprochen, die man dem Zulieferer gesendet habe. Eine andere zentrale Quelle, die Teil der Ermittlungen war, bestätigte ebenfalls, Spanien sei über zwölf und nicht drei Seriennummern informiert worden.

Später konnte ich die vertraulichen Dokumente einsehen, aufgrund deren der französische Richter das Flaperon »mit Sicherheit« Flug MH370 zugeordnet hatte. Ich will nicht so kleinlich sein und anmerken, dass das Flaperon am 29. Juli 2015 und nicht am 31. Juli 2015 gefunden wurde, wie es in diesem hochoffiziellen Dokument zu lesen ist. Am meisten überraschte mich das einzige Dokument, welches die Seriennummer der einzigen identifizierten Komponente (3FZG81) mit Flaperon RH405 in Verbindung brachte. Die ausschlaggebende Nummer befand sich unter sechs sehr ähnlichen, handschriftlich aufgeschriebenen – und damit leicht zu fälschenden – Nummern auf einem eher unordentlich ausgefüllten Blatt ... Der Beweis an sich war schon schwach. Nun wirkte er noch zweifelhafter. Zudem stieß ich in diesen vertraulichen Dokumenten auf weitere verwirrende Fehler.[26]

War es möglich, dass selbst hoch angesehene Firmen einem großen Kunden oder einem Land einen kleinen Gefallen taten? Vielleicht einen Gefallen in Form einer winzigen Verwechslung bei einer Lieferung oder einer Seriennummer, um ein gewünschtes Ergebnis zu liefern, ohne dass dabei die Sicherheit oder der Ruf der Firma in Gefahr gerieten? Die Antwort auf diese Fragen hing stark davon ab, wem man sie stellte. Sie reichte von einem Extrem zum anderen, von »Niemals! Das steht außer Frage! Wir folgen sehr strengen Regeln« bis zu »Na klar! Denken Sie etwa, in der Luftfahrtindustrie arbeiten nur Heilige?« Ich will mich in dieser Sache aber nicht festlegen. Ich stelle nur Fragen.

Später erfuhr ich, dass eine ID-Plakette nur dann von einem Flugzeugteil entfernt würde, wenn man das Flugzeug verschrottete. Die internationalen Regeln der zivilen Luftfahrt verlangen, dass »nicht verwertbare Flugzeugteile unbrauchbar« gemacht werden. Dazu gehört auch die Zerstörung der ID-Plakette. Kurz gesagt: Wenn man auf ein Flugzeugteil ohne Plakette stieß, stammte es sehr wahrscheinlich von einem demontierten Flugzeug. Als ich das hörte, verlor ich jede Hoffnung, dass das Flaperon von Réunion zu MH370 gehörte.

Freitag, der 4. September 2015. Alles war für ein mittägliches Treffen zwischen den Familien und dem französischen Präsidenten François Hollande im Élysée-Palast vorbereitet. Der Präsident war gut über den Fall informiert. Während des Treffens hörte Hollande jedem Einzelnen aufmerksam zu und beeindruckte seine Besucher mit seiner menschlichen Art. Anschließend verlangte er von Rémi Jouty, der mittlerweile die Position des Leiters der Luftsicherheitsbehörde (BEA) vom ebenfalls anwesenden Jean-Paul Troadec übernommen hatte, dass er den Familien eine Kopie des BEA-Berichts von dem Einsatz im März 2014 vorlegen solle, wenn es denn einen gäbe. Außerdem versprach er, ein Treffen zwischen den Familien und Bernard Bajolet, dem Leiter der DGSE, zu organisieren. Die DGSE (Direction Générale de la Sécurité Extérieure) ist der französische Auslandsnachrichtendienst, vergleichbar mit dem britischen MI6 oder der amerikanischen CIA. Zum Schluss kündigte Hollande an, dass er für 2016 einen Besuch in Malaysia geplant habe, was bei seinen Mitarbeitern, die von dieser Aussage überrascht schienen, kurz für Panik sorgte. Für Malaysia wäre es der allererste Besuch eines französischen Präsidenten. Tatsächlich fand er schließlich 2017 statt, kurz vor den französischen Präsidentschaftswahlen. Doch alles, was wir dabei erfuhren, war, dass die Verhandlungen zu den Rafale-Kampfjets vorangingen.

Was das Treffen mit Bajolet anging, so hielt der Präsident sein Versprechen. Die Familien trafen sich am 9. Oktober 2015 mit dem Leiter der DGSE. Allerdings verlief das Treffen für die Familien ebenso enttäuschend wie viele andere Begegnungen. Bajolet, der doch alles in Erfahrung bringen können sollte, wusste »nichts«. Mit Ausnahme von ein paar terroristischen Bekennerschreiben, von denen die Familien noch nie gehört hatten und die der französische Geheimdienst nicht ernst nahm. Eines davon stammte von einer indonesischen Gruppe, der aber nach Einschätzung der DGSE die Ressourcen für so eine Tat fehlten und die sich nur auf ihrer eigenen Website zu der Tat bekannten. Sonst hatte nur eine unbekannte uigurische Gruppe[27] den Vorfall für sich beansprucht. Kurz gesagt: Seit Beginn der Suche lagen dem Chef des Geheimdienstes keine neuen Hinweise vor. Bei den Passagieren ließen sich keine Besonderheiten feststellen. Es sei undenkbar, dass der Flug ferngesteuert worden sei. Und dass ein Agent des DSGE Ghyslain Wattrelos gegenüber gesagt haben könnte, Amerika sei in die Sache verwickelt, auch. Nach mehrmaligem Nachfragen antwortete Bajolet: »Glauben Sie nichts, was Ihnen erzählt wird. Die Leute hier halten ihren Mund.« In solchen Situationen fällt mir immer ein malaysisches Sprichwort ein: »Wer nicht tanzen will, sagt, der Boden ist zu nass.«

Wie wir zuvor schon gesehen haben, fasste Frankreich Malaysia mit Samthandschuhen an. Lag das an der immer noch offenen Ausschreibung für die 18 Rafale-Kampfflugzeuge? Oder gab es noch andere gute Gründe, von denen die Öffentlichkeit nichts wusste? Jedenfalls wurde der Fall als äußerst *sensibel* angesehen. Weshalb? Das Verschwinden von MH370 hätte von Anfang an ein Fall für die zivile Luftfahrt sein müssen, der von Ingenieuren, Technikern und Wissenschaftlern untersucht wurde, nicht von Militärkräften, Ministern und Regierungen.

Diejenigen unter den Familien, die sich von vornherein nichts von dem Treffen erhofft hatten, verließen den Sitz des Pariser Geheimdienstes mit der klaren Überzeugung, dass der französische Staat keinerlei Absicht hatte, ihnen bei der Suche nach der Wahrheit zu helfen. Und falls es irgendeine Art von Vertuschung gab, schien Frankreich daran beteiligt zu sein.

Von Anfang an war die fehlende Transparenz der schlimmste Aspekt dieses Falls gewesen, und die französische Episode änderte leider nichts daran. Frankreich hätte sein technisches Know-how auf dem Gebiet unter Beweis stellen können, indem es wenigstens einen Teil der Untersuchungsergebnisse veröffentlichte. Stattdessen versteckte sich das Land lieber hinter einer Mauer des Schweigens. Zwar war Frankreich wegen des juristischen und antiterroristischen Status der Ermittlungen nicht verpflichtet, Unterlagen zu veröffentlichen. Das bedeutete aber nicht, dass es dem Land verboten gewesen wäre oder dass es nicht in seinem Interesse gelegen hätte. Aber wer weiß schon, welche Interessen Frankreich in der Sache verfolgte?

Malaysia war verständlicherweise daran gelegen, das Trümmerstück in seinen Besitz zu bekommen; das Teil würde die offizielle Version der Ereignisse, den Absturz des Flugzeugs über dem Indischen Ozean, bestätigen und es den Familien in gewisser Weise ermöglichen, mit dem Vorfall abzuschließen. Sicher wäre es nicht das erste Mal in der Menschheitsgeschichte, dass ein Beweis gefälscht wurde, um Ermittlungen schneller einzustellen.

Die Widersprüche in der ganzen Flaperon-Geschichte brachten vielen hartnäckigen MHisten jedenfalls genug Arbeit und schlaflose Nächte für Monate oder gar Jahre. Sie untersuchten ausgiebig die zweifelhafte Auftriebskraft des Flaperons, die fragwürdige Verteilung der Entenmuscheln auf seinen beiden Seiten und die launenhaften Strömungen des wilden Indischen Ozeans. Nachdem mir klar geworden war, dass das Flaperon wahrscheinlich nicht von MH370 stammte – sonst hätte es eine ID-Plakette gegeben –, war ich umso mehr daran interessiert, herauszufinden, woher es wirklich kam. Wenn das Flaperon nicht Tausende Meilen von der angenommenen Absturzstelle bis nach Réunion geschwemmt wurde, wie war es dann eines Morgens am Strand von Réunion gelandet?

Sobald das Flaperon auf der Bildfläche erschien, wurden wir Zeuge der folgenden Argumentationskette: Es handelt sich um das Flaperon einer Boeing 777; es wird nur eine einzige Boeing 777 vermisst (die von Flug MH370); also muss es sich um das Flaperon der Boeing 777 von Flug MH370 handeln. Aber die Logik dieser Argumentation war nicht stimmig. Flugzeuge und ihre Ersatzteile werden nicht so gut gelistet und nachverfolgt, wie wir glauben.

Le Monde veröffentlichte bereits 2008 einen Artikel, der genau das erklärte: »Während der letzten zehn Jahre haben Boeing und Airbus ihre Flugzeuge eher ›demontiert‹ als ›zerstört‹, wenn sie aus dem Verkehr gezogen wurden.«[28] Recycling »entwickelt sich zu einer eigenen speziellen Branche«, schrieb der CEO von Boeing France, Yves Galland, in *Révolution aéronautique, le défi de l'environnement* (*Revolution in der Luftfahrt: Die Umweltherausforderung*), ebenfalls 2008 veröffentlicht und im Artikel von *Le Monde* zitiert. »Laut Airbus werden in den nächsten 20 Jahren nicht weniger als 6000 Flugzeuge stillgelegt«, schrieb *Le Monde.* »Bei Boeing liegt die Zahl noch höher: Dort werden demnach zwischen 7000 und 8500 Flugzeuge aus dem Verkehr gezogen.« Laut der Zeitung war es beiden Flugzeugherstellern wichtig, den wachsenden Schwarzmarkt für Ersatzteile einzudämmen.

Airbus und Boeing zerlegten ihre Flugzeuge und verwendeten einen großen Anteil der Materialien erneut. Jedes Jahr schieden mehrere Hundert Boeings aus dem Flugverkehr aus, darunter einige 777. Sie wurden weniger verschrottet als demontiert. Es wäre also nicht unmöglich gewesen, ein Ersatz-Flaperon aufzutreiben. Besonders das Flaperon einer Boeing 777 von Malaysia Airlines, denn, wie wir bereits in Kapitel 3 gesehen haben (vgl. S. 56), wurden viele dieser Flugzeuge schon nach relativ kurzer Zeit ausgemustert, eingelagert oder demontiert.

Einige MHisten nahmen sogar an, dass das Flaperon von Flug MH17 stammte, der vier Monate nach MH370 über der Ukraine abgeschossen worden war. Im Internet zirkulierte das Foto eines ähnlichen Teils, das man unter den vielen Trümmern als MH17 zugehörig identifiziert hatte. Sollte es sich bei dem Flaperon wirklich um ein Teil von MH17 handeln, hätte man die ID-Plakette entfernt, damit sich das Flugzeugteil nicht zu 9M-MRD, dem Flugzeug von MH17, zurückverfolgen ließ. Wenn man bedachte, dass es sich bei den beiden Flugzeugen im Grunde um Zwillinge handelte, wäre es sicherlich nicht schwer gewesen, irgendeine Übereinstimmung unter den zugelieferten Teilen zu finden. Anschließend würde das Flaperon dann etwas unbeholfen in ein umhertreibendes Flaperon verwandelt, indem man es über Wochen oder Monate in Meerwasser liegen ließe, bis sich eine überzeugende Menge an Entenmuscheln auf seiner Oberfläche angesiedelt hätte. Vermutlich handelte es sich nur um einen Zufall, aber mir fiel auf, dass die mit der Untersuchung beauftragten Meeresbiologen in ihrem Bericht schrieben, die Tiere seien ungefähr ein Jahr alt. MH17 wurde Mitte Juli 2014 abgeschossen und das Flaperon wurde Ende Juli 2015 entdeckt. Das war aber nicht alles. Im Internet tauchte ein internes Memo auf, dem zufolge die französischen Wissenschaftler, die akribisch Abstriche von dem Flaperon nahmen, um Muschelproben zu erhalten und »nach Spuren von Sprengstoff zu suchen«, die ausdrückliche Anweisung hatten, »nichts von der *Laibung* (der unteren Seite)« des Flaperons zu entnehmen. Da eine Rakete ein Flugzeug meistens von unten trifft, lassen sich Sprengstoffspuren eher an der Unterseite eines Flugzeugteils finden. Der zuständige Experte für die Ermittlung hatte die Techniker also angehalten, die untere Seite nicht zu untersuchen. Eine komische, um nicht zu sagen verdächtige Anweisung, die nur zu gut zur MH17-Version passt.

Falls diese eher erbärmliche Operation tatsächlich stattgefunden haben sollte, tun mir die Geheimagenten, die sie ausführen mussten, ein bisschen leid. Das kaputte Flaperon wäre dann, nachdem es schön gleichmäßig mit lebenden Entenmuscheln bedeckt war, unauffällig und am besten nachts am Strand eines Landes abgelegt worden, das mit dem Fund auf glaubwürdige Art und Weise umgehen würde. Natürlich wäre das eine klare Fälschung von Beweisen. Aber wem es gelang, ein ganzes Flugzeug verschwinden zu lassen, der könnte sicherlich auch ein Flaperon aus dem Hut zaubern …

Ein weiterer klarer Beweis dafür, wie oberflächlich Flugzeugteile und manchmal ganze Flugzeuge überwacht wurden, erschien im Dezember 2015 in der malaysischen Tageszeitung *The Star*. Der Flughafen in Kuala Lumpur schaltete darin eine Anzeige, die den Besitzer von drei Boeings 747 dazu aufrief, sich zu melden. Die Flugzeuge standen seit einigen Jahren verlassen auf dem Rollfeld des Flughafens, und ihr Besitzer sollte sie doch bitte abholen. Geschähe das nicht, werde man sie verschrotten. Diese Anzeige löste mehrere ironische Kommentare aus, zum Beispiel »Vermisst irgendjemand drei Boeings 747?« oder »Unbeaufsichtigte Boeings 747 werden zerstört!«

Obwohl mittlerweile viele Monate und Jahre vergangen sind, haben die französischen Experten kein einziges Detail zu ihren Untersuchungsergebnissen veröffentlicht. Bis heute kennen wir weder die genaue Größe noch das Gewicht des Flaperons. Einige MHisten hätten diese Daten gerne für ihre eigenen Driftstudien verwendet. Frankreich hielt keine einzige Pressekonferenz über das Flaperon ab. Die beteiligten Experten wurden nie namentlich genannt und stellten sich den vielen wichtigen Fragen, die viele Menschen berechtigterweise zu dem geheimnisvollen Trümmerstück hatten, zu keiner Zeit. Am Ende umgab dieses ein fast ebenso großes Mysterium wie das Flugzeug, von dem es angeblich stammte. Als der abschließende Sicherheitsuntersuchungsbericht 2018 veröffentlicht wurde, enthielt er endlich den von der französischen DGA (Direction Générale de l'Armement) verfassten Bericht über die Untersuchung des Flaperons. Der erste Punkt unter »Ziele der Untersuchung« lautete logischerweise, »festzustellen, ob das Teil zum Flugzeug 9M-MRO gehörte, das Flug MH370 durchführte«. Leider heißt es nur wenige Zeilen weiter: »Am 03. September 2015 bestätigte die Pariser Staatsanwaltschaft, dass das Flaperon tatsächlich zum Flugzeug 9M-MRO gehörte.« Und aufgrund dieser Bestätigung wurden die von den Wissenschaftlern aufgelisteten und geplanten Untersuchungen als »nicht mehr nützlich für die Identifizierung des Teils angesehen und daher nicht fortgesetzt«. Mit anderen Worten, die Experten, die die Identität dieses Flaperons mit Sicherheit hätten feststellen sollen, wurden schon sehr früh im Prozess vom wichtigsten Teil ihres Auftrags entbunden, weil diese Frage durch die Erklärung des Staatsanwalts »beantwortet« worden war.

Der Untersuchungsbericht enthielt dennoch einige faszinierende Aussagen. In Bezug auf den Auftrieb des Stücks wurde beispielsweise bemerkt, dass »die festgestellte Wasserlinie nicht derjenigen entsprach, die durch die Flächen, auf denen sich die Krebstiere befanden, nahegelegt wurde«. Das heißt, dass die Schwimmlage nicht mit der Art und Weise übereinstimmte, wie die Entenmuscheln auf dem Stück verteilt waren. Wie ist es möglich, dass ein Flaperon in einem anderen Winkel schwimmt, wenn es in einem Meerwasserschwimmbad getestet wird, als eindeutig durch die Wasserlinie der Krebstiere definiert, die auf ihm siedelten, als es im Meer schwamm? Sollte diese eklatante Ungereimtheit nicht ein massives Warnsignal darstellen?

Der Untersuchungsbericht verzeichnet außerdem, dass das Flaperon »einen Bereich aufwies, der allem Anschein nach verändert worden war«, was von MAS nie erwähnt wurde. Der Bericht bedauert in vielen Fällen die mangelnde Kooperation von Boeing und erwähnt »Dellen und Perforationen, die wahrscheinlich auf das Vorhandensein hervorstehender Teile an den ›Objekten‹ zurückzuführen sind, die das Flaperon während des Unfalls getroffen hätten«.

Und so bleiben bis heute viele Fragen offen, denn das Flaperon erwies sich in der Untersuchung als vollkommen nutzlos. Es erfüllte noch nicht einmal seine wichtigste Aufgabe, nämlich die Öffentlichkeit davon zu überzeugen, dass MH370 tatsächlich in den Indischen Ozean gestürzt war. Auch viele Familien glaubten diese Theorie nicht. Als Australien Anfang 2018 ankündigte, es wolle in Perth eine Gedenkstätte für die Passagiere von MH370 bauen, sprachen sich die Familien vehement dagegen aus. In einer Erklärung an die australische Regierung stellten die Angehörigen der chinesischen Passagiere klar, dass sie ihre geliebten Menschen lieber als »vermisst« eingestuft sehen wollten anstatt als tot. Die Flaperon-Epsiode säte unter den Leuten eher zusätzliche Verwirrung, weil sie mehr Fragen aufwarf, als sie letztlich beantwortete.

9

Trümmer im Golf von Thailand

Am 23. Januar 2016, fast zwei Jahre nach dem kurzzeitigen Sucheinsatz im Südchinesischen Meer rund um den Wegpunkt IGARI und sieben Monate nachdem das Flaperon auf La Réunion angeschwemmt worden war, fand man ein weiteres großes Trümmerteil, das von einem Flugzeug stammen könnte. Wider alle Erwartungen befand sich dieser Fund jedoch im Süden von Thailand an einem Strand in der Provinz Nakhon Si Thamarat, beinahe gegenüber von der Insel, von der aus die vietnamesischen Behörden im März 2014 den Absturz gemeldet hatten.

Das Objekt hatte die Maße 2 × 3 Meter und verfügte über eine klar erkennbare Seriennummer und ebenfalls nummerierte große Bolzen. Den Entenmuscheln nach zu urteilen, die sich auf dem Trümmerteil niedergelassen hatten, schätzten die thailändischen Fischer, dass es sich seit mindestens einem Jahr im Wasser befand. Die französische Presseagentur Agence France-Press (AFP) zitierte Pongsak Semachai, den Sprecher der Royal Thai Air Force: »Luftfahrtexperten des thailändischen Militärs haben das Trümmerteil bereits untersucht und sind übereingekommen, dass es wahrscheinlich von einem Flugzeug stammt [...] Am Montag wird [...] ein thailändisches Spezialteam in den Bezirk Pak Phanang reisen und das Stück zur weiteren Untersuchung mitnehmen.« Außerdem zitierte die AFP den Bezirksvorsteher von Pak Phanang, der der Ansicht war, das Trümmerteil könne Teil einer Flugzeugnase gewesen sein, »weil man elektrische Kabel und Isolatoren sieht«. »Die Nummern auf dem Metall sollten bei der Identifikation helfen«, fügte er hinzu. Am 24. Januar zitierte CNN den Sprecher der

Royal Thai Air Force, der aussagte, er glaube, das Trümmerteil käme »von einem Verkehrsflugzeug«. »Den Fotos in den Lokalzeitungen nach zu urteilen, stammt es definitiv nicht von einem Militärflugzeug, sondern sieht meiner Meinung nach aus wie ein Teil eines großen Passagierflugzeugs«, fügte Generalleutnant Pongsak Semachai hinzu. Auch vor dem Sender CNN wiederholte er, dass die thailändische Luftwaffe plane, am folgenden Montag ein Bergungsteam auszusenden, das das Trümmerteil nach Bangkok bringen sollte.

Die *Bangkok Post* verkündete am 25. Januar 2016, dass die »thaländische[n] Luftfahrtexperten, die das Wrackteil des Flugzeugs untersucht hatten, [...] am Sonntag [bestätigten], dass die Seriennummern auf den Bolzen zu einer Boeing 777 passten«.[1] Ich rief den Journalisten an, der den Artikel geschrieben hatte, und er bestätigte mir die Richtigkeit seiner Angaben, wollte seine Quelle bei der Royal Thai Air Force jedoch schützen, da diese Person, so sagt er mir, nur unter der Bedingung anonym zu bleiben, geredet hatte. Wenn seine Informationen stimmten, könnte das Trümmerteil ein entscheidendes Argument für die Theorie sein, dass die Maschine über dem Südchinesischen Meer und nicht Tausende Meilen entfernt abgestürzt war. Diese Neuigkeiten hatten gerade erst die Runde gemacht, als Jon Ostrower, ein amerikanischer Journalist des *Wall Street Journal*, auf seinem Twitter-Account verkündete, die Berichte seien falsch und die Trümmerteile gehörten wahrscheinlich zu einer japanischen Rakete. Er twitterte ein Foto, dass seine Argumentation auf den ersten Blick stützte. Die Nutzlastverkleidung der Rakete (der schützende Trichter im oberen Teil der Rakete, der sich ein paar Minuten nach dem Abschuss löst) sah dem in Thailand gefundenen Trümmerteil tatsächlich ziemlich ähnlich.

Daraufhin lieferte Gerry Soejatman, ein Hardcore-MHist, auf seinem Blog noch mehr Fotos und Argumente für einen anderen japanischen Raketentyp, der sogar noch mehr Ähnlichkeit mit dem gefundenen Teil aufwies. »Auch wenn wir uns nicht absolut sicher sein können, halten wir es für *wahrscheinlich*, dass dieses Objekt Teil einer Rakete des Typs H-IIA oder H-IIB war«, sagte Sayo Suwashita, Sprecherin des Raketenherstellers Mitsubishi Heavy Industries gegenüber der AFP. Aus *wahrscheinlich* wurde in der *USA Today* und vielen anderen Zeitungen »höchstwahrscheinlich« und binnen kürzester Zeit war auf wundersame Weise »bestätigt« worden, dass die in Thailand angeschwemmten Trümmerteile zu einer von Mitsubishi Heavy Industries hergestellten Rakete gehörten. Ich verfolgte die ganze Sache leicht verwirrt, ging ihr jedoch zu dem Zeitpunkt nicht weiter nach.

Ein paar Tage später ging ein junger Mann namens Zakaria Muhammad an derselben Küste, jedoch etwas weiter südlich, am malaysischen Strand Benting Lintang nahe der Stadt Besut mit seiner Tochter spazieren und fand ein weiteres großes Trümmerteil. »Als ich mir das zwei Meter große Objekt genauer ansah, ging mir durch den Kopf, dass es zu dem verschwundenen Flugzeug gehören könnte. Ich zog es aus dem Wasser und stellte fest, dass es aus rostfreiem Aluminium war«, sagte Zakaria gegenüber der malaysischen Nachrichtenagentur Bernama. Der Fund wurde von Bezirkspolizeichef Khaled Che Lah bestätigt. Am 29. Januar veröffentlichte Bernama einen Artikel mit dem Titel »Die Öffentlichkeit wird angehalten, keine Spekulationen über das in Kampung Benting Lintang gefundene Objekt anzustellen«. »Warten Sie die Untersuchungsergebnisse ab. Ich hoffe, dass die Öffentlichkeit sich nicht in Spekulationen versteigt, bevor es zu der Sache eine offizielle Stellungnahme gibt«, wurde der Polizeichef von Terengganu, Datuk Rosli Ab Rahman, zitiert.

Eine interessante Haltung, dieses »keine Spekulationen, bitte«, wenn man bedenkt, dass dieselbe Regierung nur sieben Monate zuvor eine ausufernde Spekulationskampagne in Gang gesetzt hatte, als Kuala Lumpur das auf La Réunion gefundene Flaperon *ex cathedra* zu einem Trümmerteil von MH370 erklärte, ohne die wissenschaftlichen Untersuchungsergebnisse abzuwarten. Im Artikel von Bernama stand auch, dass »eine Gesandtschaft von der Behörde für Zivilluftfahrt und Malaysia Airlines [...] für etwa eine Stunde vor Ort war und [...] das Objekt untersucht hat«. Am nächsten Tag verkündete Malaysias Verkehrsminister Liow Tiong Lai:

»Die Experten kamen zu dem Schluss, dass das Trümmerteil nicht zu einer Boeing 777 passt, und bestätigten somit, dass das Objekt nicht von MH370 stammt.« Doch wenn es einmal Teil eines Flugzeugs war, wie die Aussage des Ministers implizierte, zu welchem verlorenen Flugzeug sollte es dann gehören?

Die Tatsache, dass innerhalb weniger Tage nur wenige Kilometer voneinander entfernt zwei große, metallene Trümmerteile angeschwemmt worden waren, beschäftigte mich. Der Zufall schien einfach zu groß. Ich fand die Geschwindigkeit, mit der man plötzlich eine Nahaufnahme einer japanischen Rakete aus dem Ärmel gezaubert hatte – eine, die auffallende Ähnlichkeit mit dem gefundenen Trümmerteil hatte –, höchst erstaunlich, fast schon wie von Zauberhand. Auch das Verhalten der malaysischen Behörden, die versuchten, einen Zusammenhang zwischen MH370 und dem Trümmerteil auszuschließen, das nahe Besut gefunden worden war, ohne es jedoch mit einer japanischen Rakete in Verbindung zu bringen, erschien mir verdächtig. Wenn das Besut-Trümmerteil also von einem anderen Flugzeug stammte, warum veröffentlichte man dann nicht die Identifikationsnummern, damit es zweifelsfrei zugeordnet werden konnte?

Wenn in diesem Teil der Welt Wrackteile eines Flugzeugs auftauchen, denkt man zunächst an den Indonesia-AirAsia-Flug 8501, der Ende Dezember 2014 über der Javasee verunglückte, rund 800 Meilen südlich von Besut. Doch der A320 war beinahe vollständig scharlachrot lackiert gewesen, mit einigen dunkelgrauen Flächen, während das zuletzt gefundene Trümmerteil beinahe vollkommen weiß war. Überdies fließen die Hauptmeeresströmungen der Javasee nach Süden, da hier der Nordpazifik in den Indischen Ozean strömt. Und, die nordöstliche Monsunzeit, die von November bis März herrscht, würde die Bewegungen nach Süden schwimmender Trümmerteile noch verstärken. Allein die genannten Gründe schlossen den Indonesia-AirAsia-Airbus 320 als Quelle der Trümmerteile so gut wie aus.

Erst im März 2017, mehr als ein Jahr nach Auffinden dieser Trümmerteile, bekam ich die Gelegenheit, an die Ostküste Malaysias zu reisen, wo Zakaria lebte, und ihn persönlich zu seinem Fund zu befragen. Als ich die Angelegenheit ein paar Tage zuvor in Kuala Lumpur beim Frühstück mit einer malaysischen Freundin erwähnte, bot sie an, mich zu begleiten und mir zu helfen. Um Zakaria in seinem *Kampung* zu finden, bedurfte es der Hilfe zweier Abgeordneter, denen ich sehr zu Dank verpflichtet bin, einem Reiseveranstalter mit Sitz in Kuala Terengganu, einem Fahrer namens Zaki, der uns in seinem verbeulten Proton am Flughafen einsammelte, sowie einem Mittelsmann, der uns vom Treffpunkt (einer kürzlich gebauten Shell-Tankstelle an der Küstenstraße der Provinz Terengganu) zu Zakarias Haus führen sollte.

Zakaria und seine Frau Sabrinah lebten mit ihrer siebenjährigen Tochter Tasha und einem Cousin in einem einfachen, auf Stelzen gebauten Holzhaus am Rand einer unbefestigten Straße. Auf dem kleinen Hof liefen ein paar Ziegen frei herum, und vor dem Haus hingen einige Käfige mit Vögeln darin, sicher verwahrt vor den beiden großen Katzen, die als wahre Herrinnen des Hauses umherstreiften. Wir ließen uns vor dem Haus, das nur aus einem Raum bestand, um eine farbenfrohe Plastikmatte herum nieder, die die unebenen Balken des Treppenabsatzes bedeckte. Zakaria begann das Gespräch, indem er seine Überraschung über unseren Besuch zum Ausdruck brachte, da seine Begeisterung über den Fund vor mehr als einem Jahr nur zwei Tage angehalten hatte. Seither war niemand vorbeigekommen, um der Sache nachzugehen.

»Es war ungefähr sechs Uhr abends, als ich etwas Großes im Wasser schwimmen sah. Dort ist es ungefähr so tief«, sagte er und hielt seine Hand waagerecht auf Hüfthöhe. An dem Punkt wurde er von seiner Tochter Tasha unterbrochen, die sagte, dass in Wahrheit *sie* es gewesen war, die das schwimmende Objekt zuerst gesehen hatte. Mit einem Grinsen räumte Zakaria ein, dass sie recht hatte. Er schätzte das Gewicht des Trümmerteils, das ungefähr die Form eines Drachens mit nur einer geraden Seite hatte, auf dreißig Kilo und erinnerte sich, dass es teilweise von Muscheln bedeckt gewesen war. Für ihn gab es aufgrund des Aluminiums, der Nieten und anderer Details keinen Zweifel, dass es sich um ein Flugzeugteil handelte (damals arbeitete er als Bauarbeiter, in jüngeren Jahren hatte er jedoch für einige Zeit bei der Royal Malaysian Air Force gedient). Damit es nicht fortgespült würde, hatte er das Trümmerteil aus dem Wasser gezogen und es am Strand liegen lassen. Doch zu Hause angekommen, beschlich ihn die Sorge, dass sein Fund gestohlen werden könnte. Schließlich kannte jeder hier den Wert von Aluminium. Beim damaligen Kurs von 85 Cent pro Pfund wären dreißig Kilo Aluminium mehr als fünfzig US-Dollar wert gewesen – gemessen an dem niedrigen Lebensstandard in dieser entlegenen Gemeinde eine ganze Menge. Sein Kommentar brachte mich auf die Idee, dass weitere Trümmerteile, die hier oder anderswo angeschwemmt wurden, möglicherweise niemals gemeldet, sondern einfach zum nächsten Schrotthändler gebracht wurden.

Als ich die Theorie, die erklären könnte, warum man keine Trümmer von MH370 gefunden hatte, etwas weiterspann, stieß ich auf den Fall des PMTair-Fluges 241, der am 25. Juni 2007 auf dem Weg vom Siem Reap International Airport zum Sihanouk Kang Airport über den dicht bewaldeten Bergen der Provinz Kampot in Kambodscha abgestürzt war und 22 Menschen in den Tod gerissen hatte. Ein paar Wochen später zitierte die lokale Presse den Vizegouverneur der Provinz, Khoy Khun Hua, die Dorfbewohner hätten den größten Teil des Wracks mitgenommen, um es als Metallschrott zu verkaufen.[2] Sar Sareth, der Vorstandsvorsitzende von PMTair, war sehr zufrieden mit dieser Entwicklung, da die Fluggesellschaft die verstreuten Trümmerteile in diesem unwegsamen Gebiet nun nicht mehr selbst einsammeln musste: »Wir haben den Dorfbewohnern erlaubt, die Metallteile mitzunehmen, weil es eine Menge Kosten verursacht hätte, die Teile abzutransportieren.«

Was Zakaria betraf, so dachte er nicht eine Sekunde daran, seinen Fund zu verkaufen. Er ahnte, dass das Trümmerteil wichtig war und weiter untersucht werden sollte. Als Offiziere des nahe gelegenen Luftwaffenstützpunkts der Royal Malaysian Air Force Gong Kedak, einem von dreizehn im ganzen Land, vorbeikamen und sich seinen Fund ansahen, sah er sich in seinem Gefühl bestätigt. Sie stimmten ihm zu, dass es sich offensichtlich um ein Flugzeugteil handelte.

Zakaria erzählte mir, dass zur selben Zeit, vielleicht sogar am selben Tag, ein weiteres großes Trümmerteil von einem Ladeninhaber an einem Strand ganz in der Nähe gefunden worden war. Es war ebenfalls groß, hatte dieselbe Farbe, war aus dem gleichen Material gefertigt und hatte ebenfalls eine geschwungene Form. In seinen Augen waren diese beiden Fundstücke Teile desselben Objekts gewesen, bevor es auseinanderbrach.

Doch mit der Ankunft der Polizei, die die Trümmerteile einsammelte, nahm die Geschichte einen ganz anderen Verlauf. Als Zakaria ein paar Tage später an der Polizeistelle vorbeiging, um sich nach seinem Fund zu erkundigen, wurde ihm geraten, er solle die Sache auf sich beruhen lassen und keine weiteren Fragen stellen. Ihm wurde auch mitgeteilt, dass es sich in Wahrheit um Schiffsteile handelte. Ich fragte ihn, was er von dieser Erklärung hielt. Er schenkte uns ein schwaches Lächeln und lehnte den Kopf gegen die Hauswand. Dann dachte er eine ganze Weile nach. Auffallend lang. Schließlich veränderte er seine Sitzposition, indem er das andere Bein überkreuzte und sagte: »Das stimmt nicht. Wir alle wissen, dass es nicht zu einem Schiff gehört. Warum sagen sie das?«

Später, als wir gemeinsam in einem Restaurant am Straßenrand essen gingen, erzählte er uns, dass es viele Geschichten von Menschen gab, die in der Nacht des Verschwindens von MH370 etwas gesehen und gehört hatten. »Ein paar Fischer haben gesagt, dass sie brennende Dinge vom Himmel fallen sahen«, sagte Zakaria. Doch die meisten dieser Zeugen lebten weiter im Norden, an der Küste von Kelantan. Mir wurde geraten, selbst dorthin zu reisen und mir persönlich anzuhören, was die Zeugen zu sagen hatten.

Auf dem Rückweg von der Ostküste Malaysias war meine Freundin, die mich begleitet hatte, inzwischen davon überzeugt, dass die Art, wie die malaysischen Behörden die Trümmerteile gehandhabt hatten, verdächtig war. Und das, obwohl wir uns in Malaysia befanden, wo Verwirrung die Regel war. Trotzdem.

Wenn Zakarias Fund jemals als ein Teil von MH370 bestätigt worden wäre, dann hätte es die offizielle Version der Geschichte vollkommen untergraben. Doch der einzige Weg, es zu identifizieren, führte über die Seriennummern. Und leider konnte man die einzige, die jemals auf Fotos aufgetaucht war, nicht klar erkennen.

Das Trümmerteil, das nur ein paar Tage zuvor in Thailand gefunden worden war, lieferte hingegen mehr Hinweise. Nachdem ich erfolglos versucht hatte, an die Nummern des Besut-Trümmerteils heranzukommen, entschloss ich mich, einen zweiten Blick auf das thailändische Trümmerteil zu werfen, das in einem Tweet von einem US-Journalisten als »Mitsubishi-Raketenteil« bezeichnet worden und unter diesem Namen von den Medien aufgenommen worden war.

Nach der Entdeckung des »Mitsubishi«-Trümmerteils versuchte ich bei jeder Gelegenheit mehr über Raketen herauszufinden. Immer wenn mir jemand über den Weg lief, der etwas von Raketen verstand, fragte ich ihn beiläufig aus. Wie genau die Nutzlastverkleidung nach der Trennung fiel, ob sie aus dem Meer geborgen und wiederverwertet wurde, wie gut man die Teile zurückverfolgen kann und so weiter. Die Informationen, die ich sammelte (zum Beispiel die Tatsache, dass Raketen immer nach Osten abgeschossen werden), wollten nicht so recht zu den Trümmerteilen passen, die man in der Provinz Nakhon Si Thammarat in Thailand gefunden hatte. Doch bis zu meiner Reise nach Besut im März 2017 schob ich meine Zweifel beiseite.

Das Gute an dem thailändischen Trümmerteil war, dass es ganz im Gegenteil zu seinem potenziellen Cousin, den Zakaria nahe Besut gefunden hatte, ausführlich dokumentiert worden war. Der thailändische Lokalreporter hatte gute Arbeit geleistet, indem er detaillierte Nahaufnahmen gemacht und die Behörden gleich in den ersten Stunden vor Ort interviewt hatte. Die Entdeckung sorgte in der Gegend für einige Aufregung und viele Menschen kamen aus den benachbarten Dörfern herbei, um sich das Fundstück anzusehen. Ich stieß außerdem auf ein hervorragendes Video des Trümmerteils, das ich mir viele Mal angesehen habe.[3]

Bei näherer Betrachtung des Trümmerteils lässt sich feststellen, dass es sich um ein schweres Objekt mit einer ungleichmäßigen Bruchstelle an einem Ende handelt. Den Presseberichten zufolge maß es 2 × 3 Meter (6,6 × 9,8 Fuß) und war 7,6 Zentimeter (6 Inches) dick, was im Verhältnis zu den Menschen, die im Video danebenstehen, passt. Es wog um die 100 Kilogramm und war offensichtlich Teil eines runden Objekts, das allerdings nicht vollkommen zylindrisch, sondern eher kegelförmig gewesen sein muss. Das große Gelenk auf der Innenseite legt nahe, dass es dazu gedacht war, sich an seinem Träger zu bewegen, was auch von der Tatsache gestützt wird, dass eine gerade Seite mit Scharnieren versehen ist. Ein mit Entenmuscheln übersätes rotes Kabel ist scheinbar lose am inneren Teil des nicht identifizierten Gegenstands befestigt. Seine Kabelschelle trägt eine Seriennummer. Tatsächlich gibt es viele Nummern, die auf dem Teil klar erkennbar sind: SG5773-103 auf einer Halterung, SG5772-1 auf einer anderen, NAS6204-31 auf vielen Bolzen und dann eine Reihe sehr viel größerer Nummern auf der Außenseite: 307, 308, 315, 316, 323. Außerdem gibt es eine römische II, was vermuten lässt, dass es irgendwo auch die I gab. Außerdem verfügt es über eine längere Zahlenreihe mit dem Logo von KHI daneben. KHI steht für Kawasaki Heavy Industries. Als die Mitsubishi-Theorie aufkam, fiel einem MHisten das KHI-Logo auf, und er stellte eine Verbindung her: »Kawasaki, Mitsubishi – das ist alles japanisch.« Seiner Ansicht nach stützte das Kawasaki-Logo die Mitsubishi-Hypothese.

Es stimmte zwar, dass Kawasaki Teile der von Mitsubishi abgeschossenen Raketen gefertigt hatte (insbesondere von der H-IIA und der H-IIB), doch es war genauso richtig und wichtig zu wissen, dass Kawasaki (neben Mitsubishi und Fuji) mehrere Jahrzehnte lang eng in die Entwicklung und Produktion von Boeing eingebunden war, insbesondere der Boeing 777.[4] Mit anderen Worten: Das KHI-Logo hätte genauso gut zu Boeing führen können wie zu Mitsubishi.

Mit der Unterstützung einer jungen japanischen Journalistin namens Mayumi gelang es uns, ein paar Antworten von Mitsubishi und Kawasaki zu bekommen. Interessanterweise sagte Sayo Suwashita, dieselbe Sprecherin, die im Januar 2016 mit der AFP gesprochen hatte, im April 2017 zu Mayumi, dass ihre Aussage damals »nur eine Vermutung auf der Grundlage einiger Fotos« gewesen sei. Dann fügte sie hinzu: »Wenn es irgendwelche Fehler gab, dann würde das Ärger bedeuten, darum haben wir es [das Trümmerteil] noch nicht identifiziert und veröffentlicht, zu welchem Typ oder welchem Abschuss es gehört«. Ein weiterer Kontakt bei Mitsubishi sagte aus, das Unternehmen habe nicht die Absicht, die Sache weiterzuverfolgen oder das Teil gar aus Thailand zu holen. »Das Trümmerteil ist in den Händen der thailändischen Regierung, und dort belassen wir es.«

Im Zuge ihrer Recherchen hatte Mayumi herausgefunden, dass eine Nutzlastverkleidung, nachdem sie sich vom Raketenkörper getrennt hatte und mit dem Meer in Berührung gekommen war, ein Signal aussandte, damit ein bereitstehendes Schiff hinfahren und das Teilstück ohne Materialverluste einsammeln konnte. Mayumi fragte daraufhin bei Mitsubishi nach, wie wahrscheinlich es war, dass trotz dieses Signalsystems Teile verloren gingen. »›Die Wahrscheinlichkeit [dass dort draußen nicht eingesammelte Teile einer Nutzlastverkleidung herumschwimmen] liegt fast bei null‹«, antwortete ihre Quelle bei Mitsubishi. »Aber sie ist nicht null.«

Wir hatten es also bestenfalls mit einer höchst ungewöhnlichen Situation zu tun. Ungewöhnlich, weil Mitsubishi so gut wie keine seiner Verkleidungen verliert, noch ungewöhnlicher, weil dieses Trümmerteil 4000 Kilometer von dem Gebiet entfernt gefunden worden war, wo sie normalerweise herunterfallen, und höchst ungewöhnlich, weil Mitsubishi offenbar keinerlei Interesse hegte, diese Verkleidung zurückzubekommen.

Ich zeigte das detailgetreue Video des Trümmerstücks mehreren Kontaktleuten: B777-Piloten, einem Ingenieursfreund, der zufälligerweise eine Zeit lang kleinere Raketen aus Verbundmaterial in den USA gebaut hatte, und einem Luftfahrtingenieur, der viele

Jahre für Boeing in Seattle und Oklahoma City gearbeitet hatte und die B777 »ziemlich gut« kannte. Sie wiesen auf mehrere Eigenschaften des Trümmerteils hin, die es sehr unwahrscheinlich machten, dass es von einer Rakete stammte, noch dazu von einer japanischen. »Viel zu viel Gewicht überall«, urteilte einer von ihnen. »Wenn man eine Rakete plant, wird Leichtbau geradezu zur Obsession. Jedes zusätzliche Gramm übersetzt sich direkt in Treibstoff und damit in Extragewicht, das die Rakete mit sich führen muss.« Auch die Form schien nicht zur Verkleidung einer Mitsubishi-Rakete zu passen. Wenn es sich um die Spitze handelte, müsste das Trümmerteil trichterförmiger sein, und wenn es zum Körper der Rakete gehörte, dann müsste es zylindrisch sein, was auch nicht der Fall war. Außerdem gab es da noch das rote herunterhängende Kabel, das nur von einer einzelnen Kabelschelle gehalten wurde und niemals einer Beschleunigung auf Mach 6[5] standgehalten hätte.

Zudem waren in einer der Nahaufnahmen an einem Scharnier Spuren einer augenscheinlich ziemlich minderwertigen Ausbesserung zu sehen. Nutzlastverkleidungen hingegen sind beim Abschuss der Rakete brandneu und werden nur einmal benutzt. Sie können zwar beim Aufprall auf die Wasseroberfläche beschädigt werden, doch sie würden niemals auch nur die kleinste Spur einer stümperhaften Reparatur aufweisen. Auch die Seriennummern überraschten meine Kontaktleute. Aus ebenjenem Grund, dass Raketen nur einmal benutzt werden, ist die Frage der Rückverfolgbarkeit nicht in dem Maß von Bedeutung wie bei einem Flugzeug, das rund um die Welt fliegt und viele Male auseinandergebaut wird. Wenn das allein nicht schon ausreichte, um zu beweisen, dass das Trümmerteil nicht zur Verkleidung einer Rakete gehörte, dann gab es da noch die Bolzen.

Ursprünglich hatten thailändische Luftfahrtexperten laut verschiedenen Presseberichten ausgesagt, dass das Trümmerteil mit Bolzen ausgestattet war, die von Boeing benutzt wurden. Doch diese Angaben wurden schnell abgetan oder ignoriert. Wieder einmal war ein Fall geschlossen worden, ehe ihm größere Aufmerksamkeit zu kommen konnte, sodass ich, genau wie der Rest der Welt, die Geschichte von der Rakete einfach akzeptierte. Wer nahm schon die *Bangkok Post* oder noch weitaus weniger bekannte lokale Zeitungen ernst, wenn die großen internationalen Medien sich auf die Mitsubishi-Geschichte geeinigt hatten? Also versuchte ich schließlich selbst, die Sache zu überprüfen, und stellte fest, dass das gar nicht so schwer war.

Auf einigen Großaufnahmen der Bolzen war ganz klar die Nummer NAS6204-31 zu erkennen. »NAS« steht für National Aerospace Standards, eine amerikanische Norm, die unter anderem Boeing verwendet.[6] Es handelte sich hier also um stinknormale Standardbolzen aus rostfreiem Stahl, was vermuten lässt, dass sie von einem Verkehrs-, einem Militär- oder einem Privatflugzeug stammten, jedoch ganz sicher nicht von einem Raumfahrzeug oder einer Rakete, die Hochleistungslegierungen aus Aluminium mit Titan oder Magnesium benötigen. Entgegen dem beinahe weltweit einhelligen Konsens, dass dieses Trümmerteil einmal zu einer Rakete gehört hatte, untergruben bereits diese Bolzen Mitsubishis Aussage, es handle sich »wahrscheinlich« um eines ihrer Teile. Natürlich könnte die vergleichsweise geringe Größe des Trümmerteils erklären, warum Mitsubishi – ein Unternehmen, das von sich behauptete, beinahe 100 Prozent ihrer Verkleidungsteile einzusammeln – nie aufgeklärt hat, bei welchem Start oder von welcher Rakete dieses Teil angeblich abgefallen war, und auch nicht vorhatte, es aus Thailand zu holen. Schließlich wollte das Unternehmen »keinen Ärger«, wie die Sprecherin gesagt hatte.

Doch angenommen, dieses Trümmerteil stammte *nicht* von einer Mitsubishi-Rakete, was in aller Welt war es dann? Oder andersherum gefragt: Da es von KHI hergestellt worden war, einem Unternehmen, dass Boeing für die B777 zahlreiche Teile lieferte, könnte es von MH370 stammen?

Die B777-Piloten, die ich kontaktiert hatte, gaben allesamt an, dass ihnen beim Routinecheck vor dem Start noch nie so große, abstehende Bolzen noch derart große Nummern auf dem Flugzeugrumpf aufgefallen seien. Der ehemalige Mitarbeiter von Boeing sagte, dass das Trümmerteil für die Außenhaut des Flugzeugrumpfes zu dünn sei. Der Rumpf einer B777 ist ungefähr 13,34 Zentimeter dick, wohingegen dieses Teil nur 7,62 Zentimeter maß. Außerdem erklärte er, dass man derart abstehende Bolzen ganz sicher nicht an der Außenverkleidung einer Rakete – nicht einmal eines Flugzeugs – finden würde, da sie den Windkanal störten. Seine Vermutung war, dass wir auf die innere Verkleidung eines Triebwerks, eines Rolls-Royce Trent 892, blickten, dem größten je gebauten Motor. Er schickte mir mehrere Fotos von einem dieser Triebwerke, dessen Verkleidung zu beiden Seiten aufging wie die Flügel eines Schmetterlings. Es gab offensichtlich mehrere Schichten und einen ebenso augenfälligen Gelenkbügel, der dem an der Innenseite des thailändischen Trümmerteils sehr ähnlich sah. Es war möglich, aber noch lange nicht beweiskräftig. Die einzige Schlussfolgerung, zu der ich in Bezug auf dieses Trümmerteil kam, war, dass es entgegen der allgemeinen Annahme nicht von einer Mitsubishi-Rakete stammen konnte. Obwohl ich nicht herausfinden konnte, ob es einmal zu MH370 gehört hatte, war es durch sein vollkommen ungeklärtes Auftauchen im Golf von Thailand und seiner Kollektion amerikanischer NAS-Bolzen ein weiteres interessantes Indiz, das ich im Hinterkopf behielt.

Durchaus denkbar, dass es einen Zusammenhang zwischen diesem Trümmerteil und der Explosion gab, die sowohl malaysische als auch thailändische Dorfbewohner am selben Küstenstreifen in der Provinz Songkhla gehört hatten. Außerdem hatten sie ausgesagt, dass brennende Teile vom Himmel gefallen waren. Doch ich war nicht in der Lage, einen stichhaltigen Zusammenhang mit einer B777 herzustellen, ganz zu schweigen von MH370. Mir fiel allerdings auf, dass der amerikanische Journalist, der der Welt als Erster verkündet hatte, die Annahme, dieses ungewöhnliche Trümmerteil aus dem Südchinesischen Meer stamme von MH370, sei »falsch«, auch der Verfasser eines Artikels Anfang März 2014 war, aus dem die Welt erfuhr, dass das Flugzeug nach seinem U-Turn noch viele Stunden weitergeflogen sei. Was für ein Zufall. Journalisten wissen für gewöhnlich, dass ihre Quellen einen guten Grund haben, sie mit Informationen zu versorgen. Es handelt sich äußerst selten um eine selbstlose Geste. Eine gute Quelle innerhalb einer Institution ist sehr nützlich für einen Journalisten – bis der Journalist nützlich für die Quelle wird.

10

Eine neue Trümmerflut an der Ostküste Afrikas

Die Entdeckung der beiden Trümmerteile im Golf von Thailand fand in der ganzen MH370-Sage kaum Beachtung. Tatsächlich wurden der Fund bei Besut und das Mitsubishi-Teil nur ein paar Wochen später von einer weiteren Auswahl potenzieller MH370-Trümmer abgelöst, die alle Aufmerksamkeit wieder zurück auf den Indischen Ozean lenkten. Entgegen allen Erwartungen und entgegen der Aussage des australischen Premierministers Tony Abbott, dass »nach 52 Tagen [...] die meisten Teile wohl für immer versunken [sind]«; tauchte ab Anfang März 2016 plötzlich eine »neue Flut« möglicher Flugzeugtrümmer im westlichen Teil des südlichen Indischen Ozeans auf. Und das trotz der Tatsache, dass der sogenannte »größte Seesucheinsatz in der Geschichte der Menschheit« kurz nach dem Absturz nicht das kleinste Trümmerfeld auf dem Meer entdeckt hatte; und obwohl in einer riesigen Suchaktion die Strände von Westaustralien und Indonesien zwei Jahre lang vergebens nach Trümmern durchkämmt worden waren. Die Trümmer erschienen erst in Mosambik, dann in Südafrika, auf Mauritius, Rodrigues Island, wieder in Mosambik, auf Madagaskar ... Man kam kaum noch hinterher. Doch das versuchten auch nur wenige Menschen.

Der erste weitere Fund, von der australischen Verkehrssicherheitsbehörde ATSB als »großes Metallteil, ungefähr einen Meter lang« beschrieben, war Anfang März 2016. Das Objekt war dreieckig und trug die Wörter »NO STEP« (zu dt. »nicht betreten«), eine

Warnung, wie sie standardmäßig auf allen möglichen Oberflächen zu finden ist, um die Techniker daran zu erinnern, dass die Außenhaut der Maschine in diesem Bereich nicht stabil genug ist, um einen Menschen zu tragen. Der Fund in Mosambik zierte weltweit die Titelseiten. Für die größte Mehrheit der Öffentlichkeit, die den MH370-Fall nur mit vorübergehendem Interesse verfolgte, verlieh er dem offiziellen Narrativ, dass die Maschine »irgendwo da unten« abgestürzt sei, mehr Glaubwürdigkeit. Doch unter denjenigen, die den Fall unermüdlich verfolgten, warf das Teil Fragen auf – genauer gesagt seine Sauberkeit sowie die Umstände und der Zeitpunkt seiner Entdeckung.

Der Mann, der das erste Teil der »neuen Flut« an Trümmern fand, war Blaine Gibson, der bereits erwähnte amerikanische Abenteurer. Nachdem er sowohl die Suche nach der verlorenen Bundeslade in der äthiopischen Wüste und anderswo als auch die Suche nach der Lösung des Rätsels rund um den Untergang der Maya aufgegeben hatte, widmete er sich nun der Suche nach MH370 rund um den Globus. Offenbar hatte der Detektiv mit dem Cowboyhut eine Vorliebe für die ganz großen Fälle.

Sein Vater, Phil Gibson, ein hoch angesehener Richter mit liberalen Ansichten, war seiner Zeit weit voraus gewesen. Als Vorsitzender des Obersten Gerichtshofes von Kalifornien war es sein Verdienst gewesen, »das Justizsystem des Staates in seinen 25 Jahren auf der Bank aufpoliert und es zu einem der effizientesten und am besten verwalteten der ganzen Nation gemacht [zu haben]«.[1] Doch als Gibson senior im Jahr 1964 in Rente ging, wurde Blaine Gibson – ein Einzelkind – gerade erst eingeschult. Später studierte er Außenpolitik und Jura in Oregon und Washington, D. C., praktizierte jedoch nie als Anwalt. Er sprach sechs Sprachen, darunter Russisch und Französisch.

Glaubt man der besten Biografie, die ich von ihm finden konnte,[2] arbeitete Blaine Gibson ein paar Jahre im Büro von Ray Moore, einem demokratischen Senator in Washington State, und wechselte in den späten 1980ern ins US-Außenministerium. Demselben Artikel zufolge fand seine kurze Faszination für die Politik jedoch ein jähes Ende, als der Ruf der Wildnis und des Unbekannten ihn in die zusammenbrechende Sowjetunion lockte. Unklar ist, womit er sich in diesen zehn Jahren genau beschäftigte. Laut eigenen Angaben machte er in dieser Zeit »Urlaub« in Afghanistan und freundete sich mit Widerstandskämpfern an, mit deren Kalaschnikows er sich stolz ablichten ließ. Um 2005 herum verfolgte er irgendwelche Geschäfte in Laos, einem Binnenstaat im Herzen Südostasiens, der leider zu den ärmsten und korruptesten Ländern der Region zählt.

Der BBC erzählte er, er habe das Haus der Familie im kalifornischen Carmel im Jahr 2014 verkauft, um seinen von Reisen und Abenteuern geprägten Lebensstil zu finanzieren. Von klein auf war es sein Ziel gewesen, jedes Land der Welt zu bereisen. Als MH370 in sein Leben trat – oder besser gesagt, als er die Bühne der MH370-Show betrat –, hatte er bereits zwei Drittel seiner Liste der weltweit rund 200 Ländern abgehakt. Mit Mosambik hatte er Nummer 177 in der Tasche. Ohne Familie oder geregelte Arbeit und mit einem mächtigen Erbe als einzige Sorge hätte Blaine Gibson ein Luxusleben genießen können, doch er war ein notorischer Geizhals und reiste, aß und übernachtete aufs Billigste. Abgesehen von dem ausgebeulten Hut, der zu seinem Markenzeichen avanciert war, kleidete er sich eher bescheiden.

Obwohl er als Student eine heftige Leidenschaft für Lawrence von Arabien entwickelt hatte (so sehr, dass er sich seinem Mitbewohner an der Oregon University zufolge diesen Film von David Lean in Djeballa und Kufiya gekleidet ansah), gefiel er sich inzwischen darin, »der wahre Indiana Jones« genannt zu werden, wozu einige Medien sich auch hinreißen ließen. In einem Interview mit dem französischen Fernsehsender France 2[3] ging er so weit zu sagen, dass Indiana Jones seine »Lieblingsfigur« und »auch [sein] Lieblingsfilm« sei.

In den Augen der Studienfreunde in Washington, D. C., die noch mit ihm in Kontakt standen, war Gibson mit seinen seltsamen Interessen und dem ungewöhnlichen Lebensstil ein ganz besonderer Typ. Nicht unbedingt ein Außenseiter, doch er gab allen Rätsel auf.

Als ihn sein Vorhaben, die Welt zu bereisen und zugleich MH370 zu finden, nach Australien führte, traf er zum Erstaunen einiger Beobachter sogar den Vizepremier Warren Truss. Warum sollte sich ein Minister mit einem Vollzeittouristen treffen, selbst wenn er ein besonderes Faible für MH370 hatte? In Perth angekommen, verhalf die Aircrash Support Group Australia, eine Gruppe, die ihrer Website zufolge »Opfer und Angehörige von Opfern von Luftfahrttragödien« unterstützte, Gibson zu einem Treffen mit dem Ozeanografen Charitha Pattiaratchi, dem einzigen mir bekannten Wissenschaftler, der schon vorausgesagt hatte, Trümmerteile von MH370 könnten an der afrikanischen Ostküste angeschwemmt werden, bevor es tatsächlich dazu kam. Er riet Gibson, er solle »losziehen und in Mosambik nachsehen«.

Genau das tat Gibson im Februar 2016 dann auch, und siehe da, es kostete ihn nur einen Tag, um das erste Trümmerteil zu finden. »Ich habe die Leute vor Ort gefragt: Wo werden hier normalerweise Dinge angeschwemmt, wo gehen die Locals hin, um Strandgut zu bergen?«, erinnerte er sich. Die Menschen erzählten ihm von einer Sandbank, die dem Mosambik-Kanal zugewandt war. Um sich diese anzuschauen, heuerte Gibson ein Schnellboot bei Dolphin Dow Safaris an, einem Tagestour-Unternehmen aus Vilanculos an der mosambikanischen Küste, und fuhr mit dessen Besitzer, Sulaiman junior, und dem Kapitän Bento los. Obwohl die drei Männer wegen der Gezeiten nicht viel Zeit hatten, hob Sulaiman nach nur wenigen Minuten ein großes graues Metalldreieck in die Höhe und rief: »Blaine, sieh dir das an!«

»Ich sah die Aufschrift ›NO STEP‹ und dachte, wow, das kommt von einem Flugzeug und es könnte von *dem* Flugzeug sein«, erzählte Gibson der BBC. Er schickte ein Foto an die australische Verkehrssicherheitsbehörde, die umgehend antwortete und »sehr interessiert« schien. Ein paar Tage später kam die amerikanische Nachrichten- und Presseagentur Associated Press mit der Story groß raus. Sie zitierte einen »anonymen US-Vertreter« (nebenbei bemerkt, frage ich mich, wie viele »anonyme US-Vertreter« den Medien in dieser Geschichte wohl zu Diensten waren), der praktischerweise aussagte, das Fundstück »könnte von einer Boeing 777 sein«. Der malaysische Verkehrsminister Liow Tiong Lai fügte hinzu, es stamme »höchstwahrscheinlich« von MH370. Und in null Komma nichts verbreitete sich in der ganzen Welt die Neuigkeit, dass ein weiteres Trümmerteil von MH370 gefunden worden war – zumindest im weitesten Sinne.

Die Küste Mosambiks ist rund 2500 Kilometer lang. Die Entdeckung von Sulaiman und Gibson nur wenige Minuten nachdem sie die Sandbank betreten hatten und nur wenige Tage vor dem zweiten Jahrestag des Verschwindens, kam mir wie eine Mischung aus Glückstreffer und Wunder vor. Von nun an schien Gibson ein geradezu sagenhaftes Talent zu haben, an jedem Strand, auf den er einen Fuß setzte, wundersamerweise auf weitere Flugzeugtrümmer zu stoßen. Die Medien rund um den Globus liebten die Geschichte umso mehr, weil sie so toll und unglaublich war. Doch war sie unglaublich – oder einfach unglaubwürdig?

Die einzige qualifizierte Person, die das erste Trümmerteil tatsächlich mit eigenen Augen gesehen hatte, verhielt sich wesentlich zurückhaltender: João de Abreu, der Direktor von Mosambiks nationalem Institut für Zivilluftfahrt, erklärte gegenüber der mosambikanischen Presseagentur AIM, jedwede Behauptung, das Trümmerteil gehöre zu dem verschwundenen Flug MH370 sei »verfrüht« und »spekulativ«. In seinen Augen war das Objekt zu sauber, um zwei Jahre im Ozean geschwommen zu sein.

Doch nachdem die Welt nun wusste, dass es weitere Trümmerteile geben könnte, trat ein südafrikanischer Teenager namens Liam Lotter mit der Vermutung auf den Plan, das große und ziemlich saubere weiße Metallstück mit einer dicken Schicht eines honigartigen Verbundwerkstoffes in seinem Innern, das er mehrere Monate zuvor an einem Strand südlich von Mosambik gefunden hatte, könnte ebenfalls von MH370 stammen. Es gab noch nicht einmal den Versuch zu erklären, wie ein so makelloses Teil eine Strecke von 6000 Kilometern in einem der rauesten Ozeane des Planeten zurückgelegt haben könnte, um dann nach rund 700 Tagen in einem tadellosen Zustand in Afrika angeschwemmt zu werden. Es gab schlicht kein überzeugendes Szenario, wie das möglich sein sollte. Indes hatte bereits ein allgemeines Wrackfieber um sich gegriffen, und die Erntesaison für Flugzeugteile wurde wie schon neun Monate zuvor auf La Réunion hektisch eröffnet.

Als die beiden ersten Fundstücke am 21. März 2016 Australien erreichten, verkündete Darren Chester, der Minister für Infrastruktur und Verkehr, dass sie in Canberra von australischen und malaysischen Experten untersucht werden würden sowie von Spezialisten von Boeing, Geoscience Australia und der Australian National University. »Da eine sehr gründliche Analyse ansteht, können wir nicht sagen, wann wir erste Ergebnisse haben«, schloss Mr. Chester. Doch dann dauerte es gerade einmal drei Tage, bis die Bestätigung kam, dass das Trümmerstück »höchstwahrscheinlich« von MH370 stamme. Einen Monat später hieß es im technischen Untersuchungsbericht des ATSB zu den beiden Fundstücken:

> Die Schablonierungen auf beiden Trümmerteilen beweisen nach Meinung der Sachverständigen eine Verbindung. Sowohl Schrift als auch Farbe auf dem ersten Teilstück stimmen mit der von Malaysia Airlines entwickelten und verwendeten überein. Auf dem zweiten Teilstück stehen die Wörter »NO STEP« in einer Schablonierung, die ebenfalls kongruent mit der von Malaysia Airlines ist, und ein Befestigungselement an dem Objekt passt zur Fertigungslinie des Flugzeugs.

Keines dieser Argumente war wirklich stichhaltig. Es gab nur eine begrenzte Anzahl an Schablonen für Flugzeuge, und die meisten Fluggesellschaften, wie übrigens auch die meisten militärischen Streitkräfte, benutzen eine oder manchmal auch mehrere von ihnen. Und was das Befestigungselement anging, so trug es eine Identifikationsnummer, die zwar zu einer Boeing 777, aber auch zu weiteren Flugzeugen passte, wie Jeff Wise am 17. März 2016 in einem Post anmerkte. Es tauchten keine weiteren Indizien auf, die die Behauptung, das Trümmerteil stamme »höchstwahrscheinlich« von MH370, stützten.

Obwohl Boeing an der »gründlichen Analyse« teilgenommen hatte, ließ das Unternehmen kein Wort verlauten. Auch Malaysia Airlines veröffentlichte kein Foto von einem vergleichbaren »NO STEP«-Aufdruck auf einer ihrer vielen anderen Boeings 777-200ERs, was alle Zweifel aus dem Weg geräumt hätte, dass es sich hier tatsächlich um ein Original handelte. Wie vieles in dieser Geschichte, blieben die Dinge unklar.

Erneut wandten sich einige der Hardcore-MHisten, wie schon beim Fund des Flaperons, MH17 zu. Da das vier Monate später über der Ukraine abgeschossene Flugzeug vom gleichen Typ war und aus dem gleichen Produktionsauftrag stammte wie MH370, war ein Vergleich für weitere Nachforschungen durchaus nützlich. Also machten sie sich daran, die Tausenden, teilweise grausamen Bilder der MH17-Trümmerteile durchzugehen und nach einem vergleichbaren Teil wie dem aus Mosambik zu suchen. Und sie wurden tatsächlich fündig. Doch der Vergleich förderte mehrere entscheidende Abweichungen zwischen den beiden Höhenleitwerken der MH17 und dem Teil zutage, das Gibson auf der Sandbank gefunden hatte.[4]

Im Verlauf des März 2016 wurde das sogenannte Teil Nummer 3, ein Stück der Triebwerksverkleidung mit Resten des Rolls-Royce-Logos, in Südafrika gefunden. Wie schon die anderen Objekte war es nicht mit Entenmuscheln besetzt, was einige Kommentatoren als problematisch einstuften. Doch dann tauchte ein Foto desselben Teils übersät mit Sand und Entenmuscheln in der südafrikanischen Presse auf, das angeblich ein paar Monate zuvor aufgenommen worden war. Die ganze Geschichte hatte etwas Bizarres an sich. »Teil Nummer 4« wurde dann im April auf Mauritius gefunden und später als Teil der Innenverkleidung an Bord identifiziert. Im Mai wurden auf Mauritius und in Mosambik vier weitere Trümmer gefunden, die wie Flugzeugteile aussahen. Eines von ihnen wurde sofort ausgeschlossen, doch die anderen drei wurden in Malaysia und später Australien untersucht und stammten »fast sicher« oder »höchstwahrscheinlich« von MH370.

Anfang Juni 2016 reiste Blaine Gibson nach Madagaskar, um dort auf der Insel Sainte-Marie gemeinsam mit einem französischen Journalisten und seinem Team nach Trümmern zu suchen. Und wieder hatte er unfassbares Glück und fand live vor der Kamera gleich zwei mögliche Trümmerteile. Der Fund wurde von seinem professionellen Livekommentar begleitet, in dem er vorsichtig seinen Optimismus über dessen Herkunft zum Ausdruck brachte. Inzwischen war Gibson zu einem selbsternannten Experten geworden, fast schon eine eigene Marke. Um dem Zufall noch einen draufzusetzen, identifizierte der französische Journalist bei dieser Gelegenheit selbst etwas, das aussah wie der Monitor eines Economy-Sitzes von Malaysia Airlines. Ohne zu zögern, twitterte er ein Foto von seinem Fund zusammen mit dem relativ überzeugenden Vergleichsbild eines Monitors in einer MAS Boeing 777. Doch trotz dieser scheinbar sehr erfolgreichen Ernte schien das malaysische Untersuchungsteam es überhaupt nicht eilig zu haben, diese Gegenstände in seinen Besitz zu bringen. Viele Wochen später harrten immer noch fünf mögliche Trümmerteile von MH370 in einem Hangar in Madagaskar ihrer weiteren Untersuchung.

Wenn man viele Flaschen auf einmal ins Meer wirft, haben sie die besondere Eigenschaft, schnell auseinanderzudriften. Wie man an früheren Flugzeugabstürzen sehen konnte, bleibt selbst ein kompaktes Trümmerfeld nur für eine begrenzte Zeit zusammen. Allein aus diesem Grund war es, statistisch gesehen, so gut wie unmöglich, dass zwei Objekte – von Dutzenden ganz zu schweigen –, nachdem sie 800 Tage lang viele Tausende Meilen vom selben Ausgangspunkt im Meer zurückgelegt hatten, schließlich am selben Strand, nur wenige Meter voneinander entfernt, angespült würden.

Entgegen aller Vernunft und gegen die grundlegendsten Regeln der Physik begann Gibson nun einen Katalog mit »Fotografien möglicher persönlicher Gegenstände aus MH370, gefunden am Riake Beach, Madagaskar«, zusammenzustellen, damit die Angehörigen der Opfer nachsehen konnten, ob sie irgendetwas von ihren Lieben wiedererkannten. Es gelang ihm sogar, in einigen Strandfundstücken Accessoires wiederzuerkennen, die zu dem Überwachungsvideo vom Boarding passten. Wäre diese Art der Trümmersuche irgendeiner Logik gefolgt oder wissenschaftlich begleitet gewesen, so hätte man sehr viel mehr Vorsicht über die Aussagekraft jedes neuen Fundstückes walten lassen. Doch wie schon bei der Ping-Odyssee fand das genaue Gegenteil statt: Verblendung, Begeisterung und keinerlei forensische Folgeuntersuchungen.

Bis Juni 2016 hatten verschiedene Medien ihre Berichterstattung bereits von »höchstwahrscheinlich« und »fast sicher« auf »bestätigte Trümmer« umgeändert, ohne den einzelnen Fundstücken größere Bedeutung beizumessen. Die Medien verkündeten die Frohe Botschaft, ohne die grundlegende Frage zu stellen, wie wir wissen können, dass die Trümmer wirklich von MH370 stammen? Nun, wir wissen es eben nicht. Wenn die australischen Behörden sich sicher gewesen wären, hätten sie dann nicht verlauten lassen »ganz sicher«? »Fast sicher« bedeutete für mich so viel wie »nicht sicher«.

Vielleicht lag es daran, dass ich mehr mit dem Meer in Berührung gekommen war als die meisten Leute und mich viel mit der Verschmutzung der Ozeane befasste, doch dieses Trümmerspektakel wirkte auf mich noch wirrer und unglaubwürdiger als irgendeine andere Episode, die ich bisher im Zusammenhang mit dem Verschwinden von MH370 verfolgt hatte. Genau wie »sehr wahrscheinlich« während der Tiefseesuche zum allgemeinen Lieblingsausdruck avanciert war (noch bis März 2016 hielten die australischen Behörden es für »sehr wahrscheinlich« das Flugzeugwrack zu finden), so wurden nun »höchstwahrscheinlich« und »fast sicher« zu den Schlagworten für jegliche Art von Trümmern, die im südwestlichen Teil des Indischen Ozeans angeschwemmt wurden und auch nur die entfernteste Möglichkeit aufwiesen, von MH370 zu stammen.

Im September 2016 war Gibson erneut auf Madagaskar. Ein örtlicher Fischer händigte ihm zwei Fragmente aus, bei denen es sich um angekohlte Trümmerteile handeln könnte. Die Tatsache, dass sie verbrannt aussahen, machte das Ganze umso interessanter und lud zu weiteren Spekulationen rund um das Schicksal der Maschine ein. Noch mehr Schlagzeilen. Mehr Sendezeit. Doch wie Gibson selbst anmerkte, hätten die Fundstücke genauso gut ins Feuer geworfen worden sein können, nachdem sie an Land geschwemmt waren. In vielen Teilen der Welt ist das Verbrennen von Trümmerteilen am Strand eine gängige Praxis. Der *Guardian* berichtete, dass Gibson – wieder – nach Australien flog, um seine letzten Funde diesmal höchstpersönlich den Behörden zu übergeben.[5] Letzten Endes jedoch stammten diese Teile dem ATSB zufolge nicht von MH370. Tatsächlich waren sie noch nicht einmal verbrannt.[6]

Unter dieser Trümmerflut, die alle Welt bezüglich des Was, Wie und Wann vollkommen verwirrt hatte, befanden sich auch zwei Objekte, die man Ende November 2016 schließlich zweifelsfrei MH370 zuordnen konnte. Am 15. September bestätigte das ATSB, dass die Flügelklappe, die man im Juni auf Pemba Island vor der Küste Tansanias gefunden hatte, »erwiesenermaßen vom Flugzeug mit dem Luftfahrtkennzeichen 9M-MRO stammte, unter dem MH370 geflogen war«. Sie identifizierten es als »innere Sektion der rechten äußeren Flügelklappe einer Boeing 777«. Am 7. Oktober wurde dann schließlich bezüglich eines weiteren Tragflächenteils, das im Mai 2016 auf der Insel Mauritius gefunden worden war, »eindeutig festgestellt, dass es vom verschwundenen Malaysia-Airlines-Flug MH370 stammt«. Dem ATSB zufolge hatte man bei »Untersuchungen eine einzigartige Identifikationsnummer gefunden, die im Zusammenhang mit der Fertigung stand und den Schluss zuließ, dass [das Teilstück] eindeutig von Malaysia-Airlines-Flug MH370 stammt«. Doch warum veröffentlichte man diese einzigartige Identifikationsnummer nicht, die das Fundstück zweifelsfrei der Boeing Nummer 28420 zuordnete?

Wie bei den vielen anderen Teilen, die eine solche Welle an Spekulationen auslösten, gab es auch hier eine viel einfachere Erklärung, warum sie an diesen Stränden gelandet waren. Sie könnten Überreste von einem der Flugzeuge sein, die über die Jahre über dem südlichen Indischen Ozean entlang dieser Küstenlinie abgestürzt waren. Fakt ist, dass es in dieser Gegend, am nördlichen Ende der Straße von Mosambik, in der Nähe der Komoren und östlich davon, einige schicksalsträchtige Flugzeugabstürze gegeben hatte. Im Jahr 1996 stürzte eine entführte Boeing 767-200ER – der Ethiopian-Airlines-Flug 961 – nahe den Komoren ab und riss 125 der 175 Passagiere und Besatzungsmitglieder in den Tod. Zufällig weisen die Boeing 777 und die 767 einige Gemeinsamkeiten auf. Im Jahr 2009 stürzte ein Airbus A310, Yemenia-Flug 626, beim Landeanflug auf die Komoren-Hauptstadt Moroni zwischen Madagaskar und Mosambik ins Meer. Durch den für seine warme Oberflächenströmung bekannten Mosambikstrom, der durch die Straße von Mosambik entlang der afrikanischen Küste nach Süden fließt, wären schwimmende Trümmerteile von den Komoren an die Küste Mosambiks und Südafrikas transportiert worden. Im Jahr 1987 stürzte eine Boeing 747 im Osten von Mauritius ab. Drei unterschiedliche Trümmerfelder wurden ausgemacht, von denen einige Teile bestimmt an der Ostküste Madagaskars endeten. Zwei kleinere Flugzeuge stürzten im Jahr 2006 ab, eines vor der Küste von La Réunion und das andere im Südwesten Madagaskars. All diese Flugzeugabstürze führten zu Tonnen von Trümmern, die teilweise sicherlich an den nahe gelegenen Küsten angeschwemmt worden waren. Nachdem die Teile am Strand gelandet waren, könnten sie eingesammelt und als wertvoller Schrott recycelt oder einfach liegen gelassen worden sein. Im Gegensatz zu La Réunion bezahlen diese Länder niemanden dafür, ihre Küsten täglich zu säubern. Doch bei aller Fairness: Wen interessierten schon Trümmer von diesen wohldokumentierten Abstürzen der Vergangenheit, wenn der sagenumwobene Flug MH370 so dringend ein paar benötigte?

Eine wichtige Folge dieser »neuen Flut« an Trümmerteilen bestand darin, dass dadurch die Annahme gestützt wurde, die Maschine sei über dem südlichen Indischen Ozean abgestürzt. Eine Nachricht, die die beteiligten Länder – allen voran Australien – offenbar unbedingt laut und deutlich vermitteln wollten. Wie bereits beim Fund des Flaperons auf La Réunion war Australiens erster Kommentar, wann immer ein neues Trümmerteil auftauchte: »Das bestätigt nur, dass das Suchgebiet für MH370 im südlichen Indischen Ozean liegt«, so als könnte irgendjemand etwas anderes annehmen. Mit seiner fieberhaften Schatzsuche und dem Medienrummel, den er um seine Person geschaffen hatte, erwies Gibson den Behörden einen großen Dienst, da all seine Funde ein Szenario eines Absturzes in den südlichen Indischen Ozean stützten.

Die malaysische Regierung war ihm sogar so dankbar, dass ein Vertreter ihm bei einem von den Angehörigen vor dem dritten Jahrestag des Verschwindens organisierten Abendessen am 3. März 2017 formvollendet ein Geschenk überreichte. Ich fand es ziemlich mutig von der Regierung, so offen zu sagen: »Wir danken Ihnen sehr für das, was Sie tun«, bedenkt man, dass darin klar mitschwang: »Sie haben ja keine Ahnung, wie sehr Ihre Trümmerjagd an der afrikanischen Küste unserem Narrativ geholfen hat.«

All das wurde noch surrealer, als ebenjene malaysische Regierung auch einer Britin namens Yvonne Harrison ein Geschenk überreichte, die, soweit ich das beurteilen konnte, Gibsons persönliche Assistentin war. Als ich versuchte, Gibson für ein Interview zu erreichen, und ihm eine freundliche Nachricht auf einer seiner Facebook-Seiten hinterließ, die Harrison in Bezug auf MH370 ins Leben gerufen hatte, erhielt ich eine Mail von ihr, in der sie mir mitteilte: »Blaine ist derzeit auf Reisen, darum kümmere ich mich um die Presseanfragen. Würden Sie mir bitte sagen, um was es genau geht, damit ich es an ihn weiterleiten kann?« Das klang nach einer erstaunlich professionellen Sekretärin für einen wilden Abenteurer.

Obwohl sie nichts mit dem Flug verband, hatte Yvonne Harrison in den ersten Tagen nach dem Verschwinden des Flugzeugs eng mit Sarah Bajc – der Freundin von Philipp Wood, dem einzigen amerikanischen Erwachsenen an Bord von MH370 – zusammengearbeitet. Sie hatte ihr mit allen Facebook-Seiten geholfen, selbst bei der, die unmittelbar nach dem Verschwinden ins Leben gerufen worden war. 2015 erstellte Harrison eine neue, geschlossene Facebook-Seite, auf der sich alles um Gibsons Jagd und seine Funde drehte. Anscheinend fühlte sie sich der Sache so sehr verpflichtet, dass sie für den dritten Jahrestag auf eigene Kosten von London aus nach Kuala Lumpur flog. Keiner der Opferangehörigen verstand so recht, was eigentlich ihr Beruf war. Für die meisten, so erfuhr ich, war sie ein Rätsel, wenn auch ein überraschend liebenswürdiges, das ihnen fürsorgliche Nachrichten schrieb. »Selbst mein bester Freund redet nicht so mit mir«, bemerkte einer von ihnen offensichtlich etwas ratlos über diese neue Figur, die ohne zu fragen in sein Leben getreten war. Bis zum Jahrestag im März 2017 hatte sie keinen einzigen von ihnen getroffen, noch nicht einmal Gibson. Doch wer auch immer diese Frau war – und was auch immer sie tat, um ihren Lebensunterhalt zu verdienen –, die malaysische Regierung hielt sie offenbar für bedeutend genug, um ihr mit einem Flakon französischen Parfums zu danken. *Malaysia Boleh!*

Die Fülle an Trümmerteilen, die man an der afrikanischen Küste gefunden hatte – welchen Ursprungs auch immer –, stellte eine willkommene Ablenkung zum vollständigen Stillstand der offiziellen Unfalluntersuchung und der Suche auf See dar. Auf den Schiffen von Fugro, dem niederländischen Unternehmen, das die Suche leitete, war die Stimmung auf einem Tiefpunkt angelangt. Außerdem kamen langsam unangenehme Fragen auf, unter anderem vom australischen Senat. Mitte Oktober 2015 verlangte der Senator Alex Gallacher von der australischen Labour Party Einsicht in die Ausschreibungsunterlagen, den technischen Rahmen und die Kosten des Sucheinsatzes.[7] Dem Vorsitzenden des ATSB Michael Dolan sagte er: »Hier schildern Leute verschiedenen Senatoren – aus der Koalition, der Opposition und parteilosen – eine ganz andere Version dessen, was Sie dort eigentlich tun.« Der November 2015 war ein besonders unheilvoller Monat gewesen: Eine Blinddarmentzündung und ein weiterer Vorfall zwangen die *Fugro Discovery* zweimal in rascher Folge zum Hafen zurückzukehren, sodass sie zwei Drittel ihrer Suchzeit verlor.

Doch das hielt die neue Welle Optimismus nicht auf, die durch die Medien schwappte. Am 11. November 2015 titelte die Website des britischen *Daily Express*: »MH370-Absturzort GEFUNDEN«. »Das Wrack wird in den nächsten Wochen gefunden«, lautete eine andere Schlagzeile. »Flightglobals beratender Redakteur David

Learmount teilte mit, dass diejenigen, die nach 20 Monaten ergebnisloser Suche im Ozean ein bisschen Optimismus brauchen, diesmal wirklich gute Gründe haben, neue Hoffnung zu schöpfen«, schrieb Geoffrey Thomas im *West Australian.*[8] »Bis zum 3. Dezember«, schrieb er weiter, »rechnet die *Fugro Discovery* damit, die Suche in dem Gebiet [...], in dem das Wrack von MH370 liegt, abgeschlossen zu haben.« Bis zum 3. Dezember! Wirklich?

Am 3. Dezember dann hatte das von den wenigen Mitgliedern der Independent Group, die von den Inmarsat-Berechnungen noch immer wie besessen waren, dringend empfohlene Gebiet leider nach wie vor kein Wrack zutage gefördert.

Dennoch eröffnete Warren Truss, der Bundesminister für Infrastruktur und regionale Entwicklung, ein neues und noch »heißeres« Gebiet, das sehr vielversprechend sei. Außerdem kündigte er an, dass ein drittes Schiff, ausgestattet mit einem T-SAS-Schleppsonar (Towed Synthetic Aperture Sonar) – das Nonplusultra unter den Sonaren –, das Sucheinsatzteam unterstützen würde. »Wir sind weiterhin zuversichtlich, das Flugzeug innerhalb der 44 000 Quadratkilometer, die in diesem neuen Suchgebiet noch abgedeckt werden müssen, zu finden«, verkündete Truss. Er fügte hinzu, dass China angeboten habe, zwanzig Millionen Australische Dollar (knapp 13 Millionen Euro) zur Suche beizusteuern. Eine sehr willkommene Geste, da die Kosten des australischen Sucheinsatzes inzwischen sprunghaft auf 180 Millionen Australische Dollar (116,5 Millionen Euro) hochgeschnellt waren. Australien sollte sechzig Millionen übernehmen und Malaysia den Rest.

Doch der Strom an Unglücksmeldungen von der Suchfront riss nicht ab. Am 24. Januar 2016 stieß das Deep Tow Sonar Vehicle, der Tiefseeschleppsonar der *Fugro Discovery*, auf einen Unterwasservulkan und wurde vom Schiff getrennt. Ende März 2016 trafen riesige Brecher von bis zu 18 Metern Höhe die *Fugro Discovery* und zwangen sie, nach Norden außerhalb des Suchgebiets auszuweichen. Man rechnete mit weiteren Wetterextremen, die das Ende der Suche in den August 2016 hinauszögern würden. Ende Juni 2016 verkündete Malaysias Verkehrsminister Liow Tiong Lai während eines zwei-Tage-Trips nach Peking, dass sich die Suche nach MH370 wegen der schlechten Wetterbedingungen sogar bis Oktober 2016 hinziehen könnte.

Keine dieser Herausforderungen rund um die Suche gelangte je an die breite Öffentlichkeit. Im Gegenteil, Australien vertrat weiterhin die beruhigende Position, man sei nach wie vor auf der Suche nach des Rätsels Lösung. Indem die australischen Suchteams darauf beharrten, dass MH370 dort war, wo sie es vermuteten, ließen sie die offizielle Version glaubwürdig und logisch erscheinen und trugen dazu bei, dass alle anderen aufkommenden Fragen rund um den Fall bis ganz zum Schluss vertagt wurden.

Am 22. Juli 2016 fand ein weiteres trilaterales Treffen zwischen australischen, chinesischen und malaysischen Ministern in Kuala Lumpur statt. Die drei Nationen einigten sich darauf, die Suche mangels neuer Hinweise und aufgrund der Erschöpfung des derzeitigen Suchgebiets im südlichen Indischen Ozean auszusetzen. Fugros Projektleiter Paul Kennedy sagte Reuters gegenüber: »Wenn es nicht dort ist, muss es woanders sein.« Das war ziemlich deutlich. Die Presseagentur fasste seine Aussage in ihrer Meldung unter folgender Schlagzeile zusammen: »Wir haben am falschen Ort gesucht«. In kürzester Zeit verbreiteten sich die Neuigkeiten über alle Nachrichtenkanäle, doch Fugro musste einen Dämpfer vom ATSB erhalten haben, denn man reagierte schnell mit einer neuen Stellungnahme: »Fugro möchte an dieser Stelle klar seine Überzeugung zum Ausdruck bringen, dass das Suchgebiet auf Grundlage aller verfügbaren wissenschaftlichen Daten sehr genau berechnet war. Mit anderen Worten, wir haben sehr gründlich am wahrscheinlichsten Ort gesucht – und das ist der *richtige* Ort.«

Im Dezember 2016 entschied sich eine Gruppe von sechs Angehörigen, anlässlich des 1000. Tages seit dem Verschwinden nach Madagaskar zu reisen, um sich an der Suche zu beteiligen. Sie wollten die lokale Bevölkerung dazu aufrufen, die Augen weiterhin nach Trümmerteilen offen zu halten, die aussahen, als könnten sie von einem Flugzeug stammen. »Da man die Wahrheit ja vor uns verbirgt, können wir genauso gut hinreisen und selbst danach suchen«, sagte »der Franzose« Ghyslain Wattrelos und nahm sich eine Woche Urlaub, um ebenfalls nach Madagaskar zu fliegen. Trotz Gibsons Unterstützung fanden sie nichts, doch immerhin war es ihnen gelungen, die Weltöffentlichkeit weiterhin für ihr trauriges Schicksal zu interessieren. Da die meisten Menschen mit jedem sympathisieren, der Familienangehörige oder enge Freunde verloren hat – abgesehen von dem ganz besonderen Reiz, den dieser Luftfahrtthriller hatte –, weigerten sich die Medien standhaft, dieses merkwürdige Verschwinden zu vergessen.

Die letzte Schreckensmeldung erreichte die Familienangehörigen am 17. Januar 2017, als das ATSB die Suche für beendet erklärte. Sie hatte 1046 Tage gedauert und 198 Millionen Australische Dollar (128 Millionen Euro) verschlungen. 710 000 Quadratkilometer Meeresgrund waren kartografiert worden, die größte hydrografische Vermessung, die je vorgenommen worden war. Davon waren 120 000 Quadratkilometer in hoher Auflösung gescannt worden. Doch so riesig das Gebiet auch war, es handelte sich um weniger als 0,2 Prozent des Indischen Ozeans. Und obwohl man im Verlauf der Suche vier Schiffswracks gesichtet hatte, gab es nicht die geringste Spur von MH370.

Die Familienangehörigen der MH370-Passagiere, die sich unter dem Namen »Voice 370« organisiert hatten, waren schockiert und bestürzt über die Nachricht, dass das ATSB aufgab. Sie baten die Regierung inständig, die Suche »lieber zu unterbrechen als aufzugeben«. Grace Subathirai Nathan, eine Frau, deren Mutter an Bord gewesen war und die ich über die Jahre viele Male getroffen hatte, sagte mir zu der Zeit: »Ob sie nun am richtigen Ort stattfindet oder nicht, wir wollen auf keinen Fall, dass die Suche beendet wird, denn damit würde der Fall zu den Akten gelegt.«

Zehn Monate später veröffentlichte die australische Verkehrssicherheitsbehörde ihren offiziellen und endgültigen Bericht über den Sucheinsatz.[9] Er begann beinahe entschuldigend: »Es ist fast unverständlich und in dieser modernen Zeit der Luftfahrt sicherlich gesellschaftlich schwer zu akzeptieren […], dass ein großes Verkehrsflugzeug vermisst wird und die Welt nicht mit Sicherheit weiß, was aus der Maschine und den Menschen an Bord geworden ist.« Das ATSB brachte sein »herzliches Beileid für die Familien der Passagiere und der Besatzung an Bord von MH370« zum Ausdruck und fügte hinzu: »Wir bedauern zutiefst, dass es uns nicht gelungen ist, das Flugzeug und die 239 Menschen an Bord zu finden, die weiterhin vermisst werden.«

Die einzig relevante Aussage des Berichts lautete, dass die Maschine nicht dort gewesen war, wo man es so hartnäckig versichert hatte. Und doch hatten die Ermittler die Nerven zu beteuern, dass sie nun »besser denn je« wüssten, wo das Flugzeug wahrscheinlich war. Sie hatten also drei Jahre lang gesucht, jedoch davon Abstand genommen, ein neues Gebiet von weniger als 25 000 Quadratkilometern, in dem sie nun mit der »höchsten Wahrscheinlichkeit« den Flugzeugrumpf vermuteten, auszukundschaften? Zweifellos ein cleverer Schachzug, um die Hoffnungen am Leben zu halten – doch war solch eine Aussage professionell oder moralisch vertretbar?

Der Bericht enthielt außerdem einige Merkwürdigkeiten und falsche Fährten, von denen ich nur ein paar aufzählen will. Zum Beispiel nahm er Bezug auf einen letzten Kontaktpunkt im Norden Sumatras, der bis dato einzig auf einem verschwommenen und dubiosen Dia aufgetaucht war, das man einigen der Familienangehörigen am 21. März 2014 im Lido Hotel in Peking gezeigt hatte. Obwohl er eigentlich zur Aufgabe hatte, den Sucheinsatz im Indischen Ozean zu beurteilen, erwähnte der Bericht außerdem eine Route, die Flugkapitän Zaharie Ahmad Shah auf seinem Flugsimulator geflogen sei und die der angeblich von MH370 geflogenen »auf den ersten Blick ähnelte«. Wie wir später sehen werden, weist das Dokument, auf das sich der Bericht an dieser Stelle stützt, große Mängel auf und ist damit vollkommen unglaubwürdig. Umso verblüffender, dass dieses zweifelhafte und auf gewisse Weise belastende Papier im offiziellen ATSB-Bericht zitiert wird.

Was die »Trümmer« betraf, so war der Bericht das reinste Chaos. Auf S. 106 enthielt er eine Zeichnung der Maschine vom malaysischen Verkehrsministerium, die zeigen sollte, von welchen Flugzeugelementen – Ruder, Türen, Triebwerke, Leitwerke, etc. – die zwanzig im westlichen Indischen Ozean gefundenen Trümmerteile stammten. Die meisten von ihnen waren nicht offiziell als Teile von MH370 bestätigt und mehrere von ihnen unter fraglichen Umständen geborgen worden. Am erstaunlichsten war der Kommentar, dass das »ATSB und Geoscience Australia entschieden [hatten], dass keine Untersuchung vonseiten Boeings notwendig war und sie die Teile einbehielten«. Man sollte doch annehmen, dass eine Identifizierung durch Boeing entscheidend war, doch das ATSB hatte offensichtlich beschlossen, die Teile vor den kritischen Augen und einer Verifizierung durch Dritte zu bewahren.

Seltsam waren auch die französischen Satellitenbilder, die bereits am 23. März 2014 aufgenommen worden waren und im August 2017 ein bizarres Comeback in den Nachrichten feierten, um das neue Suchgebiet zu stützen. Wenn diese Bilder irgendwelche interessanten Hinweise enthielten, schienen die 41 Monate, bis man ihnen endlich Aufmerksamkeit schenkte, eine lange Zeit. Sie nun aus der Tasche zu zaubern kam als verzweifelter Versuch daher, mit einer dünnen Indizienlage neue Hoffnung zu schüren.

Als Lehre aus dem Unfall schlug der Bericht vor, bessere Suchmethoden durch ein automatisches Satellitentracking bereitzustellen, obwohl die meisten Piloten darauf beharrten, dass Langstreckenmaschinen für ein späteres Auffinden bereits dreifach abgesichert waren. Tatsächlich wäre die reale Geschichte von MH370 kein sogenanntes Mysterium, wenn auch nur eine der Empfehlungen aus dem Untersuchungsbericht von Flug AF447 umgesetzt worden wäre – dass die Flugschreiber sich beim Aufprall abtrennen und an der Wasseroberfläche schwimmen sollten. Auf gewisse Weise wiederholte der ATSB-Bericht lediglich die Kommentare von Geschäftsführer Ahmad Jauhari Yahya von Malaysia Airlines im März 2014: »Wir wissen nicht, wie und warum es zu dieser Tragödie kam.« Nach drei Jahren Suche hatte nach wie vor niemand die leiseste Ahnung, wie und warum diese Katastrophe passiert war.

Was die Kunst der verpfuschten Sucheinsätze und des gezielten oder unabsichtlichen Verbreitens von Fehlinformationen betraf, so lief Australien Malaysia am Ende fast den Rang ab. Man könnte sogar sagen, dass Australien die malaysischen Offiziellen in dieser Hinsicht übertraf und ihnen eine Lektion erteilte. Das totale Fiasko rund um die Pings, die urplötzlich und ohne jegliche Erklärung wechselnden Suchgebiete und die willkürlichen Änderungen des offiziellen Kurses waren, neben einer Reihe vollkommen unbegründeter Verlautbarungen, sicherlich nicht, was man von den »echten Profis« erwartet hatte. Nur eine Sache hatte das ATSB in den drei Jahren, in denen es die Suche auf dem Meeresgrund koordiniert hatte, mit Beharrlichkeit verfolgt: den Medien, der Öffentlichkeit und den Familienangehörigen regelmäßig frohe Neuigkeiten aufzutischen. Der offizielle Bericht war jedenfalls genauso stümperhaft und inkonsistent wie die Suche selbst und schloss damit ein weiteres, wenig beeindruckendes Kapitel der glanzlosen Geschichte des ATSB.

Ein Jahr später verkündeten Londoner Investoren und ein britisch-amerikanisches Privatunternehmen namens Ocean Infinity mit Sitz in Houston, Texas, aus heiterem Himmel, man wolle MH370 innerhalb von neunzig Tagen finden. Die malaysischen Behörden müssten nur im Fall eines erfolgreichen Ausgangs zahlen, ansonsten würden sie das ganze Unterfangen selbst finanzieren. Die Familienangehörigen schöpften erneut Hoffnung. Die Initiative schien ein Glücksfall und versprühte weltweit neuen Enthusiasmus in der tragischen und verwirrenden Geschichte von MH370.

»Die ganze Welt, angefangen bei den Familienangehörigen, ist voller Hoffnung, dass das Flugzeug gefunden wird und sie endlich trauern dürfen«, sagte der Generaldirektor der malaysischen Zivilluftfahrtbehörde Azharuddin Abdul Rahman bei der feierlichen Unterzeichnung des Vertrages in einem Einkaufszentrum außerhalb von Kuala Lumpurs Zentrum zu den Familien der Passagiere. Im Vertrag war festgelegt, dass Ocean Infinity zwischen zwanzig und siebzig Millionen US-Dollar erhalten würde, wenn – und auch nur dann – sie das Flugzeug »in weniger als 90 Tagen« fänden. Die Auszahlung würde entsprechend der Zeit, die die Suche in Anspruch genommen hatte, und der Größe des Suchareals beziffert werden. Mitte April 2018 sollte das Unterfangen bewerkstelligt sein.

Die kleine Nischenwelt der Unterwasserexpeditionen war überrascht von dem Vorstoß. Bisher hatte man von Ocean Infinity schlichtweg noch nie etwas gehört. Neugierig über ihren Einsatz als guter Samariter, sah ich mir die Website des Unternehmens an – www.oceaninfinity.com – und las anfangs beeindruckt, dann zunehmend verwirrt ihre stolze Aussage, sie verfügten über »90 Jahre Erfahrung«. Wer, um alles in der Welt, konnte neunzig Jahre Erfahrung im Bereich der Tiefseeerforschung haben? In den 1920ern lagen Jacques Cousteaus erste Unterwasserabenteuer noch weit in der Zukunft ... Es stellte sich heraus, dass das Unternehmen erst seit wenigen Monaten existierte und die Suche nach MH370 ihr erster Auftrag war. Die »90 Jahre Erfahrung« waren nur ein Marketingkniff und entsprachen der Summe an Erfahrung ihrer jeweiligen Mitarbeiter in allen möglichen Sparten, wie zum Beispiel die zwanzigjährige Berufserfahrung ihres Geschäftsführers Oliver Plunkett, seines Zeichens Steuerberater.

Das Unternehmen hatte offensichtlich Nerven, doch obwohl sie als Neulinge die Bühne betraten, versprachen sie durch Ausrüstung und Ehrgeiz bald zu einem wichtigen Player aufzusteigen. Dass sie die *Seabed Constructor*, das neueste Schiff der norwegischen Firma Swire Seabed, charterten, und das auch noch für sechs Jahre, belegte bereits ihre ernsthaften Absichten. Das imposante, 115 Meter lange Schiff war bekannt für seinen mächtigen Kran, der bis zu 150 Tonnen aus Tiefen von bis zu 4000 Metern heben konnte, und für seine beiden Unterwasserinterventionsroboter (ROVs). Neben einem Hubschrauberlandeplatz hatte Ocean Infinity sein Schiff außerdem mit acht kleinen Tauchrobotern (autonomous underwater vessels, kurz AUVs) des neuesten Modells Hugin 600 und mit acht automatisierten Begleitbooten (unmanned surface vessels, kurz USVs) ausgestattet, die einem Tauchroboter an der Wasseroberfläche folgten und die gesammelten Daten an das Mutterschiff übermittelten. Mit anderen Worten, sie hatten ein Schiff samt Aus-

Die »verschwundene« Boeing 777-200ER, MSN 28420 (Liniennummer 404), wurde im Mai 2012 an Malaysia Airlines ausgeliefert.

Der Flugkapitän,
Zaharie Ahmad Shah

Der erste Offizier (Co-Pilot),
Fariq Abdul Hamid

Die Autorin 2013 auf den Philippinen im Auftrag von *Le Monde*.

Die tägliche Pressekonferenz der malaysischen Behörden
im Sama-Sama Hotel am Flughafen Kuala Lumpur.

Hishammuddin Hussein, der malaysische Verteidigungs- und Verkehrsminister, mit dem CEO der Malaysia Airlines, Ahmad Jauhari Yahya, und dem malaysischen Polizeipräsident Khalid Abu Bakar

Die Autorin im Interview mit Anwar Ibrahim, dem ehemaligen Vize-Premierminister und Finanzminister, im Büro der People's Justice Party einige Tage, nachdem er zu einer fünfjährigen Haftstrafe verurteil worden war. Er war damals auf Kaution freigelassen.

Treffen mit dem ehemaligen malaysischen Admiral und Parlamentsabgeordneten Mohamad Imran im Jahr 2018. Imran gehört zu den wenigen prominenten Stimmen, die unermüdlich auf eine Veröffentlichung der Radarbilder und -daten pochen.

Mit Wong Chen und seiner Frau Yu Leng vor den symbolträchtigen Petronas Twin Towers in Kuala Lumpur.

Der damalige US-Präsident Barack Obama und der malaysische Premierminister Najib Razak lächeln während eines Besuchs in Putrajaya, Malaysia, im April 2014.

Ghyslain Wattrelos spricht während eines Protestzugs zum Elysée-Palast in Paris mit Pressevertretern. Ziel des Marsches war die Übergabe einer von 18000 Menschen unterzeichneten Petition zum ersten Jahrestag des Verschwindens von Flug MH370.

Mit dem ehemaligen Premierminister Mahathir Mohamad (1981–2003 und 2018–20) in seinem Büro im Jahr 2018. Nachdem er zunächst angedeutet hatte, die CIA wisse, was passiert sei, legte »Dr. M« seine skeptische Haltung vollständig ab, als er wieder an die Macht kam.

Treffen mit einigen der chinesischen Familien, dabei sind Ying Lei (der Vierte von rechts) und Jiang Hui (der Vierte von links) in Peking im Dezember 2018.

Erinnerungszeremonie in Publika (Petaling Jaya) am 4. März 2017, kurz vor dem dritten Jahrestag des »Verschwindens«. Auf der Bühne stehen unter anderem: Jacquita Gonzales (mit dem Mikrofon in den Händen), Grace Subathirai Nathan und Jiang Hui (neben dem Vogelkäfig), KS Narendran und seine Tochter (in der Mitte), Danica Weeks und ihre beiden Söhne sowie Ghyslain Wattrelos.

Im Januar 2016 fanden Zakaria Muhammad und seine Tochter an der Ostküste Malaysias (Besut) ein Trümmerstück, das nach dem Teil eines Flugzeugs aussah. Von den malaysischen Behörden wurde es unmittelbar als »nicht zu MH370 gehörend« abgetan; sie identifizierten es aber auch nie.

Der amerikanische Hobby-Abenteurer Blaine Gibson spricht 2016 nach einem Treffen mit der ATSB und der JACC mit Pressevertretern in Canberra. Er hatte gerade die möglichen Trümmerstücke von MH370 an die australischen Behörden überreicht und erwähnte, dass einige Teile von Feuer geschwärzt waren. So brachte er die Theorie eines Feuers an Bord auf.

Das große Trümmerstück, das am 29. Juli 2015 am Strand von Saint-André auf La Réunion gefunden worden war, bevor es für weitere Untersuchungen nach Frankreich geschickt wurde. Nur wenige Informationen zur geheimnisumwobenen technischen Untersuchung des Flaperons wurden den Angehörigen oder der Öffentlichkeit mitgeteilt.

Die Ankunft auf Kuda Huvadhoo mit der wöchentlichen Nachtfähre von Malé im Mai 2015. Mein hilfreicher Guide Hussain Shakir auf seinem Motorrad mit zwei der Zeugen – Zuhuriyya Ali und Humaam Dhonmonik –, die am frühen Morgen des 8. März 2014 ein tief fliegendes Flugzeug gesichtet hatten.

Lao Gong (pensionierter Offizier der chinesischen Volksbefreiungsarmee und Spezialist für Funkverkehr) mit seiner Tochter in Shenzen im März 2019. Mr. Gong hat unter dem Pseudonym Long Wen das Buch *MH370 Should Be Here* geschrieben.

»Meiner Ansicht nach könnten das hier Trümmer des Cockpits oder der Nase des Flugzeugs sein. In dem Fall hätten sie sich Stand des 16. März 2014 im Südchinesischen Meer befunden – bestätigt wurde das durch das Image Hunter-Programm«, sagt »Chef-Nodderin« Cyndi Hendry.

rüstung von höchstem vorstellbarem Kaliber und einer noch vor wenigen Jahren unvorstellbaren technischen Komplexität versammelt, das innerhalb von nur 24 Stunden ein Gebiet von der Größe von 140 000 Fußballfeldern (1000 Quadratkilometer) scannen konnte.

Mit diesen erstaunlichen Mitteln beförderte sich Ocean Infinity über Nacht nicht nur in die erste Liga, sondern an die Spitze der Tiefseeunternehmen. Und dank der Aufmerksamkeit, die es durch die MH370-Mission bekam, kannte nun alle Welt seinen Namen.

Viele Kenner auf diesem Gebiet waren hingegen sprachlos von dem leichtsinnigen Vorstoß. »Ich kenne kein Unternehmen, das solch ein finanzielles Risiko eingehen kann«, kommentierte der Wracksuchveteran Paul-Henri Nargeolet. Er schätzte die Kosten, ein Schiff dieser Größenordnung zu mobilisieren, auf 60 000 bis 100 000 US-Dollar pro Tag, und allein die AUVs kosteten fünf Millionen US-Dollar pro Stück. Dann war da noch der Kostenaufwand der USVs und des Teams aus Spezialisten, die in der Lage waren, diesen Einsatz zu leiten und die Daten auszuwerten. Die Investitionen, die nötig waren, um eine Suche von diesem Umfang zu unternehmen, waren etwa so groß wie das Risiko zu scheitern: enorm. »Entweder verfügen sie über geheime Informationen, die niemand anderes hat, und glauben darum aus gutem Grund an dieses neue Suchgebiet, oder ihr Vorstoß ist völlig unverständlich«, sagte Nargeolet mir.

Die internationale Riege der MHisten war natürlich fasziniert von dieser neuesten und unerwarteten Entwicklung und verfolgte alles mit höchstem Interesse. Vom Moment ihres Auslaufens in Durban Anfang Januar an war die *Seabed Constructor* auf der hohen See des Südens nie allein. Rund und die Uhr klebten ihre Fans an den Computerbildschirmen und folgten dem Hightech-Schiff in Echtzeit. Natürlich prüften sie ihre Geschwindigkeit, und natürlich spekulierten sie darüber, womit sie sich wohl gerade befasste. In diesem hochspezialisierten Netzwerk wurde dementsprechend schnell Alarm geschlagen, als das Schiff Ende Januar einfach seinen Transponder abschaltete und für achtzig Stunden von der Bildfläche verschwand … Was um alles in der Welt ging dort vor sich? Hatte man MH370 gefunden?

Auf Drängen, dieses ungewöhnliche Treiben zu erklären, verkündete der malaysische Verkehrsminister Liow Tiong Lai am 6. Februar, das Schiff habe »interessante geologische Formationen gesichtet«. Er fügte noch hinzu, dass die Suche »schnelle Fortschritte macht« und alles »sehr ermutigend« sei. Diese Erklärung wirkte ziemlich dünn, insbesondere, da sich dieses »Verschwinden« wie durch einen unglaublichen Zufall (der weder den MHisten noch der australischen Presse entging) in der Nähe zweier alter Schiffswracks ereignete, die bereits bei der Erforschung des Meeresgrundes durch die Australier entdeckt worden waren (insgesamt hatten sie vier gefunden). Daraufhin veröffentlichten einige Zeitungen verschwommene Bilder von einem großen Rumpf, die bereits 2015 um die Welt gegangen waren und zu einem der alten Wracks gehörten. War es voller Meereswasser oder voller Gold? »Das [den Transponder abzuschalten] ist ein Klassiker in diesem Handwerk. Insbesondere wenn du gerade [über einem Wrack] arbeitest«, erklärte mir Dave Gallo, ein bekannter amerikanischer Ozeanograf und ehemaliger Leiter von Spezialprojekten der Woods Hole Oceanographic Institution (WHOI), der unter anderem die Suche nach AF447 mit geleitet hatte.

Als man all diese Hinweise beisammenhatte, kam eine neue Hypothese auf. Was, wenn Ocean Infinity unter dem Deckmantel der MH370-Suche in Wahrheit die detaillierten Karten, die man bei der australischen Suche erstellt hatte, aufs Bestmögliche nutzte, um Wracks und verloren geglaubte Schätze aufzuspüren? Zu dieser Zeit enthüllte der britische Fernsehsender Sky News, dass der Hauptinvestor von Ocean Infinity, ein wohlhabender Geschäftsmann namens Anthony Clake, Partner von Marshall Wace sei, einem sehr großen Hedgefonds in der Londoner City. »Es ist davon auszugehen, dass Mr. Clake, der Milliardensummen seiner Klienten bei Marshall Wace beaufsichtigt, beeindruckt von ihrer fortgeschrittenen Technologie, in Ocean Infinity investiert hat«, berichtete Sky. Und wie der Zufall es so will, war Anthony Clake in einem

Artikel der *Times* von 2012 über »Promis und einige der mächtigsten britischen Geschäftsleute, die mehr als 110 Millionen Pfund in die Jagd nach Tiefseeschätzen investiert haben, um Millionen Steuern zu umgehen«, zitiert worden. Der Artikel beschrieb Clake als Hedgefonds-Tycoon, der bereits 17 Millionen Pfund seines eigenen Vermögens in risikoreiche Schifffahrtsgesellschaften investiert und »bereits 11 Wracks und eine ganze Ausbeute an Silber gefunden hat«.[10]

Kurz gesagt: Alles wies darauf hin, dass hinter Ocean Infinity schwerreiche Geldgeber steckten, denen es in erster Linie darum ging, Steuern zu umgehen. Indem sie außergewöhnliche Einsätze auf hoher See finanzierten, hofften sie, noch reicher zu werden.

Es gab noch einen weiteren Hinweis, der die These stützte, dass Ocean Infinity mindestens genauso intensiv nach Schätzen suchte wie nach MH370. Und zwar befand sich Gerüchten zufolge John Kingsford, der Chef von Deep Ocean Search (DOS),[11] an Bord der *Seabed Constructor*. »Ein untrügliches Zeichen«, bemerkte ein weiterer Experte auf diesem Gebiet. DOS hatte sich 2013 einen großen Namen – und ein noch größeres Vermögen – gemacht, als das Unternehmen aus einer Rekordtiefe von 5150 Meter 100 Tonnen Silbermünzen aus dem britischen Dampfschiff *City of Cairo* geborgen hatte, das 1942 vom Torpedo eines deutschen U-Bootes abgeschossen worden und gesunken war.

Doch offiziell suchte die *Seabed Constructor* nach dem Trümmerfeld von MH370 mit einer Besatzung, die auf Anfragen hin antwortete, man sei »zu strenger Verschwiegenheit verpflichtet«.

»Die Suche nach einem Schatz und die Suche nach einem Flugzeugwrack sind gar nicht so verschieden. Es macht durchaus Sinn, beides zur gleichen Zeit zu machen«, bemerkte Nargeolet. Tatsächlich hatten die Schiffe von Swire Seabed den Ruf, für die Schatzsuche – von bösen Zungen zuweilen auch Plünderei genannt – statt für Tiefseearchäologie genutzt zu werden, vertraute mir ein weiterer Experte an. Im Fall von MH370 beharrte Dave Gallo darauf, dass das Trümmerfeld, war es einmal gefunden, wie ein Tatort behandelt werden müsse. »Wer die richtigen Geräte hat, verfügt noch lange nicht über die richtigen Methoden«, warnte er. Bevor sie bei Ocean Infinity unter einen Leasingvertrag ging, hatte die *Seabed Constructor* im April 2017 eine kurze, angespannten Konfrontation mit der isländischen Küstenwache, als ihre damalige Besatzung versuchte, vier Tonnen sagenumwobenen Nazigolds aus dem deutschen Frachter *SS Minden* zu bergen, der zu Beginn des Zweiten Weltkriegs Goldbarren geladen haben soll. Die *Minden* war in der Nähe von Island vom eigenen Kapitän versenkt worden, um eine Kapitulation zu vermeiden und ihre kostbare Fracht nicht an die britischen Schlachtschiffe übergeben zu müssen, die sie abgefangen hatten.

Bereits Mitte März 2018 hatten die Sonare der Ocean Infinity eine riesige Fläche einschließlich der gesamten 25 000 Quadratkilometer, die von Australien als »das Gebiet mit der höchsten Wahrscheinlichkeit« für MH370 ausgewiesen worden war, durchkämmt. Vergeblich. Zu diesem Zeitpunkt gab es so wenig Spuren von MH370-Wrackteilen auf dem Meeresgrund wie Hoffnung am Horizont.

Die Suche überdauerte die angesetzten neunzig Tage, und wie vereinbart, erhielt Ocean Infinity kein Geld. Doch zusätzlich zu den neu erstellten australischen Karten bescherte dieser Auftrag Ocean Infinity quasi zum Startschuss des Unternehmens die größte internationale Medienkampagne, die man sich vorstellen kann. Einigen unternehmensnahen Quellen zufolge bargen sie tatsächlich einige Wracks im Indischen Ozean. Danach orteten sie Ende 2018 erfolgreich das argentinische U-Boot ARA *San Juan*, das im Vorjahr irgendwo im Südatlantik versunken war und seither vermisst wurde. Und im Juli 2019 fanden sie das französische U-Boot *Minerve*, das mit einer Besatzung von 52 Männern seit 1968 als verschollen galt. »Sie sind unglaublich effizient. Wofür wir früher Monate gebraucht haben, machen die heutzutage in ein paar Tagen. Und ihre AUVs sind bis zu 100 Stunden lang autonom unterwegs«, kommentierte Nargeolet, der inzwischen den Hut vor diesem bahnbrechenden neuen Player zog.

Da es immer unwahrscheinlicher scheint, dass das Flugzeug je gefunden wird, ist es nur angebracht, einen weiteren Trugschluss aus dem Weg zu räumen, der uns schon lange aufgetischt wird und den das ATSB in seinem Abschlussbericht wiederholte: »Die Ursache für den Verlust von MH370 kann nicht mit Sicherheit festgestellt werden, bevor das Flugzeug gefunden wird.« Tatsächlich wäre es gut möglich, dass uns seine Überreste bei der Lösung des Rätsels überhaupt nicht weiterhelfen. Selbst wenn man den Rumpf und die beiden Flugschreiber eines Tages auf dem Grund irgendeines Ozeans findet, werden wir nicht viel daraus mitnehmen. Der CVR, der Stimmenrekorder aus dem Cockpit, speichert nur die letzten zwei Stunden der Geräusche und Gespräche der beiden Piloten ab. Wir haben keine Garantie, dass diese Zeitspanne uns irgendeinen Aufschluss über die Unglücksursache liefert. Und was die technischen Informationen angeht, die im FDR, im Flugdatenschreiber gespeichert sind, so wird er uns nur die Flughöhe der Maschine und ihre exakte Flugroute verraten. Mehr nicht. So zu tun als bräuchten wir das Wrack, um etwas zu verstehen oder zu erklären, ist lediglich eine Verzögerungstaktik, um den beiden wirklich schwierigen Fragen auszuweichen: »Wie und warum ist das Flugzeug verschwunden?«

Der einzige Grund, warum es wichtig ist, Teile des Flugzeugs zu finden, besteht darin, den Familienangehörigen eine Aufarbeitung ihrer Trauer zu ermöglichen. In einem Interview, das sie am fünften Jahrestag des Verschwindens gab, sagte Grace Subathirai Nathan: »Natürlich geht das Leben weiter. Aber wir haben uns seither nie wirklich von der Stelle gerührt.« Sie zähle ihre Jahre in Flugzeugjahren. Das Jahr, in dem sie in England ihren Abschluss machte, war das Jahr, in dem das Flugzeug – und mit ihm ihre Mutter – verschwand. »Und wenn sie mich fragen, in welchem Jahr ich angefangen habe zu arbeiten, würde ich antworten: Im Jahr nachdem das Flugzeug verschwunden war. Denn für viele von uns steht die Zeit seit diesem Tag still.«

Ihr Kommentar erinnerte mich an ein Gespräch, das ich kurz nach dem ersten Jahrestag mit Grace in Kuala Lumpur geführt hatte. Die strahlende junge Anwältin, die für die malaysischen Angehörigen eine sehr mutige und würdevolle Stimme gewesen ist, war nach wie vor am Boden zerstört. Sie hatte Schwierigkeiten, ihrer Arbeit nachzugehen und vergaß manchmal mitten im Gericht, was sie sagen wollte. Ihr Vorgesetzter hatte einen etwas ungeduldigen Kommentar im Sinne von »das ist jetzt ein Jahr her, Grace« abgegeben, in dem mitschwang, dass es endlich an der Zeit war, wieder nach vorn zu schauen. Geschockt hatte sie erkannt, dass Außenstehende nicht verstehen konnten, wie es ihr ging. Dass die Zeit ohne Schlussstrich nämlich keine Wunden heilte. Falls doch, dann ging es sehr viel langsamer vonstatten.

Das einzige positive Ergebnis der ganzen Suche im Indischen Ozean waren die detaillierten Karten, die Australien und Malaysia nun vom Meeresgrund eines bisher vollkommen unerforschten Teils des Ozeans besaßen und die sie ihren Öl- und Gasfirmen ebenso zur Verfügung stellten wie ihren Fischereiflotten. Diese Branchen würden solch detaillierte Karten zweifellos zu nutzen wissen, genau wie es das Bergungsunternehmen Ocean Infinity bereits getan hatte.

Wenige Monate nach dem Ende des Sucheinsatzes durch Ocean Infinity legte das offizielle Flugunfallermittlungsteam im Juli 2018 seinen Abschlussbericht zum Verlust von MH370 vor. Damit war die Akte – sehr zur Beunruhigung der Familienangehörigen der Opfer – geschlossen. Doch der Ermittlungsleiter Kok Soo Chon, ehemaliger Generaldirektor der Zivilluftfahrtbehörde, beeilte sich klarzustellen, dass der Bericht »nicht final« sei und die Suche jederzeit wieder aufgenommen werden könne. Über die Jahre waren nach dem *Factual Information Report*, der im März 2015 vorlag, vier Zwischenberichte jeweils an den Jahrestagen des Verschwindens veröffentlicht worden. Lediglich Frankreich hielt noch polizeiliche Ermittlungen aufrecht, obwohl der ständige Wechsel der Richter, die den Prozess leiteten, keine großen Hoffnungen auf Erfolg weckte. Doch für die Familien war es von großer symbolischer Bedeutung, dass das Verfahren weiterging. »Die französischen Ermittlungen sind sehr wichtig für die chinesischen Familien, weil wir trotz all der Jahre, die inzwischen vergangen sind, immer noch die Wahrheit wissen wollen und müssen. Vorher können wir keinen Neuanfang machen«, sagte mir Wang Yinlei, als ich im Dezember 2018 einige Familienangehörige in Peking traf. Er hatte seine Mutter und seinen Vater auf dem Flug verloren.

Im abschließenden *Safety Investigation Report* (zweifellos von sehr viel höherer Qualität als der Bericht vom ATSB über den Sucheinsatz) gestanden die Flugunfallermittler im Grunde, dass sie »nicht wissen, was mit MH370 geschah«. Sie bedauerten »den signifikanten Mangel an Hinweisen, durch die das Team mit hinreichender Sicherheit Gründe hätte angeben können, warum das Flugzeug von seiner vorgesehenen Route abwich«. Der Ermittlungsleiter ließ außerdem durchblicken, dass es Spannungen im Team gegeben habe. Interessanterweise hatte Indonesien als einziges der sieben Länder, die sich an der Flugunfallermittlung beteiligt hatten,[12] nach der Durchsicht des Dokuments keine Kommentare geschickt. Einige nahe Beobachter der Ermittlungen interpretierten das als klare Ablehnung der Ergebnisse.

Der Bericht schließt mit der Erwähnung einer möglichen Intervention durch eine nicht näher benannte »dritte Partei«. Doch als er mitten in den Sommerferien 2018 veröffentlicht wurde, fand er trotz guter Liveberichterstattung durch einige internationale Medien wie den *Guardian* wenig Beachtung. Die Boulevardzeitungen machten sich nicht die Mühe, solch ein dickes Dokument durchzuarbeiten, und ließen lieber, wie schon so oft, die Verdächtigungen rund um den Flugkapitän wiederaufleben.

11

Ist der Flugkapitän Amok gelaufen?

An Bord eines jeden Fluges übernimmt der Kapitän die Führung und hat die Verantwortung. Das gilt vor allem im Notfall.

Als ich weitere Flugzeugabstürze recherchierte, um Hinweise oder Ähnlichkeiten zum Fall MH370 zu finden (vgl. Nachtrag), stieß ich – zu meiner anfänglichen Verwunderung – auf eine außerordentliche Vorliebe der Flugunfalluntersuchungsteams, den Fehler bei den Piloten zu suchen. Bei vielen bekannten Abstürzen war die der Öffentlichkeit zunächst als wahrscheinlichste präsentierte Ursache meist erweiterter Suizid des Piloten oder Pilotenfehler. Und selbst wenn man Jahre, manchmal Jahrzehnte später die tatsächlichen Unfallursachen herausfand und die Piloten freigesprochen wurden, gingen die Unglücke als durch Menschen verursachte Tragödien in die Geschichte ein. Das jüngste Beispiel der 737-MAX-Katastrophen hat diesen Vorgang auf traurige Weise bestätigt. Obwohl diese Methode verblüffend durchschaubar daherkommt, entbehrt sie nicht einer gewissen Logik. Indem man die Schuld dem Piloten in die Schuhe schiebt, spricht man die Flugzeug- und Triebwerkhersteller von jeglichen Fehlern frei, ebenso wie die Fluggesellschaft, die ihren Betrieb unbehelligt fortführen kann. Die Versicherungen teilen die Rechnung der Katastrophe unter sich auf und das Leben geht weiter, wenn auch mit einem Seufzer angesichts dieses neuerlichen Beispiels für »menschliches Versagen«. Was den toten Piloten angeht, so wird er – praktischerweise – nicht in der Lage sein, sich zu verteidigen. Umso faszinierender ist es, dass man auch im Fall von MH370 von den ersten Stunden an beobachten konnte, wie der Pilot zum Ziel einer heftigen und gnadenlosen Schmutzkampagne wurde, die bis zum heutigen Tag anhält.

Meistens wurde ein Szenario entwickelt, in dem Zaharie Ahmad Shah suizidgefährdet, ein Massenmörder oder Psychopath war, der den Untergangsflug minutiös auf seinem Simulator geplant hatte. Die Tatsache, dass die ersten Ermittlungen nichts Verdächtiges an ihm gefunden hatten, hinderte Dutzende Medienvertreter (merkwürdigerweise insbesondere die aus Großbritannien, den USA, Australien und Neuseeland) nicht daran, den Flugkapitän in Hunderten Artikeln als Hauptverdächtigen an den Pranger zu stellen. Ihm wurden Liebeswirren und politischer Fanatismus für die Opposition nachgesagt. Wie bereits angeführt, wurde Zaharie zudem von »Quellen aus den höchsten Kreisen«, die mit den von dem Familienkomitee angeheuerten Privatdetektiven sprachen, einiger seltsamer Verhaltensweisen bezichtigt – beispielsweise mehr Kerosin angefordert zu haben, als nötig gewesen wäre.

Dann gab es da noch die Leaks und die Anspielungen, die auf verschlungenen Wegen vom FBI oder der Polizei herauströpfelten und seinen Flugsimulator betrafen.[1] Selbst Rosmah Mansor, die Ehefrau des damaligen Premierministers Najib Razak, machte Anspielungen, dass der Pilot schuld sei.[2] Kürzlich interviewte einer meiner Freunde und Kollegen Najib höchstpersönlich für eine größere englischsprachige Zeitschrift, während dieser ein halbes Dutzend Anklagen vor Gericht erwartete. Am Ende ihres Treffens fragte er Najib rundheraus, was er über MH370 denke. Der ehemalige Premierminister setzte eine traurige Miene auf und teilte ihm im diskreten Ton eines Insiders, der im Vertrauen Informationen teilt, mit, er denke es war … der Flugkapitän.

Mitte 2019 wurde eine auf den ersten Blick seriöse und ausführliche Analyse der ganzen Affäre in der amerikanischen Zeitschrift *The Atlantic* unter dem spannenden Titel: »What Really Happened To Malaysia's Missing Airplane? [Was geschah wirklich mit Malaysias verschwundenem Flugzeug?]« veröffentlicht. Der Artikel reihte eine beeindruckende Reihe faktischer Fehler aneinander, die selbst den unerfahrensten MHisten-Greenhorns nicht unterlaufen.

Außerdem bemühte sich der Autor nach Kräften, der Idee zum Durchbruch zu verhelfen, Pilotensuizide seien ein häufiges Vorkommnis. Von den vier angeführten Fällen wurden jedoch nur zwei zweifelsfrei bestätigt. Pilotensuizide kommen vor, doch sie sind nach wie vor sehr selten. Es beunruhigte mich zutiefst, zu lesen, dass ein angeblicher »Sachverständiger« noch immer den EgyptAir-Flug 990 und den SilkAir-Flug 185 als Suizidfälle angab. Dabei hatten Ermittlungen inzwischen längst gezeigt, dass die Flugzeuge technische Mängel gehabt hatten, ganz zu schweigen von der Tatsache, dass das FBI inzwischen eingeräumt hatte, die Ermittlungen im Fall von EgyptAir behindert zu haben, indem es den Piloten beschuldigte (vgl. Nachtrag S. 427). Doch die größte Enttäuschung in dem ganzen *Atlantic*-Artikel über MH370 war zweifellos seine letzte »Enthüllung«: Zaharie sei »klinisch depressiv« und »ein gestörter Mann« gewesen, der urplötzlich »Amok gelaufen« sei. Um es auf den Punkt zu bringen war Zaharie in diesem Artikel schlichtweg und ohne ordentliches Verfahren für schuldig befunden worden. Im Februar 2020 holte der ehemalige australische Premierminister Tony Abbott in einer Dokumentation von Sky News zu einem weiteren Schlag gegen den verunglückten Piloten aus. Obwohl er sich weigerte, Auskunft zu geben, »wer das zu wem gesagt hatte«, gab Abbott an: »Eine Sache möchte ich klarstellen – in den höchsten Kreisen war früh bekannt, dass es fast mit Sicherheit ein mörderischer Suizid des Piloten war. Ein Massenmord.« Mit anderen Worten, Malaysia habe es gewusst, sich aber dafür entschieden, ihn zu schützen.

Was auch immer man von diesem rechten Klimawandelleugner, der nach seinen zwei Jahren an der Macht in Canberra (zwischen 2013 und 2015) anscheinend das Rampenlicht vermisst, auch halten mag, so neige ich in diesem Fall doch dazu, ihm zuzugestehen, dass er die Wahrheit sagte. Oder besser gesagt, dass er getreu wiedergab, was ihm 2014 höchstwahrscheinlich der damalige Premierminister Najib gesagt hatte. Doch an dieser Meldung gab es schlicht nichts Neues. Abbott nutzte einfach seinen Ruf als ehemaliger Premierminister von Australien, um haltlosen Gerüchten und Schmierkampagnen mehr Gewicht zu verleihen. Wir wissen bereits von verschiedenen Quellen, dass man ohne jegliche Beweise »in den höchsten Kreisen« der malaysischen Regierung für das Szenario des schuldigen Piloten geworben hat. Es ist schwerlich zu übersehen, dass die anschuldigenden Artikel und Dokumentationen mit unglaublicher, beinahe vorhersehbarer Regelmäßigkeit veröffentlicht wurden. Falls eine PR-Agentur dafür verantwortlich ist, über die Jahre sicherzustellen, dass der vermeintlich suizidale Pilot eine weithin anerkannte Erklärung für das unerklärliche Verschwinden der B777 wird, dann macht sie zweifellos einen guten Job.

Der Ausdruck »Amok laufen« kommt von einem Wort aus dem Malaiischen, das in den englischen Sprachgebrauch übergegangen ist – mal »amok« ausgesprochen, mal »amuk« oder »amuck« – und so viel bedeutet wie »wild außer Kontrolle geraten«. Doch in Malaysia und Indonesien bezieht es sich auf ein bestimmtes Verhalten, das besonders bekannt ist. Stefan Zweig, Rudyard Kipling, Henri Fauconnier und Romain Gary haben neben vielen anderen Autoren, die in diese Region gereist sind, darauf Bezug genommen. »Amok laufen« beschreibt eine Form des Suizids, bei dem Tötungsimpulse im Leidenden frei werden, sodass er plötzlich in mörderische Raserei verfällt. Alles endet mit dem Tod des Leidenden, dem muss jedoch der Tod weiterer Menschen vorausgehen. In den meisten Fällen sind Amok-Attacken das Werk erwachsener Männer, deren aufgestauter Frust sich Bahn bricht und die ein Verlangen nach Rache haben. Für seine Kritiker schien das »Amok-Szenario« Flugkapitän Zaharie Ahmad Shah bis aufs I-Tüpfelchen zu beschreiben.

Ironischerweise haben dieselben Leute, die den Flugkapitän verdächtigten, Amok gelaufen zu sein, ihn beschuldigt, das Verschwinden des Flugzeugs kaltblütig geplant und ausgeführt zu haben. Dabei sind Amokläufe und kaltblütige Anschläge diametral entgegengesetzte Sachverhalte. Doch diesen Ungereimtheiten in den Beschuldigungen gegenüber dem Flugkapitän schien niemand Beachtung zu schenken.

Lassen Sie uns für einen Moment annehmen, dass Zaharie tatsächlich entschieden hat, seinem und dem Leben aller Menschen an Bord ein Ende zu bereiten. Und nehmen wir an, er will mit ebenjenem Elan, für den er so bekannt ist, seinen eigenen Abgang inszenieren. Er wird nicht nur sterben, sondern auch die Behörden und die Luftverkehrskontrollen an der Nase herumführen, das malaysische Militär kalt erwischen, Boeing beschämen und die Mängel modernster Luftfahrtkommunikationstechnologien ans Licht bringen. Kurzum, er wird tun, was noch niemandem je zuvor gelungen ist: ein Flugzeug und alle an Bord für immer verschwinden lassen, ohne auch nur die geringste Spur zu hinterlassen.

Zweifellos hat Zaharie den richtigen Moment gewählt, um seinen Plan durchzuführen. Nach vierzig Minuten Flugzeit hat die Maschine ihre Reiseflughöhe erreicht. Sie hat den malaysischen Luftraum verlassen und ihre Anwesenheit noch nicht an die vietnamesischen Behörden durchgegeben. Da es der Flugkapitän ist, der sich aus Malaysia verabschiedet, wissen wir, dass der Erste Offizier die Boeing fliegt.[3] Doch der Flugkapitän hat keine Eile. Alles ist ruhig. Nachdem der Mond noch vor dem Take-off verschwunden ist, ist die Nacht tiefschwarz.[4] Der Flugkapitän weist den Co-Piloten an, ihm wieder das Steuer zu übergeben und hinauszugehen, um einen kleinen Plausch mit den Erste-Klasse- oder Businessclass-Passagieren zu halten, wie es bei Malaysia Airlines in diesem Stadium des Fluges oft geschieht. Dann schließt Zaharie sich im Cockpit ein.

Endlich allein am Steuer, setzt er seinen teuflischen Plan in die Tat um: Er wendet nach links, überfliegt die malaysisch-thailändische Grenze, um niemanden auf sich aufmerksam zu machen, macht einen Bogen nach Norden, um Indonesien zu umgehen, und setzt dann seinen Kurs nach Süden fort, wo ihm gelingen wird, was bisher kein noch so erfahrener Pilot überhaupt für möglich gehalten hat: eine ausreichend weiche Landung auf hoher See, sodass die Maschine in einem Stück sinkt und sich, seine menschliche Fracht und sein rätselhaftes Schicksal 6000 Meter tief auf dem Meeresboden begräbt.

Die Geschichte ist schnell erzählt, leicht zu verstehen und leicht zu wiederholen. Eine ziemlich gute Geschichte. Wer will da schon hören, dass ein solches Szenario vollkommen unrealistisch ist, angefangen bei dem fehlenden Motiv für einen Massenmord und damit endend, dass ein »Kiss-Landing«, eine sanfte Bauchlandung, mitten im südlichen Indischen Ozean so gut wie ausgeschlossen werden kann?

Wie auch immer, ich war jedenfalls schon früh in meinen Recherchen davon überzeugt, dass die Persönlichkeit des Flugkapitäns sicherlich ein Teil, wenn nicht gar die ganze Lösung des Rätsels war, an dem ich knabberte. Wer war Zaharie Ahmad Shah wirklich neben dem luftfahrtbegeisterten und hochqualifizierten Piloten? Was für ein Kollege, Freund, Vater, Ehemann und Mensch war er? Was ging in seinem Kopf vor, als er sich in jener Nacht im März 2014 auf einen Routineflug begab, den er ziemlich gut kannte? Wenn er wirklich dieses Verbrechens schuldig war, *was* lief falsch bei diesem Mann oder in seinem Leben, und *warum* sollte er etwas so Furchtbares tun? Und was sind die Hinweise wert, die seine Kritiker genutzt haben, um aus ihm das Genie dieses unmöglichen »Mysteriums« zu machen, das größte Luftfahrtgenie aller Zeiten?

Die Frau mit dem freundlichen Lächeln, die ich in der Lobby des New World Hotel in Kuala Lumpurs hippem Vorort Petaling Jaya traf, war die älteste Schwester des Flugkapitäns, Sakinab Shah. Sie entpuppte sich als gelassene und muntere, kürzlich verwitwete Großmutter die sofort meinen Respekt und meine Sympathie erntete. Wie alle Malaien legte sie die Hand auf ihr Herz, nachdem sie meine geschüttelt hatte. Eine schlichte, in Malaysia weitverbreitete Geste, die ich schon immer sehr schön fand. Auch anderthalb Jahre nach dem Verschwinden der Maschine war Sakinab sehr aufgewühlt. Nicht nur durch den Verlust ihres geliebten Bruders, sondern auch wegen all der unerfreulichen Dinge, die man seither über ihn geschrieben und gesagt hatte. Sie war die älteste von neun Geschwistern. Zaharie, von seinen Freunden Ari genannt, war das achte Kind und 17 Jahre jünger als sie gewesen. Man merkte sofort, dass er ihr kleiner Lieblingsbruder gewesen war. Sie wusste »so gut wie alles über ihn«, so nahe hatten sie sich gestanden.

Für eine Großfamilie, die in den 1950ern in Penang lebte, waren die ersten Jahre nicht einfach gewesen. Der Vater, Mustafa bin Omar Khan[5], war Polizist. Die Mutter, Fatimah binti Mohamed Noor, hatte keine Ausbildung genossen. Sie lebten in einem Armenviertel der Gemeinde. Von klein auf verstanden die Kinder, wie wichtig es war, dass sie gute Leistungen in der Schule erbrachten, und daher taten sie genau das. Nicht nur in der Schule, sondern auch im späteren Leben. Sakinab erwähnte eine Schwester, die als Psychiaterin in Irland arbeitete, eine andere war Soziologieprofessorin in Malaysia. Sie selbst hat einen nichtmuslimischen Mann geheiratet. Eine Offenheit, die man bei malaysischen Durchschnittsfamilien nicht oft antrifft, dachte ich mir. »Später haben wir Ari immer geneckt, weil er als Einziger von uns neun Kindern nicht studiert hat«, sagte sie mit einem verschmitzten Zwinkern.

Ein Nachbarsjunge namens Dr. Ghouse, inzwischen ein erfolgreicher Geschäftsmann, erinnerte sich, dass der ein paar Jahre ältere Ari sehr intelligent gewesen war. Während wir bei einem *Teh tarik* – schwarzem Tee mit Kondensmilch – zusammensaßen, erzählte mir Dr. Ghouse einige Geschichten aus ihrer gemeinsamen Jugend. An der Penang Free School gehörten sie mehr oder weniger der gleichen Clique an. Mit ihrem Motto *Fortis atque fidelis* (Stark und treu) ist die Schule die älteste in Malaysia und hat viele Sultane und Minister unter ihren ehemaligen Schülern. Immer, wenn Ari sah, dass Ghouse Schwierigkeiten mit den Hausaufgaben hatte, ließ er sein Fahrrad fallen und kam herbei, um ihm zu helfen und gleichzeitig Späße zu machen.

Obwohl er Ari seither nicht mehr gesehen hatte, war es Dr. Ghouse, ein Freund aus Kindertagen, gewesen, der die Facebook-Seite »Friends of Captain Zaharie MH370« ins Leben gerufen hatte, um den Piloten gegen die Anschuldigungen zu verteidigen. Daraufhin hatten ihn zahlreiche von Aris Freunden, Kollegen und Nachbarn kontaktiert. »Nicht ein Mensch, mit dem ich gesprochen habe, hat je etwas Negatives über Aris Verhalten gesagt. Er war alles andere als psychisch labil.« Doch seine Initiative bescherte ihm auch einen unerwarteten Besuch vom Special Branch, Malaysias internem Geheimdienst, so als würde die Ehrung seines vermissten Freundes ihn irgendwie verdächtig machen. »Ich habe ihnen gesagt, ihr Job ist es, dafür zu sorgen, dass nur die Wahrheit erzählt wird. Wenn es nicht so viele Gerüchte gegeben hätte, die Aris Namen beschmutzen, hätte ich das nicht getan.«

Sakinab erinnert sich, dass Zaharie schon früh seine Leidenschaft fürs Fliegen entdeckte. Er absolvierte sein erstes Pilotentraining auf den Philippinen und fing unmittelbar danach an, bei Malaysia Airlines zu arbeiten. Laut einem Schreiben seines Arbeitgebers, das ich in seiner malaysischen Polizeiakte, in die ich Einsicht erhielt, entdeckte, fing er am 15. Juni 1981 bei MAS an. Im Laufe seiner Karriere kletterte er auf eine der höchstmöglichen Positionen, die es im Unternehmen für einen Piloten gab: Er war Boeing-777-Pilot, Lehrer und Prüfer. Wenn er nicht für MAS arbeitete, gab er Flugstunden, flog seine ferngesteuerten Modellflugzeuge, spielte mit seinem Flugsimulator oder erstellte Videos, die er im Internet postete. Diese Videos zeugen von seiner fröhlichen und begeisterungsfähigen Persönlichkeit. Fliegen war sein Beruf, sein Hobby und seine Leidenschaft.

»Er hatte ein gutes Gehalt und als Pilot eine Menge Freizeit, in der er herumwerkelte. Alles, was er anfasste, gelang ihm. Seine neueste Erfindung war eine Fernbedienung, um einen Kronleuchter in seinem Haus hoch- und runterzufahren. Wenn er ein neues Rezept ausprobiert hatte, kam er meistens zu uns, damit wir es kosteten und beurteilten. Einmal versuchte er meinem Mann weiszumachen, er hätte die gedämpften Dumplings in der Brühe selbst gemacht. Aber mein Mann war Chinese und ließ sich nicht täuschen«, erinnerte sich Sakinab zwischen Lachen und Tränen.

»Alle mochten ihn. Wenn er in die Sprechstunde kam, war er zu allen freundlich und hatte immer eine Geschichte auf Lager«, erinnerte sich Dr. Resha Malik, seine Zahnärztin, als wir uns in der Nähe ihrer Praxis trafen. Zaharie achtete auf seine Gesundheit. Ich witzelte mit dieser charmanten Frau über ihren Namen: Wenn die britischen Klatschblätter gewusst hätten, dass die Zahnärztin des Flugkapitäns Irakerin war, dann hätten einige sich sicher hinreißen lassen, dies zur Liste der verdächtigen Fakten hinzuzufügen. Dr. Malik erzählte mir, sie hätte ihren Patienten ein paar Tage vor dem 8. März angerufen, um ihm zu sagen, dass seine Krone fertig war. Zu dem Zeitpunkt hielt er sich gerade in Dubai auf, weshalb die Krone vorerst im Schrank blieb. Doch diese kleine Anekdote widerlegte zumindest ein weiteres verstörendes und ausuferndes Gerücht – dass der Flugkapitän nach dem 8. März keine Termine, sondern »einen leeren Terminkalender« gehabt hätte. Nun, einen wichtigen Termin hatte er zumindest gehabt, und zwar bei seiner Zahnärztin.

Ich befragte Sakinab zu der Abreise von Faizah, der Frau des Flugkapitäns, über die so viel berichtet worden war. Angeblich soll sie das gemeinsame Haus am Abend des Fluges verlassen haben, was zu einem weiteren, von der Presse ausgetretenen Gerücht führte, nämlich, seine Ehefrau habe ihn verlassen. Doch für Faizahs Abreise am Abend des Fluges gab es eine ziemlich einfache Erklärung. »Das haben sie immer so gemacht«, erklärte mir Sakinab. Das Ehepaar besaß zwei Häuser, das alte in Subang Jaya und ein größeres und neueres in Shah Alam. »Mit seinem hervorragenden Gehalt wollte Ari schon lange ein größeres Haus kaufen, das alte war wirklich ziemlich bescheiden. Von uns Geschwistern hatte er das kleinste Haus. Aber seine Frau Faizah hatte nie in das neue Haus ziehen und es einrichten wollen.« Wenn Ari da war, wohnten sie alle in dem neuen Haus, wo die Küche und alles andere besser war, doch kaum ging der Pilot auf Reisen, kehrte seine Frau zu ihrem ersten Haus zurück. Die Information, die zu so vielen Spekulationen geführt hatte, war also im Kern richtig – seine Frau hatte tatsächlich das Haus der Familie verlassen – doch anders, als man es aufgefasst hatte. Die Realität kam ohne die emotionalen Verwicklungen aus, die man sich ausgemalt hatte. Im Gegenteil, das Paar führte nach über dreißig Jahren eine relativ stabile Ehe. Es mochte Krisen und Fehler gegeben haben – »Ari war kein Heiliger«, kommentierte seine einfühlsame Schwester lediglich –, doch allem Anschein nach hielt Zaharie an seiner Ehe fest.

Tatsächlich hatte der von der Royal Malaysia Police durchgeführte Datenabgleich mit der Anrufliste auf dem Handy des Piloten ergeben, dass die Nummer seiner Frau an erster Stelle stand (46 Anrufe seit Januar 2014) und sie war auch diejenige, die er vor dem Take-off von Flug MH370 in der Nacht vom 7. auf den 8. März zuletzt anrief.

Was das Foto von Zaharie neben einer schönen, jungen Frau mit Schleier und zwei kleinen Kindern auf einem Sofa anging, das ohne jedwede Bildunterschrift zu einer Zeit veröffentlicht worden war, als aller Augen auf den beiden Piloten ruhten, so erklärte Sakinab mir, dass es sich um eine ihrer Nichten handelte und das Foto an Hari Raya aufgenommen worden war.[6] Sakinab rief sie an Ort und Stelle an und bat sie, mir mehr Einzelheiten zu erzählen. Die junge Frau, die sich zu dem Zeitpunkt in den USA aufhielt, hatte das Foto selbst auf ihrer Facebook-Seite im Andenken an ihren Onkel veröffentlicht. Ihr wäre nie in den Sinn gekommen, dass sie damit den Gerüchten Zündstoff gab, die den Namen ihres Onkels beschmutzte. Schließlich verklagte sie die Zeitschrift, die den verleumderischen Artikel geschrieben hatte, und gewann den Prozess.

Andere Gerüchte besagten, der Pilot sei verzweifelt und auf politische Rache aus gewesen, da der malaysische Oppositionsführer Anwar Ibrahim zu einer fünfjährigen Haftstrafe verurteilt worden war. Wie zuvor erwähnt, war das Urteil am Nachmittag vor dem Flug gesprochen worden. Ich traf den Mann, der Zaharie in die Politik eingeführt hatte. Peter Chong, ein Politiker der Opposition, hatte Zaharie zwei Jahre zuvor durch Zufall kennengelernt. »Dieser Mann, der zurückblieb, um mitzuhelfen die Stühle zu stapeln«, war ihm am Ende eines Treffens aufgefallen. Er überzeugte ihn, der Parti Keadilan Rakyat (PKR), der People's Justice Partei, beizutreten, der Anwar vorsaß. Doch Chong zufolge, der den Flugkapitän zuletzt eine Woche vor dem Flug gesehen hatte, war Zaharies Interesse an der Politik in den vergangenen Monaten erloschen, und er redete lieber über seine neuesten Erfindungen oder seinen Flugsimulator.

Ich hätte auch gern die Frau des Flugkapitäns, Faizah, getroffen, doch Sakinab erzählte mir, dass es ihr nicht gut ginge. Ihre Kinder machten sich große Sorgen um sie: »Die Familie geht durch die Hölle.« Sie sagte, dass die Zeit die Wunden nicht heilte, sondern für die Familie ihres Bruders alles nur noch schlimmer machte. Etwa zu dieser Zeit, als ich diese ehrlichen Menschen traf, die ein einfaches Leben führten und nicht nur von dem Schock des Flugzeugunglücks gezeichnet waren, sondern nun auch noch von dem ungeklärten Rätsel und einer Schmutzkampagne gegen ihren geliebten Ari aufgefressen wurden, wurde ich umso entschlossener, meine Recherchen fortzuführen. Sakinab selbst durchlief immer wieder schwierige Phasen. Als wir uns zum ersten Mal trafen, hatte sie durch die Warnung eines Freundes gerade erst erfahren, dass ihr Name für einen aktiven Twitter-Account missbraucht wurde, von dem sie nichts wusste. Der Account war offensichtlich eingerichtet worden, um die Menschen in die Irre zu führen, denn alle Follower der falschen Sakinab Shah – @sakinabs – waren waschechte MHisten …

Auch die malaysische Polizei hatte ein großes Interesse daran, so viel wie möglich über den Flugkapitän herauszufinden, und befragte Menschen aus allen Phasen seines Lebens.[7] Zwar gelang es mir nicht, Faizah Khanum binti Mustafa, Zaharies Frau, zu sprechen, doch war sie die erste Zeugin, die von der Polizei über ihren Mann befragt wurde.[8] Ihre in der Akte enthaltenen Aussagen begannen mit einigen persönlichen Informationen – sie hatten 1982 geheiratet, hatten drei Kinder im Alter von 31 (Sohn), 27 (Tochter) und 26 Jahren (Sohn) und so weiter. Sie beschrieb ihren Mann wie folgt: »lebt für seine Arbeit, [ist] unbekümmert, ein liebevoller Ehemann und zuverlässiger Vater«. Als man sie zu seinen Hobbys befragte, erwähnte sie »fliegen, handwerkern, Rad fahren und elektronische Geräte kaufen, um seinen Computersimulator aufzurüsten«. Sie bestätigte sein neu erwachtes Interesse an der Politik und sagte den Polizisten, »er dachte darüber nach, der People's Justice Partei beizutreten«, der Oppositionspartei von Anwar Ibrahim. Außerdem erzählte Faizah ihnen, dass ihr Mann keine Lebensversicherung abgeschlossen hatte, und sie erwähnte zudem seine Ansicht, dass ihre Tochter besser in Australien bleiben solle, da ihr das Leben dort mehr böte.

Die Aussagen aus dem engen Familienkreis stimmten, was die Beschreibung der familiären Beziehungen anging, weitestgehend überein. Der älteste Sohn Ahmad Idris bin Zaharie war verheiratet und hatte ein fünfjähriges Kind. Die einzige Tochter Nur Aishah binti Zaharie sprach von einem »engen Familienzusammenhalt«. Der jüngste Sohn Ahmad Seth bin Zaharie bestritt die Gerüchte, dass seine Eltern sich hätten scheiden lassen wollen. Die Haushälterin, die ebenfalls befragt wurde, sagte aus, es habe keine Spannungen bei dem Paar gegeben, und ein Nachbar in dieser gehobenen Wohngegend, ein anerkannter Geschäftsmann und »Dato«, sagte aus, er habe nie einen Konflikt in der Familie des Flugkapitäns gesehen oder gehört. Auch er bestätigte die zupackende Art des Piloten: Wenn er zu Hause war, sah er Zaharie »Hausarbeiten erledigen, wie den Boden wischen, Malern und Gärtnern«.

Ein Pilot, der ein paar Wochen vor dem Schicksalsflug mit Zaharie nach Amsterdam geflogen war, sagte aus, sie hätten ein langes und sehr persönliches Gespräch über Familienangelegenheiten geführt, doch er hätte nichts von irgendwelchen Konflikten oder außergewöhnlichen Vorkommnissen in der Haltung oder den Kommentaren des Flugkapitäns wahrgenommen.

Ein weiterer Freund aus Kindertagen erzählte der Polizei von einer Zufallsbegegnung mit Zaharie auf dem Friedhof am letzten Tag von Aidilfitri.[9] In Begleitung seiner Frau gestand Zaharie ihm amüsiert, dass sie schon seit einer Weile vergeblich versuchten, das Grab seiner Mutter zu finden. Auch am Vortag vor dem Flug musste Zaharie zu Späßen aufgelegt gewesen sein, denn er schickte einem pensionierten Fotografen, mit dem er über WhatsApp Kontakt hielt, ein Bild von einem Mann, der beabsichtigte, ein Bad zu nehmen, aber wegen Wasserknappheit lediglich von Schlamm bedeckt war.

Zaharie war ein regelmäßiger bis starker Nutzer der sozialen Medien, darunter vor allem Facebook (239 Freunde auf einem Account von 2012 und 36 Freunde auf einem seltener genutzten, privaten Account von 2009), WeChat (47 Kontakte) und YouTube. In seinen auf YouTube hochgeladenen Videos erklärt er hauptsächlich, wie man Flugsimulatoren bedient und Dinge repariert, darunter unter anderem eine Klimaanlage. Auf Twitter war er nicht sonderlich aktiv. Obwohl ihm 3717 User folgten, folgte er selbst nur 17 Accounts. Mit mehr als siebzig Prozent der Gesamtbevölkerung als registrierten und aktiven Facebook-Usern[10] hat die Nutzung dieser Seite in Malaysia geradezu epidemische Züge angenommen. Der Leiter der Abteilung für elektronische Überwachung in den malaysischen Kommunikationssystemen und Multimedienkommissionen (Department of Network Surveillance at the Malaysian Communications and Multimedia Commission, kurz MCMC) nahm alle Kommunikationsverläufe und Sucheingaben auf Zaharies Handy unter die Lupe und gab zu Protokoll, er habe »nichts Verdächtiges« gefunden.

Neben vielen überwältigend positiven Urteilen gab es mindestens einen Flugbegleiter, der Zaharie »nicht so nett« fand, weil der Flugkapitän, wie er sagte, »auswählt, wen er grüßt und mit wem er gern über seine Hobbys redet«. Aber seien wir mal realistisch, das beweist lediglich, dass Zaharie auch nur ein Mensch war.

Gerade, als ich begann, das Bild, das sich mir bot, etwas zu perfekt zu finden, stolperte ich über einige nicht ganz so schmeichelhafte Zeugenaussagen. Ein ehemaliger Techniker einer Telefongesellschaft, der nun im Mietwagensektor tätig war und mit dem Zaharie »nicht viel redete«, erwähnte eine Freundin namens Fatimah N. (Name geändert), eine Vorschullehrerin, die als Freiwillige in der Opposition aktiv war. Er erzählte der Polizei, dass Zaharie bis vor Kurzem eine Affäre mit ihr gehabt habe. Sie hatte sich sogar von ihrem Mann scheiden lassen wollen. Ein paar Tage vor der Schicksalsnacht hatte sie dem Techniker unter Tränen am Telefon erzählt, sie habe sich mit Zaharie gestritten und sogar gebetet, dass sein Flugzeug abstürzen möge.

Fatimah war von der Polizei bereits befragt worden. Den Daten und Zeiten im Bericht nach zu urteilen wurde sie nach der Zeugenaussage ihres Freundes ein zweites Mal befragt, doch in ihrer eigenen Aussage lassen sich keine Hinweise auf eine besondere Beziehung zu dem Flugkapitän finden. Sie hatte nur ausgesagt, Zaharie hätte »ein gutes Herz, [sei] verantwortungsbewusst und sachkundig« und dass sie nichts über seine Familie wisse.

Eine weitere Frau, die Zaharie im Jahr 2000 kennengelernt hatte, sagte aus, dass sie mit ihm um 2010 herum ungefähr ein Jahr lang »zum Abendessen« ausging, die Beziehung jedoch beendete, als sie herausfand, dass seine Frau von der Sache erfahren hatte. Nichtsdestotrotz behielt sie ihn in guter Erinnerung und war erschüttert, als sie von dem verschwundenen Flugzeug erfuhr. Zwischen dem 9. März und dem 2. Juni schickte sie ihm insgesamt neun E-Mails in der Hoffnung, dass er eines Tages einfach antworten und bestätigen würde, dass er noch am Leben war.

Sakinab hatte angedeutet, dass Ari kein Heiliger gewesen war. Nun schien mir, dass er in Wahrheit wohl vielmehr etwas von einem Casanova gehabt hatte. Die meisten Leute, mit denen ich diese Seite von ihm besprach – darunter Männer in seinem Alter –, waren jedoch der Meinung, dies beweise – wenn überhaupt – nur, dass er das Leben in vollen Zügen genossen hätte.

Was seine Gesundheit anging, so zeichnete der Polizeibericht das Bild eines insgesamt fitten und robusten Mannes. Sein Apotheker sagte aus, dass Zaharie ungefähr alle drei Monate kam, um seine Vorräte an »Zahnpasta, Panadol (Paracetamol), Vitamin C, Grippemedikamenten (Telfast) und Medikamenten gegen Sodbrennen (Maalox Plus)« aufzufüllen. An anderer Stelle hieß es, er hätte einen Inhalator genutzt und hin und wieder Celebrix, einen nichtsteroiden, ziemlich verbreiteten Entzündungshemmer, eingenommen. Zaharie hatte seit seiner Jugend an einem leichten Asthma gelitten und im Januar 2007 beim Paragliding einen schweren Unfall erlitten, infolge dessen er an der Wirbelsäule operiert werden musste. Ein Jahr später klagte er immer noch über Beschwerden im Knie und im Nacken, die er gelegentlich mit Schmerzmitteln linderte. Seit dem Unfall humpelte er leicht. Er war Gelegenheitsraucher mit einer Vorliebe für Domingo-Rolltabak, und er trank hin und wieder zu gesellschaftlichen Anlässen. Genau das Gleiche stand in einer sehr viel dünneren Akte über Fariq, den Ersten Offizier. Aus meiner Zeit in Malaysia wusste ich, dass es selbst in der malaysischen Gemeinschaft Alkoholkonsum gab.[11] Während man über Trinken in der Öffentlichkeit die Stirn runzelte, wurde es bei den liberaleren Muslimen im Privaten geduldet.

Unter all diesen zahlreichen und teils repetitiven Zeugenaussagen waren die häufigsten Worte, mit denen Zaharie beschrieben wurde, »fröhlich«, »freundlich«, »Spaß«, »gut gelaunt« und »gutherzig«. Auf der beruflichen Seite fanden sich »sanft«, »geduldig«, »ruhig«, »bescheiden«, »höflich«, »sachkundig«, »diszipliniert«, »niemals ausfallend«, und er zeige »nie Anzeichen von Stress«. Ein Boeing-777-Pilotenkollege, der über die Jahre oft mit ihm geflogen war, erwähnte zudem, er hätte nicht einmal beobachtet, wie Zaharie die Nerven verlor.

In den letzten Stunden vor dem Flug verhielt er sich so normal, wie es nur hätte sein können. Faizah hatte am späten Vormittag eine Cousine besucht, die ebenfalls in der Nähe von Shah Alam wohnte. Als sie an jenem Freitagabend gegen 18:30 Uhr nach Hause kam, schlief Zaharie noch. Das Taxi zum Flughafen sollte erst später eintreffen. Um 21:40 Uhr ging Zaharie aus dem Haus, begleitet von einem Hausmädchen, das sein Gepäck trug, während ein anderes vor der Haustür stand.

Da MAS für seine Angestellten Gemeinschaftstaxen organisierte, stieg Zaharie zu einer Kollegin ins Taxi, einer Kabinenchefin. Sie fragte ihn, wo er an jenem Abend hinfliege und warum er so steif dasäße. Er erwiderte, sein Bein fühle sich wegen der Rückenschmerzen taub an. Doch sie sagte der Polizei gegenüber aus, er habe dennoch »normal, fröhlich und lächelnd« neben ihr gesessen. Dem Taxifahrer zufolge wurde Zaharie während der Fahrt weder angerufen, noch rauchte er. Als sie den Flughafen erreichten, rief er Faizah an, »nur um Bescheid zu sagen, dass er am Flughafen war«. Das war um 22:31 Uhr. Sie wünschte ihm einen »sicheren Flug« und sagte, »pass auf dich auf«, wie sie es immer tat. Faizah selbst war gerade auf dem Weg zu ihrem kleineren Haus, wo sie die nächsten Tage mit ihrem jüngsten Sohn verbringen würde. Alles in allem ein typisches und völlig banales Abschiedsritual.

Bevor Zaharie an Bord von MH370 ging, hatte er eine Zufallsbegegnung. Gegen 23 Uhr lief ihm in der Abflughalle ein alter Bekannter über den Weg, ein pensionierter Angestellter von MAS. Sie tauschten die üblichen Höflichkeitsfloskeln aus, erkundigten sich, wie es dem anderen gehe, und fragten einander nach dem Zielort ihres Fluges. Auch auf diesen Mann wirkte der Flugkapitän wie immer. Um 23:13 Uhr kontrollierte Zaharie mit seinem Handy seine Mails auf einem Hotmail-Account und ging kurz darauf an Bord des Flugzeugs.

Vor dem Hintergrund, was alles über ihn gesagt und geschrieben wurde, war ich überrascht zu lesen, dass er in Wahrheit in seinem Job erstaunlich ausgeglichen und im Allgemeinen im Reinen mit sich selbst und seinem Leben war. Je mehr ich über ihn herausfand, desto überzeugter wurde ich, dass es, egal, welche Schwächen er auch gehabt haben mochte, schlicht keinen Anhaltspunkt gab, warum er etwas so Furchtbares hätte planen sollen.

Dann kam die Simulator-Story. Im Juli 2016 veröffentlichte das *New York Magazine* einen vernichtenden Artikel mit dem reißerischen Titel: »Exclusive: MH370 Pilot Flew a Suicide Route on His Home Simulator Closely Matching Final Flight«(»Exklusiv: MH370-Pilot übte Suizidroute auf seinem privaten Flugsimulator«). Darin wurde behauptet: »Diese Erkenntnisse, die Malaysia in einem ausführlichen polizeilichen Ermittlungsbericht zurückhielt, sind der bisher stärkste Hinweis, dass Zaharie das Flugzeug in einen vorsätzlichen und mörderischen Suizid gesteuert hat.« Der Artikel ging nicht weiter auf den »ausführlichen polizeilichen Ermittlungsbericht« ein, der angeblich auf zwei Seiten diesen »Knüller« enthielt – kein Name, kein Datum, kein Kontext. Das Magazin behauptete, die Unterlagen der malaysischen Ermittlungen erhalten zu haben. In dem Artikel wurde der Flugkapitän offen beschuldigt, auf seinem Flugsimulator eine Route geplant zu haben, die im südlichen Indischen Ozean endete und geradezu sagenhafte Übereinstimmungen mit der aufwies, die auf Grundlage der Inmarsat-Pings vorgeschlagen und allseits akzeptiert worden war.

Dutzende prominente Medien nahmen die Story auf, ohne die Quelle oder ihren Wert als angeblichen Beweis im vorliegenden Fall zu hinterfragen. Sie lieferte eine einfache Erklärung für eine komplizierte Angelegenheit, was wollte man mehr? Der Artikel bot außerdem zwei Schlussfolgerungen zum Preis von einer: Die vermeintliche Tatsache, dass der Flugkapitän eine Flugroute ohne mögliche Rückkehr geplant hatte, die im südlichen Indischen Ozean endete, sprach ihn nicht nur zweifelsfrei schuldig, sie bekräftigte auch, dass der südliche Indische Ozean tatsächlich das tragische Ziel von MH370 gewesen war.

Zaharies Ruf, durch die überbordende negative Berichterstattung bereits schwer beschädigt, war nach diesem angeblich »eindeutigen Beweis« nur noch ein Scherbenhaufen.

Umso schockierter und alarmierter war ich, als mir klar wurde, dass ich gegen meinen Willen für diesen falschen Knüller, der weltweit so viel Aufmerksamkeit erhalten hatte, verantwortlich war. Lassen Sie mich erklären. Als ich zunächst Einblick in den vertraulichen Polizeibericht erhielt, war ich tatsächlich über einige etwas verwirrende Dokumente über den Flugsimulator des Kapitäns gestolpert. Ordner 1 (mit dem Titel »Pilot«) ging sehr genau auf den Simulator ein: Features, Nutzung, Systemabstürze, wiederhergestellte Festplatten und so weiter. Ganz hinten in diesem Ordner gab es einen ziemlich ominösen Graphen, der sieben Koordinaten zeigte, die offenbar von den gelöschten Daten des Simulators wiederhergestellt worden waren. Doch in der Zusammenfassung ihrer gründlichen Überprüfung von Zaharies Flugsimulator stellte die Royal Malaysia Police ausdrücklich fest: »Die forensische Untersuchung hat ergeben, dass zum Zeitpunkt dieses Berichts keine Aktivitäten erfasst wurden [...], die schlüssig auf irgendeine vorsätzliche Handlung im Zusammenhang mit dem Fall MH370 hindeuten.«[12]

Allerdings war die belastende Enthüllung, auf die sich das *New York Mag* stützte, nämlich die Darstellung der verdächtigen Flugroute in den südlichen Indischen Ozean, tatsächlich etwas unvermittelt auf den letzten beiden Seiten der Mappe 4, mit dem Titel »SKMM Analysis«, eingefügt worden.[13] Dieser Ordner beschäftigte sich ausführlich mit der Kommunikation und den Telefongesprächen des Piloten und des Co-Piloten sowie, in geringerem Maß, mit denen der restlichen Crew. Da der Flugsimulator in Ordner 1, dem »Piloten«-Ordner, bereits ausführlich besprochen worden war, enthielt er diesbezüglich nichts Neues. Darum war ich umso erstaunter, als ich in der Zusammenfassung las: »Unter den Daten des Flugsimulators, die von der MCMC-Abteilung für digitale Forensik wiederhergestellt und untersucht wurden, fand sich eine Flugroute, die in den südlichen Indischen Ozean führt. Dennoch sei an dieser Stelle angemerkt, dass die Flugroute nur eine von vielen ist, die von dem Flugsimulator wiederhergestellt wurde.« Allein dieser Kommentar war hochproblematisch.

Ich stieß auf einen Graphen, wo Koordinaten miteinander verbunden und auf einer Google-Earth-Karte platziert worden waren. Heraus kam eine rekonstruierte Flugroute, die der offiziellen Inmarsat-Version wirklich verblüffend ähnlich war.

Die Sache war nur die, dass die Punkte niemals miteinander hätten verbunden werden dürfen. Es handelte sich um Datenfragmente, die nichts miteinander zu tun hatten. Ihre technischen Parameter wie Höhe, Treibstoffvorrat, Kurs usw. unterschieden sich deutlich voneinander, und nichts wies darauf hin, dass sie je zu den gleichen Flügen gehört hatten. Sie in einem Graphen zu verbinden war in etwa so aussagekräftig, wie einen bedeutungsvollen Satz aus kreuz und quer herausgeschnittenen Wörtern weggeworfener Dokumente zusammenzustückeln – ein sehr weit hergeholter Versuch, um eine belastende Route zu erstellen.

Ich bat einen forensischen Rechtsanwalt aus Malaysia um seine Einschätzung zu diesen geheimen und vertraulichen Dokumenten. Nach ein paar Tagen Schweigen kam seine unverblümte Antwort. In seinen Augen konnte der angebliche Flug in den südlichen Indischen Ozean nur eine Fälschung sein. Er glaubte, es handele sich um gezielt gestreute Indizien, um, waren sie einmal in die Welt gesetzt, den Flugkapitän weiter zu belasten. Und genau das trat leider ein paar Wochen später ein. Der Anwalt wies mich auf einige grobe Ungereimtheiten hin. So hieß es zum Beispiel in der Zusammenfassung von Ordner 1 auf S. 3: »Die Untersuchung dient der Wiederherstellung des Flugsimulators und der Analyse des Materials auf den 6 Festplatten hinsichtlich Flugkoordinaten, Flugplänen und Internetverlauf, um Hinweise auf den vermissten Flug MH370 zu finden. Die Untersuchung hat keine schlüssigen Informationen ergeben, die das Verschwinden von Flug MH370 erklären könnten.«

Außerdem, wenn der Pilot jemals eine derartige Unglücksroute geplant hatte, warum hatte man diese Information dann nicht umgehend an das australische Suchteam weitergeleitet? Die letzte Position (29.2°S, 98.9° O) lag 1300 Kilometer vom Zentrum der Unterwassersuche entfernt (37.5°S, 88.9°O). Und wieder, wenn diese Informationen der Wahrheit entsprachen, warum fanden sie dann keine Erwähnung im offiziellen polizeilichen Ermittlungsbericht vom März 2015?

Bevor ich zu dem Schluss kam, dass diese unbeholfenen und unvollständigen Dokumente rein gar nichts bewiesen außer einem möglichen Foulspiel innerhalb des Untersuchungsteams, teilte ich sie mit Victor Iannello, einem Mitglied der Independent Group. Er drängte mich, sie an Jeff Wise und Sabine Luchtenfeld, eine deutsche forensische Psychologin, der er vertraute, weiterzuleiten, um die Inhalte in einer Arbeitsgruppe vertraulich zu besprechen. Ich gab nach. Leider konnte Jeff Wise in dem Moment, als er die Dokumente in der Hand hielt, nicht widerstehen und sorgte für diesen billigen Knüller. Er setzte sich über unsere Vertraulichkeitsabmachung hinweg und erhielt stattdessen die Nennung seines Namens unter dem sensationellen »Exklusivbericht« des *New York Magazine*.

Das FBI hatte anfangs angegeben, der Flugsimulator enthielte »nichts Belastendes«. Verschiedene Personen hatten gegenüber den lokalen Medien sogar ausgesagt, dass der Simulator zum Zeitpunkt seiner Konfiszierung nicht funktionierte. In der ersten Dokumentation hatte Zaharies Frau der Polizei außerdem erzählt, dass ihr Mann seit Juni oder Juli 2013 weitaus weniger mit dem Simulator gespielt hatte, »weil es ihm nicht gelungen ist, den Systemabsturz zu beheben, nachdem er den Simulator vom ersten in den zweiten Stock geräumt hatte«. Im Polizeibericht wird erwähnt, dass die meisten von Zaharies Online-Aktivitäten in der letzten Zeit dem Ziel dienten herauszufinden, warum das Betriebssystem seines Simulators abgestürzt war und wie man ihn reparieren konnte. Außerdem haben mehrere Personen, die mit dem System dieses Simulators vertraut sind, ihre Zweifel bezüglich eines »Fluges ins Nirgendwo« zum Ausdruck gebracht. Um auf dem Simulator irgendeinen Flug zu planen, den man üben möchte, muss man zuallererst ein Ziel eingeben, üblicherweise den Code eines Flughafens. Einfach so aufs offene Meer zu fliegen war demnach keine Option. Abgesehen davon, wenn das jemals sein Plan gewesen war, warum hätte er es auf dem Simulator üben sollen? Eine solche Sitzung versprach weder neue technische Erkenntnisse noch Lernerfolge. Mit anderen Worten: Die ganze Simulator-Story war ziemlich fadenscheinig. Doch die in meinen Augen viel wichtigere Frage war, wie solch eine unmögliche Route, die Zaharie ganz klar belastete, in einer Polizeiakte über MH370 landen konnte.

So irreführend er auch war, für die Familie des Flugkapitäns war der Artikel im *New York Magazine* ein weiterer Schlag ins Gesicht. Damals wirkte es fast so, als hätten sie es aufgegeben, seinen Namen reinzuwaschen. Kurz nachdem Jeff Wise die beiden losen Seiten benutzt hatte, um seinen verleumderischen Beitrag im *New York Magazine* zu veröffentlichen, beeilte sich die australische Sendung *60 Minutes*, einen weiteren »Exklusivbeitrag« auf Grundlage desselben unglücklichen Beweises zusammenzustückeln, diesmal unterstützt durch die Aussagen eines weiteren sogenannten Experten, Larry Vance.[14] Vance erklärte:

> Diese vertrauliche Analyse des Heimflugsimulators des Flugkapitäns beweist, dass der Pilot versucht hat, seinen Plan zu vertuschen,

indem er seine Festplatte gelöscht hat. Einen Monat vor dem Unglücksflug hat Zaharie auf seinem Simulator eine fast identische Route geplant, die tief in den Indischen Ozean führt. Diese Simulation spielt ganz klar eine Situation durch, in der der Maschine über dem offenen Meer der Treibstoff ausgeht.

Da diese Fehlinformation zusätzlich zu Hunderten Artikeln und mindestens zwei Büchern kam, die dem Piloten vorwarfen – oder zumindest andeuten –, alles geplant und die alleinige Verantwortung für das Verschwinden des Großraumjets und der Menschen an Bord zu haben, änderte auch die späte Reue von Jeff Wise über seine eigenen falschen Anschuldigungen gegen Zaharie nichts mehr an dem negativen Bild, das man von dem Piloten erstellt hatte. Ironischerweise wurde der Artikel trotz der formellen Entkräftung dieses »handfesten Beweises« durch den Autor selbst immer wieder als Quelle angeführt. Bis heute hat das *New York Magazine* ihn weder von seiner Website entfernt, noch hat es sich bei den Lesern für diese grobe Fehlinformation entschuldigt.

Inzwischen bin ich davon überzeugt, dass Zaharie, übel dargestellt und mit falschen Anschuldigungen überhäuft, nie auch nur im Entferntesten mörderische Absichten gehegt hat. Ganz im Gegenteil, ich erinnere mich noch gut daran, was sein Freund Peter Chong mir einst sagte: »Wenn auf meinem Flug ein Unglück bevorstünde, dann würde ich mir wünschen, dass Kapitän Zaharie im Cockpit sitzt. Wenn jemand ein Flugzeug auch unter schwierigsten Umständen retten könnte, dann er. Er hat sich sein Leben lang darauf vorbereitet.«

Nachdem ich die Spannbreite seiner Fähigkeiten und seine tiefe Leidenschaft fürs Fliegen besser verstanden hatte, versuchte ich mir eine Situation vorzustellen, die so neu und außergewöhnlich war, dass selbst Flugkapitän Zaharie Ahmad Shah nicht damit zurechtkam. Als die Maschine trotz eines zufriedenen Piloten im Cockpit, der bei klarem Verstand war und seinen Job vollkommen beherrschte, von den Radarschirmen verschwand, musste zweifellos etwas Schwerwiegendes geschehen sein. Doch seine Ehre oder seine mentale Gesundheit zu verteidigen ist eigentlich belanglos. Denn was ihm vorgeworfen wird, ist schlicht unmöglich, ob er nun der beste oder der schlimmste aller Menschen war.

12

Nicht alle glauben die offizielle Version der Geschichte

Trotz der unermüdlichen Schmutzkampagne gegen Flugkapitän Zaharie und des stetigen Stroms hoffnungsvoller Ankündigungen, man würde das Wrack bald irgendwo auf dem Grund des Indischen Ozeans finden, gab es in der ganzen Welt verstreut dennoch einige nüchtern denkende und hochmotivierte MHisten, die die Route in den Indischen Ozean als fatalen Irrtum entlarven wollten. Einige arbeiteten allein, andere bildeten aufgrund geteilter Überzeugungen oder Aufgaben Arbeitsgruppen. Unter den Millionen Freiwilligen, die sich bereit erklärt hatten, auf der Website Tomnod[1] zahllose Satellitenbilder auszuwerten, formierte sich die kleine Gruppe der »Nodders«, die zunehmend davon überzeugt waren, die Trümmer der Maschine auf Satellitenbildern des Südchinesischen Meeres gesichtet zu haben.

»Viele Leute haben Trümmer und Dinge gesehen, die vom Flugzeug stammen könnten, und möglicherweise sogar Leichen«, erinnerte sich Jonny Spendler, 50, ein deutscher IT-Berater und zwischenzeitlicher Vollzeit-Nodder, der zu den engagiertesten Mitgliedern der Gruppe gezählt hatte. Für die Nutzer gab es die Option, die internen Koordinaten von Tomnod in Google-Maps-Koordinaten zu übertragen, doch schon bald hatten sie den Eindruck, dass Tomnod ihnen nicht den genauen Ort der Bilder angab. Seine Nutzer durchkämmten Hunderttausende kleiner Quadrate Ozean, ohne genau zu wissen, welchen Teil sie eigentlich gerade vor sich hatten. Spendler, den 15 Jahre bei der deutschen Marine gelehrt hatten, Schiffsumrisse zu erkennen, stieß vor der Küste Vietnams auf Satellitenbilder, die in seinen Augen so deutlich Flugzeugtrümmer darstellten, dass er vor Ort selbst danach suchen wollte. Er griff also tief in sein Erspartes und organisierte eine Tauchexpedition, um die Überreste von MH370 im Südchinesischen Meer zu finden. Dabei war ihm jedoch zunächst nicht klar, dass er zwar zu wissen glaubte, *was* er suchte, jedoch nicht, *wo*. »Ich hatte als Ursprung der Bilder eine Position rund 60 Kilometer südlich von Vung Tau festgelegt. Als ich Tomnod via Twitter bat, mir den Standort von bestimmten Bildern zu bestätigen, haben sie jedoch nie geantwortet«, erzählte er mir. Dies ereignete sich im Juni 2014, als der australische Sucheinsatz Tausende Meilen weiter südlich gerade in vollem Gange war. Doch Spendler glaubte nicht eine Sekunde an den beinahe unmöglichen U-Turn und den Rest der Geschichte.

Er dachte sich, es sollte nicht allzu schwierig sein, den Meeresgrund in den flachen Gewässern des Südchinesischen Meeres abzusuchen. Doch ein paar Tage vor seinem Flug nach Con Dao, einer Taucherinsel im Süden Vietnams, wo er seinen Undercover-Taucheinsatz geplant und unter Dach und Fach hatte, verkündete Tomnod plötzlich, dass sich die Nummerierung der Bilder und ihrer Koordinaten geändert hätte. Am 2. Mai verwandelten sich die Referenzpunkte auf den Karten von einer numerischen zu einer alphanumerischen Angabe. Auf einmal bezogen sich dieselben Karten auf völlig andere geografische Orte. Menschen, die neugierig genug waren, um herausfinden zu wollen, wo sie eigentlich gerade suchten, mussten einen Ortungslink verwenden, in den sie die Koordinaten ihrer Karte eingaben. Doch viele Nodder bemerkten Ungereimtheiten in diesem System. In dem neuen Ortungssystem befanden sich Trümmerteile auf einmal Hunderte Kilometer vom ursprünglichen Ort entfernt, an dem sie gesichtet worden waren. Einige sagten sogar aus, dass Bilder von Trümmerteilen, die sie angeblich bereits im Südchinesischen Meer gesichtet hatten, nun in den Indischen Ozean gewandert waren.

In der Folge befanden sich die Objekte, die Spendler gesichtet hatte, möglicherweise an einem ganz anderen Ort als an dem, den er so sorgsam berechnet hatte … Doch inzwischen war es für jede Umkehr zu spät. Darum hielt er an seinem ursprünglichen Plan fest und fand bei seiner Ankunft einen ziemlich sauberen Meeresgrund mit Hunderten Fischerbooten vor. »Ich entdeckte auch zwei Fischerboote, die eine Schnur zwischen sich herzogen und den Meeresgrund nach Wracks oder Gegenständen absuchten. Unser Kapitän meinte, das sei nicht normal für ein Fischerboot. Und sie verfolgten uns ein paar Tage«, erinnert sich Spendler. Als er vier Jahre später an seinen ungestümen Vorstoß zurückdachte, gab er an, er würde den Fall liebend gern neu aufrollen, wenn er das nötige Geld zusammenbekäme.

Tomnod benutzte Millionen wohltätiger Augen, doch offenbar gab es eine bewusste oder unbeabsichtigte Fehlinformation, was die genaue Position dessen, was sie dort auswerteten, anging. Eine Nodderin erzählte mir, dass sie sich, nachdem sie die Koordinaten mit dem neuen System umgewandelt hatte, plötzlich auf einem dicht bewaldeten Berg wiederfand. Aus dieser Erfahrung schloss sie, dass die große Gemeinschaft der Nodders ausgenutzt worden war.

Ein anderer Mann, der ebenfalls glaubte, die Maschine gefunden zu haben, zahlte einen hohen Preis dafür. Michael Hoebel, ein ehemaliger Hobbypilot aus einer kleinen Stadt namens Tonawonda im Bundesstaat New York, war zunächst wie jeder tüchtige Nodder Tausende von Tomnodbildern durchgegangen. Ende April 2014 stieß er schließlich auf ein Objekt, das auf den ersten Blick zu gut schien, um wahr zu sein. Es passte in Größe und Form beinahe perfekt zu einer Boeing 777 und befand sich angeblich östlich der thailändischen Stadt Songkhla, beinahe auf demselben Breitengrad wie die Wegpunkte IGARI und BITOD. Hoebels Bildanalyse nach zu urteilen schien der Flugzeugrumpf in der Mitte gebrochen zu sein, doch er hielt noch zusammen. Er kontaktierte umgehend seinen lokalen Fernsehsender WIVB, und ein Journalist namens Ed Drantch sprach mit ihm und berichtete am 24. April 2014 über seinen Fund.[2] Hoebel leitete seine Bilder außerdem an das NTSB und das FBI weiter, erhielt jedoch nie eine Antwort. Doch dann nannte ihn die Nachrichtenwebsite *IBT* (*International Business Times*) plötzlich wie aus dem Nichts einen »betrügerischen Piloten« und streute Zweifel an seiner Glaubwürdigkeit. Im Anschluss wurde er quer durch die sozialen Medien hinweg beschimpft und verleumdet, was vielleicht erklärt, warum sein außergewöhnlicher Fund auf überwältigende Weise missachtet wurde.

An dieser Stelle könnte es hilfreich sein zu erwähnen, dass die Pingjagd Mitte April in Australien ihren Höhepunkt erreicht hatte. Die Medien konnten ja schlecht ihr Publikum dazu bringen, über Geschichten von Flugschreiber-Pings in den trüben Tiefen des Indischen Ozeans den Atem anzuhalten, und ein paar Tage später berichten, dass man möglicherweise den Rumpf in den flachen Gewässern des Golfs von Thailand gesichtet hatte. Oder? Schließlich muss man einen gewissen Grad an Beständigkeit wahren, um glaubwürdig zu bleiben. Neben Hoebels lokalem Fernsehsender berichteten ein paar britische Boulevardzeitungen von seinem Fund, doch sie vermischten ihn mit anderen Geschichten, in denen das Flugzeug angeblich an einem anderen Ort gesichtet wurde. Interessanterweise verklagte Michael Hoebel die *IBT* wegen Verleumdung und gewann. In seiner Zeugenaussage, die er auf der Seite seiner erfolgreichen Anwaltskanzlei Clare Locke LLP aus Alexandria, Virginia, veröffentlichte, dankte er seinen Anwälten dafür, »eine vollständige Zurücknahme des verleumderischen, von der *International Business Times* veröffentlichten Artikels erreicht zu haben, der die Integrität meiner Analyse von Satellitenbildern im Zuge der Suche nach dem vermissten Malaysia-Airlines-Flug MH370 angreift. Indem der unehrliche Artikel aus dem Netz genommen wurde, bleibt die Glaubwürdigkeit meiner Arbeit an diesem wichtigen Projekt intakt.«

Auch wenn ich diese Spur nicht weiterverfolgte, hatte ich keinen Grund anzunehmen, dass er ein Betrüger oder ein Spinner war, der ein Bild erstellt hatte, um Aufmerksamkeit zu bekommen. Im Gegenteil, er wirkte auf mich wie ein ehrlicher Mann, der möglicherweise den Rumpf von MH370 – oder etwas anderes von bedeutender Größe gesehen hatte – ganz in der Nähe des letzten Kontaktpunktes ... falls die Position trotz des Chaos rund um die

Tomnod-Koordinaten tatsächlich die war, die er sich erhoffte. Wenn seine Entdeckung stimmte, dann hätte sie ohne jeden Zweifel bewiesen, dass die Maschine weder Malaysia überquert hatte noch im Indischen Ozean geendet war. Anders gesagt: dass die offizielle Version der Geschichte eine reine Erfindung war. Obwohl Hoebel den Verleumdungsprozess gewann, ging seine Entdeckung auf der Weltbühne unter, und er bekam nie die Chance, ernst genommen zu werden. Ich hatte eine kurze und außergewöhnlich nutzlose Korrespondenz mit Ed Drantch, dem Journalisten, der ihn im April 2014 interviewt hatte. Alles, woran Drantch sich erinnern konnte, war, dass Hoebel ein netter Mann gewesen war. Er konnte mir nicht helfen, mit ihm Kontakt aufzunehmen, obwohl man doch annehmen sollte – zumindest hatte ich das getan –, dass genau das die Stärke des Lokalfernsehens war.

Irgendwann fand ich Hoebel doch noch und trat mit ihm in Kontakt, doch es kam kein Gespräch zustande. Im PS einer seiner Mails sagte er freundlich: »Falls ich helfen kann, stehe ich Ihnen gern zu Diensten, und ich teile auch gern die Satellitenbilder, wenn sie Ihnen dienlich sind.«

Nachdem das Buch mit meinen ersten Recherchen im März 2016 auf Französisch erschienen war, schrieb mir Carlotta Tatti, die sich als autodidaktische Programmiererin vorstellte und zu der Zeit in Rom lebte. Wobei »ein junges Genie aus dem Cyberspace« sie wohl besser beschrieb (sie zog anschließend nach Lissabon, um an einem Programm für Kryptowährungen zu arbeiten). Sie war geradezu besessen von dem Rätsel und verbrachte ganze Nächte mit erstaunlichen und sehr umfassenden Internetrecherchen rund um MH370. Dabei hatte sie eine ganze Fundgrube an Dokumenten zusammengestellt, die sie mit mir teilte. Unter anderem erzählte sie mir, dass sie sich die Tomnod-Suche und ihre Ergebnisse genauer angesehen hatte: »Mir fiel auf, dass die Dichte und die Qualität der Berichte über Funde im Südchinesischen Meer höher und besser war als von irgendwo sonst. Die Meldungen von dort ähnelten hochreflektierenden – metallischen – Gegenständen, die auf der Wasseroberfläche schwammen, und nicht etwa [anderen Dingen, die klar ersichtlich] Wellen oder Boote [waren].« Überrascht von dieser Erkenntnis, reiste sie jedoch nicht etwa nach Südostasien wie Jonny Spendler, sondern versuchte hochauflösende Bilder aufzutreiben, die normalerweise auf DigitalGlobe verfügbar waren. Jedoch musste sie erstaunt feststellen, dass der DigitalGlobe-Katalog zwischen dem 8. und dem 15. März kein einziges Bild vom Südchinesischen Meer enthielt. Dass ausgerechnet in diesem speziellen Gebiet für diesen Zeitraum keine Bilder existierten, war höchst ungewöhnlich. Noch einmal: Gab es da etwas, was die Leute in diesem Gebiet und in diesem Zeitraum nicht sehen sollten?

Schließlich gelang es ihr, ein Bild vom DigitalGlobe-Satelliten WorldView-1 zu kaufen, das am 16. März aufgenommen worden war und rund sechzig Quadratkilometer nordwestlich der Spratly-Inseln zeigte. Tatti beschrieb es wie folgt:

> Als ich diese Datei zum ersten Mal öffnete, wusste ich sofort, dass ich etwas Außergewöhnliches vor mir hatte. Auf dem Bild sah man Tausende hochreflektierende Teile im Wasser schwimmen, einige davon um die dreißig Meter lang und ganz eindeutig menschengemacht. Das auffälligste war ein großes, dreieckiges Objekt, das dem Seitenruder eines Flugzeugs ähnelte und auf dem eine Art Logo zu sehen war. Um jeden Zweifel auszuschließen, habe ich die Wetterdaten für den Tag und den Ort abgeglichen. Auf dem Meer wehte nur eine leichte Brise, es können also keine hohen Wellen gewesen sein, die so großen schwimmenden Objekten ähneln. Ganz offensichtlich handelte es sich nicht um Wellen, sondern um von Menschenhand gefertigte Objekte.

Aufgeregt über ihren Fund, entschied sich Tatti, ein weiteres Bild zu kaufen, diesmal von GeiEye-1, einem DigitalGlobe-Satelliten, der farbige Bilder mit einer noch höheren Auflösung aufnahm als die von WorldView-1, die sie bereits erworben hatte. Doch zu ihrer großen Enttäuschung gab der DigitalGlobe-Vertriebspartner – ohne weitere Erklärung – an, die Bilder seien »unverkäuflich«, obwohl sie sich im Katalog befanden. Die ganze Sache ließ sie verwirrt zurück. Warum war es nicht möglich, Satellitenbilder von dieser Region aus den Tagen nach dem Verschwinden der Maschine zu kaufen?

Unter allen Nodders stach eine ganz besonders aus der Menge hervor, eine Art Nodderin der Nodder, wenn man so will. Die ehemalige Bankerin und Amateurfotografin Cyndi Hendry war eine »Südfloridianerin der fünften Generation«, die wie zahlreiche andere Freiwillige zu Beginn ihrer Suche in der Tomnod-Datenbank keinerlei Ausbildung in der Auswertung von Satellitenbildern vorweisen konnte. Doch sie erarbeitete sich innerhalb der Online-Community, die zu der Zeit gegen das Narrativ des südlichen Indischen Ozeans rebellierte, schnell den Ruf einer Meisterin ihres Geschäfts.

»Ich habe mir diese ganze Satellitensache zwar selbst beigebracht, aber als Fotografin habe ich einen guten Blick«, erklärte sie mir am Telefon. Sie ging Tausende Bilder durch und entdeckte in Hunderten von ihnen »ganz klar Trümmerteile von Flugzeugen, darunter nicht nur die einer B777«. Für sie waren die Bilder so aussagekräftig, dass es keiner weiteren Beweise bedurfte. Doch nicht alle haben ihr Talent. Ich muss zugeben, dass ich Mühe hatte, die von ihr angegebenen Formen oder Objekte auf den Bildern zu erkennen, die sie mir während unseres Telefonats per Mail zukommen ließ. Um ihre Entdeckungen für einen Durchschnittsmenschen einleuchtender zu machen, schnitt sie ihre Funde präzise aus und stellte Überlappungen und Vergleiche mit Teilen von MH370 an, einschließlich des Rumpfes, des Logos und der Aufschrift. Eines ihrer Bilder zeigte »ganz klar« das »S« von Malaysia Airlines. Bei einem anderen war sie sich fast zu 100 Prozent sicher, dass sie die Nase des Flugzeugs mit seiner einzigartigen Farblinie unter der Windschutzscheibe entdeckt hatte. Und von derartigen Bildern besaß sie Hunderte.

Doch jedes Mal, wenn sie die Bilder bei Tomnod markierte, schien Tomnod sie als unbedeutend einzustufen. Sie wurden ignoriert. Ihr Talent bei der Trümmersuche und -identifikation durch eine präzise Evaluierung von Größen und Formen mithilfe eigens über Monate entwickelter Instrumente entging jedoch nicht der Aufmerksamkeit anderer Nodder. Bestürzt, dass ihre fantastische Arbeit offenbar nicht wertgeschätzt wurde, fragten sich bald einige, wofür ihre Augen und Talente wohl tatsächlich genutzt wurden. »Man hatte den Eindruck, sie [Tomnod] wollten, dass wir ihnen Trümmer markieren, ohne selbst je zuzugeben, dass wir die Maschine oder irgendetwas, das mit dieser ernsten Situation dort zusammenhing, entdeckt hatten«, sagte Hendry. Auch sie bestätigte, dass Tomnod hinsichtlich der Position der Bilder nie transparent war: »Manchmal siehst du, dass sie die Koordinaten der Bilder, die du dir ansehen sollst, ganz klar gelöscht haben. Das sieht man auf dem Computer.« Sie erwähnte auch, dass einige Bilder, die Tomnod offiziell als aus dem Indischen Ozean stammend markiert hatte, das Südchinesische Meer zeigten. Wie konnte sie das wissen? Indem sie die Form der Wolkendecke, die sie von anderen Satellitendatenbanken hatte, mit der in den Bildern abglich. So weit ging sie manchmal, um die Position eines Bildes herauszufinden.

Hendry widmete der ganzen Suche gut zwei Jahre ihres Lebens, und als sie alles abgeschlossen hatte, veröffentlichte sie ihre eindrucksvolle Arbeit auf einer Facebook-Seite, damit jeder Zugang dazu hatte und es ganz im Sinne von Crowdsourcing auch nutzen konnte. Doch als sie eines Tages auf ihre Seite ging, war der Ordner mit den aussagekräftigsten Bildern gelöscht und von Facebook als »Spam« markiert worden. »Das waren vor allem Bilder, die mit Militärflugzeugen in Verbindung standen«, gab sie an. So glaubte sie zum Beispiel, das Seitenruder einer DC-10 im Meer südlich von Vietnam entdeckt zu haben. Ihren Satellitenbildern nach zu urteilen waren »mehrere Flugzeuge involviert«. Sie zeigte mir anhand von Screenshots und E-Mails, dass Facebook sie nicht informiert hatte, als der Ordner entfernt wurde und auch nie auf ihre Fragen nach dem Warum antwortete.

Doch ihre Funde wurden nicht nur von Facebook bemerkt. Sie erinnerte sich daran, gesehen zu haben, wie ihr Hausmüll von Männern eingesammelt wurde, die ganz eindeutig »keine Müllmänner« gewesen seien. »Als ich das sah, rief ich meine Tochter an. Es machte mich vorsichtiger [...] Ich glaube wir [die USA] haben da irgendwie unsere Finger im Spiel, ob wir das Flugzeug nun aus Versehen gerammt haben oder etwas anderes. Ich weiß es nicht. Doch wir schulden es den Familienangehörigen, reinen Tisch zu machen und die Wahrheit zu sagen«, sagte sie mir. Mit Bedauern ging sie von einer amerikanischen Verwicklung in die Sache aus. Inzwischen zur wichtigsten Person unter den MHisten, die sich das Südchinesische Meer vorgenommen hatten, avanciert, wurde sie eines Tages von einem Fischer aus der Region kontaktiert, der behauptete, er hätte ein Flugzeugteil gefunden. Er erwähnte große Spannungen zwischen China und Vietnam auf See und beschrieb einige ungewöhnliche Zwischenfälle, die er beobachtet hätte.

Carlotta Tatti wiederum lenkte meine Aufmerksamkeit auf seltsame Veränderungen und unerklärliche Fehler, die etwa zwei Jahre nach dem Verschwinden der Maschine in den Archiven der größeren Flugdatenwebsites auftraten – flightradar24.com, flightaware.com und planefinder.net. Es handelte sich um Websites, die sie regelmäßig kontrollierte und dokumentierte. Das Boeing-Kennzeichen, das zum Flug MH370 vom 8. März gehörte, hatte sich von 9M-MRO in 9M-MRQ verwandelt. Eine der Seiten erwähnte weiterhin MH370-Flüge bis in den Juli 2014, also Monate nachdem der letzte Flug MH370 abgehoben hatte. Und die Suche nach 9M-MRO ergab »keine Ergebnisse«. Falsche Daten und Positionen wurden vergangenen Flügen zugeordnet ... Es sah ganz danach aus, als wären die Archive, die mit MH370 in Verbindung standen, gehackt worden und jemand hätte ernsthaft darin herumgepfuscht. Da inzwischen die meisten Dokumente digital und online archiviert werden, wurde sie voller Bestürzung Zeugin, wie auf derart offensichtliche Art und Weise versucht wurde, Spuren rund um das Verschwinden von MH370 zu löschen oder durcheinanderzubringen. Wie vielen MHisten fiel auch Tatti auf, dass auf den Flugbeobachtungswebsites einige ultraschnelle Flüge angezeigt wurden, die den Himmel in jener Nacht mit der Geschwindigkeit von Düsenjets oder Raketen durchquert und sich auf die Flugroute von MH370 zubewegt hatten.

Auch Tattis Suche nach Dokumenten auf der Website der US-Verkehrssicherheitsbehörde (National Transportation Safety Board, kurz NTSB), die mit MH370 in Verbindung standen, erwies sich als große Herausforderung. Nach einer langen Zeit vergeblicher Versuche, überhaupt ein einziges Dokument über MH370 in der NTSB-Datenbank zu finden, erhielt sie eines Tages eine unerwartete Antwort. Das NTSB riet ihr, sich an General Microfilms zu wenden, die Firma, die für ihre Archive verantwortlich war, und gab ihr sogar eine Adresse. Da ich zu dem Zeitpunkt bereits mit Tatti in Kontakt stand, waren wir beide wie elektrisiert. Doch bei Google Maps fand sich unter der Adresse nur ein ziemlich bescheidenes Haus tief in der Provinz im Norden Virginias. Daraufhin rief Tatti die vom NTSB bereitgestellte Telefonnummer an.

Dem Mann am anderen Ende der Leitung zufolge war die Akte zu MH370 »sehr dünn«. Außerdem erwähnte er »eine ungewöhnliche Notiz« und las eine kurze Zusammenfassung des Unfalls vor. Als Zeitpunkt des Absturzes war (erneut) 2:40 Uhr angegeben, doch diesmal an einem Ort namens Pulau Perak. Pulau Perak ist eine kleine Insel oder vielmehr ein großer Felsen westlich von Malaysia, nahe dem Luftwaffenstützpunkt Butterworth und nicht weit entfernt von dem Punkt, wo die Behörden MH370 auf dem sogenannten thailändischen Radar gesehen haben wollen. Dieses Radarbild war den Familienangehörigen damals im Lido Hotel gezeigt worden, seither hatte man es jedoch endgültig fallen gelassen. Abgesehen davon war die Maschine dort um 2:22 Uhr und nicht um 2:40 gesehen worden ... Der Mann am Telefon bedeutete ihr sodann, dass es keine weiteren Informationen zu dem Fall geben würde. Die Akte war geschlossen. Für das größte Mysterium der Luftfahrt, in das die wichtigste Maschine der Boeing-Flotte ebenso wie drei US-Bürger verwickelt waren, wirkte diese Untersuchung, gelinde gesagt, unzureichend. Außer natürlich, es gab irgendwo anders die richtige Akte. In der Tat ist es Tatti nach einer sehr hartnäckigen Online-Suche gelungen, ein offizielles US-Dokument zu MH370*[3] zu finden. Die dort angegebene Unfallzeit ist ebenfalls 2:40 Uhr und keineswegs 8:19, wie wir alle glauben sollen. Die vom

NTSB für den Absturz von MH370 offiziell kommunizierte Zeit widerspricht also eindeutig den Inmarsat-Daten, die den Ort des Absturzes mitten im südlichen Indischen Ozean und für 8:19 Uhr bestimmen. Auf demselben Formular sind die meisten anderen Angaben nicht ausgefüllt oder entfernt worden, nicht einmal die »Anzahl der Sitze« oder die »Anzahl der Triebwerke«, doch in der Zeile »Fahrwerk« ist die Abkürzung RETR angegeben, was vermutlich »retracted«, also »eingefahren« bedeutet. Woher um alles in der Welt sollte das NTSB wissen, dass das Fahrwerk von MH370 eingefahren war, als das Flugzeug abstürzte? Nur Menschen, die Zugang zu den Wrackteilen hatten, könnten wissen, ob das Fahrwerk ein- oder ausgefahren war.

Vor und nach Tatti haben mehrere Personen – darunter auch amerikanische Bürger – unter dem Freedom of Information Act (FOIA)[4] Anfragen an die CIA, das NTSB, das FBI, die NGA[5] und die NSA gestellt, um Zugang zu Informationen rund um MH370 zu erhalten. Niemand von ihnen hatte zufriedenstellenden Erfolg. Die Erste, die versuchte, einen solchen Prozess in Gang zu setzen, war die berüchtigte Anwältin Orly Taitz am 24. März 2014. Unter dem FOIA stellte sie einen Antrag an die NSA, um Einblick in alle Dokumente von MH370 zu erhalten. Die Antwort, die sie erhielt, ließ durchblicken, dass die NSA derlei Dokumente zwar besaß, sie jedoch unter Verschluss hielt.[6]

Bereits im Mai 2014 verkündete Timothy Akers, ein britischer Schatzjäger und Meeresarchäologe, dass die Geschichte des südlichen Indischen Ozeans zum Himmel stank. Anders als die autodidaktischen Neulinge der »Nodders« hatte Akers, damals Mitte fünfzig, über Jahrzehnte eine eigene Software entwickelt, in der er verschiedene Schichten des Lichtspektrums nutzte, um Bildmaterial von Land und Meer auszuwerten. Seine Firma Merlins Burrows nutzte zunächst Bilder des Satelliten Landsat 5, der die Erde auf einer niedrigen Umlaufbahn umkreiste, und hatte bereits einige bekannte Entdeckungen vorzuweisen: »Wikingerlangboote, chinesische Dschunken, einen versunkenen Bugatti …«. Doch als er verkündete, nach dem Verschwinden von MH370 mehrere Flugzeugtrümmerteile und sogar Leichen im Südchinesischen Meer gesichtet zu haben, wurde er weitestgehend ignoriert. Lediglich Yahoo News und ein paar Boulevardzeitungen erwähnten ihn. Doch von der Presse kann man schließlich nicht erwarten, zur gleichen Zeit zwei gegensätzliche Geschichten zu erzählen. Und die Mainstreammedien hatten sich bereits voll und ganz der aufregenden »Pingparty« verschrieben, die vor Australien stattfand.

Im Netz wurden bald einige seiner Bilder als Fälschungen abgetan. Genau wie Hoebel wurde Aker rasch beiseitegeschoben. Erst als meine eigenen Recherchen mich zurück ins Südchinesische Meer führten, kontaktierte ich Tim Akers persönlich. Er erklärte mir, er habe Daten von 19 Satelliten hinzugezogen und dabei sowohl Militär- als auch Zivilsysteme zur Zeit des Absturzes überprüft.

»Wir haben seit dem Vorfall beinahe ein Jahr lang Spuren [im Südchinesischem Meer] verfolgt und dokumentiert und wiederholt versucht, jemanden an die Nordostküste Vietnams zu schicken, um dort zu suchen. Aber die haben sich rundheraus geweigert. Dabei waren die Beweise erschütternd. Man hat Überlebende ihrem Schicksal überlassen«, schrieb er mir in seiner ersten Mail. Es folgte ein langes Skype-Interview, das ich aufzeichnete. Darin erzählte er mir, er habe neben Hunderten Bildern, die ihm zufolge klar erkennbar Flugzeugteile zeigten, »zwei Schiffe [gesichtet], die Trümmer bargen und eines Tages haben wir ein großes Schiff gesehen, das Trümmerteile geladen hatte«. Während wir skypten, zeige Akers mir auf seinem Bildschirm ein Trümmerteil mit einer Aufschrift, die ihm zufolge ein Y in exakt der quadratischen Schrift von Malaysia Airlines auf dem Rumpf darstellte. Außerdem zeigte er mir das Bild eines angeschwemmten, aufgequollenen Körpers, von dem er glaubte, er stamme von MH370. Auch er erwähnte, dass einige über dem Südchinesischen Meer aufgenommene Bilder fälschlicherweise dem südlichen Indischen Ozean zugeordnet worden waren. »Uns wurden wilde Lügengeschichten aufgetischt.«

Zu dem Zeitpunkt erkannte ich nicht, wie durchgehend stimmig seine Entdeckungen, die auf der Analyse seiner eigenen Satellitenbilder fußten, mit denen von Cyndi Hendry aus Florida, Jonny Spendler aus Deutschland und Carlotta Tatti aus Italien sind. In gewisser Weise passten die Bilder, die er beschrieb, auch zu einer Szene, von der ein weiterer Zeuge, den ich später treffen sollte, schwor, er habe sie im vietnamesischen Fernsehen gesehen. Timothy Akers starb im Januar 2020 nach langem Krebsleiden an einem Pankreaskarzinom. Sein langjähriger Assistent Bruce Blackburn bestätigte mir Ende 2020, dass sie nach wie vor über aufschlussreiches Material zu MH370 verfügten, dieses aber lediglich verwalteten. Er erwähnte sogar Mails zwischen Vietnam und Malaysia, in denen diskutiert worden sei, wie man die Trümmer am besten loswürde. »Doch solange wir nicht den richtigen Partner haben, können wir nichts preisgeben«, fügte er hinzu und rief mir ins Gedächtnis, dass es sich hier um ein kommerzielles Unternehmen handelte, dessen Projekte größtenteils kofinanziert wurden. Doch reisen wir für einen Moment zurück in die ersten Tage nach der Katastrophe.

Als ich auf Foren wie Reddit einigen Diskussionen folgte, wurde ich auf den Namen eines MHisten aufmerksam, dessen Kommentare sehr viel besser informiert und schärfer waren als die der anderen User. Von Tag eins an hatte er unermüdlich an dem Fall gearbeitet. Daraus sollten zweieinhalb Jahre werden, an deren Ende er ein sehr genaues und kunstvoll gefertigtes Szenario zusammengesetzt hatte, das mit einem schwerwiegenden technischen Versagen begann und mit einem Absturz über dem Südchinesischen Meer endete. Erst über zwei Jahre nachdem ich im Netz auf ihn gestoßen war, gelang es mir, Kontakt mit »Alan Tan« (Name geändert) aufzunehmen. Es dauerte eine ganze Weile. Unter anderem, weil sein Name zunächst einmal alles andere als ungewöhnlich war und ich bei meiner Suche über viele Alan Tans auf der ganzen Welt stolperte. Schließlich rief ich in einem Büro in einer Provinzstadt in Malaysia an, und nach einigem Zögern, am Telefon darüber zu sprechen, deutete Tan an, er hätte »alles zu MH370 herausgefunden«. Unter der Bedingung, dass wir uns persönlich trafen, war er bereit, mir alles zu erzählen.

Also organisierte ich ein paar Wochen darauf eine Übernachtung in seiner Stadt, zu der es aus Hongkong glücklicherweise einen Direktflug gab. Dem Leiter des Internationalen Ressorts bei *Le Monde* hatte ich erklärt, dass es sich wohl eher um eine »Hintergrundrecherche« handelte (was bedeutete, dass sie wahrscheinlich nicht direkt zu einer Story führte), und ich war dankbar, als er dennoch einverstanden war.

Am frühen Nachmittag traf ich Tan in der Hotellobby. Draußen war es sehr warm, und ein dichter, schwerer Regenvorhang bildete das perfekte Hintergrundgeräusch und verdunkelte das Café so sehr, dass mir etwas Licht willkommen gewesen wäre. Wir setzten uns und bestellten gemischte Säfte. Ich sah Tan an, dass er nervös war. Als Einleitung sagte er:

> Als das passierte, war ich völlig von den Socken. Wie alle in Malaysia verfolgte ich jede Minute die Nachrichten. Doch plötzlich hieß es von meiner Regierung: »Geht zum südlichen Indischen Ozean.« Einfach nur, weil die Amerikaner das gesagt haben. Wahrscheinlich kam mir das wegen meiner Erfahrungen mit den USA, als ich dort studiert und gearbeitet habe, komisch vor. Sie haben die erste Suche ganz klar zu früh abgebrochen. Es dauert immer eine ganze Zeit, wenigstens einige Tage, bis die ersten Trümmerteile gefunden werden. Insbesondere, wenn man den genauen Absturzort nicht kennt. Und überhaupt, warum suchen wir nicht in der Nähe des letzten Kontakts, bei der letzten Radarposition? Das weckte mein Interesse.

Der Eindruck, den ich von Tan am Telefon gewonnen hatte, wurde im persönlichen Gespräch schnell bestätigt. Ein Mann Anfang fünfzig, gebildet, ernst, engagiert und sachkundig – auf mich wirkte er vollkommen glaubhaft. Auch wenn er zweifellos ein bisschen paranoid war. Nach etwa der Hälfte unseres sechs Stunden langen Gesprächs entschuldigte er sich für ein paar Minuten und begründete es damit, dass er nun hinausgehen und seinem Fahrer sagen könne, er solle das Auto nach Hause fahren. Inzwischen war er davon überzeugt, dass unser Treffen keine Falle war, um ihn durch den Geheimdienst verhaften zu lassen. Ich lachte. Was mich betraf, so befürchtete ich anfangs, einen Tag, ein Flugticket und ein paar Stunden Schlaf verschwendet zu haben. Denn Tan begann nun mir auseinanderzusetzen, dass MH370 einen elektrischen Totalschaden aufgrund eines Blitzeinschlags erlitten hatte, als oder kurz nachdem die Maschine um 1:20 Uhr den Wegpunkt IGARI in einer Höhe von 35 000 Fuß überflogen hatte. Soweit ich mich entsinnen konnte, war das Szenario des elektrischen Totalschadens nach eingehenden Untersuchungen zu diesem Zeitpunkt längst ausgeschlossen worden. Doch um ehrlich zu sein, hatte ich diesen Unfallszenarien wohl einfach nicht genug Aufmerksamkeit geschenkt. Aus irgendeinem Grund war ich nicht bereit gewesen, für solch ein außergewöhnliches Ereignis eine derart banale Ursache in Erwägung zu ziehen.

Dabei habe ich aus den vielen gut dokumentierten Fällen, die ich im Laufe meiner Recherchen unter die Lupe nahm (siehe Nachtrag), gelernt, dass technisches Versagen eine der beiden häufigsten Unfallursachen ist, die später gern vertuscht werden. Bei der anderen handelt es sich um fehlgeleitete Militäroperationen, ob nun im Kriegsfall oder durch einen schweren Irrtum. Die Vertuschung eines Flugzeugunglücks ist in Wahrheit gar nicht so ungewöhnlich. Im Gegenteil, es passiert viel häufiger als von der allgemeinen Öffentlichkeit wahrgenommen, deren Aufmerksamkeitsspanne für gewöhnlich kurz ist und deren Interesse nicht in die Tiefe geht. Im Fall eines technischen Versagens besteht die Strategie, sofern die Umstände es erlauben, meist darin, das Problem so schnell und leise wie möglich anzugehen, ohne es (oder seine Ausmaße) vor einem größeren Publikum zuzugeben. Für die Flugsicherheitsermittler hat die Feststellung und Beseitigung eines Problems stets oberste Priorität, dessen können wir uns sicher sein. Sie wollen sicherstellen, dass es nicht noch einmal zu einem Unglück kommt. Doch auf dem Weg dorthin kann es, sei es nun aus strategischen, wirtschaftlichen, kommerziellen oder gar diplomatischen Gründen, mitunter als angebracht erachtet werden, Zeit zu schinden, indem man eine ganz andere Geschichte erzählt.

Vor diesem Hintergrund zwang ich mich also, Tans eng gewebtem Szenario meine volle Aufmerksamkeit zu schenken. Während er redete, wurde mir klar, dass der interessantere Teil seiner jahrelangen Arbeit möglicherweise weniger die Absturzursache war, die er gefunden zu haben glaubte, sondern die unglaublich präzise und akkurate Durchsicht aller Daten, die er im Laufe seiner Recherche gesammelt hatte. Nach dreißig Monaten obsessiver Arbeit stapelten sich inzwischen Tausende MH370-Ordner in seinem Büro. Sein Archiv hatte ein solches Ausmaß angenommen, dass seine gesamte Belegschaft befürchtete, er sei verrückt geworden und seine Frau ließe sich von ihm scheiden.

Inzwischen war er restlos davon überzeugt, dass MH370 von einem Blitz getroffen worden war und kein Faradaykäfig die Maschine geschützt hatte. Ohne Stromzufuhr waren die beiden Triebwerke der Maschine in einer Höhe von 35 000 Fuß mitten in der Nacht und auf halbem Wege zwischen den Küsten Malaysias und Vietnams ausgefallen. Natürlich war eine Boeing 777, wenn sie das Werk frisch verließ, vollkommen gegen Blitzeinschläge geschützt.

Doch die Außenhülle von MH370 hatte durch Reparaturarbeiten, die zwei Jahre zuvor vorgenommen worden waren, Risse bekommen, wodurch die Wirksamkeit des Faradaykäfigs gestört und das Flugzeug verwundbar war.[7] Obwohl es aus dieser Region in jener Nacht keinerlei Berichte von Gewittern gab, hatte Tan einen anderen Piloten gefunden, der zur gleichen Zeit das gleiche Gebiet durchflogen und angegeben hatte »vereinzelt schwache Blitze« gesehen zu haben. Es ist also möglich, dass MH370 durch eine Gewitterwolke geflogen ist. »Ein Blitzeinschlag kann, wenn er nicht sofort von der Oberfläche einer Fly-by-Wire-Maschine abgeleitet wird, in den Innenraum eindringen und einen Stromausfall verursachen oder aber zur Folge haben, dass die elektronische Steuerung verrücktspielt«, erklärte Tan.

Das seltsame Verschwinden des Flugzeugsignals von den Radarschirmen der vietnamesischen Luftverkehrskontrolle in zwei Etappen mit einem Abstand von dreißig Sekunden statt eines einzelnen

Vorgangs, deutet auf eine fortschreitende Trennung der Kommunikationssysteme hin. Doch Tan hatte noch ein weiteres Schlüsselindiz, mit dem er sein Szenario untermauerte: die Zeit, die die Maschine brauchte, um die Strecke zwischen seinen letzten beiden Wegpunkten IGARI und BITOD zurückzulegen. Die beiden Wegpunkte liegen 37 Seemeilen (siebzig Kilometer) voneinander entfernt. Für diese Strecke brauchte die Boeing den Aufnahmen der Luftverkehrskontrolle in Ho-Chi-Minh zufolge zehn Minuten. Bei einem Gegenwind von 15 oder zwanzig Knoten berechnete Tan, dass das Flugzeug 220 Knoten geflogen sein musste. Also bedeutend langsamer als noch vor IGARI (470 Knoten), doch eben genau jene Geschwindigkeit einer B777, die ohne Antrieb dahingleitet. »Allein aus den Daten in diesen zehn Minuten, von 1:20 Uhr bis 1:30 Uhr, solltest du als guter Ermittler schlussfolgern, dass die Maschine einen Leistungsabfall hatte«, so Tan. Das Verschwinden des Fluges vom Radar kurz nach BITOD erklärte er durch den Winkel ihres Gleitflugs. Tan zufolge sank das Flugzeug ungefähr bei BITOD von 35 000 Fuß auf ungefähr 20 000 Fuß. In dieser niedrigen Flughöhe und aufgrund der Distanz zu den Radaren konnten weder die Luftverkehrskontrolle von Vietnam noch von Malaysia das Flugzeug aufzeichnen. BITOD liegt fast exakt auf halber Strecke zwischen den Radarstationen beider Länder. Demzufolge ist es nur logisch, dass beide es gleichzeitig verloren, als es die Grenze von 20 000 Fuß unterschritt.

Wenn eine Boeing 777 all ihren Antrieb verliert, ist sie dank dreier unabhängiger Bauteile noch immer steuerbar: zwei Störklappen (Nummer 4 und 11) und das Seitenleitwerk. Um 1:30 Uhr beantwortete einer der Piloten einen Anruf von einem der Flüge, die beauftragt waren, MH370 zu kontaktieren, auf der Notruffrequenz, indem er das einzige Flugfunkgerät benutzte, das von einer eigenständigen Backup-Batterie betrieben wurde. Von den drei Funkgeräten links, mittig und rechts im Cockpit war dies das linke. Demzufolge befand sich die Maschine für rund zwanzig Minuten antriebslos im Gleitflug, bevor sie ins Meer abstürzte. Laut der Grundregel, nach der alle Piloten leben – *aviate, navigate, commu-*

nicate –, kommt die Kommunikation ganz zum Schluss, und das gilt insbesondere für Notsituationen.

Um 1:43 Uhr gab die Flugbesatzung mit demselben Funkgerät zu ihrer linken einen Notruf ab, indem sie sagten, sie müssten notwassern. Tan glaubte, dass der bereits erwähnte Notruf, in dem das Auseinanderbrechen der Maschine und eine Notlandung angekündigt wurden, von der Siebten Flotte der US-Navy, höchstwahrscheinlich von der in der Nähe operierenden USS *Pinckney* aufgenommen und an den Militärstützpunkt U-Tapao weitergeleitet wurde, der allerdings zu weit entfernt war, um den Notruf direkt zu erhalten. Außerdem glaubte Tan, dass die in der Nachricht erwähnte Zeit in der Zeitzone PaCom (US Pacific Command mit Sitz in Japan) angegeben wurde, wie es die Regel ist. Wenn dem so ist, dann würde die in PaCom-Zeit angegebene Uhrzeit 2:43 tatsächlich mit 1:43 Uhr Ortszeit übereinstimmen.[8] Alles fügte sich wunderbar zusammen.

Tan war überzeugt, dass nur die ersten Pings von Inmarsat echt waren und die darauffolgenden eine Erfindung. Er erklärte mir, dass neben all den anderen Irrtümern rund um die berühmten Pings einige Mitglieder der Independent Group längst Fehler in ihrem Intervall festgestellt hätten (der eine Stunde und 256 Sekunden betragen soll). Doch zu seiner Bestürzung einigten sie sich darauf, mit diesen fehlerhaften Daten zu arbeiten, anstatt mit einem Aufschrei auf diese Mängel hinzuweisen.

»Wer auch immer diese Daten erstellt hat, war nicht sonderlich gut«, kommentierte Tan. »Die Zeit, in der die Pings enden, wurde so gewählt, dass sie mit der errechneten Zeit übereinstimmt, in der der Maschine der Treibstoff ausgeht. Aber die Pings hatten schon vorher aufgehört«, sagte er und stellte außerdem die Argumentationskette infrage, dass ein Flugzeug flog, nur weil es Pings aussandte. Obwohl ich längst entschieden hatte, die Inmarsat-Pings aus bereits genannten Gründen außen vor zu lassen, war ich hocherfreut, mich mit jemandem zu unterhalten, der sie genauestens studiert hatte und zu dem Schluss gekommen war, dass sie nicht nur eine Erfindung waren, sondern noch dazu eine schlampige.

Glaubt man diesem Szenario, so zerbrach das Flugzeug beim Aufprall nach einer nur teilweise kontrollierten Notwasserung, und es entstand ein überschaubares Trümmerfeld, das geborgen werden konnte, wenn es sein musste. Tan berechnete sogar den wahrscheinlichsten Ort der Notwasserung: rund sechzig Seemeilen (111 Kilometer) hinter BITOD. Genau wie Jonny Spendler war Tan versucht, selbst dorthin zu reisen und nachzusehen. Doch folgte man der Annahme, dass der Pilot sein Bestes getan hatte, um das Flugzeug auch ohne Antrieb und ohne elektronische Unterstützung unter Kontrolle zu halten, dann wollte Tan einfach nicht einleuchten, warum er nach BITOD diesen hypothetischen Kurs wählte. Hielt Flugkapitän Zaharie an seiner vorgesehenen Route fest, weil es am einfachsten schien? Oder versuchte er in Richtung Küste zu fliegen, um den Rettungseinsatz nach einer äußerst komplizierten Notwasserung zu erleichtern? Die beiden Piloten, denen Tan diese Frage gestellt hatte, hatten einhellig gesagt, dass man ein sinkendes Flugzeug, wenn keine Landebahn in erreichbarer Nähe war, so nah an Land brachte wie nur irgend möglich. Doch so fähig und erfahren der Flugkapitän auch war, seine Freunde und Kollegen hatten Tan zufolge erwähnt, dass die einzige Situation, die ihn aus der Fassung bringen könnte, ein elektrischer Totalausfall sei.

Es gab noch einen letzten Punkt, der Tan weiterhin Kopfzerbrechen bereitete: Wie beseitigte man eine Maschine mit 239 Leichen? Würde man das Flugzeug im vergleichsweise flachen Südchinesischen Meer mit einem Camouflagenetz bedecken, wie in dem James-Bond-Film *Feuerball* von 1965? Oder würde man es unter Sand und möglicherweise auch Beton begraben, sodass selbst Sonargeräte es nicht aufspüren konnten? Ein Explosionsszenario unter Wasser, bei dem alle Beweise zerstört wurden, konnte Tan sich nicht vorstellen.

Er nahm sich viele andere komplizierte Abstürze vor, und dabei fiel ihm auf, dass die Rate an schlimmen Abstürzen bei Flugzeugen höher war, deren Grundkonstruktion in der Vergangenheit repariert worden war. Wenn man je herausfand, dass Flugzeuge, deren

Konstruktion repariert worden war, keine Blitze mehr ableiteten, dann würde womöglich eine weltweite Panik ausbrechen und große Flugzeugbauer wie Boeing müssten sich einige unangenehme Fragen gefallen lassen. Ein kleiner, aber bedeutender Teil der weltweiten Flotte müsste auf unbestimmte Zeit aus dem Verkehr gezogen werden, und die gesamte Branche würde in die Krise gestürzt. Tan zufolge lag hier der wahre Grund für die Vertuschung. Doch kein so banales Szenario.

Trotz all der Fakten und dokumentierten Recherche, mit der Tan nach eigenen Angaben jeden Schritt seines Szenarios abgesichert hatte, wollte ich es der kritischen Betrachtung erfahrener Piloten unterziehen. Zwei erklärten sich bereit. Einer von ihnen war Kim Stuart, der andere Tom, ein neuseeländischer B777-Pilot. Diesmal reiste Tan nach Hongkong. Wir trafen uns im obersten Stock des Aberdeen Boat Club, kurz ABC, in einem Konferenzraum, von dem aus man das berühmte schwimmende Jumbo Kingdom Restaurant und im Hintergrund die Wolkenkratzer der dicht besiedelten Insel Ap Lei Chau überblickte. Für Tan war nun der Moment der Wahrheit gekommen, auf den er lange gewartet hatte. Den beiden Piloten erklärte er sein Szenario sehr viel detaillierter, als ich es hier wiederzugeben vermag. Beide Piloten nickten anerkennend und schienen beeindruckt von seinem Wissen, seinem Sachverstand und seinen logischen Schlussfolgerungen. Doch als er es in allen Einzelheiten dargelegt hatte, kam das Gespräch auf einen entscheidenden Punkt. Die Piloten glaubten nicht, dass im Falle eines elektrischen Totalschadens beide Triebwerke ausfallen würden ... Tom schien Zweifel an Tans Hypothese zu haben, versicherte aber, dass er sie mit einigen Kollegen diskutieren und das Szenario bei seiner nächsten Trainingseinheit auf dem Simulator durchspielen würde. Kim hingegen beharrte darauf, dass die Maschine im Falle eines Triebwerksausfalls (ganz zu schweigen von zweien) sofort auf das Hilfstriebwerk, das APU (auxiliary power unit),[9] zurückfallen würde. Kurz gesagt, die Piloten widersprachen diesem einen Schlüsselaspekt von Tans Szenario.

Wie zu erwarten, war Tan schwer enttäuscht. Kurz nach seinem

Besuch in Hongkong schrieb er mir, dass er es nun gut sein lassen würde. Er hätte genug Zeit und Energie in die ganze Sache gesteckt und war sich sicher, die Wahrheit herausgefunden zu haben. Er hatte keine Lust, seine Schlussfolgerungen an die Anmerkungen der Piloten anzupassen. Seine MH370-Zeit war um. Er würde nun seine Ehe retten und den riesigen Arbeitsrückstand seiner Firma angehen. Ich hörte nie wieder von ihm, doch ich bin bis heute überzeugt, dass seine Arbeit mehrere wichtige Hinweise enthält, um das Rätsel um MH370 zu lösen.

Die Ungereimtheiten in der offiziellen Version der Geschichte und der Mangel an stichhaltigen Beweisen entgingen auch nicht dem scharfen Blick eines pensionierten Offiziers der chinesischen Volksbefreiungsarmee. »Mister Gong sieht das genau wie Sie. Sie müssen ihn treffen!«, hatten mir die chinesischen Familien bei einer kleinen Zusammenkunft in Peking Ende 2018 emphatisch versichert. Also trat ich mit ihm in Kontakt, und wir trafen uns kurz darauf in Shenzhen. Obwohl Mr. Gong nur ein paar Brocken Englisch sprach und ich nur ein paar magere Reste Mandarin aus meiner Zeit in Taiwan, konnten wir uns dank unseres Wissens über den Fall ziemlich gut verständigen.

In der Armee war Mr. Gong vor allem für den Funkverkehr zuständig gewesen. Dementsprechend konzentrierte er sich bei seinen Überlegungen zum Schicksal des Flugzeugs auf diesen Aspekt und kam nach einer recht einfachen Triangulation zu dem Schluss, dass es sein Ende im Südchinesischen Meer gefunden hatte. Was die Inmarsat-Pings betraf, so waren ihm eine Reihe Fehler aufgefallen, und er war der Meinung, dass sie zu verschiedenen anderen Flügen gehörten. Er war sich seiner Sache so sicher, dass er ebenfalls gewillt war, einen Sucheinsatz an den Ort zu führen, wo er glaubte, das Flugzeug wäre im Sturzflug ins Meer getaucht und vom weichen Schlamm auf dem Grund begraben worden. Doch seine standhafte Loyalität zur Regierung in Peking und der Kommunistischen Partei Chinas ließen nicht zu, dass er irgendeine Täuschung vonseiten der Behörden auch nur in Erwägung zog.

Entgegen seinem technischen Sachverstand musste er sich also einreden, dass das Flugzeug urplötzlich irgendein dramatisches Versagen erlitten hatte und ohne Explosion beim Aufprall abgestürzt war, sodass es keine Spuren hinterließ.

Während er dort in einem Laurel-Restaurant[10] beim Mittagessen über seinem Dim Sum mit mir sprach, entdeckte ich bei ihm dieselbe brennende Leidenschaft – vielmehr Besessenheit, wie er es selbst nannte – wie bei Alan Tan und einigen anderen MHisten, die ich getroffen hatte. »Die Leute denken, ich bin mit 370 verwandt, und manche, die meinen Namen nicht kennen, nennen mich einfach nur '370‹«, gab er lachend zu. Doch der Fall war nicht nur für ihn zur Sucht geworden. Dieser pensionierte chinesische Offizier, aka 370, stand wie Hunderte Wissenschaftler, Amateure, Piloten und aufrichtige MHisten sowie einer weltweit kleinen Anzahl ausgewachsener Spinner unter dem Bann von MH370. Nachdem ich über die Jahre verschiedene Exemplare dieser einzigartigen Spezies hatte beobachten dürfen, begriff ich, dass für diejenigen, die in den dunklen Sackgassen des Labyrinths gefangen sind, der einzige Ausweg darin besteht, sich irgendwann einen eigenen Ausgang zu schlagen.

Bevor wir uns verabschiedeten, überreichte mir Mr. Gong zwei Hardcoverexemplare seines Buches auf Chinesisch und einen USB-Stick mit der englischen Übersetzung, die bald unter dem Pseudonym Long Wen erscheinen sollte.[11] Auf der letzten Seite erklärt er seine Beweggründe:

> Ich schreibe dieses Buch von mehr als zweihunderttausend Wörtern nicht aus einer Laune heraus oder weil ich verrückt bin oder unbedingt berühmt werden möchte. Es fußt auf einer 26-jährigen Karriere bei der Armee, 20 Jahren Polizeiarbeit und sechs Jahren als Gutachter sowie dem unerschütterlichen Streben von Mao Zedongs korrektem Denken und meiner hoffnungsvollen Vision, das vermisste Flugzeug und seine Besatzung so schnell wie möglich zu finden.

Ein paar Monate später trafen wir uns erneut, diesmal im Konferenzraum der Immobilienfirma seiner Tochter, die sich in den oberen Stockwerken eines kürzlich errichteten Gebäudes befand. Er hatte eine umfassende Präsentation vorbereitet und wollte seine Theorie gegen meine eigenen Recherchen auf die Probe stellen. Ein Assistent war offensichtlich alleinig damit beauftragt worden, meinen Pappbecher stets mit Tee aufzufüllen. Mr. Gong kommentierte derweil seine Folien, die ein guter Freund von »Mister Gong« übersetzt hatte, der ebenfalls anwesend war. Dieser Mann war viel jünger als Mr. Gong, und erst als er mir nach dem Mittagsessen freundlicherweise anbot, mich durch seinen Chauffeur an der Hongkonger Grenze in Luo Wu abzusetzen, erfuhr ich von seiner hohen Position in der Polizeibehörde der Stadt Shenzhen. Es erstaunte mich, dass ich einen Fall, von dem ich geglaubt hatte, er stünde in China unter Verschluss, mit diesen beiden einflussreichen chinesischen Männern diskutieren konnte, die beide Mitglieder der Kommunistischen Partei waren. Positiv überrascht stellte ich fest, dass sie aus ganz persönlichen, nachvollziehbaren Gründen die offizielle Version der Geschichte ebenfalls vehement ablehnten.

13

Die offizielle Version gerät ins Wanken

Es mag wie eine Binsenweisheit klingen, aber eine Boeing 777 verschwindet nicht einfach so. Ein Flugzeug kann entführt, von Terroristen angegriffen oder von einer Bombe an Bord in die Luft gejagt werden; es kann dem mörderischen Wahnsinn eines Piloten oder Co-Piloten zum Opfer fallen; es kann einen ernsthaften Defekt aufweisen, den die Piloten nicht beheben können, oder es kann abgeschossen werden, aus Versehen oder absichtlich als Kriegshandlung.

Wie aber ist es möglich, Medien und Öffentlichkeit einzureden, dass ein fliegendes Objekt von der Größe zweier Blauwale, hergestellt in den USA und vollgestopft mit Elektronik und Hunderten ortbarer Smartphones, im 21. Jahrhundert »auf mysteriöse Weise verschwindet«? Ein solches Szenario ist in der modernen Zeit der Drohnen und einer ständigen, allumfassenden Überwachung unglaubwürdiger denn je. Besonders, seit es im Weltraum Aufklärungssatelliten wie die amerikanischen Lacrosse-Satelliten gibt, die seit Sputnik und Explorer 1 in den 1950er-Jahren unglaubliche Fortschritte gemacht haben. Während die Länder, die technologisch am weitesten fortgeschritten sind, Milliarden für die Entwicklung eines vollkommen unortbaren Tarnkappenflugzeugs ausgeben, soll uns weisgemacht werden, dass eine riesige Boeing 777 über dem Golf von Thailand mitten in der Nacht plötzlich eine Tarnkappe übergestülpt bekam.

Unter den Millionen von Menschen, die genau wie ich von diesem Rätsel fasziniert sind, engagierten sich einige wenige wie Spendler, Hendry, Tatti, Tan oder »370« sehr dafür, die Wahrheit zu enthüllen. Viele haben sich dagegen auf ein bestimmtes Szenario eingeschossen und jeden ernsthaften Versuch aufgegeben, dieses mit der Realität in Einklang zu bringen. Ende 2015 präsentierte mir ein Hongkonger Kollege eine seiner Ansicht nach einfache und endgültige Erklärung: Wegen einer ernsthaften Störung am Flugzeug habe der Pilot einen U-Turn gemacht, um den nächstgelegenen Flughafen anzufliegen. Aber anstatt den ICAO[1]-Code für den malaysischen Flughafen Langkawi einzugeben, den er auswendig wusste und nun ansteuern wollte, gab er versehentlich den Code eines Flughafens in der Antarktis ein. »Beide Codes unterscheiden sich nur um zwei Ziffern«, erklärte mein Kollege. Innerhalb weniger Minuten hätten der Pilot und sein Co-Pilot durch den Druckverlust in der Kabine eine Hypoxie erlitten, während das Flugzeug in Richtung Antarktis weitergeflogen sei. Ein Tippfehler, in Zusammenhang mit Hypoxie aufgrund eines unbemerkten Druckabfalls, wie er schon in anderen Fällen aufgetreten ist (siehe Nachtrag S. 448) – diese Hypothese schien so einfach wie glaubhaft. Als ich mir die Codes selbst ansah, fiel mir allerdings Folgendes auf: Der Code für den Flughafen auf der malaysischen Hauptinsel Langkawi lautet WMKL und der Flughafen auf der australischen Basis an der antarktischen Budd-Küste trägt den Code YWKS. In beiden Buchstabenfolgen steht nur ein einziger Buchstabe am gleichen Platz. Bei so viel Spielraum für mögliche Fehler hätte das Flugzeug, statistisch gesehen, weltweit jeden Flughafen versehentlich anfliegen können … Also doch kein plausibles Szenario.

Ein ehemaliger Pilot der Royal Air Force (RAF) präsentierte mir eine weitere ausgeklügelte Theorie. Er war mit dem Nimrod-Absturz von 1995 vertraut, dem kontrollierten Absturz eines Flugzeugs über Schottland. Er erinnerte sich in diesem Zusammenhang an eine Szene aus dem James-Bond-Film *Feuerball*, die auch schon Alan Tan inspiriert hatte, und war deshalb überzeugt, dass MH370 erfolgreich in flachem, seichtem Wasser gelandet sei – bei sehr geringer Geschwindigkeit und in gerader Stellung mit leicht erhobener Nase – wo das Flugzeug dann langsam sank. Eine militärische Unterwasserbergung hätte anschließend problemlos das Frachtstück aus dem Flugzeug entfernen können, von dem man nicht wollte, dass es je in Peking ankam. Dann hätte man den Rumpf zur Tarnung irgendwie abdecken oder sogar unter Sand und Beton begraben können, damit ihn niemand mehr findet. Aber auch wenn gewisse Theorien auf den ersten Blick recht reizvoll erscheinen – plausibler sogar als die offizielle Version –, wären sie nur dann richtig überzeugend, wenn sie sich mit einer belastbaren Indizienkette und eindeutigen Beweisen untermauern ließen.

In dieser Phase der Ermittlungen waren viele irreführende Hinweise bereits ausgeschlossen worden, und wir waren davon überzeugt, dass ein guter und engagierter Pilot am Steuer saß. Bevor wir uns den wenigen verbleibenden ernsthaften Hinweisen zuwenden, möchte ich die offizielle Version noch einmal genauer unter die Lupe nehmen. Sie lässt sich in drei Abschnitte unterteilen. Zuerst die »vorsätzliche Handlung«, mit der Transponder und ACARS-System abgeschaltet wurden. Zweitens der U-Turn nach links und der daran anschließende Flug über Malaysia und die Straße von Malakka. Und drittens der Flug ins Nirgendwo, der schließlich im südlichen Indischen Ozean endete.

Als der malaysische Premierminister Najib Razak am 15. März 2014 von einer »vorsätzlichen Handlung« sprach, schob er damit die Schuld ganz klar auf *jemanden* an Bord. Seine Argumentation fußte auf der Annahme, dass die schuldige Person erst das ACARS-System und dann den Transponder ausschaltete, um anschließend den Kurs des Flugzeugs so radikal zu ändern, dass es schlussendlich weit draußen über dem Indischen Ozean abstürzte.

Wir haben bereits festgestellt, dass es keine Umstände gibt, die das Ausschalten des ACARS-Systems rechtfertigen, weswegen es Piloten auch nicht beigebracht wird. Aber woher wussten wir eigentlich, dass das ACARS-System absichtlich ausgeschaltet worden war? Ich sprach mit mehreren Experten und fand heraus, dass es keinen Beweis dafür gab, ob das ACARS-System aktiv ausgeschaltet wurde oder nicht. Das System sendet automatische Nachrichten über die Leistung des Flugzeugs. Wenn es ausgeschaltet wird, sendet es diese Nachrichten eben nicht, Punkt. Der vorläufige offizielle Bericht vom 8. März 2015 lieferte dazu keine Erklärung, und er wiederholt auch die Version nicht, nach der »das ACARS-System ausgeschaltet« wurde. Was die nachweislichen Fakten angeht, wissen wir nur, dass das System um 01:07 Uhr die letzte ACARS-Meldung sendete. Wir wissen außerdem, dass die geplante nächste Meldung um 01:37 Uhr von Inmarsat nicht empfangen wurde. Ansonsten hätte Inmarsat die Nachricht direkt an Malaysia Airlines und vielleicht an Boeing und Rolls-Royce weiterleiten sollen. Das ist alles. Das heißt, das wichtigste Detail der offiziellen Version, welches symbolisch und emotional so stark aufgeladen war, gründete sich auf keinerlei Beweise. Die Behauptung, das ACARS-System sei absichtlich abgeschaltet worden, war eine reine Mutmaßung von Premierminister Najib. Ich frage mich, ob uns das Ausmaß dieser Täuschung überhaupt bewusst ist. Man geht doch davon aus, dass ein Staatsoberhaupt, das absichtlich falsche Informationen über das Verschwinden eines Passagierflugs verbreitet, von Öffentlichkeit und Presse heftig kritisiert wird. Aber das ist nur ein Aspekt.

In Bezug auf den Transponder stimmten malaysische, vietnamesische und thailändische Radare darin überein, dass das Signal von A2157 (dem Transpondercode von MH370) um 1:21 Uhr verloren ging, nachdem das Flugzeug den Wegpunkt IGARI[2] passiert hatte. Zugleich war die Maschine jedoch an Wegpunkt BITOD nach wie vor auf dem Primärradar sichtbar. Der Austausch zwischen der Luftverkehrskontrolle in Kuala Lumpur und Ho-Chi-Minh-Stadt lässt keinen Zweifel daran, dass man sah, wie MH370 Wegpunkt BITOD erreichte. Ein Primärradar kann ein »Ziel« (Flugzeug, Schiff, etc.) durch das Echo, das es von ihm empfängt, erkennen. Im Gegensatz zu einem Sekundärradar erhält es aber keine weiteren Informationen von diesem Ziel. Doch der Ablauf der Ereignisse, der ein Jahr später im offiziellen Bericht dargestellt wurde, stimmte ebenfalls nicht mit diesem Teil des Narrativs überein. Denn hätte jemand absichtlich den Transponder abgeschaltet, wäre das Signal des Flugzeugs schlagartig auf allen Bildschirmen der Luftverkehrskontrolle verschwunden. Das ist aber nicht passiert.

Der offizielle Bericht war hier sehr deutlich:

> Die Radaraufzeichnungen zeigen, dass MH370 Wegpunkt IGARI um 1:20:31 Uhr passierte. Der Mode-S-Code[3] von MH370 verschwand um 01:20:36 Uhr von der Radaranzeige, und das letzte Positionssymbol des Sekundärradars wurde um 01:21:13 Uhr aufgezeichnet. Militärische Radare und die Radare zweier anderer Länder, Vietnam und Thailand, registrierten das Verschwinden des Radar-Positionssymbols von MH370 ungefähr zur gleichen Zeit.

Mit anderen Worten, das Signal des Flugzeugs erlosch in zwei Etappen: Zuerst verschwand um 01:20:36 Uhr, fünf Sekunden nachdem das Flugzeug IGARI passiert hatte, der Mode-S von den Bildschirmen der Luftverkehrskontrolle. Im Mode-S sendet ein Transponder die umfassendsten Informationen, hier werden Geschwindigkeit, Höhe, Transpondercode (auch Squawk) und andere Flugdaten übermittelt. Alle Informationen von Mode S fielen also aus, bis auf den Squawk (Mode C). Das ist sehr ungewöhnlich. Und erst 37 Sekunden später verschwand auch der Squawk von MH370 (A2157). Dieser Ablauf allein hätte ausgereicht, um das offizielle Narrativ, »jemand hat den Transponder abgeschaltet«, zu widerlegen. Die zahlreichen Boeing-777-Piloten, mit denen ich über einen solchen Ablauf sprach, waren ähnlich verwirrt wie ich. Im Großen und Ganzen sagten alle mehr oder weniger das Gleiche: »Ich weiß nicht, wie der Transpondercode noch auftauchen kann, wenn man den Transponder abschaltet.« In den von der malaysischen Polizei aufgenommenen Aussagen, die ich einsehen konnte, berichtete ein Fluglotse, dass das »Flugkennzeichen 5 Meilen nach IGARI vom Radar verschwand«. Ein weiterer Fluglotse sagte aus, er habe »MH370 IGARI um 1:21 Uhr passieren« sehen, und danach sei das Signal verschwunden. Das passt nicht zu einem abgeschalteten Transponder.

Entgegen der Behauptung des Premierministers gibt es also keinen Beweis dafür, dass entweder das ACARS-System oder der

Transponder ausgeschaltet wurde. Folglich gab es auch nichts, wodurch eine »vorsätzliche Handlung« belegt würde. Das war die erste wesentliche Schwachstelle der offiziellen Version.

Jahre nachdem ich das festgestellt hatte, las ich verblüfft folgende Passage des höchst offiziellen *Safety Investigation Report MH370*, dem Schlussbericht vom Juli 2018:

> Den Ermittlungen ist es nicht gelungen, einen plausiblen Ausfall der Systeme oder des Flugzeugs festzustellen, der zur observierten Deaktivierung des Systems, der Abweichung von der angegebenen Flugplanroute und der anschließenden Flugroute des Flugzeugs hätte führen können. Derselbe Mangel an Beweisen macht es jedoch unmöglich, diese Möglichkeit endgültig auszuschließen.

Um es einfacher auszudrücken: Die Ermittler hatten keinen blassen Schimmer, wie die Deaktivierung des Systems stattgefunden haben sollte, und konnten auch die ihnen aufgezwungene Erklärung, die Instrumente seien vom Cockpit aus abgeschaltet worden, in keiner Weise bestätigen.

Und selbst wenn ein Flugzeug seinen Transponder ausschaltete und daraufhin von den Sekundärradaren (also den »zivilen« Radaren) verschwand, wäre es auf den Primärradaren (oder »militärischen« Radaren) nach wie vor sichtbar gewesen, auch wenn die Maschine dann nicht mehr identifizierbar gewesen wäre. Verkompliziert wurde das Ganze dadurch, dass in vielen Ländern, darunter auch Malaysia, zivile Luftfahrtunternehmen ebenfalls Primärradare besitzen. Diese sind allerdings in der Regel einfacher und weniger leistungsfähig als die militärischen.

Die Spur, die MH370 auf den Primärradaren hinterließ, war also von entscheidender Bedeutung für die Bestätigung (oder das Widerlegen) der abweichenden Flugbahn, die das Flugzeug eingeschlagen haben sollte, nachdem es seine vorgegebene Route nach Peking verlassen hatte. Einige Details dazu, »welcher Radar was gesehen hatte«, wurden in dem *Safety Investigation for MH370*-Bericht ein Jahr nach Verschwinden des Flugs veröffentlicht. Wenige achteten auf diese Abschnitte. Ehrlich gesagt, übersah ich sie zunächst auch.

Unmittelbar nach dem Verschwinden von MH370 gab es nur ein einziges bekanntes Radarbild. Es war das Bild, das auch den chinesischen Familien am 21. März 2014 im Lido Hotel in Peking gezeigt worden war. Die Bildunterschrift dazu lautete: »Grafische Darstellung der militärischen Radardaten von Pulau Perak bis zum letzten Signal um 02:22 Uhr«. Dass MH370 tatsächlich dort und zu dieser Zeit vom thailändischen Militär gesichtet wurde, hatte man schon von Anfang an bezweifelt. Zu den Zweiflern gehörte auch Mohamad Imran, der ehemalige malaysische Admiral und Parlamentsabgeordnete, mit dem ich mich im März 2014 getroffen hatte, als Malaysia sich gerade langsam mit der Situation arrangierte. Einige Leute hatten anfangs angemerkt, dass die Radardaten auf dem »Lido-Bild« eher zu SQ68 passten, einem Flug von Singapore Airlines auf der Route P268. Am 1. April 2014 tweetete allerdings ein MHist unter dem Twitterhandle @KeyserSquishy, dass Zeitpunkt und Position noch präziser zu Emirates-Flug 343 auf Route N571 passten. Flug EK343 landete um 0:19 Uhr (UTC), genau zu der Zeit des letzten unvollständigen Handshakes mit MH370, dem Zeitpunkt, den man als Moment des endgültigen Absturzes in den Indischen Ozean annahm. Einige MHisten folgerten aus diesem doppelten Zufall, dass die Inmarsat-Daten von EK343 teilweise als Daten für MH370 genutzt worden waren.

Mit der Zeit führten die vielen Unstimmigkeiten des »Lido-Bildes« jedenfalls dazu, dass es seine Glaubwürdigkeit verlor. »All die von Malaysia auf dem Radarbild eingefügten Anmerkungen sind falsch. Außerdem war der Projektor an dem Tag schlecht eingestellt, sodass ein Teil des Bildes noch nicht einmal sichtbar war«, erklärte mir Ende 2014 der britische Astrophysiker Duncan Steel, Mitglied der Independent Group (IG). Simon Gunson, der MHist aus Neuseeland, verglich das Bild mit den Daten des zivilen Radars und kam zu dem Schluss, dass es sich bei dem »Lido-Bild« um eine unbeholfene Nachbildung handelte, erstellt von der PR-Firma, die engagiert worden war, um während der Krise mit den Familien zu kommunizieren. Bei seiner Veröffentlichung war dieses Bild der erste und einzige Beweis dafür, dass das Flugzeug einen neuen Kurs Richtung Westen eingeschlagen hatte, erwies sich am Ende jedoch als nicht sehr überzeugend.

Schon im August 2014 hatte Duncan Steel, basierend auf den Arbeiten von Don Thompson, einem weiteren IG-Mitglied, eine Karte von allen militärischen Radaren erstellt, die Flug MH370 hätten erfassen können. Er fand insgesamt 13. Ihm zufolge befand sich MH370, nachdem es die Reichweite von Malaysias französischen (Thales) und britischen (Marconi) Radarsystemen verlassen hatte, immer noch in Reichweite von einem thailändischen und zwei indonesischen Radaren. Südlich von Java lagen zudem Radaranlagen auf den Kokosinseln (Keeling)und der Weihnachtsinsel, die zu Australien gehören. Und was war eigentlich mit Australiens viel diskutiertem Überhorizontradar-Netzwerk JORN (Jindalee Operational Radar Network), das Bewegungen in der Luft und auf dem Wasser in einem Gebiet von 37 000 Quadratkilometern erfassen konnte? In der technischen Beschreibung hieß es, dass es vor allem für die Lufterkennung konstruiert war. Mithilfe der Jindalee-Radare in Longreach (Queensland), Alice Springs (Northern Territory) und Laverton (Westaustralien) konnten die australischen Militärkommandanten alle Aktivitäten auf dem Meer und in der Luft über eine Entfernung von mindestens 3000 Kilometern observieren. Dieses Gebiet umfasste Java, Westneuguinea, Papua-Neuguinea und die Solomon-Inseln und erstreckte sich über den halben Indischen Ozean. Offiziellen und öffentlich zugänglichen Dokumenten zufolge war das System schon im Jahr 2000 in der Lage, Tarnkappenflugzeuge zu erkennen. Aber nun wollte man uns weismachen, dass JORN in den frühen Morgenstunden des 8. März 2014 einfach in die falsche Richtung geschaut hatte.[4] Auch die amerikanischen Schiffe, die zur gleichen Zeit wegen der Militärübung Cope Tiger[5] in der Region vor Ort waren, haben bisher keine Daten zur Verfügung gestellt.

Im Sommer 2015 untersuchte der bereits erwähnte amerikanische Wissenschaftler Victor Iannello die in den offiziellen Berichten von Malaysia und Australien beschriebenen Radardaten, die jedoch von keinerlei Bildern gestützt wurden.[6] Dabei ging er auch einige frühere Arbeiten zu dem Thema durch. Im Zuge dessen fielen ihm einige Ungereimtheiten und Fehler auf. Besonders schwerwiegend war die viel zitierte »Halbwende nach links« die das Flugzeug den offiziellen Dokumenten zufolge gemacht haben sollte. Laut Iannello, Ingenieur für Kernphysik, wäre eine Wende, wie sie im Bericht beschrieben wurde, für eine Boeing 777 technisch schlicht unmöglich. Seine Erklärung für die verquere Datenlage war, dass sich zwei Radarbilder überlagert hätten, das von MH370 und das eines anderen Flugzeugs, welches die Flugbahn von MH370 kreuzte. »Grundsätzlich bin ich zu dem Schluss gekommen, dass MH370 unmöglich von keinem einzigen Radar entdeckt wurde«, erzählte er mir am Telefon, während wir über seine Untersuchung sprachen. Er schickte den offiziellen Ermittlern eine Reihe von Fragen; diese versprachen, die relevanten Antworten und Daten dazu in ihren nächsten Bericht im März 2016 aufzunehmen. Doch als der Bericht sechs Monate später erschien, fand sich darin nicht die leiseste Spur einer Antwort auf Iannellos präzise und fundierte Fragen zu der Radarproblematik.

Ein weiteres amerikanisches Mitglied der Independent Group erzählte mir, dass Malaysia nur sehr wenige seiner eigenen Radardaten geteilt hatte, »noch nicht mal mit dem australischen Team [...].« Worüber sich ihm zufolge auch die ATSB wunderte. Im Dezember 2015 reiste eine große französische Delegation nach Malaysia, darunter die drei dem Fall zugeteilten Richter, angeführt von Alain Gaudino, einem Richter in Angelegenheiten der Terrorismusbekämpfung, sowie einige DGSE[7]-Agenten. Man sollte meinen, dass die wichtigste Information, die das französische Team sich von den malaysischen Kollegen erhoffte, die rohen Radarbilder waren. Zivile oder militärische Aufnahmen, irgendetwas, das die Geschichte von MH370 s Linkswende und dem anschließenden Flug über Malaysia unterstützen könnte. Doch soweit ich weiß, wurden auch der französischen Aufwartung keine Radarbilder zur Verfügung gestellt.

Letztendlich bestätigte nur die indonesische Luftwaffe, dass ihre Radare Flug MH370 erfasst hatten. Er tauchte auf ihren Bildschirmen zu Beginn des Flugs in Richtung Peking auf, allerdings nur bis IGARI. Als MH370 – laut der offiziellen Version – wieder zurück über die malaysische Insel flog, blieb ein Echo aus. Das wurde häufig damit erklärt, dass Indonesien derlei Informationen aus strategischen Verteidigungsgründen nicht weitergab. Aber war das wirklich eine valide Begründung, wenn das Ziel war, ein Flugzeug mit 239 Zivilisten an Bord, darunter sieben indonesische Staatsbürger, zu finden?

Ist es nicht wahrscheinlicher, dass diese Länder ihre Radaraufnahmen von MH370 deshalb nicht weitergaben, weil sie schlicht und ergreifend keine hatten? Und besaßen sie vielleicht deswegen keine Aufnahmen, weil alle Radaranlagen in der Region ausgefallen oder ausgeschaltet waren? Oder lag der Grund etwa darin, dass MH370 gar nicht über die im offiziellen Bericht angegebene Route zurückgeflogen war?

Eines wissen wir an diesem Punkt sicher: Kein Land und kein Schiff in der Region lieferte eine Radaraufnahme, auf der MH370 genau diese Route flog. Das brachte mich zurück zu Duncan Steel, der gesagt hatte: »Die Abwesenheit von Beweisen ist kein Beweis für ihre Abwesenheit.« Trotzdem hätte das Fehlen von Radar-Beweisen – von Radaraufnahmen also – unbedingt untersucht und hinterfragt werden müssen.

Mehr als zwei Jahre nach dem Verschwinden des Flugzeugs konnte ich in Malaysia endlich mit einem Radarexperten sprechen. Er sagte mir zwei wichtige Dinge. Erstens bestätigte er, dass die zivile Luftfahrtbehörde in Malaysia sich nicht sicher sein konnte, ob die Bilder des Primärradars, die ein Flugzeug zeigten, wie es am 8. März 2014 in den frühen Morgenstunden über Malaysia flog, in irgendeiner Weise mit MH370 zusammenhingen. Sie nahmen nur an, dass es sich aufgrund des starken Echos um ein halbwegs großes Flugzeug gehandelt haben musste. Er fügte hinzu, dass bestimmte Merkmale dieser Aufnahmen nicht mit dem normalen Echo einer Boeing 777 übereinstimmten. Seine zweite Information war, dass die Malaysian Royal Air Force sich weigerte, ihre eigenen Aufnahmen desselben Flugzeugs an die zivile Luftfahrtbehörde weiterzugeben. »Ihre Primärradare sind wesentlich leistungsfähiger als unsere [für die zivile Luftfahrt]. Sie wissen garantiert mehr über dieses Flugzeug.« Ich fragte ihn, ob das Verhalten der Malaysian Royal Air Force auf ihn verdächtig oder ungewöhnlich wirkte. »Sehr«, antwortete er.

Das alles brachte mich dazu, den offiziellen Bericht vom März 2015 ein weiteres Mal aufzuschlagen, diesmal auf Seite 2. Dort fanden sich unter der Überschrift »Abweichung von der vorgegebenen Flugroute« einige Details dazu, welcher Radar was gesehen hatte.

Im Bericht war von fünf Primärradar-Quellen die Rede. Wie wir aber bereits wissen, registrierten nur die malaysischen Primärradare ein Flugzeug, das von Osten nach Westen über Malaysia hinwegflog. Die anderen Radare in der Region (Indonesien, Thailand und Vietnam) sahen MH370 nur auf seiner Route bis zum Wegpunkt IGARI, danach nicht mehr. Allein das hätte vom Ermittlerteam hinterfragt und irgendwann erklärt werden müssen.

Der offizielle Bericht beschrieb folgenden Ablauf: Um 1:21 Uhr lokaler Zeit sah das Primärradar MH370 leicht nach rechts abdrehen. Dies passt perfekt zu dem neuen Kurs, den der Flug einnehmen musste, um den nächsten Wegpunkt BITOD zu erreichen. Aber gleich danach sollte das Flugzeug laut der offiziellen Version eine gleichmäßige Linksdrehung in südwestliche Richtung gemacht haben. Um 1:30 Uhr flog das Flugzeug Richtung Westen (231 Grad) mit 918 km/h Groundspeed (Geschwindigkeit relativ zum Boden) auf einer Höhe von 35 700 Fuß. Sechs Minuten später, um 1:36 Uhr, beschleunigte das Flugzeug auf 972 km/h, und seine Flughöhe schwankte zwischen 31 100 und 33 000 Fuß. Um 1:39 Uhr flog das Flugzeug nach wie vor in Richtung Westsüdwest, aber seine Geschwindigkeit hatte sich noch einmal auf 979 km/h erhöht, und seine Flughöhe lag jetzt bei 32 800 Fuß. Das letzte Echo erreichte die Radare um 1:52 Uhr, als sich das Flugzeug südlich von Penang befand. Ohne Grund wurden für diesen letzten Punkt weder Richtung noch Flughöhe oder Groundspeed angegeben.

Danach wurde das Flugzeug weiterverfolgt, während es in Richtung Pulau Perak flog, einer winzigen Felseninsel in der Straße von Malakka, die es um 2:03 Uhr erreichte. Schließlich verschwand das Flugzeug um 2:22 ganz unvermittelt, zehn Meilen hinter Wegpunkt MEKAR.

Die zweite im offiziellen Bericht erwähnte Radarrückmeldung kam von der zivilen Radaranlage in Kota Bharu. Sie beschrieb ein Flugzeug, das zwischen 1:30 Uhr und 1:52 viermal verschwand und wieder auftauchte.[8] Jedes Mal führte es einen anderen Code, der einem Transpondercode glich: P3362, P3401, P3415 und P3526. Aber wieder einmal enthielten die Daten keine Angaben zu Geschwindigkeit, Flughöhe oder Flugrichtung.

In der Tat gab es einiges an den Radardaten und ihrer Darstellung im Bericht auszusetzen. Zum Beispiel wurde das beschriebene Flugzeug als »MH370« bezeichnet, obwohl man sich nicht sicher sein konnte, dass es sich um dieses Flugzeug handelte – wie mir der malaysische Radarexperte persönlich bestätigt hatte. Das empfangene Echo eines Primärradars enthält keine Informationen zur Identität des reflektierenden Flugzeugs, das ist einer der wesentlichen Unterschiede zwischen Primär- und Sekundärradar. Wie der Radarexperte gesagt hatte: »Wir wissen nur, dass es sich um ein großes Flugzeug handelt.« Wieder einmal hatten die Behörden behauptet, es handle sich bei dem Flugzeug um MH370, obwohl sich diese Behauptung nur auf Vermutungen gründete.

Der offizielle Bericht enthielt einen weiteren schwerwiegenden Widerspruch. Auf Seite 97 hieß es:

> Um 01:39:03 Uhr erkundigte sich Ho-Chi-Minh-ATCC erstmals nach MH370 und informierte KL-ATCC, dass kein verbaler Kontakt mit MH370 hergestellt werden konnte und das Flugzeug zuletzt an Wegpunkt BITOD auf dem Radar gesehen wurde. [...]
>
> Um 01:46:47 Uhr fragte Ho-Chi-Minh-ATCC erneut nach MH370 und teilte mit, dass Radarkontakt an Wegpunkt IGARI hergestellt wurde, aber nach wie vor ein verbaler Kontakt fehlte. HCM-ATCC

teilte mit, dass das dargestellte Objekt an Wegpunkt BITOD vom Radar verschwunden war.

Tatsächlich erwähnte der Bericht mehr als zwanzig Mal, dass die Flugsicherung in Ho-Chi-Minh-Stadt um 1:30 Uhr Flug MH370 an Wegpunkt BITOD registriert hatte. Dennoch stand davon nichts in der Zusammenfassung der Radarsichtungen. Warum? Weil diese Sichtungen, so wahr und dokumentiert sie auch sein mochten, der offiziellen Version eindeutig widersprachen. Zwei Flugleitzentralen, die in dieser Nacht für die Überwachung von Flug MH370 verantwortlich waren (Malaysia und Vietnam), hatten beide entweder gesagt oder bestätigt, dass MH370 ungefähr um 1:30 Uhr an Wegpunkt BITOD auftauchte. Demzufolge hätte das Flugzeug nicht zehn Minuten nachdem es IGARI passiert hatte, nach links in einen U-Turn abdrehen können. Die meisten Beobachter ignorierten diese Informationen zu BITOD einfach, als würden sie nicht existieren. Doch in Wahrheit hatte der ganze Rest der Geschichte keinerlei Bestand, wenn MH370 tatsächlich, wie berichtet, an Wegpunkt BITOD auftauchte. Kurz nach IGARI konnte dann keine Wendung stattgefunden haben, und somit war es schlichtweg unmöglich, dass es sich bei dem Objekt, das um 2:22 Uhr auf dem thailändischen Radar an Wegpunkt MEKAR auftauchte, wirklich um MH370 handelte. Anstatt also den letzten belegbaren Aufenthaltsort von MH370 am vietnamesischen Himmel als Ausgangspunkt für die Suche zu nehmen, verwarf die offizielle Version diesen lieber, um die neue und – wie es aussah – erfundene Geschichte glaubwürdiger aussehen zu lassen. Ein typisches Beispiel dafür, dass die Wahrheit einer guten Story nie im Weg stehen darf.

Andere problematische Aspekte waren technischer Natur. Wieder einmal griff ich auf die Expertise meiner Boeing-777-Pilotenfreunde zurück. Der Flug, den der malaysische Radar erfasst hatte und der im Bericht beschrieben wurde, war extrem chaotisch und sprunghaft. Seine Flughöhe und Geschwindigkeit änderten sich stetig. Die registrierten Geschwindigkeiten lagen nicht nur über der durchschnittlichen Reisegeschwindigkeit, sondern auch über der maximal möglichen einer Boeing 777.[9] An sich war das kein Problem, wie mir versichert wurde. »Der Groundspeed sagt nicht viel aus«, meinte Jason. »Bei starkem Rückenwind kann ein Flugzeug einen weit höheren Groundspeed erreichen, ohne dass das Flugzeug seinen Airspeed (seine Geschwindigkeit relativ zur Luft) erhöht.« Also gut. Wesentlich aussagekräftiger und ungewöhnlicher waren die wilden Sprünge bei der Flughöhe. Das von den malaysischen Radaren aufgezeichnete Flugzeug wechselte innerhalb nur weniger Minuten von 31 100 auf 35 700 Fuß und wieder zurück. So etwas hatte man bei einer Boeing 777 noch nie beobachtet. »Für diese Radaraufnahmen gibt es meiner Meinung nach nur zwei mögliche Erklärungen«, so Jason. »Entweder ist das Radar nicht richtig kalibriert, und die Werte sind fehlerhaft, oder das Flugzeug geriet in einen schweren Sturm. Man kann schon sehr plötzlich an Höhe verlieren, wenn starke Rückenwinde unvermittelt ausbleiben. Aber selbst dann würde man innerhalb weniger Minuten keine 1200 Meter [4000 Fuß] verlieren. Niemals!«

Die Satelliten-Wetterkarte der Region zeigte für den fraglichen Zeitraum keine Spur von einem Sturm; war sogar wolkenlos. Dem Bericht zufolge meldeten die umliegenden Flughäfen keinerlei »bemerkenswerte Wetterphänomene«.[10] Und noch ein Detail kam mir seltsam vor. Wenn MH370 doch seinen Transponder abgestellt hatte, wie konnte das von Kota Bahru erfasste Flugzeug dann bei jedem Kontakt einen Code zurücksenden? »Du änderst deinen Squawk nur, wenn dir die Flugsicherung das aufträgt, das wird dann manuell im Cockpit gemacht«, erklärte Jason. Bei näherer Betrachtung dieser eigenartigen Daten war es sehr verlockend, folgende Schlüsse zu ziehen: Was auch immer das für ein Flugzeug war, seine Art des Fliegens passte nicht zu einer Boeing 777 und die Übermittlung seiner Codes war zudem mit der Tatsache unvereinbar, dass MH370 seinen Transponder zu der Zeit längst abgeschaltet haben sollte. Alles lief darauf hinaus, dass es sich bei dem Flugzeug auf den Radaraufnahmen aller Wahrscheinlichkeit nach nicht um MH370 handelte.

Fast drei Jahre nach dem Verschwinden von MH370 traf ich jemanden, der für mehrere zivile Luftfahrtbehörden in Asien und Europa gearbeitet hatte. Er erzählte mir, er habe die ursprünglichen malaysischen Radarbilder gesehen, jene Aufnahmen, die an niemanden, weder an Australien noch an die französischen Ermittler, weitergegeben wurden. Er war fest davon überzeugt, dass das mysteriöse Flugzeug auf den Aufnahmen erst auf einer Höhe von 47 500 Fuß und dann auf nur 2700 Fuß angezeigt wurde. Diese Zahlen schafften es nie in den offiziellen Bericht, allerdings hatte die *New York Times* eine Woche nach dem Verschwinden von MH370 schon über sie berichtet.[11] Mitglieder der Independent Group hatten die Information damals angezweifelt. Solche Höhenangaben befeuerten das Szenario eines extrem erfahrenen und guten Piloten, der die Maschine zuerst so hoch wie möglich steigen ließ, sich aller Passagiere entledigte und dann so tief wie möglich weiterflog, um die Radare zu meiden. Hier saß ich also in einem Hippie-Café in Indonesien, zwischen einem angestaubten Ventilator und einem kleinen Fischteich, und hörte mir die Informationen, die ich ursprünglich nicht ernst genommen hatte, ein zweites Mal an. Diesmal von einer Person, die behauptete, die malaysischen Radaraufnahmen eines Flugzeugs mit sehr hoher Flughöhe mit eigenen Augen gesehen zu haben. Faktisch bleibt es aber dabei, dass die theoretische Maximalhöhe für eine Boeing 777 bei circa 43 100 Fuß liegt. Und Piloten scheinen davon überzeugt zu sein, dass so ein Flugzeug niemals auch nur in die Nähe, geschweige denn höher als 45 000 Fuß gebracht werden sollte. Ein weiterer Hinweis darauf, dass das Flugzeug, das man auf einer Höhe von 47 500 Fuß in Richtung Malaysia fliegen sah, keine Boeing 777 gewesen war. Was das Doppelgefälle auf den Radarbildern anging, das mir beschrieben wurde, so war es für ein Flugzeug, besonders für eine Boeing 777, unmöglich, derart plötzlich seine Höhe zu wechseln. Der Radar musste also in diesem Moment zwei verschiedene Flugzeuge erfasst haben. Das würde teilweise mit Victor Iannellos Annahme übereinstimmen, dass es sich bei der angenommenen Kehrtwende eigentlich um die Überschneidung zweier Flugbahnen handelte. Außerdem würde es zu den Beobachtungen einiger Anwohner an der malaysischen Ostküste passen, die ein großes Flugzeug gesehen hatten, das sehr tief und in eine ganz ungewöhnliche Richtung flog.

Aus dem im Juli 2018 veröffentlichten endgültigen Ermittlungsbericht ging hervor, dass auch die Ermittler Probleme mit den Radardaten der angeblichen Sichtung von MH370 durch die malaysischen Militärradare hatten. Hier einige Passagen aus dem offiziellen Dokument: »Es wurde jedoch offensichtlich, dass die festgehaltenen Änderungen in Flughöhe und Geschwindigkeit von Radarsignal zu Radarsignal weit über das hinausgingen, was das Flugzeug hätte leisten können« (S. 3). »Einige der Variationen in Höhe und Geschwindigkeit konnten selbst nach mehreren Simulationsversuchen nicht nachgestellt werden« (S. 6). Mir will einfach nicht in den Kopf, wie die Ermittler so tun konnten, als verließen sie sich auf »Radardaten«, wenn sie hier doch selbst erklärten, dass die vorliegenden Werte nicht mit den Fähigkeiten des gesuchten Flugzeugs übereinstimmten …

Kurz nachdem die Welt vom Verschwinden des Flugzeugs erfahren hatte, wurde Ghyslain Wattrelos von einer verlässlichen Quelle in Peking darüber informiert, dass amerikanische AWACS-Flugzeuge bei der MH370-Operation eine Rolle gespielt hatten. »Es waren zwei amerikanische AWACS vor Ort. AWACS-Flugzeuge die in den USA registriert waren. Die Amerikaner wissen, was passiert ist. Das ist alles, was ich Ihnen sagen kann«, erklärte ihm sein Geheimdienstkontakt. Wattrelos beschreibt dieses Gespräch ausführlich in seinem 2018 veröffentlichten Buch.[12]

Vor einer Weile erzählte mir ein Kontakt aus dem Nahen Osten, dass es sich bei dem Flugzeug, das man über Malaysia hatte fliegen sehen, nicht um MH370, sondern um ein AWACS-Flugzeug aus Singapur gehandelt habe, ein in Israel hergestelltes IAI EL/W-2085. Von 2007 an hatte Singapur seine »Augen im Himmel«, vier umgebaute Gulfstream G550, für luftgestützte Frühwarnung und Überwachung angeschafft. Zwei Artikel, die vom *Malaysian Insider* veröffentlicht wurden und nicht mehr online verfügbar sind, erwähnten eine »singapurische Luftverkehrsüberwachungs- und Kontrolleinheit«, die ein Signal von MH370 empfangen hätte, das zeigte, wie das Flugzeug umkehrte und dann von seiner ursprünglichen Flughöhe von 33 000 Fuß aus um 3280 Fuß aufstieg. Da IGARI mit 480 km zu weit von Singapurs Festland-Radaren entfernt lag, liegt die Vermutung nahe, dass es sich bei dieser Überwachungseinheit um einen »fliegenden Radar« handelte. Es ist anzunehmen, dass in den Tagen vor und nach dem Verschwinden von MH370 zahlreiche militärische Flugzeuge in der Region aktiv waren, schließlich stand die trilaterale Militärübung Cope Tiger kurz vor ihrem Startschuss.

Schließlich konnte ich Singapurs »Augen im Himmel« auch faktisch belegen, als mir die Unterlagen des Pathum-Thani-Radars nördlich von Bangkok ausgehändigt wurden. Die Akten umfassten alle Radardaten der Tage vor und nach der Nacht vom 7. auf den 8. März 2014. Darin werden innerhalb von 24 Stunden mehr als 1600 Flüge aufgelistet, die meisten davon kommerzielle Flüge, die in Bangkok starteten und landeten. Es wurde aber auch ein Teil des Luftverkehrs über Kuala Lumpur und Singapur aufgezeichnet. Die Liste erwähnte und identifizierte außerdem einige militärische Flugkörper, darunter mindestens ein singapurisches AWACS-Flugzeug mit dem HEX-Code (Transpondercode) 76E304. Ein AWACS ist in der Lage, den Flugverkehr in einem Radius von ungefähr 400 Kilometern zu erfassen; also müsste schon die Besatzung dieses Flugzeugs allein wissen, was genau in der Nacht zum 8. März 2014 passiert ist. Zahlreiche weitere Militärflugzeuge wurden in den Unterlagen nicht näher identifiziert, und es war einiges an Recherchearbeit nötig, um ihre Herkunft zu ermitteln. Bei einigen gelang mir das nicht, sie bleiben bis heute ein Rätsel.

Ein Flugzeug der US-Air-Force (USAF) konnte klar als eine C-17 identifiziert werden; auf der Liste lautete ihr HEX-Code AE0805. Eine C-17 ist ein großes Transportflugzeug und wird von der USAF in der Regel als »Lastenesel« eingesetzt. Diese Maschine flog insgesamt zweimal für jeweils zweieinhalb bis dreieinhalb Stunden durch thailändischen Luftraum. Am 7. März 2014 um 23:35:35 Uhr malaysischer Zeit verließ es den Radar in Pathum Thani. Eine Stunde später startete MH370 in Kuala Lumpur. Unter den Flugzeugen, die am Tag und in der Nacht des Verschwindens von MH370 über Thailand flogen, befand sich auch eine C-146 A. Das Flugzeug »dient vor allem dem U. S. Special Operations Command [Kommando für Spezialoperationen der Vereinigten Staaten, A. d. Ü.] für den flexiblen, reaktionsschnellen und operativen Transport kleiner Teams, die vor Ort für Spezialoperationen (Theatre Special Operations Commands, TSOC) benötigt werden«. Die Flugzeuge transportieren also Kommandotrupps so schnell und diskret wie möglich zu ihrem Einsatzort. Außerdem wurde eine C-130 erwähnt, registriert in Miramar, Kalifornien, und eine C-5B Galaxy. Die C-5 ist eines der weltweit größten Militärflugzeuge und dient der USAF für den strategischen interkontinentalen Schwertransport von übergroßen, hochgewichtigen Lasten.

Zu den Militärflugzeugen, die innerhalb der ersten 24 Stunden nach dem Verschwinden von MH370 die Region überflogen haben, gehörten auch ein KC-135 Stratotanker und mehrere Militärflugzeuge aus Singapur, Thailand und den USA. Es waren so viele, dass ich nicht alle überprüfen konnte ... Diese Daten zeigen jedoch deutlich, dass in den Tagen vor und nach dem Verlust von MH370 eine massive militärische Präsenz in der Region und deren Luftraum herrschte.

Falls MH370 von einem oder sogar zwei AWACS-Flugzeugen beschattet und abgeschirmt wurde, könnte das erklären, weshalb das Transpondersignal des Flugzeugs auf die Weise von den Bildschirmen der Flugsicherung verschwand, wie es die Fluglotsen in ihren Aussagen gegenüber der Polizei beschrieben hatten: acht Kilometer nach IGARI kontinuierlich schwächer werdend. Außerdem könnte es erklären, weshalb das für 1:37 Uhr geplante ACARS-Bulletin nie ankam. Vielleicht waren die Signale zwar regulär gesendet, aber durch die AWACS abgefangen und blockiert worden.

An dieser Stelle möchte ich noch einmal betonen, dass MH370 laut der offiziellen Version auf der anderen Seite Malaysias, der Westseite, das letzte Mal von einem thailändischen Radar gesehen wurde. Die Straße von Malakka gehört zu den weltweit am dichtesten befahrenen und strategisch wichtigsten Meereskorridoren. Das gesamte Öl, das der Mittlere Osten an China und Japan liefert, wird auf diesem Weg transportiert. Gleiches gilt für einen beträchtlichen Teil der chinesischen Waren, die in entgegengesetzter Richtung von China nach Europa und Afrika befördert werden. Ich hatte die Region bereits ausführlich für eine Reportage über Piraterie unter die Lupe genommen, die 2006 auf Arte ausgestrahlt wurde.[13] Die indonesischen, malaysischen und singapurischen Marinestreitkräfte überwachen die Region sehr genau, und die Schiffe der US-Marine sind immer in der Nähe. Zusätzlich zu der gewaltigen Siebten Flotte der US-Navy[14], die für einen großen Teil des Pazifiks und des Indischen Ozeans zuständig ist, haben die USA Marine- und Air-Force-Einheiten in Singapur stationiert. Seit 9/11 hat Singapur als asiatische Basis für die CIA und den MI6 eine noch größere Bedeutung bekommen.

Die selbst für malaysische Verhältnisse außergewöhnlich lasche Reaktion war umso weniger glaubwürdig, wenn man bedachte, dass Malaysia seit 1971 Teil eines Fünf-Mächte-Verteidigungsabkommens (FPDA) mit Großbritannien, Australien, Neuseeland und Singapur ist. Bei einer Verletzung des Luftraums greifen präzise Protokolle, nach denen innerhalb weniger Minuten Kampfjets starten sollten. Die Petronas Twin Towers gelten seit dem 11. September 2001 als mögliches Ziel für einen terroristischen Angriff, was zu einer ausführlichen Überarbeitung besagter Protokolle führte. Dennoch soll in der Nacht vom 7. auf den 8. März ein großes unidentifiziertes Flugzeug für vierzig Minuten durch den malaysischen Luftraum geflogen sein, ohne dass eine Reaktion erfolgte?

Hinzu kam, dass MH370 laut der offiziellen Version der Ereignisse direkt über den Luftwaffenstützpunkt Butterworth der Royal Malaysian Air Force in Penang hinweggeflogen wäre. Dort befindet sich der Hauptsitz des integrierten Luftabwehrsystems der FPDA, das von einem australischen Air-Vice-Marshall kontrolliert wird.

Malaysia wurde harsch für seine Nachlässigkeit und fehlende Professionalität kritisiert. Aber war ein multilateral eingebundenes

Luftabwehrsystem, geleitet von den »echten Profis« – wie die Australier in Bezug auf die Unterwasser-Suchoperationen genannt wurden –, nicht genau für einen solchen Fall, dass ein unidentifiziertes Flugzeug über die Region flog, ins Leben gerufen worden? Wenn dem so war, wieso hatte dann dieses Paradebeispiel auf der Butterworth Air Base keinerlei Reaktion ausgelöst? Hatten dort etwa auch alle geschlafen, wie an den malaysischen Radaren? Oder lag es einfach daran, dass das Flugzeug nicht genau über die Basis der FPDA hinwegflog? Damit klar wird, wie aktiv dieses wenig bekannte Militärbündnis war: Keine drei Monate nach dem Verschwinden des Flugzeugs trafen sich zwischen dem 22. Mai und 4. Juni die regionalen Bündnispartner (Neuseeland, Malaysia, Singapur und Großbritannien) zur Militärübung Bersama Shield 2014, die als »eine der wichtigsten regionalen Übungen in Südostasien« beschrieben wird. Am 1. Juni kamen die Verteidigungsminister derselben fünf Staaten in Johor Baru, Malaysia, zusammen und besuchten den Luftwaffenstützpunkt Butterworth in Penang.

Massive Präsenz militärischer und ziviler Maschinen auf See und in der Luft, Radare, Drohnen, AWACS-Flugzeuge und Satelliten – objektiv gesehen ist die Straße von Malakka, genau wie das Südchinesische Meer, der wahrscheinlich schlechteste Ort für eine unbeobachtete Durchfahrt oder um spurlos zu verschwinden.

Nichtsdestotrotz erzählte man uns, Malaysia habe eine Boeing 777 über dieses Gebiet fliegen lassen, die nicht mehr mit der Flugsicherung kommunizierte und die in entgegengesetzter Richtung zu ihrer eigentlichen Flugroute über das Land hinwegflog. Als der malaysische Verkehrs- und Verteidigungsminister Hishammuddin Hussein einige Wochen nach dem Verschwinden von MH370 dem australischen Sender ABC ein Interview[15] gab, verteidigte er seine Untätigkeit wie folgt: »Es war nicht feindlich gesinnt, es war kommerziell, es kam aus unserem eigenen Luftraum, wir befinden uns mit niemandem im Krieg. Selbst wenn wir sie hochgeschickt hätten, hätten wir es dann abschießen sollen?« Kurz nach diesem sehr seltsam anmutenden, wenn nicht sogar unpassenden Kommentar eines

Verteidigungsministers konterte die Journalistin Caro Meldrum-Hanna scharfsinnig: »Warum abschießen, wenn es doch nicht feindlich ist?« Darauf antwortete Hishammuddin Hussein mit einer der wohl faszinierendsten Aussagen in dieser ganzen rätselhaften Angelegenheit: »Nun, die Amerikaner hätten das getan.« Warum die Amerikaner in den Fokus rücken, wo sie doch in dieser Krise kaum in Erscheinung getreten waren? Und was veranlasste einen malaysischen Verteidigungsminister dazu, öffentlich zu behaupten, dass »die Amerikaner« ein ziviles Flugzeug abschießen würden?

Davon abgesehen, deutete Hishammuddin Hussein mit seinen Worten doch an, dass das Flugzeug identifiziert und als unbedenklich eingestuft worden war. Wenn aber der Transponder ausgeschaltet wurde, woher hätte man gewusst, dass es sich um die harmlose Maschine von Flug MH370 handelte? Und wenn sie gewusst hatten, dass MH370 dort oben meilenweit von seiner eigentlichen Route entfernt vorbeiflog, was vielleicht nicht bedrohlich genug für einen Abschuss war, wie es wahrscheinlich »die Amerikaner getan hätten«, hätte es nicht zumindest irgendeinen Alarm auslösen müssen? Hishammuddins Erklärung ergab absolut keinen Sinn. Dieses Fernsehinterview ist ein sehr bemerkenswertes Zeitzeugnis; neben den Ungereimtheiten in seinen Aussagen wirkt der Minister außerdem extrem nervös und beunruhigt.

So wie sich die Theorie einer »vorsätzlichen Handlung« auf keinerlei Fakten zurückführen ließ, existierten auch keine Beweise dafür, dass MH370 jemals über Malaysia zurückgeflogen war. Im Gegenteil: Das Flugzeug, das man für MH370 hielt, benahm sich eher wie ein Militärflugzeug als eine Boeing 777. Weder Malaysia noch ein anderes Land veröffentlichte je ein einziges Bild der rohen Radardaten, das bewiesen hätte, dass das über Malaysia gesichtete Flugzeug wirklich MH370 war. Selbst die große juristische Delegation aus Frankreich, die im Dezember 2015 nach Malaysia reiste, erhielt kein einziges Radarbild. Und es gab keinen ersichtlichen Grund, weshalb das integrierte Luftabwehrsystem nicht durch eine Boeing 777 aktiviert wurde, die direkt über den Kommandositz des Fünf-Mächte-Verteidigungsabkommens in Penang flog. Außer natürlich, es handelte sich dabei um ein identifizierbares Militärflugzeug, das seiner Mission folgte und stets in Kontakt mit dem Luftwaffenstützpunkt Butterworth stand.

Ein paar Tage nach dem Verschwinden von MH370 wurde berichtet, man habe das Handy des Co-Piloten registriert, als das Flugzeug Penang passierte. Das wäre natürlich ein schöner Beweis dafür gewesen, dass das Flugzeug tatsächlich über Malaysia hinwegflog. Obwohl diese Information nie eindeutig bewiesen oder bestätigt wurde, verbreitete sie sich weltweit. Am 12. April 2014 zitierte CNN einen »amerikanischen Sprecher« der die Geschichte bekräftigte. Natürlich fragten sich daraufhin viele, weshalb kein weiteres von den Hunderten anderen Geräten an Bord eine Verbindung hergestellt hatte. Der Royal Malaysia Police zufolge hatte man die Art des Verbindungsaufbaus, wie sie in den Medien beschrieben wurde, nicht rekonstruieren können, als man den Flug mit einem echten Flugzeug und mehreren Mobiltelefonen an Bord nachstellte. Diese Unterlagen waren Teil der »SKMM-Analyse« und befanden sich in Mappe 4, die wir schon von der Kontroverse mit dem Flugsimulator und Flugkapitän Zaharies Flugroute kennen.

In einem der Dokumente heißt es:

> Am 8. März 2014 wurde um 1:52:57 Uhr das Mobiltelefon des Co-Piloten von MH370 im Celcom-Mobilfunknetz in Penang in Sektor 2 der BBFARLIM2-Basisstation als erkannt gemeldet. Anschließend führte man eine Flugrekonstruktionsübung durch, um zu untersuchen, ob die Celcom-Mobilfunk-Basisstationen, insbesondere die BBFARLIM2-Basisstation, Mobiltelefone während eines Fluges erkennen konnte. Nach der Rekonstruktion des Flugs zeigten die aufgezeichneten Daten, dass die Testtelefone von verschiedenen Basisstationen entlang der Flugroute und auf verschiedenen Flughöhen registriert wurden. Allerdings befand sich die Basisstation BBFARLIM2 nicht unter den während des Testflugs registrierten Basisstationen.

Obwohl es sich also damals um eine wichtige Eilmeldung handelte, mit der die Theorie eines U-Turns mit anschließendem Flug über Malaysia unterstützt wurde, ließ sich die Spur nie beweisen. Ein Jahr später erwähnte der offizielle Bericht diesen »Hinweis« gar nicht erst. Im Nachhinein betrachtet, und mit dem Wissen, dass MH370 nie von einem malaysischen Radar erfasst wurde, weist diese Geschichte mit dem Handy des Co-Piloten alle Eigenschaften einer bewussten Fehlinformation auf, die man früh in die Köpfe der Menschen pflanzte, um das Szenario vom Flug über Malaysia glaubwürdiger erscheinen zu lassen.

Kein Beweis für eine vorsätzliche Handlung, keine glaubwürdigen Radaraufzeichnungen für einen Flug über Malaysia und keine weiteren Handy-Pings – nun stützten nur noch die Inmarsat-Pings die offizielle Version.

Wir haben bereits gesehen, dass Inmarsat in der Branche über einen exzellenten Ruf verfügte: verlässlich, effizient und auf dem neuesten Stand der Technik. Tatsächlich war die Technologie so gut, dass das Unternehmen sogar ein Flugzeug verfolgen konnte, dass sämtliche Kommunikationssysteme deaktiviert hatte, eine Leistung die weit über die vertraglichen Vereinbarungen hinausging.

Dennoch brachten einige Inmarsat-Ingenieure schon zu Beginn ihre Zweifel zum Ausdruck. Einer von ihnen dachte sogar, dass »dies nur ein riesengroßer Scherz sein könnte, den sich jemand mit Inmarsat erlaubt hatte« und, dass »das eigentliche Flugzeug abstürzte und jemand anderes zur selben Zeit das Flugzeug imitierte«.[16] Wer aber wäre besser geeignet, Inmarsat hinters Licht zu führen als die Inmarsat-Leute selbst? Und so hatte es schon von Anfang an Zweifel an der Glaubwürdigkeit und Verlässlichkeit der Pings gegeben, auf denen die gesamte Theorie eines Absturzes in den Indischen Ozean aufbaute – sogar unter den eigenen Mitarbeitern.

Als ich 2016 in Jakarta über die Folgen der Terroranschläge vom Januar berichtete[17], traf ich einen ehemaligen Inmarsat-Mitarbeiter. Er erzählte mir, dass Inmarsat schon vor mehreren Jahren, als er noch bei dem Unternehmen gearbeitet hatte, in der Lage gewesen sei, ein mit Inmarsat-Equipment ausgestattetes Flugzeug jederzeit zu orten. Man musste also nicht zwangsläufig auf die Handshake-Pings zurückgreifen, um ein Flugzeug aufzuspüren, besonders dann, wenn das Satellitenkommunikationssystem (Satcom)[18] aktiviert war. Er erzählte mir außerdem, die Kunden der Firma hätten von dieser Technik nichts gewusst.

Ich hatte bereits über einen Familienkontakt von diesen Zweifeln Wind bekommen. Bei einem Essen mit einer Gruppe junger Leute erwähnte ein Anwesender nebenbei seine Faszination für die Geschichte dieses verschwundenen Flugzeugs, das man anscheinend mithilfe von ein paar Pings bis irgendwo über den Indischen Ozean zurückverfolgt hätte. Er war überrascht, als ihn einer seiner Freunde unterbrach und meinte: »Vergiss es. Mein Vater arbeitet bei Inmarsat, und die wissen genau, was passiert ist. Das Flugzeug befindet sich absolut nicht dort, wo sie suchen.« Die Person, die mir von diesem Vorfall erzählte, war bei diesem Abendessen Gast, und ich hatte keinen Grund, ihre Erzählung anzuzweifeln. Der erwähnte Vater stritt das Ganze später vehement ab und war sichtlich panisch, als man ihn nach weiteren Details befragte. »Nichts davon wurde je gesagt oder gehört, und es darf auf keinen Fall jemals wieder darüber gesprochen werden«, warnte er, als würde es um einen riesigen Fehler mit schrecklichen Konsequenzen gehen und nicht um ein unglückliches Missverständnis zwischen Vater und Sohn.

Da Inmarsat theoretisch jedes Flugzeug orten konnte, das mit seiner Technologie an Bord verloren ging, hätte das Unternehmen umgehend auf seine Daten schauen und sofort feststellen können, wo sich die Maschine befand. Inmarsat hätte innerhalb von Minuten oder Stunden die ungefähre Position des Flugzeugs bestätigen können und nicht erst Tage später. Dennoch dauerte es sehr lange, bis Inmarsat eine »Erklärung« dazu lieferte. Dass die Firma so viele Tage geschwiegen hatte, ließe sich als stilles Einverständnis dafür werten, dass an der richtigen Stelle nach dem Flugzeug gesucht wurde. »Sie sagten zuerst nichts, da die ursprüngliche Suche im

Südchinesischen Meer mit dem übereinstimmte, was sie wussten. Wäre das Flugzeug wirklich in Richtung des südlichen Indischen Ozeans geflogen, hätten sie sich sofort zu Wort gemeldet«, stellte ein MHist fest, der seine ganz eigene Theorie dazu entwickelt hatte, auf die ich später noch eingehen werde. Ende 2016 konnte ich einen beunruhigenden Mailaustausch zwischen der Schwester eines Passagiers und Malaysia Airlines einsehen. Am 13. März 2014 schickte die Schwester eine Nachricht an einen französischen MAS-Mitarbeiter. Darin beschrieb sie ihr Leid und forderte die Airline dazu auf, einige Punkte klarzustellen, über die in den Medien berichtet worden war und die die Familien sehr verwirrt hatten. In ihrer Nachricht erwähnte sie die Möglichkeit, dass eine Rakete in der Nähe des Südchinesischen Meers abgefeuert worden wäre, die Flugzeugtrümmer, die am 8. März an der Ostküste von Malaysia angespült wurden, die Ölfelder, das von chinesischen Satelliten entdeckte große Trümmerfeld und die neueste Nachricht, der zufolge das Flugzeug nach der letzten Sichtung noch mehrere Stunden weitergeflogen sein sollte. Der MAS-Mitarbeiter antwortete mit einer mitfühlenden E-Mail, die diesen bemerkenswerten Absatz enthielt:

> In Bezug auf die Medienberichte: Die Information, dass es Daten geben soll, die zeigen, dass das Flugzeug nach seinem letzten Kontakt um 1:07 Uhr noch weitere vier Stunden flog, ist falsch. Sie wurde sowohl von Boeing als auch von Rolls-Royce dementiert.

Es war extrem erstaunlich, dass ein MAS-Mitarbeiter Insiderinformationen mit einer Angehörigen teilte, um diese zu beruhigen, und das nur wenige Stunden, bevor das Weiße Haus erklärte, dass MH370 in der Tat noch mehrere Stunden weitergeflogen war, nachdem es von den Radarschirmen verschwunden war, womit die US-Regierung die Enthüllung des *Wall Street Journal* bestätigte. Natürlich »bewahrheitete« sich die Geschichte des stundenlang weiterfliegenden Flugzeugs und wurde zum Rückgrat der offiziellen Version, obwohl Boeing und Rolls-Royce sie wohl zunächst verneint hatten. Offensichtlich waren die beiden Unternehmen noch nicht eingeweiht gewesen, als sie Malaysia Airlines mitteilten, dass ihre Informationen dem Szenario eines stundenlangen Irrflugs widersprachen. Verkehrs- und Verteidigungsminister Hishammuddin Hussein hatte sich wohl ebenfalls auf die Daten von Boeing und Rolls-Royce verlassen, als er die Meldung über das Weiterfliegen von MH370 in den Pressekonferenzen zunächst vehement abstritt. Doch »Mr. No-No« hatte zu diesem Zeitpunkt bereits zu viel von seiner Glaubwürdigkeit eingebüßt und wurde von niemandem mehr wirklich ernst genommen.

Es war wenig überraschend, dass weder Rolls-Royce noch Boeing die Sache je kommentierten. Wir haben bereits gesehen, dass Boeings Schweigen in diesem Fall ein Rätsel für sich darstellt, eine Anomalie, die die gesamte Luftfahrtbranche irritierte. Sicher ist dagegen, dass Inmarsat seine so viel zitierten Daten nicht mit den unabhängigen Wissenschaftlern der Independent Group teilen wollte und auch nicht mit den Angehörigen, die eine unabhängige Untersuchung in die Wege leiten wollten (siehe dazu Kapitel 6).

Man sollte annehmen, dass das Unternehmen seinen außergewöhnlich wichtigen Beitrag zur Aufklärung dieses unglaublichen Rätsels der ganzen Welt zeigen wollte. Schließlich veröffentlichen alle Wissenschaftler ihre Daten, Forschungsmethoden und Berechnungen, um eine Begutachtung durch Kollegen zu ermöglichen. Inmarsat tat genau das Gegenteil, es veröffentlichte nichts und schwieg, was mit der Verantwortung gegenüber Malaysia begründet wurde. Das Unternehmen verweigerte konsequent jegliche Interviews, obwohl es innerhalb von vier Tagen 3000 Anfragen erhielt.[19] Danach verwies Inmarsat bei Anfragen auf die einzigen beiden Fernsehsendungen, in denen es Interviews gegeben hatte: eines bei der BBC und ein weiteres auf CNN. Chinesische und malaysische Medien gingen jedoch leer aus. Im Dezember 2014 ließ sich Mark Dickinson, Vizepräsident von Inmarsat Satellite Operations, schließlich von dem Branchenmagazin *Satellite Today* interviewen. Als ich Inmarsat im Sommer 2015 wegen eines Interviews kontaktierte, teilte mir die Presseabteilung mit, ich solle meine Fragen zum Unternehmen an Malaysia oder Australien richten. Inmarsat ignorierte sogar die offiziellen Anfragen von Frankreichs juristischen Ermittlern.

Wovor hatte man Angst? Könnte ein kritisches Auge gewisse Mängel erkennen?

Einige Beobachter entdeckten tatsächlich große Ungereimtheiten. Am offensichtlichsten war, dass sowohl die offizielle Version als auch die komplexen Berechnungen von Inmarsat das Flugzeug an Wegpunkt IGARI umkehren ließen. Wir haben aber eben erst festgestellt, dass das Flugzeug zehn Minuten später und 37 Meilen weiter östlich von der Flugsicherung in Ho-Chi-Minh-Stadt an Wegpunkt BITOD gesehen wurde.

Außerdem fand der letzte bestätigte Funkkontakt mit MH370 kurz nach 1:30 Uhr statt. Ein Pilot berichtete anonym der Presse, er habe zu dieser Zeit eine Funkverbindung zu MH370 aufgebaut und das Murmeln von jemandem gehört, den er für den Co-Piloten hielt. Dieser Funkkontakt war in der sechsten Pressemitteilung, die am 9. März um 2:28 Uhr veröffentlicht wurde, bestätigt worden. Dort hieß es: »Es sind mehr als 24 Stunden vergangen, seit wir zuletzt um 1:30 Uhr etwas von MH370 gehört haben.«

»Inmarsat machte mehrere Fehler, als sie ihre Daten präsentierten. Und danach konnten sie die Daten nur auf einem Weg verifizieren: Sie mussten so tun, als hätte MH370 BITOD nie erreicht ... Aber genau das ist von der Flugsicherung in Ho-Chi-Minh aufgezeichnet worden«, erzählte mir ein eifriger MHist. Anders gesagt: Um die Inmarsat-Version zu glauben, musste man die offiziellen Aufzeichnungen der vietnamesischen Luftsicherung, so wie sie im offiziellen Bericht standen, verwerfen. Die Inmarsat-Version war mit den Ho-Chi-Minh-Unterlagen nicht vereinbar, genau wie die Radarsichtung um 2:22 Uhr. Wenn die gemeldeten Informationen der vietnamesischen Flugsicherung richtig und genau waren, wovon man ausgehen konnte, dann musste Inmarsat bei seiner Beweisführung von einer völlig falschen Grundannahme ausgegangen sein. War das nicht ein gewaltiges Problem, das man dringend klären sollte?

Es war kein Geheimnis, dass es sich bei Inmarsat um ein weitaus sensibleres Unternehmen handelte, als es zunächst den Anschein haben mochte. Zu den Kunden seiner Abteilung »Inmarsat Government« zählten die größten Armeen der Welt. »Der US-Regierung zu Diensten«, so beschreibt sich Inmarsat Government auf seiner eigenen Internetseite unter der Rubrik »Über uns«. Eindeutiger lässt sich kaum sagen, wem Inmarsats Loyalität gilt.

Mehrere Jahre lang – bis 2011 – gehörte die Harbinger Group, ein US-Unternehmen, das von George H. W. Bush und einem ehemaligen CIA-Agenten mitgegründet worden war, (mit 27 Prozent) zu den Inmarsat-Hauptaktionären. Eine Reihe von späteren Ereignissen bestätigte diese enge Verbindung zwischen Harbinger und dem US-Geheimdienst. Inmarsats enge Verbindung zum Pentagon zeigte sich am 20. März 2014, als das Unternehmen ein neues Vorstandsmitglied vorstellte: General C. Robert Kehler von der US Air Force. Bis Ende 2013 leitete General Kehler das USSTRATCOM (United States Strategic Command), das strategische Kommando der USA, das direkt dem Präsidenten und dem Verteidigungsminister unterstellt ist und sämtliche Operationen und Projekte der amerikanischen Streitkräfte in den Bereichen strategische Abschreckung, Weltraum und Cyberspace betreut.

Als der chinesische Präsident Xi Jinping im Oktober 2015 Großbritannien besuchte, besuchte er nur ein einziges britisches Unternehmen, nämlich Inmarsat.[20] Das erstaunte andere in der Branche. »Jeder weiß, dass Inmarsat viel für die Vereinigten Staaten und Großbritannien arbeitet«, erzählte mir ein Insider. Die *Financial Times* berichtete, die chinesische Regierung habe bei dem Besuch den Vertrag für ein mehrere Hundert Millionen Dollar teures Projekt unterschrieben.

Einige MHisten haben sich über den plötzlichen Tod eines Inmarsat-Mitarbeiters gewundert, der an der Analyse der Flugdaten von MH370 beteiligt war. Der Satellitenanalyst starb am 17. März 2014 mit Anfang fünfzig, kurz bevor die endgültige Erklärung zum Verschwinden von MH370 – der Absturz in den Indischen Ozean – veröffentlicht wurde. Sein Chef beschrieb ihn als

»wichtiges Mitglied seines Teams«.[21] Rand Meyers von der IG erzählte mir, wie er, durch diese Nachricht neugierig geworden, kurzerhand nach Büroschluss bei Inmarsat anrief und dabei den Namen des Mannes herausfand, der angeblich an einem Herzinfarkt gestorben war: Stuart James Fairbairn. In seinem Nachruf hieß es, er sei »plötzlich, aber friedlich gestorben«.

Was bleibt nun zu guter Letzt von der offiziellen Version und ihren drei Säulen übrig? Fassen wir diese noch mal kurz zusammen: erstens die »vorsätzliche Handlung«, mit der alle Kommunikationssysteme abgeschaltet wurden, zweitens der U-Turn und der Flug über Malaysia und die Straße von Malakka hinauf und drittens der auf den Inmarsat-Daten basierende Flug Richtung Süden. Die »vorsätzliche Handlung« war schon früher als Erklärung für Flugzeugabstürze instrumentalisiert worden; den Co-Piloten des EgyptAir-Flugs 990 hatte man beispielsweise zu Unrecht belastet, um einen technischen Fehler zu vertuschen (siehe Nachtrag). Im Fall von MH370 ist die »vorsätzliche Handlung« eine reine Spekulation von Premierminister Najib Razak. Es wurde kein einziges Radar-Rohbild veröffentlicht, das die Flugroute der offiziellen Version unterstützt hätte, nach der MH370 Malaysia von Osten nach Westen kreuzte und dann zwischen Sumatra und Thailand weiterflog. Die Rolle von Inmarsat in dieser traurigen Geschichte lässt sich vorsichtig gesagt als undurchsichtig und unkooperativ gegenüber Medien und Familien beschreiben.

Als die Unterwassersuche in dem angegebenen Areal nichts ergab, verloren sogar die überzeugten Rationalisten der Independent Group allmählich ihr Vertrauen in die Inmarsat-Daten. Einige glauben – und mittlerweile ist es wirklich eine Glaubenssache geworden – immer noch an die Zuverlässigkeit der Inmarsat-Pings, aber sie sind weniger geworden und haben an Einfluss verloren.

Geben wir es zu: Auf den ersten Blick sieht die offizielle Version wie ein Täuschungsmanöver aus. Acht Jahre nach dem Verschwinden des Flugzeugs erscheint die Version der Behörden zum Verbleib von MH370 sogar noch unglaubwürdiger als am Anfang. Die von Australien geleitete Unterwassersuche in internationalen Gewässern beschäftigte praktischerweise die Medien, gab den Familien Hoffnung und zog die Aufmerksamkeit der Öffentlichkeit auf eine bestimmte Gegend. Mehr nicht. In Bezug auf die an der afrikanischen Ostküste gefundenen Flugzeugtrümmer versicherte man uns lediglich, dass drei der Stücke eindeutig zu MH370 gehörten, es wurden aber keine zufriedenstellenden Beweise vorgelegt. Das meiste, was den Medien erzählt wurde – und was diese dann weiterverbreiteten –, ist nicht bewiesen, unzuverlässig oder konstruiert. Wurden die Behauptungen, die die offizielle Version unterstützten, mit Dokumenten untermauert? Nicht wirklich. Was mit dem Flugzeug passierte, muss endlich aus dem geschlussfolgert werden, was wir sicher wissen.

Wegen dieser zweifelhaften offiziellen Version liegt die Vermutung nahe, dass etwas komplett anderes mit MH370 passiert ist. Möglicherweise ein fataler Absturz ins Südchinesische Meer nahe dem Golf von Thailand, vermutlich kurz nachdem MH370 das letzte Mal von der Flugsicherung in Ho-Chi-Minh-Stadt um 1:30 Uhr an Wegpunkt BITOD gesichtet wurde. Vielleicht ist es also an der Zeit, ganz an den Anfang zurückzukehren, an den Ort, wo das Flugzeug nachweislich das letzte Mal gesehen wurde, und von dort aus zu schauen, ob sich Anhaltspunkte finden, die auf ein anderes Szenario hinweisen.

14

Das einfachste Szenario: ein Absturz ins Südchinesische Meer

»Es gibt nur zwei Möglichkeiten, wie ein Flugzeug von den Radarschirmen verschwinden kann: eine Explosion während des Flugs oder ein Absturz«, meinte der erfahrene ehemalige Admiral Mohamad Imran[1], als ich ihn ganz zu Beginn dieser Geschichte im März 2014 in Kuala Lumpur traf. Er fügte hinzu, dass er einen großen Teil seines Arbeitslebens damit verbracht hätte, auf Radarschirme zu starren, und dementsprechend davon überzeugt sei, dass das Flugzeug niemals gewendet habe. Das blieb mir die ganze Zeit über im Kopf.

Meine Bemühungen, herauszufinden, wie und warum MH370 verschwand, erinnerten mich an ein Konzept, dem ich in einem Philosophie-Seminar über Logik an der Universität begegnet war. Wenn es für ein Ereignis zwei oder mehrere mögliche Erklärungen gibt, dann ist nach dem Prinzip von Ockhams Rasiermesser diejenige wahrscheinlicher, die weniger Annahmen benötigt. Anders gesagt: Je mehr Voraussetzungen eine Erklärung erfüllen muss, desto weniger wahrscheinlich wird sie. Im Grunde handelt es sich dabei um das KISS-Prinzip – keep it simple, stupid[2] –, das die amerikanischen Streitkräfte zum Darstellen von Situationen nutzen. Das einfachste und naheliegendste Szenario im Fall von MH370 wäre ein katastrophales Ereignis, das sich nahe dem Punkt ereignete, an dem das Flugzeug von den vietnamesischen und malaysischen Radaren verschwand. Der letzte Funkkontakt mit der malaysischen Flugsicherung fand um 1:19 Uhr statt, als der Flugkapitän die so wohlbekannten und im Nachhinein schmerzlichen letzten Worte sagte: »Gute Nacht, Malaysia drei sieben null.« Anschließend passierte das Flugzeug Wegpunkt IGARI um 1:22 Uhr. Die Flugsicherung in Ho-Chi-Minh konnte zwar keinen Funkkontakt herstellen, sah aber wie MH370 den 37 Meilen entfernten Wegpunkt BITOD um ungefähr 1:30 Uhr erreichte. Zu diesem Zeitpunkt fand auch die undeutliche Unterhaltung zwischen MH370 und einem anderen Flugzeug statt, das bisher nicht offiziell identifiziert wurde. Kurz nach BITOD verloren die Fluglotsen in Ho-Chi-Minh das Radarsignal dann endgültig. Das war grob der Zeitpunkt des rätselhaftesten Verschwindens in der Geschichte der zivilen Luftfahrt.

Wie schon in Kapitel 2 beschrieben, meldeten mehrere Fischer und Bewohner der malaysischen Nordostküste in dieser Nacht äußerst ungewöhnliche Beobachtungen und Lärm über dem Meer: ein tieffliegendes Flugzeug, dessen Lichter »so groß wie Kokosnüsse« waren, laute Explosionen, das Rauschen eines Düsentriebwerks, ein Geräusch, das wie ein heranrollender Tsunami klang. Der lokalen Presse gebührt großes Lob für ihre Gewissenhaftigkeit, mit der sie in den darauffolgenden Tagen zahlreiche Augenzeugenberichte aufnahm. Bestimmt gibt es noch viele weitere Zeugen, deren Aussagen nicht aufgezeichnet wurden. Ähnliche Berichte kamen auch aus der Nachbarprovinz Songkhla in Thailand.

Ein Ingenieur im Ruhestand, der ursprünglich von der Ostküste Malaysias stammte, kontaktierte mich 2018 und erzählte mir, dass die meisten Menschen in der Region die merkwürdigen Ereignisse mit dem Flughafen in Hat Yai in Verbindung brachten. Dieser liegt 200 Kilometer von der thailändischen Grenze entfernt im Dschungel. »In der ganzen Gegend weiß jeder, dass dieser Flughafen ein bekannter Umschlagplatz für den Schwarzmarkt ist. Vom letzten Punkt des Funkkontakts (IGARI) aus gesehen, ist es der nächstgelegene Flughafen, und die Landebahn ist lang genug für eine Boeing 777«, erklärte er mir. Seiner Hypothese nach war MH370 dort gelandet und anschließend unter einer neuen Identität als Frachtflugzeug weitergeflogen. Er empfahl, mir Zugang zu den Logbüchern der dortigen Flugsicherung zu verschaffen und die

Flüge der besagten Nacht zu prüfen. Meiner Meinung nach konnte es sich bei den Sichtungen dieser Nacht nicht um eine Boeing 777 gehandelt haben, besonders da das Flugzeug oder die Flugzeuge mit ihren »großen Lichtern« so tief flogen. Dennoch war ich dankbar, dass mich der ansässige Ingenieur auf den Flughafen in Hat Yai aufmerksam gemacht hatte und darauf, dass die Menschen in der Region Flugzeuge in Richtung Meer oder nach Norden fliegen sahen. Alles in allem passte keine der Beobachtungen zu der vermuteten Route von MH370 mit dem angeblichen U-Turn. Diese Augenzeugenberichte widersprachen nicht nur der offiziellen Version, sie wiesen auch darauf hin, dass zur gleichen Zeit etwas sehr Ungewöhnliches in der Region vor sich ging.

Anfänglich, wenn auch nur für kurze Zeit, war die Zerstörung von MH370 mitten im Flug das bevorzugte Szenario der meisten befragten Experten gewesen. Die Überlegung, dass das Flugzeug eher hier als Tausende Kilometer entfernt abgestürzt ist, passte außerdem zu der schon in Kapitel 2 erwähnten Anekdote, die Peter Chong, der Freund des Flugkapitäns von MH370, mir erzählt hatte: dass er in der Nacht vom 10. März als Passagier mit einem Malaysia-Airlines-Flug von Bangkok nach Kuala Lumpur gereist war und eine Notiz mit den Worten »Wrackteile zu Ihrer Linken« von seinen Kollegen aus dem Cockpit erhalten hatte, während sie über den Golf von Thailand flogen.

»Die Tatsache, dass wir bisher keine Trümmer finden konnten, spricht dafür, dass das Flugzeug auf ungefähr 35 000 Fuß (10 700 Metern) Höhe zerbrach«, teilte eine hochrangige Quelle, die in die vorläufigen Ermittlungen eingebunden war, der Nachrichtenagentur Reuters in den Tagen nach dem Verschwinden des Flugzeugs mit.[3] Wäre das intakte Flugzeug von seiner Flughöhe aus abgestürzt und erst auf dem Wasser zerschellt, hätten die Sucheinheiten ein eher dichtes Trümmerfeld gefunden, erklärte die Quelle weiter, die anonym bleiben wollte, da es ihr nicht erlaubt war, öffentlich über die Ermittlungen zu sprechen. In der Regel dauert es allerdings drei bis vier Tage, bis nach einem Absturz eines oder mehrere Trümmerfelder entdeckt werden.

Ganz am Anfang der Krise zitierte Reuters zwei weitere Experten, die sich zunächst für ein Katastrophenszenario vor Ort aussprachen. »Ein so plötzliches Verschwinden weist auf ein Ereignis hin, das so schnell passierte, dass keine Zeit für einen Notruf blieb, was entweder für eine vorsätzliche Handlung sprechen könnte oder aber dafür, dass die Besatzung zu sehr damit beschäftigt war, dieses Ereignis zu bewältigen«, sagte Paul Hayes, Direktor der Abteilung Sicherheit und Versicherung bei Flight Ascend Consultancy, das zu FlightGlobal gehört. Seinen Überlegungen zufolge war das »Fehlen eines Notrufs ein Zeichen dafür, dass das Flugzeug entweder eine explosive Dekompression erlebte oder von einem Sprengkörper zerstört wurde«. John Goglia, ehemaliges Vorstandsmitglied des US National Transportation Safety Board, der Nationalen Behörde für Verkehrssicherheit der USA, fügte noch hinzu: »Es muss schnell gegangen sein, da es keine Kommunikation mehr gab.«

Das Szenario von einem Absturz über dem Golf von Thailand wurde anfangs vor allem vom vietnamesischen Verteidigungsministerium unterstützt. In den ersten Stunden nach dem Verschwinden von MH370 veröffentlichte es Informationen, in denen es sogar Zeitpunkt und Ort des Absturzes am Morgen des 8. März klar benannte. Als ich mir die entsprechenden vietnamesischen Internetseiten genauer ansah, war ich überrascht, dass es innerhalb der ersten 48 Stunden, zumindest in Vietnam, als eine gesicherte Tatsache angesehen wurde, dass MH370 in vietnamesischen Gewässern abgestürzt war. Am Morgen des 8. März veröffentlichte die Nachrichtenseite *Tuoi Tre News* eine erste Meldung, in der sie ein Kommuniqué der vietnamesischen Marine zitierte: »Das Flugzeug stürzte um 1:40 Uhr 153 Meilen [238 Kilometer] vor den Thổ-Chu-Inseln ab.« Generalmajor Pham Hoai Giang, erklärte als Leiter seiner Einheit, dass »Vietnams Rettungs- und Bergungskräfte sich an der Suche nach einem abgestürzten Flugzeug von Malaysia Airlines beteiligen werden, wenn die malaysischen Behörden das wünschen«.

In den Archiven von *Vietnam Express*, einer weiteren Online-Quelle, fand ich heraus, dass das vietnamesische Zentrum für

Notrettung am Morgen des 8. März um 9:50 Uhr ein Signal der Ortungsbake von MH370 empfing. Es ließ sich auf 120 Meilen (222 Kilometer) südwestlich von Kap Cà Mau zurückverfolgen. Die Internetseite *Aviation Herald* berichtete zur gleichen Zeit: »Vietnamesisches Suchpersonal hat ELT-Signal 120 Seemeilen südlich der Küste von Cà Mau empfangen.« Diese Information war äußerst entscheidend, da sich die Signale vom ELT (Emergency Locator Transmitter), also von der Notfunkbake, eindeutig einem Flugzeug zuordnen lassen. Das weltweit dazu genutzte COSPAS-SARSAT-Systems gibt also genau an, welche Bake zu welchem Flugzeug gehört, weil das aufgefangene Signal von keinem anderen Flugzeug stammen konnte.

Falls die Meldung stimmte, könnten diese Daten beweisen, dass MH370 genau an diesem Punkt abstürzte. Diese Informationen wurden von der chinesischen Nachrichtenagentur Xinhua und *CCTV*, dem größten Fernsehsender Chinas, aufgegriffen. Im Westen ging die Nachricht dagegen an den meisten Medien vorbei, vermutlich weil sich COSPAS-SARSAT, eine internationale Organisation mit Sitz in Montreal, nicht dazu äußerte. An dieser Stelle muss allerdings gesagt werden, dass ELTs, was ihre Funktionalität angeht, einen sehr schlechten Ruf haben. Ihr Hauptfehler ist, dass sie sich beim Kontakt mit Wasser nicht immer wie gedacht automatisch anschalten. Unabhängig davon können sie aber, sind sie einmal aktiviert, keine falschen Daten senden.

Es wäre auch möglich, dass die Meldung über das ELT-Signal an sich ein Fehler war. Vietnamesisch lässt sich schwer übersetzen, erzählten mir einige Leute, die fanden, ich folge einer falschen Spur. Sie meinten, ein einfaches »Signal« im vietnamesischen Original hätte in einer englischen Übersetzung leicht zu einem »ELT-Signal« werden können. Allerdings verlieren Übersetzungen eher an Details, als dass sie welche hinzufügen. So oder so ließ sich im Internet keine Spur dieser Information mehr finden, außer ein paar Screenshots, die MHisten bei der Veröffentlichung gemacht hatten. Und COSPAS-SARSAT antwortete nie auf meine Anfragen.

Am 8. März 2014 schienen die vietnamesischen Behörden zunächst vorbildlich auf das Verschwinden von MH370 zu reagieren. Sie baten alle Schiffe im näheren Umfeld des letzten Kontaktpunktes, nach dem Flugzeug Ausschau zu halten. Um 4:03 UTC (11:30 Uhr Ortszeit in Vietnam) sendete die Land Earth Station (LES)[4] in Haiphong einen allgemeinen Notruf per EGC-Nachricht[5]. Ich sah das Foto eines Fernschreibens (Telex), das jemand mit seinem Handy abfotografiert hatte:

> Kategorie: Notruf
> Hai Phong an alle Stationen
> Folgendes empfangen von Vungtau MRCC
> Um 1720 (UTC)
> 07. März 2014, Flugzeug Name MAS 370, malaysische Flagge, Kontakt verloren und fähiger [möglicher] Flugzeugabsturz
> Letzter Kontakt auf Position 06–56'N, 103–35'E, 239 Passagiere.
> Schiffe in der Umgebung sind angewiesen, aufmerksam Ausschau zu halten und sofort zu helfen. Bitte alle Informationen in diesem Zusammenhang direkt an Vungtau MRCC weitergeben.

Alle Schiffe in der Region mussten diese Nachricht erhalten haben. Die maritime Rettungsleitstelle in Vung Tau, das Vung Tau Maritime Rescue Coordination Center (MRCC), befand sich nahe Ho-Chi-Minh-Stadt im Süden Vietnams. Unabhängig davon machte ein malaysischer Seemann ebenfalls einen Screenshot der NAVTEXT-Meldung[6], als die Nachricht um 12:18 Uhr auf seinem Schiff eintraf. Das Foto zeigte den gleichen Text.

Bereits um 8 Uhr morgens berichteten einige chinesische und vietnamesische Nachrichtensender von einem Notruf, den das Flugzeug selbst gesendet hatte. Dies wies darauf hin, dass das Flugzeug keinen U-Turn geflogen war, sondern neunzig Minuten nach dem Abbruch des Funkkontakts sein Ende fand. Wie in Kapitel 2 (S. XXX) besprochen, berichteten die prochinesische taiwanesische Online-Zeitung *China Times* und die chinesische Nachrichtenseite *China.com* an diesem Morgen darüber, dass die Piloten von MH370 um eine Notlandung gebeten hätten. Verschiedene Versionen dieser außergewöhnlichen Information verbreiteten sich überall im Netz. Damals übersetzte mir Taijing Wu, ein taiwanesischer Freund, der mehrere Jahre für die *China Times* gearbeitet hatte, die wenigen Zeilen dieser faszinierenden Nachricht:

> Die US-Botschaft in China meldete, eine auf U-Tapao stationierte US-Militär-Einheit habe um 2:43 Uhr einen Notruf von Flug MH370 empfangen. Der Pilot bat um die Erlaubnis zu einer Notlandung, da sein Flugzeug dabei sei, auseinanderzubrechen. Die US-Armee leitete diese Information an die malaysischen Behörden weiter.

Der taiwanesische Journalist, der den Artikel geschrieben hatte, wollte allerdings nicht preisgeben, woher er diese Informationen hatte: aus einem Kommuniqué der US-Botschaft, der Meldung einer Presseagentur, einer direkten Quelle oder ganz woandersher. Er erklärte Taijing mehrmals, es sei ihm »unangenehm«, über diesen Artikel zu sprechen. Schließlich meinte er sogar, er erinnere sich »an gar nichts mehr«. Sein ausweichendes Verhalten bestätigte lediglich die Ungewissheit in Bezug auf diese Nachricht, die sonst von entscheidender Bedeutung hätte sein können.

Eine Zeit lang erwähnten einige Nutzer in Online-Foren und auf Twitter immer wieder, dass John Kerry, der damalige amerikanische Außenminister, diese Information von seinem eigenen Account aus retweetet hätte. Doch falls dieser Tweet je existierte, war er schnell wieder gelöscht worden. Ich konnte lediglich Posts und Tweets finden, die darüber sprachen, keine Screenshots oder Retweets des Originals. Später bat ich einen chinesischen Kollegen von der Nachrichtenagentur Xinhua, nachzusehen, ob sie diese Nachricht je gebracht hatten. Das war nicht der Fall. Die Nachricht war Xinhua nie zugeschickt worden, und obwohl der Kollege damals zuerst von Vietnam, später von Australien aus für die MH370-Geschichte zuständig gewesen war, erinnerte er sich nicht daran.

Mitte 2016 nahm derselbe Journalist von Xinhua noch einmal Kontakt mit mir auf. Er meinte, seinen eigenen Recherchen zufolge handele es sich bei der Quelle um eine Nachricht von einem gefälschten Weibo-Account (einem chinesischen Kurznachrichtendienst) mit dem Namen »Embassy of the United States of America in Beijing«. Ihm war aufgefallen, dass es sich trotz amerikanischer Flagge und dem Namen nicht um den echten Account der US-Botschaft handelte, da für den Namen andere chinesische Zeichen verwendet wurden: »Embassy of the United States of America« anstatt »American Embassy«. Ich war verwirrt. Das Rätsel wurde immer mysteriöser. Allerdings war ich von seiner Erklärung nicht überzeugt. Schließlich konnte es gut sein, dass sich die amerikanische Botschaft in Peking auf Weibo ein bisschen anders nannte als auf Twitter. Außerdem war es höchst unwahrscheinlich, dass ein Journalist eine solche Information erfand. Schließlich enthielt sie genaue Details, wie den Namen eines recht unbekannten Luftwaffenstützpunkts in Thailand (U-Tapao) und die exakte Uhrzeit: 2:43 Uhr. Und weshalb sollte sich jemand als amerikanische Botschaft ausgeben, nur um dann Informationen zu einem verschwundenen Flug zu streuen? Und warum so kurz nach dem Ereignis? Andererseits tun Geheimdienste genau das sehr oft, sie führen Leute mit falschen Hinweisen aufs Glatteis. Mein Kollege von Xinhua hätte selbst Teil einer verdeckten Mission sein können mit dem Ziel, mich von weiteren Recherchen abzuhalten. Allerdings wäre es auch hier vernünftiger, auf die einfachere Möglichkeit zu schauen. Gehen wir also unseren Ermittlungen zuliebe mal davon aus, dass die Nachricht echt war, und denken für einen Moment über ihren Inhalt und seine Konsequenzen nach.

Interessanterweise bezog sich die Meldung auf eine weitere Militärbasis in der Region, die vom US-Militär genutzt wurde. U-Tapao ist ein thailändischer Luftwaffenstützpunkt im Süden des Landes. Ich muss gestehen, dass ich, genau wie bei Diego Garcia, bis dahin so gut wie nichts über diese Basis gewusst hatte. Mir war nur bekannt, dass sie während des Vietnamkriegs eine zentrale Rolle gespielt hatte und später während der Kriege im Irak und in Afghanistan vom US-Militär genutzt worden war (unabhängig von Thailands offiziell neutralem Status). Angeblich diente die Basis außerdem als Ort für die »dunklen Machenschaften« der CIA und verfügte über eine Landebahn von drei Kilometern, die somit lang genug für eine Boeing 777 wäre. Falls mit 2:43 Uhr die Ortszeit gemeint war, wäre das Flugzeug nach seinem letzten Funkkontakt mit Kuala Lumpur um 1:19 Uhr noch eine Stunde und 24 Minuten weitergeflogen. Wir haben bereits die Möglichkeit eines U-Turns ausgeschlossen – wegen fehlender überzeugender Radaraufnahmen und aufgrund der wenig aussagekräftigen Tests, die später im offiziellen Bericht veröffentlicht wurden. Deswegen scheint es logisch, dass das Flugzeug ungefähr auf seiner geplanten Route weiterflog.

Laut der Nachricht war MH370 um 2:43 Uhr »dabei, auseinanderzubrechen«, während die Piloten verzweifelt versuchten, die Flugsicherung über die bevorstehende Bruchlandung zu informieren und eine Rettungsaktion in Gang zu setzen. Die Nachricht musste per VHF-Signal, also über Ultrakurzwelle, gesendet worden sein. Der Bericht, dass es von einer »Einheit des US-Militärs, stationiert in U-Tapao« empfangen worden war, bedeutete, dass das Signal wahrscheinlich von einem amerikanischen Militärflugzeug empfangen wurde, das in U-Tapao stationiert war und sich gerade in der Luft befand. Der amerikanische Angestellte, der die Nachricht im Namen der Botschaft gepostet hatte, machte wahrscheinlich einfach seine Arbeit in der Annahme, das Richtige zu tun. Allerdings wurde die Nachricht wegen ihrer unwiderruflichen Folgen schnell wieder zurückgenommen und gelöscht. Falls es den Notruf um 2:43 Uhr wirklich gegeben hatte und er von MH370 kam, war die Sache klar.

Jahrelang nagte die Möglichkeit an mir, dass dieser Notruf – bei dem der Pilot nach einer Notlandung verlangte und erklärte, das Flugzeug sei dabei, auseinanderzubrechen – wirklich stattgefunden haben könnte. Endlich war ich auf Beweise gestoßen, dass MH370 diese Nachricht tatsächlich ausgesandt hat.

Ende 2019 schickte mir Patricia Thomas, eine extrem engagierte und findige MHistin, zu der ich mit der Zeit ein Vertrauensverhältnis aufgebaut hatte, einen neuen Hinweis, der ihr erst kürzlich wieder eingefallen war. Damit wurde die Glaubwürdigkeit des Notrufs enorm untermauert. Ein Pilot von Vietnam Airlines, der in der Region von Thua Thien Hue im nördlichen Teil von Zentralvietnam unterwegs war, berichtete von einem SOS, das er über die Notruf-Frequenz empfangen hatte. Es sei von einem Punkt nördlich von Phu Bai Airport gekommen. Seine Aussage wurde sowohl in der vietnamesischen Zeitung *Southern Daily* als auch im vietnamesischen Fernsehen veröffentlicht, die internationalen Nachrichtenagenturen berichteten darüber allerdings nicht. In den Auszügen aus der Aussage des Piloten, die mir vorlagen, fand sich keine Zeitangabe, nichtsdestotrotz war es der erste konkrete Hinweis, dass MH370 kurz vor seinem Absturz einen Notruf abgesetzt hatte.[7] Falls sich das als korrekt herausstellen sollte, würde das die Absturzstelle in einem Teil des Südchinesischen Meers verorten, wo man bisher nicht gesucht hatte.

Nach dem Bericht des Vietnam Airlines-Piloten las ich noch einmal die Transkripte der Kommunikation zwischen der Bodenstation von Malaysia Airlines und den Bodenstationen der Flugsicherung in Ho-Chi-Minh-Stadt (HCM ATC) und Kuala Lumpur (KL ATC). Ich konnte mir die Angst und Verwirrung unter den Fluglotsen gut vorstellen, wie sie dort nervös auf ihre Bildschirme starrten und einander am Telefon auf dem Laufenden hielten, während sie sich der grotesken und tragischen Aufgabe gegenübersahen, eine unsichtbare Boeing 777 aufzuspüren. Die in dieser Nacht aufgezeichneten Konversationen wurden im Annex des ersten Zwischenberichts veröffentlicht.[8]

Dem Leser, der noch nie einen Dialog der Flugsicherung mitangehört hat, mag der Austausch, wegen der vielen grammatischen Fehler, der Wiederholungen, der vielen Ähs und Öhms und der »*lahs*« am Ende der Sätze, wie Kauderwelsch erscheinen. Man hätte sich sogar fragen können, ob das Transkript die malaysischen und vietnamesischen Angestellten absichtlich lächerlich machen sollte. Und wenn ja, ob es mit dem Ziel geschah, die Glaubwürdigkeit dieser extrem wichtigen Unterhaltungen zu untergraben. Diejenigen, die wie ich mit Manglish vertraut sind, können diese Dialoge jedoch problemlos verstehen.

Dennoch war die Situation zweifelsohne verwirrend. Kurz nachdem der Radarkontakt nach Wegpunkt BITOD um 1:30 Uhr abgebrochen war, teilte die Bodenstation von MAS den Fluglotsen in Kuala Lumpur Folgendes wortgetreu mit: »Laut dem Unternehmen Malaysia Airlines fliegt das Flugzeug noch, ist über [sic]irgendwo über Kambodscha.«

Die Fluglotsen auf malaysischer Seite mussten also erleichtert gewesen sein, dass ihr Flugzeug, das Vietnam nicht finden konnte, immer noch flog. Wahrscheinlich wunderten sie sich darüber, dass die Maschine nicht auf den Bildschirmen der Flugverkehrskontrollen in Vietnam oder Kambodscha auftauchte. Weil sich MH370 jedoch mittlerweile weit außerhalb ihrer Reichweite befand, lag es nun gewissermaßen an ihren Kollegen am anderen Ende des Golfs von Thailand, dies herauszufinden. Um 2:04 Uhr gaben die malaysischen Fluglotsen diese Information also an die Flugverkehrskontrolle in Ho-Chi-Minh-Stadt weiter und schlugen vor, dass diese das Flugzeug mithilfe der kambodschanischen Fluglotsen suchen sollten.

Dreißig Minuten später, um 2:33 Uhr, meldete der malaysische Fluglotse seinem Ansprechpartner bei der Bodenstation von Malaysia Airlines, Vietnam habe immer noch »keinen Kontakt« mit und kein »Radarziel« von MH370. Er fügte hinzu: »Aber wir haben uns vorhin bei [euch] MAS erkundigt, und ich glaube, von euch hat jemand gesagt, das Flugzeug fliegt noch und ihr habt bereits ein Signal gesendet?« »Ya«, kam die Antwort der MAS-Bodenstation zurück, die dann der KL ATC bestätigte: »Flugzeug sendet nach wie vor Bewegungsmeldung [...] Positionsmeldung.« Und sie lieferten sogar eine Position: N14.90000, E109.15500. Demnach befand sich MH370 an der Küste Vietnams, nahe der Hafenstadt Da Nang. Diesen offiziellen Aufzeichnungen zufolge war das Flugzeug also nach wie vor in der Luft und flog zwar nicht auf seiner exakten Route, aber immerhin in die richtige Richtung. Die wirklich schockierende Enthüllung kam jedoch kurz darauf.

Nachdem Kuala Lumpur mit der Bodenstation von MAS gesprochen hatte, kontaktierten die Fluglotsen ihre Kollegen in Ho-Chi-

Minh-Stadt. Jetzt war es genau 2:37:50 Uhr. Plötzlich berichtete der Fluglotse in Ho-Chi-Minh, der MH370 während der letzten Stunde verfolgt hatte, so als passiere das Ganze gerade vor seinen Augen: »Das Flugzeug landet in xxxx [unverständlich].«[9] Zwei Sekunden später fragt Kuala Lumpur wie zu erwarten nach: »Wie bitte?« Dann nach einer Sekunde: »Bitte um Wiederholung, Wiederholung für Malaysia drei sieben null.« Nach ein paar weiteren Sekunden teilte der Fluglotse in Kuala Lumpur dann der Flugsicherheitskontrolle in Ho-Chi-Minh die Nachricht mit, die er selbst gerade von der MAS-Bodenstation erhalten hatte: »Bestätigung Malaysia drei sieben null fliegt noch Flugzeug sendet noch Positionsbericht an Airline Okay an die Firma Bestätigung zuletzt zur Zeit Eins Acht Drei Drei zur Zeit Eins Acht Drei Drei passiert Flugzeug Position Eins Eer [sic] Eins Vier Neun Null Null Null Null.« Leider endet das Transkript genau an dem Punkt dieses unglaublichen Austauschs.

Es war, gelinde gesagt, verblüffend, diesen Dialog im Zwischenbericht zu finden. Er widersprach so offensichtlich der offiziellen Version, dass man sich fragt, weshalb man ihn im Bericht gelassen hatte. Der offiziellen Version nach hätte sich das Flugzeug zu diesem Zeitpunkt bereits auf der westlichen Seite von Malaysia befinden müssen, kurz vor seiner letzten Wende ins Nirgendwo. Und sicher nicht im Osten Vietnams, nur wenige Meilen vom chinesischen Luftraum entfernt. Und gleichzeitig druckte man diesen spektakulären dreiseitigen Austausch schwarz auf weiß im offiziellen Zwischenbericht ab! Immer wieder hatte ich die Gesprächsabschnitte durchgelesen, und lange Zeit hatte ich sie einfach nicht kapiert. Und plötzlich wirkten sie nicht nur plausibel, sondern sie passten auch zu der Meldung über einen Notruf um 2:43 Uhr, in dem man um die Genehmigung einer Notlandung bat. In ihren ersten fünf Stellungnahmen erklärte Malaysia Airlines in der Tat sehr deutlich, dass man den Kontakt mit dem Flugzeug um 2:40 Uhr verloren hätte. Erst in der sechsten Stellungnahme änderte Malaysia Airlines die Uhrzeit von 2:40 Uhr auf 1:30 Uhr.

Konnte es sich dabei um einen Fehler handeln? In der Tat wurde diese höchst interessante Information – laut dem Bericht – angeblich eine Stunde später wieder dementiert. Demselben offiziellen Bericht nach geschah um 3:30 Uhr Folgendes: »Die Bodenstation von Malaysia Airlines rief den Fluglotsen an und gab zu, dass die Informationen von ›flight tracker 21‹ ausschließlich auf Projektionen der angenommenen Flugroute beruhten und nicht für die tatsächliche Ortung oder eine Suche genutzt werden konnten (Logbucheintrag des Wachleiters).« Diese neue Information von Malaysia Airlines erwies sich allerdings als problematisch. Erstens ließ sich von einem Flug-Tracking-System keine Positionsmeldung empfangen. Das ergab keinen Sinn. Diese angebliche Konversation, die im Grunde den so wichtigen vorangegangenen Dialog zwischen den anderen Fluglotsen diskreditierte, sollte dem Logbuch des Wachleiters entnommen worden sein, allerdings existierten von ihr keinerlei Tonaufnahmen. Damit gab es für diesen Anruf nicht einen Beweis. Außerdem wurden keine weiteren Einträge aus dem Logbuch des Wachleiters veröffentlicht. Weshalb wurde dieses ausschlaggebende Gespräch nicht wie alle anderen aufgezeichnet? Und weshalb hatte man diese wichtigen Logbucheinträge nicht im Annex abgedruckt? Wir werden also Zeugen eines verblüffenden Austauschs zwischen einem vietnamesischen Fluglotsen und seinem malaysischen Kollegen, in dem es »live« heißt, dass »das Flugzeug gerade landet«. Von diesem Dialog gibt es eine Tonaufnahme und er ist im offiziellen Bericht abgedruckt. Dennoch wird diese Aufnahme durch ein späteres Gespräch widerlegt, von dem es keine Tonaufnahme gibt und das nur in einem »Logbuch des Wachleiters« erwähnt wird, einem Logbuch, welches wir nie zu Gesicht bekommen. Wirkt das nicht sehr verdächtig?

Als Fragen zu den Angaben der Bodenstation von Malaysia Airlines aufkamen, weil diese zu einem bestimmten Zeitpunkt angegeben hatte, das Flugzeug würde nach wie vor über Kambodscha fliegen, bekam die Öffentlichkeit zu hören, es handle sich dabei um das Trackersignal und nicht um das eines Flugzeugs. Das ergab allerdings keinen Sinn. Die Bodenstation von Malaysia Airlines konnte unmöglich ein Positionssignal empfangen haben, das heruntergeladen werden musste, wenn sie ihre Informationen von einem automatisierten Tracker erhielt. Unabhängig davon wäre ein automatisiertes Signal, das eine vorher angegebene Route anzeigte, nicht von dieser abgewichen. Es wäre weiterhin dem vorgegebenen Flugplan gefolgt, ohne sich in unbekanntes Terrain vorzuwagen. Es sieht jedoch so aus, als hätte niemand das simple Szenario in Erwägung gezogen, nach dem das Flugzeug im nördlichen Teil von Vietnam vor der Küste Da Nangs und kurz vor China abstürzte.

Am Nachmittag des 8. März hatte Vietnam Hunderte Meilen südlich von Da Nang mit Suchaktionen begonnen. Man schickte Boote der Küstenwache und der Seenotrettung aus (die *CSB 2001* und die *SAR 413*), während eine Antonow-An-26-Maschine vom Tan Son Nhat International Airport in Ho-Chi-Minh-Stadt startete. Nachmittags meldete *Tuoi Tre News:* »Sie bewegen sich nach Süden in Richtung der Stelle, an der das Flugzeug um 1:40 Uhr lokaler Zeit (18:40 GMT Freitag) abstürzte«. Eine weitere An-26, sechs Helikopter und neun vietnamesische Schiffe hielten sich bereit. Am Samstag meldeten die vietnamesischen Behörden, dass einige Schiffe die Nacht »im Absturzgebiet« verbringen würden.

Mehrere Nachrichtensender, lokale wie internationale, berichteten ebenfalls, vietnamesische Militärflugzeuge hätten Ölteppiche vor der Küste gesichtet, bei denen es sich um einen Hinweis auf das vermisste Passagierflugzeug von Malaysia Airlines handeln könne. »Zwei unserer Flugzeuge sichteten zwei Ölteppiche von 15 bis 20 Kilometern Länge, die ungefähr 500 Meter voneinander entfernt parallel zueinander verliefen«, berichtete der stellvertretende Stabschef Generalleutnant Vo Van Tuan dem staatlichen Sender *VTV*. »Wir haben Schiffe zu den Stellen geschickt, wo wir die Ölteppiche vermuten, und sie werden voraussichtlich heute Nacht dort ankommen. Es ist sehr wahrscheinlich, dass es sich um einen Hinweis auf das vermisste Flugzeug handelt.« Vize-Admiral Ngo Van Phat, der an der Leitung der Rettungsaktion beteiligt war, erklärte der Nachrichtenagentur AFP später am selben Tag: »Ich denke, dass die beiden Ölteppiche mit dem vermissten Flugzeug in Verbindung stehen. Dennoch müssen wir das Ganze sehr genau untersuchen, sobald unsere Boote in dem Gebiet ankommen.« Er meinte, die Boote seien ungefähr eine Stunde von ihrem Ziel entfernt und würden einen großen Teil des Meeres bei Dunkelheit absuchen müssen. Am Samstag twitterte die *Straits Times* aus Singapur: »#Vietnam sichtet Rauchsäule, Ölteppiche vor seiner Küste.«

Als MH370 über vietnamesische Gewässer flog, hatte es ungefähr noch vierzig Tonnen Treibstoff an Bord. Falls die Ölteppiche mit dem Verschwinden des Flugzeugs in Zusammenhang standen, wäre das ein Hinweis auf einen Absturz ins Meer. Wäre die Maschine im Flug explodiert, hätte sich der Treibstoff verflüchtigt. Am nächsten Tag zitierte die *New York Times* den Leiter der Luftfahrtbehörde Lai Xuan Than, dass die Ölteppiche den ersten Hinweis auf den Verbleib des Flugzeugs liefern könnten. Allerdings wurde die Suche aus der Luft bei Einbruch der Nacht wegen fehlender Sicht vorübergehend eingestellt, während die Schiffe ihre Bemühungen fortsetzten.

Am Sonntagmorgen des 9. März machte ein Fotograf der *Tuoi Tre News* an Bord einer An-26 der vietnamesischen Air Force Aufnahmen des großen Ölteppichs, den Oberstleutnant Hoang Van Phong ungefähr achtzig Kilometer von der angenommenen Absturzstelle entfernt entdeckt hatte. Der Pilot meinte: »Die Farbe des Ölfelds verblasst bereits, und in den nächsten Tagen könnte es durch den Wind ganz verschwinden.« Die Bilder der chinesischen Satelliten, auf denen man Objekte sah, die zwanzig Kilometer voneinander entfernt trieben, waren ebenfalls am Morgen des 9. März aufgenommen worden, wurden aber seltsamerweise erst drei Tage später veröffentlicht. Auf den Bildern ließen sich drei große Objekte erkennen, die in einem Umkreis von 17,5 Kilometern voneinander entfernt im Wasser lagen; ihre Größe betrug 13 × 18, 14 × 19 und 24 × 22 Meter. Die Objekte befanden sich ungefähr 200 Kilometer ostsüdöstlich von IGARI. Weil China die Bilder erst relativ spät nach der Entdeckung der Trümmer mit der Welt teilte, konnten die zwei vietnamesischen Flugzeuge, die die von China angegebene Fläche mehrere Stunden lang absuchten, nichts finden. Dieser Vorfall wurde auf der Website des *Aviation Herald* beschrieben, der eine recht gute Chronologie der Ereignisse zusammentrug: »Chinas

Parlamentsvorsitzender schickte chinesische Schiffe zur gleichen Position, damit diese ›sich mehr Mühe‹ gäben, die auf den Satellitenbildern gesichteten Trümmerstücke zu finden.« Der Leiter der CAAC, der zivilen Luftfahrtbehörde Chinas, erklärte, auf den Satellitenaufnahmen sähe man Rauch und schwimmende Objekte, aber »zu diesem Zeitpunkt kann die CAAC nicht bestätigen, dass die Objekte mit MH370 in Zusammenhang stehen«.

Ein weiterer Hinweis, der auf eine Katastrophe im Südchinesischen Meer verwies, kam von der Chinesischen Universität für Wissenschaft und Technik in Hefei, der Hauptstadt der chinesischen Provinz Anhui. Die Universität gab auf Basis von zwei ungewöhnlichen seismischen Messungen eine mögliche Absturzstelle bekannt. Die Daten ließen einen Absturz des Flugzeugs nahe der Position seines letzten Kontakts vermuten.[10] Die chinesischen Wissenschaftler gaben die Zeit des Absturzes mit 2:55 Uhr am 8. März 2014 an, nur zwölf Minuten nach der mysteriösen Meldung, dass das Flugzeug auseinanderbreche. Merkwürdigerweise wurden die Daten aus Hefei prompt von Analysten der United States Geological Survey (USGS) am Nationalen Erdbebeninformationszentrum der Vereinigten Staaten zurückgewiesen, die nach der Untersuchung der Messungen zu einem völlig anderen Schluss kamen.[11] Die amerikanischen Wissenschaftler lehnten die chinesische Interpretation der zwei ungewöhnlichen seismischen Messungen vehement ab[12] und verorteten die seismischen Ereignisse nicht im Golf von Thailand, sondern an der Westküste Sumatras.[13] Es ist schon ein bisschen verwunderlich, dass ein amerikanisches Institut sich die Mühe macht, die Position einiger seismischer Ereignisse »klarzustellen«. Zusammen mit einem chinesischen Kollegen fragte ich an der Universität in Hefei nach, wie oft die US-Kollegen die Ergebnisse des chinesischen Instituts davor kommentiert hatten. Die Antwort lautete: noch nie. Dementsprechend muss man wirklich fragen, warum die Amerikaner sich die Mühe machten, diesen Fund von »zwei ungewöhnlichen Messungen« nahe der Stelle des letzten Kontakts mit MH370 zu diskreditieren.

Die starke Erschütterung, die nahe der Stelle erfolgte, an der das

Flugzeug verloren ging, allerdings mehr als eine Stunde nachdem MH370 dort tatsächlich vorbeigekommen war, beschäftigte mich noch lange. Bis ich schließlich auf ein sehr ähnliches »ungewöhnliches seismisches Ereignis« stieß, bei dem es sich um eine menschengemachte Explosion unterhalb der Wasseroberfläche handelte. Im Juli 2016 zeichnete die United States Geological Survey ein »seltenes seismisches Ereignis« der Stärke 3,7 vor der Küste Floridas auf. Diese Region ist, tektonisch gesehen, ebenso ruhig wie der Golf von Thailand. Wenige Tage nach dem Ereignis wurde es offiziell als eine »Test-Explosion der Marine« deklariert. Der Internetseite DefenseNews.com zufolge hatte die US-Navy den Test durchgeführt, um die Widerstandsfähigkeit eines nahe gelegenen Kriegsschiffes zu testen. Insofern liegt es nahe, dass es sich bei den beiden ungeklärten seismischen Aktivitäten, die von den chinesischen Wissenschaftlern aufgezeichnet und interpretiert wurden, ebenfalls um Explosionen handelte. Natürlich bleibt offen, was dort explodiert war. Unter welchen Umständen würde etwas am Grund des Meeres explodieren?

Nun, das übliche Vorgehen von militärischen Einheiten im Fall eines gesunkenen Schiffes oder eines abgestürzten Flugzeugs sieht eine kontrollierte Sprengung desselben vor, um explosive Überreste unschädlich zu machen (und um zu verhindern, dass der Feind die eigene Technologie in die Finger bekommt). In einem alten Handbuch des US-Heeresministeriums[14] heißt es ausdrücklich: »Ein Vorfall, der ein abgestürztes Flugzeug betrifft, bringt ein beträchtliches EOD-Problem [explosive ordnance disposal – Kampfmittelräumung] mit sich. [...] Der schnellste und einfachste Weg, sich explosiver Überbleibsel zu entledigen, besteht darin, diese an ihrer ursprünglichen Position zu zerstören. Wenn andere Erwägungen dies zulassen, handelt es sich hierbei um die bevorzugte Methode.«

Könnte es also in genau dieser Nacht einen Zusammenstoß zweier militärischer Flugzeuge in der Nähe von IGARI und BITOD gegeben haben? Vielleicht war es einem der Flugzeuge gelungen, auf dem Flughafen von Hat Yai zu landen (wahrscheinlich das Flugzeug, welches man tief in Richtung Kota Bahru fliegen sah), während das andere womöglich in der Nähe abstürzte ... Falls in dieser Nacht ein solcher Zusammenstoß nahe IGARI stattfand, könnte das auch die Ölspuren im Golf von Thailand erklären, ebenso den Lärm und die brennenden Trümmer, die malaysische Augenzeugen an der Ostküste vom Himmel fallen sahen. Die Explosion neunzig Minuten nach dem Absturz eines Kampfflugzeugs hätte das Wrack und potenzielle explosive Kampfmittel beseitigt. Bei einem solchen Unfall hätte es sich um einen Kollateralschaden kurz vor dem Beginn der Militärübung Cope Tiger handeln können. Falls es wirklich eine kontrollierte Explosion gab, fällt es mir schwer, die Tatsache als bloßen Zufall abzutun, dass sie weniger als zwei Stunden nachdem MH370 IGARI und BITOD passiert hatte und nur wenige Kilometer von seiner letzten verbürgten Position entfernt stattfand.

Außerdem könnte ein abgestürztes Flugzeug, das später durch eine Sprengung zerstört wurde, die Überzeugung erklären, mit der die vietnamesische Marine am Morgen des 8. März bekannt gab: »Das Flugzeug stürzte um 1:40 Uhr, 153 Meilen [283 Kilometer] von der Insel Tho Chu entfernt ab.« Vielleicht hatte man einfach nur von *einem* Flugzeug gesprochen und nicht von MH370. Folglich richtet sich meine nächste Frage an das Militär: Kann eine Operation zur Beseitigung von explosiven Trümmern innerhalb einer Stunde und 15 Minuten geplant und durchgeführt werden?

Die Hypothese von einem möglichen Absturz eines Militärflugzeugs über dem Golf von Thailand ließ mich an Cyndi Hendry denken. Die amerikanische MHistin hatte unermüdlich an den Tomnod-Bildern gearbeitet und war ziemlich überzeugt davon, dass sie südlich von Vietnam das Heck einer DC-10 entdeckt hatte ... So viele Zufälle und noch mehr lose Enden.

Am Sonntagnachmittag des 9. März überschlugen sich dann die Ereignisse. Um 14:40 Uhr meldete ein über dem Gebiet fliegendes Flugzeug aus Singapur den vietnamesischen Behörden verdächtige Trümmerteile, die 100 Kilometer südöstlich von Tho Chu trieben, also innerhalb der angenommenen Absturzzone. Zu dieser Zeit befanden sich bis auf eine vietnamesische An-26 keine weiteren Flugzeuge über der Region.

Um 16:30 Uhr schickte Vietnam ein Flugzeug der Küstenwache, eine DHC-6 Twin Otter, zu Position N8792 E103 374. Dort suchte das Flugzeug in einem Umkreis von ungefähr 31 Meilen (57 Kilometern) die Wasseroberfläche südsüdwestlich von Tho Chu ab. Andere Presseberichte meldeten am späten Sonntagnachmittag, ein vietnamesisches DHC-6-Wasserflugzeug mit Reportern an Bord habe das Stück eines Flugzeugleitwerks gesichtet sowie ein rechteckiges Stück aus Verbundmaterial mit einer rechteckigen Öffnung mit abgerundeten Ecken in der Mitte.[15] Auf den Fotos sah das Objekt wie eine Flugzeugtür aus, sie konnten es aber nicht sicher sagen. Vietnams Ministerium für Nachrichten und Kommunikation teilte auf seiner Website mit, man nehme an, bei den Fragmenten handele es sich um eine Innentür und das Stück eines Leitwerks. Allerdings wurde es bereits dunkel. Ein unter *KN 774* registriertes Schiff wurde ausgesandt, um sich vor Ort ein Bild zu machen.

Am nächsten Tag, am Montag, dem 10. März, meldete ein Flugzeug von Cathay Pacific auf dem Weg nach Hongkong eine »große Menge an Metalltrümmern« südöstlich der vietnamesischen Küste. Der *Aviation Herald* berichtete auf seiner Website darüber wie folgt:

> Die Flugsicherung in Hongkong berichtete am 10. März 2014 gegen 17:30 LT (09:30 Z), ein Verkehrsflugzeug, unterwegs auf der Flugroute L642, hätte über Kurzwelle ein großes Trümmerfeld gemeldet. Die Position sei N9.72 E107.42, ungefähr 80 Seemeilen südöstlich von Ho-Chi-Minh-Stadt, circa 50 Seemeilen vor der südöstlichen Küste von Vietnam im Südchinesischen Meer und etwa 281 Seemeilen nordöstlich der letzten bekannten Radarposition. Ein thailändischer Frachter, der in der Gegend unterwegs war, wurde um Hilfe gebeten, fand aber bisher nichts Ungewöhnliches. Ein zweites Schiff, das zur Unterstützung herangezogen wurde, fand einige Trümmerstücke, bisher gibt es dazu aber noch keine Informationen. In Reaktion auf diese Funde schickte Vietnams Seenotrettung ein Schiff zum Trümmerfeld.

Die Nachrichtenagentur Bloomberg meldete: »Ein Schiff in der Gegend bestätigte, dass 92 Kilometer vor der Südostküste Vietnams im Südchinesischen Meer Material trieb.«

Interessanterweise erzählte man uns im Presseraum in Kuala Lumpur von einer multinationalen, breit aufgestellten Flotte mit Dutzenden von Schiffen und Flugzeugen, die den Golf von Thailand durchkämmten. Was die internationalen Medien dazu anspornte, über eine gewaltige Suchaktion zu berichten. Bei genauerem Hinsehen stellte sich das Ganze als eher mickrige Operation heraus. In einem vietnamesischen Pressebericht hieß es: »Auf Anfrage von China und den Vereinigten Staaten hat Vietnam drei chinesischen Schiffen und einem Schiff der Vereinigten Staaten den Eintritt in seine Gewässer erlaubt, damit diese die Suche unterstützen.« Der Bericht gibt jedoch nicht den Einsatzort an, und da Vietnam über eine 3500 Kilometer lange Küste verfügt, wusste keiner so recht, wo in den vietnamesischen Gewässern diese Bemühungen genau stattfanden. Die Tatsache, dass eine Erlaubnis seitens Vietnam notwendig war, weist aber darauf hin, dass es sich um Gebiete nahe der vietnamesischen Küste oder nahe einer vietnamesischen Insel handelte.[16]

Hieß das, die vietnamesischen Behörden hatten die anderen Schiffe, die zur Unterstützung der Suche angefordert wurden, aufgehalten? Standen viele Schiffe bereit, die aber nicht ins Gebiet der vermuteten Absturzstelle einfahren durften? War das einer der Gründe für die spürbare Frustration in der Krisenleitstelle in Kuala Lumpur? In jedem Fall würde das die Beschwerden über die fehlende Koordination während der ersten Suchaktion ein Stück weit erklären.

Zu der Frage, wo sich welches Schiff befand, fiel mir unmittelbar nach dem Verschwinden auf, dass sich einige Beobachter in Foren darüber Gedanken machten, weshalb die üblichen Online-Dienste zur Ortung von Schiffen in besagtem Gebiet eine fast leere See zeigten. Vor allem, da die malaysischen Behörden die Entsendung einer Vielzahl von Schiffen ins Südchinesische Meer angekündigt hatten. Auf Reddit schrieb ein Beobachter: »Warum zeigen die ganzen Seiten für den Schifffahrtsverkehr [wie zum Beispiel marinetraffic.com oder vesselfinder.com] dort keine Schiffe an?« War das ein Hinweis darauf, dass keine Schiffe auf dem Wasser nach MH370 suchten (wie vermutet), oder bedeutete es, dass die Instrumente für die Verfolgung der Schiffsrouten (mobiler Seefunk, Radar etc.) blockiert wurden, sodass keine Schiffe angezeigt werden konnten?

Ich versuchte außerdem herauszufinden, welche amerikanischen Streitkräfte sich in der Umgebung der potenziellen Absturzstelle befanden. Es gab mehrere Gründe, weshalb es mir wichtig war, zu wissen, welches US-Schiff sich am 8. März wo befand und was es tat: Da waren zum einen die gerade abgeschlossenen oder bald beginnenden Militärübungen (Cobra Gold und Cope Tiger). Dann die Tatsache, dass das Flugzeug kurz hinter einem singapurischen Wegpunkt (IGARI) verschwand. Dazu kam die starke Präsenz der Siebten Flotte in der Region, und schließlich auch schlicht deshalb, weil die USA alles beobachten und abhören.

Überraschenderweise fand sich auf der offiziellen Website des US Pacific Command (PaCom) zwischen dem 10. Februar und dem 7. April 2014 keine einzige Meldung. Dabei ist PaCom normalerweise nicht für seine Zurückhaltung bekannt. Alles, was einen Monat vor und nach dem Verschwinden von MH370 einen Hinweis auf den Standort bestimmter Schiffe hätte liefern können, war gelöscht worden.[17] Soweit ich überprüfen konnte, hatte es in den Archiven von PaCom noch nie zuvor, und auch seither nicht mehr wieder, eine so umfassende Leerstelle gegeben. Was war vor, während und nach dem Verschwinden von MH370 geschehen, um eine solche Informationslücke zur Siebten Flotte zu rechtfertigen? Wollten einige US-Schiffe in dieser Zeit nicht nachverfolgt werden?

Ein paar Schiffe der US-Marine wurden lediglich zufällig hie und da in verschiedenen Artikeln erwähnt: die USS *Pinckney* (DDG91), die USS *Kidd* (DDG-100), die USS *Denver* und die USS *Fort Worth*. Sowohl die USS *Pinckney* als auch die USS *Kidd* waren Zerstörer der Arleigh-Burke-Klasse mit einem Aegis-Kampfsystem für Lenkwaffen an Bord. Aegis ist ein hoch entwickeltes Kampfsystem, das die neueste Computer- und Radartechnologie zur Verfolgung und Lenkung von Waffen zur Zerstörung feindlicher Ziele kombiniert. Als die USS *Pinckney* 2004 vom Stapel lief, beschrieb Konteradmiral Charles Hamilton II, der die Zeremonie leitete, sie als »das 41. Schiff in einer langen und stolzen Reihe der Arleigh-Burke-Klasse und das technologisch fortschrittlichste Kriegsschiff, das je in See stach«. Da sie sich der Suche innerhalb weniger Stunden anschloss, musste sich die *Pinckney* in der Nähe befunden haben. Am Abend des 8. März tweetete die Siebte Flotte (@US7thFleet) um 21:30 Uhr: »USS Pinckney sollte in Heli [Helikopter]-Reichweite sein, um ihre erste Suche in ungefähr zwei Stunden zu starten.«[18] Bedenkt man die Reichweite eines Seahawk-Helikopters (450 Meilen, Zeit vor Ort und Rückkehr mit einberechnet) und die Höchstgeschwindigkeit des Schiffs (ungefähr 30 Knoten), dann muss die USS *Pinckney* ungefähr 200 Meilen (370 Kilometer) vom Golf von Thailand entfernt gewesen sein.

Eine der vier ursprünglichen Meldungen in Bezug auf die Beteiligung der US-Navy bei der Suche nach MH370 trägt den Titel »US P-3 and USS Pinckney helicopter over Malaysian airlines search site« [»US P-3 und USS Pinckney Helikopter über Suchgebiet von Malaysia Airlines«]. Darin steht:

> Am 9. März 2014 suchen eine Navy P-3C Orion und ein MH-60R-Helikopter, der von der USS Pinckney (DDG 91) aus startete, an der letzten bekannten Radarposition und dem Ort des letzten Kontakts von Malaysia Airlines Flug MH370. Zu diesem Zeitpunkt gibt es keinen Bericht über gesichtete Trümmer. Die P-3 startete in Okinawa und kam am frühen Nachmittag des 9. März dort an. Ihr blieb genug Treibstoff für ungefähr drei Stunden Suche vor Ort. Pinckney wurde von einer Trainingsmission im Südchinesischen Meer abberufen, um nach Spuren des vermissten Flugzeugs zu suchen. Ihre MH-60R-Seahawk-Helikopter sind für Such- und Rettungsaktionen, die Bekämpfung feindlicher U-Boote, Oberflächen-Seezielbekämpfung, Überwachung, Vermittlung von Kommunikationsdaten, Unterstützung der Marinegeschütze und logistische Unterstützung

ausgelegt. USNS John Ericsson (T-AO-194) ist auf dem Weg zum Einsatzort, um Treibstoff und logistische Unterstützung zu liefern, damit sichergestellt werden kann, dass Pinckney und ihre Hubschrauber länger vor Ort bleiben können.[19]

Die Tatsache, dass die Siebte Flotte von Japan aus ein Flugzeug zur Unterstützung der Suche geschickt hatte, war wahrscheinlich als hübsches Zitat für die Presse gedacht. Wie wir aber schon von den thailändischen Radardaten wissen, verfügte die US-Air-Force bereits über recht viele Flugzeuge in der Region, darunter mehrere DC-10 und C-17, mindestens eine C-130 (Hercules), eine C-146 A (ein Tankflugzeug). Aber die P-3C Orion ist dafür ausgestattet, magnetische Abnormalitäten unter Wasser aufzuzeichnen. Und wenn sie ein U-Boot erspähen kann, dann sicher auch ein versunkenes Flugzeug. Wollten die USA nicht öffentlich zugeben, dass sie schon in der Region waren, und zwar in voller Truppenstärke?

Unter den Tausenden Threads in verschiedenen Militär- und Flieger-Foren und Blogs über MH370 stieß ich auch auf einen »Ron Black«. Auf seinem Blog schrieb er über das »ungewöhnliche Verhalten« der USS *Pinckney* und über das Kommunikationsverbot, das angeblich für alle an Bord des Schiffes galt. Weshalb durfte die Crew in dieser wichtigen Zeit keinen Kontakt zu Familie und Freunden haben? Mir gelang es, den Mann hinter dem Synonym »Ron Black« zu kontaktieren. Er war ein ehemaliger israelischer Soldat, der an hochspezialisierten Technologieprojekten im In- und Ausland arbeitete. Der befehlshabende Offizier der USS *Pinckney* hatte am 9. März auf der Facebook-Seite des Schiffs gepostet:

Liebe Familien und Freunde der USS Pinckney,

mittlerweile werden einige von Ihnen von der Beteiligung der USS Pinckney an der Suchaktion nach Flug 370 von Malaysia Airlines erfahren haben. Wir haben alle Kommunikation minimiert, um den Ablauf der Operation nicht zu behindern. Wie Sie es von uns gewohnt sind, arbeiten Ihre Seeleute der Pinckney hoch konzentriert an den Aufgaben, auf die sie sich seit Jahren vorbereitet haben. Zum jetzigen Zeitpunkt ist die Lage noch ungewiss. Über alle weiteren Entwicklungen wird Sie das Verteidigungsministerium auf dem Laufenden halten. Ein solches Ereignis betrübt uns sehr. Wir danken Ihnen für Ihre Unterstützung.

Mit freundlichen Grüßen
Frank E. Okata
Kommandant, USN
Befehlshabender Offizier
USS Pinckney (DDG-91)
»Proud to Serve«

Am nächsten Tag postete derselbe Offizier eine weitere Nachricht:

Liebe Familien und Freunde der USS Pinckney,

zunächst möchte ich Ihnen für Ihre vielen freundlichen Nachrichten danken, sie sind sehr tröstlich, und das gesamte Personal an Bord schätzt sie sehr. Die USS Pinckney leistet weiterhin ihren Beitrag in der multinationalen Such- und Rettungsaktion, die versucht, Flug 370 von Malaysia Airlines zu finden. Die USS Pinckney durchsucht unter der Leitung des Befehlshabers der Siebten Flotte und des Befehlshabers von Zerstörungsgeschwader fünfzehn ein Gebiet im Golf von Thailand. Dieses Gebiet befindet sich in der Nähe der letzten Positionsmeldung des Flugzeugs.

Die gesamte Crew der Pinckney *arbeitet unter Hochdruck zusammen* und konzentriert sich darauf, die malaysischen Behörden bei der Aufklärung *dieser Tragödie* zu unterstützen. Ich *bin unglaublich stolz* auf den Einsatz und die Leistung jedes Einzelnen an Bord der Pinckney, und von den Nachrichten, die mich erreichen, weiß ich, dass Sie es auch sind. [Alle Hervorhebungen stammen von der Autorin.]

> Im Auftrag der Crew möchte ich Ihnen mitteilen, dass wir die ganze Zeit über an unsere Familien und Freunde denken. [...]
>
> Mit freundlichen Grüßen
> Frank E. Okata
> Kommandant, USN
> Befehlshabender Offizier
> USS Pinckney (DDG-91)

Ich verstand nicht so recht, weshalb ihn der »Einsatz und die Leistung jedes Einzelnen an Bord« so »unglaublich stolz« machten. Ich hatte gedacht, ein befehlshabender Offizier wäre dann stolz auf seine Mannschaft, wenn diese wirklich hart an einer schwierigen oder gefährlichen Mission arbeitete. Zu diesem Zeitpunkt schipperte das Schiff schließlich nach seinen eigenen Angaben durch den Golf von Thailand und tat nicht viel mehr, als nach einem Trümmerfeld Ausschau zu halten. Dass er die Mission mit dem Wort »Tragödie« beschrieb, wies außerdem darauf hin, dass Kommandant Okata bereits mehr über das Schicksal des Flugzeugs wusste, während der Rest der Welt noch voller Hoffnung war.

Anschließend wurde eine weitere Nachricht gepostet, die mit scharfen Worten darauf hinwies, dass man künftig nicht über die Tätigkeiten und den Verbleib der USS *Pinckney* sprechen dürfe:

> WICHTIGE Nachricht an die Familien und Freunde der PINCKNEY:
>
> Die OPERATIONAL SECURITY (OPSEC)[20] ist von höchster Bedeutung für die Sicherheit unserer Einsätze und unseres Personals. Die Verbreitung sensibler Informationen kann die gesamte Crew in Gefahr bringen.
>
> Bitte teilen Sie keine Informationen mit Ihren Freunden oder in sozialen Netzwerken, die unserer Mission schaden könnten.

Einige von Ihnen wissen vielleicht über unseren Zeitplan, unseren Aufenthaltsort und sogar darüber Bescheid, was Ihr Angehöriger auf der Pinckney tut. Informationen zu diesen Themen dürfen NICHT weitergegeben werden. Bitte teilen Sie Informationen wie Countdowns zum nächsten Einsatz, Hafenbesuche oder Reisepläne nicht in sozialen Medien.

OPSEC gilt genauso für Sie wie für die Crew, und wir sind dabei auch auf Ihre Hilfe angewiesen. Vielen Dank für Ihre Unterstützung. Wir freuen uns alle darauf, Sie bald wiederzusehen!

Stabschef Edmands
USS Pinckney (DDG-91)
OPSEC-Sprecher

Auch hier konnte man sich fragen, welcher Tätigkeit die Besatzung der USS *Pinckney* an welchem Ort nachging, dass man es »NICHT« weitergeben durfte.

***

Im Nachhinein gaben mehrere der Journalisten, die von Phu Quoc aus über die Suchaktion berichteten, zu, sie seien »mehr des äußeren Scheins wegen« in die Region gelassen worden. Auf der Insel gab es nicht viel für die Journalisten zu tun, denn sie hatten kaum Zugang zu irgendwelchen Quellen und kaum oder gar keine Informationen für eine tägliche Berichterstattung. Nur ein paar »wenige Glückliche« durften bei einer der vietnamesischen Suchaktionen dabei sein. Die BBC-Journalistin Alice Budisatrijo sprach in ihrem Bericht, den sie von einem vietnamesischen Helikopter aus sendete, über die schlechte Ausstattung der vietnamesischen Armee. Den Soldaten standen im Grunde nur ihre Augen und ein paar Ferngläser zur Verfügung. Es gab auch kaum Bilder von der angeblichen Flotte internationaler Helfer, die am Ort des letzten Kontakts das Meer absuchte. »Der militärische Einsatz [am Ort des letzten Kontakts] wurde von den Medien ziemlich aufgebauscht«, meinte

Larry Bernier. Er war Amerikaner und lebte schon lange in Vietnam, wo er auf einer Insel im Süden des Landes erfolgreich eine Tauchschule betrieb. Er erzählte mir: »Die Leute denken, dort draußen sei man allein. Aber die sollten die See mal in manchen Nächten erleben – die ist besser beleuchtet als so manche Stadt!«

2018 reiste ich zurück nach Südvietnam, um Leute zu finden, die diese angebliche Großsuchaktion bezeugen konnten. Ich wollte mit Fischern sprechen, ob diese sich an jene Nacht im März 2014 erinnern und an die große Suche, die danach losging. Am Fluss Giang Than an der Westküste Südvietnams, auf der Seite des Golfs von Thailand, reihten sich die bunten Fischerboote aneinander und warteten darauf, dass sie mit großen Eisblöcken beladen wurden, bevor sie für ihre manchmal monatelangen Reisen in See stachen. Ich traf Dong Le und Bui Dinh Bac, zwei Fischer, die auf ihren Motorrollern sitzend mit Freunden plauderten. Beide konnten sich noch gut an den besagten Morgen erinnern. Sie befanden sich gerade zwischen Phu Quoc und Tho Chu auf See, als per Funk die Meldung durchkam, alle Fischerboote sollten nach einem abgestürzten Flugzeug Ausschau halten. Sie folgten weiter ihrer üblichen Fangroute, hofften aber trotzdem darauf, etwas Ungewöhnliches zu finden. So komisch es auch klingen mag: Auf See gilt der Fund einer Leiche als gutes Omen. Aber keinem von beiden fiel während der Arbeit etwas auf. Und abgesehen von der Funkmeldung bekamen sie auch von der angeblichen Suchaktion nichts weiter mit, sie sahen keine Militärschiffe, Flugzeuge oder Helikopter, die das Meer absuchten, gar nichts. Mir kam das sehr komisch vor, und ich wusste nicht recht, was ich davon halten sollte. Klar, das Meer ist groß, und es kann passieren, dass man auf dem Wasser Boote manchmal nicht sieht, die nur wenige Meilen entfernt sind …

Dafür gab es nur zwei Erklärungen: Entweder hatte es nie eine groß angelegte internationale Suche gegeben, oder die echte Suche, mit ihren heldenhaften amerikanischen Seeleuten und den chinesischen Schiffen fand in Wirklichkeit woanders statt, und zwar ohne Pressevertreter.

Verwirrend war auch, dass in den Stunden nach dem Verschwinden des Flugzeugs die Möglichkeit von Trümmerteilen im Golf von Thailand – beziehungsweise die Flut an Hinweisen, dass es weitläufige Trümmerfelder geben könnte – sehr schnell von der amerikanischen Botschaft in Vietnam sowie von den malaysischen und vietnamesischen Behörden als falsch zurückgewiesen wurde. Am Sonntagabend meldeten sich die amerikanischen Such- und Rettungstruppen erstmals zu Wort. Major Thang »Jacky« Ly, Leiter des Büros für gemeinsame Verteidigungsangelegenheiten, Office of Defense Cooperation (ODC), der US-Botschaft, tat das Objekt kategorisch als »bedeutungslos« ab. Bisher hatten sie noch nicht einmal ihre Beteiligung an der Suche zugegeben, und nun erklärten sie, dass das, was von dem singapurischen Flugzeug gesichtet worden war, »in keiner Weise mit MH370 in Verbindung steht«. Der Fall war abgeschlossen, bevor er überhaupt begonnen hatte.

Was man für eine Rettungsinsel gehalten hatte, die im Golf von Thailand auf den Wellen schaukelte, entpuppte sich als Deckel einer großen Kiste. In anderen Berichten stellte sich das »Objekt, das nach einer grauen Rettungsinsel aussah, gesichtet 140 Kilometer südwestlich der vietnamesischen Insel Tho Chu, laut dem Search-and-Rescue-Coordination-Center in Hanoi, [...] als moosbewachsenes Kabel heraus«. Was zunächst als Flugzeugheck beschrieben wurde, das im Golf von Thailand trieb, waren schließlich nur ein paar »zusammengebundene Baumstämme«. Ich konnte mir zwar nicht vorstellen, wie man zusammengebundene Baumstämme für den hinteren Teil eines weißen Flugzeugrumpfs halten konnte, aber ein malaysischer Sprecher behauptete das, und die Medien plapperten es sofort nach. Und die chinesischen Satellitenbilder von den großen Trümmerteilen? Wie wir bereits erfahren haben, wurden sie »versehentlich« veröffentlicht, so behauptete es jedenfalls Verkehrsminister Hishammuddin Hussein. Das Ölfeld verwandelte sich in einigen Artikeln in ein schwimmendes Korallenriff, das von der Strömung hierhin und dorthin getrieben wurde. Und wenn es doch kein Riff war, dann eben Schiffstreibstoff, wie es andere Stimmen erklärten.[21] So oder so wurde die Annahme, dass es sich um Treibstoff von MH370 handeln könne, schnell verworfen. Blieb noch die zentrale Information, ein Signal der ELT-Notfunkbake sei an der letzten bekannten Radarposition von MH370 empfangen worden – diese Nachricht verschwand völlig vom Bildschirm und ist nicht mehr im Internet zu finden. Und zu guter Letzt wurden auch die Augenzeugen, von denen die lokale Presse an der malaysischen Ostküste berichtete, größtenteils einfach ignoriert.

In Kapitel 2 habe ich kurz den Augenzeugenbericht von dem 57-jährigen Bohrinselarbeiter Michael J. McKay erwähnt. Dieser war fest davon überzeugt, ein brennendes Flugzeug am Himmel gesehen zu haben, als er nachts nach draußen kam und »wie gewöhnlich für einen Kaffee und eine Zigarette zum hinteren Teil [der Bohrinsel] schlenderte«. Ich zweifelte keine Sekunde daran, dass der Neuseeländer mit seiner langen Erfahrung auf Bohrinseln das, was er beschrieb, auch gesehen hatte. Seine Person und sein Hintergrund machten ihn zu einem glaubwürdigen Zeugen. Als ich mich dem Szenario vom Absturz ins Südchinesische Meer genauer widmete, sah ich mir noch einmal die detaillierte und professionell formulierte Nachricht an, die er damals geschrieben hatte. Die ursprüngliche Nachricht wurde bei einem Interview mit einem vietnamesischen Vertreter der Flugsicherung im Flughafen von Phu Quoc präsentiert. Ein Kollege von mir machte ein Foto davon, das er mir später weiterleitete. Die Nachricht lautete wie folgt:

> Meine Herren, ich glaube gesehen zu haben, wie das Flugzeug von Malaysia Airlines abstürzte. Der Zeitpunkt passt genau. [...] Ich befinde mich auf der Bohrinsel Songa Mercur vor der Küste von Vung Tau[22] [er fügte die genauen Koordinaten seiner Position an der Oberfläche bei]. Ich sah etwas brennen (das Flugzeug?) [sic] und in großer Höhe, zwischen 265 und 275 magnetischer Peilung von unserer Oberflächenposition. Während ich dem Brennen (des Flugzeugs) zusah, schien es noch in EINEM Stück zu sein. [...] Vom Zeitpunkt, als ich den Brand (Flugzeug) entdeckte, bis die Flammen (immer noch in großer Höhe) erloschen, vergingen 10–15 Sekunden. Es gab keine seitliche Bewegung, also kam es entweder auf uns zu, blieb stehen (fiel) oder bewegte sich von unserem Standpunkt weg. [...]

> Die allgemeine Position des beobachteten Objekts befand sich senkrecht/südwestlich der typischen Flugrouten (wir sehen die Kondensstreifen jeden Tag) und in einer niedrigeren Flughöhe als die normalen Flüge. Oder es kreuzte auf 265–275 magnetischer Peilung die üblichen Flugrouten und flog auf einer gängigen Flughöhe, nur weiter entfernt.

Er endete mit »Viel Glück« und unterzeichnete mit seinem vollen Namen Michael Jerome McKay und seiner Passnummer. Das Einzige, was in McKays Bericht fehlte, war eine genaue Uhrzeit. Er sagte dazu lediglich: »Der Zeitpunkt passt.«

Seine Aussage wurde von einem MHisten abgetan, der ausrechnete, dass McKay von seiner Bohrinsel aus nicht hätte sehen können, wie MH370 IGARI oder BITOD passierte. Was auch immer Mike McKay sah, sei es MH370 gewesen oder nicht, es befand sich auf jeden Fall näher an seiner Bohrinsel als an Wegpunkt IGARI.

Unabhängig davon, ob dieser Mann nun MH370 sah, sein Bericht war für das, was in dieser Nacht in diesem Gebiet passierte, von großer Bedeutung. Was er gesehen hatte, verlangte nach einer Erklärung und hätte gründlich überprüft werden müssen. Sollte es sich bei dem von McKay beschriebenen Flugkörper um MH370 handeln oder sollte dieses brennende Objekt etwas mit MH370 zu tun haben, entkräftete das die Annahme von einem leisen und geheimen U-Turn in Richtung Westen. Doch weder die Behörden noch die Medien befragten den Mann. Stattdessen wurde er gefeuert und bis auf Weiteres nach Neuseeland zurückgeschickt, als wäre seine Aussage äußerst peinlich. Weshalb brachte man diesen vernünftigen Mann so schnell zum Schweigen?

Ein Jahr später wiederholte McKay in seinem einzigen Interview[23] noch einmal, was er gesehen hatte: »Das plötzliche Aufleuchten von einem Feuer am Horizont, das mir sofort auffiel.« Das Feuer lag außerhalb der üblichen Flugzeugrouten, die er tagsüber sah, und wirkte wesentlich niedriger, erzählte er dem Journalisten, der ihn zu Hause in Auckland besuchte. Zuerst habe er den vietnamesischen und malaysischen Behörden Bescheid gegeben und anschließend seine Arbeitgeber informiert. Bald darauf entließ man ihn wegen »persönlicher Nutzung eines Arbeitscomputers«.

Zum Zeitpunkt der Ereignisse hatte die BBC den Hauptsitz von McKays Arbeitgeber in Ho-Chi-Minh-Stadt ausfindig gemacht. Sie schickten eine Reporterin, um mit McKays Kollegen zu sprechen. »Wir haben die strenge Anweisung bekommen, nicht über den Vorfall zu sprechen«, sagte man ihr. Durch eine glückliche Fügung traf eine andere Kollegin Mike McKay am Flughafen von Ho-Chi-Minh-Stadt. Er war dabei, Vietnam zu verlassen, und wirkte extrem gestresst. Und zwar so sehr, dass er sofort, als die kleine freundliche Frau auf ihn zukam – sie hoffte auf ein kurzes Gespräch –, panisch nach dem Sicherheitspersonal rief. »Das war schon bizarr«, erinnerte sich die Reporterin. Sie dachte sich zu dem Zeitpunkt nicht viel dabei und versuchte es nicht weiter. »Najib Razak hatte gerade verkündet, das Flugzeug hätte einen U-Turn vollzogen und sei dann weitergeflogen. Die Geschichte vom Südchinesischen Meer war damit gestorben, und jeder kehrte nach Hause zurück«, erzählte sie mir.

Im März 2019 versuchte ich erneut, Mike McKay ausfindig zu machen. *Le Monde* hatte mich nach Neuseeland geschickt, um über das Attentat in der Moschee in Christchurch zu berichten. Dort bat ich einen alten Freund und Kollegen, den ich aus meiner Zeit in Auckland kannte, um Hilfe. »Die einzige behördliche Registrierung, der man in Neuseeland nicht entgehen kann, ist das Wählerverzeichnis«, meinte Mike Field, ehemaliger Bürochef der Agence France-Presse (AFP) und Reporter des australischen Medienunternehmens Fairfax. »Und die lassen sich nur überprüfen, indem man in eine öffentliche Bibliothek geht und sich die entsprechenden Register vorlegen lässt.« Mike ging also in eine Bibliothek und fand dort tatsächlich Namen und Adresse eines Michael Jerome McKay in Red Beach, nördlich von Auckland. Wir hatten nur kurz darüber gesprochen, wie er Kontakt aufnehmen sollte, falls er den Mann wirklich ausfindig machte. Es stellte sich allerdings heraus, dass es keinerlei Zeit für irgendwelche Pläne gab.

Bei seinem ersten Besuch war niemand zu Hause. Als er aber

das zweite Mal Ende 2019 in Red Beach war, stand ein »Red Ute« (eine in Australien und Neuseeland gebräuchliche Bezeichnung für eine Art Pick-up) in der kurzen, steilen Garageneinfahrt. Mike Field parkte am Straßenrand und lief zum Haus. »Der Briefkasten quoll über, er war seit einer Weile nicht geleert worden«, fiel ihm auf. Bevor er die Haustür erreichen konnte, fing ihn jemand in der Einfahrt ab und fragte, was er hier wolle. Beide Mikes hatten die gleiche Statur. »Sein Kleidungsstil ist genauso durchschnittlich wie meiner, er kauft wohl wie ich bei Wal-Mart ein«, erklärte mir Mike später mit schiefem Lächeln, als er das kurze Zusammentreffen mit dem anderen Mike beschrieb. Als Mike Field meinte, er suche nach einem gewissen Mike McKay, wurde ihm auf eine sehr unfreundliche und gar nicht neuseeländische Art gesagt, er solle »bitte gehen«. In den vielen Jahren die er bereits als Reporter in Neuseeland arbeitete, war er noch nie so rüde abgewiesen worden. Dem perplexen Mike Field blieb nichts anderes übrig, als zu seinem Auto zurückzukehren. Während er noch etwas beunruhigt in seinem Wagen saß, ging er die Bilder durch, die er vor diesem Zusammentreffen gemacht hatte. Währenddessen fuhr ein unscheinbares weißes Auto an ihm vorbei, wendete am Ende der Straße und parkte direkt hinter ihm. Der Fahrer des Wagens blieb sitzen und beobachtete Mike. Als dieser schließlich losfuhr, eskortierte ihn das weiße Auto bis zur Hauptstraße. »Die ganze Sache war ganz schön gruselig«, erzählte mir Mike kurz darauf am Telefon.

Unterm Strich war es auch fünf Jahre nachdem Michael J. McKay seine E-Mail zu MH370 geschrieben hatte, gefeuert worden war und Vietnam unter großem Druck verlassen hatte, nicht möglich, mit ihm zu sprechen. Es schien, als stünde dieser Mann entweder unter Bewachung oder unter besonderem Schutz, vielleicht auch beides. Eine Sache jedoch schien sehr klar zu sein: Er musste sich von Reportern fernhalten. In den Jahren zuvor hatte er kein einziges Mal auf meine Anfragen reagiert. In einer sehr kurzen E-Mail an einen meiner Kollegen deutete er jedoch an, er habe sich in dieser Nacht im März 2014 vielleicht geirrt. Falls das Feuer, dass der Neuseeländer zum Zeitpunkt des Verschwindens von MH370 auf seiner Bohrinsel gesehen hatte, wirklich nichts mit der Maschine zu tun hatte, was war es dann gewesen? Der Himmel über dem Südchinesischen Meer ist nicht dafür bekannt, dass brennende UFOs ihn kreuzen.

Eine weitere wichtige Person war verdächtig still geworden: Sir Tim Clark, der allseits respektierte Präsident von Emirates Airlines. Emirates verfügt über die weltweit größte Flotte an Boeings 777[24], und ihr Chef war eindeutig nicht vom Narrativ eines plötzlich verschwunden Flugzeugs überzeugt gewesen. Ursprünglich hatte er noch gesagt, dass er in dieser Sache »weiter unangenehme Fragen stellen« werde, »auch wenn andere das Thema lieber unter den Teppich kehren würden«.[25] »In der Geschichte der zivilen Luftfahrt hat es [...] nicht einen einzigen Unfall über Wasser gegeben, der nicht wenigstens zu fünf oder zehn Prozent nachvollziehbar gewesen wäre. MH370 dagegen ist einfach verschwunden. Für mich ist das verdächtig, und ich bin total unzufrieden mit dem, was bislang herausgekommen ist«, fügte er hinzu.

Ich stellte drei Anfragen für ein Treffen mit Clark, um mit ihm über seine angriffslustigen Worte zu sprechen. Ich bot sogar an, ihn in Dubai zu treffen oder wo auch immer er sich aufhielt, um organisatorische Hindernisse auszuschließen. Allerdings einigten sich die Emirate und Malaysia Airlines im Dezember 2015 auf einen umfangreichen Kooperationsvertrag[26], und anschließend erklärte Clarks Kommunikationsberater, dieser habe »seinen vorigen Aussagen nichts hinzuzufügen«. Doch bisher hat Clark noch nicht verlauten lassen, ob er mittlerweile mit einer der Erklärungen zufrieden sei, zudem schien er zu Beginn der ganzen Affäre aufrichtig an der Wahrheit interessiert zu sein. Lange Zeit fragte ich mich, ob man Clark irgendwie überzeugt hatte, es sei im allgemeinen Interesse, dass die Wahrheit nicht herauskäme, oder ob man ihn zum Schweigen gezwungen hatte. Eine australische Quelle aus Diplomatenkreisen im Nahen Osten erzählte mir schließlich, dass es die australische Behörde für Verkehrssicherheit ATSB gewesen war, die von Clark verlangte, mit seinen Kommentaren zu MH370 aufzuhören. Anscheinend hatte sie es ausgenutzt, dass sie eines der Hauptreiseziele von Emirates Airlines kontrollierte. Clark musste sich wohl gezwungenermaßen fügen, war aber so empört, dass er sich beim australischen Botschafter in Abu Dhabi darüber beschwerte.

Christian Courcelles ist ein Kanadier Mitte fünfzig, der viele Jahre in der Luftfahrtindustrie gearbeitet hat, erst als Elektrotechniker für Bombardier und später für die Royal Canadian Air Force. Obwohl er mich schon sehr früh mit seiner Geschichte kontaktierte, hatte ich ihn zunächst kaum beachtet. Wie wir gesehen haben, befand sich das Flugzeug anfangs überall: auf den Malediven, in Pakistan, auf Diego Garcia, im Indischen Ozean, sogar in Kasachstan und Somalia. Erst als mich meine Recherchen immer deutlicher in Richtung Südchinesisches Meer führten, schaute ich mir seine überzeugende und bahnbrechende Aussage genauer an. 2018 trafen wir uns schließlich im Bungalow meines Freundes und Kollegen Bruno Philip, dem Südostasien-Korrespondenten für *Le Monde*, in Bangkok. Dort wiederholte Courcelles die gleiche Geschichte, die er mir bereits drei Jahre zuvor während eines von mir aufgezeichneten Gesprächs über Skype erzählt hatte.

In der Nacht des 8. März 2014 saß er in seiner Bangkoker Wohnung vor zwei Bildschirmen. Auf dem einen schaute er Fernsehen, über den anderen chattete er im Voyage Forum, einer kanadischen Reise-Website, bei der er schon lange Mitglied war, über das Rätsel von Flug MH370. Er zappte durch die Kanäle, als er auf einem vietnamesischen Fernsehsender hängen blieb, der Fotos zeigte, die ihn bis heute verfolgen. Der kurze Beitrag zeigte ungefähr fünf Fotos von etwas, von dem er felsenfest behauptet, dass es sich um Trümmer von MH370 handelte, und noch eine kurze Aufnahme von einem startenden Rettungsflugzeug. Courcelles beschrieb alles wie folgt:

> Das Erste, was ich sah, war das vordere Fahrwerk. Es lag einfach am Strand und ragte zur Hälfte aus dem Wasser. Ich habe genug Er-

fahrung, um zu wissen, was ich da sah. Dann sah ich, wie ein Seitenleitwerk mit dem Logo von Malaysia Airlines von der Wasseroberfläche hochgezogen wurde. Außerdem sah ich zwei Personen über den Strand laufen, die eine der Blackboxes trugen. Sie befand sich in einem durchsichtigen Gehäuse, das voller Wasser war.

Bruno und ich fanden es komisch, dass die Blackbox in einem Container voller Wasser transportiert worden sein sollte. Also sprachen wir ihn darauf an. »Ich kann Ihnen nur genau beschreiben, was ich gesehen habe. Erklären kann ich es nicht«, antwortete er.

Ein paar Wochen später fragte ich den Wracktaucher Paul-Henri Nargeolet danach. Zu meiner großen Überraschung erklärte er mir, an dieser Beschreibung sei rein gar nichts ungewöhnlich. »Genauso holen wir eine Blackbox aus dem Meer. Sie muss im Wasser bleiben. Das ist das Standardverfahren«, meinte er. Unter Profis nennt man eine solche Kiste »Aquarium«; sobald sie die Blackbox eines geborgenen Flugzeugs enthält, muss sie versiegelt werden. Courcelles beschrieb nicht nur die Blackbox, er sprach auch von weiteren Trümmerstücken, die man von einem großen Fischerboot lud, nicht von einem Militärschiff, und dass noch mehr Trümmer umhertrieben. Ein offenbar hochrangiges Mitglied der vietnamesischen Armee überwachte das Geschehen. Das Wasser war glasklar, und die Sonne schien durch die Oberfläche. »Mich schockierten diese Bilder so sehr, dass ich vor meinem Post darüber noch einmal im Internet recherchierte, ob ein anderes Flugzeug von Malaysia Airlines jemals dort ins Meer gestürzt war. Danach dachte ich, es kann sich nur um MH370 handeln.«

Nachdem er aber die Worte »Sie haben es gefunden« im Reiseforum gepostet hatte, wurde er zum Gespött der kleinen Online-Community. »Ich schaute weiter Fernsehen in der Hoffnung, dass sie die Bilder noch einmal zeigen würden«, erzählte er. Das geschah allerdings nie. Dann suchte er nach irgendwelchen Hinweisen auf eine Notwasserung im Südchinesischen Meer. Schließlich munterten ihn ein paar Informationen auf, die seiner Meinung nach zu einem Notlandungs-Szenario passten. »Wie könnte man sonst die beiden parallelen Ölspuren erklären? Vor einer Notlandung auf dem Wasser lässt man den Treibstoff ab.« Er erwähnte auch Michael McKays Augenzeugenbericht von der Bohrinsel. Er meinte, er wäre gerne bereit, einen Lügendetektortest zu machen, wenn das seiner Glaubwürdigkeit helfe, bis dahin blieb ihm nur, beim Leben seiner Kinder zu schwören, dass er die Wahrheit sagte.

Als wir uns Ende Mai 2018 das zweite Mal in Bangkok trafen, war er nach wie vor stur von seiner Geschichte überzeugt. Er bestand darauf, dass ich seinen echten Namen verwendete, weil er bereit wäre, zur Rede und auf die Probe gestellt zu werden. »Ich weiß genau, was ich gesehen habe. Was da passiert ist, ist kriminell. Eines Tages wird die Wahrheit ans Licht kommen. Das muss sein, für mich, aber vor allem für die Familien.« Die flüchtigen Bilder gingen ihm einfach nicht mehr aus dem Kopf, und er war sich sicher, dass es eine riesige Aufräumaktion gegeben hatte, nachdem das Flugzeug auf der Wasseroberfläche notgelandet war. Und dass Malaysia die ganze Aktion mit Vietnams Hilfe vertuschte. In Thailand werden zwei vietnamesische Sender ausgestrahlt, und ich versuchte bei beiden, Zugang zu den Archiven zu erhalten. Allerdings war Vietnam, was das Teilen von Informationen anging, ungefähr so gesprächig wie eine verloren gegangene Blackbox. Meine Versuche blieben erfolglos. Aber selbst wenn der Sender den Beitrag nur ein einziges Mal gesendet hatte, selbst wenn die Aufnahmen und Bilder der MH370-Trümmer anschließend vernichtet worden waren, konnte Christian Courcelles nicht der Einzige gewesen sein, der sie gesehen hat.

Man muss wohl kaum erwähnen, dass seine Aussage, falls sie wahr ist, von zentraler Bedeutung wäre. Das würde bedeuten, dass das Flugzeug in vietnamesischen Gewässern nahe der Küste abgestürzt war. Und dass unmittelbar danach eine Aufräumaktion gestartet wurde.

Nachdem wir uns in Bangkok getroffen hatten, war Courcelles enttäuscht, weil ich nicht sofort einen Artikel über seinen Fall schrieb. Ich versicherte ihm, dass ich zwar von seiner Ehrlichkeit überzeugt sei, dass er aber ohne weiteren Beweis bestenfalls ignoriert würde; im schlimmsten Fall würde sich die ganze MHisten-Community über ihn lustig machen. Ich erinnerte ihn daran, wie schnell – extrem schnell sogar – alles, was auf einen Absturz ins Südchinesische Meer hinwies, abgetan, entkräftet und begraben worden war. Und das nicht nur vonseiten der einflussreicheren MHisten-Gruppen im Internet, sondern -wichtiger noch – auch von allen Regierungen, die (wie wenig auch immer) mit der Krise zu tun hatten. Ich versprach ihm, weiter nach Beweisen Ausschau zu halten, die seine Aussage stützten. Ich glaube, das ist uns nun gelungen.

Die meisten Beweise, die für einen Absturz ins Südchinesische Meer sprechen, wurden ignoriert, abgetan, abgestritten oder einfach gelöscht.

Angesichts der vielen Hinweise und Indizien, die auf ein naheliegendes Szenario im Südchinesischen Meer hindeuten, fällt es umso mehr auf, dass der offiziellen Version echte überzeugende Beweise fehlen – unabhängig davon, ob es keine gibt oder ob sie zurückgehalten werden. Vergleichen wir einmal die verblüffenden, aufschlussreichen, höchst problematischen und ungeklärten Fakten und Beobachtungen, die wir in diesem Kapitel im Zusammenhang mit einem möglichen Unfall im Südchinesischen Meer untersucht haben, mit der Tatsache, dass 5000 Kilometer entfernt in dem Gebiet des Indischen Ozeans, in dem man noch bis 2017 offiziell nach dem Flugzeug suchte, kein Mensch etwas gesehen hat. Zwischen Sonnenaufgang, an jenem Tag ungefähr um 6:00 Uhr, und 8:19 Uhr, als das Flugzeug den Inmarsat-Daten zufolge abstürzte, sah kein Segler, Fischer, Crew-Mitglied, ob auf einer Bohrinsel, einem Frachter oder auf einer anderen Art von Schiff, ein Flugzeug, das merkwürdigerweise in Richtung Antarktis flog oder im Ozean abstürzte, sei es nun in einem spektakulären Sturzflug oder durch eine kontrollierte Notlandung. Während dieser fast zweieinhalb Stunden Tageslicht beobachtete kein einziger Augenzeuge, wie das abtrünnige Flugzeug in eine ungewöhnliche Richtung flog und schließlich ins Meer stürzte. Und nachdem MH370 angeblich dort abgestürzt war, fand die größte bisher auf See durchgeführte Suchaktion – die wochenlang andauerte – nicht den kleinsten Beweis dafür. Und das, obwohl mehr als hundert Schiffe und Dutzende Flugzeuge aus 24 verschiedenen Ländern, bemannt mit Tausenden Experten, eingesetzt wurden. Und nachdem es der offiziellen Unterwassersuche nicht gelungen war, irgendeine Spur von MH370 zu finden, kehrte auch die neue Operation, obwohl nun mit den extrem aufgestockten Mitteln von Ocean Infinity ausgestattet, ohne Erfolg zurück. Ist das wirklich, wie uns so oft gesagt wurde, *unglaublich*, oder ist es schlichtweg *unglaubwürdig*?

Wird die Öffentlichkeit irgendwann wach werden und realisieren, dass sie das Recht hat, eine plausible Erklärung dafür zu verlangen, was mit MH370 geschehen ist? Oder wird sie, abgelenkt von anderen Mysterien und Katastrophen, wieder zurück in den Komfort des Alltags rutschen und die 239 Menschen aus 14 verschiedenen Ländern vergessen, die in der Nacht vom 7. auf den 8. März 2014 arglos an Bord eines Linienflugs gingen? Werden sie ihre Familien und Freunde vergessen, die immer noch auf eine Antwort warten? Werden sie die Ungereimtheiten im offiziellen Bericht vergessen, der sich nie auf etwas Beweisbares gründete? Werden sie den Schlag ins Gesicht vergessen, den dieser Vorfall nicht nur für die Familien der Opfer, sondern für jeden bedeutet, der ein Flugzeug besteigt und dabei darauf vertraut, dass es irgendwo sicher landen wird? Es ist eine Beleidigung für uns alle, wenn wir weiterhin so tun, als würden wir glauben, dass dieses Flugzeug »auf mysteriöse Weise« verschwand, obwohl es keine haltbaren Beweise für diese uns aufgezwungene Version gibt. Falls die Öffentlichkeit nicht aufwacht und falls niemand, der um das Geschehene weiß, den Mut hat, die Wahrheit zu erzählen, wird dieses Ereignis wohl wie folgt in die Geschichtsbücher der zivilen Luftfahrt eingehen:

Flug MH370: Kuala Lumpur-Peking, 8. März 2014

Beschreibung: Vorsätzliche Handlung zur Entführung eines Flugzeugs und Kurswechsel in Richtung des Südindischen Ozeans.

Zahlen: 239 Zivilisten, 1 Boeing 777-200ER mit 10 Tonnen Fracht werden vermisst.
Motiv: unbekannt
Genaue Umstände: unbekannt
Absturzstelle: unbekannt
Verantwortliche Personen: unbekannt
Verantwortung übernommen von: niemandem
Zeugen: keine
Bisherige Beweise: keine
Trümmer: 16 Monate lang keine Trümmer. Rechtes Flaperon im Juli 2015 auf Réunion gefunden. Zwei weitere Teile später auf Mauritius und der Insel Pemba (Tansania) gefunden.
Suche nach Beweisen: 100 000 Quadratkilometer Meeresgrund im südlichen Indischen Ozean.
Kosten der Suche: 200 Millionen Australische Dollar
Ergebnisse der Suche: keine
Kommentar(e): Wird als »größtes Mysterium der Geschichte der zivilen Luftfahrt« angesehen.

Epilog
Der Verschwinde-Trick

Eines Nachts, als meine Müdigkeit und mein Frust über diese nie enden wollende Unternehmung immer größer wurden, machte ich mich an eine etwas lächerliche Internetsuche. Ich recherchierte, wie man Dinge verschwinden lassen kann. Vom Einmaleins für Zauberlehrlinge bis zu den Geheimnissen von David Copperfield hatten alle Methoden etwas gemeinsam: Im Moment des Verschwindens ist es wichtig, das Interesse des Publikums mit einem Geräusch, einer Handbewegung, einem angeknipsten Scheinwerfer oder etwas anderem abzulenken. Das Ausschlaggebende für ein erfolgreiches Verschwinden ist nämlich die Ablenkung: Bann die Aufmerksamkeit des Publikums und bring sie dazu, woanders hinzusehen, während du deinen Trick vollführst. Wenn es sich bei dem »Verschwinden« von MH370 tatsächlich um einen groß angelegten Taschenspielertrick handeln sollte, dann wurden parallel dazu nicht ein, sondern gleich mehrere fantastische Ablenkungsmanöver inszeniert.

Wenn auch eine vornehmlich passive, tragen die internationalen Medien daran eine Mitschuld, weil sie die Informationen nicht genug hinterfragt haben. Gelegentlich haben sie sich aber auch aktiv schuldig gemacht, indem sie unbewiesene, fehlerhafte oder schlichtweg falsche Informationen einfach verbreiteten. Die Öffentlichkeit ist nicht so leichtgläubig, und sie sollte es auch nicht sein. Jeder weiß, dass die Geschichte über MH370 keinen Sinn ergibt. Jeder weiß, dass eine Boeing 777, eines der wohl sichersten Flugzeuge in der Geschichte der zivilen Luftfahrt, nicht einfach spurlos verschwinden kann, schon gar nicht in einer der politisch sensibelsten Regionen der Welt. Das offizielle Narrativ ist also nicht nur unglaublich, es ist schlichtweg unglaubwürdig. Gleichzeitig ist die Vorstellung, dass wir offen von den Regierungen belogen werden, denen wir eigentlich vertrauen wollen, so unangenehm und problematisch, dass wir, zum Wohl unserer eigenen mentalen Gesundheit, lieber nach einer anderen Erklärung suchen. Zum Beispiel nach einer, die keinen Sinn ergibt und die einen anständigen Mann zu Unrecht des Massenmords beschuldigt.

Desinformation hat eine lange Tradition, wahrscheinlich gibt es sie schon seit Menschengedenken. Mit der Zeit haben sich die Methoden vervielfacht, sie sind facettenreicher geworden und besser. Im Fall von MH370 wandte man viele verschiedene Methoden gleichzeitig an. Von Anfang an wurden alle Versuche behindert, die Wahrheit ans Licht zu bringen.

Das einfachste Szenario, wonach das Flugzeug kurze Zeit nach seinem Verschwinden von den Radaren der lokalen Flugsicherung abstürzte, wurde innerhalb kürzester Zeit unterdrückt und manipuliert. Und das, trotz zusammenhängender Hinweise und einem Berg von Indizien. Falls, wie wir vorhin herausgefunden haben, der letzte eigentliche Radarkontakt nicht etwa bei BITOD (um 1:30 Uhr) oder IGARI (um 1:22 Uhr) gewesen war, sondern um circa 2:40 Uhr an der Nordostküste Vietnams stattfand, handelt es sich sogar schon bei dem einfachen Szenario eines fatalen Unfalls nahe BITOD oder IGARI um eine Art von Ablenkungsmanöver.

In den ersten Bekanntmachungen sprach Malaysia Airlines noch davon, dass der Kontakt zum Flugzeug um 2:40 Uhr verloren ging. Es sieht so aus, als hätte Malaysia Airlines während der ersten Stunden noch keine Anweisungen erhalten, wie sie ihre Geschichte anpassen sollte. Dementsprechend gab die Airline nur die Informationen weiter, die sie zu diesem Zeitpunkt auch hatte: dass die Bodenstation bis 2:40 Uhr mit dem Flugzeug in Kontakt stand. Traurigerweise passt das perfekt zu dem Kommentar des Fluglotsen in Ho-Chi-Minh, der um 2:37:50 Uhr sagte: »Das Flugzeug landet gerade.« Das ausschlaggebende Transkript dieser Unterhaltung bricht leider weniger als eine Minute nach dieser entscheidenden Aussage ab. Außerdem passt es zum Notruf um 2:43 Uhr, in dem es hieß, dass das Flugzeug auseinanderbreche, und in dem um die Erlaubnis für eine Notlandung gebeten wurde – diese Nachricht hörte ein Pilot von Vietnam Airlines, der in der Nähe vorbeiflog ... Aber das alles und wahrscheinlich noch viel mehr wurde verfälscht, begraben und geleugnet. Das erste große Ablenkungsmanöver bestand also darin, zu sagen, das Flugzeug sei an Wegpunkt IGARI vom Radar verschwunden, obwohl es faktisch nicht nur an BITOD vorbei, sondern auch noch achtzig bis neunzig Minuten länger weiterflog. Ein paar Tage später, als klar wurde, dass die Strömungen im Südchinesischen Meer die Trümmer sowieso in Richtung Süden treiben würden, folgte dann ein größeres Ablenkungsmanöver, weil wegen der vielen Beobachter eine diskrete Aufräumaktion in dieser Region unmöglich wäre: die Geschichte von den Inmarsat-Pings.

In einem zweiten Schritt tauchte eine Vielzahl alternativer Szenarien auf, die sich überall verbreiteten: der verdorbene Co-Pilot, der verrückte Flugkapitän, die gestohlenen Pässe der zwei iranischen Männer, die verdächtige Ladung Mangostanfrüchte, ein versuchter Angriff auf Diego Garcia, das Freescale-Patent, die E&E Bay, die ferngesteuerte Entführung, die Lithium-Akkus, ein Brand im Frachtraum, der Skandal um die gestohlenen Organe ... Selbst wenn eines dieser Szenarien zuträfe, wie sollte man das inmitten eines ganzen Ozeans an widersprüchlichen Informationen erkennen können?

Hinzu kamen die vielen Zweifel, die eine ganze Horde von Experten auf allen großen Fernsehsendern säte, indem sie konträre Analysen von unbewiesenen Vermutungen lieferten ...

Während das Weiße Haus und das offizielle Ermittlungsteam meldeten, das Flugzeug läge am Grund des südlichen Indischen Ozeans, behauptete ein General a. D. auf dem einflussreichen Fernsehsender Fox News, das Flugzeug sei »in Pakistan«, und verwies dabei auf »verlässliche Quellen«. Gleichzeitig lenkte eine undichte

Stelle innerhalb des FBI die Aufmerksamkeit auf die Militärbasis Diego Garcia, auf der der Flugkapitän mit seinem Flugsimulator eine Landung geübt haben sollte.

Süden, Norden und Westen … Die einzige Richtung, in die niemand mehr schaute, war die naheliegendste: der Osten und das Südchinesische Meer.

»Down-Under« fand ein riesiges Ablenkungsmanöver statt. Die australischen Behörden bemühten sich nach Kräften, so lange wie möglich einen kleinen Hoffnungsschimmer am Leben zu erhalten. Dabei beriefen sie sich vor allem auf die zweifelhafte Autorität der Inmarsat-Pings. Erinnern wir uns an das Fehlen von glaubwürdigen Trümmerteilen auf dem Meer. An den großen Treibstoffteppich, der von einem erfahrenen australischen Offizier als ernsthafter Hinweis behandelt wurde, obwohl man davon ausging, dass das Flugzeug aufgrund von Treibstoffmangel abstürzte. An die komplett willkürlich ausgelegten Sonare. Dann die Pings, die von überallher kamen, und an CNN, wie es seine Zuschauerrekorde brach, bis die Suche dann endgültig eingestellt wurde und in einem bitteren Versagen endete. Jeder der die australische Suchaktion genauer verfolgte, konnte sehen, dass ihr von Anfang an Glaubwürdigkeit und Kohärenz fehlten. Natürlich dienten die Medienaufmerksamkeit und die immer neuen Versprechungen vor allem der Botschaft, dass sich das Flugzeug irgendwo »dort unten« befand. Jedes Mal, wenn ein exzentrischer, polyglotter amerikanischer Globetrotter ohne einen Beruf an irgendeinem Strand an der Ostküste Afrikas ein winziges, nicht registriertes potenzielles Trümmerstück fand, wurde die Annahme dadurch erneut bestätigt. Die Suche wurde sogar ein zweites und drittes Mal durch den Einsatz von Ocean Infinity 2018 wiederbelebt.

Im Grunde war die Suche Australiens nur dann erfolglos, wenn man davon ausgeht, dass sie MH370 wirklich finden sollte. Wenn aber der eigentliche Sinn der Aktion darin bestand, eine spektakuläre Ablenkung zu inszenieren, war sie ein voller Erfolg. Die Suche lieferte sogar eine sehr hilfreiche kartografische Vermessung des Meeresgrundes, die sowohl der Fischerei als auch den Öl- und Gaskonzernen nützen könnte. Nun, wo der internationale Medienauflauf sich auf die südliche Hemisphäre konzentrierte, schaffte es Australien, seine Show weitere drei Jahre am Laufen zu halten. So lenkte es die öffentliche Aufmerksamkeit von der weit entfernten eigentlichen Absturzstelle ab, wo derweil diejenigen, die fürs Aufräumen zuständig waren, in aller Ruhe ihrer Arbeit nachgehen konnten und damit das eigentliche Verschwinden vollbrachten.

Mit anderen Worten: Australien vollführte sein Ablenkungsmanöver bravourös. Ich frage mich, wie lange es dauern wird, bis wir endlich etwas von den paar Politikern erfahren, die über alles Bescheid wissen. Ein ranghoher Offizier der australischen Marine erklärte mir ganz offen, dass auf seiner Dienstebene niemand an dem wahren Grund für die »Ping-Operation« zweifelte.

In gewisser Weise trug Tomnod ebenfalls dazu bei, einige sehr motivierte Menschen, die lediglich bei der Suche nach dem Flugzeug oder seinen Trümmern helfen wollten, zu verwirren und auf falsche Fährten zu lenken. Im Sommer 2019 verkündete Tomnod per Tweet, es sei nun nach neun Jahren Aktivität »in den Ruhestand« gegangen. Der Blog von Maxar zog folgendes Fazit aus der MH370-Operation:

> Satellitenbilder von mehr als einer Million Quadratkilometern Fläche wurden auf Tomnod hochgeladen. Freiwillige Helfer wurden gebeten, Ölfelder, Wrackteile, Rettungsinseln und andere auffällige Objekte zu markieren. Mehr als 10 Millionen Menschen halfen mit und generierten mehr Datenverkehr als die User von Instagram. Während 775 Millionen Kartensichtungen wurden über 14 Millionen Tags gesetzt, was den Ersthelfern wichtige Hinweise lieferte, wo das Flugzeug vielleicht gefunden werden könnte.[1]

Anschließend dann der zentrale Satz: »Bis heute bleibt die Position von MH370 ein Rätsel.« Noch einmal: Falls es Tomnod in Wahrheit gar nicht darum ging, MH370 zu finden, weil die Absturzstelle ja längst bekannt war, sondern darum, schwimmende Trümmerteile zu lokalisieren, um eine unauffällige Aufräumaktion zu ermöglichen, dann bezeugt dieser Satz, dass die wahre Position von MH370 bis heute ein Rätsel sei, im Grunde Tomnods Erfolg. Dem Satelliten-Experten, Jean-Philippe Morisseau zufolge wurde Tomnod tatsächlich ursprünglich mit dem Ziel gegründet, Daten zu sammeln, die davon stammten, dass Millionen Freiwilliger auf Bildern nach bestimmten Formen suchten. Diese sollten dafür genutzt werden, die Algorithmen künstlicher Intelligenz zu trainieren und zu verbessern.

Als mein Buch im März 2016 auf Französisch erschien, luden mich verschiedene Buchläden zu Lesungen ein. Nach der Veranstaltung im Paranthèses, dem französischen Buchladen in Hongkong, meldete sich ein Mann mit folgendem Kommentar:

> Es ist komisch. Damals rief mich mein bester Freund, der für die Geheimdienste im Nahen Osten arbeitet, in Peking an und erzählte mir ohne Umschweife: »Die Amerikaner haben Riesenmist gebaut. Sie haben ein Zivilflugzeug abgeschossen. Ich frage mich, wie sie sich aus dieser Sache rauswinden werden.« Also habe ich darauf gewartet, dass diese Nachricht früher oder später öffentlich wird. Stattdessen hörte ich ein paar Tage nach Verlust des Flugzeugs diese seltsame Geschichte, wonach es im südlichen Indischen Ozean verschwunden sein sollte. Mir fehlten die Worte …

Er erzählte das vor allen Anwesenden, darunter auch der französische Generalkonsul Eric Berti, der genauso verblüfft war wie der Rest des Publikums. Als ich versuchte, diesem Hinweis nachzugehen, bekam ich wenig überraschend keine weiteren Erklärungen von dem Mann.

Ehrlich gesagt, war das nicht das erste Mal, dass mich derartige Berichte erreichten. Viele Italiener waren beispielsweise von Anfang an überzeugt, dass MH370 ganz einfach abgeschossen worden war. Sie erinnerten sich an ihren eigenen tragischen Fall, das »Ustica-Massaker« im Jahr 1980, bei dem ein Zivilflugzeug offenbar von einer nicht identifizierten, wahrscheinlich aber französischen

Rakete über dem Mittelmeer abgeschossen worden ist (siehe Seite 443). Viele erinnern sich auch an Flug 007 von Korean Airlines, der fälschlicherweise für ein US-Militärflugzeug gehalten und 1983 von einem russischen Kampfflieger abgeschossen worden war. Und erst kürzlich, im Januar 2020, stürzte eine ukrainische Maschine zwei Minuten nach ihrem Start in Teheran ab, weil sie aufgrund einer Verwechslung von zwei iranischen Raketen abgeschossen wurde. Man muss fairerweise sagen, dass der malaysische Verkehrs- und Verteidigungsminister Hishammuddin Hussein selbst der Erste war, der einen fehlgeschlagenen Militäreinsatz andeutete. Als er während eines australischen Fernsehinterviews auf Malaysias Untätigkeit angesprochen wurde, deutete er an, dass »die Amerikaner« das Flugzeug unter ähnlichen Umständen (d. h., ein unbekanntes Flugzeug im eigenen Luftraum) vermutlich abgeschossen hätten. Auf jeden Fall zeigte seine Körpersprache, wie unwohl ihm zumute war. Übrigens hatte mir ein Neffe des Flugkapitäns von einem ähnlichen Vorfall erzählt. Als ich mich 2018 mit ihm traf, hatte er kurz zuvor auf einer Hochzeit eine ehemalige Klassenkameradin getroffen, die mittlerweile ein recht hohes Tier im Verteidigungsministerium war. Er fragte sie ganz offen, ob sie irgendetwas über den Verbleib des Flugzeugs und der Menschen wisse. »Alles, was ich dir sagen kann, ist, dass sie ein Kollateralschaden sind. Es tut mir sehr leid um deinen Onkel«, antwortete sie, bevor sie weiterging. Für mich klingt das nach dem klaren Eingeständnis einer Militäroperation, obwohl sie nicht genau sagte, um wessen Kollateralschaden es sich hier handelte.

Hinzu kam das wenig aussagekräftige Frachtverzeichnis mit den zweieinhalb Tonnen kaum dokumentierter elektronischer Ausstattung von Motorola und die Anwesenheit von mindestens vier zwielichtigen Männern an Bord, von denen zwei in der Businessclass und die anderen beiden direkt unter der Satcom-Antenne saßen. Dementsprechend müssen wir in Erwägung ziehen, dass sich »etwas oder jemand« an Bord befand, von dem ein anderes Land – gehen wir der Einfachheit halber einmal von den USA aus – nicht wollte, dass es China erreichte. Das passt ebenfalls zu dem, was mir eine malaysische Quelle, die mir ganz zu Anfang Informationen zu MH370 verkaufen wollte, in einer E-Mail geschrieben hatte: »Der Schlüssel zu allem, was passiert ist, befindet sich INNERHALB des Flugzeugs.« Für mich bezieht sich »INNERHALB des Flugzeugs« entweder auf die Passagiere oder die Fracht – oder beides.

Allerdings wies mich ein chinesischer Vielflieger, der um die ganze Welt jettete und dabei auch oft zwischen Kuala Lumpur und Peking hin- und herflog, auf Folgendes hin: Wenn es sich bei der sensiblen Sache um eine Person gehandelt haben sollte, wäre es wesentlich naheliegender gewesen, diese in einem Privatjet zu befördern. Die private Luftfahrt habe 2014 bereits geboomt, meinte er, und die Zollformalitäten waren bei privaten Flügen sowohl am KLIA als auch am Beijing Capital[2] äußerst lasch. Wenn es aber darum ging, eine große sensible Fracht zu transportieren, ergab die Nutzung eines gewöhnlichen kommerziellen Flugs wesentlich mehr Sinn.

Die meisten der Militärangehörigen, mit denen ich in den Jahren meiner Ermittlungen sprach, tendierten zu einer Erklärung, bei der das Militär irgendwie involviert war, gefolgt von einer groß angelegten Vertuschungsaktion. In einer Sache waren sich jedoch alle einig: Der Abschuss eines Zivilflugzeugs konnte kaum Plan A gewesen sein. Zwar war so etwas in einigen dokumentierten Fällen bereits vorgekommen (beispielsweise bei KAL007 und MH17), man kann sich allerdings nur schwer vorstellen, welche Gründe Militärkräfte zum kaltblütigen Abschuss eines Flugzeugs mit mehr als zweihundert Zivilisten aus verschiedenen Ländern an Bord bewegt haben könnten. Wenn MH370 also bei einer Art Militäraktion zerstört wurde, musste es sich eher um einen Fehler oder einen schlecht durchgeführten Plan B handeln – oder um eine SNAFU. Dieses Akronym steht für die farbenfrohe Beschreibung »Situation Normal, All Fucked Up« und meint so viel wie eine unvorhergesehene Eskalation. Nach längerem Nachdenken kam ich also zu dem Schluss, dass das Ereignis die improvisierte und wahrscheinlich ungewollte Konsequenz eines Plans A war, der schrecklich schiefging.

Für die Glaubwürdigkeit einer Journalistin ist es natürlich riskant, womöglich sogar gefährlich, wenn sie anfängt, sich hypothetische Szenarien auszumalen, selbst wenn diese auf soliden Hinweisen aufbauen. Seit ich begann, in diesem Fall zu ermitteln, auch um der Familienangehörigen willen – den wenigen, die ich kenne, aber auch den vielen anderen, denen ich nie begegnet bin –, wurde ich immer wieder gefragt: »Was denkst du, was passiert ist?« Worauf ich jedes Mal lieber darauf hinwies, was meiner Meinung nach *nicht* passiert sein konnte.

Nachdem ich im Lauf der Jahre und über verschiedene Kontinente hinweg so viele kleine Informationshäppchen gesammelt hatte, genieße ich die Freiheit, die mir das Schreiben eines Buches gewährt. Hier kann ich mich im Gegensatz zu einem Artikel in einer seriösen Zeitung an einem komplett fiktionalen Szenario versuchen. Und ein besonders ausgefeiltes und weit hergeholtes militärisches Szenario, das ich mir nach den vielen gesammelten Hinweisen und Spuren zusammenreimen konnte, weist auf eine Geheimdienstmission hin, die tatsächlich in einer SNAFU endete. Aus unterschiedlichen Gründen einigten sich anschließend alle beteiligten Länder, das Ganze zu vertuschen, nicht zuletzt aufgrund der Verhandlungsmacht, welche die Kenntnis eines solchen Geheimnisses mit sich bringt.

Nehmen wir einmal an, auf Basis von fundiertem Hörensagen, dass sich in der Fracht von MH370 ein Spionagegerät, vermutlich amerikanischen Ursprungs und von hohem technologischem Wert, befand. Ein Gerät, das die Chinesen dringend in ihren Besitz bringen wollten. Es ist allseits bekannt, dass China seit langem versucht, manchmal sogar mit Russlands Hilfe, sensibles Material des US-Militärs zu Tarnkappen- und Drohnen-Technologien in die Finger zu bekommen. Was auch immer die genaue Herkunft und Natur einer so besonderen Ladung gewesen sein mag, es ist durchaus plausibel, dass etwas in der Art in Kuala Lumpur eintraf und seinen Weg zum KLIA und an Bord von MH370 fand. Anfang 2014 zogen die USA eine beträchtliche Anzahl von US-Truppen aus Afghanistan ab. Dabei wurde tonnenweise Ausrüstung verschifft und außer

Landes geflogen. Nachdem diese geheimnisvolle Fracht unter chinesischer Aufsicht in Kuala Lumpur angekommen war, wäre es am sichersten gewesen, die Ladung heimlich in einem Passagierflugzeug unterzubringen, am besten auf einem Flugzeug der nationalen Fluggesellschaft Malaysia Airlines. MH370 war für so eine Aktion ideal: ein direkter Nachtflug, den man sowieso schon regelmäßig für den heimlichen Transport illegaler Waren nutzte, welche man mit der blumigen Bezeichnung ganzjährig »frische Mangostanfrüchte« versah, womit vermutlich so ziemlich alles außer diese Früchte gemeint war.

Als die USA dann den Diebstahl ihrer wertvollen Fracht bemerkten und herausfanden, dass diese sich bereits – geschützt durch ein ziviles Passagierflugzeug – auf dem Weg nach Peking befand, sahen sie rot. Eine diskrete Operation in Kuala Lumpur war unmöglich, und so blieb ihnen als einzige Möglichkeit, die Fracht in der Luft abzufangen. Plan A wurde erdacht: Flugzeug abfangen, an einem vorbereiteten Flughafen in der Nähe zur Landung zwingen, mithilfe eines Bodenteams umgehend die problematische Fracht konfiszieren und das Flugzeug schnell wieder in Richtung Peking weiterfliegen lassen.

Mit Blick auf die militärische Präsenz aufgrund der groß angelegten trilateralen Luftabwehrübung Cope Tiger hätte Plan A das perfekte realistische Kriegsspiel sein können. Die Position, an der die Operation in der Luft starten sollte, erscheint sinnvoll. Wegpunkt IGARI wird von Singapur überwacht (loyaler Partner der US-Regierung). Außerdem befindet sich der Wegpunkt an einer idealen Stelle, da die malaysischen Fluglotsen ihre Maschinen dort an ihre vietnamesischen Kollegen übergeben und umgekehrt. Hätte Plan A funktioniert, wäre MH370 wohl mit ein bis zwei Stunden Verspätung in Peking angekommen. Irgendeine technische oder medizinische Ausrede, zum Beispiel der Herzinfarkt eines Geschäftsmannes, hätte den Zwischenstopp problemlos erklärt, besonders während der Nachtstunden, in denen sowieso ein Großteil der Passagiere entweder schlief oder versuchte, ein wenig Schlaf zu finden – wir erinnern uns, es handelte sich nicht umsonst um einen

»Rote-Augen-Flug«. Außerdem verspäten sich Flüge in China regelmäßig. Plan A wäre also vermutlich gar nicht groß aufgefallen. China hätte eine Lektion in Sachen Stehlen von militärischen Geheimnissen erteilt bekommen, und die verdeckte Mission wäre für die Drahtzieher ein voller Erfolg gewesen.

Nur funktionierte Plan A nicht.

Der erste Schritt wäre gewesen, das Flugzeug umzulenken, als es die Flugzonen wechselte, und währenddessen alle seine Kommunikationsmöglichkeiten zu blockieren. Nachdem es also IGARI passiert hatte, wurde es von zwei AWACS-Flugzeugen in die Mitte genommen, die sein magnetisches Feld und alle Kommunikationssysteme abschirmten. Damit machten sie es quasi unsichtbar. Während die AWACS MH370 wahrscheinlich von oben und unten abschirmten, begann das Abfang- und Umlenkungsmanöver.

Wattrelos schrieb in seinem Buch, dass amerikanische AWACS-Flugzeuge an der MH370-Operation beteiligt gewesen wären. »Es waren zwei US-AWACS vor Ort. Die Amerikaner wissen, was passiert ist«, hatte ihm sein Geheimdienstkontakt mitgeteilt. Unabhängig davon erklärte mir ein Kontakt aus dem US-Militär nebenbei in einem Gespräch: »AWACS lassen sich perfekt für elektronische Störmaßnahmen einsetzen.« Das brachte mich zu meinem Sandwich-Szenario: Es waren AWACS vor Ort, diese eignen sich ausgezeichnet als Störsender, also schirmten diese beiden AWACS MH370 ab. Diese Vermutung scheint naheliegend. Praktischerweise ließe sich damit auch das allmählich schwächer werdende Transpondersignal (das erst nach dreißig Sekunden erlosch, anstatt schlagartig abzubrechen) erklären. Vielleicht hatte es einen Moment gedauert, bis beide Flugzeuge auf Position waren. Das würde auch die verzerrte Kommunikation zwischen dem Piloten eines vorbeifliegenden Fluges und MH370 erklären (vgl. S. 24). Außerdem ließen sich so die merkwürdigen Vorgänge auf FlightRadar24 erklären, die einige MHisten bemerkten, die zum Zeitpunkt des Verschwindens von Flug MH370 den Flugverkehr beobachteten. Dort sah man Punkt KAL672 nicht nur schneller als andere Flugzeugpunkte über den Himmel fliegen, es fiel auch auf, dass in der näheren Umgebung noch mehr Flugzeuge gleichzeitig mit MH370 vom Anzeigebildschirm verschwanden. Der einzige Unterschied war, dass diese – im Gegensatz zu MH370 – nach einer Weile wieder auftauchten.

Schaut man sich die Militärstützpunkte in der Umgebung an, die über eine für eine Boeing 777 ausreichend lange Landebahn verfügen, scheint der Stützpunkt U-Tapao ideal. Wie wir bereits festgestellt haben (S. 348), wurde dieser schon seit einer Weile als geheimer Stützpunkt der US Air Force (USAF) in der Region genutzt. Ansonsten hätte auch Hat Yai Airport im südlichen Thailand, bekannt für seine florierenden Schmuggelaktivitäten, für die Aktion vorbereitet werden können. »Bei einer Mission dieses Kalibers arbeiten wir mit verschiedenen ›Ablegern‹, das heißt, wir benötigen verschiedene Optionen. Für ein solches Szenario wurden ziemlich sicher mindestens zwei verschiedene Landeoptionen vorbereitet«, erzählte mir jemand, der mit solchen Operationen, wie ich sie mir vorstellte, vertraut war.

Die Vielzahl an ungewöhnlichen Aktivitäten, welche die Bewohner der Ostküsten Malaysias und Thailands in dieser Nacht beobachteten, passt ebenfalls zu diesem Szenario. Den Radardaten von Pathumtani konnte ich entnehmen, dass eine C-17, ein großes Frachtflugzeug, sich eine Stunde vor dem Start von MH370 in Kuala Lumpur immer noch in der Luft befand. Es war auch eine C-146 A unterwegs; wir haben in Kapitel 13 gesehen, dass so eine Maschine für den schnellen und diskreten Transport von Spezialeinheiten genutzt wird. In den Pathumtani-Daten wurde außerdem eine Lockheed C5-B Galaxy erwähnt, eines der weltgrößten Transportflugzeuge mit interkontinentaler Reichweite, das wegen seiner Kapazitäten von der USAF zur Beförderung überdimensionaler und sehr schwerer Lasten eingesetzt wird. Es gab nur einen Haken. Der kühne, aber theoretisch durchaus machbare Plan A hatte den charakterstarken Flugkapitän Zaharie außer Acht gelassen. Einen Mann, der seine Aufgabe sehr ernst nahm und sich nicht nur seinem Arbeitgeber, sondern vor allem seinen Passagieren verpflichtet fühlte. Er kannte sein Flugzeug in- und auswendig. In seiner langen

Dienstzeit hatte er sich auf die schlimmsten Widrigkeiten vorbereitet, die ihm im Cockpit widerfahren könnten, auch nachts und über dem Meer. Aber vermutlich hatte er sich selbst in seinen wildesten Träumen nicht ausmalen können, dass ein ausländisches Militärkommando ihm eines Tages plötzlich eine Kursänderung befehlen würde. Menschen, die ihn gut gekannt haben, sagten, dass er einer solchen Anweisung instinktiv widersprochen hätte.

Vermutlich behielt er zunächst einen kühlen Kopf, hielt Kurs und gab so etwas durch wie: »Ich befinde mich mit meinen Passagieren auf dem Weg nach Peking. Ich kann ihren militärischen Befehlen nicht Folge leisten. Ich nehme meine Anweisungen von MAS entgegen. Ich werde auf meiner ursprünglichen Route weiterfliegen. Over.« Am 13. März hatte die malaysische Zeitung *Sinar Harian* berichtet, Code Tango – ein geheimes Funksignal, das Malaysia Airlines mitteilt, dass eines ihrer Flugzeuge entführt wird – sei aktiviert worden. Diese scheinbar seltsame Information wurde von zwei MAS-Piloten in ihren polizeilichen Aussagen bestätigt. In dem mir vorliegenden Transkript meinte einer der beiden, er hätte um 4:00 Uhr auf seinem Weg nach Istanbul den Code »Tango« auf seinem ACARS-Bildschirm aufleuchten sehen. In der Nachricht hieß es: »Kod [sic] Tango für alle MH-Flüge.« Es bleibt unklar, ob Zaharie MAS rechtzeitig, bevor die Kommunikationswege von MH370 blockiert wurden, über die Entführung seines Flugzeugs informieren konnte, wie es ein erfahrener Pilot *Sina Harina* erzählte, oder ob MAS über den Tango-Code lediglich all ihren Flügen mitteilte, dass eines ihrer Flugzeuge, nämlich MH370, vermisst wurde. Es kann auch sein, dass das eine auf das andere folgte. Doch obwohl MAS den Tango-Code anfangs bestätigte und in den Polizei-Transkripten eindeutig stand, er sei übermittelt worden, steht kein Wort davon in den offiziellen Berichten.

Plan A ging also schief, entweder weil der Pilot sich den Anweisungen widersetzte, oder aus anderen Gründen. Seinen Verfolgern und ihren Drohungen zum Trotz flog Kapitän Zaharie sein Flugzeug weiter, so gut er konnte und so nah wie möglich an der geplanten Route. MH370 war zwar von den Radaren verschwunden und ließ sich nicht per Funk erreichen, es war aber nach wie in der Luft – und nach wie vor in Richtung Peking unterwegs. Vielleicht wurden anschließend einige Warnschüsse abgefeuert. Auf den Tomnod-Bildern waren verschiedene Trümmerfelder zu sehen, es ist also möglich, dass man während der Aktion versehentlich ein anderes Flugzeug traf, das an der Operation beteiligt war. Auch das ist schon einmal passiert (vgl. die Ustica-Strategie auf S. 443). Mike McKay, der neuseeländische Ingenieur, sah von seiner Bohrinsel aus etwas brennen. Und Anwohner der malaysischen Ostküste hörten um den Zeitpunkt des Abfangmanövers herum eine Explosion sowie anderen ungewöhnlichen Lärm und sahen brennende Objekte vom Himmel fallen. Auf mehreren Flug-Monitoring-Seiten (wie FlightRadar24) beobachteten MHisten sehr schnelle und nicht identifizierte Objekte, die auf die Route von MH370 zuflogen. Waren das Kampfflugzeuge? Vielleicht sogar Raketen?

Wir gehen davon aus, dass das Abfangen von MH370 um 1:20 Uhr begann. Um 2:33 Uhr teilte eine Positionsmeldung der Bodenstation von Malaysia Airlines mit, MH370 befände sich auf N14.90000, E109.15500. Je nachdem, ob das Flugzeug in gerader Linie von IGARI zu diesem Punkt flog oder entlang der Küste und damit näher an seiner ursprünglichen Route, würde die zurückgelegte Strecke variieren. In der ersten Version hätte es 580 Meilen (1074 Kilometer) zurückgelegt, in der zweiten ungefähr 650 Meilen (1203 Kilometer). Für den geraden Weg ergäbe das eine Durchschnittsgeschwindigkeit von 477 Knoten (580 Meilen / 73 Minuten × 60), was zu der Geschwindigkeit passt, die das Flugzeug an Wegpunkt IGARI hatte (470 Knoten). Für die Route entlang der Küste hätte es wesentlich schneller fliegen müssen: 534 Knoten (650 Meilen / 73 Minuten × 60). Diese Geschwindigkeit liegt über der offiziellen Höchstgeschwindigkeit einer Boeing 777-200ER von 513 Knoten (950 km/h). Dementsprechend ist es wahrscheinlicher, dass der Pilot den direkten Weg einschlug. Diese Überlegung passt ebenfalls dazu, dass die MAS-Bodenstation MH370 anfangs über Kambodscha ortete. Vielleicht sah der Pilot angesichts der Bedrohung seine einzige Chance darin, so schnell wie möglich chinesischen Luftraum zu erreichen. Als sich das Flugzeug um 2:25 Uhr dem chinesischen Luftraum näherte, funktionierte seine Satellitenkommunikation (Satcom)[3] plötzlich wieder, ganz so, als hätten die AWACS abgedreht, damit sie nicht von den chinesischen Radaren erfasst werden konnten. Sobald sich MH370 also einer stark militarisierten Zone[4] näherte und nah an die umstrittenen (im Grunde von China besetzten) Paracel-Inseln herankam, brach man die Mission ab.

Dennoch hatte der gewagte Fluchtversuch der beiden Piloten von MH370 keinen Erfolg. Derselben fernöstlichen Quelle zufolge, die schon die AWACS erwähnt hatte, wurde das Flugzeug schließlich von einem »Laser-Weapons-System« (LaWS) abgeschossen. Genau zu dieser Zeit wurden diese Systeme offiziell vom US-Militär getestet (S. 125). Der Abschuss könnte ein grober Fehler gewesen sein, es ist aber auch denkbar, dass es sich um den letzten verzweifelten Versuch handelte, zu verhindern, dass das Flugzeug und seine besondere Fracht den Chinesen in die Hände fielen.

Nachdem ich dieses hypothetische Szenario aus Hunderten Hinweisen zusammengestellt habe, kann ich jedoch die Möglichkeit nicht ausschließen, dass MH370 auch einfach von China abgeschossen wurde, als die Chinesen sahen, dass mehrere Flugzeuge in dieser hochsensiblen Region unangekündigt in ihren Luftraum eindrangen. Das Ganze geschah so schnell, dass sie zu spät bemerkten, dass MH370 als ziviles Flugzeug ungewollt Teil dieser bedrohlichen Flugformation war. Erinnern Sie sich an den chinesischen Botschafter, der den Familien sagte, diese ganze Sache sei »sehr kompliziert«?

Auf die ein oder andere Weise waren vermutlich beide Großmächte in den Verlust von MH370 verwickelt, höchstwahrscheinlich hatten beide entscheidenden Anteil an dieser Katastrophe. Dementsprechend einigte man sich womöglich darauf, dass es für beide Parteien besser wäre, alle Spuren zu beseitigen. Wie wir aber gesehen haben, hinterlässt selbst eine beseitigte Spur noch Rückstände.

Eine Explosion in der Luft kann einzelne Trümmerstücke sehr weit verstreuen. Die Trümmerstücke, die die »Nodder« in großer Zahl sichteten, wurden von Tomnod nie ordnungsgemäß lokalisiert oder bestätigt. Andere Quellen gehen davon aus, dass das Flugzeug lediglich teilweise beschädigt wurde und dann mehr schlecht als recht auf dem Wasser aufsetzte. Um eine Rettungsaktion für potenzielle Überlebende zu ermöglichen, hatte der Pilot vielleicht versucht, die Maschine möglichst nahe der Küste zu wassern. Eine Explosion im Flug würde den Notruf um 2:43 Uhr erklären, in dem es hieß, der Rumpf breche auseinander und man müsse notlanden.[5] Die Tatsache, dass ein Pilot von Vietnam Airlines die Nachricht empfing und sie weitergab, beweist zweifelsfrei, dass es diesen Notruf wirklich gab.

Da man die Absturzstelle genau kannte und sie sich offenkundig in vietnamesischen Hoheitsgewässern befand, ließ sich eine Vertuschungsoperation wahrscheinlich verhältnismäßig gut organisieren. Allerdings ging das nur, wenn man alle örtlichen und internationalen Medien fernhielt und mit Unmengen unterhaltsamem Unsinn ablenkte, um sie so lange wie möglich zu beschäftigten. Glaubt man der Aussage des ehemaligen Bombardier-Mitarbeiters Christian Courcelles, wurden bereits am selben Tag Trümmerteile geborgen. Er war felsenfest überzeugt, gesehen zu haben, wie sogar eine der Blackboxes geborgen wurde. Außerdem wissen wir, dass Vietnam chinesischen und amerikanischen Schiffen Zugang zu seinen Gewässern gewährte. Von diesem Punkt an liefen die Aufräumarbeiten wahrscheinlich auf Hochtouren. Jedoch Hunderte von Meilen vom letzten Kontaktpunkt im Golf von Thailand und Tausende von Meilen von der offiziellen Absturzstelle im südlichen Indischen Ozean entfernt. Es ist sogar möglich, dass die USS *Pinckney* dabei eine Rolle spielte. Ihr Kommandant erklärte, wie »unglaublich stolz« er auf den Mut seiner Belegschaft sei, und sprach merkwürdigerweise schon von einer »Tragödie«, als der Großteil der Weltöffentlichkeit noch nicht wusste, wohin MH370 verschwunden war.

Sollte es dem Flugkapitän irgendwie gelungen sein, mit dem

beschädigten Flugzeug in den niedrigen Gewässern nahe einer vietnamesischen Insel notzuwassern, könnte das Flugzeug dann vielleicht mehr oder weniger in einem Stück gesunken und für seine Passagiere zu einem Sarkophag geworden sein? War das Wrack anschließend mit Sand oder Beton ummantelt worden? Anfangs hätte ich diese Möglichkeit als völlig abwegig abgetan, bis man mich auf den Fall der Passagierfähre *Estonia* hinwies. Nachdem die Fähre am 28. September 1994 gesunken war und dabei 852 Menschen mit in den Tod gerissen hatte, entschied man sich dafür, dass ein internationales Konsortium unter Führung der schwedischen Baufirma NCC das riesige Wrack in drei Lagen aus Textil, Sand und eine vorgefertigte Zement-Matratze hüllen und es anschließend mit einer Schicht Steine bedecken sollte. In den damaligen Presseberichten stand, bei dieser Methode müssten keine Taucher eingesetzt werden. Das Wrack befand sich ungefähr 180 Fuß (54 Meter) unter der Wasseroberfläche – in einer ähnlichen Tiefe befindet sich das vietnamesische Kontinentalschelf. Das heißt, die Verschüttung eines riesigen Wracks unter Wasser ist kein erfundenes Szenario aus einem James-Bond-Film, sie wurde bereits geplant. Der Fall der Estonia bietet natürlich keine Beweise, was das Schicksal von MH370 angeht; allerdings macht er deutlich, dass es technisch durchaus möglich wäre, MH370 in einen solchen Beton-Sarkophag zu hüllen.

Obwohl dieses erschütternde Szenario einer Notlandung in vietnamesischen Gewässern zu vielen unserer gesammelten Fakten passt, bleiben manche Aspekte ungeklärt. Woher wollen wir beispielsweise wissen, dass sich die besagte Fracht in Kuala Lumpur in chinesischer Hand befand? Wir haben erfahren, dass die Bezeichnung »frische Mangostanfrüchte« sehr wahrscheinlich ein Codename für alle möglichen illegalen Güter sein kann, die vermutlich täglich durch KLIA geschleust werden. Dieser Flughafen ist einer der weltweit wichtigsten Umschlagplätze des Schwarzmarkts, besonders für illegalen Handel zwischen Afrika und China. Die privaten Ermittlungen, die Sarah Bajc in Auftrag gab (siehe Kapitel 6), sprechen von einer chinesischen Person, die eine Ladung eskortierte, die wenige Tage zuvor aus Pakistan eingetroffen sein soll. Das Frachtpersonal von Malaysia Airlines erzählte dem Privatdetektiv, sie hätten alle aufgehorcht, da so etwas höchst ungewöhnlich sei.

Ich habe zwar die allgemein sehr schlechte Qualität dieser privaten Ermittlung erwähnt und viele der dort präsentierten Ergebnisse widerlegt. Dennoch ließ mich die Tatsache nicht ganz los, dass Sarah Bajc, selbsternannte Vertreterin der Angehörigen, sich weigerte, den vollständigen Bericht zu veröffentlichen; sie teilte ihn noch nicht einmal mit den anderen Familien. Deswegen frage ich mich, ob der Bericht nicht doch ein paar Körnchen der Wahrheit enthüllt haben könnte. Problematisch ist, dass diese Ladung, die angeblich persönlich aus Pakistan gebracht wurde, nirgendwo im Frachtregister auftaucht. Wenn eine so bedeutende Ladung, solch eine groß angelegte Operation rechtfertigte, konnte es sich schwerlich um etwas Kleines gehandelt haben, sonst hätte es einfach in jemandes Handgepäck Platz finden können.

Ich schaute mir also ein weiteres Mal die Frachtdokumente an. Im endgültigen offiziellen Bericht fiel mir auf, dass die riesige Motorola-Lieferung nicht von der Flughafensicherheit überprüft worden war, obwohl es sich mit 2640 kg um die zweitschwerste Ladung an Bord handelte.[6] Unglaublicherweise wurde diese Information kaum hinterfragt, als sie veröffentlicht wurde. Niemand schien ein Problem damit zu haben, dass eine derart große Ladung elektronischer Gerätschaften nicht durchleuchtet worden war, bevor man sie auf MH370 verlud. In Penang, wo die Ladung herkam, war das nicht geschehen, da es »dort keine Scanner gab, die groß genug für das Durchleuchten der Ladung waren«, allerdings wurde es auch am KLIA nicht nachgeholt, wo solche Scanner sehr wohl vorhanden sind. In dem Bericht heißt es einfach: »Die Ladung kam am Abend des 7. März [in KLIA] an und wurde ohne weiteres Sicherheitsscreening auf MH370 verladen.« Wie es aussieht, wurde die Lieferung in Penang lediglich einer visuellen Untersuchung unterzogen, bei der »die Ladung nicht in ihre einzelnen Bestandteile aufgeschlüsselt wurde«. Kurz gesagt, hatte man die Lieferung in Penang nur kurz oberflächlich begutachtet, bevor sie auf einen Laster verladen, von der Sicherheits- und Zollabteilung von Malaysia Airlines versiegelt und dann nach Kuala Lumpur International Airport weitergeschickt wurde.

»Eine nicht gescreente Ladung ist höchst ungewöhnlich. Wäre das Flugzeug in die USA geflogen, wäre das ein absolutes No-Go gewesen. Aber selbst bei einem Flugzeug mit dem Ziel Peking wundert mich das sehr«, erklärte mir der Chef der Frachtabteilung einer großen Cargo-Airline. Anschließend erzählte er mir von einer Ausnahmesituation, die er mal in London erlebt hatte: Dort sollten Flugzeugmotoren verladen werden, doch weil sie zu groß für die Scanner waren, mussten die Motoren von Spürhunden untersucht werden. Mir kam der Umgang mit der Motorola-Lieferung schon extrem seltsam vor. Dieser Eindruck verstärkte sich noch, als ich im offiziellen Bericht las, dass der versiegelte Laster auf der Fahrt von Penang nach KLIA, die etwa 400 km lang war, »von einer Sicherheitseskorte« begleitet wurde. Eine Sicherheitseskorte für eine Ladung voller »Funk-Equipment und Ladegeräte«? Und das in Malaysia? So etwas ist mir nicht nur in Malaysia noch nie untergekommen, es ergibt auch allgemein keinen Sinn. »Das einzige Mal, dass ich von einer LKW-Eskorte gehört habe, ist vor langer Zeit in Russland gewesen. Und in Mexiko, wenn neue Apple-Produkte auf den Markt kommen«, meinte derselbe Frachtexperte.

Am Anfang meiner Untersuchungen hatte ich die Frachtdokumente durchgeschaut, und die Beschreibung der Motorola-Lieferung war mir überraschend ungenau vorkommen. Als ich nun herausfand, dass genau diese Ladung nie durchleuchtet worden war und dazu noch unter hohen Sicherheitsmaßnahmen nach Kuala Lumpur transportiert wurde, war das beunruhigend und auch ein wenig gruselig. Im Hinblick auf die Überlegung, dass das Flugzeug vielleicht umgelenkt werden sollte, um etwas aus der Ladung zu entfernen, bevor es Peking erreichte, schaute ich nach, wo genau sie im Frachtraum platziert worden war. Dabei stellte sich heraus, dass die Motorola-Ladung direkt neben der vorderen Frachttür stand, sodass man sie schnell als Erstes entladen konnte. Dass die

Lieferung nicht durchleuchtet worden war, was einen krassen Verstoß gegen internationale Sicherheitsbestimmungen darstellte, wurde im Luftfrachtbrief nur ganz vage erwähnt. Die Tatsache, dass sie offenbar wichtig genug war, um zum Flughafen eskortiert zu werden, machte sie zwar nicht gleich zu einem eindeutigen Beweis, aber doch zumindest zu einer weiteren höchst problematischen Besonderheit in diesem Fall.

Man könnte sich auch ein leicht verändertes Szenario vorstellen, in dem die USA die »wertvolle Ladung« zu ihrem eigenen Nutzen nach China schicken wollten. Vielleicht hatte China von der ganzen Operation Wind bekommen und wartete bereits begierig darauf, sich die Ladung in Peking unter den Nagel zu reißen. Doch ob die Ladung nun für China oder für irgendeine amerikanische Organisation in Peking gedacht war, eines ist sicher: Was auch immer in der Nacht von Flug MH370 geplant war, die Lage entwickelte sich eindeutig zu einer SNAFU.

Wenn ich mir das Profil von Flugkapitän Zaharie anschaue – ausgezeichneter Pilot, selbstsicher und seiner Airline treu verbunden –, frage ich mich doch, ob er sich einem ausländischen Militärkommando wirklich widersetzt hätte, das ihn zu einer Kursänderung aufforderte. Seine Freunde meinen das, weil er so prinzipientreu war. Doch angesichts einer lebensgefährlichen Situation durch eine feindliche Militärintervention in der Luft, kann es auch gut sein, dass er den Anweisungen vernünftigerweise Folge leistete. In jedem Fall entschied er sich wohl für das, was er für richtig erachtete. Falls sich die Ereignisse tatsächlich so abgespielt haben, traf er offensichtlich eine sehr falsche »richtige« Entscheidung.

Auf militärischer Seite hatte das kleine Zeitfenster von nur ein oder zwei Stunden vielleicht zu überstürzten und schlechten Entscheidungen geführt, die dann Chaos nach sich zogen.

Während dieser Krise blieben die USA ungewöhnlich still. Vier Monate zuvor hatte ich ihren außergewöhnlichen humanitären Einsatz auf den Philippinen vor Ort miterlebt, nachdem Taifun Haiyan über die Inseln hinweggefegt war.[7] Inmitten dieser apokalyptischen Umgebung hatten mich die bemerkenswerten Fähigkeiten und die

Effizienz der US-Navy extrem beeindruckt. In Asien, wie auch überall sonst auf der Welt, ist die westliche Weltmacht nicht für scheues oder langsames Vorgehen bekannt. Nach dem Verschwinden von MH370 sahen und hörten wir allerdings sehr wenig von den USA, obwohl sie in der Region eine große militärische Verantwortung tragen.

Überraschend ist auch, dass die USA den malaysischen Behörden bisher nicht den kleinsten Vorwurf gemacht haben, obwohl das Unglück nicht nur eine Boeing, sondern auch drei US-Staatsbürger traf. Die klare Überlegenheit der Vereinigten Staaten in Sachen Überwachung ist kein Geheimnis, und ihre Satellitenabdeckung in der Region wurde von hochrangigen US-Quellen bescheiden als »umfangreich« beschrieben. Dennoch legten die Amerikaner kein einziges Satellitenbild der zahllosen zivilen und militärischen Satelliten vor, die das Land über dem Südchinesischen Meer platziert hat, und gaben keine einzige Radaraufzeichnung heraus, obwohl sich sehr viele ihrer Schiffe und Flugzeuge in der Region befanden. Sie trugen nichts zur Ortung eines Flugzeugwracks oder einer Absturzstelle bei. Auf den ersten Blick hielten sich die USA also ungewöhnlicherweise aus allem heraus, obwohl sie deutlich mehr hätten tun können. Das Weiße Haus sprach den Opfern von MH370 noch nicht einmal sein Beileid aus, wie es das bei größeren Flugzeugabstürzen sonst zu tun pflegt.

Während ich mir noch einmal über die merkwürdig reservierte Haltung der Amerikaner Gedanken machte, erinnerte ich mich an den Kommentar eines malaysischen Freundes. Dieser stand dem inneren Zirkel der malaysischen Machthabenden sehr nahe und meinte, man habe dort in den ersten Tagen des Unglücks »jeden Tag« mit dem Weißen Haus telefoniert. Damals schockierte mich diese Nachricht. Während sich die Amerikaner in der Öffentlichkeit verdächtig ruhig verhielten, verfolgte das Büro des Präsidenten der Vereinigten Staaten den ganzen Fall hinter den Kulissen so genau, dass man das Büro des malaysischen Verkehrs- und Verteidigungsministers, Hishammuddin Hussein aka Mr. No-No, jeden Tag kontaktierte ... Welche Situation würde eine so engmaschige Überwachung rechtfertigen, und zwar nicht vonseiten des Außenministers oder des Pentagons, sondern vom Weißen Haus selbst?

Ein ehemaliger Außenkorrespondent in Washington erklärte das wie folgt: »Wenn das Weiße Haus in einer solchen Sache anruft, dann nicht, um Informationen zu erhalten. Man kann sich sicher sein, dass es eigene Mittel hat, um alles zu wissen, was es wissen muss. Bei solchen Anrufen geht es eher darum, Vorschläge zu machen, was als Nächstes zu sagen oder zu tun ist, um die Situation unter Kontrolle zu behalten.«

Ein weiteres Zeichen dafür, dass etwas höchst Ungewöhnliches vor sich ging, war das Verhalten des FBI. Es schickte seine Leute nicht nur umgehend zu den Büros von Malaysia Airlines in Kuala Lumpur, wie mir eine den Ermittlungen nahestehende Person im März 2014 erzählte (siehe S. 29), sondern auch zu anderen strategisch wichtigen Orten und Firmen. Zu ihrer Bestürzung mussten einige zentrale Mitarbeiter der Luftraumüberwachung und Weltraumkommunikation in der Region, darunter auch in Singapur, eidesstattliche Erklärungen abgeben, dass sie nichts von dem weitergeben würden, was sie in dieser Nacht gesehen oder mitbekommen hatten. Sich die offensichtlichen Daten zu schnappen, die offensichtlichen Zeugen zum Schweigen zu bringen und eine strenge Kontrolle der täglich gestreuten Inhalte sicherzustellen sieht sehr nach den notwendigen ersten Schritten aus, um eine große Vertuschungsaktion einzuleiten.

Am 8. März 2014 hielt sich Präsident Barack Obama für ein Familienwochenende in Key Largo, Florida, auf. Bloomberg zitierte einen Sprecher des Weißen Hauses, Josh Earnest, dem zufolge Obama dort über die Situation unterrichtet worden sei. Für Sonntagabend (in Florida), beziehungsweise Montagmorgen (in Peking) wurde ein Telefonat zwischen Obama und dem chinesischen Präsidenten Xi Jinping angesetzt.[8] Die chinesische Regierung setzt ihre Telefonate mit Vorliebe zu ungünstigen Uhrzeiten an, um ihrem Gegenüber zu signalisieren, dass es sich um eine äußerst dringliche Angelegenheit handelt.

Die Oberhäupter der zwei mächtigsten Staaten der Welt greifen doch nicht einfach so zum Telefon, um die aktuelle Weltlage zu besprechen, schon gar nicht wegen eines soeben verschwundenen Flugzeugs, oder? Gerade dieses Telefonat scheint mir eher zu einer schweren bilateralen Krise zu passen. Laut verschiedener chinesischer Medien besprachen die beiden Oberhäupter zwar die Situation in der Ukraine, allerdings erklärte Xi Jinping seinem amerikanischen Kollegen auch, dass er »sehr um die Sicherheit der Menschen an Bord des Flugzeugs besorgt war, unter denen sich chinesische und amerikanische Passagiere befinden, und [dass] China weiterhin enge Beziehungen zu den Vereinigten Staaten unterhalten wird«.

Die chinesischen Zensoren bearbeiten die Transkripte solcher Telefonate äußerst genau. Gerade deswegen kommt mir diese Unterhaltung so seltsam vor. Weshalb sollte der chinesische Präsident gegenüber seinem Kollegen seine »große Sorge« über das vermisste Flugzeug ausdrücken? Und weshalb sollte er direkt danach versichern, China werde weiterhin enge Beziehungen zu den Vereinigten Staaten pflegen? Ist das die diplomatische Version von »wir wissen, was ihr getan habt, sind aber bereit zu verhandeln«? Barack Obama seinerseits sprach in Bezug auf das verschwundene Flugzeug schlicht sein Beileid aus und erklärte, dass die USA in den Such- und Rettungsmaßnahmen uneingeschränkt mit China kooperieren würden. In Anbetracht der Tatsache, dass sich die Medien in dieser Zeit auf alles stürzten, was mit MH370 zusammenhing, wunderte es mich, dass die wenigen westlichen Medienvertreter, die über das Telefonat berichteten, den Teil zu MH370 einfach ausließen.[9] Die Erklärung dafür ist allerdings einfach: MH370 wird in der offiziellen Verlesung des Telefonats durch das Weiße Haus mit keinem Wort erwähnt.[10] Ging es wieder darum, Spuren zu verwischen?

Es sieht so aus, als sei die chinesische Seite über diese amerikanische »Kürzung« ein wenig verärgert gewesen. Zwei Wochen später hielten sich beide Präsidenten für den dritten Nuklearen Sicherheitsgipfel in Den Haag auf. Zuvor hatte man die Presse über ein bilaterales Treffen informiert, das privat in den Räumen des

US-Botschafters stattfinden sollte. Als Erster sprach der US-Präsident, dabei erwähnte er so ziemlich alles, was ihm einzufallen schien: Klimawandel, nukleare Sicherheit, die Situation auf der Krim, sogar seine Frau und Töchter, die gerade eine Chinareise machten und dort Tischtennis spielten. Über Flug MH370 verlor er kein Wort, obwohl dieser in den internationalen Medien nach wie ein großes Thema war. Als Präsident Xi an die Reihe kam, wollte er die ganze Sache offenkundig richtigstellen und erzählte als Erstes, dass Präsident Obama ihn kürzlich angerufen habe, »um sein Mitgefühl für den vermissten Flug von Malaysia Airlines auszudrücken«. Xi Jinping dankte Obama außerdem dafür, dass dieser »die zuständigen amerikanischen Stellen angewiesen hatte, sich der Suche nach dem vermissten Flugzeug anzuschließen und ihre Ergebnisse mit China zu teilen«. Jetzt konnte das Weiße Haus die Tatsache, dass MH370 während des Telefonats zwei Wochen zuvor Gesprächsthema gewesen war, weder übergehen noch dementieren. Xi erwähnte außerdem einen Brief, den er nach dem Gespräch mit Obama erhalten habe und in welchem dieser ihm anbot, »gemeinsame Herausforderungen durch praktische Kooperation« anzugehen. Ein sehr kluger Schachzug des chinesischen Präsidenten, mit dem er seinen Gegenspieler wissen ließ, dass die Sache mit MH370 noch nicht erledigt war. Zu dieser Zeit fiel das noch niemandem auf, mittlerweile höre ich hier eine klare Botschaft heraus.

Doch wie vor Ort zu sehen war, bemühten sich die Amerikaner vor allem darum, die Aufmerksamkeit vom Südchinesischen Meer, wo mehrere Schiffe des US-Militärs im Einsatz waren, wegzulenken[11]. Dank der Hinweise von US-Quellen trugen einige der einflussreichsten Medienvertreter maßgeblich zur Verbreitung dessen bei, was bald schon die »offizielle Version« werden sollte. Als Erstes berichtete am 13. März 2014 das *Wall Street Journal* darüber, dass das Flugzeug nach dem letzten Radarkontakt noch mehrere Stunden weitergeflogen sei. Das war der eigentliche Wendepunkt und gleichzeitig der Beginn einer neuen Ereigniskette in Bezug auf das Schicksal von MH370. Ich erwähnte bereits jene E-Mail, die besagt Boeing und Rolls-Royce unterrichteten Malaysia Airlines nach der

Veröffentlichung des Artikels darüber, dass diese Information falsch sei. Einer Top-Quelle bei Rolls-Royce zufolge erhielt das Unternehmen keine Meldung mehr von dem Flugzeug, nachdem es die Reiseflughöhe erreicht hatte. Die Quelle, die dem *Wall Street Journal* also erzählte, Rolls-Royce verfüge über Triebwerksdaten, die einen Weiterflug belegten, musste sich das ausgedacht haben, da Rolls-Royce solche Daten nicht empfangen hatte.[12] Auch CNN zitierte damals eine »hochrangige Quelle aus der Luftfahrtbranche mit detaillierten Kenntnissen zu der Angelegenheit, die [Star-Moderator] Richard Quest am Donnerstag mitteilte, dass es keine technischen Daten gebe, die darauf hindeuteten, dass das Flugzeug vier Stunden lang weitergeflogen sei, und ausdrücklich sagte, dass der Bericht des *Wall Street Journal* falsch sei«. Kurz darauf bestätigte das Weiße Haus allerdings die Informationen im *Wall Street Journal,* und so wurde aus einer falschen Information – falsch laut den Unternehmen, die am besten wissen müssten, wo sich ihre Flugzeuge und Motoren befanden – eine wahre. Den malaysischen Behörden muss man zugutehalten, dass sie diese Verlautbarung mehrere Tage lang zurückwiesen und ihr widersprachen. Im Nachhinein wünschte ich, CNN hätte den Mut gehabt, bei seiner eigenen vertrauenswürdigen »hochrangigen Quelle aus der Luftfahrtbranche« zu bleiben, und die neue Version infrage gestellt, die in diesen entscheidenden Momenten geformt wurde. Stattdessen schloss sich der Sender bald den anderen Nachrichtenagenturen an und übernahm dann sogar eine Hauptrolle in der wilden Suchaktion, die sich »Down Under« noch abspielen sollte.

Die *New York Times* ergänzte am 15. März 2014 dieses neue offizielle Narrativ noch, indem sie behauptete, dass MH370 nach seinem U-Turn (der mittlerweile weltweit als gegebene Tatsache angesehen wurde) sehr hoch aufgestiegen war, um sich seiner Passagiere zu entledigen, nachdem es zuvor sehr niedrig geflogen sei, um den Radaren zu entgehen. Diese Information hätte vor der Veröffentlichung unbedingt geprüft werden müssen, da sie wahrscheinlich eher mit einem anderen Flugzeug zusammenhing. Stattdessen trug sie ihren Teil zu der Vorstellung bei, dass sich im

Cockpit etwas Vorsätzliches und Unheilvolles abgespielt haben musste. Genauso wie das nächste »Beweisstück«, ausgestrahlt von CNN, es tat.

Am 12. April 2014 zitierte der Sender einen namenlosen »US-Sprecher«, der bestätigte, dass man das Handy des Co-Piloten über Penang geortet habe. Wieder eine Geschichte, die nie offiziell bestätigt und die mittlerweile von der malaysischen Polizei untersucht und widerlegt wurde. Dennoch untermauerte die Vorstellung, eines der Handys habe sich mit einem lokalen Funkmast verbunden, die Idee, MH370 sei über Malaysia hinweggeflogen. Während der ersten Wochen nach dem Ereignis herrschte überall Verwirrung; gerade in dieser Zeit hatten solche Hinweise ein großes Gewicht, vor allem, wenn sie von angesehenen Nachrichtenquellen stammten. Diese Berichte trugen grundlegend dazu bei, dass die Aufmerksamkeit der Öffentlichkeit von dem naheliegenden Szenario, einem Absturz ins Südchinesische Meer, abgelenkt wurde.

Als Barack Obama sieben Wochen nach dem Verschwinden von MH370 Malaysia besuchte, sprach er den Familien der Opfer endlich das Beileid der USA aus. Bei dieser kurzen und einmaligen Erwähnung von MH370 beließ er es dann auch während seines gesamten Besuchs. Es schien, als habe man den Fall abgeschlossen. Das sicherste von Boeing hergestellte Flugzeug war auf mysteriöse Weise mit 239 Menschen an Bord verschwunden. So war es nun mal.

Wenn man der MH370-Tragödie wenigsten etwas Positives abgewinnen möchte, dann die erstaunliche Annäherung, die anschließend zwischen den USA und Malaysia stattfand. Obwohl die beiden Länder wenig gemeinsam hatten, wurden sie über Nacht dicke Freunde. Und das trotz des riesigen Finanzskandals um 1Malaysia Development Berhad (1MDB), in den sogar Premierminister Najib Razak verwickelt war und der so weit reichte, dass selbst das amerikanische Justizministerium ermittelte. Wie wir in Kapitel 3 schon gesehen haben, lud Präsident Obama Najib nichtsdestotrotz an Heiligabend 2014 auf eine Partie Golf nach Hawaii ein. Im September 2017 hieß Präsident Trump Najib sogar im Weißen Haus willkommen.

Chinas Verhalten in dieser Sache ist nicht weniger eigenartig. Sechzig Prozent der Passagiere an Bord waren chinesische Staatsbürger (134 von 227), damit zahlte die Nation in dieser Katastrophe den bei weitem höchsten Preis. Dementsprechend hätte Peking eigentlich gute Gründe dafür gehabt, in dieser Krise die Führung zu übernehmen. Anfangs tat China das auch (vgl. Kapitel 2). Es ließ mehrere Schiffe an den ersten Suchaktionen im Südchinesischen Meer teilnehmen, veröffentlichte als erstes Land Satellitenaufnahmen großer, vermeintlicher Trümmerstücke und ließ den Familien der Opfer den Raum, laut und deutlich zu protestieren, sogar vor der malaysischen Botschaft in Peking. Insgesamt hielt China sich allerdings ziemlich bedeckt.

Es kooperierte nur widerwillig mit der von Australien angeleiteten Unterwassersuche. Außerdem nahm Peking an mehreren trilateralen Treffen mit Malaysia und Australien in Canberra nicht teil, ein klares Zeichen für fehlenden Enthusiasmus, was man auch als diplomatische Ablehnung der australischen Suchaktion interpretieren könnte. Als China die australische Operation endlich ebenfalls finanziell unterstützte übernahm es lediglich zehn Prozent des Gesamtbudgets. Doch falls China wusste, wo genau sich das Flugzeug befand, weil es an der Vertuschungsaktion beteiligt gewesen war, warum sollte es dann Millionen in eine von Australien voller Stolz geführte Aktion stecken, die der reinen Ablenkung diente?

Während die australische Suchaktion die Medien erfolgreich beschäftigte, arbeiteten die chinesische und die australische Regierung aktiv an der Fertigstellung eines umfangreichen Freihandelsabkommens, das seit fast einem Jahrzehnt in der Pipeline war. Das historische China-Australien-Freihandelsabkommen (ChAFTA) wurde schließlich im November 2014 in Canberra unterzeichnet, kurz nachdem der chinesische Präsident Xi Jinping vor beiden Häusern des australischen Parlaments eine Rede gehalten hatte. Obwohl keines der beiden Länder beabsichtigte, dass MH370 ihren gemeinsamen Geschäftsinteressen in die Quere käme, brachte

China das Thema für einen Moment offen zur Sprache. Ich war etwas überrascht zu lesen, dass nach dem Treffen des chinesischen Premierministers Li Keqiang mit seinem australischen Amtskollegen Tony Abbott auf der strategisch wichtigen chinesischen Insel Hainan anlässlich eines regionalen Wirtschaftsforums am 9. April 2014 der erste Punkt in der offiziellen chinesischen Erklärung das »Telefonat über den vermissten Flug, das die beiden Regierungschefs vor einigen Tagen geführt hatten« war.

Denkt man noch einmal über die Worte des chinesischen Botschafters nach, die er in den ersten Tagen nach dem Verschwinden von MH370 an die Familien richtete – »Das alles ist sehr kompliziert. Sie können das nicht verstehen.« –, liegt die Annahme nahe, dass China ebenfalls schon lange mehr weiß, als es zugibt. Doch China schafft es jedes Mal, eine Krise in eine Chance umzuwandeln, und wenn es ein schlimmes Fiasko der USA mitbekommen haben sollte, war es dadurch natürlich in einer hervorragenden Position, um sich sein Schweigen teuer bezahlen zu lassen. Könnte es sein, dass die USA im Gegenzug den unaufhaltsam voranschreitenden Bau umfangreicher militärischer Einrichtungen auf mehreren umstrittenen Inseln im Südchinesischen Meer ignorierten? Sollte es tatsächlich eine Abmachung gegeben haben, nach der Washington Peking innerhalb eines gewissen Zeitraums freie Hand im Südchinesischen Meer ließ, dann verschwendete China keine Zeit. Am 2. Mai verlegte es seine Bohrinsel Haiyang Shiyou 981 (HD 981) im Wert von einer Milliarde US-Dollar, in die Nähe der Paracel-Inseln und damit in Hoheitsgewässer, die eigentlich Vietnam für sich beanspruchte. Dieses dreiste Vorgehen führte zu einer Welle von antichinesischen Protesten in Vietnam und mehreren ernsten Zwischenfällen auf dem Meer. Aber Washington blieb unglaublicherweise mucksmäuschenstill. Anfang Juni entsandte China vier weitere Bohrplattformen (drei Tiefsee-Bohrinseln und eine Hubbohrinsel für flaches Wasser) ins Südchinesische Meer und baute seine Präsenz in der umstrittenen Region damit klar und deutlich aus. Die Nachrichtenagentur Reuters meldete: »Der staatliche Ölgigant China National Offshore Oil Company

(CNOOC) hat schon lange angekündigt, dass er die tieferen Gewässer vor China erschließen will, um seine Produktion anzukurbeln. Die Firma kündigte für das zweite Halbjahr 2014 neue Projekte im westlichen und östlichen Südchinesischen Meer an. CNOOC erklärte, es werde seine jährlichen Investitionsausgaben für 2014 um bis zu ein Drittel auf fast 20 Milliarden Dollar erhöhen.« Das englischsprachige Sprachrohr der Kommunistischen Partei Chinas, *The Global Times*, bezeichnete das Entsenden der Bohrinseln als »strategischen Schritt«. Diesmal gab US-Präsident Obama einen fadenscheinigen Kommentar ab: »Für uns ist es wichtig, dass maritime Dispute in Übereinstimmung mit internationalem Recht gelöst werden, und wir rufen alle betroffenen Parteien dazu auf, sich für die Lösung von Problemen an einen rechtlichen Rahmen zu halten, anstatt die Situation eskalieren lassen, was Einfluss auf Schifffahrt und Handel haben könnte.« Das war alles. Anschließend begann China auf den Spratly- und Paracel-Inseln mit Landgewinnungsmaßnahmen: Bohrungen, Aufschichtungen, Auffüllen von Atollen mit Bergen von Sand und Beton, Bau von Militärhäfen und Landebahnen – das alles geschah in Rekordzeit. Innerhalb weniger Monate wurde allein das Fiery Cross Atoll in eine 274 Hektar große chinesische Militärbasis umgewandelt, die über eine 3125 Meter lange Landebahn verfügte.

Ist es nicht ironisch, dass Australien die internationalen Schlagzeilen für sich beanspruchte, indem es sich damit brüstete, die größte (Schein-)Suchaktion in der Geschichte der Menschheit zu leiten, während China im Stillen eine wesentlich ehrgeizigere, kostspieligere und folgenschwerere Operation durchführte?

Mich verwirrte die offensichtlich stoische Haltung der US-Amerikaner, mussten sie doch bei jeder Ladung Sand, die sie auf ihren Satellitenaufnahmen vom Kontinent zu den umstrittenen Inseln fahren sahen, schwer geschluckt haben. Es passt eigentlich nicht zu den politischen Zielen der USA in der Region, dieses militärische Mammut-Projekt, das China so offen durchführte, einfach geschehen zu lassen. Aber falls das Teil einer Abmachung gewesen war, um zu verschweigen, was mit MH370 passiert ist, dann ...

Sicherlich weiß Vietnam ebenfalls Bescheid. Vielleicht weiß es sogar mehr als alle anderen, allerdings ist der ehemalige kommunistische Staat ein schwarzes Loch, aus dem heraus sich nur schwer journalistisch berichten lässt. Dennoch kann man die rapide Annäherung zwischen den USA und Vietnam während der zweiten Amtszeit Obamas (2013–2017) nicht abstreiten. In diesen Jahren fand eine Serie von bilateralen Besuchen auf höchster Ebene statt. Vielleicht ist es ein weiterer Zufall, aber sechs Monate nach dem Verschwinden von MH370 wurde das Waffenembargo der USA gegenüber Vietnam, das eine Aufhebung schon lange angestrebt hatte, gelockert. Im Mai 2016 hob man es schließlich endgültig auf. Gleichzeitig stieg der bilaterale Handel zwischen Vietnam und den USA dramatisch an. Im Jahr 2018 erreichte das Außenhandelsdefizit zugunsten von Vietnam einen schwindelerregenden Wert von 55,8 Milliarden US-Dollar. Vielleicht hatte es auch noch andere Gefälligkeiten gegeben. Grobe Fehler können kostspielig sein, und Schweigen fordert einen hohen Preis.

Wo ich die französische Regierung in dieser ganzen Sache einordnen soll, weiß ich noch nicht. Schon früh in meinen Recherchen erzählte man mir, dass eine von Frankreichs »hellhörigen« Geheimdiensteinrichtungen auf einigen abgelegenen Inseln das Abfangmanöver mitgehört hätte. Mir wurde dafür nie ein klarer Beweis vorgelegt, zwei Jahre später traf ich jedoch eine Person, deren Aufgabe es war, solche Aufzeichnungen zu transkribieren. Sie deutete einen ähnlichen Inhalt an. Es kann also sein, dass Frankreich vielleicht von Anfang an Bescheid wusste. Im Juli 2015 kam dann die Flaperon-Episode. Vielleicht hatte Frankreich bis dahin die Strategie verfolgt, still von außen zu beobachten, wie sich dieses drohende Desaster entwickelte. Mit dem Auftauchen des Flaperons war Frankreich dann allerdings gezwungen, Stellung zu beziehen. Entweder war es von Anfang an in die Ablenkungstaktik eingeweiht, oder der überraschende Fund des Flaperons auf La Réunion traf die französischen Behörden unvorbereitet.

So oder so, für die Experten hätte es recht einfach sein müssen, die Authentizität des Trümmerteils abzustreiten oder wenigstens anzuzweifeln, da die Identifikations-Plakette fehlte. Doch wie wir gesehen haben, schloss sich Frankreich schließlich den anderen Nationen an, die die Geschichte, das Flugzeug sei im südlichen Indischen Ozean abgestürzt, immer weiter bekräftigten. Und das trotz der anfänglichen Zurückhaltung der französischen Experten, das Trümmerstück als MH370 zugehörig zu deklarieren, und entgegen den Boeing- und NTSB-Experten, die, nachdem sie es gesehen hatten, nicht »vollständig überzeugt« waren, dass das Flaperon zu MH370 gehörte (so berichtete es die *New York Times*). Nun, Frankreich würde seine Beziehungen zu den beteiligten Ländern sicher nicht wegen einer kaputten Flügelklappe gefährden. Es wurde zwar eine offizielle Ermittlung eingeleitet, die zuständigen Richter wurden allerdings regelmäßig von einer Stelle zur anderen in unterschiedliche Regionen versetzt – eine gute Strategie, um sicherzugehen, dass die Untersuchung keine Fortschritte machte. Im November 2014 fand der erste Besuch eines französischen Präsidenten in Australien statt, danach schloss Frankreich 2016 einen U-Boot-Deal über fünfzig Milliarden Australische Dollar mit dem Land ab.

Drei Monate später nahm Australien als Ehrengast an den Feierlichkeiten zum französischen Nationalfeiertag teil. Ehrlich gesagt, hatte Australien bisher keine besonders engen Beziehungen mit Frankreich gepflegt. Obwohl die Verbindung zwischen diesen beiden Demokratien mehr als 150 Jahre zurückreicht, wirkten sie oft eher gezwungen. Dieser weitreichende U-Boot-Deal hätte die französisch-australischen-Beziehungen festigen können, und für die wenigen Jahre, die er bestand hatte, tat er das auch. Allerdings kündigte Canberra ihn Mitte September 2021 unvermittelt auf – mit der Begründung, es hätten sich neue strategische Erfordernisse ergeben, die besser durch nuklear betriebene U-Boote bedient werden könnten, welche die USA in Kooperation mit Großbritannien zur Verfügung stellten. Der französische Außenminister Jean-Yves Le Drian sagte zu dieser Aktion, man sei Frankreich »in den Rücken gefallen«. Le Drian war seinerzeit Verteidigungsminister (unter Präsident Hollande) gewesen, als der U-Boot-Deal unterzeichnet wurde und MH370 verschwand.

Außerdem hatte François Hollande im Jahr 2017 erstmals Malaysia besucht, wo weitere lukrative Verträge über Militärausrüstung unterzeichnet wurden, beispielsweise für den Kauf von Rafale-Kampfflieger n. Natürlich können diese höchst bemerkenswerten und ungewöhnlichen Annäherungsversuche seitens Frankreich gegenüber Malaysia und Australien, zwei Ländern, die sich im Zentrum des MH370-Mysteriums befinden, auch reiner Zufall gewesen sein. Aber sie sind doch immerhin ein Hinweis auf den politischen Kontext, in dem sich der MH370-Fall damals abspielte. Malaysia hat in dieser ganzen Affäre einen Großteil der Kritik abbekommen. Seine außergewöhnliche Unfähigkeit in diesem Fall wurde in den internationalen Medien breitgetreten, man verspottete die malaysische Regierung unaufhörlich und machte sie wegen ihrer Versäumnisse lächerlich.

Doch falls Malaysia wirklich der eigentliche Schuldige in dieser Tragödie war, wer hätte dann etwas davon gehabt, das Land zu beschützen, indem man das Ereignis in ein so ausgeklügeltes Netz aus Geheimnissen einspann? Wäre einzig Malaysia für die Katastrophe verantwortlich gewesen, wäre seine Schuld mit großer Wahrscheinlichkeit ans Licht gekommen, und das Land wäre ganz allein zur Rechenschaft gezogen worden. Ist es daher nicht plausibel, davon auszugehen, dass Malaysia die Rolle des »nützlichen Idioten«, des Bauernopfers und unfreiwilligen Komplizen in einer Affäre einnahm, die sich als wesentlich komplexer herausstellte, als es zunächst den Anschein hatte? Unter dem Deckmantel seiner – bisher so noch nie dagewesenen – auffälligen Unfähigkeit, nahm Malaysia die volle Verantwortung für diese Tragödie auf sich. Es ist durchaus möglich, dass die Beteiligung Malaysias an der ganzen Sache ein zwar riskanter, aber ausschlaggebender Punkt gewesen war, als man sich auf höchster Ebene für eine Vertuschung entschied, anstatt sich der unbequemen Wahrheit zu stellen. Malaysia hatte wohl einfach die Anweisung bekommen, weiterhin aufrichtige Naivität zu spielen: »Ich weiß nichts, ich verstehe nichts, ich versuche mein Bestes *lah*!«

Diejenigen, die sich in den ersten Stunden und Tagen nach dem Verschwinden von Flug MH370 mit der malaysischen Regierung trafen, beschrieben den Premierminister als zutiefst verstört. So korrupt und durchtrieben er auch sein mag, Najib Razak ist kein Schauspieler. Man muss bedenken, dass Najib in den Schlüsselmomenten, in denen er zu der neuen Inmarsat-Hypothese Stellung bezog, immer darauf verwies, was ihm – vor allem von Großbritannien – erzählt worden war. Die Worte, die er für die endgültige Erklärung am 24. März wählte, sind eindeutig. Najib sagte: »Inmarsat und AAIB haben festgestellt, dass Flug MH370 den südlichen Korridor entlangflog und sich seine letzte Position inmitten des Indischen Ozeans befand.« Die meisten Menschen erinnern sich an die Worte des Premierministers, wenigen fiel allerdings auf, dass er seinen eigenen Worten nach nur das wiederholte, was ihm die britische Air Accidents Investigation Branch (AAIB) erzählt hatte. Tatsächlich spielte Großbritannien in der Durchsetzung der Inmarsat-Version ebenfalls eine wichtige Rolle, da es die Inmarsat-Daten interpretierte und die malaysische Regierung davon überzeugte, die Daten seien vertrauenswürdig. Najib zufolge war es die AAIB, welche die endgültige Absturzstelle von MH370 festgestellt hatte. Malaysia wiederholte die Information lediglich. Ist Malaysia also nun der Schuldige, der »nützliche Idiot« oder das Opfer in der ganzen Geschichte? Ich vermute den »nützlichen Idioten«, der sich als sehr nützlich, aber wahrscheinlich nicht ganz so dumm entpuppte, wie gedacht. Sicherlich hatte man für die lange andauernde Erniedrigung einen ordentlichen Preis ausgehandelt.

Aber vielleicht endete der MH-Fluch gar nicht an diesem Punkt.

Stellen wir uns nun die sich noch empörenderen Ereignisse vor, die möglicherweise auf diese hypothetische Katastrophe folgten.

Nachdem die besondere Lieferung nach Peking wegen der Einmischung einer dritten Partei (höchstwahrscheinlich der USA, unterstützt durch ihre üblichen Verbündeten oder deren Stellvertreter) so schrecklich schiefgegangen war, macht Putin seinem chinesischen Kollegen Xi, nach wie vor recht neu im Amt, ein Angebot.

Als die MH370-Sache passiert, ist Präsident Xi eine Woche von seinem einjährigen Jubiläum als Staatspräsident entfernt. In diesem ersten Jahr haben Putin und Xi eine enge Beziehung aufgebaut. Als MH370 verschwand, hatten sich die beiden bereits fünfmal getroffen, und bis September desselben Jahres sollten noch vier weitere Treffen folgen.

Nach dem hypothetischen Abschuss von MH370 durch die USA, einem Zivilflugzeug, in dem vor allem chinesische Staatsbürger saßen, meint Putin zu Xi: »Das ist inakzeptabel. Überlass das mir.« Es ist Zeit für eine Revanche. Diese findet vier Monate und zehn Tage später statt. Ein Zwilling des Flugzeugs von Flug MH370 – gleicher Bautyp, gleiches Modell, gleicher Motor, gleiche Fluggesellschaft, beinahe gleiches Kennzeichen (9M-MRD versus 9M-MRO) – das beinahe sechzig Personen mehr an Bord hat (298 statt 239), darunter vor allem westliche Passagiere (Niederländer, Australier, Briten ...), wird über der Ukraine abgeschossen. Ein mafiöser Vergeltungsschlag, bei dem man sich sozusagen an der Nichte oder dem Bruder vergreift, damit der Boss die Botschaft versteht. Und die Botschaft, die der eine Geheimdienst hier an den anderen sendet, könnte nicht deutlicher sein: »Wenn ihr euch mit uns anlegt, schlagen wir zurück.« Und vielleicht: »Wie lange wollt ihr dieses dumme Spiel noch weiterspielen?«

Falls Xi und Putin diesem diabolischen Wie-du-mir-so-ich-dir-Szenario noch gemeinsam zustimmen mussten, bevor man die Mission startete, hätte es keinen besseren Zeitpunkt geben können: Beide Staatsoberhäupter trafen sich am 16. Juli in Brasilien (UTC –5) zum Gipfeltreffen der BRICS-Staaten – nur wenige Stunden, bevor MH17 am 17. Juli abgeschossen wurde. Auf einem Foto sieht man beide bei einem herzlichen Händedruck, und sie lächeln dabei nicht nur – sie strahlen.

Für dieses außergewöhnliche Rätsel, bei dem mehrere Schichten unterschiedlicher Täuschungsmanöver vorausgesetzt werden können, wird es nie eine eindeutige Erklärung geben. Ich kann nicht ausschließen, dass mein hypothetisches Szenario immer noch zu simpel ist – oder sogar weit danebenliegt. Ich selbst habe mich für den Flugkapitän starkgemacht, der meiner Meinung nach zu Unrecht beschuldigt wurde. Deswegen ist es mir wichtig zu sagen, dass ich keinesfalls einem Individuum oder einer Firma unterstellen möchte, wissentlich an der Verschleierung teilgenommen zu haben. Als ich die Grundzüge meiner Theorie jemandem vorlegte, der mit dieser Art von verdeckten Operationen vertraut ist, erhielt ich zwei Kommentare. Erstens: Je ungeheuerlicher das Szenario, desto wahrscheinlicher ist, dass es echt ist. Zweitens: Da eine der größten Sorgen die Rückverfolgbarkeit ist, würden die meisten Regierungen Stellvertreter einsetzen. Sie würden befreundete Nationen um Hilfe bitten oder professionelle Gruppen anheuern, die diese Arbeit für sie erledigten, damit alles im Trüben bleibt. Und wenn es dann um Schuldzuweisungen ginge, könnte es sogar sein, dass alles noch unübersichtlicher wird, weil eine zu Unrecht beschuldigte Partei sich aus eigenem Antrieb heraus dafür entscheiden könnte, die Verantwortung für etwas zu übernehmen, das sie eigentlich nicht getan hat, was die Ankläger natürlich ebenfalls wissen. Ein typisches Beispiel dafür ist der Lockerbie-Anschlag von 1988.[13] Wie mehrere Bücher und Reportagen zu diesem Ereignis zeigen,[14] waren sich die europäischen Ermittler sicher, dass es sich um einen syrischen Anschlag handelte. Die USA entschieden allerdings, dass der libysche Herrscher Gaddafi dafür verantwortlich gemacht werden sollte. Jahre später verlangten die USA sogar von Gaddafi, sich offiziell zu dem Anschlag zu bekennen und Entschädigungen zu zahlen. Im Gegenzug dafür sollten Sanktionen aufgehoben werden. Libyen willigte ein, wenn auch unter lautem Protest. Heutzutage glaubt fast jeder, dass es sich bei Lockerbie um einen libyschen Anschlag handelte. Eine wahrhaft machiavellistische Intrige! Die meisten Regierungen würden das als Realpolitik bezeichnen.

Letztlich habe ich herausgefunden (siehe Nachtrag), dass jedes Flugzeugunglück komplizierte Ursachen hat. Allerdings ist der Fall von MH370 so komplex, dass die Schuldigen noch nicht einmal ein annähernd überzeugendes Vertuschungsnarrativ aus dem Hut zaubern konnten. Abgesehen davon, dass sie haltlos und moralisch fragwürdig sind, muss man die grausamen Anschuldigungen gegen den Piloten schon deswegen als lächerlich einstufen, weil sie in keiner Weise eine Erklärung für das Verschwinden eines riesigen kommerziellen Flugzeugs mit 239 Passagieren bieten. Wenn der Pilot wirklich einen erweiterten Selbstmord begehen und unzählige Menschen mit in den Tod reißen wollte, weshalb sollte er sich die Mühe machen, sein Flugzeug, seine Passagiere und sich selbst verschwinden zu lassen? Und für den Fall, dass er – aus welchem obskuren Grund auch immer – das Flugzeug verschwinden lassen wollte, weshalb flog er eine absurde Zickzack-Route, anstatt einfach weiter in Richtung des Pazifiks zu fliegen, der noch größer und tiefer ist als der südliche Indische Ozean? Damit die Anschuldigungen gegen den Piloten auch nur einen Funken Glaubwürdigkeit hätten, müssten die Ankläger erst einmal erklären, wie es möglich sein kann, dass MH370 über mehrere Stunden und so viele Kilometer hinweg unerkannt weiterfliegen konnte. Schließlich ist das eine Leistung, die kein noch so technologisch fortschrittliches Militärflugzeug bisher geschafft hat – obwohl über die letzten Jahrzehnte Summen in Milliardenhöhe in die entsprechende Forschung investiert wurden. Von den zwölf Millionen Passagieren, die (außer während Covid) jeden Tag ein Flugzeug besteigen, müsste jeder einzelne darauf hoffen, dass sein Flugzeug nicht dasselbe verblüffende Kunststück vollführt. Enttäuschenderweise scheint sich die öffentliche Meinung jedoch mit einer vagen Erklärung für dieses unglaubliche Unglück zufriedenzugeben, die die Schuld in diesem Fall dem Piloten in die Schuhe schiebt. Solange das so ist, wird die Welt wohl leider weiterhin so tun, als gebe sie sich mit dieser Erklärung zufrieden, bis sie irgendwann wahrscheinlich ganz aufgibt. Meiner Meinung nach ist es an der Zeit, nicht nur die haltlose Bezichtigung des Piloten, sondern auch die gesamte offizielle Version uneingeschränkt zurückzuweisen und infrage zu stellen. Am Ende dieser Untersuchung ist offensichtlich, dass den Medien etwas komplett anderes erzählt wurde, als sich in Wirklichkeit ereignete. Ich habe dargelegt, dass MH370 keinen U-Turn machte, dass es nicht über Malaysia hinwegflog und nicht im Indischen Ozean abstürzte. Wesentlich mehr Aspekte weisen auf ein geheimes Abfangmanöver hin, das schrecklich schiefging und ungefähr um 2:40 Uhr zu einem tödlichen Unfall im Gebiet zwischen Vietnam und China führte. Falls das hier angenommene Szenario dem nahekommt, was wirklich mit MH370 und seinen 239 Passagieren passiert ist, dann kann ich dafür keine besseren Worte finden als jene, die US-Präsident Barack Obama für MH17 wählte: »eine Gräueltat von unsagbarem Ausmaß«.

Dennoch gäbe es viele Zeugen so eines Unfalls oder eines Szenarios, das auch nur annähernd dem entspricht, was ich mir vorstelle. Ich habe mich oft gefragt, wie viele Menschen derzeit von einer Vertuschung solchen Ausmaßes wissen. Ich kann heute drei Hauptgruppen von Menschen ausmachen: erstens diejenigen, die unfreiwillig Zeugen der eigentlichen Katastrophe waren, zweitens diejenigen, die aktiv daran beteiligt waren, und schließlich diejenigen, die lediglich darüber informiert wurden.

Die erste Gruppe besteht aus den Menschen, die sich zufällig in der Nähe des Absturzes befanden, als er in der Nacht geschah, als er im Morgengrauen entdeckt wurde und als er in den folgenden Tagen aufgeräumt wurde. Unter den Umständen, die ich mir vorgestellt habe, sind diese Menschen entweder lokale Fischer oder zufällige Zeugen. Ich sagte bereits, dass Vietnam ein schwarzes Loch für Informationen ist. Es ist sehr schwierig, dort etwas zu recherchieren. Dennoch gibt es diese Zeugen, und vielleicht finden sie irgendwann einen Weg, sich zu äußern.

Die nächste Gruppe von Personen, die etwas wissen könnten, ist das Militärpersonal (höchstwahrscheinlich Vietnamesen, Chinesen und Amerikaner, aber möglicherweise auch Singapurer), das entweder direkt an der Militäroperation beteiligt war oder zur Unterstützung bei den Aufräumarbeiten abgestellt wurde. Aber diese Männer und Frauen sind zur Verschwiegenheit verpflichtet.

Und die dritte Gruppe besteht aus einer Handvoll Politiker, die an der Spitze einiger weniger Regierungen stehen, sowie aus Mitgliedern der Geheimdienste, die über die ganze Welt verteilt arbeiten. In jedem Fall bin ich der Meinung, dass nur ein kleiner Kreis über das große Ganze im Bild ist: Menschen, die den Absturz mit eigenen Augen gesehen haben, wissen vielleicht nicht, was passiert ist oder wie es genau passiert ist; Menschen, die genau wissen, was passiert ist, haben vielleicht keine Ahnung, warum es passiert ist usw. Neben diesen drei Hauptgruppen muss es noch eine viel größere Anzahl von Menschen geben, die kleine, aber wichtige Teile der Wahrheit kennen, manchmal sogar ohne sich dessen bewusst zu sein. Mehr als einmal haben mir während dieser fast acht Jahre dauernden Untersuchung Menschen Informationen zukommen lassen, ohne dass ihnen bewusst war, dass sie damit ein kleines Teil zu dem gigantischen Puzzle beisteuerten.

Als dieses Buch 2021 erstmals auf Englisch erschien, freute und amüsierte es mich gleichermaßen, dass Buchläden es direkt neben *Ein verheißenes Land*, dem ersten Band von Obamas Memoiren (die bis 2011 reichen), ausstellten. Obwohl Präsidenten oft über die dunklen Machenschaften ihrer Geheimdienste im Unklaren gelassen werden, gibt es ausreichend Anhaltspunkte, die nahelegen, dass Barack Obama weiß, dass MH370 nie im Indischen Ozean endete. Sein ungewöhnliches Entgegenkommen gegenüber dem dubiosen malaysischen Premierminister Najib, sein Austausch mit dem chinesischen Präsidenten Xi in den Wochen nach dem Verschwinden des Flugzeugs, dann die unglaubliche zwei Jahre andauernde Passivität der Amerikaner angesichts der intensiven Bauaktivitäten von China im Südchinesischen Meer und der Aneignung umstrittener Inseln, Atolle und Riffe – all das sind nur ein paar der Merkwürdigkeiten, die Teil des Preises gewesen sein könnten, den Obama für das Schweigen der geheimen Verbündeten China und Malaysia zahlen musste.

Ein enger Freund Barack Obamas, mit dem er über alles sprechen konnte, soll ihn offenbar einmal direkt heraus und ernst gefragt haben: »Sagst du mir bitte, wo sich MH370 befindet?« Barack gefiel die Frage wohl nicht. Er wandte den Blick ab und antwortete: »Im Indischen Ozean.« Damit war die Unterhaltung zu diesem Thema beendet, aber beiden Männern war nach einem kurzen Moment des Schweigens bewusst, dass Obamas Worte nicht glaubwürdig geklungen hatten. Sie klangen nicht wahr.

Wurde der nächste US-Präsident, Donald Trump, über MH370 aufgeklärt? Aufgrund der starken Abneigung und der Feindseligkeit zwischen ihm und seinem Geheimdienst vermute ich, dass dies nicht der Fall gewesen ist.

Im Laufe meiner Recherchen bin ich einem faszinierenden Querschnitt der menschlichen Gesellschaft begegnet. Geheimnisse wirken auf Menschen noch anziehender als Macht, Geld oder Genie. Mysterien faszinieren Verrückte, Mystiker und die schlichtweg Neugierigen ebenso wie Wahrheitssuchende. Wissenschaftler bekämpfen und lehnen das Unerklärliche ab, da es gegen alle ihre Prinzipien geht. Es gab Phasen, in denen meine Treffen mit den Besten der MHisten – ernsthafte und brillante Männer und Frauen mit guten Vorsätzen – zu den spannendsten Momenten meiner Recherche gehörten. Doch leider wurde die Beharrlichkeit, mit der die Independent Group versuchte, aus den Inmarsat-Daten schlau zu werden, letztlich nicht belohnt. Einige verwickelten sich so tief in diese Herausforderung, dass sie nicht mehr in der Lage waren, in Betracht zu ziehen, dass die ihnen präsentierten Daten vielleicht nicht nur falsch, sondern mit dem klaren Ziel der Irreführung veröffentlicht sein könnten. Später traf ich ähnlich engagierte MHisten – sowohl online als auch persönlich –, deren einziges Ziel es war, zum Wohl der Familien und Freunde der 239 Opfer die Wahrheit herauszufinden. Ihre leidenschaftliche Arbeit hat meinen eigenen Recherchen sehr weitergeholfen. Mehr als einmal stieß ich auf Quellen, die mir anfangs ihre Hilfe zusagten und versprachen, mehr Informationen zu liefern. Leider gab es einige Fälle, in denen auf diese Versprechungen nichts oder nur sehr wenig folgte. Einige Quellen brachen den Kontakt einfach ab, andere lieferten eine Ausrede nach der anderen, bis auch meine Hartnäckigkeit an ihre Grenzen kam. Es gab auch noch ein paar andere faszinierende Spuren, die ich zum Schutz der darin involvierten Personen jedoch nicht in dieses Buch aufnahm.

Nach wie vor empfange und suche ich nach Informationen, nicht nur zu dem Wo, Wann und Wie, sondern auch zu dem Warum dieser Tragödie. Mittlerweile weiß ich von mehreren Personen, dass sie die ganze Wahrheit kennen. Die Familien brauchen diese Wahrheit. Eingeweihte müssen den Mut und die Kraft finden, sie auszusprechen. Vor denjenigen, die bereits einen Teil der relevanten Informationen mit mir geteilt haben, ziehe ich meinen Hut. Sie haben mir dabei geholfen, dieses immer noch unvollständige Puzzle zusammenzusetzen.

Wenn ich während meiner Jahre in Malaysia eines gelernt habe, dann ist es Geduld. Ein altes malaysisches Sprichwort sagt: »Die Fische hängen, die Katze wartet.« Zuerst habe ich es nicht verstanden. Jetzt fühle ich mich aber wie die Katze, die unter den Fischen sitzt, die man an der Ostküste Malaysias zum Trocknen an Wäscheleinen hängt. Wartend und beobachtend. Genau wie die trocknenden Fische befindt die ganze Wahrheit sich irgendwo da draußen. Zu gegebener Zeit wird sie herunterfallen.

Nachtrag: Einige (sehr) aufschlussreiche Beispiele von Flugzeugabstürzen

Immer wenn ein Flugzeug abstürzt, liest und hört man überall, dass Fliegen die sicherste Form des Reisens sei. Nichtsdestotrotz stechen 2014 und 2015 als zwei besonders schwarze Jahre der Luftfahrtgeschichte heraus, insbesondere für Asien. Nach dem Verschwinden von MH370 am 8. März 2014 wurde am 17. Juli Flug MH17 über der Ukraine abgeschossen. Am 23. Juli verunglückte der taiwanesische TransAsia-Airways-Flug 222 beim Landeanflug auf die Insel Penghu. Am 24. Juli stürzte der Air-Algérie-Flug 5015 über Mali ab und im Dezember der Indonesia-AirAsia-Flug 8501 über Indonesien. Im Februar 2015 stürzte ein weiteres taiwanesisches Verkehrsflugzeug, TransAsia-Airways-Flug 235, in den Keelung-Fluss. Im März zerschellte der Germanwings-Flug 9525 an einem Berg in Frankreich. Im Juni und August stürzten gleich zwei Maschinen – eine KC-130B Hercules der indonesischen Luftwaffe und der Trigana-Air-Service-Flug 267 – über Indonesien ab. Am 31. Oktober verunglückte der Metrojet-Flug 9268 über dem Sinai. Und hierbei handelt es sich nur um einige der größeren Flugunfälle. Doch laut Statistik wichen diese Jahre nicht vom Durchschnitt ab.

Lag es in jedem einzelnen dieser Fälle an menschlichem oder technischem Versagen? War es der Pilot oder die Maschine? Für gewöhnlich ist ein Flugunfall auf das eine oder das andere zurückzuführen, manchmal auch auf eine Mischung aus beidem. Abstürze können auch von äußeren Faktoren verursacht werden: Im Fall von MH17 durch eine Rakete, im Fall des AF4590 Concorde durch ein Stück Titanlegierung, das sich von einem anderen Flugzeug gelöst hatte,[1] im Fall des US-Airways-Fluges 1549 durch einen Schwarm kanadischer Wildgänse – die Tiere waren in beide Triebwerke geraten und machten eine Notwasserung auf dem Hudson River nötig – oder im Fall des UPS-Airlines-Fluges 6, der über Dubai abstürzte, durch ein Feuer im Frachtraum. Es scheint, kein Absturz gleicht dem anderen.

Aus Neugier, und um mögliche Gemeinsamkeiten und Unterschiede zu MH370 festzustellen, nahm ich mir einige gut dokumentierte Abstürze vor, in der Hoffnung, diese Einblicke würden mir helfen, besser zu verstehen oder mir vorstellen zu können, was mit dem Flug, der Gegenstand meiner Recherche ist, geschehen sein mag. Was meine Hintergrundermittlungen zutage förderten, kam für mich völlig unerwartet, und so beschloss ich, diesen Teil meiner Recherchen als Nachtrag anzufügen.

PILOTENSUIZID: DIE LIEBLINGSERKLÄRUNG DER ERMITTLER

Wenn ein Flugzeug ein technisches Problem hat, liegt das Leben der Passagiere in den Händen der Piloten. Demzufolge sind Flugkapitän und Co-Pilot im Fall eines Absturzes logischerweise die ersten Verdächtigen.

Wenn ein Pilot sich umbringen will, indem er seine Maschine samt den Passagieren zum Absturz bringt, gibt es derzeit keine sichere Möglichkeit, ihn daran zu hindern – es sei denn, er wird von dem anderen Piloten, der Besatzung oder den Passagieren physisch überwältigt. Doch wenn er allein in seinem Cockpit hinter verschlossener Panzertür sitzt, ist das Schicksal des Flugs besiegelt.

Germanwings-Flug 9525: ein psychisch kranker Pilot

Der jüngste und eindrücklichste Fall eines Pilotensuizids war Flug 9525 der Lufthansa-Tochtergesellschaft Germanwings. Am 24. März 2015 flog ein Airbus A320 auf dem Weg von Barcelona nach Düsseldorf mit voller Geschwindigkeit in einen Berghang der südlichen französischen Alpen und explodierte beim Aufprall. Alle 150 Insassen waren sofort tot. Außer den Triebwerken, den Rädern und einigen Teilen der Verkleidung maßen die meisten der geborgenen Trümmerteile weniger als dreißig Zentimeter. Der Erste Offizier hatte die Cockpittür von innen verriegelt und den digitalen Türcode ausgeschaltet. Derweil trommelte der Flugkapitän gegen die Tür und verlangte über die Lautsprecheranlage, hereingelassen zu werden. Doch der Erste Offizier weigerte sich. Allein im Cockpit, »gab er dem Autopiloten bewusst die Anweisung zum Sinkflug, bis die Maschine mit dem Terrain kollidierte«.[2]

Obwohl ich mich nicht übermäßig mit dem Fall auseinandergesetzt habe, lassen die Schlussfolgerungen in diesem Fall allem Anschein nach keinen Zweifel zu: Der Erste Offizier litt unter einer ernsten psychischen Erkrankung und hatte das Unglück verursacht. Doch dieser Absturz lenkt den Blick außerdem auf die Verantwortung der Fluggesellschaft, die Gesundheit ihrer Piloten zu überwachen, und beleuchtet zudem das Dilemma der vollkommen sicheren Cockpittür: Die nach 9/11 eingeführten Sicherheitsbestimmungen sehen vor, dass Cockpittüren unzerstörbar sind, was es dem Flugkapitän in diesem Fall jedoch unmöglich machte, die Maschine mit allen Menschen an Bord zu retten.

Die Luftfahrtbehörden waren bereits durch einen ähnlichen Zwischenfall in Neuseeland alarmiert worden. Weniger als ein Jahr zuvor hatte der Flugkapitän eines Air-New-Zealand-Fluges,[3] wütend über den verspäteten Abflug aufgrund eines zufälligen Alkoholtests, dem der Erste Offizier unterzogen worden war, diesen aus dem Cockpit ausgeschlossen und die Besatzung dadurch in Panik versetzt. Obgleich er ohne ernste Folgen blieb, lenkte dieser Vorfall den Blick auf die möglichen Risiken der Hochsicherheitstüren zum

Cockpit. Beide Männer wurden Disziplinarmaßnahmen unterzogen, mussten psychologische Beratung in Anspruch nehmen und zusätzliche Trainingseinheiten absolvieren.

Mozambique-Airlines-Flug 470: ein weiterer Fall von Pilotensuizid in jüngerer Zeit

In einem ähnlichen Fall, der sich am 29. November 2013 auf dem Mozambique-Airlines-Flug 470 von Maputo in Mosambik nach Luanda in Angola ereignete, schloss der Flugkapitän den Co-Piloten aus dem Cockpit aus und brachte die Embraer 190 mit 33 Menschen an Bord über Namibias Bwabwata-Nationalpark zum Absturz. Wie beim Germanwings-Flug ignorierte der Pilot das Klopfen und Rufen an der Tür.

Vor dem Albtraum des Germanwings-Fluges waren die beiden bekanntesten Beispiele der jüngeren Luftfahrtgeschichte der Absturz des SilkAir-Fluges 185 im Jahr 1997 über Indonesien, bei dem 104 Menschen starben, und der Absturz des EgyptAir-Fluges 990 vor der Küste New Yorks im Jahr 1990, bei dem 217 Menschen ums Leben kamen. Doch die Faktenlage hinter diesen beiden Fällen ist wesentlich undurchsichtiger, als man zunächst annehmen mag.

SilkAir Flug 185: ein fast perfekter Suizid

Am Freitag, dem 19. Dezember 1997, startete eine Boeing 737 für den SilkAir-Flug 185 um 15:37 Uhr von Jakartas Soekarno-Hatta International Airport. Laut Plan sollte sie zweieinhalb Stunden später in Singapur landen. Um 16:10:18 Uhr wies die Luftverkehrskontrolle von Jakarta die Piloten an, ihre Flughöhe einzuhalten, und kontaktierte bei Erreichen des Wegpunkts PARDI die Luftverkehrskontrolle von Singapur. Die Piloten der Boeing bestätigten den Erhalt der Nachricht. Das war die letzte Kommunikation mit Flug MI185. 35 Sekunden später stürzte die Maschine in den Fluss Musi im südlichen Sumatra. Die Boeing, die vor dem Absturz ihr Heck verloren hatte, wurde beim Aufprall vollkommen zerstört, und ihre

Flugschreiber verfügten über keine verwertbaren Daten. Von den 104 Menschen an Bord hatte keiner überlebt. Dem Untersuchungsbericht zufolge hatte das Flugzeug, das bei klaren Wetterbedingungen flog, keinen Notruf abgegeben.[4]

Da die Maschine von Boeing gebaut worden war, wurden die USA gebeten, sich an den Ermittlungen zur Flugunfallursache zu beteiligen. Doch eigenartigerweise unterschieden sich die Ergebnisse der amerikanischen Verkehrssicherheitsbehörde NTSB radikal von denen der indonesischen Ermittler. In einem Brief an die indonesischen Ermittler, datiert auf den 11. Dezember 2000, schlussfolgerte das NTSB, dass »der Unfall durch eine vorsätzliche Handlung des Piloten erklärt werden [kann]«, da die Boeing 737 keinerlei »technische Störungen oder Mängel« aufwies. Die US-Ermittler stellten die Theorie auf, dass der Flugkapitän Tsu Way Ming Selbstmord begangen hat. Ihnen zufolge hatte er bereits Disziplinarmaßnahmen durchlaufen müssen und beträchtliche Schulden angehäuft. Indonesiens Verkehrssicherheitskomitee (National Transportation Safety Committee), das offiziell für die Untersuchung zuständig war, lehnte diese Theorie jedoch aus Mangel an Beweisen ab. Dementsprechend hieß es im Abschlussbericht, dass die Unfallursache nicht endgültig geklärt werden konnte – insbesondere da das Flugzeug vollkommen zerstört wurde.

Sieben Jahre später nahm der Fall durch ein Urteil des Superior Courts Los Angeles jedoch eine unerwartete Wende, nachdem die Familien der Passagiere Klage eingereicht hatten. Auf der Grundlage neuer Sachverständigenanalysen stellte das Gericht fest, dass der Absturz durch die Störung eines Servoventils im Seitenruder verursacht worden war. Im Falle einer derartigen Störung kann das Seitenruder blockieren oder gar das Gegenteil von dem tun, was der Pilot ihm befiehlt, und so die Maschine unkontrollierbar machen. Ein ähnlicher Defekt könnte auch einige weitere Boeing 737-Abstürze erklären: United-Airlines-Flug 585 im Jahr 1991, USAir-Flug 427 im Jahr 1994 und Eastwind-Airlines-Flug 517 im Jahr 1996.

Als der Defekt am Seitenruder zum ersten Mal auftrat – im Jahr

1991 beim Flug UA585 –, erkannte das NTSB ihn nicht. Im abschließenden Untersuchungsbericht hieß es, man habe für den Verlust der Maschine keine Erklärung gefunden. Erst als dreieinhalb Jahre später eine weitere Boeing 737 (USAir-Flug 427) unter ganz ähnlichen Umständen abstürzte und eine weitere im Jahr 1996,[5] wurde der Fall von Flug UA585 neu aufgerollt.

Ist es da wirklich plausibel, dass es den amerikanischen Flugunfallermittlern nicht in den Sinn kam, dieser vierte urplötzliche und bizarre Sturzflug einer Boeing 737 innerhalb von sechs Jahren könnte ähnliche Ursachen haben wie die drei vorangegangenen Unfälle?

Doch trotz der belastenden Vorgeschichte dieses Flugzeugtyps konzentrierte sich die amerikanische Untersuchung, um ihre Suizidtheorie zu stützen, voll und ganz auf die persönlichen Probleme des singapurischen Piloten, sodass die wahren technischen Ursachen des SilkAir-Absturzes erst sieben Jahre später ans Licht kamen. Ein technisches Versagen schloss einen Suizid aus. Am Ende wurde lediglich der Hersteller der fehlerhaften Servoventile, die Parker Hannifin Corporation, zu Entschädigungszahlungen von über 43,6 Millionen US-Dollar an die drei Klägerfamilien verurteilt. Doch weder SilkAir noch Boeing wurden je für haftbar befunden.

Dieser Fall ist ein leuchtendes Beispiel für das Widerstreben des NTSB, einer hoch angesehenen Aufsichtsbehörde für die Sicherheit der Zivilluftfahrt, ein technisches Versagen der Maschine als Absturzursache in Erwägung zu ziehen und die Schuld stattdessen lieber einem Menschen in die Schuhe zu schieben – einem toten obendrein.

Dennoch wird der Absturz des SilkAir-Fluges 185 im globalen Gedächtnis und in den meisten Verzeichnissen und Blogs zu diesem Thema weiterhin als »Pilotensuizid« geführt.

EgyptAir-Flug 990: ein weiterer »fast perfekter Suizid«

Ein weiterer berühmter Fall eines »Pilotensuizids« ist auf den 31. Oktober 1999 datiert und sorgte damals insbesondere in den

USA für großes Aufsehen. Der EgyptAir-Flug 990, eine Boeing 767, die von Los Angeles nach Kairo flog, war mit 217 Personen an Bord gegen Mitternacht nach ihrem planmäßigen Zwischenstopp in New York gestartet. Eine halbe Stunde später verlor die Maschine plötzlich an Höhe, gewann sie wieder, um dann jedoch erneut abzusinken und 100 Kilometer vor der Küste von Massachusetts in den Atlantik zu stürzen. Zwei volle Flugbesatzungen – zwei Flugkapitäne und zwei Erste Offiziere – teilten sich auf diesem mehr als zehnstündigen Flug den Flugdienst. Das erste Zwei-Mann-Team war für den Take-off und die ersten vier Flugstunden vorgesehen. Dann sollte das zweite Team übernehmen und ein oder zwei Flugstunden vor der Landung in Kairo wieder an das erste Team übergeben. Wieder kursierten verschiedene Versionen der Geschichte. Beginnen wir mit der bekanntesten.

Zwanzig Minuten nach dem Take-off betrat Gameel Al-Batouti, der Erste Offizier der Hilfscrew, das Cockpit und sagte, er wolle den Co-Piloten ablösen, der gerade die Maschine flog. Obwohl einer von Ägyptens erfahrensten Co-Piloten, war Al-Batouti nie zum Flugkapitän befördert worden. Eines seiner Kinder litt unter einer schweren Krankheit. Der darauffolgende hartnäckige Disput zwischen den beiden Ersten Offizieren ist auf dem Stimmenrekorder gespeichert. Der Co-Pilot am Steuer war zunächst fest entschlossen, dort zu bleiben, wo er nach Schichtplan hingehörte, doch schließlich setzte sich sein älterer Kollege durch. Damit flog das Flugzeug nun der Flugkapitän der ersten Crew gemeinsam mit Al-Batouti, dem Hilfs-Co-Piloten, der tragische Berühmtheit erlangen sollte.

Kurz nach dem Personalwechsel am Steuer und in einem völlig ruhig verlaufenden Fluggeschehen verließ Flugkapitän Nummer eins das Cockpit, um auf die Toilette zu gehen. Damit verblieb Al-Batouti allein am Steuer. In dem Moment soll Al-Batouti verschiedenen bekannten US-Medien zufolge laut gesagt haben: »Ich habe mich entschieden!« Diese Aussage war offenbar gefolgt von einer Ereignisreihe, in deren Verlauf die Maschine in einen urplötzlichen und unkontrollierbaren Sturzflug geriet. Trotz der heftigen Neigung schaffte es der Flugkapitän, zurück ins Cockpit zu gelangen, wo er Al-Batouti am Steuer vorfand. Der Flugkapitän zog hart am Schalthebel, um das Flugzeug wieder aufzurichten, und wies den Co-Piloten an, dasselbe zu tun: »Zieh mit!« Doch die Maschine hatte in nur 36 Sekunden 4500 Meter Höhe verloren, überschritt nun ihre maximale Konstruktionsgeschwindigkeit, sodass der Rumpf aufgrund der auf ihn einwirkenden Kräfte zu brechen begann. Auf dem Stimmaufnahmen ist an mehreren Stellen Al-Batoutis Ausruf »*Tawakkaltu ala-Allah!*« (»Ich vertraue auf Gott!«) zu hören. Trotz mehrerer Versuche, den Sturzflug der Boeing aufzuhalten, und obwohl sie kurz wieder an Höhe gewann, wurde das Flugzeug beim Aufprall auf die Wasseroberfläche völlig zerstört. Man fand nur sehr wenige Trümmerteile: Eine Leiche, ein paar Schwimmwesten, einige Sitze und die aufblasbaren Notrutschen.

Alles zusammengenommen – Al-Batoutis Beharren, schon vor seinem eigentlichen Schichtbeginn das Steuer zu übernehmen, sein schwer krankes Kind, sein karrierebedingter Frust und seine schreckliche Absichtsbekundung (»Ich habe mich entschieden!«) – könnte man ein überzeugendes Szenario erstellen, in dem Hilfs-Co-Pilot Gameel Al-Batouti die Maschine zum Absturz gebracht hat. Diese Version der Geschichte wurde auch an die Medien weitergegeben: Sie sprach die Gefühle der Menschen an, schien im Kontext des instabilen Nahen Ostens Sinn zu machen und benannte einen Schuldigen, der tot war und sich nicht mehr verteidigen konnte.

Die Flugunfallermittler verloren keine Zeit. Schon bevor die Flugschreiber überhaupt geborgen waren, sprach das NTSB von einer »vorsätzlichen Handlung«. Über diesen Ausdruck stolperte ich, als ich eine Gegenrecherche des französischen Journalisten Jean-Paul Mari las.[6] Die Formulierung ließ mich stutzen. Genau den gleichen Ausdruck hatte der malaysische Premierminister Najib Razak auf der Pressekonferenz vom 15. März 2014 benutzt. Wie auch immer, die offizielle Version des Desasters begann zu bröckeln, als bekannt wurde, dass es sich bei Al-Batoutis angeblichem Ausruf »Ich habe mich entschieden« – vom FBI an die Nachrichtenagentur Associated Press durchgegeben und von da aus in die Welt hinausgetragen – um Fake-News handelte. Frei erfunden! Der Stimmenrekorder hatte nie einen derartigen Satz aus dem Cockpit aufgezeichnet, der Co-Pilot hatte ihn nie von sich gegeben. Dennoch gab die Associated Press nie eine formale Korrektur ihrer Geschichte heraus, nur eine knappe Anmerkung, dass der Co-Pilot diese Worte nicht gesagt hatte. Doch zu dem Zeitpunkt hatten die Medien sich bereits anderen Dingen zugewandt.

Zwar hatte der Co-Pilot tatsächlich mehrmals »*Tawakkaltu ala-Allah!*« gesagt, doch man gab am Ende zu, dass es sich hier um einen sehr gebräuchlichen arabischen Ausruf handelte, der genauso wenig ein Ausdruck des Fanatismus ist wie »Um Gottes willen!« oder »Oh, mein Gott!«. Die Behauptungen, dass der Co-Pilot in seinem beruflichen wie auch privaten Leben frustriert war, konnte man ebenfalls schwerlich belegen. In seiner Gegenuntersuchung schrieb Mari: »Gameel verdiente gutes Geld durch seine Reiseprämien [...] Er war nie scharf darauf, sich hinzusetzen und sich der Prüfung zu unterziehen, um Flugkapitän zu werden [...] Er liebte es, einzukaufen, und hatte seinen Sohn angerufen, um ihm zu sagen, er solle ihn in Kairo am Flughafen abholen, um zwei Reifen zu transportieren, die er in den USA gekauft hatte.« Doch die erschreckenden Dimensionen seines erfundenen Ausrufs sorgten dafür, dass trotz aller gegenteiligen Beweise der Suizid in den Köpfen der Menschen haften blieb. Zu diesem Zeitpunkt wusste die Öffentlichkeit gar nicht mehr, wie oder warum sie es zu wissen glaubte. Sie wusste nur, dass sie es wusste. Der angebliche Suizid von Al-Batouti war eine historische Tatsache geworden.

»Die Ermittler sind auf die Suizidtheorie aufgesprungen, weil das für alle die einfachste Lösung war!«, bemerkte Byron Acohido, ein Journalist, der sich insbesondere mit Themen rund um Sicherheit auseinandersetzt und in Luftfahrtkreisen einen ausgezeichneten Ruf genießt.[7] Der NTSB-Bericht vom März 2002 zu Flug MS990 unterschied sich insofern von dem Bericht zum SilkAir-Unglück, als er »Unregelmäßigkeiten in den Schalthebeln von 767s« erwähnte, jedoch nichtsdestotrotz zu dem Schluss kam, der Absturz sei eine suizidale Handlung durch Al-Batouti gewesen.

Darauf fiel Kairo jedoch nicht herein. In ihrem eigenen Bericht warf die ägyptische Behörde für Zivilluftfahrt ECAA (Egyptian Civil Aviation Authority) den US-Ermittlern offen vor, alles dafür getan zu haben, um Berichte über ein mögliches technisches Versagen im Keim zu ersticken. Ihr Fazit war vernichtend: »Auf der 1665 Seiten umfassenden Erklärung des NTSB [...] wird nirgendwo ersichtlich, worauf sie ihre sogenannte ›Theorie einer vorsätzlichen Handlung‹ stützen.« Sie nannten jedoch »sich verdichtende Hinweise auf Unregelmäßigkeiten im Höhenleitwerk der Unfallmaschine [, die] einen technischen Defekt zur plausiblen und wahrscheinlichen Ursache des Unfalls [machen]«.

Der ägyptische Bericht zählte vier Unfälle auf, die im Zusammenhang mit einem Versagen des Auftriebssystems stehen, darunter einen Aeroméxico-Flug aus dem Jahr 2000 und einen Gulf Air-Flug von 2001. Die Ermittler fügten außerdem hinzu: »Sowohl die FAA als auch Boeing stimmen zu, dass ein Bruch der Winkelhebelnieten – ein Problem, auf das die ECAA drängend hingewiesen hat und das näher untersucht werden sollte – zu einem unbeabsichtigten Sturzflug führen kann.«

Offenbar überzeugt, dass dieser Fehler zum Kontrollverlust der Maschine führen kann, ordnete die US-Behörde für Zivilluftfahrt FAA daraufhin die Wartung und den Austausch der Winkelhebelnieten in allen Boeing 767s an. Seither wurde der Fall umfassend untersucht[8], und es besteht kein Zweifel mehr daran, dass der fatale Unfall von Flug MS990 wie viele andere zumindest teilweise durch einen technischen Defekt verursacht wurde. Doch im kollektiven Gedächtnis ist er genau wie der SilkAir-Absturz als »Pilotensuizid« verzeichnet.

Diese schwerwiegenden technischen Mängel wurden inzwischen behoben. Sie gehören der Vergangenheit an, und ihre Enthüllung hat heutzutage nicht mehr die gleiche Wirkung. Doch zu der Zeit hätte sie verheerende Folgen für die Boeing-Bestellungen gehabt, die ohnehin schon zu gering waren, um auch nur die halbe Fertigungsstrecke des Unternehmens am Laufen zu halten. Hätte man offiziell anerkannt, dass all diese Unfälle im Zusammenhang mit

Werkfehlern stünden, die dem weltweit größten Flugzeugbauer zuzuschreiben sind, was wäre dann aus Boeing und seinen 165 000 Mitarbeitern geworden?

PILOTENFEHLER: DIE ZWEITLIEBSTE ERKLÄRUNG DER ERMITTLER

Wie auch Pilotensuizide hin und wieder vorkommen, so hat es zweifellos Fälle von Pilotenfehlern gegeben. Diese Fehler geschehen jedoch fast ausschließlich im Zusammenhang mit zusätzlichen Faktoren, die Piloten andere »Parameter« nennen. Dazu gehören technische Defekte, auf die falsch reagiert wird. Zudem sind Pilotenfehler in vielen Fällen nicht so klar ersichtlich, wie die Untersuchungsberichte uns glauben machen wollen.

TransAsia-Airways-Flug 235: ein grober und tödlicher Fehler

Das taiwanesische Transportflugzeug TransAsia-Airways-Flug 235 ist dafür ein besonders deutliches Beispiel. Am 4. Februar 2015 sandte der Pilot zwei Minuten nach dem Take-off einen Notruf, dass eines der ATR-72-Triebwerke ausgefallen war: »Mayday! Mayday! Flammabriss am Triebwerk.« Zu dem Zeitpunkt befand sich die Maschine gerade einmal in 450 Metern Höhe. Ein Pilot, der mit diesem Flugzeugtyp des französisch-italienischen Flugzeugbauers ATR vertraut ist, sagte dazu:

> Wenn bei einer ATR ein Triebwerk ausfällt, kompensiert das verbleibende Triebwerk automatisch die fehlende Leistung. Der Pilot am Steuer muss normalerweise einfach nur die Flugbahn halten. In einem Fall wie diesem würde das bedeuten, er muss die Richtung korrigieren und einen Strömungsabriss verhindern, bis eine sichere Höhe erreicht ist. In der Zwischenzeit sichert der Co-Pilot das ausgefallene Triebwerk, indem er es komplett ausstellt.

Doch statt diesem Routineprozedere zu folgen, schaltete einer der Piloten versehentlich das einzige Triebwerk ab, das noch funktionierte. Dem offiziellen Untersuchungsbericht zufolge[9] ist auf dem Stimmenrekorder sein Ausruf zu hören: »Woh, ich hab den falschen Hebel umgelegt!« Ein Neustart des Triebwerks schlug fehl, und die Zeit reichte gerade noch, um das Flugzeug in den nahen Keelung-Fluss zu steuern. Kurz vor dem Absturz streifte eine seiner Tragflächen noch ein Taxi, das auf dem Viadukt neben dem Fluss entlangfuhr. Von den 58 Menschen an Bord überlebten nur 15 den Absturz. Im Zwischenbericht[10] wurde festgehalten, dass der verantwortliche Pilot ein Jahr zuvor bei einem Simulatortesttraining durchgefallen war, weil er mit der Situation eines Flammabrisses an einem der Triebwerke während des Take-off nicht zurechtgekommen war. Einen Monat später machte er den Test jedoch erneut und bestand. Sieben Monate zuvor hatte schon einmal ein TransAsia-Airways ATR 72 einen Absturz beim Landemanöver gehabt: Flug GE222 stürzte in ein Gebäude und riss 48 der 58 Menschen an Bord in den Tod.

Infolge dieser beiden Unfälle ordnete die taiwanesische Behörde für Zivilluftfahrt an, dass alle TransAsia-Piloten zusätzliche Trainings erhielten, und suspendierte 29 von ihnen vorübergehend. Auch in diesem Fall schien es, als sei die Sache damit geklärt.

Paradoxerweise waren die Piloten jedoch für viele Menschen, die den Absturz beobachtet hatten, Helden: »Piloten des abgestürzten TransAsia-Fluges als Helden bejubelt«, titelte die britische Zeitung *The Telegraph* noch am selben Tag. Zu dem Zeitpunkt waren die Ursachen des Absturzes noch ungeklärt. Man hatte nur beobachtet, dass es den Piloten gelungen war, mitten in der Stadt den Fluss anzusteuern und damit die Schäden für Menschen und Gebäude gering zu halten – was stimmt. Als die Einzelheiten des Unfalls bekannt gegeben wurden, hatte die Welt ihre Aufmerksamkeit jedoch bereits anderen Dingen zugewandt.

Air-France-Flug 447: eine Kombination verschiedener Flugparameter

Der Abschlussbericht der BEA zum Absturz des Air-France-Fluges 447[II] kam zu dem Schluss, dass eine Kombination aus Pilotenfehler und technischem Defekt zu dem Absturz geführt hatte. AF447 war ein Air-France-A330, der sich vom 31. Mai auf den 1. Juni 2009 mit 228 Passagieren an Bord auf einem Nachtflug von Rio de Janeiro zum Flughafen Charles de Gaulle in Paris befand. Die fatale Abfolge von Ereignissen begann um 02:10 Uhr, vier Stunden nach dem Take-off und nur wenige Minuten nachdem der Flugkapitän das Cockpit verlassen hatte, um sich auszuruhen. Die Maschine trat in eine eisige Atmosphäre ein, und die Pitotrohre, die die Geschwindigkeit des Flugzeugs messen, wurden durch Eiskristalle verstopft. Infolgedessen machten verschiedene weitere Geschwindigkeitsmesssysteme widersprüchliche Angaben.

Die amerikanischen Luftfahrtbehörden werten dies als »katastrophale« Situation, die unmittelbar geklärt werden muss. Doch in den Augen der europäischen Behörden ist der Verlust der Geschwindigkeitsmessung bis zum heutigen Tag lediglich ein »schwerwiegender« Vorfall.

Als ich ihn 2015 kontaktierte, hatte sich Laurent Lamy, der bei dem Absturz seinen Bruder verlor, sechs Jahre lang intensiv mit dem Fall beschäftigt. Er hatte eine ziemlich präzise, Sekunde für Sekunde getaktete Vorstellung davon, was im Cockpit vorgefallen war, nachdem der Autopilot sich abgeschaltet hatte und eine Reihe verschiedene Warnmeldungen aufblinkten:

> Das Flugzeug befindet sich im Horizontalflug, doch die Bildschirme erzählen den Piloten fälschlicherweise, dass sie rund 400 Fuß oder mehr als hundert Meter an Höhe verloren haben. Daraufhin zieht der Pilot das Flugzeug hoch, um wieder die Reiseflughöhe zu erreichen. Das erscheint umso logischer, als die Informationen auf dem Flight Director ebenfalls darauf hindeuteten, dass die Maschine im Steigflug gehalten werden muss. Schließlich hatten die wieder-

holten Warnungen der Überziehwarnanlage, die man nach dem Absturz gefunden hatte, die Situation noch verschärft: Immer wenn der Pilot in den Steigflug ging, verstummte die Überziehwarnanlage, und wenn er wieder sank, schlug der Alarm wieder an. Absurder konnte es gar nicht laufen!

Im Bericht hieß es lediglich, dass die beiden Ersten Offiziere am Steuer (der Flugkapitän machte eine Ruhepause) das Flugzeug »in einen Steigflug statt in einen Sinkflug« gebracht hatten. Mit anderen Worten, sie hatten nicht auf den Strömungsabriss reagiert. Doch wenn man die Einzelheiten des Unfalls genauer betrachtet, hatten sie offenbar wenig Alternativen zu ihrem Handeln. Als der Airbus schließlich auf der Wasseroberfläche aufkam, befand er sich mehr oder weniger im Horizontalflug. Es hatte keinen offensichtlichen Pilotenfehler gegeben. Kurz nach der Bergung des Wracks im Jahr 2011 gab der französische Verkehrsminister Thierry Mariani zu Protokoll, dass die Piloten zu 95 Prozent und die Maschine zu fünf Prozent für den Absturz verantwortlich waren. Und wieder wird ein Flugunfall im kollektiven Gedächtnis als Pilotenfehler abgespeichert.

Nichtsdestotrotz veröffentlichte die französische Zeitschrift *Le Figaro* am 2. Juni 2009 eine Korrespondenz zwischen Air France und Airbus, in der Air France schreibt: »Ende März 2009 wurden zwei neue Zwischenfälle [im Zusammenhang mit Pitotrohren] verzeichnet, einschließlich eines Vorfalls erstmals bei einem A330. Damit liegt die Anzahl der Zwischenfälle bei neun. Acht beziehen sich auf den A340 und einer auf den A330.« Am 13. Juli 2009 kam es auf dem AF1905-Flug von Paris nach Rom zu einem weiteren Zwischenfall durch Pitotrohre von Thales. Mit anderen Worten: Der Vorfall, der zum Absturz von AF447 führte, war zuvor allein an Air-France-Maschinen mindestens neunmal beobachtet worden – und trat anderthalb Monate später erneut auf. In diesen zehn weiteren Fällen reagierten die Piloten angemessen, und es gelang ihnen, die Situation unter Kontrolle zu bringen. Möglicherweise waren die Umstände der AF447-Piloten komplexer. So oder so kann man davon ausgehen, dass das Flugzeug mit seinen 228 Passagieren ohne den technischen Defekt sicher am Ziel angekommen wäre.

Ohne einen weiteren Vorfall abzuwarten, forderte die Europäische Agentur für Flugsicherheit EASA die Fluggesellschaften auf, ab August 2009 all ihre Thales-AA-Sonden (Pitotrohre) zu entfernen. Dabei handelte es sich möglicherweise jedoch um einen weiteren Sündenbock, denn Laurent Lamy zufolge könnte das Problem auch durch den Probe Heat Computer (PHC) verursacht worden sein, der für die automatische Enteisung zuständig ist. Laut Lamy trat das Problem erst auf, nachdem Airbus im Sommer 2008 die PHCs verändert hatte, einschließlich des an dem Pitotrohrmodell installierten PHCs, der bei Flug AF447 verwendet wurde. Erst danach kam es zu einer Reihe von Zwischenfällen, bei denen die Pitotrohre vereisten. Von 2001 bis 2008 hatte es an denselben Rohren hingegen keinerlei Vereisungsprobleme gegeben.

Die Familien der Opfer von AF447 befanden, es sei an der Zeit, dass Airbus Verantwortung übernahm und die Öffentlichkeit erkannte, dass die Automatisierung zu weit gegangen war. Sie forderten einen fairen Prozess. »Man hat einen neuen Richter einberufen, und es wird eine dritte Runde Sachverständigenuntersuchungen geben. Wir haben viel Geduld, weil wir wissen, dass das Gericht viel Zeit brauchen wird, um die Ursachen für diesen komplexen und sehr ungewöhnlichen Unfall zu verstehen«, sagte Lamy mir damals. »Doch angesichts dessen, was wir inzwischen wissen, wäre es vollkommen inakzeptabel, keine Strafverfolgung anzustreben.«

Im Juli 2019, also zehn Jahre nach dem Unfall stellte die Staatsanwaltschaft den Prozess gegen Airbus schließlich ein, forderte jedoch, dass gegen Air France ein Verfahren wegen fahrlässiger Tötung und mangelhafter Pilotenausbildung angestrengt werden müsste. Drei Monate später ließen die Richter des Pariser Gerichts auch diese Anklage fallen. Die Angehörigenorganisation Association entraide et solidarité vol AF447 nannte das Urteil eine »Verletzung des Andenkens an die Opfer« und kündigte an, in Berufung zu gehen. Für Laurent Lamy war die Einstellung des Strafverfahrens so enttäuschend, dass er entschied, von dem Fall, für den er mehr als zehn Jahre unermüdlich gekämpft hatte, Abstand zu nehmen …

Man muss schnell feststellen, dass die Ehre des Piloten bei der Entscheidung, wer für den Flugzeugabsturz zur Verantwortung gezogen wird – die toten Piloten oder die Maschine mit ihrem Ruf samt dem ihres Herkunftslandes, von dem Tausende Jobs und Millionen von Dollar schwere Verträge abhängen –, nicht viel wert ist.

Und wenn der Pilot den Absturz überlebt, den er verursacht haben soll, wird die Sachlage noch komplizierter.

Air-France-Flug 296 oder der »Habsheim-Absturz«

Am 26. Juni 1988 überflog ein Airbus A320-111, nachdem er am Flughafen Basel-Mülhausen gestartet war, als Teil einer Flugschau den Flughafen Mülhausen-Habsheim. Der verantwortliche Pilot Michel Asseline, 44, war seit 20 Jahren bei Air France, hatte über 10 000 Flugstunden angesammelt und genoss einen tadellosen Ruf. Er hatte die Testflüge des A320 absolviert und die Maschine bereits über ihre offiziellen Grenzbereiche hinaus erprobt. Er war zuversichtlich. Sein Erster Offizier Pierre Mazières hatte eine vergleichbare Flugerfahrung vorzuweisen und war vor Kurzem zum Flugkapitän befördert worden.

Es war der Start des A320, eines neuen Modells, mit dem der Flugzeugbauer Airbus Industrie Großes vorhatte. Drei Monate zuvor hatte die erste Maschine das Werk verlassen, und dies sollte ihre eindrucksvolle Vorführung werden. Doch während des Überflugs sank die Maschine sehr tief – tiefer als geplant – und konnte nicht wieder in den Steigflug gebracht werden. Sie streifte die Baumwipfel eines nahe gelegenen Waldes, und Äste gerieten in die Triebwerke. Wenige Sekunden später stürzte der brandneue A320 in einer riesigen schwarzen Rauchwolke in den Wald und ging in Flammen auf. Die Zuschauer waren starr vor Schreck und Entsetzen. Die meisten der 136 Passagiere wurden erfolgreich evakuiert, doch eine Frau und zwei Kinder kamen in den Flammen ums Leben.

Bereits unmittelbar nachdem sie die Maschine verlassen hatten, gaben beide Piloten einhellig an, dass sie nicht verstanden, was passiert sei – warum die Maschine nicht gestiegen war, obwohl sie beide mit aller Kraft am Schaltknüppel gezogen hatten.

Der Abschlussbericht der BEA-Untersuchung[12] stellte jedoch vier Pilotenfehler als Ursache der Katastrophe fest. Im März 1997, fast neun Jahre nach dem Absturz, verurteilte der Strafgerichtshof in Colmar den leitenden Piloten Asseline wegen »grober Fahrlässigkeit« und »mehrfacher Pflichtverletzung« zu 18 Monaten Gefängnis, die für zwölf Monate auf Bewährung ausgesetzt wurden. Ihm wurde für acht Jahre die Fluglizenz entzogen. Co-Pilot Pierre Mazières erhielt zwölf Monate Freiheitsstrafe auf Bewährung wegen »persönlich zurechenbarer Pflichtverletzung«, eine Strafe, die auch über drei weitere Beteiligte verhängt wurde. Trotz der einhelligen Aussagen der Piloten, die seit dem Verlassen der Maschine konsistent geblieben waren, sprachen die BEA-Experten den Flugzeugbauer Airbus Industrie von jeglicher Schuld frei.

Die Handhabung dieses Falles, in dem »die Besatzung [...] ohne jeglichen Beweis einer Fahrlässigkeit unter Strafe gestellt [wurde], um den Ruf des Herstellers zu schützen«, wurde von vielen scharf verurteilt, darunter auch von Frankreichs SNPL (Syndicat National des Pilotes de Ligne).[13] Die Pilotengewerkschaft kritisierte zudem die in einigen Punkten sehr unklaren Ermittlungen, ihre mangelnde Präzision, ihre Versäumnisse und Unregelmäßigkeiten: insbesondere die Tatsache, dass die beiden Flugschreiber am Abend des Absturzes von der französischen Behörde für Zivilluftfahrt (Direction Générale de l'Aviation Civile) beschlagnahmt und für volle zehn Tage nicht herausgerückt worden waren. Es gab Vermutungen, dass die enthaltenen Daten manipuliert wurden. Germain Sengelin, der Mülhauser Richter, der mit dem Untersuchungsprozess beauftragt wurde, sagte dem Fernsehsender France 3 gegenüber aus, auf ihn sei Druck »aus den höchsten Kreisen« ausgeübt worden.[14]

Der Air-France-Pilot Norbert Jacquet trat für seine Kollegen von Flug AF296 ein und stellte öffentlich die Darstellung des Habsheim-Absturzes durch die Untersuchungsbehörden infrage. Er nahm an, dass der Bordcomputer der Maschine die Eingaben der Piloten zurückgewiesen hatte. Bei Erreichen einer bestimmten Flughöhe zwang der Bordcomputer die Maschine zu landen, egal wie sehr die Piloten sich bemühten, sie in den Steigflug zu bekommen. Für Jacquet gab es keinen Zweifel, dass der A320 über eine »übermäßige elektronische Flugunterstützung« verfügte und daher fehleranfällig sei. In seinem Buch *Airbus, L'assasin habite à l'Élysée (Airbus: Der Mörder lebt im Élysée-Palast)* schrieb er:

> Michel Asseline zog am Schaltknüppel, um das Flugzeug steigen zu lassen. Schnell, so hoch er konnte. Doch was taten die Höhenruder? Das Gegenteil von dem, was er ihnen befahl! (d. h., sie gingen in den Modus »Sinkflug«) Die logische Konsequenz war, dass der Steigflug scheiterte. In jenem Moment leisteten die Triebwerke 91 % ihrer Maximalgeschwindigkeit und waren damit schneller als beim vorigen Take-off von 88 %! Die Maschine beschleunigte in Richtung der Bäume, statt in den Steigflug überzugehen. Die reinste Katastrophe.[15]

Für diesen Kreuzzug, im Verlauf dessen er »die Staatslügen« scharf verurteilte, wurde Jacquet fristlos gekündigt und ihm die Pilotenlizenz entzogen. Air France gab psychische Probleme als Begründung an, auch wenn die drei hinzugezogenen Psychiater nicht die geringste Einschränkung bei dem Piloten feststellen konnten, außer dass er eine besondere Leidenschaft für Flugsicherheit hegte. Jacquet glaubte, dass im Zusammenhang mit der übermäßigen Automatisierung auftretende Defekte wenigstens zwei weitere A320-Abstürze erklären könnten: Der Indian-Airlines-Flug 605 vom 14. Februar 1990 und der Air-Inter-Flug 148 (der sogenannte »Mont-Sainte-Odile-Flug«) vom 20. Januar 1992. Beide Maschinen stürzten beim Landeversuch ab. Außerdem verurteilte er die Unzulänglichkeit verschiedener Airbus-Modelle, mit einem Strömungsabriss umzugehen. Es muss wohl nicht erwähnt werden, dass er nur noch wenige Freunde in der Flugzeugindustrie hat, ganz zu schweigen von Airbus.

Im Herbst 2015 fand ich mich beim Abendessen in einem italienischen Restaurant im Stadtteil Soho in Hongkong durch Zufall neben einem ehemaligen Air-France-Piloten wieder. Er erinnerte sich noch sehr gut an den Habsheim-Absturz und erzählte mir eine Geschichte, die er persönlich von der Freundin des Co-Piloten gehört hatte. Kurz nach dem Absturz war sie zum Opfer eines Überfalls geworden. Als sie gerade allein zu Hause war, brachen vier maskierte Männer ein, zogen sie aus und rasierten verschieden Partien ihres Körpers, einschließlich ihres Intimbereichs. Sie verließen sie unter folgender Drohung: »Sag deinem Freund, er soll bloß den Mund halten, sonst kommen wir wieder und beenden die Sache.« Völlig traumatisiert, erstatteten sie und ihr Freund Anzeige. Doch als sie einige Wochen später zur Polizeistation gingen, um zu hören, ob es Fortschritte bei den Ermittlungen gab, wurde ihnen lediglich nahegelegt, »nicht weiter zu dringen«, sondern »vorsichtig zu sein, wenn man die Straße überquert«. Bei der Geschichte lief es mir eiskalt den Rücken hinunter. Es war eine Geschichte, die ich an anderen Orten mit anderen politischen Systemen und Werten vermutet hätte als in Frankreich. Doch ich hatte keinen Grund, daran zu zweifeln. Um eine polizeiliche Ermittlung auf Eis zu legen, mussten die Anweisungen von sehr weit oben gekommen sein. Dieser Zwischenfall – eine Schande für ein Land wie Frankreich, wo es doch Recht und Gesetz gibt – ereignete sich zusätzlich zu der unrechtmäßigen Behandlung des ehemaligen Piloten Norbert Jacquet. Auch heute noch fungiert Jacquet weiterhin als Whistleblower für alle Vorfälle der Zivilluftfahrt, die mit der Hyperautomatisierung von Flugzeugen zu tun haben. Für ihn reihen sich auch die beiden 737-MAX-Desaster mit in diese Liste ein.[16] Bei unserem letzten Gespräch gab er an, lieber nicht preisgeben zu wollen, wo er sich gerade aufhielt. Er erzählte mir, dass sein beharrlicher Kampf ihn finanziell ruiniert und ihm insgesamt 20 Monate Gefangenschaft eingebracht hatte, davon einen Monat in einer psychiatrischen Notaufnahme. Doch worin genau bestand sein Verbrechen?

Der Habsheim-Absturz beleuchtet die Entschlossenheit des Staates, die wirtschaftlichen Interessen von Airbus zu schützen, und zeigt auf, wie weit er dafür zu gehen bereit ist. Werden die beiden Piloten des Habsheim-Fluges je vollständig rehabilitiert werden? Wird Norbert Jacquet, dessen Verbrechen einzig darin bestand, seinen Arbeitgeber und die Öffentlichkeit vor den Risiken der computerisierten Flugsteuerung an Bord der neuen Airbus-Maschinen zu warnen, je eine Entschuldigung von Frankreich erhalten?

Obwohl die A320-Bestellungen im Zuge der Kontroverse anfangs einen Dämpfer erhielten, wurde das Modell einer der größten kommerziellen Erfolge von Airbus Industrie.

Wie wir gesehen haben, gibt es vergleichsweise wenig Fälle, in denen der Pilot tatsächlich für einen Absturz verantwortlich ist. Doch den Flugzeughersteller – sei es nun Boeing oder Airbus – trifft offenbar nie die Schuld. Und wenn, dann ist ihr Fehler geringfügig. Im Gegensatz zum Piloten kann die Industrie auf den vollständigen Schutz durch die Regierung ihres Heimatlandes vertrauen.

MILITÄRISCHE FEHLER

Der Abschuss eines zivilen Verkehrsflugzeugs ist unter allen Fehlern ein ziemlich schwerwiegender. Und doch gab es diese Fehler ohne Zweifel zu verschiedenen Zeitpunkten in der Luftfahrtgeschichte. In anderen Fällen – einschließlich MH370 – bleibt dies lediglich eine Hypothese.

Ukraine-International-Airlines-Flug 752: das falsche Ziel zweier aufeinanderfolgender Raketen

Am 8. Januar 2020 wurde der Ukraine-International-Airlines-Flug 752 weniger als drei Minuten nach dem Take-off am Tehran

Imam Khomeini International Airport im Abstand von 23 Sekunden von zwei Flugabwehrraketen getroffen, abgeschossen von einem iranischen Militärstützpunkt 13 Kilometer vom Flughafen entfernt. Alle 176 Menschen an Bord der Boeing 737–800 starben. Anfangs gab die iranische Luftfahrtbehörde menschliches und technisches Versagen als Absturzursache an, indem sie behauptete, eines der Triebwerke hätte Feuer gefangen und die Maschine wäre kurz darauf in Flammen aufgegangen. Daraufhin hätten die Piloten die Kontrolle über die Maschine verloren. Doch die ukrainische Fluggesellschaft wies einen »Pilotenfehler« als Absturzursache vehement zurück und gab an, dass die Piloten jahrelang ausschließlich für den Teheran-Flug ausgebildet worden waren. Nach einigen Tagen Dementi gab die Iranische Revolutionsgarde, ein Zweig der iranischen Armee, schließlich zu, dass sie für die Katastrophe verantwortlich waren, und führten menschliche Fehler als Ursache an. Jemand hatte die Maschine für ein feindliches Ziel gehalten.

Der Unfall ereignete sich in einer Zeit extremer politischer und militärischer Spannungen. Nachdem der Iran als Vergeltungsmaßnahme für die Ermordung des iranischen Generalmajors Qasem Soleimani durch einen gezielten US-Drohnenangriff Raketen auf zwei US-Militärstützpunkte im Irak abgefeuert hatte, befand man sich in einem Stadium höchster Wachsamkeit und war jederzeit zur Verteidigung bereit. Schließlich räumte der iranische Präsident Hassan Rouhani ein, der Abschuss der Maschine sei ein »unverzeihlicher Fehler« gewesen. Gemäß Anlage 13 der Chicagoer Konvention wurden das amerikanische NTSB, die französische BEA sowie ukrainische, schwedische und kanadische Untersuchungsbehörden eingeladen, an der Unfalluntersuchung teilzunehmen.

Malaysia-Airlines-Flug 17: 298 Tote nach Abschuss der Maschine durch eine Buk-Rakete

Vier Monate nach dem Verschwinden von MH370 stürzte eine weitere Boeing 777 von Malaysia Airlines ab (des exakt gleichen Typs und zur selben Zeit geliefert): Flug MH17 von Amsterdam nach

Kuala Lumpur mit 298 Menschen an Bord. Der Unfall ereignete sich um 16:20 Uhr über der Ostukraine, und die Trümmerteile und Leichen fanden sich später über mehrere Quadratkilometer verstreut. Im Abschlussbericht der niederländischen Verkehrssicherheitsbehörde[17] wurde als Unfallursache »die Detonation eines Sprengkopfes vom Typ 9N214M, abgeschossen im östlichen Teil der Ukraine durch ein Buk-Raketensystem« angeführt.[18] Der Bericht ging nicht weiter darauf ein, wer die Rakete abgeschossen hatte. Stattdessen machte man die Ukraine für den Unfall verantwortlich, da die Regierung es versäumt hatte, notwendige Vorkehrungen zu treffen: Wegen des bewaffneten Konflikts, der zu dieser Zeit im Osten des Landes herrschte, hätte man den Luftraum für Zivilverkehr sperren müssen.[19]

Iran-Air 655: als die US-Navy einen Airbus A300 mit einer F-14 »verwechselte«

Am 3. Juli 1988 flog ein Airbus A300 der Fluggesellschaft Iran Air von Bandar Abbas im Iran nach Dubai auf der anderen Seite des Persischen Golfs. Die vorgesehene Flugzeit betrug gerade einmal 28 Minuten, und in der Maschine saßen 290 Passagiere, die meisten von ihnen Iraner. Der Erste Golfkrieg zwischen dem Iran und dem Irak näherte sich dem Ende, und ein Jahr zuvor war die amerikanische Fregatte USS *Stark* von einem irakischen Mirage Jet attackiert worden.[20] Die Stimmung war angespannt. Um 10:24 Uhr, sieben Minuten nach dem Take-off, wurde die Iran-Air-Maschine von zwei Raketen abgeschossen. Die Zerstörung des gesamten Hecks und einer ihrer Tragflächen führte zum Kontrollverlust über die Maschine, und sie stürzte in den Golf ab. Die Raketen waren von dem amerikanischen Raketenkreuzer USS *Vincennes* abgefeuert worden, der angab, den Airbus mit einer feindlichen F-14 »verwechselt« zu haben, nachdem mehrere Versuche, Kontakt mit dem Flugzeug herzustellen, fehlgeschlagen waren (auf der militärischen und zivilen Notruffrequenz).[21] In einer Rede vor den Vereinten Nationen sagte George H. W. Bush, damals Vizepräsident unter Ronald Reagan, die USS *Vincennes* hätte »angemessen« agiert. 1996 einigte man sich vor dem Internationalen Gerichtshof darauf, dass die Vereinigten Staaten 61,8 Millionen US-Dollar Entschädigung an die Familien der Opfer zahlen würden.

Bei diesem Absturz war zumindest klar, wer für die Zerstörung des Flugzeugs und den Tod der 290 Passagiere verantwortlich war. Ein Absturz in Italien hingegen verfolgt die Angehörigen der Opfer seit mehr als 40 Jahren.

Itavia-Flug 870 oder die »Ustica-Tragödie«: eine Untersuchung, die beinahe 40 Jahre andauerte

Wann immer ich mit meinen italienischen Freunden über das Verschwinden von MH370 rede, fällt mir auf, dass für sie kein Zweifel zu bestehen scheint, was in Wahrheit passiert ist: MH370 wurde von einer Rakete getroffen, genau wie es dem Itavia-Flug 870 – eine DC-9, die mit 81 Menschen an Bord von Bologna nach Palermo flog – am 27. Juni 1980 über Nordsizilien erging.

Nach 50 Minuten Flugzeit kam es zu einer Explosion. Die DC-9 zerbrach in mehrere Teile und verschwand vom Radar. Der Unfall erregte sofort internationales Aufsehen. »Wie kann ein modernes, sicheres Linienflugzeug plötzlich einfach so verschwinden?«, wunderte man sich. 35 Jahre später stellte man sich genau die gleiche Frage im Zusammenhang mit dem Verschwinden von MH370.

Zwei Tage nach dem Itavia-870-Absturz veröffentlichte der italienische Investigativjournalist Andrea Purgatori einen Artikel in der Zeitung *Corriere della Sera*, in dem er vermutete, dass die DC-9 von der Rakete eines Kampfjets – wahrscheinlich eines französischen – getroffen worden war, die eigentlich für das Flugzeug des libyschen Anführers Muammar Gaddafi vorgesehen war. Als Quelle gab er einen Fluglotsen in Rom an. Den »Revolutionsführer«, der im Westen als Feind Nummer eins galt, treffen zu wollen und stattdessen 81 Zivilisten umzubringen kann wohl zweifellos als schwerwiegender militärischer Fehler verbucht werden.

Die wenigen Trümmerteile waren in einem Gebiet von 200 Quadratkilometern verstreut, was die Theorie untermauert, dass die Maschine mitten im Flug zerbrach und dann auf der Wasseroberfläche aufschlug. Drei nicht identifizierte Radarechos westlich der Itavia-Maschine deuteten darauf hin, dass ein Kampfjet sich mit der Sonne im Rücken näherte, eine Tarnungstechnik, die Kampfpiloten schon in den ersten Tagen des Luftkampfes benutzt hatten. »In den Tagen nach dem Unfall erfuhr ich direkt von den Menschen, die auf der Wasseroberfläche Trümmerteile bargen, dass sich unter ihnen auch Teile einer in den USA hergestellten Rakete befanden, insbesondere ihre Flossen«, sagte Paul-Henri Nargeolet, der zu dieser Zeit bei der französischen Marine diente. Er betonte jedoch: »Dass es sich um eine amerikanische Rakete handelte, bedeutet noch lange nicht, dass sie von einem amerikanischen Flugzeug abgefeuert wurde.«

Die offizielle Untersuchung hingegen erwähnte Sprengstoffspuren (TNT) an den Trümmern – ein Fund, der später angezweifelt wurde. Doch zu dieser Zeit (fünf Wochen nach dem Absturz kamen bei einer Bombenexplosion im Hauptbahnhof von Bologna 85 Menschen ums Leben) erschien die Theorie, dass eine Bombe an Bord der Maschine explodiert war, durchaus plausibel. Die erste Flugunfalluntersuchung kam zu keinem Ergebnis: Hatte es eine Explosion an Bord (eine Bombe) oder außerhalb der Maschine gegeben (einen Raketenangriff)?

Auf Druck der Angehörigen der Opfer wurde eine zweite Untersuchung eingeleitet. Im Abschlussbericht vom 17. März 1989 kam man zu dem Schluss, dass die Explosion durch eine Rakete verursacht worden war, abgefeuert von einem nicht identifizierten Flugzeug. Die Tür des Frachtraums, die man aus dem Meer gefischt hatte, wies zwei Löcher auf, deren Schussrichtung nach innen deutete – unvereinbar mit einer Explosion an Bord. Ein Jahr später nahmen die Ereignisse jedoch eine dramatische Wende, als zwei italienische Flugunfallermittler ihre Aussagen mit der Begründung zurückzogen, man hätte letzten Endes zu wenig stichhaltige Beweise für die Theorie.[22] Hatte die Raketentheorie bei jemandem für Unbehagen gesorgt?

14 Jahre nach dem Absturz kam ein weiterer Bericht. Die internationalen Experten, die man einberufen hatte, hatten darauf bestanden, dass für eine fundierte Ermittlung der Flugunfallursache alle fehlenden Teile der Maschine gefunden werden mussten.

An der folgenden Unterwassersuche nahm auch Nargeolet teil. Als Teile des Flugzeugs unter der Leitung des französischen Meeresforschungsinstituts Ifremer aus 3600 Metern Tiefe geborgen wurden, erinnerte er sich an etwas, was ihm 1980 über Raketentrümmer erzählt worden war:

> Außen an einem Rumpfteil, das wir geborgen hatten, fand ich »fremde« Metallteile, die nicht zum Flugzeug gehörten. Ich fotografierte sie, nahm Proben und übergab alles der Person, die das Untersuchungskomitee leitete. Der Vorsitzende des Komitees sagte mir ein paar Tage später, die Fotos und Metallproben, die ich ihm hatte zukommen lassen, wären »von höchster Wichtigkeit«. Ein paar Monate später behauptete derselbe Vorsitzende – ich glaube gegenüber einem italienischen Senatsausschuss –, ich hätte ihm nie irgendetwas übergeben.

Nargeolet hatte das untrügliche Gefühl, in einen Fall sehr hochrangiger *Omertà* geraten zu sein, und, das sollte nicht weiter überraschen, diese dritte technische Untersuchung erklärte die Ergebnisse der zweiten Untersuchung für nichtig und kam zu dem Schluss, dass der Absturz durch eine Bombenexplosion an Bord verursacht worden war. Schließlich hatte niemand eine Rakete auf das Flugzeug gefeuert.

Die italienischen Gerichte hingegen missachteten die Ergebnisse der technischen Untersuchung und setzten ungerührt ihre eigenen Ermittlungen fort. Im Juni 1997 veröffentlichte die *Corriere della Sera* einen Artikel mit dem Titel »Selbstmorde und seltsame Zwischenfälle: 15 Tote seit der Ustica-Tragödie«.[23] In dem Artikel wurden 15 Zeugen des Ustica-Falles aufgezählt, die unter mysteriösen und teils bizarren Umständen ums Leben kamen. Einer neueren Zählung zufolge gab es 20 Todesfälle als »Nachwirkungen der

Untersuchung«. Offenbar sollte die Wahrheit nicht ans Licht kommen. Die italienische Öffentlichkeit hingegen ist nach wie vor davon überzeugt, dass das Verkehrsflugzeug von einer fälschlich durch die amerikanischen oder französischen »Freunde« abgefeuerten Rakete abgeschossen wurde.

Am 25. Juni 2007 beschuldigte der ehemalige italienische Premierminister Francesco Cossiga Frankreich, den Absturz verursacht zu haben[24], und in einem 2010 veröffentlichten Buch kritisierte ein italienischer Richter Frankreich dafür, die Unfalluntersuchungen vereitelt zu haben.[25] Im Jahr 2013 urteilte das Kassationsgericht zugunsten der Abschusstheorie – schwieg jedoch dazu, wer es gewesen war – und forderte den italienischen Staat auf, 100 Millionen Euro Entschädigungszahlungen an die Angehörigen der Opfer zu leisten. Im Juli 2014 beschloss der italienische Premierminister Matteo Renzi die Archive der Öffentlichkeit zugänglich zu machen. Die französische Monatszeitung *Le Monde diplomatique* veröffentlichte daraufhin einen faszinierenden Artikel des Journalisten Andrea Purgatori, der die Verantwortlichkeiten wie folgt verteilte: Italien hatte erlaubt, dass sein Luftraum verletzt wurde, und dann alles vertuscht. Die USA waren zumindest Zeuge, wenn nicht Komplize. Und die DC-9 war wahrscheinlich von Frankreich abgeschossen worden.

Was lernen wir aus dieser Tragödie? Nach drei offiziellen Unfalluntersuchungen, die zu drei unterschiedlichen Ergebnissen kamen, nach dem Tod von zwanzig direkten oder indirekten Zeugen in dem Fall und nach vierzig Jahren Wut und Empörung aufseiten der Angehörigen der Opfer – die in der italienischen Öffentlichkeit widerhallt – wissen wir noch immer nicht die ganze Wahrheit über die Affäre. Außerdem haben wir gesehen, dass die Wahrheit, wenn sie durch eine Raketenflosse, Teile eines verbogenen Rumpfes oder Spuren geschmolzenen Metalls an die Oberfläche dringt, entweder diskreditiert oder ignoriert wird. Die Länder, die in diese Affäre verwickelt waren, hatten bereits unter sich ausgemacht, wie die offizielle Wahrheit auszusehen hat.

TECHNISCHES VERSAGEN UND NOTSITUATIONEN

An dieser Stelle verdienen auch die vielen Fälle eine Erwähnung, bei denen es während des Fluges zu einer Notsituation kommt – sei es in Verbindung mit technischen Defekten, Zwischenfällen bei der Wartung oder Problemen mit den Passagieren oder der Fracht. In den meisten Fällen wird das Problem rechtzeitig erkannt und von den Piloten, der Kabinencrew oder dem Bodenpersonal gelöst, ohne dass die Passagiere etwas davon mitbekommen. Wie es unter Piloten heißt: »Dafür sind wir da!«

British-Airways-Flug 5390: Happy End einer Beinahe-Katastrophe

Unter diesen Fällen gibt es einen ziemlich spektakulären, der sich am 10. Juni 1990 auf dem Flug BA5390 von der englischen Stadt Birmingham nach Málaga ereignete. Dreizehn Minuten nach dem Take-off flog das linke Cockpit-Fenster weg, und der Flugkapitän, der kurz zuvor seinen Anschnallgurt gelockert hatte, wurde halb aus dem Flugzeug gesaugt. Er klammerte sich mit den Beinen an den Steuerknüppeln fest und hielt durch, bis der Chefsteward ihm zu Hilfe eilte. Dieser umklammerte den Gurt des Flugkapitäns und schaffte es, ihn während der folgenden zwanzig Minuten in den Sitz zu drücken, wovon er eine ausgekugelte Schulter davontrug. Dem Ersten Offizier gelang eine Notlandung in Southampton, während die Kabinencrew ihr Bestes tat, um die Passagiere zu beruhigen, die panisch auf den schneidenden Wind reagierten, der nun durch das Flugzeug fegte. Die Maschine landete, ohne dass einem von ihnen etwas geschah. Selbst der Flugkapitän, bei dem die Besatzung schon befürchtet hatte, er sei tot, kam beinahe unverletzt davon. Er stand lediglich unter Schock und hatte ein paar Frostbeulen und Frakturen.

Es stellte sich heraus, dass die Wartungsmannschaft Halteschrauben in der falschen Größe verwendet hatte, um die neue

Windschutzscheibe zu befestigen. Doch die gesamte Besatzung hatte die Notsituation erstaunlich gut gehandhabt. Leider verläuft es nicht immer so glimpflich.

Helios-Flug 522: sauerstoffhungrige Piloten

Am 14. August 2005 flog eine Boeing 737 den Helios-Airways-Flug 522 von Larnaca auf Zypern nach Prag, mit einem geplanten Zwischenstopp in Athen. Fünf Minuten nach dem Take-off ging der Alarm für Druckverlust los, wurde von den Piloten jedoch falsch eingeschätzt. Kurz vor dem Start der Maschine war eine Tür inspiziert worden, die auf dem vorherigen Flug Anzeichen einer undichten Stelle für den Druckausgleich gezeigt hatte.[26] Für einen Test war das Druckausgleichsystem in den Handbetrieb gesetzt worden, und man hatte es versäumt, es wieder auf Automatikbetrieb zu setzen. Der Flugkapitän funkte den Ingenieur am Boden an, um die Situation zu klären. Unterdessen wurden Sauerstoffmasken in der Kabine heruntergelassen, nicht jedoch im Cockpit, wo dieses Prozedere nicht automatisch geschieht. Ohne zu ahnen, dass ihre Maschine einen Druckverlust erlitt, hielten die Piloten sie weiter im Steigflug. Hypoxie – ein Sauerstoffmangel – wirkt sich ähnlich aus wie ein sehr hoher Alkoholpegel (Verwirrung, Sprachverlust, Orientierungslosigkeit). Schnell wurden die Nachrichten der Piloten an die Luftverkehrskontrolle unverständlich und blieben schließlich vollständig aus.

Inzwischen befand sich die Maschine über griechischem Festland, wo die Behörden eine Entführung oder eine andere terroristische Handlung vermuteten. Sie schickten zwei F-16 Kampfflieger los, um die Boeing aufzuhalten. Als die Jets das Flugzeug einkreisten, entdeckten ihre Piloten niemanden an den Schalthebeln der Boeing: Der Flugkapitän lag ausgestreckt am Boden und der Co-Pilot war bewusstlos im Sitz zusammengesunken. Später kam ein mutiger Flugbegleiter in das Cockpit und versuchte vergeblich, einen Kontakt mit der Luftverkehrskontrolle herzustellen. Schließlich zerschellte die Maschine »ganz von alleine« an einem Berg und riss alle 121 Menschen an Bord in den Tod. Wegen des kurzen, wirren Kontakts zwischen dem nicht identifizierten Piloten eines anderen Fluges und dem Cockpit von MH370 sollte der MH370-Absturz später wiederholt mit dem Helios-Flug 522 verglichen werden. Nachdem die Luftverkehrskontrolle in Ho-Chi-Minh-Stadt um Kontaktaufnahme mit dem verlorenen Flugzeug gebeten hatte, kam es zu einem kurzen, wirren Austausch, dessen von dem Piloten des anderen Fluges beschriebene schlechte Qualität bei manchen zu der Vermutung führte, dass die die malaysischen Piloten möglicherweise ähnlich wie die des Helios-Fluges eine Hypoxie erlitten hatten.

UPS-Airlines-Flug 6 aus Dubai: ein durch Lithiumbatterien ausgelöstes Feuer im Frachtraum

Am 3. September 2010 flog ein Frachtflugzeug des Typs Boeing 747 den UPS-Airlines-Flug 6 von Dubai nach Köln. 22 Minuten nach Abflug schlugen die Piloten Alarm: Im Frachtraum war ein Feuer ausgebrochen, das schnell um sich griff. Doch der Funkkontakt brach ab. Sie versuchten nach Dubai zurückzufliegen, verfehlten jedoch die Landebahn und stürzten mehrere Kilometer vom Flughafen entfernt ab. Dem finalen Untersuchungsbericht[27] zufolge war die Absturzursache ein unkontrolliertes Feuer, da sich die Lithiumbatterien im Frachtraum entzündet hatten. Wie wir bereits gesehen haben, hatte auch MH370 Lithiumbatterien geladen – mindestens 221, glaubt man dem offiziellen Ladeverzeichnis.

TWA 800: Tatsächlich eine Tankexplosion?

Da sich ganze Bücher und Dokumentationen mit dem Flug TWA 800 beschäftigen, hatte ich ursprünglich vor, ihn nicht zu erwähnen. Bis mich aus erster Hand ein Zeugenbericht erreichte, der einen Zusammenhang herstellte.

Die TWA-Boeing 747 explodierte am 17. Juli 1996 um 20:30 Uhr, 12 Minuten nach ihrem Abflug vom JFK International Airport in

New York, und stürzte in den Atlantischen Ozean vor New Yorks Long Island. Es handelte sich um eine Verbindung nach Rom mit geplantem Zwischenstopp in Paris. 230 Personen befanden sich an Bord. Bis zum heutigen Tag haben sich zwei Theorien durchgesetzt, um die Katastrophe zu erklären. Die offizielle besagt, dass sich Kraftstoffdämpfe in einem der Kerosintanks durch einen Kurzschluss entzündeten und eine massive Explosion auslösten, die die B-747 fast unmittelbar darauf zerstörte. Doch viele Leute, darunter namhafte Experten, gaben sich mit dieser Erklärung nicht zufrieden. Sie fragten sich, wie eine geringe Menge an Kraftstoffdämpfen urplötzlich eine Explosion von derartigen Ausmaßen auslösen konnte, die eine gesamte 747 binnen weniger Sekunden vollkommen vernichtete.

Es gibt aber noch eine viel einfachere Erklärung: ein Raketenabschuss. Diese Theorie fußt auf einer ganzen Reihe an Indizien, darunter der Tatsache, dass vergleichbare Zwischenfälle noch nie derart verheerende Auswirkungen hatten, auf verschiedenen Zeugenaussagen, die Feuerstreifen auf das Flugzeug zufliegen sahen (wie von Raketen), und dem Fund explosiver Überreste an den Trümmern. Und dies sind nur die wichtigsten von mehreren Hinweisen, die diese Theorie untermauern.

Im Jahr 2013 erzählte der frühere NTSB-Flugunfallermittler Henry Hughes, der an dem Fall gearbeitet hatte, der Agentur Reuters, er glaube, dass eine Bombe oder eine Rakete die Boeing 747 zum Absturz gebracht hätten. Zusammen mit fünf weiteren Ermittlern ersuchte er die Behörde, die Schlussfolgerung ihrer Untersuchung zu überdenken, da sie fehlerhaft sei. »Die Zeugenaussagen, die physische Beweislage und weitere Fakten zeigen klar und deutlich, dass es außerhalb der Maschine und nicht im zentralen Kerosintank eine Explosion gegeben hat«, erklärte Hughes. Außerdem beschuldigte er das NTSB, wichtige Zeugenaussagen, Radardaten und Spuren explosiven Materials und Löcher im Rumpf, die auf eine externe Explosion hindeuten, nicht berücksichtigt zu haben. Doch kaum hatte er diese Bedenken zum Ausdruck gebracht, wurde er vom NTSB kurzerhand in die Verkehrsuntersuchung versetzt. Später ging er in den Ruhestand. Hughes Anregungen wurde nie nachgegangen.

Nachdem ein ehemaliger Swissair-Pilot namens Phil Bobet die französische Originalversion meines Buches gelesen hatte, kontaktierte er mich und bot mir Informationen an. Als wir uns im März 2019 in einem Café in Paris trafen, war ich zunächst etwas enttäuscht, weil er nicht wie erhofft etwas zu MH370 beitragen konnte. Dennoch war sein Augenzeugenbericht erschütternd und warf neues Licht auf die TWA-800-Katastrophe.

Am 9. August 1997 war er den Swissair-Flug 127 von Philadelphia nach Zürich geflogen und befand sich auf der ersten Etappe nach Boston. Seine Maschine näherte sich dem Gebiet, in dem TWA-Flug 800 abgestürzt war. Bobet hatte seinen Passagieren gerade Manhattan angekündigt, als er seine Durchsage unterbrach, um ein rundes, weißes Objekt zu melden, dass die Maschine nur knapp verfehlt hatte. »Wir sahen etwas Weißes, Glänzendes ohne Flügel direkt auf uns zukommen. Es war sehr schnell, viel schneller als ein Flugzeug«, berichtete er mir. Sofort setzte er die Luftverkehrskontrolle in New York und Swissair davon in Kenntnis. Später stieß ich auf seinen Austausch mit der Luftverkehrskontrolle, der in den NTSB-Bericht über den Zwischenfall aufgenommen und zwei Jahre später von der Canadian Press (CP) veröffentlicht wurde: »Ich weiß nicht, ob es eine Rakete oder so etwas war, aber es flog ungeheuer schnell in die entgegengesetzte Richtung«, gab der Pilot an. »In die entgegengesetzte Richtung?«, fragte der Fluglotse zurück. »Ja, Sir, um 21:07 Uhr (GMT). Es war zu schnell für ein Flugzeug und schoss leicht rechts über das Cockpit. Wäre es auch nur ein bisschen tiefer geflogen, dann hätte es die Maschine getroffen. Als das Objekt uns passierte, war kein Geräusch zu hören, es gab keine Turbulenzen oder Unterbrechungen und nichts Ungewöhnliches mit den Fluginstrumenten oder den Triebwerken.« Im NTSB-Bericht wird auch der Erste Offizier erwähnt, der angab, sich gerade vornübergebeugt zu haben, um die Lautstärke seines Headsets zu regulieren und im selben Moment, als er wieder den Kopf hob, das Objekt über sich vorbeizischen sah. Es war so nah, dass er sich unwillkürlich duckte, in Erwartung, dass es sie träfe. Alles geschah so schnell, dass ihnen keine Zeit für Ausweichmanöver blieb.

Nach dem Schock dieses Beinahe-Zusammenstoßes war Bobet umso überraschter angesichts dessen, was ihn bei seiner Ankunft in Boston erwartete. Er und seine Kollegen wurden vom FBI und dem NTSB in Empfang genommen und getrennt verhört. »Der Mann vom FBI war so feindselig und versuchte in einem Maße meine Darstellung des Geschehenen zu diskreditieren, dass ich ihn bitten musste, seinen Ton zu ändern, oder ich würde mich mit meiner Botschaft in Verbindung setzen«, erinnerte sich Bobet. Wieder daheim in der Schweiz, besprach er den Vorfall mit seiner Fluggesellschaft und war der Ansicht, man müsse der Sache auf den Grund gehen, da dies womöglich auch bei anderen Flügen passieren konnte. Entgegen der amerikanischen Erklärung, dass die Piloten womöglich einen Wetterballon gesehen hatten (was völlig abwegig ist), erfuhr er später, dass es ganz ähnliche Beinahe-Zusammenstöße mit nicht identifizierten Flugobjekten bereits auf mindestens zwei weiteren Flügen gegeben hatte (auf einem aus Pakistan und einem weiteren aus Venezuela).

Trotz ihres Erkenntniswerts für die Indizienlage im Fall TWA 800 wurde Bobet gebeten, die Sache fallen zu lassen. Irgendwann nahmen ihn nur noch UFO-Anhänger ernst.

MÖGLICHE LEHREN AUS DEN FLUGUNFÄLLEN UND ERMITTLUNGEN, DIE BEI DER LÖSUNG VON FALL MH370 HELFEN KÖNNTEN

Die Luftfahrtbehörden haben aus den meisten dieser Unfälle Lehren gezogen. Seit dem Absturz des UPS-Airlines-Fluges 6 herrschen für den Transport von Lithiumbatterien strengere Auflagen. Seit diesem Unfall haben sich die Vorgaben grundlegend geändert, insbesondere seit der Konferenz der Internationalen Zivilluftfahrtorganisation ICAO im Juli 2015, was bei einigen Beobachtern zu Mutmaßungen führte, ob die Behörden womöglich mehr über das

Verschwinden von MH370 wussten, als sie zugaben. Wie bereits in anderen Fällen zu sehen war, kann es passieren, dass die Kontrollinstanzen, selbst wenn sie vorgeben, die Unglücksursache nicht zu kennen, dennoch Maßnahmen einleiten, um zu verhindern, dass es erneut geschieht.

Seit dem Air-Inter-Mont-Sainte-Odile-Absturz, den ich nur kurz angerissen habe, müssen alle Flugzeuge mit einer Notfunkbake, dem sogenannten Emergency Locator Transmitter (ELT) ausgestattet sein, der beim Kontakt mit Wasser automatisch aktiviert wird. Doch auch diese Vorgaben unterliegen einem ständigen Wandel. Seit 2005 müssen die ELTs Signale auf zwei verschiedenen Frequenzen aussenden: eine, die von Satelliten empfangen werden kann (406 MHz) und die Notruffrequenz, die von allen Flugzeugen und Schiffen nahe der Absturzzone empfangen wird (121,5 MHz). MH370 hatte vier ELTs, doch hätte das der Suche geholfen? Im Falle von AF447 hat keiner von ihnen funktioniert. Einem Bericht der ICAO zufolge wurde bei 173 Flugzeugabstürzen, die mit ELTs ausgestattet waren, die Bake in nur 39 Fällen tatsächlich aktiviert.[28] Der Untersuchungsbericht von AF447 mahnt zu Verbesserungen in diesem Bereich.

Doch wie so oft greifen die Maßnahmen »zu kurz, zu spät«. Viele Piloten verfolgen alarmiert, wie lange es dauert, bis die Aufsichtsorgane neue Vorgaben durchsetzen oder sich neue technologische Errungenschaften zunutze machen. Aus dem AF447-Absturz über dem Atlantik erkannte man zahlreiche Verbesserungsmöglichkeiten, die die Suche in vergleichbaren Fällen vereinfachen würden – doch fünf Jahre später, als man mit MH370 erneut vor der gleichen Situation stand, war keine dieser Maßnahmen tatsächlich implementiert worden. »Das ist völlig inakzeptabel«, protestierte Laurent Lamy. »Mitansehen zu müssen, dass die Lehren aus 228 Toten von AF447 selbst fünf Jahre später keine Anwendung gefunden haben, lässt unsere Trauer erneut aufleben.« Seit dem 1. Januar 2018 müssen die Sender an Flugschreibern für neunzig Tage statt wie zuvor für nur dreißig Tage ein Signal aussenden und eine größere Reichweite haben. Seit dem 1. Januar 2020 müssen Flugschreiber herausgeschleudert werden und schwimmfähig sein. Hätte Malaysia Airlines auch nur eine dieser Maßnahmen umgesetzt, so wäre die Lokalisierung von MH370 zweifellos leichter gewesen – vorausgesetzt, man sucht im richtigen Gebiet.

Um diese fragmentierte Analyse einiger Luftfahrtkatastrophen abzuschließen, möchte ich auf zwei verbreitete Charakteristika hinweisen, die viele Unfälle trotz aller Verschiedenheit gemein haben.

Unabhängig von der Opferzahl oder dem Ausmaß der menschlichen Tragödie, die durch Flugzeugabstürze ausgelöst wird, wird das Trauma der Angehörigen oft durch den Mangel an Transparenz, der die Flugunfalluntersuchungen auszeichnet, verschlimmert. Solche Untersuchungen sind stets langatmig, arbeitsaufwendig und kompliziert und stehen unter einem enormen politischen, diplomatischen und wirtschaftlichen Druck.

Die Trauer der Angehörigen wird mit jedem weiteren Schritt der Unfalluntersuchung, mit jedem Zweifel, der aufkommt, und mit jeder noch so kleinen falschen oder wahren Neuinformation gestört, aufgewühlt und neu entfacht. Im Fall von MH370 wurden die Familien der Opfer ihrer Trauer beraubt. Die völlige Abwesenheit an glaubhaften Beweisen – noch nicht einmal des Absturzes selbst – machte einen angemessenen Trauerprozess unmöglich.

Was die angeführte Tendenz dieser Untersuchungen angeht, Pilotenfehler statt technischer Mängel als Unfallursache heranzuziehen, so hätte ich mir nicht träumen lassen, auf welch eine Büchse der Pandora ich bei meiner Vergleichsstudie der bekanntesten Flugzeugabstürze stoßen würde. Ich hätte nie erwartet, mit solch einer Scheinheiligkeit aufseiten der Flugzeugbauer und Regierungen konfrontiert zu werden, und hatte keine Ahnung, welche Mittel in bestimmten Fällen eingesetzt wurden, um die wahren, aber unaussprechlichen Ursachen eines Absturzes zu vertuschen.

Denn die *offensichtliche* Unfallursache ist selten die richtige.

Denn die *offizielle* Unfallursache ist selten die richtige.

Was zunächst gesagt wird, passt selten zu den Ergebnissen, zu denen man am Ende gelangt.

Und meist gibt es keine einzelne Ursache, sondern eine Kombination verschiedener Faktoren.

Um es kurz zu machen: In dem Unglücksfall eines Flugzeugabsturzes ist die Wahrheit schon fast dazu vorherbestimmt, zum ersten Opfer zu werden.

Dank

Aus Gründen ihrer Sicherheit und weil ich mich kurzfassen muss, habe ich die wundervolle Konstellation an Menschen, die mir in dieser siebenjährigen Anstrengung geholfen haben, nicht genannt. Dieses Puzzle zusammenzubringen wäre niemals ohne die Hilfe Hunderter Menschen möglich gewesen: Piloten, Wissenschaftler, Akademiker, Diplomaten, Ingenieure, Politiker, Whistleblower, Journalistenkollegen, Hacker, Söldner und Militärs über den ganzen Globus verteilt, die ich persönlich oder online in Malaysia, Vietnam, Kambodscha, Laos, Singapur, Thailand, den Philippinen, Indien, Indonesien, Australien, Neuseeland, China, Hongkong, Japan, Taiwan, den USA, Kanada, England, Schottland, Frankreich, Deutschland, Belgien, den Niederlanden, der Schweiz, Italien, Portugal, Israel, den Vereinten Arabischen Emiraten, den Malediven, Mosambik, Mauritius, Madagaskar, La Réunion, ... getroffen habe. Einige haben mir mit ihrer Expertise und ihren Analysen geholfen, andere mit Dokumentenstapeln und wiederum andere mit kurzen, aber entscheidenden Halbsätzen. Ich danke jedem von ihnen aus ganzem Herzen.

Mein herzlicher Dank geht auch an meinen Herausgeber HarperCollins, Jack Fogg und sein Team, Holly Blood, Sarah Hammond, Alan Cracknell, Josie Turner, Julie MacBrayne, und an meinen Lektor Mark Bolland, ebenso wie an meine Agentinnen Jo Lusby und Marysia Juszczakiewicz, die dieses Buch überhaupt erst möglich gemacht haben. Ich danke meinen langjährigen Arbeitgebern *Le Monde*, RFI und Radio France. Les Arènes, die eine erste Version meiner Untersuchung 2016 auf Französisch herausbrachte. Und natürlich meiner lieben Familie, angefangen mit meinem Ehemann Philippe, meinen Söhnen Paul, Adrien und Cosmas und meinen wunderbaren Freunden, die mit unendlicher Geduld und Freundlichkeit meine Auflösung im Lösen des Rätsels ertrugen.

Und zu guter Letzt waren meine Gedanken stets bei den Angehörigen, die während dieses ganzen entsetzlichen Albtraums heldenhaft aufgestanden sind und verlangt haben, die Wahrheit zu hören, die ihnen zusteht.

Anmerkungen

1

1 MH370 verkehrte im Rahmen eines Codesharing-Abkommens auch als China-Southern-Airlines-Flug 748 (CSN748).

2 Gemäß *Factual Information: Safety Investigation for MH370* (8. März 2015) betrug die geplante Flugzeit 5 Stunden und 34 Minuten.

3 Im Februar 2015 veröffentlichte Jeff Wise seinen Artikel »The Plane That Wasn't There« auf www.jeffwise.net.

4 Auch ein paar weitere Passagiere haben Fragen aufgeworfen, so zum Beispiel der allein reisende Russe. In der Tat haben alle Länder ihre Staatsangehörigen unter den Fluggästen von möglichen terroristischen Verbindungen freigesprochen bis auf Russland und die Ukraine, die die Anfragen der malaysischen Polizei ignorierten.

5 Vgl. www.klia.com.my.
Inzwischen stößt man unter »Passenger Guide« auf »Baggage« mit Informationen zu Umfang, Gewicht etc., auf »Security Screening«, wo aufgelistet wird, welche Dinge man für den Metalldetektor ablegen muss, und auf »LAGs / Restricted Items«, wo aufgelistet wird, welche Gegenstände an Bord verboten bzw. nur in eingeschränkter Menge mitzuführen sind (Anm. d. Ü.).

6 Die Maschine verfügt außerdem über folgende Referenzen vom Hersteller Boeing: Die Blocknummer WB-175 und die Fertigungsnummer 404. Auf diese Identifizierungsnummern wird im Laufe der Ermittlungen wiederholt Bezug genommen.

7 Das Akronym steht für Aircraft Communications Addressing and Reporting System, zu dt. Adressierungs- und Meldesystem für die Luftfahrzeugkommunikation.

8 Der Himmel ist virtuell in verschiedene Lufträume unterteilt (Fluginformationsgebiete genannt oder englisch Flight Information Region,

kurz FIR), wo das jeweiligen ACC (Area Control Centre, auf Deutsch auch Bezirkskontrollstelle genannt) oder die Flugsicherungszentrale oder ATCC (Air Traffic Control Centre) genannt, die Verkehrskontrolle und die Flugbegleitung übernimmt. Im vorliegenden Fall verlässt MH370 den Luftraum, der von Malaysia kontrolliert wird (KL-ATCC), und ist dabei, in den von Vietnam kontrollierten Luftraum (HCM-ATCC) einzufliegen.

9 Flüge passieren eine Reihe elektronischer Wegpunkte, die zur leichteren Identifikation lediglich mit fünf Buchstaben benannt werden.

10 Seit der fraglichen Nacht haben Tausende Boeing 777-Piloten aller Altersklassen und Nationalitäten versucht, herauszufinden, wie man das bewerkstelligt, und sie waren allesamt erfolgreich. Warum ist dieser Vorgang überhaupt möglich, wenn er nie gerechtfertigt ist, egal, wie die Situation an Board ist? Die beste Erklärung, die ich gehört habe, nachdem ich diese Frage Piloten, Mitarbeitern der Luftwaffe und anderen Experten auf dem Gebiet gestellt hatte, ist, dass ein Flugzeug »niemals so gebaut werden kann und darf, dass es seinen Piloten bekämpft«. Das ist tatsächlich ein triftiges Argument. Das Flugzeug ist ein Instrument in der Hand des Piloten, der die Verantwortung für alle an Bord hat.

11 In der Luftfahrt werden Seemeilen als Maßeinheit für Entfernungen verwendet. Eine Seemeile entspricht 1852 Metern.

2

1 Im Jahr 2016 traf ich einen jungen Mann, der seinen Vater bei dem Flug verloren hatte. Er erinnerte sich, dass der malaysische Polizeisprecher den anwesenden Familienangehörigen beim dritten Treffen (dem ersten, an dem er teilnehmen konnte) sagte: »Wir wissen Dinge, die wir Ihnen nicht sagen können.«

2 National Transport Safety Board, USA.

3 Air Accidents Investigation Branch, Großbritannien.

4 Aircraft Accident Investigation Department, China.

5 Australian Transport Safety Bureau.

6 FAA steht für American Federal Aviation Administration, die US-Behörde für Zivilluftfahrt.

7 Zit. n. Bernama, Malaysias offizieller Presseagentur.

8 Kota Bharu ist die Hauptstadt des Bundesstaates Kelantan.

9 Das war die Regierungsbehörde, die damit beauftragt war, für Recht

und Ordnung in Malaysias Hoheitsgewässern und auf Hoher See zu sorgen und dort Such- und Rettungseinsätze zu koordinieren.

10 Vgl. www.chinatimes.com/realtimenews/20140308003502-260401 (eine Website auf Chinesisch).

11 Sastind ist eine chinesische Verwaltungsbehörde für Wissenschaft, Technologie und Industrie für die Nationale Verteidigung.

12 Die Straße von Malakka ist eine Meerenge zwischen den Inseln Sumatra (Indonesien) und der Halbinsel Malaysia.

13 »Radar Suggests Jet Shifted Path More Than Once«, in: *The New York Times*, 15. März 2015.

14 Der Flugkapitän ist zugleich der Supervisor.

15 Bedeutet etwa »Gerechtigkeit für die Menschen Malaysias«, die liberaldemokratische Partei ist auch unter dem englischen Namen *People's Justice Party* geläufig.

16 Putrajaya ist Malaysias Verwaltungshauptstadt und liegt 30 Kilometer südlich von Kuala Lumpur. Anwars fünfjährige Gefängnisstrafe wegen Sodomie wurde im Februar 2015 vom Federal Court, Malaysias höchstem Gericht, bestätigt.

17 *The Sunday Times*, 22. Juni 2014.

18 Factual Information: Safety Investigation for MH370, 8. März 2015.

19 Die *Horizon*-Dokumentation *Where is Flight MH370?* von BBC Two wurde am 17. Juni 2014 ausgestrahlt.

20 »Missing airplane flew on for hours. Engine data suggests Malaysia flight was airborne long after radar disappearance«, in: *The Wall Street Journal*, 13. März 2014.

3

1 Kuala Lumpur City Centre, das Stadtzentrum, das von den Petronas Twin Towers überragt wird.

2 Zitiert von Vladimir Volkoff in: *Petite Histoire de la Désinformation*, Monaco 1999. Ironischerweise konnte dieses Zitat meinen Recherchen zufolge nie mit Lenins öffentlichen Aussagen oder Schriften in Verbindung gebracht werden.

3 Die Enthüllungswebsite Sarawak Report mit Sitz in London wurde im Juli 2015 in Malaysia geblockt. Sie wurde nach den Parlamentswahlen im Mai 2018 wieder freigegeben.

4 Dem Wirtschaftsmagazin *The Edge* wurde im Juli 2015 die Lizenz entzogen.

5 Das Interne Sicherheitsgesetz (Internal Security Act) wurde in den Jahren 2012 und 2015 durch weitere, noch repressivere Gesetze ersetzt.

6 Am 4. Dezember 1977 stürzte Flug MH653, eine Boeing 737, die mit 93 Passagieren und sieben Besatzungsmitgliedern von Penang nach Kuala Lumpur flog, beim Landeversuch ab, nachdem sie unter ungeklärten Umständen entführt worden war.

7 Im Jahr 2015 wurden 6000 von rund 20 000 Mitarbeitern entlassen.

8 Trotz der offiziellen Namensänderung wird Malaysia Airlines meist noch MAS(und nicht MAB) genannt.

9 In einem Tweet mutmaßte @KeyserSquishy am 1. April 2014: »Dem Radarplot zufolge stimmt die Position von MH370 um 2:22 mit UAE343 auf der N571-Route überein und nicht mit SIA68 auf der P268-Route«.

10 »Datuk« oder »Dato« ist ein Ehrentitel – wie »Sir« im britischen Ritterstand –, der einem Mann oder einer Frau von einem der neun Sultane Malaysias verliehen wird. Die Ehefrau eines Dato oder Datuk wird »Datin« genannt.

11 Die Gespräche zwischen den USA und der ASEAN (Association of Southeast Asian Nations) fanden am 21. und 22. November 2015 in Kuala Lumpur statt.

12 Die Malaysier sind so fasziniert von Rekorden in allen möglichen Klassen und Sparten, dass sie seit 1995 ihr eigenes *Buch der Rekorde* herausgeben.

13 *The Wall Street Journal*, 2. Juli 2015.

14 Aus einem Artikel auf www.sarawakreport.org, datiert auf den 6. Oktober 2015.

15 Artikel auf www.nytimes.com/2017/09/12/world/asia/trump-najib-razak-malaysiawhite-house.html.

16 Artikel auf https://www.nst.com.my/business/2018/10/416622/exclusive-mascant-commit-boeing-deal. Der Konzernchef erklärte, dass Malaysia Airlines mit einer Flotte von 81 Maschinen ausreichend ausgestattet war, um das bestehende Netz aus 58 Flugzielen zu versorgen.

17 In Malaysia ist die Abkürzung VVIP für »very very important people« (dt. »sehr, sehr wichtige Personen«) weit verbreitet, um die Spitze der Mächtigen zu beschreiben.

18 Matthias Chang wurde am 18. November 2015 auf Kaution freigelassen.

19 Der gesamte Verkehrsbereich wird für gewöhnlich dem Vorsitzenden der MCA (Malaysian Chinese Association) zugesprochen, der Partei,

die die chinesische Gemeinschaft in Malaysia repräsentiert und Teil der Barisan Nasional, der seit der Unabhängigkeit regierenden Koalitionsfraktion, ist. Doch aufgrund ihrer schlechten Wahlergebnisse im Jahr 2013 trat die MCA vorübergehend von dem Posten zurück und er wurde an Verteidigungsminister Hishammuddin übertragen.

20 »Gani Patail's Service as AG Terminated for Health Reasons«, in: *Bernama News*, 28. Juli 2015.

21 Tan Sri Jamaluddin Jarjis war Malaysias Botschafter in Washington von 2009 bis 2012.

22 KLIA2 liegt ganz in der Nähe von KLIA und wurde im Mai 2014 als zweiter internationaler Flughafen eröffnet.

23 Die Lynas Corporation mit Sitz in Westaustralien ist inzwischen der zweitgrößte Förderer von Metallen der Seltenen Erden, die grundlegend für viele Industriezweige sind. Weltweit kontrolliert China rund 80 Prozent der Produktion.

24 Zwei Tochtergesellschaften der Australian Reserve Bank, die ihren 50-prozentigen Anteil an Securency Anfang 2013 verkauft hat. Vgl. www.smh.com.au/business/securency-gone-but-risk-not-forgotten-20130212-2eb2e.html.

25 Im Juli 2014 enthüllte WikiLeaks, dass Australien ein Verbot ausgesprochen hat, irgendetwas zu dieser Affäre zu veröffentlichen.

26 Wie im Persischen Golf wird auch in Malaysia der sunnitische Islam praktiziert.

27 Nach dem Scheitern der Pakatan Harapan-Koalition (»Allianz der Hoffnung«) regiert seit März 2020 die Koalition Perikatan Nasional (»Nationale Allianz«) unter Muhyiddin Yassin; Anwar ist seit Mai 2020 Vorsitzender der Opposition.

28 Aus der *Horizon*-Dokumentation der BBC, die oben bereits erwähnt wird.

29 National Transport Safety Board, das US-Äquivalent zu der französischen BEA oder der britischen AAIB.

30 Zitiert in dem unabhängigen Artikel von Brock McEwen, »Time to Investigate the Investigators«, veröffentlicht im Januar 2015.

4

1 Auf der Regatta Vendée Globe 1996–97, sind Thierry Dubois und Raphael Dinelli aus Frankreich und später auch Tony Bullimore aus Großbritannien nur knapp dem Tod entronnen. Einer wurde von einem

weiteren Segler, Pete Goss, gerettet, die anderen beiden von der australischen Marine.

2 Vgl. www.nytimes.com/1997/01/11/world/australia-rescues-sailors-but-is-wincingat-the-costs.html

3 Nachdem die von Four Courners (ein australisches Fernsehprogramm für investigativen Journalismus und Zeitgeschehen) produzierte Fernsehdokumentation im September 2012 auf dem australischen TV-Sender ABC Television ausgestrahlt worden war, veröffentlichte der australische Senat seine eigene Untersuchung. Der Senatsbericht vom März 2013 bestätigt, dass der ursprüngliche Bericht von ATSB voller Fehler ist (man hatte irrtümlicherweise alle Schuld dem Piloten zugeschoben). Daraufhin legte der Senat nahe, den Flugunfallbericht zurückzuziehen und zu überarbeiten.

4 Joint Agency Coordination Centre.

5 Das Wrack von AF447 wurde am 2. April 2012 gefunden, 22 Monate nach dem Absturz.

6 Das bedeutet, dass die mögliche Absturzzone einen Radius von 75 Kilometern hatte.

7 Pressekonferenz vom 1. April 2014.

8 Pressekonferenz vom 5. Mai 2014. Im Fall von AF447 wurden die ersten Trümmerteile erst am 6. Juni 2009, also sechs Tage nach dem Unglück, gefunden, und die Suche an der Wasseroberfläche dauerte bis zum 26. Juni an, also 25 Tage nach dem Absturz. Im Fall von MH370 begann die australische Suche aus der Luft am 16. März 2014, acht Tage nach dem Verschwinden der Maschine.

9 Im Unfalluntersuchungsbericht zu AF447 wurde dazu geraten, die Laufzeit der Flugschreiberbatterien auf 90 Tage zu verlängern und die Flugschreiber so auszurüsten, dass sie an der Wasseroberfläche schwimmen.

10 Die Bilder des Airbus-Satelliten TerraSAR-X wurden von der MRSA (Malaysian Remote Sensing Agency) untersucht.

11 Vgl. sites.google.com/site/mh370debris/home/debris-images/.

12 Die Studie wurde vom China National Marine Environmental Forecasting Centre angefertigt.

13 Vgl. www.smh.com.au/federal-politics/political-news/missing-malaysia-airlinesflight-mh370-pm-tony-abbott-says-satellite-images-could-be-wreckage-ofcrashed-plane-20140320-354ij.html#ixzz40tSEK05O.

14 Aussage von Mike Barton, Rettungseinsatzleiter der Australian Maritime Safety Authority (AMSA).

15 Der Flugschreiber wurde im Jahr 1953 ursprünglich als einzelne Einheit von dem australischen Wissenschaftler David Warren erfunden.

16 jacc.gov.au/media/interviews/2014/april/tr007.aspx.

17 www.smh.com.au/national/tony-abbott-very-confident-signals-are-frommh370-black-boxes-20140411-36hi4.html#ixzz40txE8tpD.

18 Pressekonferenz für die chinesischen Medien vom 14. April 2014.

19 Das Wrack der *Titanic* wurde 1985 von einer französisch-amerikanischen Forschungsexpedition gefunden (WHOI-Ifremer). Im Jahr 1986 schloss sich Nargeolet Ifremer an, vor allem, um die Expeditionen zur *Titanic* zu leiten.

20 Ab 6000 Meter Tiefe senden die Peilsender keine Signale mehr aus, weil sie von dem hohen Wasserdruck zerstört werden.

21 *BBC News*, 25. April 2014.

22 Am 26. Januar 2015 wurde Angus Houston zum Ritter des australischen Ordens (AK) geschlagen.

23 Anhang 13 des Abkommens über die Internationale Zivilluftfahrt (Chicagoer Konvention).

24 Zusätzlich zu den beiden Tragflächen, auf denen sich Solarkollektoren befinden, hatte der Satellit kleine Motoren, die ihn stabilisierten. Als er losgeschickt wurde, hatte er einen Vorrat an Treibstoff und Brenngasen dabei, um damit seine Motoren zu betreiben.

25 Das gesamte Dokument kann unter drive.google.com/file/d/0Br3yu-aF2p72LW04dlJnQXQ4cTQ/view eingesehen werden.

26 Jeff Wise, *The Plane That Wasn't There: Why We Haven't Found MH370*, Kindle E-Book, Februar 2015. Vgl. auch www.jeffwise.net.

5

1 Amelia Earhart war eine Pionierin der Luftfahrt. Sie verschwand, zusammen mit ihrem Navigator Fred Noonan, 1937 bei dem Versuch, die Welt zu umfliegen. Ihr Flugzeug – ein Lockheed Electra 10E – stürzte zwischen Papua-Neuguinea und der Howlandinsel ab.

2 https://www.spiegel.de/panorama/mh370-emirates-chef-tim-clark-zweifelt-an-ermittlungen-a-996056.html.

3 Im März 2015 kaufte NXP, Marktführer in Kryptoprozessoren, Freescale Semiconductor für 11,8 Milliarden US-Dollar.

4 *Reuters*, 9. März 2014.

5 Bei Wafern handelt es sich um dünne, runde Siliziumscheiben die als Grundplatte für die Herstellung von Dies (Nacktchips) dienen. Dies sind quadratisch, was erklärt, weshalb sich eine Optimierung in der Sache lohnt.

6 Seite 102 des Reports *Factual Information: Safety Investigation for MH370*, des Malaysischen ICAO, Annex 13, Safety Investigation Team for MH370, überarbeitet am 15. April 2015.

7 *Factual Information: Safety Investigation for MH370*, Report des Malaysischen ICAO, Annex 13, Safety Investigation Team for MH370, überarbeitet am 15. April 2015, S. 107.

8 Ebd. Appendix 1.18J, S. 580.

9 Safety Investigation Report MH370: Malaysia Airlines Boeing 777-200 ER (9M-MRO), 8. März 2014, von The Malaysian ICAO Annex 13 Safety Investigation Team for MH370, veröffentlicht am 2. Juli 2018.

10 Vgl. den Fall von UPS6 im Nachtrag, Seite 449.

11 Gesendet von Freescale Malaysia an Freescale China.

12 Das Schiff *Maersk Alabama* wurde 2009 entführt, ein Ereignis, das später verfilmt wurde. Tom Hanks spielte im oscarnominierten Film *Captain Phillips* den gleichnamigen Kapitän.

13 N. Kulish, I. Urbina and M. Mazzetti, »Hired to fight pirates but doomed by boredom«, in: *The New York Times*, 23. Februar 2014.

14 »U. S. used UK isle for interrogations«, in: *Time Magazine*, 31. Juli 2008.

15 Die ursprüngliche Einigung bestand bis 2016, mit der Möglichkeit einer Pachtverlängerung um 20 weitere Jahre.

16 Ground-Based Electro-Optical Deep Space Surveillance. Dabei handelt es sich um ein System aus Radaranlagen und Teleskopen, die Objekte im Weltraum kartografieren und deren Umlaufbahnen überwachen.

17 Das entsprechende Werbevideo dazu wurde am 6. März 2014 auf Youtube unter dem Link: www.youtube.com/watch?v=Px87SP01eKw hochgeladen.

18 Laut Planespotting.net war das auf jeden Fall den drei MAS B777 mit den Seriennummern 28415 (»Im August 2015 aus dem Verkehr gezogen«), 28416 und 28418 so passiert.

19 Als Mahathir 2018 nach 15 Jahren Ruhestand erneut an die Macht kam, zeigte er kein weiteres Interesse an der Sache. Im Februar 2020 trat er schließlich zurück, stellte jedoch klar, dass er nicht vorhabe, sich aus der Politik zurückzuziehen.

20 Die UKUSA-Vereinbarung oder auch Five-Eyes-Allianz bezeichnet eine

Einigung über den Informationsaustausch und die gegenseitige Unterstützung zwischen den Geheimdiensten der USA, Großbritanniens, Australiens, Kanadas und Neuseelands.

21 Der Einsatzbereich der Siebten Flotte der US-Marine (Seventh Fleet of the US-Navy) umfasst den westlichen und südlichen Pazifik, wie auch einen Großteil des Indischen Ozeans. Ihr Hauptsitz befindet sich in der Bucht von Tokipo, Japan.

22 Der Artikel stammt von John Croft und wurde am 1. Dezember 2006 auf flightglobal.com veröffentlicht. Zu finden unter: https://www.flightglobal.com/diagrams-boeing-patents-anti-terrorism-auto-land-system-for-hijacked-airliners/70886.article.

23 Das Feuchtgebiet des Flusses Lebam im südlichen Malaysia steht unter Naturschutz. Es ist bekannt für seine Mangrovengebiete, die von Millionen Glühwürmchen bevölkert werden.

24 Die 1998 fertiggestellten Zwillingstürme waren bis 2004 die höchsten Wolkenkratzer der Welt.

6

1 2012 hatte Joshua Wong bereits eine große Protestaktion zu Bildung und sozialen Fragen angeführt, damals war er erst 15 Jahre alt.

2 Jon Ronson, »Nobody cares any more«, *Guardian*, 28. Februar 2015.

3 Inhabern eines malaysischen Passes ist das Reisen nach Israel verboten, und Israelis dürfen nur mit einer besonderen Genehmigung des Innenministeriums nach Malaysia einreisen.

4 Unter den Passagieren befanden sich auch zwei Kinder (zwei und vier Jahre alt), die zwar chinesische Eltern hatten, allerdings über einen amerikanischen Pass verfügten.

5 Jindalee Operational Radar Network, ein Überhorizontradarsystem auch OTHR (Over The Horizon Radar) abgekürzt.

6 »Nobody cares any more«, in: *Guardian*, a. a. O.

7 Factual Information: Safety Investigation for MH370, 8. März 2015, a. a. O., S. 60.

8 1 Millisekunde = 1000 Mikrosekunden.

7

1 Er sprach vom »Morgen des 9. März« anstatt vom 8. März.

2 Nach den Wahlen im September 2018 wurde Mohamed Nazim im November 2018 freigelassen.

3 Bei der Maldives National Defence Force handelt es sich um einen Zusammenschluss verschiedener Sicherheitsbehörden, die einerseits für die Verteidigung des Landes zuständig sind und andererseits die Küstenwache stellen.

4 Darunter acht Flüge der Emirates Airline, zwei von Cathay Pacific, zwei von Qatar Airways und ein Flug von Qantas.

5 Maldives National Defence Force.

6 Siehe: www.abc.net.au/mediawatch/episodes/mh370-maldives-theory-debunked/9973218.

8

1 Am 29. Juli waren auf Réunion die Zeiten von Ebbe und Flut wie folgt: erstes Hochwasser um 0:35Uhr, Niedrigwasser um 7:05 Uhr, zweites Hochwasser um 13:00 Uhr. Der Tidehub lag hoch, bei 81, Tendenz steigend.

2 La Gendarmerie des transports aériens.

3 Ein Kommentar von Abdul Aziz Kaprawi, stellvertretender Minister des malaysischen Verkehrsministeriums, veröffentlicht von AFP am 31. Juli 2015.

4 Das Australian Air Transport Safety Bureau, das Amt für Flugsicherheit in Australien, war seit dem 17. März 2014 für die Suchaktionen im Indischen Ozean verantwortlich.

5 Direction générale de l'armement – Techniques Aéronautiques

6 Die Flugzeugteile befinden sich nach wie vor dort.

7 Auf der Plakette hätte die Modellnummer, der Code des Herstellers, die Referenznummer, die Seriennummer und der Name des Inspekteurs gestanden, der das Teil geprüft hatte.

8 Der Bericht ging am 11. August 2015 auf Sendung.

9 »Transport Minister: 100 percent certain flaperon from MH370«, in: *cnn.com*, 8. Juli 2015.

10 Frankreichs Luftverkehr-Gendarmerie.

11 »Debris from missing jet will soon start washing up in Indonesia«, in: *Mirror*, 23. November 2014. www.mirror.co.uk/news/world-news/flight-mh370-debris-missing-jet-4679689.

12 Beide Inseln liegen ungefähr 2500 Kilometer südwestlich von Perth.

13 Hierfür wurde das empirische Modell für Trümmerbewegungen des Ozeanografen Erik van Sebille, vom Grantham Institut des Imperial College London, genutzt.

14 GEOMAR nutzte das Trümmerbewegungsmodell von Mercator-Océan aus Toulouse.

15 Bei einem *Bomoh* handelt es sich um einen malaysischen Schamanen.

16 Als die Boeing 737 zu Boden trudelte, brachen Stücke des hinteren Flugzeugteils ab. Der Rest des Flugzeugs fiel in den Fluss Musi auf Sumatra, im Osten Indonesiens. Kein Teil des Flugzeugs tauchte je wieder auf.

17 Die Boeing 737 stürzte vor Sulawesi im Osten Indonesiens ab. Innerhalb eines Monats fand man 200 Objekte (Teile von Sitzen, Tabletts, Koffer, Reste von Flugzeugreifen, Rettungswesten, Kopfstützen, etc.).

18 Es dauerte fünf Tage, bis das erste Trümmerstück der A330 gefunden wurde, die vor der brasilianischen Küste ins Meer stürzte. Innerhalb der nächsten vier Tage wurden mehr als 700 Objekte und ungefähr fünfzig Leichen aus dem Wasser geborgen. Nach dem 20. Juni fand man nichts mehr. Im April 2011 fand man den Flugzeugrumpf in 4000 Metern Tiefe.

19 Die A320 stürzte über der Javasee ab. Einige Trümmerteile wurden zwei Wochen später gefunden. Sie hatten sich bis zu 185 Kilometer von der Absturzstelle entfernt.

20 Der Bericht »The First Response« wurde am 6. August 2015 in der Sendung *C dans l'air* ausgestrahlt.

21 *L'Hermione* war die Fregatte die General Lafayette 1780 über den Atlantik brachte, um dort die amerikanischen Aufständischen zu unterstützen.

22 Das Eintauchen ins Wasser mit der Nase voran durch einen Sturzflug.

23 Wörtl. »Kusslandung«; ein eher sachtes Aufsetzen auf der Wasseroberfläche oder eine Notwasserung.

24 Am 15. Januar 2009 fielen beide Turbinen einer A320 aus, nachdem mehrere Vögel in die Motoren geflogen waren. Der Pilot landete die Maschine im Hudson River in New York. Es gab keine Toten, und nur wenige Passagiere und Crewmitglieder wurden verletzt.

25 Die Pressemitteilung lautete wie folgt: »Der direkte Austausch der Daten, die sich auf die Bestellung und Herstellung der Flugzeugteile beziehen, erläutert von einem Techniker von ADS-SAU, ermöglicht es, eine der drei Nummern aus dem Inneren des Flaperons formal mit der Seriennummer des Flaperons der Boeing 777 von Flug MH370 in Verbindung zu bringen.«

26 Ein anderes Dokument sprach von »Flaperon Nummer 404«, was die Nummer des Flugzeugs war, aber nicht die des Flaperons. In der Datei, die die Übereinstimmungen auflistete, befand sich eine Tabelle, in der das rechte Flaperon 404 in Boeing MSN 400 verbaut war und nicht in Boeing MSN 404. Die Nummer des Flaperons war also mit der des Flugzeugs verwechselt worden.

27 Bei den Uiguren handelt es sich um eine verfolgte chinesische Minderheit sunnitischer Muslime.

28 »Ces avions que l'on désosse« (»Diese Flugzeuge zerstückeln wir«), in: *Le Monde*, 8. Oktober 2008.

9

1 www.bangkokpost.com/news/general/837316/air-force-to-examine-jet-debris-amidst-mh370-conjecture.

2 »Airplane crash wreckage scavenged by villagers«, in: *Cambodia Daily*, 4. August 2007.

3 Vgl. www.youtube.com/watch?v=Gc-gslfnjuE#action=share.

4 Um ein neues Flugzeug zu bauen, das als Voraussetzung für die Revolutionierung des Marktes und der Branche angesehen wurde, ging Boeing Mitte der 1990er eine Partnerschaft mit drei großen japanischen Herstellern ein: Fuji, Mitsubishi und Kawasaki.

5 Die Mach-Zahl beschreibt das Verhältnis eines Körpers zur Schallgeschwindigkeit. Bewegt sich ein Objekt also mit Mach 6, oder sechsfacher Schallgeschwindigkeit, legt es etwa 7409 km/h zurück.

6 Japanische Bolzen hingegen sind normalerweise mit der Aufschrift »JIS« für »Japanese Industrial Standard« markiert.

10

1 »Phil Gibson dies; Ex-Coast Justice«, in: *Associated Press*, 29. April 1984.

2 Matthew Halverson, »Some Call Blaine Alan Gibson's Search for Malaysia Airlines Flight 370 an Obsession«, in: *Seattle Met*, August 2016.

3 France 2, 27. Juli 2017.

4 Die Position der Schablonierung hatte ein anderes Verhältnis zu den Bolzenlöchern, die Oberfläche der Trümmerteile aus Mosambik schien aus einem anderen Material gefertigt, und der Schriftzug auf dem mosambikanischen Trümmerteil war kleiner als der auf denen von MH17.

5 Oliver Holmes and Elle Hunt, »Scorched debris could suggest missing

MH370 plane suffered fire«, in: *Guardian*, 14.09.2016, www.theguardian.com/world/2016/sep/14/scorched-debris-missing-mh370-plane-fire.

6 In einer Stellungnahme des ATSB vom 22. September 2016 hieß es: »Zum gegenwärtigen Zeitpunkt kann unmöglich festgestellt werden, ob die Trümmer von MH370 oder auch nur von einer Boeing 777 stammen. Was wir allerdings feststellen konnten, ist, dass nichts darauf schließen lässt, dass der Gegenstand Hitze oder Feuer ausgesetzt war.«

7 Diese Anfrage wurde dem Rural and Regional Affairs and Transport Legislation Committee am 19. Oktober 2015 vorgelegt.

8 Vgl. Geoffrey Thomas, »Captain claims to have pinpointed MH370 crash site«, in: *The West Australia*, 09.11.2015, thewest.com.au/news/wa/captain-claims-to-have-pinpointed-mh370-crash-site-ng-ya-132065.

9 The Operational Search for MH370, 3. Oktober 2017.

10 Vgl. www.thetimes.co.uk/article/celebrities-saved-millions-using-tax-breaksfrom-shipwreck-salvage-5z7thx8lhxz.
Vgl. außerdem www.telegraph.co.uk/finance/personalfinance/tax/9593444/Taxman-investigates-shipwreck-salvage-tax-break.html.

11 DOS ist ein Unternehmen mit Sitz auf Mauritius, das sich auf das Bergen von Schätzen spezialisiert hat und 2016 die Suche und Bergung des Rumpfes von EgyptAir-Flug-804 im Mittelmeer leitete.

12 Zu den sieben Ländern, die eingeladen worden waren, sich an der Untersuchung zu beteiligen, gehörten Australien (ATSB), Großbritannien (AAIB), die USA (NTSB), Frankreich (BEA), China (CAAC), Indonesien (NTSC) und Singapur (TSIB).

11

1 Am 18. April 2016 veröffentlichte der *Australian* einen Artikel von einem ehemaligen Emirates-Piloten namens Byron Bailey, in dem er schrieb, er wisse »von einer Regierungsquelle, dass das FBI gelöschte Informationen von Zaharies Privatcomputer wiederhergestellt habe, die Wegpunkte eines Flugplans zeigten ... meine Quelle ... hinterließ bei mir den Eindruck, dass das FBI der Meinung ist, dass Zaharie den Absturz verschuldet hat«. Außerdem wiederholte er den Trugschluss des Simulatorflugs in den Indischen Ozean und verwies als Urheber der Story fälschlicherweise auf den *New Yorker* statt auf das sehr viel weniger angesehene *New York Magazine*.

2 In der Sendung *60 Minutes* des australischen Senders Nine verkündete Danica Weeks, deren Mann Paul Weeks sich an Bord von MH370 befunden hatte, im August 2015, dass die Frau des Premierministers ihr gesagt hätte, die Piloten seien für den Absturz verantwortlich.

3 Wenn die Flugbesatzung in der kommerziellen Luftfahrt aus zwei Piloten besteht, wird einer der *pilot flying* (PF) und der andere der *pilot monitoring* oder *pilot not flying* (PM oder PNF) genannt. Es ist an dem Flugkapitän, formal *pilot in command* (PIC) oder verantwortlicher Pilot genannt, zu entscheiden, wer welche Position einnimmt.

4 An dem Wegpunkt IGARI, wo die Maschine offiziell am 7. März 2014 um 17:22 UTC von den Radaren verschwunden ist, hatte der Monduntergang um 16:37 UTC stattgefunden.

5 »Bin« bei Männern und »binti« bei Frauen steht für »Kind/Sohn/Tochter von« und wird gefolgt vom Namen des Vaters.

6 An Hari Raya wird das Ende des Ramadan gefeiert.

7 In der Akte, in die ich Einsicht erhielt, gab es Zeugenaussagen von mehr als sechzig Menschen über Zaharie Ahmad Shah.

8 Die Befragungen fanden zunächst am 15. März 2014 um 22 Uhr statt (in der Nacht, als der Premierminister von einer »vorsätzlichen Handlung« sprach) und dann erneut am Nachmittag des 10. April 2014 und des 16. Mai 2014.

9 Aidilfitri (Eid al-Fitr) sind religiöse Feiertage für Muslime, die das Ende des Ramadan einläuten.

10 Trotz der weitaus weniger entwickelten Infrastruktur im Kommunikationsbereich lag dieser Prozentsatz sogar höher als in den USA (68 Prozent). Interessanterweise ist die Mehrheit der Nutzer männlich (56 Prozent).

11 70 Prozent der malaysischen Bürger sind Malaien (auch Bumiputras oder »Söhne der Erde« genannt) und damit Muslime. Der Rest der malaysischen Bevölkerung setzt sich aus Chinesen (23 Prozent) und Indern (7 Prozent) zusammen. Offizielle Staatsreligion ist der Islam.

12 Dem geheimen Ermittlungsbericht zufolge stürzte das System zweimal ab, einmal im Dezember 2013 und dreimal in Folge am 23. Januar 2014. Laut der malaysischen Polizeiermittlung suchte der Pilot im Dezember nach Lösungen für das Problem, nicht jedoch nach den drei aufeinanderfolgenden Systemabstürzen im Januar: »Die Logdaten zeigen, dass der Flight Simulator X am 1. Februar von 14:45 Uhr bis 15:02 Uhr vier (4) Mal benutzt wurde.«

13 Bei SKMM handelt es sich um die Initialen der malaysischen Kommunikations- und Multimedienkommission (auch als MCMC der engl. Bezeichnung folgend abgekürzt).

14 Larry Vance ist ein kanadischer Flugunfallermittler, der in seinem 2018 veröffentlichten Buch *MH370: Mystery solved* explizit Flugkapitän Zaharie für das Verschwinden verantwortlich macht.

12

1 Tomnod ist eine crowdsourcegestützte Suchwebsite für Satellitenbilder (vgl. Kapitel 2, S. 36). Sie wurde im April 2013 von DigitalGlobe übernommen.

2 wivb.com/2014/04/24/tonawanda-man-believes-he-has-link-to-malaysiamystery/. (nicht verfügbar für »unsere europäischen Besucher«).

3 NTSB Luftverkehrsunfall- und Störungsdatensystem (NTSB) Kurze(r) Bericht(e) über die Analyse und den Austausch von Flugsicherheitsinformationen (Aviation Safety Information Analysis and Sharing, ASIAS) der US-Zivilluftfahrtbehörde (FAA).

4 Der Freedom of Information Act ist ein 1967 in den USA in Kraft getretenes Gesetz zur Informationsfreiheit, das jedem das Recht gibt, Zugang zu Dokumenten von staatlichen Behörden zu verlangen.

5 National Geospatial Intelligence Agency.

6 »Wir haben entschieden, dass die Tatsache, ob das von ihnen angefragte Material existiert oder nicht existiert, eine gegenwärtige und ordnungsgemäße Verschlusssache gem. EO 1352 Abs. C, 1. 4. ist. Daher wird ihr Auskunftsersuchen mit Verweis auf die Erste Ausnahme des FOIA zurückgewiesen, welche besagt, dass das FOIA keine Anwendung findet auf Angelegenheiten, die ausdrücklich Kriterien erfüllen, welche nach einer Regierungsanweisung aus Gründen der nationalen Sicherheit und der auswärtigen Beziehungen unter Verschluss stehen und dadurch faktisch selbst der Geheimhaltung durch Regierungserlass unterliegen.«

7 Bei einer Kollision am Boden mit einem anderen Flugzeug am Shanghai Pudong Airport im August 2012 war die Spitze der originalen Tragfläche abgerissen.

8 Im amerikanischen Militärjargon ist die Zeitangabe in der Regel gefolgt von einem Buchstaben des phonetischen Alphabets (Alpha, Bravo, Charlie), der die Zeitzone indiziert. »Zulu« oder Z nach einer Zeitangabe bedeutet, dass sie in UTC angegeben ist, und LT bedeutet Local

Time, also Ortszeit. Malaysia und China liegen in der Zeitzone UTC+8, während in Vietnam und Thailand UTC+7 herrscht.

9 Das Hilfstriebwerk APU dient hauptsächlich dazu, Energie bereitzustellen, um die Haupttriebwerke zu starten. Außerdem betreibt es verschiedene andere Systeme, wenn die Maschine im Landeanflug die Turbinen ausstellt.

10 Laurel ist eine beliebte Restaurantkette, die in ganz China traditionelle chinesische Gerichte serviert.

11 Long Wen, übers. von Ping Lingyang und Yang Bo, *MH370 Should Be Here*, Gloucestershire 2019.

13

1 International Civil Aviation Organization.

2 Im ersten Bericht von Malaysia Airlines heißt es: »Flug MH370 [...] verlor um circa 2:40 Uhr den Kontakt zur Flugverkehrskontrolle Subang«. Dieser Unterschied von einer Stunde wurde nie erklärt.

3 Mode-S *(Mode Selective)* weist jedem Luftfahrzeug einen weltweit einzigartigen Hexadezimal-Code zu, den der Transponder mit seinem Signal ausstrahlt. Flugzeuge können dadurch vom Radar individuell abgefragt, geortet und angesprochen werden. Das Mode-S-System, das die Kommunikations- und Identifikationsmodi A und C wegen des angestiegenen Flugverkehrs ergänzt, wurde in der EU 2011 als verbindlicher Standard der Transponderpflicht für Luftfahrzeuge, die den europäischen Luftraum durchqueren, eingeführt.

4 »Das System war am Morgen von Flug MH370 nicht nach Westen in Richtung des Indischen Ozeans ausgerichtet, weil es dafür keinen Grund gab.«, in: The Australien, 18. März 2014.

5 Die trilaterale Luftabwehrübung der USA, Thailands und Singapurs, über die in Kapitel 5 gesprochen wird.

6 Victor Iannello: »Some Observations on the Radar Data for MH370«, 18. August 2015, siehe: www.duncansteel.com/archives/1969.

7 Direction Générale de la Sécurité Extérieure (dt. Generaldirektion für äußere Sicherheit).

8 Zwischen 01:30:37 Uhr und 01:37:22 Uhr ein Flugzeug mit dem Code P3362. Zwischen 01:38:56 Uhr und 01:44:52 Uhr ein Flugzeug mit dem Code P3401. Vier Minuten später, um 01:47:02 Uhr, erschien ein Flugzeug mit der Kennung P3415, das um 01:48:39 Uhr verschwand. Um 01:51:45 Uhr erschien ein Flugzeug mit der Kennung

P3426 auf dem KL ATCC Radarschirm, verschwand aber wieder um 01:52:35 Uhr.

9 Die typische Reisegeschwindigkeit einer Boeing 777 liegt bei 0,84 Mach. Das entspricht 490 Knoten oder 904 km/h bei einer Flughöhe von 10,6 km. Auf der gleichen optimalen Höhe ist eine Höchstgeschwindigkeit von maximal 0,89 Mach oder 512 Knoten (948 km/h) möglich.

10 Der meteorologische Flugplatzbericht, Meteorological Aerodrome Report (METAR), um 16:00, 17:00 und 18:00 UTC vom Flughafen Kota Bharu (WMKC), Flughafen Kuala Terengganu (WMKN), Penang International Airport (WMKP) und KLIA (WMKK) (Abbildung 1.7D unten) meldete keine nennenswerten Wetterphänomene.

11 »Radar Suggests Jet Shifted Path More Than Once«, in: *The New York Times*, 15. März 2014.

12 Ghyslain Wattrelos (zusammen mit Gaëlle Legenne), *Une vie détournée*, Paris 2018.

13 »Malacca, le détroit de tous les dangers«, *Arte*, 2006, 52 Minuten.

14 Ihrer Website zufolge besteht die Siebte Flotte aus: fünfzig bis siebzig Schiffen und U-Booten, 150 Flugzeugen, 20 000 Seeleuten.

15 »LOST: MH370«, *ABC's Four Corners*, 19. Mai 2014.

16 »Where Is Flight MH370?«, *BBC Two*, a. a. O.

17 Am 14. Januar 2016 wurden mindestens acht Menschen bei mehreren Selbstmordattentaten und Schusswaffenangriffen in der Innenstadt Jakartas getötet, Dutzende Menschen wurden verletzt. Der IS bekannte sich später zu den Anschlägen.

18 Das Satellitenkommunikationssystem funktionierte unerklärlicherweise zwischen 1:21 Uhr und 2:25 Uhr nicht, loggte sich aber um 2:25 Uhr wieder ein und war von diesem Zeitpunkt an wieder aktiv.

19 interactive.satellitetoday.com/inmarsat-exec-talks-about-operators-rolein-search-for-mh370.

20 Xi Jinping besuchte Inmarsats Hauptsitz in London am 22. Oktober 2015.

21 interactive.satellitetoday.com/inmarsat-exec-talks-about-operators-rolein-search-for-mh370/.

14

1 Ende 2017 forderte Imran, der ein Jahr später zum Senator gewählt wurde, seine Regierung dazu auf, die Radarvideos der Royal Malaysian Air Force zu veröffentlichen.

2 Wörtl. »Halt es einfach, Dummkopf«.

3 Zitiert in der *South China Morning Post* vom 10. März 2014.

4 Die Haiphong LES war eine von 29 von Inmarsat geleiteten Stationen auf dem Festland. Die Region, wo der Kontakt mit MH370 verloren ging, wurde von zwei sich überschneidenden Inmarsat-Satelliten abgedeckt: dem Satelliten für den Pazifischen Ozean und dem für den Indischen Ozean.

5 EGC-Nachrichten werden über den Inmarsat C EGC Safety NET-Dienst gesendet. Sie dienen der Verbreitung von maritimen Sicherheits- und Wetterinformationen (Maritime Safety Information oder MSI), wie Wetterberichte, meteorologische Warnungen und Navigationshinweise, Shore-to-Ship-Notrufe oder Meldungen über die Koordination von Such- und Rettungseinsätzen, an alle Schiffe, die sich in einem bestimmten geografischen Gebiet auf See oder in betroffenen Küstenregionen befinden.

6 NAVTEXT ist ein internationaler, automatisierter Nachrichtendienst, über den bei mittlerer Frequenz (518 kHz) Nachrichten empfangen und direkt über einen Funkfernschreiber ausgedruckt werden. Über NAVTEXT werden meteorologische Warnungen, Navigationshinweise und Wetterberichte genauso versandt wie auch dringliche MSIs.

7 Die Reichweite eines VHF-Signals von einem Flugzeug lässt sich mit dieser einfachen Formel berechnen: Reichweite (in Meilen) = 1,23 Mal die Quadratwurzel aus der Flughöhe des Flugzeugs. Falls sich MH370 nach wie vor auf einer Höhe von 35 000 Fuß befand (10 668 m), hätte sein Signal eine Reichweite von 230 Seemeilen gehabt.

8 Factual Information: Safety Investigation for MH370, Annex 13, 8. März 2015.

9 Dieser Austausch lässt sich in Appendix 1.18 F des Zwischenberichts vom 8. März 2015 nachlesen.

10 http://seis.ustc.edu.cn/News/201403/t20140314_191123.html.

11 Das Nationale Erdbebeninformationszentrum ist Teil der USGS. Es befindet sich auf dem Campus der Colorado School of Mines in der Stadt Golden in Colorado.

12 earthquake.usgs.gov/earthquakes/eventpage/usc000nb9b#general.

13 Im amerikanischen Bericht heißt es: »Der Ort fällt in eine Region entlang des Sundagrabens, in der reguläre Seismizität herrscht. Der Charakter der seismischen Wellenformen weist außerdem darauf hin, dass

dieses Ereignis mit einem tektonischen Erdbeben der Stärke 2,7 übereinstimmt.«

14 U. S. Department of the Army, *Surface explosive ordnance disposal*, 1961, Kapitel 7 und 8.

15 »Vietnam Searchers Report Spotting Plane Debris«, in: *The Wall Street Journal*, 9. März 2014.

16 Vietnam setzt 12 Meilen (22 Kilometer) als die Grenze seiner Hoheitsgewässer an. Hinzu kommen weitere 12 Meilen einer zusammenhängenden Zoll- und Sicherheitszone. Damit kann man die Grenze der vietnamesischen Gewässer 24 Meilen von der Küste entfernt ansetzen.

17 Zum Vergleich: Im März 2015 hatte PaCom innerhalb eines Monats 121 Pressemitteilungen veröffentlicht.

18 twitter.com/US7thFleet/status/442532969329082368.

19 www.public.navy.mil/surfor/ddg91/Pages/USP3andUSSPinckneyhelicopteroverMalaysianAirlinessearchsite.aspx.

20 Anmerkung d. Ü.: OPSEC beschreibt die Geheimhaltung sensibler Informationen, die mit einem Einsatz zusammenhängen.

21 Nach Angaben des Sprechers der chemischen Abteilung der malaysischen Seerechtsbehörde, Malaysian Maritime Enforcement Agency (MMEA).

22 Die Stadt Vung Tau liegt an der Küste im Süden Vietnams.

23 www.dailymail.co.uk/news/article-2951991/Search-MH370-taking-placethousands-miles-away-wrong-direction-insists-oil-rig-worker-notoriously-fi redreporting-believed-saw-jet-fi re.html#ixzz3woqWyACu.

24 Im Jahr 2020 waren 155 Boeing-777 Teil der emiratischen Flotte und 126 weitere bestellt.

25 Im Oktober 2014 teilte Clark in einem Interview mit dem deutschen Journalisten Andreas Spaeth ordentlich aus. Das Interview wurde zunächst im *Spiegel* (https://www.spiegel.de/panorama/mh370-emirates-chef-tim-clark-zweifelt-an-ermittlungen-a-996056.html) und am 22. 1. 2014 im *Sydney Morning Herald* (www.smh.com.au/world/full-transcript-emirates-chief-sir-tim-clark-onmh17-and-mh370-20141121-11rc70.html) veröffentlicht.

26 Dem Abkommen zufolge verwaltet Emirates Airlines alle europäischen Flüge von Malaysia Airlines, außer die Flüge von und nach London.

Epilog

1 Maxar ist der neue Name von DigitalGlobe, der Firma, die Tomnod 2013 aufkaufte. Siehe: blog.maxar.com/news-events/2019/in-the-blinkof- an-eye-looking-back-on-nine-years-with-tomnod?utm_source=twitter&utm_medium=social.Act.

2 Beijing Capital ist der Flughafen in Peking, auf dem sich das private Jet-Terminal befindet.

3 Bei »Satcom« handelt es sich um einen Sammelbegriff für Satellitenkommunikation im Allgemeinen. Satcom nutzt Satelliten zur Übermittlung von Funksignalen zwischen Sender und Empfänger, und es deckt sehr weite Gebiete ab. Das Satcom-System an Bord von MH370 hatte Anteil an der Audio- und Text-Kommunikation, den ACARS-Daten und dem In-Flight-Entertainment. (Quelle: *Safety Investigation Report*, 2018).

4 Südlich der chinesischen Insel Hainan und circa 241 Kilometer nördlich von Vietnams Küstenstadt Da Nang befindet sich eine wichtige chinesische U-Boot-Basis, die Yulin Naval Base.

5 Im Fall des am 8. Januar 2020 auf dem Weg von Teheran nach Kiew abgeschossenen Fluges PS752 waren »bis zu 19 Sekunden« Dialog im Cockpit aufgenommen worden, nachdem die erste Rakete das Flugzeug getroffen hatte. (Pressekonferenz der iranischen Zivilluftfahrtorganisation (CAOI) im August 2020.) Die Piloten von MH370 hätten also ihren Notruf um 2:43 Uhr durchaus absetzen können, nachdem das Flugzeug bereits getroffen worden war.

6 Safety Investigation Report, 2018, S. 424.

7 Haiyan war einer der verheerendsten bisher aufgezeichneten Wirbelstürme gewesen. Am 8. November 2013 traf er die Philippinen und forderte dabei mehr als 6000 Todesopfer.

8 So berichteten es der Staatssender *CCTV* und die *People's Daily*, das Sprachrohr der Kommunistischen Partei Chinas.

9 Laut der Presseagentur Associated Press (AP) lag der Hauptgrund für Obamas Anruf darin, »China dafür anzuwerben, die Maßnahmen gegenüber Russland, wegen dessen militärischem Vorgehen in der Ukraine, zu unterstützen«.

10 »Readout of the President's call with President Xi of China«, *Office of the Press Secretary*, The White House, 10. März 2014.

11 Am 9. März 2014 verschwendete die US-Botschaft in Hanoi keine Zeit, als sie lauthals erklärte, dass die im Südchinesischen Meer gefundenen

Trümmer »nichts mit MH370 zu tun« hatten. Ein paar Tage später meinten die USA, sie hätten »keine Anhaltspunkte, die die von den chinesischen Satelliten gesichteten Trümmerteile bestätigen«.

12 Meiner Quelle zufolge wurden die Triebwerksdaten einer B-777 damals vor dem Start und nach dem Erreichen der Reiseflughöhe über UKW übertragen. Während des Fluges wurden die Daten zwar regelmäßig erfasst, aber erst zu Beginn des Sinkflugs übermittelt.

13 Am 21. Dezember 1988 detonierte während des Pan-Am-Flugs 103 eine Bombe an Bord, und die Maschine stürzte in Schottland über Lockerbie ab. Dabei wurden 239 Menschen an Bord und 11 Menschen am Boden getötet.

14 Die BBC-Dokumentation *HyperNormalisation* von 2016 zeigt faszinierendes Archivmaterial, das nahelegt, wie die Lockerbie-Untersuchung so hingebogen wurde, dass Libyen als Schuldiger dastand. Dieselbe These stellte Pierre Péan 2001 in *African Manipulations* auf.

Nachtrag

1 Verschiedene Dokumentationen und Recherchen haben andere Gründe für den Absturz des Concorde-Fluges angeführt, unter anderem ein Feuer in einem der Triebwerke.

2 Einleitender BEA-Bericht zum Germanwings-Flug 9525, Mai 2015.

3 Air-New-Zealand-Flug 176 von Perth nach Auckland am 21. Mai 2014.

4 National Transportation Safety Committee, *Investigation of Aircraft Accident* SilkAir Flight MI 185 Boeing B737-300, 9 V-TRF Musi River, Palembang, Indonesia, 19 December 1997, Final Report, Jakarta, 14. Dezember 2000.

5 Eastwind-Airlines-Flug 517 am 6. Juni 1996.

6 Jean-Paul Mari, »Contre-enquête sur une catastrophe aérienne, Egypt-Air: le suicide était presque parfait« (»Gegenuntersuchung eines Flugunglücks: Der Selbstmord war beinahe zu perfekt«), 9. Dezember 1999, www.grands-reporters.com.

7 Ebd.

8 »Mayday-S03E08-Death and Denial (Egyptair 990)«, Air Crash Investigation, *National Geographic*, 2. November 2005.

9 Taiwan Transportation Safety Board, Final Report on TransAsia Flight GE235 Occurrence Investigation, 30. Juni 2016.

10 Ebd.

11 Final Report on the accident on 1st June 2009 to the Airbus A330-203

registered F-GZCP operated by Air France Flight AF 447 Rio de Janeiro-Paris, Juli 2012 (available at www.bea.aero/docspa/2009/f-cp090601.en/pdf/f-cp090601.en.pdf).

12 »Commission d'enquête sur l'accident survenu le 26 juin 1988 à Mulhouse-Habsheim (68) à l'Airbus A320, immatriculé F-GFKC«, 24 April 1990, S. 20.

13 P. Gille und H. Gendre, Habsheim ou la Raison d'État. SNPL. verfügbar unter www.crashdehabsheim.net/Dossier%20SNPL%20presentation.htm.

14 Ina, »Suite crash Airbus Mulhouse«, 2. Juni 1989. verfügbar unter www.ina.fr/video/CAC90001481.

15 Norbert Jacquet, *Airbus, L'assassin habite à l'Élysée,* Paris 1994. S. 75.

16 Der Lion-Air-Flug 610 stürzte am 29. Oktober 2018 ab. 189 Menschen starben. Fünf Monate später, am 10. März 2019, stürzte Ethiopian-Airlines-Flug 302 ab und riss 157 Menschen in den Tod. Schon bald stellte sich heraus, dass beide Unfälle von einer Funktionsstörung eines neuen automatischen Kontrollsystems namens Maneuvering Characteristics Augmentation System (MCAS) verursacht wurden. Allen 387 Boeings 737 MAX, die von 59 Fluggesellschaften weltweit genutzt wurden, wurde Flugverbot erteilt.

17 Dutch Safety Board, *Crash of Malaysia Airlines Flight MH17,* Den Haag, Oktober 2015.

18 Pressekonferenz vom 13. Oktober 2015 in Den Haag.

19 Dutch Safety Board, *Crash of Malaysia Airlines Flight MH17,* a. a. O., S. 253.

20 Bei einem Angriff auf die USS *Stark* am 17. Mai 1987 starben 37 Amerikaner.

21 Internationaler Strafgerichtshof, »Aerial incident of 3 July 1988« (*Islamic Republic of Iran v. United States of America*), Band 2, Den Haag 2000, S. 22: »Das Flugzeug wurde als Militärflugzeug mit feindlichen Absichten eingestuft und von zwei Flugabwehrraketen zerstört.«

22 A. Frank Taylor, »A Case History Involving Wreckage Analysis: Lessons from the Ustica Investigations«, Cranfield University, 1998.

23 Giuliano Gallo, »Strani suicide o incidenti: 15 morti misteriose dopo la tragedia«, in: *Corriere della Sera,* 18. Juni 1997.

24 Cossigas Aussage wurde im öffentlichen Radio und von Sky TV gesendet: »Die Franzosen wussten, dass Gaddafis Flugzeug [auf dieser Route] vorbeikommen würde. [...] Sie waren es, die mit einem Marine-

flieger eine Rakete abgeschossen haben [...].« Zit. n. Andrea Purgatori, in: *Le Monde diplomatique*, Juli 2014.

25 Giovanni Fasanella und Rosario Priore, *Intrigo internazionale*, Mailand 2010.

26 Bei dieser Maschine hatte es bereits ähnliche Zwischenfälle/Vorfälle gegeben. Einer davon war weniger als ein Jahr her. Aufgrund einer defekten Hecktür war es zu einem raschen Druckverlust gekommen, doch den Piloten war es gelungen, die Maschine auf eine Flughöhe zu bringen, in der es genug Sauerstoff gab, und niemand trug Verletzungen davon.

27 General Civil Aviation Authority of the United Arab Emirates, Air Accident Investigation Report on Uncontained Cargo Fire Leading to Loss of Control Inflight and Uncontrolled Descent into Terrain Boeing 747-44AF N571UP, 3. September 2010.

28 Factual Information: Safety Information for MH370, a. a. O., S. 33.

Register

Bildnachweis

S. 1, oben: © Björn Wylezich / Alamy Stock Foto
S. 1, unten links: © EyePress / Newscom
S. 1, unten rechts: © Polaris / laif
S. 2, oben: © John Javellana
S. 2, unten: © Florence de Changy
S. 3, alle Fotos: © Florence de Changy
S. 4, oben: © IMAGO / Xinhua
S. 4, unten links: © IMAGO / ZUMA Wire
S. 4, unten rechts: © Florence de Changy
S. 5, beide Fotos: © Florence de Changy
S. 6, oben links: © Florence de Changy
S. 6, oben links: © MARK GRAHAM/AFP via Getty Images
S. 6, unten: © IMAGO / Xinhua
S. 7, alle Fotos: © Florence de Changy
S. 8, alle Fotos: © Florence de Changy